ARBEITSMATERIALIEN

Mathematik

119 Unterrichtseinheiten

Alfred S. Posamentier

Ernst Klett Schulbuchverlag
Stuttgart Düsseldorf Berlin Leipzig

Die amerikanische Originalausgabe erschien unter dem Titel
„Teaching Secondary School Mathematics"
Techniques and Enrichment Units, 3e.
© 1990 Macmillan Publishing Co., a division of Macmillan Inc., U.S.A.
All rights reserved.

Die vorliegende deutsche Ausgabe ist eine Übersetzung des
zweiten Teils des o. g. Werkes.
Übersetzung: Dr. Thomas Jerofsky, Dresden
             Dr. Wolfgang Macht, Dresden
Didaktische Beratung: Dr. sc. Ingmar Lehmann, Berlin
© Ernst Klett Schulbuchverlag GmbH, Stuttgart 1994.
Alle Rechte vorbehalten.

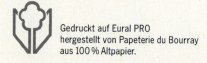
Gedruckt auf Eural PRO
hergestellt von Papeterie du Bourray
aus 100% Altpapier.

1. Auflage   1 ⁵ ⁴ ³ ² ¹ | 1998 97 96 95 94

Die letzte Zahl bezeichnet das Jahr dieses Druckes.

© Ernst Klett Schulbuchverlag GmbH, Stuttgart 1994. Alle Rechte vorbehalten.

Umschlaggestaltung: Regine Mack, Filderstadt
Druck: Druckhaus Beltz, Hemsbach

ISBN 3-12-722390-0

Inhalt

Vorwort zur deutschen Ausgabe 7
Einheit 1: Die Konstruktion magischer Quadrate ungerader Ordnung 9
Einheit 2: Die Konstruktion magischer Quadrate gerader Ordnung 11
Einheit 3: Kryptogramme 14
Einheit 4: Ein Rechen-Schachbrett 16
Einheit 5: Das Spiel Nim 19
Einheit 6: Der Turm von Hanoi 21
Einheit 7: Welcher Wochentag war es? 23
Einheit 8: Zahlenpalindrome 29
Einheit 9: Die faszinierende Zahl Neun 32
Einheit 10: Ungewöhnliche Eigenschaften von Zahlen 34
Einheit 11: Ergänzungen mit dem Taschenrechner 37
Einheit 12: Symmetrische Multiplikation 39
Einheit 13: Variationen über ein Thema - Multiplikation 41
Einheit 14: Die Arithmetik der Alten Ägypter 44
Einheit 15: Nepersche Rechenstäbe 47
Einheit 16: Preisvergleich 48
Einheit 17: Mehrfache Rabatte und Aufschläge 49
Einheit 18: Primfaktoren und zusammengesetzte Faktoren einer ganzen Zahl 51
Einheit 19: Das Primzahlensystem 53
Einheit 20: Periodische Dezimalbrüche 55
Einheit 21: Besonderheiten periodischer Dezimalbrüche mit voller Periode 57
Einheit 22: Gesetzmäßigkeiten in Zahlenfolgen 59
Einheit 23: Zahlenriesen 61
Einheit 24: Lebensversicherungsmathematik 64
Einheit 25: Geometrische Zerlegungen 66
Einheit 26: Die Kleinsche Flasche 68

Einheit 27: Das Vierfarbenproblem 70
Einheit 28: Mathematik auf einem Fahrrad 72
Einheit 29: Mathematik und Musik 76
Einheit 30: Mathematik in der Natur 78
Einheit 31: Das Geburtstagsproblem 81
Einheit 32: Der Aufbau der Zahlbereiche 83
Einheit 33: Ausflüge in die Welt der Stellenwertsysteme 86
Einheit 34: Steigende Zinsen 88
Einheit 35: Reflexive, symmetrische und transitive Relationen 90
Einheit 36: Umgehung eines unzugänglichen Gebietes 93
Einheit 37: Der unzugängliche Winkel 95
Einheit 38: Dreieckskonstruktionen 97
Einheit 39: Das Kriterium der Konstruierbarkeit 99
Einheit 40: Die Konstruktion von Wurzellängen 102
Einheit 41: Die Konstruktion eines Fünfecks 104
Einheit 42: Das gleichschenklige Dreieck – ein klassischer Trugschluß 105
Einheit 43: Der Fermat-Punkt 107
Einheit 44: Der Punkt minimalen Abstands eines Dreiecks 109
Einheit 45: Nochmals: Das gleichschenklige Dreieck 112
Einheit 46: Reflexionseigenschaften der Ebene 114
Einheit 47: Die Länge der Ecktransversalen eines Dreiecks 117
Einheit 48: Eine überraschende Herausforderung 120
Einheit 49: Mathematische Entdeckungen 121
Einheit 50: Mosaike und Vielecke 122
Einheit 51: Der Satz des Pythagoras 125
Einheit 52: Nochmals: Zur Winkeldreiteilung 128
Einheit 53: Der Satz des Ceva 131
Einheit 54: Quadrate 133
Einheit 55: Der Satz des Menelaos 134
Einheit 56: Winkelbeziehungen am Kreis 137
Einheit 57: Dreiteilung eines Kreises 139
Einheit 58: Der Satz des Ptolemäus 141
Einheit 59: Konstruktionen zu π 144
Einheit 60: Der Arbelos 146
Einheit 61: Der Neun-Punkte-Kreis 149

Inhalt

Einheit 62: Die Eulersche Gerade 151

Einheit 63: Die Simsonsche Gerade 152

Einheit 64: Der Schmetterlingssatz 154

Einheit 65: Berührkreise 157

Einheit 66: Der Inkreis und das rechtwinklige Dreieck 159

Einheit 67: Das Goldene Rechteck 162

Einheit 68: Das Goldene Dreieck 164

Einheit 69: Geometrische Trugschlüsse 167

Einheit 70: Reguläre Polyeder 169

Einheit 71: Eine Einführung in die Topologie 171

Einheit 72: Winkel auf dem Zifferblatt 173

Einheit 73: Mittelung von Verhältnissen – das harmonische Mittel 176

Einheit 74: Seltsames Kürzen 178

Einheit 75: Ziffernprobleme aus neuer Sicht 180

Einheit 76: Algebraische Identitäten 182

Einheit 77: Faktorisierung von Trinomen der Form $ax^2 + bx + c$ ... 184

Einheit 78: Quadratische Gleichungen 185

Einheit 79: Der Euklidische Algorithmus 188

Einheit 80: Primzahlen 190

Einheit 81: Algebraische Trugschlüsse 192

Einheit 82: Summenformeln für Figurationszahlen 194

Einheit 83: Pythagoreische Zahlentripel 197

Einheit 84: Teilbarkeitsregeln 199

Einheit 85: Die Fibonacci-Folge 202

Einheit 86: Diophantische Gleichungen 204

Einheit 87: Kettenbrüche und Diophantische Gleichungen 206

Einheit 88: Vereinfachung unendlicher Ausdrücke 209

Einheit 89: Kettenbruchentwicklung von irrationalen Zahlen 211

Einheit 90: Die Fareysche Folge 214

Einheit 91: Die parabolische Enveloppe 216

Einheit 92: Zahlenkongruenz und Teilbarkeitsregeln 219

Einheit 93: Problemlösung – die Strategie des Rückwärtsarbeitens ... 221

Einheit 94: Brüche in anderen Zahlensystemen 225

Einheit 95: Figurationszahlen 226

Einheit 96: Graphen 229

Einheit 97: Dreiteilung des Winkels – möglich oder unmöglich? 232

Einheit 98: Vergleich von Mittelwerten 233

Einheit 99: Die Pascalsche Pyramide 236

Einheit 100: Der multinomische Lehrsatz 238

Einheit 101: Kubische Gleichungen I 241

Einheit 102: Kubische Gleichungen II 243

Einheit 103: Partialsummen von Zahlenfolgen 246

Einheit 104: Eine allgemeine Formel für Summen der Form $\sum_{n=1}^{N} n^r$ 249

Einheit 105: Ein parabolischer Rechner 252

Einheit 106: Ellipsenkonstruktionen 254

Einheit 107: Parabelkonstruktionen 257

Einheit 108: Winkeldreiteilung mit Hilfe höherer algebraischer Kurven 259

Einheit 109: Zykloidenkonstruktionen 262

Einheit 110: Die harmonische Folge 264

Einheit 111: Transformationen und Matrizen 266

Einheit 112: Die Differenzenmethode 270

Einheit 113: Wahrscheinlichkeitstheorie – angewandt auf Baseball 272

Einheit 114: Einführung in geometrische Transformationen 274

Einheit 115: Kreis und Kardioide 277

Einheit 116: Anwendungen komplexer Zahlen 280

Einheit 117: Die Arithmetik der Hindus 283

Einheit 118: Der Beweis der Irrationalität von Zahlen 285

Einheit 119: Die Anwendung von Tabellenkalkulations-Programmen 287

Vorwort zur deutschen Ausgabe

- Was macht man in einer Vertretungsstunde?
- Wie läßt sich Freude und Spaß an der Mathematik vermitteln?
- Kann Unterhaltungsmathematik mehr als nur unterhalten?

Darauf gibt dieses Buch eine Antwort!

Es richtet sich an Studenten, die später als Mathematiklehrer tätig sein werden, an Referendare, aber ebenso an "gestandene" Mathematiklehrer der Sekundarstufen I und II.

Es gibt zugegebenermaßen eine ganze Reihe von Büchern, die zur Bereicherung des obligatorischen Mathematikunterrichtes beitragen - und das zu den verschiedensten Themen und Schulstufen. Dennoch wird dieses Buch eine Lücke füllen.

Sucht man nach Möglichkeiten, den Mathematikunterricht anzureichern und attraktiver zu gestalten, bietet dieses Buch gleich eine ganze Palette mathematischer Themen. Sie stammen aus den unterschiedlichsten Teilgebieten der Mathematik. Auch Kuriositäten sind darunter. Deshalb ist es verständlich, wenn viele dieser reizvollen Themen nicht im Lehrplan der Schule enthalten sind. Daneben werden aber auch bekannte Themen von einem für die Schülerinnen und Schüler neuen oder zumindest ungewöhnlichen Gesichtspunkt aus betrachtet. Das stellt sicherlich für jede Klasse eine Bereicherung dar.

Das Erfolgsrezept der amerikanischen Ausgabe besteht in seiner hoch motivierenden und zugleich verständlichen Präsentation des jeweiligen Themas. Es bleibt für die Schülerinnen und Schüler stets überblickbar. Jedes Thema, ob Beispiel, Satz, komplexere Aufgabe oder kniffliges Problem, wird vorgestellt und didaktisch aufbereitet. Die Darlegungen sind knapp, aber immer verständlich und ausreichend. Es geht um das Unterrichten des Sachverhaltes. Strategien des Vermittelns, Methoden und Techniken werden erläutert. Dabei setzt der Autor auf die Neugier und den Wissensdrang der Schülerinnen und Schüler. Durch Fragen, Hinweise oder sonstige Fingerzeige werden die Schülerinnen und Schüler ermuntert, Fragen zu stellen, etwas auszuprobieren - eben mathematisch zu experimentieren, um selbst Zusammenhänge entdecken zu können.

Jedes Thema ist nach folgendem Schema aufgebaut:

1. **Lernziele**

    Diese Ziele deuten nicht nur kurz den Inhalt der Unterrichtseinheit an, sondern geben auch Auskunft über den Umfang des folgenden Materials.

2. **Vorbereitung**

    Die Vorbereitung führt einerseits zum Thema hin, sie dient andererseits auch als Motivationsquelle. Um die Eignung dieser Unterrichtseinheit innerhalb eines Kurses einschätzen zu können, werden z. B. vorauszusetzende Fähigkeiten und Fertigkeiten ausgewiesen.

3. **Lehrmethoden**

    Hier werden die Lehrmethoden dargestellt. Das Thema wird sorgfältig entwickelt, auf mögliche Fallen oder Hürden wird hingewiesen. Fragen und Verweise für weiterführende Untersuchungen ergänzen diesen Teil.

4. **Nachbereitung**

    Hier werden in der Regel Beispielfragen gestellt, die es zu beantworten gilt. Daneben wird auf andere, ähnliche Probleme hingewiesen.

Die Themen sind im allgemeinen voneinander unabhängig.

Soll kurzfristig eine Vertretungsstunde gehalten werden, ist dieses Buch eine wahre Fundgrube. Da jedes Thema in der genannten Weise aufbereitet worden ist, kann es unmittelbar im Unterricht eingesetzt werden. Darüber hinaus lassen sich die hier behandelten Themen in vielen Fällen natürlich auch in einen Grund- oder Leistungskurs integrieren. Mögliche Anknüpfungspunkte findet man in der oben angesprochenen Vorbereitung eines jeden Themas. In Zirkeln oder Arbeitsgemeinschaften, insbesondere bei der Arbeit mit mathematisch begabten Schülerinnen und Schülern, wird der Schwerpunkt auf dem selbständigen Entdecken, den schöpferischen Aktivitäten liegen. Die 119 Themen lassen sich den folgenden mathematischen Teilgebieten zuordnen:

- Arithmetik
- Zahlentheorie
- Wahrscheinlichkeitsrechnung
- Logik
- Algebra
- Geometrie
- Analytische Geometrie
- Topologie
- Statistik

Die Übersetzung wurde so eng wie möglich an das amerikanische Original angelehnt. Ergänzungen, die zu einem besseren Verständnis beitragen sollen, sind in Fußnoten untergebracht worden. Da die einzelnen Themen i. allg. ohne Bezug auf vorhergehende Einheiten auskommen müssen, kann es vorkommen, daß sich inhaltlich identische Fußnoten an verschiedenen Stellen dieses Buches wiederholen.

Die vom Autor verwendete Zusatzliteratur ist natürlich auf den amerikanischen Leser zugeschnitten. Sie wurde dennoch mit in die Übersetzung aufgenommen, um auch den deutschen Lesern Anregungen für eventuelle weiterführende Überlegungen zu bieten.

In manchen Fällen sind die amerikanischen Maßeinheiten bzw. Bezeichnungen beibehalten worden. Wo kein unmittelbarer Bezug zu Amerika bestand, sind diese Bezeichnungen in der in Deutschland üblichen Weise gewählt worden.

Ingmar Lehmann

1

Die Konstruktion magischer Quadrate ungerader Ordnung

Diese ergänzende Einheit ist für Schüler geeignet, die die Grundlagen der elementaren Algebra beherrschen. Sorgfältig ausgewählte Teile dieser Einheit können sich außerdem zur Verwendung in leistungsschwächeren Klassen eignen, wo die Schüler "erholsame" Mathematik zu schätzen wissen.

Lernziele

1. *Die Schüler konstruieren magische Quadrate beliebiger ungerader Ordnung.*

2. *Die Schüler entdecken Eigenschaften gegebener magischer Quadrate ungerader Ordnung.*

3. *Die Schüler bestimmen bei gegebener Ordnung des magischen Quadrats die Summe der Elemente einer Zeile (oder Spalte bzw. Diagonale).*

Vorbereitung

Fordern Sie die Schüler auf, eine 3 × 3 - Matrix zu bilden, die die Zahlen 1 bis 9 enthält, so daß die Summen der Elemente in jeder Zeile, in jeder Spalte und in jeder Diagonalen gleich sind. Weisen Sie darauf hin, daß eine solche Matrix ein *magisches Quadrat* (der Ordnung 3) ist.

Lehrmethoden

Nachdem die Schüler ausreichend Zeit (i. allg. weniger als 15 Minuten) hatten, die Übung erfolgreich zu beenden, oder aber inzwischen gründlich frustriert sind, können Sie damit beginnen, das gestellte Problem gemeinsam zu bearbeiten. Die Schüler sollen erkennen, daß es von Vorteil ist, die Zeilensumme (bzw. Spalten bzw. Diagonalensumme) vorher bestimmt zu haben. (Im weiteren soll stets abkürzend von der "Summe einer Zeile" bzw. von der "Zeilensumme", statt der "Summe der Zahlen einer Zeile" gesprochen werden.)

Um eine Formel für die Summe einer Zeile (bzw. Spalte bzw. Diagonale) eines magischen Quadrates[1] herleiten zu können, sollten die Schüler mit der Summenformel für arithmetische Folgen, $S = \frac{n}{2}(a_1 + a_n)$ vertraut sein. Falls diese Formel nicht bekannt ist, kann in einfacher Weise eine Beziehung dazu hergestellt werden, indem die Geschichte des jungen Karl Friedrich Gauß (1777 - 1855) erzählt wird, der im Alter von 10 Jahren eine Aufgabe seines Lehrers damit löste.

Sein Lehrer hatte die Angewohnheit, seine Schüler mit ziemlich aufwendigen Aufgaben zu beschäftigen, für die er einen kurzen Lösungsweg besaß. Eines Tages forderte dieser Lehrer die Klasse auf, die folgende Summe zu bestimmen:

$$1 + 2 + 3 + 4 + \ldots + 97 + 98 + 99 + 100.$$

Nachdem der Lehrer die Aufgabenstellung zu Ende formuliert hatte, gab der junge Gauß das Ergebnis an. Erstaunt forderte der Lehrer Gauß auf, seinen schnellen Lösungsweg darzulegen. Gauß erklärte, daß er, anstatt die 100 Zahlen in der vorgegebenen Reihenfolge zu addieren, die folgenden Paare betrachtet hätte: $1 + 100 = 101$, $2 + 99 = 101$, $3 + 98 = 101$, $4 + 97 = 101, \ldots, 50 + 51 = 101$. Da es 50 Paare solcher Zahlen gibt, deren Summe 101 ist, lautete seine Antwort $50 \cdot 101 = 5050$. Im wesentlichen multiplizierte er die Hälfte der Anzahl der zu addierenden Zahlen ($\frac{n}{2}$) mit der Summe aus der ersten und der letzten Zahl ($a_1 + a_n$) der Folge, um die Summe der Folge zu erhalten.

Ausgehend von dieser Formel berechnet sich die Summe der natürlichen Zahlen von 1 bis n^2 (die Zahlen, die in einem magischen $n \times n$-Quadrat verwendet werden) gemäß $S = \frac{n^2}{2}(1 + n^2)$. Da jedoch gefordert ist, daß jede Zeile die gleiche Summe besitzt, beträgt diese Summe $\frac{S}{n}$. Damit ergibt sich für die Summe einer Zeile $\frac{n}{2}(n^2 + 1)$. An dieser Stelle können die Schüler aufgefordert werden, sich zu überlegen, warum die Summe der Diagonalen ebenfalls gleich $\frac{n}{2}(n^2 + 1)$ ist.

Die Schüler sind nun in der Lage, das Ausgangsproblem in systematischer Weise zu behandeln. Dazu wird die folgende Matrix betrachtet, in der die Zahlen 1 bis 9 durch Buchstaben repräsentiert

---

[1] Falls innerhalb dieser Einheit nichts anderes vereinbart wird, soll stets davon ausgegangen werden, daß magische Quadrate aus aufeinanderfolgenden natürlichen Zahlen, beginnend mit 1, gebildet werden.

sind.

	s_1	s_2	s_3	
d_1				d_2
z_1	a	b	c	
z_2	d	e	f	
z_3	g	h	i	

Unter Verwendung der oben hergeleiteten Formel $S = \frac{n}{2}(n^2 + 1)$ finden wir, daß die Summe einer Zeile eines magischen Quadrats dritter Ordnung $\frac{3}{2}(3^2 + 1) = 15$ ist. Daraus folgt $z_2 + s_2 + d_1 + d_2 = 4 \cdot 15 = 60$. Außerdem gilt $z_2 + s_2 + d_1 + d_2 = (d+e+f)+(b+e+h)+(a+e+i)+(c+e+g) = 3e+(a+b+c+d+e+f+g+h+i) = 3e+45$ (weil die Summe von $1 + 2 + 3 + \ldots + 9 = \frac{9}{2}(1+9) = 45$ beträgt). Damit ist $3e + 45 = 60$ und $e = 5$, und folglich die Zahl in der Mitte eines magischen Quadrats der Ordnung drei durch 5 belegt.

Da nun die Summe jeder Zeile, Spalte bzw. Diagonale dieses magischen Quadrates 15 beträgt, folgt $a + i = g + c = b + h = d + f = 15 - 5 = 10$. (Bemerkung: Zwei Zahlen eines magischen Quadrates n-ter Ordnung heißen komplementäre Zahlen, falls ihre Summe $n^2 + 1$ beträgt. Somit sind a und i komplementäre Zahlen.) Nun benutzen Sie folgendes Argument.

Die Zahl 1 kann kein Eckfeld besetzen. Angenommen $a = 1$, so folgt unmittelbar $i = 9$. Die Zahlen 2, 3 und 4 können sich jedoch nicht in der selben Zeile (oder Spalte) wie die 1 befinden, da es dann keine natürliche Zahl kleiner als 10 gibt, die groß genug ist, um das dritte Feld dieser Zeile (oder Spalte) zu besetzen. Das würde nur zwei Felder (die nicht-belegten Quadrate weiter unten) für diese drei Zahlen (2, 3 und 4) belassen. Da das nicht der Fall sein kann, können die Zahlen 1 und 9 nur die mittleren Felder belegen.

1		
	5	
		9

Die Zahl 3 kann sich nicht in der selben Zeile (oder Spalte) wie die 9 befinden, da dann die dritte Zahl in solch einer Zeile (oder Spalte) ebenfalls 3 sein müßte, um die geforderte Summe von 15 zu erhalten. Das ist unmöglich, weil jede Zahl in einem magischen Quadrat nur einmal verwendet werden darf.

Nun sollen die Schüler erkennen, daß weder die 3 noch die 7 Eckpositionen einnehmen können. Danach sollten die Schüler die obigen Kriterien nutzen, um ein magische Quadrat der Ordnung 3 zu konstruieren. Dabei müßten sie eines der folgenden magischen Quadrate erhalten.

2	7	6		4	3	8		8	1	6		6	1	8
9	5	1		9	5	1		3	5	7		7	5	3
4	3	8		2	7	6		4	9	2		2	9	4

2	9	4		4	9	2		8	3	4		6	7	2
7	5	3		3	5	7		1	5	9		1	5	9
6	1	8		8	1	6		6	7	2		8	3	4

Die Schüler werden nun vielleicht diese Technik auf die Konstruktion anderer magischer Quadrate ungerader Ordnung ausdehnen wollen. Dieses Verfahren wird sich jedoch als schwerfällig erweisen. Im folgenden wird eine ziemlich mechanische Methode vorgestellt, um ein magisches Quadrat ungerader Ordnung zu konstruieren.

Beginnen Sie damit, eine 1 in das oberste Feld der mittleren Spalte zu plazieren. Fahren Sie fort, die darauf folgenden Zahlen nacheinander in die Felder der Diagonale (positiven Anstiegs) zu schreiben. Das ist natürlich unmöglich, da es keine Felder oberhalb des Quadrates gibt.

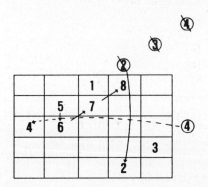

Abb. 1

Falls eine Zahl in ein Feld "oberhalb" des Quadrats plaziert werden muß, sollte sie statt dessen in das letzte Feld der nächsten Spalte rechts gesetzt werden. Dann werden die nächsten Zahlen aufeinanderfolgend in diese neue Diagonale (positiven Anstiegs) plaziert. Falls (wie in der obigen Abb. 1) eine Zahl rechts aus dem Quadrat herausfällt, sollte sie in das erste (von links gesehene) Feld der nächsten Zeile über der Zeile plaziert werden, deren letztes Feld (zur rechten) gerade gefüllt wurde (Abb. 1). Der Prozess wird fortgesetzt, indem weiter aufgefüllt wird, bis ein bereits besetztes Feld erreicht wird (dies ist oben der Fall bei 6).

Einheit 2 Die Konstruktion magischer Quadrate gerader Ordnung 11

Anstatt eine Zahl in das besetzte Feld zu schreiben, wird diese Zahl unter die vorhergehende Zahl geschrieben. Der Prozeß wird fortgesetzt, bis die letzte Zahl erreicht ist.

Nach ausreichender Übung werden die Schüler bestimmte Muster erkennen, daß z. B. die letzte Zahl stets das mittlere Feld der untersten Zeile belegt.

Es sei angemerkt, daß dies nur ein Weg von vielen zur Konstruktion magischer Quadrate ungerader Ordnung ist. Erfahrenere Schüler sollten dazu angehalten werden, diese ziemlich mechanische Technik zu begründen.

Nachbereitung

Die folgenden Übungsaufgaben sollten von den Schülern gelöst werden:

1. Bestimme die Summe einer Zeile eines magischen Quadrates der Ordnung

    (a) 4, (b) 7, (c) 8.

2. Konstruiere ein magisches Quadrat der Ordnung 11.

3. Finde gemeinsame Eigenschaften magischer Quadrate ungerader Ordnung kleiner als 13.

2
Die Konstruktion magischer Quadrate gerader Ordnung

Dieses Thema kann sowohl in leistungsschwächeren als auch in leistungsstärkeren Klassen der Sekundarstufe behandelt werden. In den leistungsschwächeren Klassen sollten nur magische Quadrate von doppelt-gerader Ordnung betrachtet werden. Die Entwicklung dieser magischen Quadrate kann dann als Motivation für das Üben arithmetischer Fertigkeiten dienen. In leistungsstärkeren Klassen können auch Quadrate von einfach-gerader Ordnung einbezogen werden.

Lernziele

1. *Die Schüler konstruieren magische Quadrate beliebiger ungerader Ordnung.*

2. *Die Schüler entdecken Eigenschaften gegebener magischer Quadrate ungerader Ordnung.*

Vorbereitung

Beginnen Sie Ihre Einführung mit einer historischen Bemerkung. Gehen Sie auf den deutschen Maler und Grafiker (und Mathematiker) Albrecht Dürer (1471 - 1528) ein, in dessen künstlerischem Werk sich mannigfaltige Bezüge zur Mathematik finden lassen. Ein außergewöhnlicher Aspekt seiner Arbeit war das Auftreten eines magischen Quadrats in einem "Melancholie" genannten Stich von 1514 (Abb. 1).

Abb. 1

In der oberen rechten Ecke des Stichs befindet sich das magische Quadrat (Abb. 2).

Es wird angenommen, daß das eines der ersten Zeugnisse für das Auftreten magischer Quadrate

Abb. 2

in der westlichen Zivilisation war. Von besonderem Interesse sind die vielen außergewöhnlichen Eigenschaften dieses magischen Quadrates. Zum Beispiel zeigen die beiden mittleren Felder der untersten Zeile das Entstehungsjahr 1514 des Stichs. Geben Sie Ihren Schülern etwas Zeit, andere ungewöhnliche Eigenschaften (außer der Konstanz der Zeilen-, Spalten- und Diagonalsummen) zu finden.

Lehrmethoden

Einige der vielen Eigenschaften dieses magischen Quadrats, die die Schüler wahrscheinlich mit Interesse analysieren werden, sind:

1. Die vier Eckpositionen ergeben eine Summe von 34.

2. Die vier 2×2-Quadrate an den Ecken haben jeweils eine Summe von 34.

3. Das mittlere 2×2-Quadrat hat eine Summe von 34.

4. Die Summe der Zahlen in den Diagonalen stimmt mit der Summe der Zahlen außerhalb der Diagonalen überein.

5. Die Summe der Quadrate der Zahlen in den Diagonalen (748) stimmt mit der Summe der Quadrate der Zahlen außerhalb der Diagonalen überein.

6. Die Summe der dritten Potenzen der Zahlen in den Diagonalen (9 284) stimmt mit der Summe der dritten Potenzen der Zahlen außerhalb der Diagonalen überein.

7. Die Summe der Quadrate der Zahlen in beiden Diagonalen stimmt mit den Summen der Quadrate der Zahlen in der ersten und dritten Zeile (oder Spalte) überein, und außerdem mit der Summe der Quadrate der Zahlen in der zweiten und vierten Zeile (oder Spalte).

8. Beachten Sie folgende Symmetrien:

$$2 + 8 + 9 + 15 = 3 + 5 + 12 + 14$$
$$= 34$$
$$2^2 + 8^2 + 9^2 + 15^2 = 3^2 + 5^2 + 12^2 + 14^2$$
$$= 374$$
$$2^3 + 8^3 + 9^3 + 15^3 = 3^3 + 5^3 + 12^3 + 14^3$$
$$= 4\,624$$

9. Die Summe jedes oberen bzw. unteren Zahlenpaares ergibt vertikal und horizontal [2] interessante Symmetrien:

vertikal 21 13 13 21
           13 21 21 13

horizontal 19 15
              15 19
              15 19
              19 15

Betrachten Sie zunächst Konstruktionen von magischen Quadraten, deren *Ordnung ein Vielfaches von 4 ist* (manchmal als *doppelt-gerade Ordnung* bezeichnet). Veranlassen Sie die Schüler, das folgende Quadrat mit den vorgegebenen Diagonalen (Abb. 3) zu konstruieren.

1	2	3	4
5	6	7	8
9	10	11	12
13	14	15	16

Abb. 3

Danach soll jede Zahl einer Diagonale durch die zu ihr komplementäre Zahl (d. h., durch die Zahl, die sie zu $n^2+1 = 16+1 = 17$ ergänzt) ersetzt werden. Dieses Vorgehen führt zu einem magischen 4×4-Quadrat (Abb. 4). (Bemerkung: Dürer vertauschte einfach die Spalten 2 und 3, um sein magisches Quadrat zu erhalten.)

16	2	3	13
5	11	10	8
9	7	6	12
4	14	15	1

Abb. 4

Ein ähnliches Vorgehen wird verwendet, um größere magische Quadrate doppelt-gerader Ordnung zu konstruieren. Für die Konstruktion eines magischen 8×8-Quadrates wird dieses zunächst in

---

[2] Anm. des Übers.: Im "horizontalen Fall" sind offenbar die Summen der linken bzw. rechten Zahlenpaare einer Zeile gemeint.

Einheit 2 Die Konstruktion magischer Quadrate gerader Ordnung

4 × 4 - Quadrate zerlegt (Abb. 5), wonach die Zahlen in den Diagonalen der 4 × 4 - Quadrate durch ihre Komplemente ersetzt werden.

Abb. 5

1	2	3	4	5	6	7	8
9	10	11	12	13	14	15	16
17	18	19	20	21	22	23	24
25	26	27	28	29	30	31	32
33	34	35	36	37	38	39	40
41	42	43	44	45	46	47	48
49	50	51	52	53	54	55	56
57	58	59	60	61	62	63	64

Abb. 6

64	2	3	61	60	6	7	57
9	55	54	12	13	51	50	16
17	47	46	20	21	43	42	24
40	26	27	37	36	30	31	32
32	34	35	29	28	38	39	25
41	23	22	44	45	19	18	48
49	15	14	52	53	11	10	56
8	58	59	5	4	62	63	1

Das Ergebnis ist in Abb. 6 gezeigt. Die Schüler können nun versuchen, ein magisches Quadrat der Ordnung 12 zu konstruieren.

Zur Konstruktion magischer Quadrate von einfach-gerader Ordnung, d. h. solcher Quadrate, deren Ordnung zwar gerade, aber *kein* Vielfaches von 4 ist, wird ein anderes Verfahren angewendet. Jedes magische Quadrat von einfach-gerader Ordnung (sagen wir, der Ordnung n) kann in Quadranten zerlegt werden (Abb. 7), die beispielsweise mit A, B, C und D bezeichnet werden.

Abb. 7

A	C
D	B

Die Schüler sollten nun angehalten werden, vier magische Quadrate *ungerader Ordnung* in der Reihenfolge A, B, C und D aufzustellen (vgl. die einleitende Einheit "Die Konstruktion von magischen Quadraten ungerader Ordnung"). Das heißt, Quadrat A ist von ungerader Ordnung und verwendet die ersten $\frac{n^2}{4}$ natürlichen Zahlen, Quadrat B ist von ungerader Ordnung, beginnt mit $\frac{n^2}{4}+1$ und endet mit $\frac{n^2}{2}$, Quadrat C ist von ungerader Ordnung, beginnt mit $\frac{n^2}{2}+1$ und endet mit $\frac{3n^2}{4}$ und Quadrat D ist von ungerader Ordnung, beginnt mit $\frac{3n^2}{4}+1$ und endet mit n^2. (Die Abb. 8 demonstriert den Fall $n = 6$.)

Abb. 8

8	1	6	26	19	24
3	5	7	21	23	25
4	9	2	22	27	20
35	28	33	17	10	15
30	32	34	12	14	16
31	36	29	13	18	11

Abb. 9

0 + 8	0 + 1	0 + 6	18 + 8	18 + 1	18 + 6
0 + 3	0 + 5	0 + 7	18 + 3	18 + 5	18 + 7
0 + 4	0 + 9	0 + 2	18 + 4	18 + 9	18 + 2
27 + 8	27 + 1	27 + 6	9 + 8	9 + 1	9 + 6
27 + 3	27 + 5	27 + 7	9 + 3	9 + 5	9 + 7
27 + 4	27 + 9	27 + 2	9 + 4	9 + 9	9 + 2

Die Schüler sollen nun die Beziehungen zwischen den vier magischen Quadraten der Abb. 8 zum ersten magischen Quadrat der Abb. 9 im linken oberen Quadranten, dem Quadrat A, feststellen.

An dieser Stelle sind nur noch einige kleine Ergänzungen notwendig, um die Konstruktion der magischen Quadrate zu vervollständigen.

Es sei $n = 2(2m+1)$. Die Zahlen der ersten m Felder jeder Zeile von A (außer der mittleren Zeile, in der die erste Zahl übergangen, und die nächsten m Felder verwendet werden) werden mit den Zahlen in den entsprechenden Feldern des Quadrates D vertauscht. Danach sind die Zahlen in den letzten $m-1$ Feldern des Quadrates C mit den Zahlen in den entsprechenden Feldern des Quadrates B zu vertauschen. Anzumerken ist hier, daß für $n = 6$ (Abb. 10) $m-1 = 0$ gilt, die Quadrate B und C also unverändert bleiben.

Abb. 10

35	1	6	26	19	24
3	32	7	21	23	25
31	9	2	22	27	20
8	28	33	17	10	15
30	5	34	12	14	16
4	36	29	13	18	11

Die Schüler sollen diese Technik zur Konstruktion eines magischen Quadrates der Ordnung 10 ($n = 10$ und $m = 2$, Abb. 11f.) anwenden.

17	24	1	8	15	67	74	51	58	65
23	5	7	14	16	73	55	57	64	66
4	6	13	20	22	54	56	63	70	72
10	12	19	21	3	60	62	69	71	53
11	18	25	2	9	61	68	75	52	59
92	99	76	83	90	42	49	26	33	40
98	80	82	89	91	48	30	32	39	41
79	81	88	95	97	29	31	38	45	47
85	87	94	96	78	35	37	44	46	28
86	93	100	77	84	36	43	50	27	34

Abb. 11

92	99	1	8	15	67	74	51	58	40
98	80	7	14	16	73	55	57	64	41
4	81	88	20	22	54	56	63	70	47
85	87	19	21	3	60	62	69	71	28
86	93	25	2	9	61	68	75	52	34
17	24	76	83	90	42	49	26	33	65
23	5	82	89	91	48	30	32	39	66
79	6	13	95	97	29	31	38	45	72
10	12	94	96	78	35	37	44	46	53
11	18	100	77	84	36	43	50	27	59

Abb. 12

Nachbereitung

Zur Festigung sollen die Schüler

1. ein magisches Quadrat der Ordnung

    (a) 12, (b) 16 konstruieren,

2. ein magisches Quadrat der Ordnung

    (a) 14, (b) 18 konstruieren,

3. weitere Eigenschaften magischer Quadrate der Ordnung

    (a) 8, (b) 12 feststellen.

3
Kryptogramme

Lernziele

Die Schüler lösen gegebene Kryptogramme auf systematische Art und Weise.

Vorbereitung

Veranlassen Sie die Schüler, die folgenden Additionsaufgaben bei (a) durch einfache Addition bzw. bei (b) durch Einsetzen der fehlenden Ziffern zu lösen.

```
(a)     562      (b)     567_
       3943            + _8_9
     + 8807            _3_33
```

Lehrmethoden

Die einleitenden Aufgaben sind als Motivation für diese Einheit gedacht. Kryptogramme sind mathematische Rätsel, die in verschiedener Gestalt auftreten können. Manchmal hat man es mit der Wiederherstellung von Ziffern bei einer Rechenaufgabe zu tun, an anderer Stelle geht es um die Dekodierung einer vollständigen Rechenaufgabe, in der die Buchstaben des Alphabets die Ziffern repräsentieren. Grundsätzlich ist die Konstruktion solcher Puzzles nicht schwierig, die Lösung erfordert jedoch eine gründliche Untersuchung aller Elemente. Jeder Anhaltspunkt muß in jeder Phase der Lösung geprüft und sorgfältig verfolgt werden. Nehmen wir z. B. an, daß wir in der Aufgabe (a) bestimmte Ziffern entfernen und dazu die Summe mit einigen fehlenden Ziffern liefern. Wir nehmen außerdem an, daß wir diese Ziffern nicht kennen. Dann haben wir folgendes Füllrätsel vor uns:

```
    ☐1 ☐2 ☐3 ☐4 ☐5
              6  2
           3  9  4
       +   _  8  _  7
       _   3  3  1  2
```

Einheit 3 Kryptogramme

Fordern Sie die Schüler auf, die Aufgabe zu durchdenken. Erklären Sie den Lösungsweg in folgender Weise: Aus der Spalte fünf läßt sich $2 + \_ + 7 = 12$ ablesen. Die fehlende Ziffer in der fünften Spalte ist also gleich 3. In der vierten Spalte haben wir $1 + 6 + 4 + \_ + = 1$ bzw. $11 + \_ = 1$, somit ist die Ziffer die Null. Aus der dritten Spalte ergibt sich $1 + \_ + 9 + 8 = 23$, und für die fehlende Ziffer die 5. Schließlich folgt aus der zweiten Spalte $2 + 3 + \_ = 13$. Damit ist die gesuchte Ziffer die 8, und die erste Spalte, letzte Zeile muß mit 1 besetzt werden. Die Aufgabe ist damit gelöst. Die Schüler sollten nun in der Lage sein, die fehlenden Ziffern in der zweiten Aufgabe der Vorbereitung zu finden (falls sie dies nicht bereits getan haben). Die vollständige Lösung lautet:

```
         5   6   7  ④
 +      ⑦   8  ⑤   9
       ① 3  ⑤   3   3
```

Die Schüler sollten nun eigene Aufgaben formulieren, die sie untereinander austauschen. Bisher haben wir nur solche Aufgaben betrachtet, die eine eindeutige Lösung besitzen. Das folgende Beispiel zeigt eine Aufgabe mit mehreren Lösungen.

```
      |1| |2| |3| |4|
           _   8   7
           3   _   1
   +       5   6   _
           _   3   _   0
```

In der Gleichung $7 + 1 + \_ = 10$ muß die fehlende Ziffer eine 2 sein. In der dritten Spalte muß $1 + 8 + \_ + 6 = \_$ bzw. $15 + \_ = \_$ erfüllt sein. Nun ist die zweite Spalte unter Berücksichtigung aller möglichen Fälle zu untersuchen. Die zweite Spalte ergibt $\_ + 3 + 5 = 13$. Falls wir zunächst die Leerstelle in der dritten Spalte, zweite Zeile mit 5, 6, 7, 8 bzw. 9 belegen, haben wir $15 + 5 = 20$, $15 + 6 = 21$, $15 + 7 = 22$, $15 + 8 = 23$ bzw. $15 + 9 = 24$. Damit ist der Übertrag gleich 2 und die Leerstelle in Spalte zwei gleich 3. Folglich haben wir als mögliche Lösungen:

```
   387            387            387
   351   oder    361   oder    371   oder
 + 562          + 562          + 562
  1300           1310           1320

   387            387
   381   oder    391
 + 562          + 562
  1330           1340
```

Falls wir nun andererseits der Leerstelle in der dritten Spalte, zweite Zeile die Werte 0, 1, 2, 3, 4 bzw. 5 zuweisen, ergibt sich für die Leerstelle in der ersten Zeile und ersten Spalte die 4, da hier der Übertrag 1 ist. Wir haben also zehn verschiedene Lösungen, die daraus resultieren, daß in einer Spalte zwei Ziffern fehlen. Die Schüler sollten darüber nachdenken, ob dies in allen Fällen gilt. Lassen Sie die Schüler eine ähnliche Aufgabe aufstellen, bei der mehr als zwei Ziffern in einer Spalte fehlen, und die sich daraus ergebenden Schlußfolgerungen diskutieren.

Der zweite Aufgabentyp, bei dem alle Ziffern durch Buchstaben repräsentiert werden, ist völlig verschieden vom vorhergehenden. Hier muß unter Einbeziehung der möglichen Ziffern, die den Buchstaben zugeordnet werden können, allen Anhaltspunkten, die das Puzzle liefert, nachgegangen werden. Für die Lösung von Kryptogrammen kann kein allgemeiner Algorithmus angegeben werden. Worauf es hier ankommt, ist Verständnis für die Grundlagen der Arithmetik, logisches Schließen und eine Menge Geduld.

Ein schönes Beispiel für diesen Aufgabentyp ist die folgende Additionsaufgabe:

```
   |1| |2| |3| |4| |5|
    F   O   R   T   Y
                T   E   N
   +            T   E   N
    S   I   X   T   Y
```

Da sich in der ersten und der vierten Zeile jeweils sowohl **T** als auch **Y** in der gleichen Spalte befinden, kommt für die letzte Ziffer der Summen der **E**s und **N**s in der vierten bzw. fünften Spalte nur Null in Frage. Falls wir $N = 0$ setzen, muß $E = 5$ sein, womit 1 in die dritte Spalte übertragen werden muß. Damit haben wir

```
    F   O   R   T   Y
            T   5   0
   +        T   5   0
    S   I   X   T   Y
```

Da die beiden Stellen vor jedem **T E N** nicht belegt sind, muß das **O** in **F O R T Y** gleich 9 sein. Das **I** ist gleich 1, da aus den Hunderterstellen (Spalte drei) eine 2 übertragen wird. Eine 1 wird in die Spalte 1 übertragen, woraus $F + 1 = S$ folgt. Richten Sie an die Schüler die Frage, warum

2 und nicht etwa 1 in die zweite Spalte übertragen wurde. Der Grund dafür, daß 2 von der Spalte drei übertragen werden muß, ist folgender: Würde eine 1 übertragen, wären **I** und **N** beide Null. Wir haben nun nur noch die Ziffern 2, 3, 4, 6, 7 und 8 zuzuordnen.

```
  F 9 R T Y
      T 5 0
  +   T 5 0
  ─────────
  S 1 X T Y
```

In der Hunderterspalte haben wir den Term $2T+R+1$ (die 1 wird aus der Spalte vier übertragen), dessen Wert größer oder gleich 22 sein muß, woraus folgt, daß **T** und **R** größer als 5 sein müssen. Damit bleiben für **F** und **S** 2, 3 oder 4 übrig. Nun kann **X** nicht gleich 3 sein, da sonst **F** und **S** keine aufeinanderfolgenden Zahlen wären. Damit ist **X** gleich 2 oder 4, was unmöglich ist, falls **T** kleiner oder gleich 7 ist. Folglich ist **T** = 8, **R** = 7 und **X** = 4. Daraus ergibt sich **F** = 2, **S** = 3 und zuletzt **Y** = 6. Die Lösung der Aufgabe lautet also

```
  2 9 7 8 6
      8 5 0
  +   8 5 0
  ─────────
  3 1 4 8 6
```

Nachbereitung

Lassen Sie die Schüler die folgenden Kryptogramme lösen.

1.
```
      4 _ _ 3            4603
  + _ _ 1 4 _        + 99143
    ─────────          ──────
    _ _ 3 7 4 6        103746
```
Lösung:

2.
```
      5 _ 4 _            5349
    _ 4 5 _ 8           24588
  + 6 _ 2 5 9        + 64259
    ─────────          ──────
    9 4 1 9 6           94196
```
Lösung:

3.
```
    T R I E D          17465
  + D R I V E        + 57496
    ─────────          ──────
    R I V E T          74961
```
Lösung:

4.
```
      S E N D           9567
  +   M O R E        + 1085
    ─────────          ──────
    M O N E Y          10652
```
Lösung:

5.
```
    A L L S            9332
    W E L L            8433
    T H A T            6596
  + E N D S         + 4072
    ─────────         ──────
    S W E L L         28433
```
Lösung:

4

Ein Rechen-Schachbrett

Diese Ergänzungseinheit vermittelt den Schülern eine einfache, leicht zu erlernende Methode mit Dualzahlen zu rechnen.

Lernziele

Die Schüler sind in der Lage, ein Rechen-Schachbrett zur Addition, Subtraktion, Multiplikation und Division von Dualzahlen anzuwenden.

Vorbereitung

Die Schüler lösen folgende Aufgaben:

(a) $1100_2 + 110_2 =$ __   (b) $12 + 6 =$ __
(c) $111_2 \cdot 10_2 =$ __   (d) $7 \cdot 2 =$ __

Lehrmethoden

John Napier (latinisiert: Neper), ein schottischer Mathematiker des 16. Jahrhunderts, der die Logarithmen und einen Rechenstab (Nepersche Rechenstäbe, vgl. Einheit 15) entwickelte, beschrieb in seiner Arbeit *Rabdologia* eine Rechenmethode, bei der Steine über ein Schachbrett bewegt wurden. Neben dieser Beschreibung des ersten Computers für Dualzahlen liefert die Methode eine wertvolle Unterstützung in der Lehre. Obwohl im Mittelalter und in der Renaissance der Gebrauch von schachbrettartig gemusterten Brettern unter Verwendung eines Dualsystems und basierend auf Algorithmen zur Multiplikation durch "Verdoppeln" allgemein üblich war, brachte Napiers Zählbrett einen großen Effektivitätsgewinn im Vergleich zu früheren Geräten dieser Art.

Einheit 4 Ein Rechen-Schachbrett

Lassen Sie die Schüler ein Schachbrett in die Schule mitbringen. Zunächst werden die Zeilen und Spalten mit den Zweierpotenzen 1, 2, 4, 8, 16, 32, 64, 128 gekennzeichnet.

Als nächstes wird erklärt, wie das Brett für die Addition und Subtraktion verwendet werden kann. Jede Zahl wird durch eine Anordnung von Steinen in einer Zeile beschrieben. Jeder Stein steht für den Wert seiner Spalte. Bitten Sie die Schüler, beispielsweise die Zahlen 89, 41, 52 und 14 zu addieren. Die vierte Zeile (89) repräsentiert $64+16+8+1$ (Abb. 1).

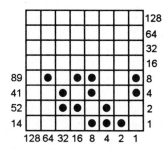

Abb. 1

Wenn sich die Schüler jeden Stein als 1 und jedes freie Feld auf dem Schachbrett als 0 vorstellen, wird die 89 in dualer Notation durch 1011001_2 repräsentiert.

Die Steine werden links beginnend so positioniert, daß der erste Stein in die Spalte gesetzt wird, die die größte Zweierpotenz vertritt, die kleiner oder gleich der darzustellenden Zahl ist. Die folgenden Steine werden auf die Zweierpotenzen gesetzt, die bei Addition zu den vorhergehenden Zweierpotenzen die gewünschte Zahl nicht überschreiten und so weiter.

Um zu addieren, bewegen die Schüler alle Steine senkrecht nach unten (Abb. 2).

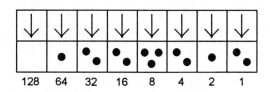

Abb. 2

Die Addition der Werte dieser Steine liefert die gesuchte Summe, um aber das Schachbrett für duale Notation verwenden zu können, muß die untere Zeile von Mehrfachbelegungen eines Feldes "bereinigt" werden. Die Schüler beginnen der Reihe nach von links. Jedes PAAR von Steinen wird entfernt und durch einen einzelnen Stein im nächsten Feld links ersetzt. Machen Sie den Schülern klar, daß dies die Gesamtsumme nicht beeinflußt, da jeweils zwei Steine mit dem Wert n durch einen Stein mit dem Wert $2n$ ersetzt werden. Im Beispiel ist das Endergebnis die Dualzahl 11000100_2 (Abb. 3).

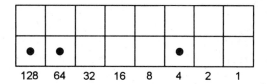

Abb. 3

Die Subtraktion ist ähnlich einfach. Nehmen wir an, die Schüler beabsichtigen, 83 von 108 zu subtrahieren. Dazu wird die größere Zahl durch die zweite Zeile repräsentiert, die kleinere Zahl durch die untere Zeile (Abb. 4).

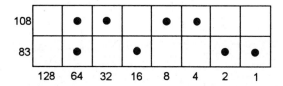

Abb. 4

Die Schüler können nun die Subtraktion in der üblichen Weise durchführen, rechts beginnend und "borgen" von Feld zu Feld. Statt dessen kann auch die zweite Zeile so verändert werden, daß jeder Stein der unteren Zeile ein oder zwei Steine über sich und kein leeres Feld in der unteren Zeile mehr als einen Stein über sich hat. Dies kann durch "Abwärtsverdoppeln" in der zweiten Zeile erreicht werden; ein Stein wird durch zwei Steine in der nächsten Spalte rechts ersetzt (Abb. 5).

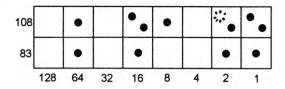

Abb. 5

Danach wird jeder Stein in der unteren Zeile durch einen Stein aus dem Feld direkt darüber ergänzt (Abb. 6).

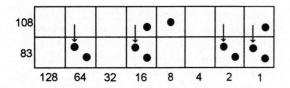

Abb. 6

Die obere Zeile zeigt nun die Differenz der zwei Zahlen in Dualdarstellung ($11001_2 = 25_{10}$).

Auch die Multiplikation ist sehr einfach durchzuführen. Als Beispiel soll $19 \cdot 13 = 247$ dienen. Die Schüler markieren für den einen Faktor, z. B. 19, die entsprechenden *Spalten* unterhalb des Brettes und für den anderen Faktor, 13, die entsprechenden *Zeilen* rechts vom Brett. Danach wird ein Stein auf jedes Feld gesetzt, dessen Zeile und Spalte markiert sind (Abb. 7, links). Jeder Stein, der sich nicht in der äußersten rechten Spalte befindet, wird nun – wie der Läufer beim Schach – auf der Diagonalen nach rechts oben bewegt (Abb. 7, rechts).

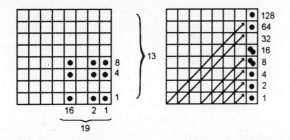

Abb. 7

Die rechte Spalte wird durch "Aufwärtshalbieren" in gleicher Weise wie bei der Addition bereinigt. Das gesuchte Produkt ist in dualer Notation als 11110111_2 abzulesen bzw. als 247_{10} darzustellen, was die Schüler schnell bestätigen werden.

Die Schüler werden wissen wollen, wie das Verfahren arbeitet. Die Steine in der ersten Zeile behalten ihre Werte, wenn sie nach rechts oben bewegt werden, die Steine der zweiten Zeile verdoppeln ihren Wert, Steine in der dritten Zeile vervierfachen ihren Wert und so weiter. Es kann gezeigt werden, daß das Verfahren äquivalent zur Multiplikation mit Zweierpotenzen ist. Die 19 wird in unserem Beispiel als $2^4 + 2^1 + 2^0$ geschrieben, die 13 als $2^3 + 2^2 + 2^0$. Wird das Produkt dieser Summen berechnet, erhalten wir

$2^7 + 2^6 + 2 \cdot 2^4 + 2 \cdot 2^3 + 2^2 + 2^1 + 2^0 = 247$. Das Bewegen der Steine ist gleichbedeutend mit Multiplizieren. Tatsächlich *multiplizieren* wir Potenzen, indem Exponenten *addiert* werden.

Als Beispiel zur Division verwenden wir 250 : 13. Das Verfahren ist, wie von den Schülern sicher nicht anders erwartet, die Umkehrung der Multiplikation. Der Divisor, in diesem Fall 13, wird am unteren Rand des Brettes markiert und der Dividend durch Steine in der äußersten rechten Spalte (Abb. 8, links).

Die Steine des Dividenden bewegen sich nun nach links unten – wieder wie der Läufer beim Schach – aber in der zur Multiplikation entgegengesetzten Richtung. Dieses Verfahren ergibt ein Muster, das nur Steine (einer pro Feld) in markierten Spalten zuläßt. Zusätzlich müssen sich die Steine aller markierten Spalten in den gleichen Zeilen befinden. Nur ein solches Muster läßt sich herstellen. Um dieses Muster zu erhalten, ist es gelegentlich notwendig, in die rechte Spalte abwärts zu verdoppeln, d. h., es werden einzelne Steine entfernt und durch Paare von Steinen im darunterliegenden Feld ersetzt. Lassen Sie die Schüler mit dem obersten Stein beginnen, der diagonal bis zur äußersten linken Spalte verschoben wird. Falls der Stein einmal nicht weiter bewegt werden kann, gehen die Schüler zum Ausgangsfeld zurück, verdoppeln abwärts und versuchen es noch einmal. Die Schüler fahren in dieser Weise fort, das Muster zu füllen, bis die eindeutige Lösung erreicht ist (Abb. 8, rechts).

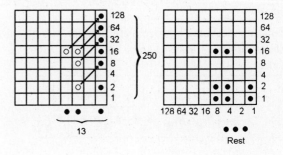

Abb. 8

Nachdem der letzte Stein plaziert worden ist, sollten die Schüler feststellen, daß drei Steine übrig geblieben sind. Sie repräsentieren den Rest (3 oder 11_2). Der Wert der rechten Spalte beträgt nun 10011_2 oder 19_{10} mit einem Rest von $\frac{3}{13}$.

Einheit 5 Das Spiel Nim

Nachbereitung

Lassen Sie die Schüler folgende Aufgaben unter Verwendung der Schachbrettmethode lösen:

(a) $27 \cdot 64 =$ (b) $194 - 63 =$
(c) $54 + 43 =$ (d) $361 : 57 =$

5 Das Spiel Nim

Lernziele

Die Schüler spielen das Spiel Nim unter Verwendung einer Strategie, die auf dem Dualsystem beruht.

Vorbereitung

Lassen Sie die Schüler in dualer Notation darstellen:

(a) 14   (b) 7   (c) 13 .

Lehrmethoden

Nim ist, obwohl es manchmal um Geld gespielt wird, schwerlich als Glücksspiel zu bezeichnen. Das liegt daran, daß ein Spieler, der das "Geheimnis" des Spiels kennt, eigentlich immer gewinnen kann.

Das Spiel Nim kann mit Stäbchen, Kieselsteinen, Münzen oder irgendwelchen anderen kleinen Gegenständen gespielt werden. Beschreiben Sie den Schülern das Spiel mit Streichhölzern. Die Streichhölzer werden auf drei Haufen aufgeteilt (es kann auch eine andere Anzahl von Haufen verwendet werden), wobei die Anzahl der Streichhölzer pro Haufen beliebig ist. Zwei Schüler spielen gegeneinander. Die beiden Spieler sind abwechselnd am Zug. Ein Zug besteht im Wegnehmen von Streichhölzern nach bestimmten Regeln. Die Regeln sind folgende:

1. Die Streichhölzer dürfen in jedem Zug nur von genau einem Haufen entnommen werden.
2. Jeder Spieler darf beliebig viele Streichhölzer nehmen, jedoch mindestens eines, aber auch einen ganzen Haufen in einem Zug.
3. Der Spieler, der das letzte Streichholz nimmt, hat gewonnen.

Das "Geheimnis" des Erfolgs ist ganz einfach, aber Spielpraxis ist notwendig, um sich die dem Spiel innewohnende Arithmetik zu eigen zu machen. Deshalb ist es sicherlich einfacher, mit einer kleinen Zahl von Streichhölzern zu beginnen. Die Gewinnstrategie besteht darin, so zu ziehen, daß der Gegenspieler eine *gerade Verteilung* von Streichhölzern vorfindet.

Zunächst ist es notwendig zu lernen, wie man eine gerade bzw. ungerade Verteilung identifiziert. Nehmen wir an, daß die Streichhölzer auf drei Haufen mit 14, 7 und 13 Streichhölzern aufgeteilt sind. Lassen Sie die Schüler jede dieser Zahlen in dualer Notation aufschreiben und die Ziffern in jeder Spalte in der üblichen Weise addieren, also wie bei der Addition von Zahlen im Dezimalsystem. Ist mindestens eine der einzelnen Summen eine ungerade Zahl, so wird die Verteilung ungerade genannt. Das folgende Beispiel zeigt eine ungerade Verteilung, da eine der Summen ungerade ist.

Vierzehn = 1 1 1 0
Sieben   =   1 1 1
Dreizehn = 1 1 0 1

2 3 2 2 (ungerade Verteilung)

Falls die Streichhölzer in drei Haufen mit 9, 13 bzw. 4 Streichhölzern aufgeteilt sind, ist jede einzelne Summe gerade und es handelt sich folglich um eine gerade Verteilung.

Neun   = 1 0 0 1
Dreizehn = 1 1 0 1
Vier   =   1 0 0

2 2 0 2 (gerade Verteilung)

Zieht nun ein Schüler aus einer geraden Verteilung, muß er unbedingt eine ungerade Verteilung zurücklassen, denn, betrachtet man die Dualdarstellung der Verteilung, so wird jeder Zug eine Eins aus mindestens einer Spalte entfernen, womit die Summe der Spalte nicht mehr gerade sein wird.

Andererseits, falls ein Spieler aus einer ungeraden Verteilung zieht, kann er entweder eine ungerade oder gerade Verteilung zurücklassen. Es gibt jedoch i. allg. nur einige wenige Züge, die eine ungerade Verteilung in eine gerade Verteilung verwandeln. Ein zufällig vorgenommener Zug aus einer ungeraden Verteilung wird sehr wahrscheinlich eine ungerade Verteilung zum Ergebnis haben.

Erklären Sie den Schülern, daß das Ziel des Spieles in dem Versuch besteht, den Gegner zu zwingen, aus einer geraden Verteilung zu ziehen, worauf sein Zug eine ungerade Verteilung zurückläßt. Es gibt zwei zum Sieg führende Endverteilungen, die gerade Verteilungen sind:

(a) Zwei Haufen von je zwei Streichhölzern, symbolisch mit (2), (2) bezeichnet.

(b) Vier Haufen mit je einem Streichholz, mit (1), (1), (1), (1) bezeichnet.

Falls der Schüler in jedem Zug eine gerade Verteilung zurücklassen kann, ist er eventuell in der Lage, seinen Gegenspieler zu zwingen, aus einer der obigen geraden Verteilungen zu ziehen, und das Spiel ist gewonnen. Wenn zu Beginn des Spiels der Schüler eine gerade Verteilung vorfindet, ist die beste Strategie, ein einzelnes Streichholz vom größten Haufen zu ziehen, um eine ungerade Verteilung zurückzulassen. Falls der Gegenspieler das "Geheimnis" des Spiels nicht kennt, wird er zufällig ziehen, wahrscheinlich eine ungerade Verteilung zurücklassen, womit der Spieler in der Lage ist, einen Sieg zu erzwingen.

Lassen Sie die Schüler die Züge eines Probespiels verfolgen. Ordnen Sie die Streichhölzer zu Haufen mit 7, 6 bzw. 3 Streichhölzern an.

/////// ////// ///

Sieben = 1 1 1
Sechs = 1 1 0
Drei   =   1 1

2 3 2 (ungerade Verteilung)

Um eine gerade Verteilung zurückzulassen, muß der erste Schüler zwei Streichhölzer von irgendeinem Haufen entnehmen. Zieht er vom ersten Haufen, ergibt sich:

///// ////// ///

Fünf = 1 0 1
Sechs = 1 1 0
Drei =   1 1

2 2 2 (gerade Verteilung)

Ganz gleich, welchen Zug er macht, der zweite Schüler ist gezwungen, eine ungerade Verteilung zurückzulassen. Er zieht z. B. drei Streichhölzer vom zweiten Haufen.

///// /// ///

Fünf = 1 0 1
Drei =   1 1
Drei =   1 1

2 1 3 (ungerade Verteilung)

An dieser Stelle sollte der erste Schüler alle fünf Streichhölzer des ersten Haufens entnehmen.

/// ///

Drei = 1 1
Drei = 1 1

2 2 (gerade Verteilung)

Nun gewinnt der erste Schüler unabhängig davon, welchen Zug der zweite wählt. Die Schüler sollten nun gegeneinander spielen. Dadurch werden die Fertigkeiten im Umgang mit dem Dualsystem verbessert. Nachdem die Schüler das Spiel in der oben beschriebenen Weise erfolgreich beendet haben, sollten die Rollen getauscht werden. (Das heißt, der Verlierer wird nun der Spieler, der das letzte Streichholz ziehen muß.)

Nachbereitung

Lassen Sie einen Schüler, dem die Strategie erklärt wurde, Nim gegen einen Schüler spielen, der nur die Regeln kennt. Verwenden Sie irgendeine (oder alle) der folgenden Ausgangssituationen:

(a) 17, 15, 4 (b) 18, 15, 4 (c) 18, 15, 3.

Der Spieler, der die Strategie kennt, sollte stets gewinnen.

6

Der Turm von Hanoi

Diese Einheit gibt Schülern die Gelegenheit, ein altes Knobelspiel unter Verwendung des Dualsystems zu lösen. Das Spiel, bekannt als der "Turm von Hanoi", wurde 1883 von dem französischen Mathematiker Edouard Lucas erfunden.

Lernziele

Jeder Schüler erstellt und spielt sein eigenes Turm-von-Hanoi-Spiel unter Verwendung des Dualsystems.

Vorbereitung

Die Schüler sollten in der Lage sein, Dezimalzahlen in Dualzahlen zu konvertieren. Stellen Sie den Schülern die Aufgabe, von folgenden Dezimalzahlen die Dualdarstellung anzugeben:

(a) 4, (b) 8, (c) 16, (d) 60, (e) 125.

Lehrmethoden

Beginnen Sie die Lektion, indem Sie den Schüler die "Geschichte" des Spieles schildern:

In seinem Buch *Mathematical Recreations and Essays* berichtet W. W. Rouse Ball eine interessante Legende über den Ursprung eines Spieles, das Turm von Hanoi genannt wurde. Im großen Tempel von Benares, in der Nähe des Domes, der das Zentrum der Welt markiert, liegt eine Bronzeplatte, in die drei Diamantnadeln eingelassen sind, jede ein Cubit[3] hoch und so dick wie der Körper einer Biene. Während der Schöpfung stapelte Gott 64 goldene Scheiben von abnehmender Größe auf eine der Nadeln; die größte Scheibe zuunterst auf der Bronzeplatte liegend. Das ist der Turm von Brahma.

Der Überlieferung nach arbeiten die Priester Tag und Nacht an der Umschichtung der Scheiben von einer Diamantnadel auf die andere entsprechend den festgeschriebenen Gesetzen Brahmas, die fordern, daß der dienstuende Priester *nicht mehr als eine Scheibe auf einmal* bewegt und jede Scheibe so auf eine Nadel schichtet, daß *keine schmalere Scheibe darunter liegt*. Wenn die 64 Scheiben von der Nadel, auf die sie Gott während der Schöpfung gestapelt hatte, auf eine der anderen Nadeln umgeschichtet worden sind, werden Turm, Tempel und die Brahmanen zu Staub zerfallen und die Welt wird mit einem Donnerschlag verschwinden.

Das Spiel, das kommerziell vertrieben wird, kann leicht von jedem Schüler der Klasse selbst hergestellt werden. Dazu werden aus Pappe acht Kreise von unterschiedlichem Durchmesser ausgeschnitten. In ein starkes Stück Pappe werden drei Löcher so gestanzt, daß der Abstand der Löcher untereinander größer ist als der Durchmesser der größten Scheibe. Nun wird ein Zapfen oder Bleistift aufrechtstehend in jedes der Löcher eingeleimt. In die Mitte jede Scheibe wird ein Loch geschnitten, groß genug, daß die Zapfen hindurchpassen. Nun können die Scheiben der Größe nach geordnet auf einen der Zapfen geschichtet werden, so daß die größte Scheibe zuunterst liegt. Diese Anordnung der Scheiben wird *Turm* genannt (Abb. 1).

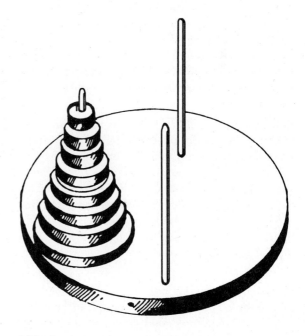

Abb. 1

Falls Sie sich nicht die Mühe machen wollen, Kreise auszuschneiden und Zapfen auf ein Brett zu leimen, können Sie auch eine einfachere Variante mit acht Quadraten unterschiedlicher Größe und drei

---
[3] Anm. d. Übers.: altes Längenmaß, 45 bis 56 cm

Tellern zum Stapeln der Quadrate wählen. In jedem Fall sollten jedoch die Regeln beachtet werden:

Zu Beginn liegen alle Scheiben auf einer Position der Größe nach geordnet übereinander, die größte Scheibe zuunterst. Die Aufgabe besteht nun darin, die Scheiben einzeln von dieser Position auf eine andere wechseln zu lassen, so daß eine Scheibe nie auf eine Scheibe kleineren Durchmessers zu liegen kommt. Dieses Ziel sollte in der kleinstmöglichen Anzahl von Zügen erreicht werden. Erinnern Sie die Schüler an die Grundregeln:

1. *Bewege nur eine Scheibe auf einmal.*

2. *Lege nie eine größere auf eine kleinere Scheibe.*

Um die Schüler mit den Spielregeln vertraut zu machen, demonstrieren Sie das Spiel mit zunächst nur drei Scheiben. Die Schüler sollten in der Lage sein, einen Turm aus drei Scheiben in sieben Zügen die Position wechseln zu lassen.

Lassen Sie es die Schüler nun mit vier Scheiben versuchen. Dafür sind zuerst sieben Züge nötig, um die oberen drei Scheiben auf einen der anderen beiden Zapfen wechseln zu lassen. Damit liegt die vierte Scheibe frei, die auf den dritten Zapfen gelegt werden kann. Sieben weitere Züge werden nun benötigt, um die anderen drei Scheiben zurück auf die vierte zu schichten. Die Gesamtzahl der Züge beträgt somit 15.

Betrachten die Schüler das Spiel mit fünf Scheiben, müssen die vier oberen Scheiben zweimal bewegt werden, einmal, um die fünfte Scheibe freizulegen und einmal, um sie auf die fünfte Scheibe zurückzuschichten, nachdem die fünfte Scheibe bewegt wurde. Also braucht die Bewegung von fünf Scheiben 31 Züge; von sechs Scheiben 63 Züge. Stellen Sie den Schülern die Frage, wie viele Züge für sieben Scheiben, acht Scheiben usw. benötigt werden.

Bei der Beschäftigung mit dem Spiel wird eine interessante mathematische Frage auftauchen: *Wie groß ist die minimale Zahl der Züge, die benötigt werden, um eine bestimmte Anzahl von Scheiben von einer Position zu einer anderen wechseln zu lassen?* Um diese Frage zu beantworten, schlagen Sie den Schülern vor, die Anzahl der Scheiben mit n zu bezeichnen. Die Minimalzahl der Züge beträgt dann $2^n - 1$. Für den Fall von acht Scheiben ergibt sich damit als minimale Anzahl der benötigten Züge $2^6 - 1 = 256 - 1 = 255$.

Kehren wir zu den Brahmanen mit ihren 64 goldenen Scheiben zurück. Wie viele Züge werden sie benötigen?

$2^{64} - 1 = 18\,446\,744\,073\,709\,551\,615.$

Wenn die Priester in der Lage wären, pro Sekunde einen Zug zu machen und 24 Stunden am Tag arbeiten würden, 365 Tage im Jahr, würden sie mehr als *580 Milliarden Jahre* brauchen, das Kunststück zu vollführen, vorausgesetzt, daß ihnen kein Fehler unterläuft. Wie lange würden sie brauchen, um die Hälfte (oder 32) der Scheiben umzuschichten? (4 294 967 295 Sekunden = 136 Jahre.)

Spielen Sie nun mit Ihrer Klasse den Turm von Hanoi mit acht Scheiben. Lassen die Schüler die Scheiben der Größe nach - von der kleinsten zu größten - von eins bis acht durchnumerieren. Außerdem werden die Züge von 1 bis 255 ($2^8 - 1 = 255$) durchnumeriert. Die Nummer des jeweiligen Zuges wird nun in Dualdarstellung notiert. Um herauszubekommen, welche Scheibe in jedem Zug zu bewegen ist, können die Schüler auf die Dualzahl zurückgreifen, die diesem Zug entspricht. Lassen Sie sie die Ziffern von rechts beginnend zählen, bis die erste Eins erreicht ist. Die Anzahl der gezählten Ziffern teilt mit, welche Scheibe zu bewegen ist. Wenn, z. B., die erste 1 von von rechts die dritte Ziffer ist, wird die dritte Scheibe bewegt. Nun muß geklärt werden wohin. Falls es keine weiteren Ziffern links von der ersten 1 gibt, wird die Scheibe auf den Zapfen gelegt, der noch keine Scheiben besitzt. Falls es aber weitere Ziffern links von der ersten 1 *gibt*, sollten die Schüler wieder von rechts beginnend weiterzählen, bis die zweite 1 erreicht ist. Die Anzahl der diesmal gezählten Ziffern identifiziert eine größere Scheibe, die bereits früher bewegt wurde. Die Schüler müssen noch darüber entscheiden, ob die von ihnen bewegte Scheibe auf die größere Scheibe oder auf einen "leeren" Zapfen gelegt wird. Ist nämlich die Zahl der Nullen zwischen der ersten und der zweiten 1 - jeweils von rechts - gerade bzw. gibt es keine Nullen zwischen den Einsen, dann sollte die Scheibe auf diejenige gestapelt werden, auf die die zweite 1 hinweist. Im anderen Fall - bei ungerader Anzahl von Nullen - wird die Scheibe auf den leeren Zapfen gelegt.

Die Zahlen 1 bis 15 sind hier in Dualdarstellung

Einheit 7 Welcher Wochentag war es?

mit den sich daraus ergebenden Hinweisen für die ersten fünfzehn Züge aufgeschrieben:

1	Bewege Scheibe 1.
10	Bewege Scheibe 2.
11	Lege Scheibe 1 auf Scheibe 2.
100	Bewege Scheibe 3.
101	Lege Scheibe nicht 1 auf Scheibe 3.
110	Lege Scheibe 2 auf Scheibe 3.
111	Lege Scheibe 1 auf Scheibe 3.
1000	Bewege Scheibe 4.
1001	Lege Scheibe 1 auf Scheibe 4.
1010	Lege Scheibe 2 nicht auf Scheibe 4.
1011	Lege Scheibe 1 auf Scheibe 2.
1100	Lege Scheibe 3 auf Scheibe 4.
1101	Lege Scheibe 1 nicht auf Scheibe 3.
1110	Lege Scheibe 2 auf Scheibe 3.
1111	Lege Scheibe 1 auf Scheibe 2.

Nachbereitung

Um die Fertigkeiten der Schüler einschätzen zu können, lassen Sie sie die obige Tabelle vervollständigen. Danach führen die Schüler die ersten 25 Züge an ihrem Modell des Turmes von Hanoi aus.

7
Welcher Wochentag war es?

Dieses Thema bietet sich sowohl als unterhaltsame Ergänzung als auch als interessante Anwendung der Mathematik an. Die Schüler werden ihren Spaß an der Verbindung zwischen der Astronomie und dem Restklassenrechnen modulo 7 haben. Außerdem werden die Schüler erstaunt sein, wie viele Dinge für die Lösung dieses scheinbar einfachen Problems berücksichtigt werden müssen.

Lernziele

1. *Für ein vorgegebenes Datum bestimmen die Schüler den dazugehörigen Wochentag.*

2. *Für ein vorgegebenes Jahr bestimmen die Schüler das Datum des Ostersonntags.*

Vorbereitung

Die Schüler müssen mit dem Aufbau des Kalenders vertraut sein.

Geben Sie den Schülern ein Datum des laufenden Jahres und fordern Sie sie auf, den dazugehörigen Wochentag anzugeben. Danach fragen Sie nach einem Datum in der Vergangenheit. Die Schüler werden interessiert sein, ein schnelles und zuverlässiges Verfahren zu entwickeln, um diese Aufgabe zu lösen.

Lehrmethoden

Beginnen Sie mit einem kurzen historischen Überblick über die Geschichte des Kalenders. Die Schüler werden sich sicher am stärksten für die Entwicklung des gegenwärtigen Gregorianischen Kalenders interessieren.

Diskutieren Sie die Zusammenhänge zwischen Kalender und Astronomie. Zeit kann nur durch die Beobachtung der Bewegung von Körpern, die sich in unveränderlichen Zyklen bewegen, gemessen werden. Die einzigen Bewegungen dieser Art sind die Bewegungen der Himmelskörper. Wir verdanken also der Astronomie die Begründung einer sicheren Grundlage für die Zeitmessung durch die Festlegung der Längen von Tag, Monat und Jahr. Ein Jahr ist definiert als das Zeitintervall zwischen zwei Durchgängen der Erde durch ein und denselben Punkt ihrer Umlaufbahn in Beziehung zur Sonne. Das so definierte Sonnenjahr beträgt näherungsweise 365,242216 mittlere Sonnentage. Die Länge des Jahres ist nicht kommensurabel[4] mit der Länge des Tages; die Geschichte des Kalenders ist die Geschichte der Versuche, diese beiden inkommensurablen Einheiten so zu behandeln, daß sie sich in ein einfaches und praktikables System einordnen.

Die Geschichte des Kalenders geht bis auf Romulus zurück, den legendären Gründer von Rom, der ein Jahr von 300 Tagen, auf 10 Monate aufgeteilt, einführte. Sein Nachfolger Numa fügte zwei Monate hinzu. Dieser Kalender wurde die folgenden sechseinhalb Jahrhunderte benutzt, bis Julius Caesar den Julianischen Kalender einführte. Wäre ein Jahr tatsächlich 365,25 Tage lang, hätte

---

[4] Anm. d. Übers.: Das heißt, die Länge des Jahres ist kein ganzzahliges Vielfaches der Tageslänge.

die Vereinbarung eines zusätzlichen Tages alle vier Jahre, der das vierte Jahr damit zum Schaltjahr erklärt, die Abweichung vollständig kompensiert. Der Julianische Kalender wurde neben anderen römischen Kulturgütern weit verbreitet und generell bis 1582 verwendet.

Die Ursache der Schwierigkeiten, die diese Methode der Berechnung mit sich brachte, bestand darin, daß eben 365,25 nicht gleich 365,242216 ist. Obwohl dieser Unterschied vernachlässigbar erscheinen mag, führte er in Hunderten von Jahren zu einer Abweichung von einer beträchtlichen Anzahl von Tagen. Das Julianische Jahr war geringfügig zu lang, was bis 1582 einen Fehler von inzwischen zehn Tagen hervorrief.

Papst Gregor XII. versuchte, den Fehler zu beheben. Da die Frühlings-Tagundnachtgleiche 1582 auf den 11. März fiel, ordnete er an, zehn Tage aus dem Kalender zu streichen, so daß die Tagundnachtgleiche ordnungsgemäß auf den 21. März fiel. Als er die Kalenderreform proklamierte, formulierte er die Regeln für die Schaltjahre. Im Gregorianischen Kalender sind die Jahre (basierend auf rund 365,2425 Tagen), deren Jahreszahl durch vier teilbar ist, Schaltjahre. Eine Ausnahme bilden die Jahre, deren Jahreszahl durch 100, aber nicht durch 400 teilbar ist. Somit sind 1700, 1800, 1900, 2100, ... keine Schaltjahre im Gegensatz zum Jahr 2000.

In Großbritannien und seinen Kolonien wurde der Wechsel vom Julianischen zum Gregorianischen Kalender erst 1752 vollzogen. Im September dieses Jahres wurden elf Tage ausgelassen. Der Tag nach dem 2. September war der 14. September. Es ist interessant, die Kopie eines Kalenders für September 1752 zu betrachten, der aus dem Almanach von Richard Saunders, Gent., stammt und in London veröffentlicht wurde (Abb. 1).

Mathematiker haben über den Kalender nachgedacht und versucht, Methoden zu entwickeln, um den Wochentag für ein gegebenes Datum oder einen Feiertag angeben zu können.

Um eine Methode zur Bestimmung des Wochentages zu entwickeln, sollten die Schüler wissen, daß ein Kalenderjahr (das Schaltjahr ausgenommen) 52 Wochen und einen Tag lang ist. Ist der Neujahrstag in irgendeinem Jahr nach einem Schaltjahr ein Sonntag, so wird der folgende Neujahrstag auf einen Montag fallen. Im darauffolgenden Jahr wird dieser Tag ein Dienstag sein. Der Neujahrstag des Schaltjahres wird ein Mittwoch sein. Da das Schaltjahr aber 366 Tage besitzt, wird der nächste Neujahrstag auf einen Freitag fallen. Die periodische Abfolge der Wochentage wird alle vier Jahre unterbrochen (mit der Ausnahme der Jahre, deren Jahreszahlen durch 100 teilbar sind, dabei wiederum ausgenommen die durch 400 teilbaren Jahre).

Zuerst wird eine Methode entwickelt, um den Wochentag für Daten desselben Jahres zu bestimmen.

Angenommen, der 4. Februar fällt auf einen Montag. Auf welchen Wochentag fällt dann der 15. September? Vorausgesetzt, daß dieses Kalenderjahr kein Schaltjahr ist, benötigen wir nur:

1. Die Anzahl der Tage zwischen dem 4. Februar und dem 15. September. Wir stellen fest, daß der 4. Februar der 35. Tag des Jahres ist und der 15. September der 258. Tag. (Die folgenden Tabellen 7.1 und 7.2 erleichtern das Auffinden dieser Daten.) Die Differenz zwischen 258 und 35 ist die gesuchte Anzahl, nämlich 223.

2. Da eine Woche sieben Tage hat, teilen wir 223 durch 7. [223:7 = 31 Rest 6]

3. Die 6 zeigt an, daß der Tag, auf den der 15. September fällt, der sechste Tag nach dem Montag, also Sonntag, sein muß. Im Fall eines Schaltjahres muß ein Tag nach dem 28. Februar, der 29. Februar, eingeschoben werden.

Eine vergleichbare Methode für die Bestimmung des Wochentages bei gegebenem Datum im selben Jahr soll im folgenden diskutiert werden.

Da der Januar 31 Tage hat, wird das gleiche Datum im Folgemonat auf einen Wochentag 3 Tage nach dem Wochentag im Januar fallen, das gleiche Datum im März wird ebenfalls um 3 Wochentage verschoben sein, während im April eine Verschiebung um 6 Tage stattfindet. Wir sind also in der Lage, eine Tabelle mit Indizes für die Monate anzugeben, die es erlaubt, alle Daten auf die entsprechenden Daten im Januar zu beziehen:

Jan.	0	Apr.	6	Juli	6	Okt.	0
Febr.	3	Mai	1	Aug.	2	Nov.	3
März	3	Juni	4	Sept.	5	Dez.	5

(Diese Indizes geben die Differenzen zwischen den Monaten mod 7 an, also die Reste der Differenzen bei Division durch 7.)

2752 September hath XIX Days this Year.

First Quarter, the 15th day at 2 afternoon.
Full Moon, the 23rd day at 1 afternoon.
Last Quarter, the 30th day at 2 afternoon.

M D	W D	Saints' Days Terms, &c.	Moon South	Moon Sets	Full Sea at Lond.	Aspects and Weather
1	f	Day br. 3.35	3 A 27	8 A 29	5 A 1	□ ♃ ☿
2	g	London burn.	4 26	9 11	5 38	Lofty winds

According to an act of Parliament passed in the 24th year of his Majesty's reign and in the year of our Lord 1751, the Old Style ceases here and the New takes its place; and consequently the next Day, which in the old account would have been the 3d is now to be called the 14th; so that all the intermediate nominal days from the 2d to the 14th are omitted or rather annihilated this Year; and the Month contains no more than 19 days, as the title at the head expresses.

14	e	Clock slo. 5 m.	5 15	9 47	6 27	HOLY ROOD D.
15	f	Day 12 h. 30 m.	6 3	10 31	7 18	and hasty
16	g		6 57	11 23	8 16	showers
17	*A*	15 S. AFT. TRIN.	7 37	12 19	9 7	
18	b		8 26	Morn.	10 22	More warm
19	c	Nat. V. Mary	9 12	1 22	11 21	and dry
20	d	EMBER WEEK	9 59	2 24	Morn.	weather
21	e	ST. MATTHEW	10 43	3 37	0 17	☌ ♀ ☿
22	f	Burchan	11 28	☾ rise	1 6	□ ♃ ♀
23	g	EQUAL D. & N.	Morn.	6 A 13	1 52	☌ ☉ ♂
24	*A*	16 S. AFT. TRIN.	0 16	6 37	2 39	☌ ☉ ☿
25	b		1 5	7 39	3 14	
26	c	Day 11 h. 52 m.	1 57	8 39	3 48	Rain or hail
27	d	EMBER WEEK	2 56	8 18	4 23	☌ ♂ ☿
28	e	Lambert bp.	3 47	9 3	5 6	now abouts
29	f	ST. MICHAEL	4 44	9 59	5 55	✱ ♄ ♀
30	g		5 43	11 2	6 58	

Abb. 1

Nun müssen Sie nur das Datum und den Monatsindex addieren, durch 7 dividieren und der Rest wird Ihnen den Wochentag anzeigen.

Beispiel: Betrachten wir das Jahr 1925. Der 1. Januar war ein Donnerstag. Auf welchen Wochentag fiel der 12. März?
Wir addieren $12 + 3 = 15$, dividieren $15 : 7 = 2$ Rest 1. Das bedeutet Donnerstag. In Schaltjahren müßte hier eine zusätzliche 1 für Daten nach dem 29. Februar addiert werden.

Die Schüler werden nun interessiert sein, den Wochentag für ein gegebenes Datum eines beliebigen Jahres zu finden. Weisen Sie darauf hin, daß man zuerst den Wochentag des 1. Januar des Jahres 1 kennen und außerdem Korrekturen für die Schaltjahre durchführen muß.

Der Wochentag, auf den der 1. Januar des Jahres 1 fiel, kann wie folgt bestimmt werden. Unter Verwendung eines Tages, dessen Datum und Wochentag bekannt ist, bestimmen wir die Anzahl der seit dem 1. Januar des Jahres 1 vergangenen Tage. Seit dem 1. Januar des Jahres 1 sind bis zum 1. Januar 1952, der ein Mittwoch war, unter Zugrundelegung des Sonnenjahres $1951 \cdot 365{,}2425 = 712588.1175$ Tage vergangen. Division durch 7 ergibt 101 798 Rest 2. Der Rest zeigt an, daß 2 Tage vom Mittwoch an gezählt werden müßten. Da sich die Rechnungen auf die Vergangenheit beziehen, wird hier rückgerechnet, womit der 1. Januar (im Gregorianischen Kalender) auf einen Montag fiel.

Eine Methode, den Wochentag für ein beliebiges Jahr zu bestimmen, besteht darin, die Daten eines jeden Jahres getrennt zu behandeln. Ist der Wochentag des ersten Tages dieser Periode bekannt, kann man, in gleicher Weise wie zuvor, die übrigen Tage nach diesem Wochentag bestimmen (also den Wochentag, auf den ein gegebenes Datum dieses Jahrhunderts fällt). Für die Jahre 1900 – 1999 werden folgende Informationen benötigt:

1. Die monatlichen Indizes (vgl. obige Diskussion).
2. Der 1. Januar 1900 war ein Montag.
3. Die Anzahl der Jahre (somit die Anzahl der Tage über die 52–Wochen–Zyklen), die seit dem Jahr 1900 vergangen sind.
4. Die Anzahl der Schaltjahre (d. h. der zusätzlichen Tage), die seit dem Beginn des Jahrhunderts aufgetreten sind.

Mit diesen Kenntnissen können wir feststellen, wie viele Tage in diesem Montags-Wochenzyklus gezählt werden müssen.

Tabelle 7.1:

Datum	1	2	3	4	5	6	7	8	9	10	11	12	13	14	15
Januar	1	2	3	4	5	6	7	8	9	10	11	12	13	14	15
Februar	32	33	34	35	36	37	38	39	40	41	42	43	44	45	46
März	60	61	62	63	64	65	66	67	68	69	70	71	72	73	74
April	91	92	93	94	95	96	97	98	99	100	101	102	103	104	105
Mai	121	122	123	124	125	126	127	128	129	130	131	132	133	134	135
Juni	152	153	154	155	156	157	158	159	160	161	162	163	164	165	166
Juli	182	183	184	185	186	187	188	189	190	191	192	193	194	195	196
August	213	214	215	216	217	218	219	220	221	222	223	224	225	226	227
September	244	245	246	247	248	249	250	251	252	253	254	255	256	257	258
Oktober	274	275	276	277	278	279	280	281	282	283	284	285	286	287	288
November	305	306	307	308	309	310	311	312	313	314	315	316	317	318	319
Dezember	335	336	337	338	339	340	341	342	343	344	345	346	347	348	349

Tabelle 7.2:

Datum	16	17	18	19	20	21	22	23	24	25	26	27	28	29	30	31
Januar	16	17	18	19	20	21	22	23	24	25	26	27	28	29	30	31
Februar	47	48	49	50	51	52	53	54	55	56	57	58	59			
März	75	76	77	78	79	80	81	82	83	84	85	86	87	88	89	90
April	106	107	108	109	110	111	112	113	114	115	116	117	118	119	120	
Mai	136	137	138	139	140	141	142	143	144	145	146	147	148	149	150	151
Juni	167	168	169	170	171	172	173	174	175	176	177	178	179	180	181	
Juli	197	198	199	200	201	202	203	204	205	206	207	208	209	210	211	212
August	228	229	230	231	232	233	234	235	236	237	238	239	240	241	242	243
September	259	260	261	262	263	264	265	266	267	268	269	270	271	272	273	
Oktober	289	290	291	292	293	294	295	296	297	298	299	300	301	302	303	304
November	320	321	322	323	324	325	326	327	328	329	330	331	332	333	334	
Dezember	350	351	352	353	354	355	356	357	358	359	360	361	362	363	364	365

Beispiele:

1. *9. Mai 1914*. Addiere 9 (Tage im Monat Mai), 1 (Index des Monats), 14 (Anzahl der Jahre seit 1900) und 3 (Anzahl der Schaltjahre in diesem Jahrhundert bis dahin). 9+1+14+3 = 27. Dividiere durch 7, verbleibt Rest 6, womit der gesuchte Wochentag ein Sonnabend ist.

2. *16. August 1937*. Addiere 16+2+37+9 = 64. Dividiere durch 7, verbleibt Rest 1, womit der gesuchte Wochentag ein Montag ist.

Für den Zeitraum 1800–1899 kann genauso vorgegangen werden, außer, daß der 1. Januar 1800 auf einen Mittwoch fällt. Für den Zeitraum 14. September 1752–1799 kann wieder so vorgegangen werden, außer, daß der erste Tag dieser Periode ein Freitag ist. Auch für den Zeitraum bis einschließlich 2. September 1752 ist dieses Vorgehen angebracht, jedoch wird hier die Jahreszahl insgesamt addiert und die Zahl der Wochentage startet beim Freitag.

Beispiel: 13. Mai 1240.
Addiere 13+1+1240+10=1264. Dividiere durch 7, verbleibt Rest 4, womit der gesuchte Wochentag ein Montag ist.

Es gibt noch ein weiteres Verfahren zur Bestimmung des Wochentages ohne Berücksichtigung un-

Einheit 7 Welcher Wochentag war es?

terschiedlicher Perioden.

Wir beginnen wieder mit der Kenntnis des Wochentages des 1. Januars des Jahres 1. Wir werden nicht die tatsächliche Anzahl der seit dem 1. Januar des Jahres 1 vergangenen Tage, sondern nur die überschüssigen Tage über die vergangenen Wochen zählen. Dazu addieren wir die Anzahl der Tage, die seit dem 1. Januar des gegebenen Jahres vergangen sind. Die Gesamtsumme wird durch 7 dividiert, wobei der Rest die Anzahl der Tage beschreibt, die für diese Woche gezählt werden müssen. Somit ergibt sich die Formel: 1 (Montag) + Rest bei der Division durch 7 (der bis dahin vergangenen Jahre + Anzahl der Tage, die seit dem 1. Januar des gegebenen Jahres vergangen sind + Anzahl der Schaltjahre seit dem Jahr 1) = Anzahl der Wochentage. Bei der Berechnung der Anzahl der Schaltjahre muß berücksichtigt werden, daß die Jahre, deren Jahreszahl auf zwei Nullen endet, aber nicht durch 400 teilbar ist, keine Schaltjahre sind. Es muß also von der Gesamtzahl an Schaltjahren eine bestimmte Anzahl von Schaltjahren abgezogen werden.

Beispiel: 25. Dezember 1954.
1 + 1953 + 488 (Schaltjahre) − 15 (Jahrhundertschaltjahre 19 − 4 = 15) + 358 (Anzahl der Tage zwischen 1. Januar 1954 und 25. Dezember 1954) = 2785. Division durch 7 liefert Rest 6. Damit fällt der 25. Dezember 1954 auf den sechsten Tag der Woche, den Sonnabend.

Um das Problem der Bestimmung der Wochentage zu lösen, wurden eine Reihe von Tabellen und Mechanismen entwickelt. Im folgenden werden zwei Nomogramme vorgestellt, die dafür entwickelt wurden.

Das erste (Abb. 2) besteht aus vier Skalen und ist folgendermaßen zu verwenden:

1. Verbinde mit einem Lineal den Punkt auf der ersten Skala, der das Datum anzeigt, mit dem Punkt auf der dritten Skala, der dem vorgegebenen Monat entspricht. Markiere den Schnittpunkt mit der zweiten Skala.

2. Verbinde diesen Punkt auf der zweiten Skala mit dem Punkt auf der vierten Skala, der das passende Jahrhundert anzeigt. Markiere den Schnittpunkt mit der dritten Skala.

3. Verbinde diesen Punkt mit dem Punkt auf der ersten Skala, der das passende Jahr anzeigt. Der Schnittpunkt mit der zweiten Skala

liefert den gesuchten Wochentag. (Zur Beachtung: Für die Monate Januar und Februar ist das Jahr um 1 zu vermindern.)

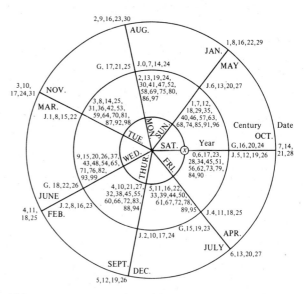

Abb. 3 : Immerwährender Kalender, Radius-Kreis-Typ

Das zweite Nomogramm (Abb. 3) besteht aus drei konzentrischen Kreisen, die durch sieben Radien geschnitten werden. Das Verfahren besteht im folgenden:

1. Suche das Datum und den Monat auf dem äußeren Kreis. Falls es zwei Punkte gibt, zeichne die Sekante. Stimmen die Punkte überein, zeichne die Tangente.

2. Suche das Jahrhundert auf dem mittleren Kreis. Zeichne durch diesen Punkt eine zur ersten Geraden parallele Gerade, bis diese Gerade den mittleren Kreis in einem weiteren Punkt schneidet. Der gefundene Punkt wird ein Schnittpunkt mit einem Kreisradius sein.

3. Folge dem Radius von dem eben gefundenen Punkt aus zum inneren Kreis und suche dort das betreffende Jahr. (Falls es sich um die Monate Januar bzw. Februar handelt, das Vorjahr.) Zeichne eine Gerade durch diese beiden Punkte auf dem inneren Kreis. (Falls sie auf den Sonnabend zusammenfallen, ist der Sonnabend der gesuchte Wochentag.)

4. Finde den Punkt, in dem der Sonnabend-Radius den inneren Kreis schneidet, und

Einheit 7 Welcher Wochentag war es?

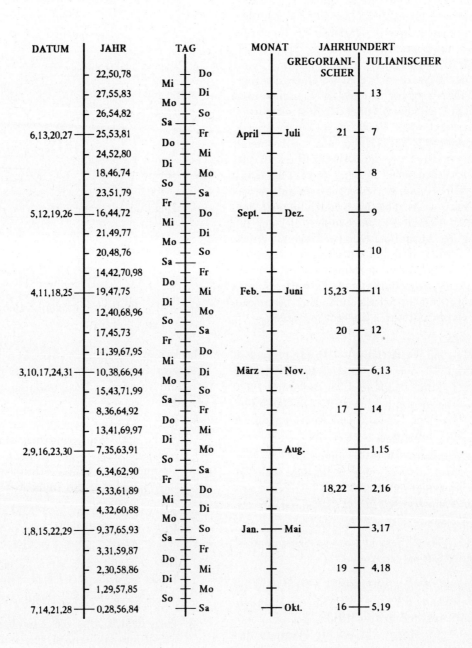

Abb. 2: Immerwährender Kalender

Einheit 8 Zahlenpalindrome

zeichne durch diesen Sonnabend-Punkt eine zur zuletzt gezeichneten Geraden parallele Gerade. Diese Gerade wird den inneren Kreis in einem Schnittpunkt mit einem Kreisradius treffen. Der Wochentag an diesem letzteren Radius ist der gesuchte Wochentag des Ausgangsdatums.

Das Problem des Immerwährenden Kalenders beschäftigte viele Mathematiker, und eine Reihe von ihnen schenkten der Berechnung des Datums des Ostersonntags besondere Beachtung. Alle kirchlichen Feiertage fallen auf bestimmte Daten. Die kirchliche Regel, Ostern betreffend, ist jedoch ziemlich kompliziert. Ostern muß auf den Sonntag nach dem ersten Vollmond fallen, der nach der Frühlings-Tagundnachtgleiche auftritt. Der Ostersonntag ist deshalb ein beweglicher kirchlicher Feiertag, der frühestens auf den 22. März und spätestens auf den 25. April fallen kann. Das folgende Verfahren zur Bestimmung des Ostersonntags für die Jahre 1900–1999 basiert auf einer von Gauß entwickelten Methode.

1. Bestimme den Rest bei der Division der Jahreszahl durch 4. Bezeichne diesen Rest mit a.

2. Bestimme den Rest bei der Division der Jahreszahl durch 7. Bezeichne diesen Rest mit b.

3. Bestimme den Rest bei der Division der Jahreszahl durch 19. Multipliziere diesen Rest mit 19, addiere 24 und bestimme wiederum den Rest bei der Division der so erhaltenen Zahl durch 30. Bezeichne diesen Rest mit c.

4. Addiere nun $2a + 4b + 6c + 3$. Dividiere diese Summe durch 7 und nenne den Rest d.

Die Summe von c und d liefert die Anzahl der Tage, die dem 22. März zuzurechnen sind, um das Datum des Ostersonntags zu erhalten.

Beispiel: Ostern 1921

1. 21:4 läßt Rest 1.

2. 21:7 läßt Rest 0.

3. 21:19 läßt Rest 2, [2 · 19 + 24] : 30 läßt Rest 2.

4. [2 + 0 + 12 + 3] : 7 läßt Rest 3. 2+3=5 Tage nach dem 22. März=27. März.

(Die obige Methode liefert exakte Ergebnisse außer für die Jahre 1954 und 1981. Für diese Jahre erhält man ein Datum, das genau eine Woche zu spät liegt. Die exakten Osterdaten sind der 18. bzw. 19. April.)

Nachbereitung

1. Lassen Sie die Schüler den Wochentag ihrer Geburt bestimmen.

2. Lassen Sie die Schüler die Wochentage folgender Daten bestimmen:

    12. Oktober 1492, 30. Mai 1920, Weihnachten 1978, 1. April 1945, 21. Oktober 1805, 14. August 1898, 4. Juli 1776.

3. Lassen Sie die Schüler die Daten verschiedener Ostersonntage bestimmen.

    1944, 1969, 1950, 1978, 1930, 1977, 1929

4. George Washington wurde am 11. Februar 1732 geboren. Warum wird dieses Ereignis am 22. Februar gefeiert?

8
Zahlenpalindrome

In dieser Einheit werden Zahlenpalindrome definiert und einige ihrer Eigenschaften vorgestellt. Das Studium palindromischer Zahlen ist für alle Klassen geeignet. Während es allen Schülern einen Zugang zur Analyse von Zahlen und ihrer Beziehungen liefert, können bestimmte Aspekte dieses Gegenstands für langsamere Schüler ausgewählt (z. B. die Eigenschaft der Addition der Spiegelzahlen) bzw. können anspruchsvollere Eigenschaften von den erfahreneren Schülern untersucht werden (z. B. modulare Palindrome).

Lernziele

1. Die Schüler stellen Eigenschaften von Zahlenpalindromen fest und analysieren sie.

2. Die Schüler konstruieren aus gegebenen Zahlen neue Palindrome.

Vorbereitung

Lassen Sie die Schüler den Satz "Ein Neger mit Gazelle zagt im Regen nie." und die Worte "Lagerregal" und "Rotor" untersuchen.[5] Weisen Sie auf die Besonderheit hin, daß sie, vorwärts oder rückwärts gelesen, dasselbe bedeuten. Erklären Sie, daß solche Ausdrücke Palindrome genannt werden und daß in der Mathematik Zahlen, die die gleiche Eigenschaft aufweisen, wie z. B. 343 oder 59695 palindromische Zahlen genannt werden. Die Schüler können eigene Beispiele für palindromische Zahlen angeben und eine kurze Liste anfertigen.

Lehrmethoden

Nachdem die Schüler ihre Listen zusammengestellt haben, können diese Zahlen analysiert werden. Um eine Diskussion in Gang zu bringen, können Fragen wie die folgenden gestellt werden: Besteht ein Palindrom aus einer ungeraden oder geraden Anzahl von Ziffern, oder gibt es beide Möglichkeiten? Sind Palindrome stets Primzahlen, stets zusammengesetzte Zahlen oder gibt es beide Möglichkeiten? Ist das Quadrat oder die dritte Potenz einer palindromischen Zahl wieder ein Palindrom? Kann durch gewisse Operationen aus einer gegebenen positiven Zahl ein Palindrom konstruiert werden? Die Schüler können versuchen, Antworten auf diese Fragen zu finden, indem sie die Gültigkeit der Aussagen anhand ihrer Listen oder durch Aufstellen neuer Palindrome überprüfen.

An dieser Stelle sind die Schüler bereit, einige der folgenden Eigenschaften von Palindromen zu untersuchen:

1. *Palindromische Zahlen können sowohl Primzahlen als auch zusammengesetzte Zahlen sein (z. B. ist 181 eine palindromische Primzahl, während 575 ein zusammengesetztes Palindrom ist). Eine palindromische Primzahl muß jedoch, mit der Ausnahme der 11, eine ungerade Anzahl von Ziffern besitzen.*

Beweis der letzten Aussage: (indirekt)

Es seien p eine palindromische Primzahl mit einer geraden Anzahl von Ziffern, r die Summe aller Ziffern auf den geraden Positionen der Primzahl p und s die Summe aller Ziffern auf den ungeraden Positionen der Primzahl p. Da p ein Palindrom mit einer geraden Anzahl von Ziffern ist, kopieren die Ziffern auf den ungeraden Positionen die Ziffern auf den geraden Positionen, woraus $r - s = 0$ folgt. Die Teilbarkeitsregel für die 11 besagt jedoch, daß eine Zahl durch 11 teilbar ist, falls die Differenz zwischen den Summen der Ziffern auf den ungeraden Positionen und der Ziffern auf den geraden Positionen Null bzw. ein Vielfaches von 11 ist. Deshalb ist also 11 ein Teiler der Zahl p, die somit keine Primzahl sein kann.

2. *Ganze Zahlen N, die palindromische Quadrate besitzen, sind nicht notwendig Palindrome.* Während es unendlich viele Palindrome gibt, die palindromische Quadrate besitzen (z. B. $22^2 = 484$ und $212^2 = 44944$), gibt es sowohl einige nicht-palindromische ganze Zahlen, deren Quadrate Palindrome sind (z. B. $26^2 = 676$ und $836^2 = 698896$), als auch einige palindromische ganze Zahlen, die nicht-palindromische Quadrate besitzen (z. B. $131^2 = 17161$ und $232^2 = 53824$).

Zahlen, die nur aus Einsen bestehen (im Zeichen E_k, wobei k für die Anzahl der Einsen steht), sind palindromische Zahlen und besitzen palindromische Quadrate, falls $1 \leq k \leq 9$ gilt: $E_2^2 = 121$, $E_3^2 = 12321$ und allgemein $E_k^2 = 12\ldots k \ldots 21$ für $k \leq 9$. Jedoch geht diese Eigenschaft der Quadrate für $k > 9$ verloren, wie das Beispiel $E_{10}^2 = 12\ldots 6790098\ldots 21$ zeigt.

Es wurde festgestellt, daß die Quadratzahlen viel reicher an Palindromen sind als zufällig gewählte ganze Zahlen.

3. *Im allgemeinen sind Zahlen, deren dritte Potenzen Palindrome sind, selbst Palindrome.* Die Zahlen N, die palindromische dritte Potenzen liefern, sind die folgenden:

(a) $N = 1, 7, 11$ ($1^3 = 1$, $7^3 = 343$, $11^3 = 1331$)

(b) $N = 10^k + 1$ besitzt eine palindromische dritte Potenz, die aus $k - 1$ Nullen zwischen jedem aufeinanderfolgenden Paar der Ziffern 1, 3, 3, 1 besteht, z. B. gilt für $k = 1$: $N = 11$ und $N^3 = 1331$, für $k = 2$: $N = 101$ und $N^3 = 1030301$, für $k = 3$: $N = 1001$ und $N^3 = 1003003001$ und so weiter. Anzumerken ist, daß für $k = 2m + 1$, $m > 0$, N durch 11 teilbar und somit zusammengesetzt ist.

(c) Zahlenpalindrome N, die aus drei Einsen und einer geraden Anzahl von Nullen bestehen,

---

[5] Anm. d. Übers.: Die Beispiele des Originals wurden ersetzt.

Einheit 8 Zahlenpalindrome

sind durch 3 teilbar und besitzen palindromische dritte Potenzen, z. B. $111^3 = 1367631$, $10101^3 = 1030607060301$.

(d) Zahlenpalindrome N, die aus 4 Einsen und sonst Nullen bestehen, sind keine Primzahlen und haben palindromische dritte Potenzen, außer, wenn sich jeweils die gleiche Anzahl von Nullen in den drei "Zwischenräumen" zwischen den Einsen befindet, z. B.: $110011^3 = 1334996994331$, $101001^3 = 1030330913909319033030001$, wogegen 1010101^3 kein Palindrom ist.

Die einzige Zahl $N < 2,8 \cdot 10^{14}$, die selbst kein Palindrom ist, aber eine palindromische dritte Potenz besitzt, ist $2201^3 = 10662526601$.

4. *Von einer gegebenen ganzen Zahl N ausgehend, können wir oft zu einem Palindrom durch Addition von N mit seiner Spiegelzahl (die Zahl, die durch umgekehrte Anordnung der Ziffern von N entsteht) bzw. durch wiederholte Anwendung dieses Vorgehens kommen.* Zum Beispiel erhalten wir für $N = 798$: $798 + 897 = 1695$, $1695 + 5961 = 7656$, $7656 + 6567 = 14223$, $14223 + 32241 = 46464$ (ein Palindrom). Während einige Zahlen (z. B. 75 und 48) schon nach zwei Schritten zu einem Palindrom führen, gibt es andere Zahlen, die erst nach 6 Schritten ein Palindrom liefern, wie 97, und weitere, wie 89 und 98, die erst nach 24 Schritten ein Palindrom ergeben. Es wurde aber festgestellt, daß bestimmte Zahlen, wie 196, selbst nach über 1000 Schritten noch kein Palindrom erreicht haben. Folglich kann diese Regel zwar nicht für alle ganzen Zahlen angewendet werden, jedoch sicherlich für die meisten, da Ausnahmen sehr selten auftreten. Es läßt sich zeigen, daß die Regel nicht für das Dualsystem gilt. Die kleinste Zahl, die als Gegenbeispiel dienen kann, ist 10110, die nach 4 Schritten die Summe 10110100, nach 8 Schritten die Summe 1011101000 und nach 12 Schritten die Summe 101111010000 ergibt. Jeder vierte Schritt führt zu einem Anwachsen um je eine Ziffer bei den unterstrichenen Teilen und es ist zu sehen, daß keine dieser anwachsenden Summen ein Palindrom ist. Für diesen Prozeß der Addition der Spiegelzahlen sind einige allgemeine Aussagen gefunden worden:

1. Verschiedene Zahlen ergeben bei Anwendung dieses Verfahrens gleiche Palindrome. Zum Beispiel ergeben 554, 752 und 653 das Palindrom 11011 in drei Schritten. Im allgemeinen werden alle Zahlen, in denen die zur Mitte symmetrischen Zahlenpaare die gleiche Summe ergeben, das gleiche Palindrom in der gleichen Anzahl von Schritten liefern. (Im Beispiel addieren sich alle Paare zur 9.) Es gibt jedoch verschiedene Zahlen, die das gleiche Palindrom in unterschiedlicher Anzahl von Schritten ergeben. Zum Beispiel wird aus 99 in 6 Schritten 79497, während 7299 das in 2 Schritten erreicht.

2. Für Zahlen, die aus zwei Ziffern bestehen, kann anhand der Summe der beiden Ziffern – der Quersumme – die Anzahl der Schritte festgestellt werden, die benötigt werden, um ein Palindrom zu liefern. Für den Fall, daß die Summe der beiden Ziffern 9 beträgt, ist offensichtlich, daß nur ein Schritt benötigt wird. Ist die Summe 10 (z. B. 64 und 73), werden 2 Schritte benötigt. Ähnliche Untersuchungen werden die Schüler zur Schlußfolgerung kommen lassen, daß für die Quersummen 11, 12, 13, 14, 15, 16, 17 bzw. 18 ein Palindrom nach jeweils 1, 2, 2, 3, 4, 6, 24 bzw. 1 Schritt(en) erhalten wird. Die Schüler können eine Untersuchung dieser Art durchführen und die Ergebnisse in tabellarischer Form festhalten.

Dieser Gegenstand der Palindrome kann mit leistungsstärkeren Schülern weiter untersucht werden. Diese Untersuchungen können auf folgenden Gebieten durchgeführt werden: multigrade Gleichungen in palindromischen Zahlen, spezielle palindromische Primzahlen, deren Ziffern Primzahlen sind, modulare Palindrome und drei- und fünfeckige Zahlen, die Palindrome sind.

Nachbereitung

1. Haben die folgenden Zahlen palindromische dritte Potenzen: (a) 1001001 (b) 1001001001 (c) 100101?

2. Bestimme für die folgenden zweistelligen Zahlen die Anzahl der Schritte, die bei Addition der Spiegelzahlen ein Palindrom liefern: (a) 56 (b) 26 (c) 91 (d) 96.

3. Führe für die folgenden ganzen Zahlen die Technik der Addition der Spiegelzahlen durch, und finde andere ganze Zahlen, die die gleichen Palindrome liefern: (a) 174 (b) 8699.

9
Die faszinierende Zahl Neun

Diese Einheit soll eine leicht verständliche Darstellung der vielen interessanten Eigenschaften der Zahl 9 geben. Ein weitergehendes Ziel der Vorstellung dieser unterhaltsamen Gegenstandes besteht darin, die Schüler zu weiteren Untersuchungen und Einblicken in die Eigenschaften der Zahlen anzuregen.

Lernziele

1. *Die Schüler demonstrieren mindestens drei Eigenschaften der Zahl 9.*
2. *Die Schüler geben ein Beispiel für eine verkürzte Rechnung unter Einbeziehung der Zahl 9.*

Vorbereitung

Die Schüler sollten mit den grundlegenden Rechengesetzen der Operationen Addition, Subtraktion, Multiplikation und Division hinreichend vertraut sein. Algebraische Kenntnisse sind nützlich, aber nicht notwendig.

Lehrmethoden

Bei der Vorstellung neuer Begriffe ist es stets das Beste, darauf aufzubauen, was die Schüler bereits kennen. Bitten Sie zum Beispiel die Schüler, $53 \cdot 99$ zu berechnen. Die Schüler werden die Rechnung in der üblichen Weise ausführen. Nachdem sie die Rechnung beendet haben, schlagen Sie folgendes vor:

Wegen $99 = 100 - 1$ ergibt sich

$$\begin{aligned} 53 \cdot 99 &= 53(100-1) \\ &= 53 \cdot 100 - 53 \cdot 1 \\ &= 5300 - 53 \\ &= 5247. \end{aligned}$$

Lassen Sie nun die Schüler diese Methode bei der Multiplikation von $42 \cdot 999$ anwenden.

Die "Neunerprobe" ist eine bekannte Methode zur Überprüfung von Berechnungen. Falls z. B. die Schüler die Addition $29 + 57 + 85 + 35 + 6 = 212$ überprüfen wollen, dividieren Sie einfach jeden Summanden durch 9 und behalten nur den Rest. Sie haben also 2, 3, 4, 8 und 6 zu addieren, was in der Summe 23 ergibt:

$$\begin{array}{rcr} 29 & \longrightarrow & 2 \\ 57 & \longrightarrow & 3 \\ 85 & \longrightarrow & 4 \\ 35 & \longrightarrow & 8 \\ +\ 6 & \longrightarrow & +\ 6 \\ \hline 212 & & 23 \end{array}$$

Der Rest bei der Division von $212 : 9$ beträgt 5. Falls der Rest bei $212 : 9$ mit dem Rest von $23 : 9$ übereinstimmt, dann *könnte* 212 die richtige Summe sein. Die Schüler können bei dieser Überprüfungsmethode nicht sicher sein, ob ihr Ergebnis stimmt, da eine Umordnung der Ziffern, sagen wir 221, bei der Division durch 9 keine Änderung des Rests bewirkt.

Es ist interessant, daß die Division durch 9 nicht nötig ist, um den Rest zu bestimmen. Alles, was man zu tun hat, ist, die Quersumme der Zahl (die durch 9 zu dividieren ist) zu bilden, d. h., die einzelnen Ziffern zu addieren und, falls das Ergebnis nicht einstellig ist, diesen Prozeß zu wiederholen, bis sich ein einstelliges Ergebnis ergibt. Im obigen Beispiel sind die Reste:

für 29: $2 + 9 = 11$; $1 + 1 = 2$,
für 57: $5 + 7 = 12$; $1 + 2 = 3$,
für 85: $8 + 5 = 13$; $1 + 3 = 4$,
für 35: $3 + 5 = 8$,
für 6: 6,

für die Summe

$2 + 3 + 4 + 8 + 6 = 23$: $2 + 3 = 5$,
für 212: $2 + 1 + 2 = 5$.

Die Schüler können eine ähnliche Methode für andere Operationen verwenden. Um z. B. eine Multiplikation wie $239 \cdot 872 = 208\,408$ auf ihre Richtigkeit zu überprüfen, werden die Reste (bei der Division durch 9) von jeder der obigen Zahlen bestimmt:

für 239: $2 + 3 + 9 = 14$; $1 + 4 = 5$,
für 872: $8 + 7 + 2 = 17$; $1 + 7 = 8$,
für das Produkt $5 \cdot 8 = 40$: $4 + 0 = 4$,
für $208\,408$: $2 + 0 + 8 + 4 + 0 + 8 = 22$;
$2 + 2 = 4.$

Einheit 9 Die faszinierende Zahl Neun

Betonen Sie in Ihren Klassen, daß dies kein narrensicherer Beweis für die Richtigkeit einer Rechnung ist, sondern einfach ein Indiz für mögliche Richtigkeit. Führen Sie die Schüler so in dieses Thema ein, daß sie sich für die bemerkenswerten Eigenschaften der Zahl 9 zu interessieren beginnen.

Eine weitere ungewöhnliche Eigenschaft der 9 tritt bei Multiplikation der 9 mit irgendeiner anderen Zahl auf, die mindestens zweistellig ist. Betrachten Sie das Beispiel 65 437 · 9. Eine Alternative zum gewöhnlichen Algorithmus wird durch folgendes Vorgehen beschrieben:

1. Subtrahiere die Einer des Faktors von der Zahl Zehn.
    $10 - 7 = \boxed{3}$
2. Subtrahiere jede der verbleibenden Ziffern von 9 und addiere den Rest zur (von rechts) vorhergehenden Ziffer des Faktors. Für zweistellige Summen werden die Zehner auf die nächste Summe übertragen.
    $9 - 3 = 6$
    $6 + 7 = 1\boxed{3}$
    $9 - 4 = 5$
    $5 + 3 + 1 = \boxed{9}$
    $9 - 5 = 4$
    $4 + 4 = \boxed{8}$
    $9 - 6 = 3$
    $3 + 5 = \boxed{8}$
3. Subtrahiere 1 von der am weitesten links stehenden Ziffer des Faktors.
    $6 - 1 = \boxed{5}$
4. Ordne nun die Ergebnisse in umgekehrter Reihenfolge, um das gewünschte Produkt zu erhalten.
    $\boxed{588\,933}$

Obwohl diese Methode etwas schwerfällig ist, kann dadurch die Grundlage für einige recht interessante Untersuchungen der Zahlentheorie gelegt werden.

Um Ihre Schüler weiter mit anderen faszinierenden Eigenschaften der Zahl 9 fesseln zu können, lassen Sie sie 12 345 679 mit den ersten neun Vielfachen von 9 multiplizieren und die Ergebnisse aufschreiben:

12345679	·	9 =	111 111 111
12345679	·	18 =	222 222 222
12345679	·	27 =	333 333 333
12345679	·	36 =	444 444 444
12345679	·	45 =	555 555 555
12345679	·	54 =	666 666 666
12345679	·	63 =	777 777 777
12345679	·	72 =	888 888 888
12345679	·	81 =	999 999 999

Die Schüler sollten erkennen, daß in der Folge der natürlichen Zahlen (aus denen der eine Faktor aufgebaut ist) die Zahl 8 weggelassen wurde. Mit anderen Worten, die Zahl, die sich aus der um 2 verminderten Basis 10 ergibt, fehlt. Stellen Sie den Schülern die Frage, wie sich dieses Schema auf andere Zahlensysteme mit von 10 verschiedener Basis erweitern läßt.

Lassen Sie nun die Schüler die Folge natürlicher Zahlen einschließlich der 8 umkehren und jede dieser Zahlen mit den ersten neun Vielfachen von 9 multiplizieren. Das Ergebnis wird sie überraschen:

987654321	·	9 =	8 888 888 889
987654321	·	18 =	17 777 777 778
987654321	·	27 =	26 666 666 667
987654321	·	36 =	35 555 555 556
987654321	·	45 =	44 444 444 445
987654321	·	54 =	53 333 333 334
987654321	·	63 =	62 222 222 223
987654321	·	72 =	71 111 111 112
987654321	·	81 =	80 000 000 001

Einige weitere interessante Eigenschaften der Zahl 9 werden im weiteren dargestellt. Lassen Sie die Schüler diese Eigenschaften selbst entdecken, indem Sie sie behutsam zum gewünschten Ergebnis hinführen. Leistungsstärkere Schüler sollten ermutigt werden, die folgenden Beziehungen zu untersuchen und herauszufinden, *warum* sie bestehen.

1.
    $9 \cdot 9 = 81$
    $99 \cdot 99 = 9801$
    $999 \cdot 999 = 998001$
    $9999 \cdot 9999 = 99980001$
    $99999 \cdot 99999 = 9999800001$
    $999999 \cdot 999999 = 999998000001$
    $9999999 \cdot 9999999 = 99999980000001$

2.
    $999999 \cdot 2 = 1999998$
    $999999 \cdot 3 = 2999997$
    $999999 \cdot 4 = 3999996$
    $999999 \cdot 5 = 4999995$
    $999999 \cdot 6 = 5999994$
    $999999 \cdot 7 = 6999993$
    $999999 \cdot 8 = 7999992$
    $999999 \cdot 9 = 8999991$

10
Ungewöhnliche Eigenschaften von Zahlen

Anmerkung des Autors: Diese Einheit sollte nach der Einheit mit dem Titel "Ergänzungen mit dem Taschenrechner" eingeordnet werden.

Das Anliegen dieser Einheit besteht in der Vorstellung interessanter Eigenschaften von Zahlen, die am besten mit dem Taschenrechner demonstriert werden.

Lernziele

Die Schüler untersuchen mathematische Fragestellungen mit Hilfe des Taschenrechners und ziehen dann geeignete Schlußfolgerungen.

Vorbereitung

Die Schüler sollten mit den Grundfunktionen des Taschenrechners vetraut sein. Der für diese Einheit erforderliche Rechner muß lediglich über die vier Grundrechenarten verfügen.

Lehrmethoden

Vielleicht einer der besten Wege, um echte Begeisterung für mathematische Sachverhalte hervorzurufen, besteht darin, einige kurze, einfache und spannende Phänomene zu demonstrieren. Im folgenden werden einige Beispiele demonstriert, die Ihnen ausreichend Material für die Motivation Ihrer Schüler bis hin zu selbständigen Untersuchungen liefern.

Beispiel 1: Wenn die Zahl 37 mit jedem der ersten neun Vielfachen von 3 multipliziert wird, kommt es zu einem interessanten Ergebnis, auf das die Schüler unter Verwendung ihrer Taschenrechner kommen sollten.

$$37 \cdot 3 = 111$$
$$37 \cdot 6 = 222$$
$$37 \cdot 9 = 333$$
$$37 \cdot 12 = 444$$

3.
$$1 \cdot 9 + 2 = 11$$
$$12 \cdot 9 + 3 = 111$$
$$123 \cdot 9 + 4 = 1111$$
$$1234 \cdot 9 + 5 = 11111$$
$$12345 \cdot 9 + 6 = 111111$$
$$123456 \cdot 9 + 7 = 1111111$$
$$1234567 \cdot 9 + 8 = 11111111$$
$$12345678 \cdot 9 + 9 = 111111111$$

4.
$$9 \cdot 9 + 7 = 88$$
$$98 \cdot 9 + 6 = 888$$
$$987 \cdot 9 + 5 = 8888$$
$$9876 \cdot 9 + 4 = 88888$$
$$98765 \cdot 9 + 3 = 888888$$
$$987654 \cdot 9 + 2 = 8888888$$
$$9876543 \cdot 9 + 1 = 88888888$$
$$98765432 \cdot 9 + 0 = 888888888$$

Mit einer harmlos erscheinenden Herausforderung an Ihre Schüler soll diese Einheit schließen. Sie besteht darin, eine achtstellige Zahl zu finden, in der keine Ziffer mehr als einmal vorkommt, und die bei Multiplikation mit 9 eine neunstellige Zahl liefert, in der ebenfalls keine Ziffer mehr als einmal vorkommt. Die meisten Versuche, solch eine Zahl zu bestimmen, werden wohl fehlschlagen. Zum Beispiel ergibt $76541238 \cdot 9 = 688\,871\,142$, wo im Ergebnis Einsen und Achten doppelt vorkommen. Hier sind einige korrekte Zahlen:

$$81274365 \cdot 9 = 731469285$$
$$72645831 \cdot 9 = 653812479$$
$$58132764 \cdot 9 = 523194876$$
$$76125483 \cdot 9 = 685129347$$

Nachbereitung

Bitten Sie die Schüler:

1. drei ungewöhnliche Eigenschaften der 9 zu demonstrieren,

2. eine verkürzte Berechnung des Produktes $547 \cdot 99$ vorzuführen,

3. die "Überprüfung" einer Multiplikationsrechnung durch die "Neunerprobe" zu erklären.

Einheit 10 Ungewöhnliche Eigenschaften von Zahlen

$$37 \cdot 15 = 555$$
$$37 \cdot 18 = 666$$
$$37 \cdot 21 = 777$$
$$37 \cdot 24 = 888$$
$$37 \cdot 27 = 999$$

Beispiel 2: Wenn 142 857 nacheinander mit 2, 3, 4, 5 und 6 multipliziert wird, kommen in den Produkten jeweils die gleichen Zahlen in der gleichen Reihenfolge wie im ersten Faktor 142 857 vor, die jedoch mit verschiedenen Ziffern beginnen.

$$142\,857 \cdot 2 = 285\,714$$
$$142\,857 \cdot 3 = 428\,571$$
$$142\,857 \cdot 4 = 571\,428$$
$$142\,857 \cdot 5 = 714\,285$$
$$142\,857 \cdot 6 = 857\,142$$

Wird 142 857 mit 7 multipliziert, ist das Produkt 999 999. Wird 142 857 mit 8 multipliziert, ist das Produkt 1 142 856. Falls die Ziffer für die Millionen entfernt und zu den Einern hinzugezählt wird (142 856 + 1) ergibt sich wieder 142 857. Lassen Sie die Schüler das Produkt 142 857 · 9 untersuchen. Welche weiteren Muster können unter Einbeziehung von Produkten mit 142 857 gefunden werden?

Ein ähnliches Muster tritt bei den folgenden Produkten mit 76 923 auf: 1, 10, 9, 12, 3 und 4; auch bei 2, 5, 7, 11, 6 und 8. Bitten Sie die Schüler, die Quersummen jedes erhaltenen Produkts zu untersuchen. Sie sollten ein wahrlich faszinierendes Ergebnis entdecken! Fragen Sie, ob sie weitere solche Beziehungen finden können.

Beispiel 3: Die Zahl 1089 besitzt viele interessante Eigenschaften. Lassen Sie die Schüler die Produkte von 1089 mit den ersten neun natürlichen Zahlen betrachten.

$$1089 \cdot 1 = 1089$$
$$1089 \cdot 2 = 2178$$
$$1089 \cdot 3 = 3267$$
$$1089 \cdot 4 = 4356$$
$$1089 \cdot 5 = 5445$$
$$1089 \cdot 6 = 6534$$
$$1089 \cdot 7 = 7623$$
$$1089 \cdot 8 = 8712$$
$$1089 \cdot 9 = 9801$$

Weisen Sie die Schüler auf die Symmetrie zwischen den ersten beiden und den letzten Spalten der Produkte hin. Jede Spalte besteht aus aufeinanderfolgenden ganzen Zahlen. Ermutigen Sie die Schüler nicht nur dazu, dieses ungewöhnliche Ergebnis zu begründen und zu erklären, sondern auch dazu, darauf aufzubauen. Was macht 1089 so ungewöhnlich? Warum ergibt 1089 · 9 die Spiegelzahl der Zahl 1089? Gibt es vergleichbare Schemata für andere Zahlen? Diese und andere Fragen sollten der Ausgangspunkt weiterer Untersuchungen sein. Normalerweise sind die Taschenrechner für die Arbeit der Schüler unentbehrliche Hilfsmittel. Die Rechner erlauben es den Schülern, Muster sehr schnell und ohne die Ablenkung, die oftmals durch schwerfällige Rechnungen verursacht wird, zu erkennen.

Beispiel 4: Einige weitere interessante Zahlenmuster, die von den Schülern gebildet werden können, werden im folgenden gegeben. Die Schüler sollten die erzeugten Muster erweitern und versuchen herauszubekommen, warum es zu diesen Mustern kommt.

$$1 \cdot 8 + 1 = 9$$
$$12 \cdot 8 + 2 = 98$$
$$123 \cdot 8 + 3 = 987$$
$$1\,234 \cdot 8 + 4 = 9\,876$$
$$12\,345 \cdot 8 + 5 = 98\,765$$
$$123\,456 \cdot 8 + 6 = 987\,654$$
$$1\,234\,567 \cdot 8 + 7 = 9\,876\,543$$
$$12\,345\,678 \cdot 8 + 8 = 98\,765\,432$$
$$123\,456\,789 \cdot 8 + 9 = 987\,654\,321$$

$$11 \cdot 11 = 121$$
$$111 \cdot 111 = 12321$$
$$1111 \cdot 1111 = 1234321$$
$$11111 \cdot 11111 = 123454321$$
$$111111 \cdot 111111 = 12345654321$$
$$1111111 \cdot 1111111 = 1234567654321$$
$$11111111 \cdot 11111111 = 123456787654321$$
$$111111111 \cdot 111111111 = 12345678987654321$$

Beispiel 5: Lassen Sie die Schüler die folgenden Aufgaben zur Division lösen, deren Ergebnisse durch die folgenden Brüche gegeben sind. Die Schüler sollen ihre Ergebnisse aufschreiben.

$$\frac{1}{7} = 0,\overline{142857} = \frac{142857}{999999}$$

$$\frac{2}{7} = 0,\overline{285714} = \frac{285714}{999999}$$

$$\frac{3}{7} = 0,\overline{428571} = \frac{428571}{999999}$$

$$\frac{4}{7} = 0,\overline{571428} = \frac{571428}{999999}$$

$$\frac{5}{7} = 0,\overline{714285} = \frac{714285}{999999}$$

$$\frac{6}{7} = 0,\overline{857142} = \frac{857142}{999999}$$

Die Schüler werden die ähnliche Anordnung der periodischen Teile mit unterschiedlichen Anfangsziffern bemerken. Weisen Sie darauf hin, daß $7 \cdot 0,142857 = 0,999999$ (was *annähernd* $7 \cdot \frac{1}{7} = 1$ ist) gilt. Erinnern Sie die Schüler daran, daß ein Unterschied zu $7 \cdot 0,\overline{142857}$ besteht.

Einige Schüler sind vielleicht an einer ganzzahligen Rechnung interessiert:

$$\begin{aligned}
7 \cdot 142\,857 &= 999\,999 \\
&= 999\,000 + 999 \\
&= 1\,000(142 + 857) + (142 + 857) \\
&= (142 + 857)(1000 + 1) \\
&= 1001(142 + 857) \\
&= 142\,142 + 857\,857
\end{aligned}$$

Nachdem die Schüler folgende Quotienten berechnet haben, werden sie eine tiefere Einsicht in die Struktur dieser Brüche gewonnen haben.

$$\frac{1}{13} = 0,\overline{076923} = \frac{076923}{999999}$$

$$\frac{3}{13} = 0,\overline{230769} = \frac{230769}{999999}$$

$$\frac{4}{13} = 0,\overline{307692} = \frac{307692}{999999}$$

$$\frac{9}{13} = 0,\overline{692307} = \frac{692307}{999999}$$

$$\frac{10}{13} = 0,\overline{769230} = \frac{769230}{999999}$$

$$\frac{12}{13} = 0,\overline{923076} = \frac{923076}{999999}$$

Sobald diese Ergebnisse in vollem Umfang diskutiert worden sind, können die Schüler die verbleibenden echten Brüche mit dem Nenner 13 betrachten. Dabei sollten ähnliche Muster und Beziehungen festgestellt werden.

Der positive Anstoß der obigen *Beispiele* geht verloren, wenn die Schüler nicht unmittelbar zur Untersuchung und Erweiterung ihrer Entdeckungen angehalten werden. Während der Rechner das wegweisende Werkzeug ist, um neue Beziehungen zu entdecken, werden die logischen Vermutungen der Schüler das Ergebnis tieferer Untersuchungen der Eigenschaften von Zahlen sein.

Nachbereitung

Lassen Sie die folgenden Übungen vervollständigen.

1. Multipliziere und addiere die folgenden Zahlenpaare:

   9; 9
   24; 3
   47; 2
   497; 2

   In welcher Beziehung stehen die Summen zu den Produkten? (Umkehrungen)

2. Führe die angezeigten Operationen aus und begründe die entstehenden Muster. Erweitere die Muster und stelle fest, ob Deine Vermutungen stimmen.

$$12321 = \frac{333 \cdot 333}{1+2+3+2+1} = \frac{110889}{9}$$

$$= 12321$$

$$1234321 = \frac{444 \cdot 444}{1+2+3+4+3+2+1}$$

$$= \frac{19749136}{16} = 1234321$$

11 Ergänzungen mit dem Taschenrechner

In den letzten Jahren hatten die Mathematiklehrer aufgrund der zunehmenden Verfügbarkeit der Taschenrechner die Aufgabe, diesem nützlichen Hilfsmittel einen Platz im derzeitigen Lehrplan zuzuweisen. Etwas Abwechslung in mechanische Handlungsabläufe zu bringen, ist eine der am häufigsten beobachteten Anwendungen des Rechners. Hier wird der Rechner lediglich dazu verwendet, um die Rechenfertigkeiten der Schüler zu verbessern und zu überprüfen. Die Erfahrung zeigt, daß sich diese Neuigkeit bald abzunutzen scheint und dann ihre motivierende Wirkung verliert.

Eine weitreichendere und effektivere Verwendung des Rechners besteht darin, ihn zur Unterstützung bei der Lösung von Problemen heranzuziehen. Die Schüler, die Schwierigkeiten bei der Lösung von Problemen haben, sehen sich oft mit einem zweifachen Dilemma konfrontiert. Sie sind weder in der Lage, das gegebene Problem in eine lösbare Form zu überführen, noch können sie die für das Erbringen der Lösung notwendigen Berechnungen durchführen. Normalerweise können sie sich nicht auf das Lösen des Problems konzentrieren, solange ihnen die dazu notwendigen Berechnungen Schwierigkeiten bereiten. Jedoch kann die Benutzung des Rechners verhindern, daß sie sich in komplizierten Berechnungen verfangen, und sich statt dessen auf die eigentliche Problemlösung konzentrieren können. Wenn dieser Aspekt vom Schüler erkannt wurde, kann er sich auf die Bewältigung der Berechnungen als essentieller Bestandteil der Problemlösung konzentrieren.

Der Rechner bereichert seinerseits auch den Mathematikunterricht. Diese Einheit präsentiert einige Beiträge zur Bereicherung unter Verwendung des Taschenrechners. In den meisten Fällen wird der Rechner Ideen liefern, die als Ausgangspunkt für weitere Untersuchungen dienen. Im Endeffekt wird der Rechner Untersuchungsgerät und Motivationshilfe sein.

Lernziele

Die Schüler untersuchen mathematische Probleme mit Hilfe des Taschenrechners und ziehen daraus geeignete Schlüsse.

Vorbereitung

Die Schüler sollten mit den Grundfunktionen des Rechners vertraut sein. Der Rechner, der während dieser Einheit benutzt wird, benötigt nur die vier Grundrechenarten.

Lassen Sie die Schüler die folgenden Aufgaben sowohl zur Übung als auch zum Vergnügen lösen:

1. Berechne:

   $2 \cdot (60 - 0,243 + 12 \cdot 2400) - 1$.

   Um herauszufinden, was jedermann zahlen muß, ist das Ergebnis auf den Kopf gestellt zu lesen.[6]

2. Berechne:

   $4590,586 + 568,3 \cdot 0,007 - 1379,26$.

   Stelle dann Deinen Rechner auf den Kopf und schaue, nachdem Du die Antwort gelesen hast, in Deinen Schuh.[7]

Diese beiden Übungen sollten den Schülern ein entspanntes Gefühl im Hinblick auf die Arbeit mit dem Rechner vermitteln.

Lehrmethoden

Beginnen Sie die Lektion mit einer einfachen, aber fesselnden Kuriosität. Lassen Sie die Schüler das Kalenderblatt für den Monat Mai 1977 betrachten. Die Schüler zeichnen ein Quadrat um *irgendwelche* neun Daten. Eine Möglichkeit ist in folgender Abbildung gezeigt.

Mai 1977						
So	Mo	Di	Mi	Do	Fr	Sa
1	2	3	4	5	6	7
8	9	10	**11**	**12**	**13**	14
15	16	17	**18**	**19**	**20**	21
22	23	24	**25**	**26**	**27**	28
29	30	31				

[6] Anm. d. Übers.: Das Ergebnis lautet 57718,514, was auf den Kopf gestellt etwa wie "his,bills", also "seine Steuern", aussieht.

[7] Anm. d. Übers.: Das Ergebnis ähnelt auf den Kopf gestellt dem englischen Wort für Schuhgröße "shoe,size".

Als nächstes addieren die Schüler 8 zur kleinsten Zahl innerhalb des Quadrates und multiplizieren dann mit 9. Im obigen Beispiel haben wir $(11 + 8) \cdot 9 = 171$. Danach können die Schüler ihre Rechner dazu verwenden, um die Summe der Zahlen in der mittleren Zeile (oder Spalte) mit 3 zu multiplizieren und dabei das gleiche Ergebnis wie zuvor, 171, zu erhalten. Lassen Sie das Ihre Schüler auch für andere 9 Zahlen versuchen. Sie sollten den Schüler zur Einsicht verhelfen, daß die mit 3 multiplizierte Summe der Zahlen in der mittleren Spalte gleich der Gesamtsumme aller 9 Zahlen ist. Die Schüler können das leicht mit Hilfe ihrer Taschenrechner nachprüfen.

An dieser Stelle haben Sie eine gute Gelegenheit, Eigenschaften des arithmetischen Mittels zu untersuchen, da damit der "Kalendertrick" durchschaubar wird. Die Schüler sollten dabei erkennen, daß die *mittlere Zahl* des Quadrates der 9 Zahlen das arithmetische Mittel der ausgewählten Zahlen ist. Die Verwendung des Taschenrechners wird sie von beschwerlichen Berechnungen entlasten und es ihnen erlauben, sich auf die zu entdeckenden mathematischen Sachverhalte zu konzentrieren.

Für die folgenden Untersuchungen von Zahlen lassen Sie ihre Schüler irgendeine dreistellige Zahl auswählen, wie z. B. 538. Danach lassen Sie die Schüler diese Zahl zweimal hintereinander in den Rechner eingeben, ohne dazwischen irgendwelche Operatortasten zu bedienen. In der Anzeige sollte jetzt 538538 stehen. Nun dividieren die Schüler durch 7, dann durch 11 und durch 13. Zur großen Überraschung wird sich die originale dreistellige Ziffer in der Anzeige wiederfinden. Die Neugier der Schüler wird damit sicher geweckt werden. Fragen Sie sie, welche einfache Operation verwendet werden kann, um die drei Divisionen zu ersetzen. Die Schüler sollten erkennen, daß eine Division durch $7 \cdot 11 \cdot 13$ durchgeführt wurde. Da nun $538 \cdot 1001 = 538538$ ergibt, sollte damit das Rätsel vollständig gelöst sein, wenngleich die Schüler vielleicht den Wunsch haben, dieses Rechenschema auf ihren Taschenrechnern auch mit anderen Zahlen zu erproben. Sie sollten ihre Kenntnisse über Zahlen, insbesondere über die 1001, eine ziemlich bedeutende Zahl, vertiefen.

Die Schüler sollten nun motiviert sein, die folgenden Multiplikationen anzugehen, mit dem Ziel, Zahlenmuster zu erkennen (und vorherzusagen):

(a) $3 \cdot 11 = 33$
$3 \cdot 111 = 333$
$3 \cdot 1111 = 3333$
$3 \cdot 11111 = 33333$

(b) $4 \cdot 101 = 404$
$4 \cdot 10101 = 40404$
$4 \cdot 1010101 = 4040404$
$4 \cdot 101010101 = 404040404$

(c) $5 \cdot 1001 = 5005$
$5 \cdot 110011 = 550055$
$5 \cdot 11100111 = 55500555$

(d) $65 \cdot 101 = 6565$
$65 \cdot 10101 = 656565$
$65 \cdot 1010101 = 65656565$

(e) $65 \cdot 1001 = 65065$
$65 \cdot 10001 = 650065$
$65 \cdot 100001 = 6500065$
$65 \cdot 1001001 = 65065065$

(f) $7 \cdot 11 = 77$
$7 \cdot 101 = 7777$
$7 \cdot 11 \cdot 10101 = 777777$
$7 \cdot 111 \cdot 1001 = 777777$

Lassen Sie nun die Schüler andere Wege zur Erzeugung von 777 777, 7 777 777 und 77 777 777 durch Multiplikation finden. An dieser Stelle sollten die Schüler genug Interesse entwickelt haben, um andere Zahlenmuster aus Produkten zu bilden.

Die Mehrzahl Ihrer Schüler sollten nun bereit sein, etwas spitzfindigere Aufgaben zu betrachten.

Man spricht von einem *Palindrom*, wenn ein Wort oder ein Satz vorwärts wie rückwärts gelesen die gleiche Bedeutung hat, z. B.: "Ein Neger mit Gazelle zagt im Regen nie". In der Mathematik ist eine Zahl, die, in beiden Richtungen gelesen, die gleiche Zahl ergibt, ein Palindrom. Lassen Sie z. B. irgendeine zweistellige Zahl auswählen und zu ihr die gleiche Zahl mit umgekehrter Ziffernfolge addieren. Nun wiederholen sie diese "Addition der Spiegelzahl" für die eben erhaltene Summe. Dieser Prozeß sollte fortgesetzt werden, bis ein Palindrom erhalten wurde. Zum Beispiel:

$$75 + 57 = 132$$
$$132 + 231 = 363 \quad \text{ein } Palindrom$$

$$79 + 97 = 176$$
$$176 + 671 = 847$$
$$847 + 748 = 1595$$
$$1595 + 5951 = 7546$$
$$7546 + 6457 = 14003$$
$$14003 + 30041 = 44044 \quad \text{ein } Palindrom$$

In vielen Fällen wird auf diese Weise aus einer beliebig ausgewählten zweistelligen Zahl ein Palindrom gebildet. Unter Verwendung des Rechners werden die Schüler verschiedene Muster entstehen sehen, die sie zu der Entdeckung führen, warum dieser Prozeß tatsächlich "funktioniert".

Bestärken Sie Ihre Schüler darin, Mutmaßungen über weitere mögliche Beziehungen von Zahlen untereinander anzustellen und diese dann mit Hilfe des Taschenrechners zu überprüfen.

Einheit 12 Symmetrische Multiplikation

Nachbereitung

Geben Sie Ihren Schülern den Auftrag, das folgende Phänomen für 6 verschiedene Zahlen zu verifizieren. Danach sollten sie versuchen, es zu beweisen.

Wähle irgendeine dreistellige Zahl, deren Hunderter und Einer nicht übereinstimmen. Schreibe dann die Zahl auf, deren Ziffern in umgekehrter Reihenfolge zur gewählten Zahl stehen. Subtrahiere nun die kleinere der beiden Zahlen von der größeren. Nimm die Differenz, kehre die Reihenfolge der Ziffern um, und addiere die "neue" Zahl zur urprünglichen Differenz. Mit welcher Zahl endet die Rechnung stets? Warum?

12
Symmetrische Multiplikation

Diese Einheit zeigt, wie bestimmte Zahlen aufgrund ihrer Symmetrieeigenschaften unter Verwendung von "schematischer Multiplikation" in einfacher Weise multipliziert werden können.

Lernziele

Anhand eines Beispiels zur schematischen Multiplikation führen die Schüler die Multiplikation unter Verwendung der in dieser Einheit beschriebenen Methode durch.

Vorbereitung

Lassen Sie die Schüler die folgenden Aufgaben zur Multiplikation auf konventionelle Weise lösen:
(a) $66666 \cdot 66666$ (b) $2222 \cdot 2222$ (c) $333 \cdot 777$

Lehrmethoden

Nachdem die Schüler die obigen Berechnungen beendet haben, werden sie vermutlich einen neueren Zugang für diese Aufgaben begrüßen. Lassen Sie sie den folgenden Zugang zu einem rhombischen Schema betrachten.

$$
\begin{array}{r}
66666 \cdot 66666 \\
\hline
36 \\
3636 \\
363636 \\
36363636 \\
3636363636 \\
36363636 \\
363636 \\
3636 \\
36 \\
\hline
4444355556
\end{array}
$$

Die Schüler mögen sich darüber wundern, daß dieses Schema auch für andere Zahlen dieses Typs arbeitet. Lassen Sie sie 88888 zunächst auf konventionelle Weise quadrieren und danach mit der Hilfe des rhombischen Schemas. Um das letztere zu tun, sollten die Schüler die "36" im obigen Beispiel durch "64" ersetzen. Bald werden sich die Schüler fragen, wie dieses Multiplikationsverfahren für das Quadrieren einer durch Wiederholung ein und derselben Ziffer gebildeten Zahl zu modifizieren ist, falls das Quadrat der entsprechenden Ziffer eine *einstellige* Zahl ist.

Um eine Zahl wie 2222 zu quadrieren, müssen die Schüler jedes Teilprodukt als 04 schreiben.

$$
\begin{array}{r}
2222 \cdot 2222 \\
\hline
04 \\
0404 \\
040404 \\
04040404 \\
040404 \\
0404 \\
04 \\
\hline
4937284
\end{array}
$$

An dieser Stelle sind die Schüler vielleicht überzeugt, daß dies für alle Zahlen dieses Typs funktioniert. Lassen Sie die Schüler eine n-stellige Zahl der Art $uuu\ldots uuu$ betrachten, mit $u^2 = 10s + t$ (oder zur Basis 10 als st geschrieben). Diese Multiplikation würde ein rhombisches Schema der Ordnung n erfordern (d. h. ein Schema, in dem die Anzahl der st in den ersten n Zeilen um Eins zunimmt, um dann wieder um jeweils ein st in den verbleibenden $n-1$ Zeilen abzunehmen). Der Fall $n = 5$ wird hier demonstriert.

$$\begin{array}{c} uuuuu \cdot uuuuu \\ \hline st \\ stst \\ ststst \\ stststst \\ ststststst \\ stststst \\ ststst \\ stst \\ st \\ \hline \end{array}$$

Es wird die Schüler interessieren zu erfahren, daß dieses Verfahren zur Multiplikation auf die Berechnung des Produktes zweier *verschiedener* durch Wiederholung jeweils ein und derselben Ziffer gebildeten Zahlen erweitert werden kann. Das bedeutet, daß für das gesuchte Produkt von $uuu\ldots uuu$ und $vvv\ldots vvv$ das rhombische Schema aus st gebildet wird, die gemäß $uv = 10s + t$ bestimmt werden. Als Beispiel haben wir das Produkt $8888 \cdot 3333 = 29623704$ oder

$$\begin{array}{c} 8888 \cdot 3333 \\ \hline 24 \\ 2424 \\ 242424 \\ 24242424 \\ 242424 \\ 2424 \\ 24 \\ \hline 29623704 \end{array}$$

Nachdem die Schüler das rhombische Schema beherrschen, können Sie ihnen eine weitere Form der Multiplikation von Zahlen mit Ziffernwiederholungen zeigen. Ein *dreieckiges* Schema zur Multiplikation wird im folgenden gezeigt. Nachdem die Schüler das dreieckige Feld aufsummiert haben, muß mit 6 multipliziert werden.

$$\begin{array}{c} 66666 \cdot 66666 \\ \hline 6 \\ 666 \\ 66666 \\ 6666666 \\ 666666666 \\ \hline 740725926 \\ \cdot 6 \\ \hline 4444355556 \end{array}$$

Im allgemeinen sind, um eine n-stellige Zahl mit Ziffernwiederholung zu quadrieren, die Spalten des dreieckigen Schemas der wiederholten Ziffer aufzusummieren (wobei es n Zeilen gibt, beginnend mit einer einfachen Ziffer und in jeder Zeile um zwei Ziffern zunehmend). Danach wird die Summe mit der wiederholten Ziffer multipliziert.

Diese Technik zur Multiplikation kann auf die Bestimmung des Produkts zweier verschiedener durch Wiederholung jeweils ein und derselben Ziffer gebildeten Zahlen erweitert werden. Lassen Sie die Schüler ihre eigene Rechenregel aufstellen, nachdem das folgende Beispiel betrachtet wurde.

$$\begin{array}{c} 8888 \cdot 3333 \\ \hline 8 \\ 888 \\ 88888 \\ 8888888 \\ \hline 9874568 \\ \cdot 3 \\ \hline 29623704 \end{array}$$

$$\begin{array}{c} 3333 \cdot 8888 \\ \hline 3 \\ 333 \\ 33333 \\ 3333333 \\ \hline 3702963 \\ \cdot 8 \\ \hline 29623704 \end{array}$$

Anzumerken ist, daß die Anzahl der Zeilen des dreieckigen Schemas gleich der Anzahl der Ziffern jeder der zu multiplizierenden Zahlen ist. Den Rest der Regel können die Schüler leicht selbst herausfinden.

Es bleibt noch die Multiplikation von Zahlen unterschiedlicher Länge, die durch Ziffernwiederholung gebildet wurden, zu erklären. Wir setzen voraus, daß eine n-stellige mit einer m-stelligen Zahl multipliziert wird. Das dreieckige Schema wird so angelegt, als ob beide Zahlen (wie bisher) n Ziffern besäßen. Dann wird eine Diagonale an das rechte Ende der m-ten Zeile gezeichnet, und alle Zahlen unterhalb der Diagonalen werden weggelassen. Die Summe der verbleibenden Zahlen ist das gesuchte Produkt. Das folgende Beispiel illustriert dieses Vorgehen.

Einheit 13 Variationen über ein Thema - Multiplikation

$$\begin{array}{r} 44444 \cdot 666 \\ \hline 24 \\ 2424 \\ 242424 \\ 24242424 \\ 2424242424 \\ 24242424 \\ 242424 \\ 2424 \\ 24 \\ \hline 29599704 \end{array}$$

Lassen Sie nun die Schüler 66666 · 444 berechnen. Sie sollten das gleiche Feld von zu summierenden Zahlen wie oben erhalten. Daraus folgt, daß 44444 · 666 = 66666 · 444 gilt. Nach der Zerlegung in Primfaktoren sollten die Schüler keine Probleme haben, das Bestehen dieser Gleichung nachzuweisen.

Die Schüler sollten aufgefordert werden, auf mathematischem Wege zu erklären, warum diese verschiedenen Schemata zur Multiplikation tatsächlich "funktionieren".

Nachbereitung

Lassen Sie die Schüler die folgenden Multiplikationen unter Verwendung des rhombischen Schemas durchführen:

(a) 22222 · 77777 (b) 9999 · 9999 (c) 444 · 333.

Lassen Sie die Schüler die folgenden Multiplikationen unter Verwendung des dreieckigen Schemas durchführen:

(a) 555555 · 555555 (b) 7777 · 4444.

13
Variationen über ein Thema - Multiplikation

Diese Einheit stellt unkonventionelle Methoden zur Bestimmung des Produkts zweier ganzer Zahlen vor.

Lernziele

Für zwei gegebene ganze Zahlen berechnen die Schüler das Produkt unter Verwendung einer vorgeschriebenen Multiplikationsmethode.

Vorbereitung

Lassen Sie die Schüler das Produkt von 43 und 92 auf *mindestens zwei verschiedenen Wegen* bestimmen.

Lehrmethoden

Die zu Beginn formulierte Aufgabe sollte als eine zweckdienliche Motivation für diese Einheit dienen. Die Mehrzahl der Schüler wird wahrscheinlich die Zahlen in korrekter Weise unter Benutzung der unten gezeigten "konventionellen" Methode der Multiplikation multiplizieren.

$$\begin{array}{r} 92 \cdot 43 \\ \hline 276 \\ 368 \\ \hline 3956 \end{array}$$

Vor der Diskussion weiterer Multiplikationsmethoden sollte der Lehrer erklären, weshalb der "konventionelle" Multiplikationsalgorithmus arbeitet. Es ist leicht einzusehen, daß

$$\begin{aligned} 43 \cdot 92 &= (40+3) \cdot 92 \\ &= 40 \cdot 92 + 3 \cdot 92 \\ &= 3680 + 276 \\ &= 3956 \end{aligned}$$

genau das ist, was beim "konventionellen" Algorithmus, obwohl dort rein mechanisch, getan wird.

Die Methode der Verdoppelung

Um 43 mit 92 zu multiplizieren, werden die folgenden Zahlenkolonnen aufgestellt, beginnend mit 1 bzw. 92 und anschließender Verdoppelung jeder Zahl.

•	1	92
•	2	184
	4	368
•	8	736
	16	1472
•	32	2944

Wir beenden mit 32, da 2 mal 32 gleich 64 ist, was größer als 43 ist. Wir beginnen mit der letzten Zahl in der ersten Spalte und addieren in geeigneter Weise die Zahlen, so daß sich in der Summe 43 ergibt. Folglich werden von uns (32, 8, 2, 1) ausgewählt. Nun addieren wir die entsprechenden Zahlen der zweiten Spalte.

$$\begin{array}{r} 92 \\ 184 \\ 736 \\ \underline{2944} \\ 3956 \end{array}$$

Damit ist $43 \cdot 92 = 3956$. Der Grund, warum diese Methode funktioniert, wird im folgenden dargelegt.

$$\begin{aligned} 43 \cdot 92 &= (32 + 8 + 2 + 1) \cdot 92 \\ &= (32 \cdot 92) + (8 \cdot 92) + (2 \cdot 92) + \\ &\quad + (1 \cdot 92) \\ &= 2944 + 736 + 184 + 92 \\ &= 3956 \end{aligned}$$

Die Russische-Bauern-Methode

Wir setzen wieder voraus, daß wir 43 mit 92 multiplizieren möchten. Konstruieren Sie die folgenden Zahlenkolonnen, beginnend mit 43 bzw. 92. In den aufeinanderfolgenden Zeilen der ersten Spalte werden die Einträge halbiert - unter Vernachlässigung des möglicherweise auftretenden Restes 1. In der zweiten Spalte werden die Einträge jeweils verdoppelt. Dieser Prozeß wird fortgeführt, bis in der ersten Spalte eine 1 auftritt.

$$\begin{array}{rr} \star\ 43 & 92 \\ \star\ 21 & 184 \\ 10 & 368 \\ \star\ 5 & 736 \\ 2 & 1472 \\ \star\ 1 & 2944 \end{array}$$

Wählen Sie die Zahlen der zweiten Spalte aus, die zu den ungeraden Zahlen der ersten Spalte (die mit einem Stern gekennzeichneten Zahlen) gehören. Addieren Sie diese entsprechenden Zahlen der zweiten Spalte und Sie haben das Produkt von 43 und 92. Das heißt, $92 + 184 + 736 + 2944 = 3956$. Die Korrektheit der Russischen-Bauern-Methode wird im folgenden bewiesen.

Wir betrachten das Produkt $a \cdot b = c$, wobei c das gewünschte Ergebnis sei.

Unter der Voraussetzung "a gerade" gilt: $\frac{1}{2}a \cdot 2b = c$.

Setzen wir nun "$\frac{1}{2}a$" als ungerade voraus, lautet der nächste Schritt dieser Methode:

$$\left[\frac{1}{2}\left(\frac{1}{2}a\right) - \frac{1}{2}\right] \cdot 4b = y$$

bzw. unter Benutzung des Distributivgesetzes:

$$\left[\frac{1}{4}a \cdot 4b\right] - \left[\frac{1}{2} \cdot 4b\right] = y$$

Da $\frac{1}{4}a \cdot 4b = c$ ist, gilt also $c - 2b = y$.

Deshalb ist das neue Produkt y um $2b$ (welches die erste gesuchte Zahl ist, die aufsummiert werden muß, da sie mit $\frac{1}{2}a$ - einer ungeraden Zahl - gepaart ist) kleiner als das exakte Ergebnis c.

Während der Prozeß fortschreitet, bleiben die "neuen Produkte" gleich, falls ka (ein Eintrag in der ersten Spalte) gerade ist. Ist ka ungerade und $ka \cdot mb = w$, wird das nächste Produkt um mb fallen (die Zahl gehört zu der ungeraden Zahl). Zum Beispiel ist $\left(\frac{1}{2}ka - \frac{1}{2}\right) \cdot 2mb = \left(\frac{1}{2}ka \cdot 2mb\right) - \left(\frac{1}{2} \cdot 2mb\right) = w - mb$. Schließlich ist, wenn 1 in der ersten Spalte auftritt

$$1 \cdot pb = Z \quad \text{bzw.} \quad pb = Z.$$

Dann gilt

$$Z = c - \text{ alle Abzüge}$$

(alle Abzüge: Zahlen, auf die oben verwiesen wurde, die zu ungeraden ka gehören).

Damit ist aber das gesuchte Ergebnis

$$c = Z + \text{ alle Abzüge}.$$

Eine weitere Betrachtung zur Russischen-Bauern-Methode für die Multiplikation kann mit Hilfe des folgenden Beispiels angestellt werden:

Einheit 13 Variationen über ein Thema - Multiplikation

★ 43 · 92 = (21 · 2 + 1)·92 = 21 · 184 + 92 = 3956
★ 21 · 184 = (10 · 2 + 1)·184 = 10 · 368 + 184 = 3864
  10 · 368 = (5 · 2 + 0)·368 = 5 · 736 + 0 = 3680
★ 5 · 736 = (2 · 2 + 1)·736 = 2 · 1472 + 736 = 3680
  2 · 1472 = (1 · 2 + 0)·1472 = 1 · 2944 + 0 = 2944
★ 1 · 2944 = (0 · 2 + 1)·2944 = 0 + <u>2944</u> = 2944
                                                  3956

Anzumerken ist, daß die Summation nur der Zahlen der zweiten Spalte, deren entsprechende Einträge in der ersten Spalte ungerade sind, durch die obige Darstellung gerechtfertigt ist.

Der Lehrer kann weitere Klarheit in diese kuriose Rechenmethode bringen, indem er den binären Hintergrund dieser Multiplikation darstellt.

$$43 \cdot 92 = (1 \cdot 2^5 + 0 \cdot 2^4 + 1 \cdot 2^3 + 0 \cdot 2^2 +$$
$$1 \cdot 2^1 + 1 \cdot 2^0) \cdot 92$$
$$= 2^0 \cdot 92 + 2^1 \cdot 92 + 2^3 \cdot 92 + 2^5 \cdot 92$$
$$= 92 + 184 + 736 + 2944$$
$$= 3956$$

Die Schüler sollten zu weiteren Untersuchungen angeregt werden.

Die Gittermethode[8]

Wieder wird die Multiplikation 43 · 92 betrachtet. Um die Methode vorzustellen, wird ein 2 mal 2 Feld konstruiert und die Diagonalen werden, wie im Bild gezeigt, eingezeichnet.

Zunächst wird 3 · 9 = 27 berechnet. Die 2 wird, wie im Bild demonstriert, oberhalb der 7 plaziert.

Der nächste Schritt besteht in der Multiplikation 4 · 9 = 36. Wieder wird die 3 über der 6 in das entsprechende Feld plaziert.

Dieser Prozeß wird fortgesetzt, indem die verbleibenden Felder des Quadrates gefüllt werden. Zu beachten ist, daß 3 · 2 = 6 als 0/6 aufgezeichnet wird.

Nun, da Einträge in allen Feldern sind, werden die Zahlen in Richtung der Diagonalen addiert, wobei rechts unten zu beginnen ist. Die Summen sind eingekreist.

Zu beachten ist hier, daß bei der zweiten Addition, 8 + 0 + 7 = 15, die 5 eingetragen und die 1 auf die nächste Diagonaladdition übertragen wird. Das korrekte Ergebnis (das Produkt 43 · 92) ist dann nur noch aus den eingekreisten Ziffern abzulesen. Das heißt, das Ergebnis lautet 3 956.

Das Trachtenberg-System

Das Trachtenberg-System ist eine Methode zur schnellen Multiplikation, Division, Addition, Subtraktion und zum schnellen Quadratwurzelziehen. Es gibt zahlreiche Regeln für diese Operationen. Das Interesse wird sich hier auf die Multiplikation zweistelliger Zahlen konzentrieren.

Wieder wird angenommen, daß das Produkt von 43 und 92 zu bestimmen ist.

Schritt 1. Multipliziere die Einer der beiden Zahlen [3 · 2 = 6].

$$\begin{array}{r} 43 \\ \cdot\ 92 \\ \hline 6 \end{array}$$

Schritt 2. Multipliziere über Kreuz und addiere im Kopf.

$$[(9 \cdot 3) + (2 \cdot 4) = 27 + 8 = 35]$$

Plaziere die 5 wie unten demonstriert und übertrage die 3 (als Übertrag zum

---
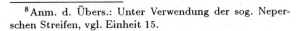
[8]Anm. d. Übers.: Unter Verwendung der sog. Neperschen Streifen, vgl. Einheit 15.

nächsten Schritt)

$$\begin{array}{r} 43 \\ \cdot\, 92 \\ \hline 56 \end{array}$$

Schritt 3. Multipliziere die beiden Zehner und addiere dann den Übertrag aus dem vorhergehenden Schritt.

$$[9 \cdot 4 = 36 \quad \text{und} \quad 36 + 3 = 39]$$

$$\begin{array}{r} 43 \\ \cdot\, 92 \\ \hline 3956 \end{array}$$

Die algebraische Rechtfertigung dieser Methode wird im folgenden gezeigt.

Es werden die beiden zweistelligen Zahlen $\overline{ab}$ und $\overline{mn}$ (in Positionsschreibweise) betrachtet

$$(10a + b) \cdot (10m + n)$$
$$= 10a \cdot 10m + 10a \cdot n + 10b \cdot b + bn$$
$$= \underbrace{100am}_{\text{Schritt 3}} + \underbrace{10(an + bm)}_{\text{Schritt 2}} + \underbrace{bn}_{\text{Schritt 1}}$$

Eine weitere Methode

Ein Vielfaches von Zehn "hoch 2" ist eine einfache Kopfrechenaufgabe. Diese Idee ist in der folgenden Multiplikationsmethode enthalten. Lassen Sie die Schüler das Produkt $M \cdot N$ betrachten. Die Schüler wählen dann eine Zahl X so, daß $X = 10p$ und $M < X < N$ mit $X - M = a$ und $N - x = b$ gilt. Dann ist

$$M \cdot N = (X - a)(X - b) = X^2 - aX + bX - ab.$$

Betrachte die Multiplikation $43 \cdot 92$. Es sei $X = 60$. Dann ist

$$43 \cdot 92$$
$$= (60 - 17)(60 + 32)$$
$$= 3600 + (-17 \cdot 60 + 60 \cdot 32) + (-17 \cdot 32)$$
$$= 3600 + (-1020 + 1920) + (-544)$$
$$= 3956$$

Wenn jedoch die Zahlen den gleichen Abstand von einem Vielfachen von Zehn haben, wird die Rechnung wesentlich beschleunigt. Die mittleren Terme heben sich weg!

Angenommen, die Schüler wollen 57 mit 63 multiplizieren. Dann ergibt sich $57 \cdot 63 = (60 - 3)(60 + 3) = 60^2 - 3^2 = 3600 - 9 = 3591$.

Ein Bestandteil der Arbeit mit verschiedenen Multiplikationsmethoden ist die Auswahl der effizientesten Methode für die gegebene Aufgabe. Dies sollte bei der Arbeit mit der Klasse betont werden.

Andere Methoden

Nun, da den Schülern verschiedene Multiplikationsmethoden vorgestellt wurden, sollte der Lehrer die Schüler anregen, andere Methoden der Multiplikation zu untersuchen und zu erforschen. Diese können dann der Klasse vorgestellt werden.

Nachbereitung

Multipliziere 52 mit 76 unter Verwendung von vier verschiedenen Methoden.

14
Die Arithmetik der Alten Ägypter

Die Beschäftigung mit einem Zahlensystem und seiner Arithmetik ist für Schüler verschiedener Leistungsniveaus von hohem Wert. Ein leistungsfähiger Schüler kann sich in die "Mechanik" des Systems vertiefen, indem er dieses System mit unserem eigenen vergleicht und vielleicht von da ausgehend in geeigneter Richtung weiter vordringt, z. B. durch eine Untersuchung der Basen und weiterer Zahlensysteme. Für andere Schüler kann dies zur Festigung der Grundlagen der Arithmetik (Multiplikation und Division) sowohl von ganzen Zahlen als auch von Brüchen dienen, da die Schüler sicher prüfen wollen, ob dieses Zahlensystem tatsächlich funktioniert. Diese Einheit stellt den Schülern die Notation der Zahlen der Alten Ägypter und ihr System der Multiplikation und Division vor.

Einheit 14 Die Arithmetik der Alten Ägypter

Lernziele

1. Die Schüler lösen eine gegebene Multiplikationsaufgabe unter Verwendung einer ägyptischen Methode.

2. Die Schüler lösen eine gegebene Divisionsaufgabe unter Verwendung einer ägyptischen Methode.

3. Die Schüler bestimmen für einen gegebenen Bruch seine Zerlegung in Stammbrüche.

Vorbereitung

Die Schüler sollten sowohl mit der Addition und Multiplikation von Brüchen als auch mit dem Distributivgesetz im Bereich der reellen Zahlen vertraut sein. Kenntnisse über Zahlenbasen können ebenfalls von Nutzen sein.

Lehrmethoden

Als Beispiel für ein einfaches Gruppierungssystem können die ägyptischen Hieroglyphen angesehen werden. Dieses Zahlensystem basiert auf der Zahl 10. Die Symbole, die verwendet wurden, um die Zahlen auf Stein, Papyrus, Holz und Steingut darzustellen, waren:

|	für 1
∩	für 10
ϟ	für 10^2
⚶	für 10^3
⌐	für 10^4

Die Zahl 13 521 würde also folgendermaßen dargestellt werden:

\| ∩ ∩ ϟϟϟϟϟ ⚶⚶⚶ ⌐

(Teilen Sie den Schülern mit, daß die Ägypter Zahlen von rechts nach links notierten.)

Die Ägypter vermieden eine komplizierte Multiplikationen und Divisionen durch Verwendung einer einfachen (jedoch gelegentlich zeitaufwendigen) Methode. Um 14 mit 27 zu multiplizieren, wären sie auf folgende Weise vorgegangen:

1	27
⋆ 2	54
⋆ 4	108
⋆ 8	216
16	432

Alles, was die Ägypter zu tun hatten, um von einer Zeile zur nächsten zu kommen, war, die Zahl zu verdoppeln. Dann suchten sie die Zahlen der linken Spalte heraus, die sich zu 14 addierten (die Zahlen mit dem ⋆). Durch die Addition der entsprechenden Zahlen der rechten Spalte gelangten sie zum gesuchten Ergebnis: $54 + 108 + 216 = 378$. Das geschieht durch Anwendung der distributiven Eigenschaft der Multiplikation bez. der Addition. Was die Ägypter taten, ist äquivalent zu:

$$27 \cdot 14 = 27(2 + 4 + 8) = 54 + 108 + 216 = 378.$$

Eine weitere Rechtfertigung dieser Methode liegt in der Tatsache begründet, daß sich jede ganze Zahl als Summe von Zweierpotenzen ausdrücken läßt. Untersuchen Sie diese Eigenschaft mit Ihren Schülern in dem Umfang, den Sie als notwendig erachten.

Die Ägypter führten die Division in ähnlicher Weise aus. Sie sahen die Aufgabe 114 : 6 als "6 mal eine (gesuchte) Zahl gleich 114".

1	6 ⋆
2	12 ⋆
4	24
8	48
16	96 ⋆

Da nun $114 = 6 + 12 + 96$ ist, hätten die Ägypter gefunden, daß $114 = 6(1+2+16)$ bzw. $6 \cdot 19 = 114$ ist. Das Ergebnis lautet also 19.

Während bei der ägyptischen Methode der Multiplikation keine Probleme auftauchen konnten, tritt ein kleines Problem im Hinblick auf ihre Divisionsmethode auf. Um die Aufmerksamkeit auf dieses Problem zu lenken, bitten Sie Ihre Klasse, die obige Methode zur Lösung von 83 : 16 zu verwenden.

1	16 ★
2	32
4	64 ★
8	128

Wegen $16 + 64 = 80$ fehlte den Ägyptern noch 3. Da $1 \cdot 16 = 16$ ist, erkannten sie, daß zur Lösung dieser Aufgabe Brüche notwendig waren.

Im ägyptischen Zahlensystem wurde jeder Bruch außer $\frac{2}{3}$ als Summe von Stammbrüchen – Brüche, deren Zählern gleich 1 ist – dargestellt. Auf diese Weise vermieden die Ägypter einige Probleme bei der Rechnung, die bei der Arbeit mit Brüchen auftreten. Da ihre Arithmetik auf Verdoppelung basierte, bestand das einzige Problem, mit dem sie sich beschäftigen mußten, darin, einen Bruch der Form $\frac{2}{n}$ in die Form $\frac{1}{a} + \frac{1}{b} + \ldots$ umzuwandeln. Sie behandelten dieses Problem mit Hilfe einer Tabelle (zu finden im Papyrus Rhind, datiert auf ca. 1650 v. Chr.), welche die Zerlegung aller Brüche der Form $\frac{2}{n}$ für alle ungeraden n von 5 bis 101 lieferte. (Ihre Klasse sollte in der Lage sein, zu erkennen, weshalb sie nur *ungerade* n betrachteten.) Ein Bruch wie $\frac{2}{37}$ wurde als $\frac{1}{19} + \frac{1}{703}$ bzw. unter Verwendung der allgemeinen Schreibweise für Stammbrüche, als $\overline{19} + \overline{703}$ geschrieben. (Diese Schreibweise überdauerte die Ägypter, die einen Bruch wie $\frac{1}{4}$ in Hieroglyphen als ⦿ bzw. einen Bruch wie $\frac{1}{14}$ in Hieroglyphen als ⦿ schrieben.) Der Bruch $\frac{2}{3}$ besaß ein eigenes Symbol ⦿, während $\frac{1}{2}$ manchmal als ⦿ notiert wurde.

Es entsteht nun die Notwendigkeit, eine Regel zu erklären, die verwendet werden kann, um Brüche der Form $\frac{2}{pq}$ (wobei p oder q Eins sein können) zu zerlegen. Lassen Sie die Klasse den Bruch

$$\frac{2}{pq} = \frac{1}{\frac{p(p+q)}{2}} + \frac{1}{\frac{q(p+q)}{2}}$$

betrachten. Die Schüler können die Brüche auf der rechten Seite der Gleichung addieren, um die Richtigkeit der Gleichung zu beweisen. Lenken Sie außerdem die Aufmerksamkeit auf die Tatsache, daß aufgrund von pq ungerade (da wir nur eine Regel zur Zerlegung von $\frac{2}{n}$ für ungerades n benötigen) sowohl p als auch q ungerade sind, woraus folgt, daß $p + q$ gerade ist. Deshalb muß aber $\frac{p+q}{2}$ eine ganze Zahl sein.

Die Schüler können $\frac{2}{15}$ auf mindestens zwei Wegen zerlegen. Falls sie $p = 3$ und $q = 5$ setzen, erhalten sie

$$\frac{2}{15} = \frac{1}{\frac{3 \cdot 8}{2}} + \frac{1}{\frac{5 \cdot 8}{2}} = \frac{1}{12} + \frac{1}{20},$$

bzw. $\overline{12} + \overline{20}$. Setzen sie $p = 1$ und $q = 15$, erhalten sie

$$\frac{2}{15} = \frac{1}{\frac{1 \cdot 16}{2}} + \frac{1}{\frac{15 \cdot 16}{2}} = \frac{1}{8} + \frac{1}{120}$$

bzw. $\overline{8} + \overline{120}$.

Es scheint, daß die Ägypter über andere Methoden verfügten, um Brüche zu zerlegen, so daß der neue Nenner weniger kompliziert ausfiel. Wir könnten zum Beispiel $\frac{2}{15}$ auch als $\frac{4}{30}$ ansehen. Dann haben wir

$$\frac{4}{30} = \frac{3}{30} + \frac{1}{30} = \overline{10} + \overline{30}.$$

Lassen Sie die Schüler diese Umformungen überprüfen.

Lassen Sie nun die Schüler nochmals die obige Divisionsaufgabe $83 : 16$ betrachten.

1	16 ★
2	32
4	64 ★
8	128
$\overline{2}$	8
$\overline{4}$	4
$\overline{8}$	2 ★
$\overline{16}$	1 ★

Durch die Auswahl von Zahlen der rechten Spalte, deren Summe 83 beträgt, erhalten sie das korrekte Ergebnis: $1 + 4 + \overline{8} + \overline{16} = 5\frac{3}{16}$. Die Schüler sollten nun in der Lage sein, ihre Arithmetikaufgaben unter Verwendung von Methoden zu lösen, die die Alten Ägypter entwickelt haben.

Nachbereitung

1. Lassen Sie die Schüler jede der folgenden Zahlen in Hieroglyphen schreiben.

   (a) 5 280 (b) 23 057 (c) $\frac{2}{25}$ (d) $\frac{2}{35}$

2. Lassen Sie die Schüler für jeden der folgenden Brüche zwei verschiedene Zerlegungen in Stammbrüche finden.

   (a) $\frac{2}{27}$ (b) $\frac{2}{45}$ (c) $\frac{2}{99}$

Einheit 15 Nepersche Rechenstäbe

3. Lassen Sie die Schüler die folgenden Aufgaben unter Verwendung von ägyptischen Methoden lösen.
   (a) 30 · 41   (b) 25 · 137
   (c) 132 : 11 (d) 101 : 16

15
Nepersche Rechenstäbe

Lernziele

1. Die Schüler stellen aus Karton einen Satz von Neperschen Rechenstäben her.
2. Die Schüler rechnen erfolgreich Beispiele zur Multiplikation unter Verwendung von Neperschen Rechenstäben.

Vorbereitung

Die einzig wichtige Voraussetzung für diese Aktivitäten ist die Fähigkeit, multiplizieren zu können.

Lehrmethoden

Beginnen Sie Ihre Ausführungen mit einer kurzen Anmerkung zur Geschichte der Neperschen Stäben. Diese Multiplikations"maschine" wurde von John Napier (1550 - 1617, latinisiert: Neper) entwickelt, einem schottischen Mathematiker, der insbesondere für die Entwicklung der Logarithmen verantwortlich zeichnet. Das von ihm entwickelte Gerät bestand aus flachen Holzstäben mit aufeinanderfolgenden Vielfachen der Zahlen 1-9 (Abb. 1).

Jeder Schüler sollte Gelegenheit bekommen, seinen eigenen Satz von Neperschen Stäben herzustellen. Vielleicht der günstigste Weg, die Wirkungsweise der Neperschen Stäbe zu erklären, ist die Demonstration anhand eines Beispiels.

Betrachten Sie die Multiplikation 523 · 467. Lassen Sie die Schüler die Stäbe für 5, 2 und 3 auswählen

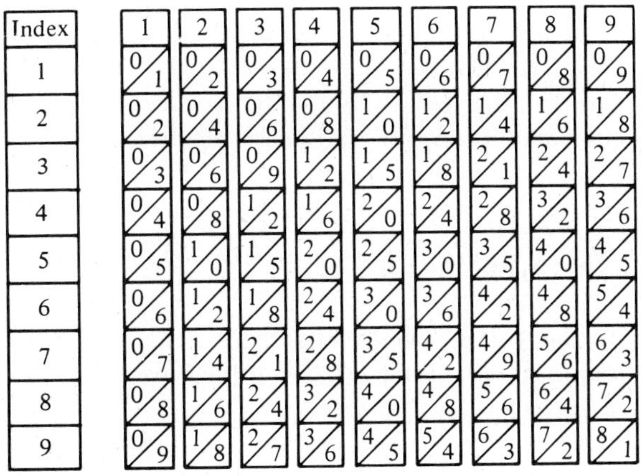

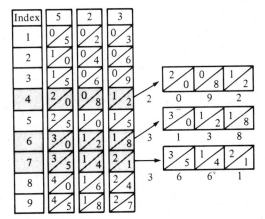

Abb. 1

Abb. 2

und in einer Reihe neben dem Indexstab anordnen (Abb. 2).

Die Schüler müssen dann die passenden Zeilen aus dem Index auswählen, die den Ziffern des zweiten Faktors entsprechen. Für jede Zeile wird eine Diagonaladdition durchgeführt (Abb. 2). Die somit erhaltenen Zahlen:

$$2092 = 4 \cdot 523$$
$$3138 = 6 \cdot 523$$
$$3661 = 7 \cdot 523$$

werden unter Berücksichtigung der entsprechenden Stellenwerte der Ziffern, aus denen sie erzeugt wurden, addiert.

$$467 = 400 + 60 + 7$$
$$467 \cdot 523 = 400 \cdot 523 + 60 \cdot 523 + 7 \cdot 523$$

$$
\begin{array}{r}
467 \cdot 523 = 209200 \\
31380 \\
3661 \\
\hline
244241
\end{array}
$$

Eine tiefergehende Diskussion dieses letzten Schrittes wird nicht nur die Fertigkeiten im Umgang mit der Rechen"maschine" vertiefen, sondern auch das Verständnis dafür, *warum* diese Methode "funktioniert", vertiefen.

Nachbereitung

Lassen Sie die Schüler einen Satz von (selbst hergestellten) Neperschen Stäben für folgende Multiplikationen anwenden:

1. $361 \cdot 49$
2. $308 \cdot 275$
3. $4932 \cdot 7566$

16
Preisvergleich

Lernziele

1. *Die Schüler bestimmen unter Verwendung der in dieser Einheit beschriebenen Methode, welcher von zwei gegebenen Brüchen der größere ist.*

2. *Die Schüler bestimmen, welche von zwei Mengen des gleichen Produkts bei gegebenen Mengen und gegebenen Preisen für diese Mengen den günstigeren Preis besitzt.*

Vorbereitung

Die einzige Fertigkeit, die die Schüler für diese Einheit benötigen, besteht darin, ganze Zahlen multiplizieren zu können.

Lehrmethoden

Fragen Sie Ihre Schüler, ob sie eher ein 32–Unzen–Glas Apfelmus zum Preis von 30 Cents oder ein 27–Unzen–Glas zu 25 Cents kaufen würden. Ein systematischer Denker übersetzt dieses Problem in die Frage, welcher Bruch größer ist, $\frac{30}{32}$ oder $\frac{25}{27}$.

Die Schüler sollen erkennen, daß die Brüche aus dem "Preis pro Unze" resultieren. Das Wort "pro" steht für Division, so daß ein Bruch $\frac{\text{Preis}}{\text{Unze}}$ erhalten wird.

Es gibt eine ganze Reihe von Möglichkeiten, um zwei Brüche zu vergleichen: Division des Zählers durch den Nenner, um die entstandenen Dezimalbrüche zu vergleichen, Übergang zu äquivalenten Brüchen mit gleichen Nennern usw.

Wir werden nun die vielleicht effektivste Methode betrachten. Zeichne, wie unten demonstriert, zwei Pfeile. Multipliziere dann in Richtung der Pfeile und schreibe das Produkt unter die Pfeilspitzen.

$$\frac{30}{32} \times \frac{25}{27}$$
$$810 \qquad 800$$

Eine einfache Untersuchung dieser Produkte zeigt, daß 810 das größere der beiden ist, woraus folgt, daß der Bruch über der 810 (d. h. $\frac{30}{32}$) der größere der beiden Brüche ist. Deshalb ist der Preis pro Einheit für das 27-Unzen-Glas niedriger und dieses Glas somit die bessere Kaufentscheidung.

Bevor den Schülern Aufgaben zum Vergleich von Preisen pro Einheit gestellt werden, sollten einige Übungsaufgaben zum Größenvergleich von Brüchen gelöst werden.

Nachbereitung

1. Wähle aus den folgenden Paaren von Brüchen jeweils den größeren Bruch aus.

    (a) $\frac{5}{6}, \frac{7}{8}$ (b) $\frac{8}{11}, \frac{17}{23}$ (c) $\frac{7}{9}, \frac{4}{5}$

    (d) $\frac{13}{17}, \frac{19}{25}$ (e) $\frac{11}{19}, \frac{5}{9}$ (f) $\frac{7}{12}, \frac{18}{31}$

2. Welches Erzeugnis hat den niedrigeren Preis pro Einheit: ein 7–Unzen–Glas Senf zum Preis von 11 Cents oder ein 9–Unzen–Glas zu 13 Cents?

Einheit 17 Mehrfache Rabatte und Aufschläge

17

Mehrfache Rabatte und Aufschläge

Diese Einheit macht die Schüler mit einer einfachen Methode bekannt, um verschiedene aufeinanderfolgende Rabatte oder Aufschläge[9] als einen dazu äquivalenten Rabatt bzw. einen dazu äquivalenten Aufschlag zu beschreiben. Sie werden von der Einfachheit der Lösung ziemlich fasziniert sein, die diese Methode in eine i. allg. komplizierte Situation des Verbrauchers einbringt.

Lernziele

1. *Die Schüler wandeln zwei oder mehrere aufeinanderfolgende Rabatte in einen dazu äquivalenten Rabatt um.*

2. *Die Schüler wandeln zwei oder mehrere aufeinanderfolgende Rabatte und Aufschläge in einen dazu äquivalenten Rabatt bzw. Aufschlag um.*

Vorbereitung

Verwenden Sie die folgende Aufgabenstellung zur Einführung als auch zu motivierender Diskussion.

Ernie steht vor der Entscheidung, wo er ein Hemd kaufen soll. In Barrys Laden wird ein Hemd mit einem 30%-Rabatt vom Listenpreis angeboten. Charlies Billigladen bietet das gleiche Hemd mit einem 20%-Rabatt vom gleichen Listenpreis an. Heute bietet jedoch Charlies Billigladen für das Hemd einen 10%-Rabatt vom bereits reduzierten (20%) Preis an. In welchem Laden wird Bernie heute den größeren Rabatt für das Hemd erhalten?

Lehrmethoden

Die Schüler werden den Unterschied der Angebote in den beiden oben erwähnten Läden vielleicht

---
[9] Anm. d. Übers.: Aufschläge werden hier sowohl im Sinne von Preiserhöhungen als auch von Umsatzsteigerungen verstanden.

nicht unmittelbar erkennen. Einige Schüler mögen das Gefühl haben, daß beide Läden den gleichen Rabatt anbieten. Mit Ihrer Unterstützung sollten sie beginnen einzusehen, daß, während Barrays Laden einen Rabatt von 30% vom originalen Listenpreis gewährt, Charlies Billigladen nur einen 20%-Rabatt von originalen Listenpreis anbietet und sich der 10%-Rabatt auf den niedrigeren, bereits reduzierten Preis bezieht. Folglich erhält Ernie den größeren Rabatt mit dem 30%-Rabatt.

In diesem Augenblick werden sich Ihre Schüler fragen, wie groß der tatsächliche Unterschied zwischen den Rabatten der beiden Läden ist. Sie sollten sie dazu bringen, daß dieser quantitative Vergleich danach verlangt, einen einzelnen Rabatt zu finden, der den beiden *aufeinanderfolgenden Rabatten* von 20% und 10% äquivalent ist.

Einige Schüler schlagen vielleicht vor, für den Anfang die benötigten Rabatte anhand eines Listenpreises wie $10,00 zu bestimmen. Das würde gut funktionieren, da 100 die Basis der Prozentrechnung ist. Das heißt, ein Rabatt von 20% von $10,00 ergibt einen Preis von $8,00. Dann ergibt ein 10%-Rabatt bezogen auf $8,00 einen neuen Preis von $7,20. Da $7,20 durch einen einzelnen Rabatt von 28% von urprünglich $10,00 erhalten werden können, sind die *aufeinanderfolgenden Rabatte* von 20% und 10% äquivalent zu einem einzelnen Rabatt von 28%. Es ist nun einfach, diesen mit dem 30%-Rabatt des Ausgangsproblems zu vergleichen.

Die Schüler sollten eine allgemeine Methode der Umwandlung von irgendeiner Anzahl von aufeinanderfolgenden Rabatten in einen einzelnen Rabatt betrachten. Illustrieren Sie das anhand zweier aufeinanderfolgender Rabatte von r_1 bzw. r_2 Prozent, die auf einen Preis p wirken. Verwenden Sie die gleiche Methode wie zuvor:

Beschreibt der Ausdruck $p - \frac{pr_1}{100} = p\left(1 - \frac{r_1}{100}\right)$ den Preis, nachdem ein Rabatt berechnet wurde, und $\left[p\left(1 - \frac{r_1}{100}\right)\right] - \left[p\left(1 - \frac{r_1}{100}\right)\right] \cdot \frac{r_2}{100} = p\left(1 - \frac{r_1}{100}\right)\left(1 - \frac{r_2}{100}\right)$ den Preis, nachdem der zweite Rabatt berechnet wurde, so beschreibt $\left(1 - \frac{r_1}{100}\right)\left(1 - \frac{r_2}{100}\right)$ den Prozentsatz, der es gestattet, den neuen Preis aus dem Originalpreis zu berechnen. Somit repräsentiert

$$1 - \left(1 - \frac{r_1}{100}\right)\left(1 - \frac{r_2}{100}\right)$$

den Rabatt vom Originalpreis, der den neuen Preis liefert.

Die aufeinanderfolgenden Rabatte von $r_1\%$ und $r_2\%$ sind demzufolge zu einem einzelnen Rabatt von $1 - \left(1 - \frac{r_1}{100}\right)\left(1 - \frac{r_2}{100}\right)$ Prozent äquivalent. Durch die Übertragung dieses letzten algebraischen Ausdruckes in eine verbale Form sollten die Schüler in der Lage sein, die folgende einfache Methode zur Umwandlung zweier aufeinanderfolgender Rabatte in einen einzelnen Rabatt zu formulieren:

1. Wandle jeden der aufeinanderfolgenden Rabatte in einen Dezimalbruch um.

2. Subtrahiere jeden dieser Dezimalbrüche von Eins (d. h. 1,00).

3. Multipliziere die Ergebnisse von Schritt 2.

4. Subtrahiere das Ergebnis von Schritt 3 von Eins (d. h. 1,00).

5. Wandle das Ergebnis von Schritt 4 in prozentuale Schreibweise um.

Indem die Schüler dies auf die aufeinanderfolgenden Rabatte von 20% und 10% anwenden, sollten sie zu folgenden Ergebnissen kommen:

1. $20\% \cong 0,20$ und $10\% \cong 0,10$

2. $1,00 - 0,20 = 0,80$ und $1,00 - 0,10 = 0,90$

3. $0,80 \cdot 0,90 = 0,72$

4. $1,00 - 0,72 = 0,28$

5. $0,28 \cong 28\%$ (Rabatt)

Die Schüler werden bemerken, daß die obigen Regeln die Anzahl der betrachteten aufeinanderfolgenden Rabatte nicht näher spezifizieren. Das sollte sie veranlassen, den Fall zu untersuchen, bei dem mehr als zwei aufeinanderfolgende Rabatte in einen einzelnen dazu äquivalenten Rabatt umzuwandeln sind. Die Schüler sollten dabei auf ähnliche Weise vorgehen, wie bei der oben für zwei aufeinanderfolgende Rabatte beschriebenen Methode. Sie sollten herausfinden, daß die gleichen Regeln gültig bleiben, wenn irgendeine Anzahl aufeinanderfolgender Rabatte in einen einzelnen dazu äquivalenten Rabatt umgewandelt werden muß.

Eine natürliche Frage, die an dieser Stelle erwartet werden kann, würde die gründliche Untersuchung der Natur von *aufeinanderfolgenden Aufschlägen* oder *aufeinanderfolgenden Rabatten* und *Aufschlägen* zum Inhalt haben. Da ein Aufschlag es erfordert, einen Prozentsatz des Originalpreises zum Originalpreis zu addieren, während ein Rabatt die Subtraktion eines Prozentsatzes des Originalpreises vom Originalpreis erfordert, könnte von den Schülern erwartet werden, daß die Methode zur Umwandlung von aufeinanderfolgenden Aufschlägen oder Kombinationen von aufeinanderfolgenden Aufschlägen und Rabatten in einen einzelnen Rabatt oder einen einzelnen Aufschlag der Umwandlungsmethode für aufeinanderfolgende Rabatte vergleichbar sein wird. Regen Sie die Schüler an, diese Methode auszuarbeiten.

Die Erweiterung der Anwendbarkeit dieser Umwandlungstechnik, die nun sowohl Aufschläge als auch Rabatte einschließt, erlaubt es den Schülern, Aufgaben wie die folgende zu betrachten:

Nachdem der Eintrittspreis für ein Basketballspiel um 25% gesenkt wurde, erhöhte sich die Anzahl der Besucher um 35%. Welchen Effekt hatten diese Veränderungen auf die Tageseinnahmen?

Bei der Lösung dieser Aufgabe sollten die Ergebnisse der Schüler etwa wie folgt aussehen:

1. $25\% \cong 0,25$ und $35\% \cong 0,35$

2. $1,00 - 0,25 = 0,75$ und $1,00 + 0,35 = 1,35$

3. $0,75 \cdot 1,35 = 1,0125$

4. $1,0125 - 1,0000 = 0,0125$

5. $0,0125 \cong 1,25\%$ (Aufschlag)

Vielleicht fragen Sie Ihre Schüler nach dem Netto-Effekt eines Nachlasses von 10% und einem darauffolgenden Aufschlag von 10%. Die Schüler werden i. allg. annehmen, daß sich diese beiden Veränderungen gegenseitig aufheben, so daß der Originalpreis unverändert bleibt. Sie sollten sie jedoch dazu anhalten, die Umwandlungsmethode anzuwenden. Der Netto-Effekt dieser beiden Veränderungen beträgt tatsächlich eine Preissenkung um 1%.

Die folgende Übersicht von aufeinanderfolgenden Rabatten und Aufschlägen, bezogen auf den gleichen Prozentsatz, sollte die Schüler dazu bringen, eine durchdachte Vermutung über den "break even point"[10] anzustellen.

---

[10] Anm. d. Übers.: Der "break even point" bezeichnet den Punkt, an dem der Händler weder Verluste macht, noch Gewinne erzielt.

Einheit 18 Primfaktoren und zusammengesetzte Faktoren einer ganzen Zahl

Aufeinanderfolgende Veränderungen							
Rabatt (in %)	20	15	10	5	1	0,5	0,1
Aufschlag (in %)	20	15	10	5	1	0,5	0,1
Äquivalenter Rabatt (in %)	4	2,25	1	0,25	0,01	0,0025	0,0001

Es wird für die Schüler interessant sein zu entdecken, welche Kombinationen von aufeinanderfolgenden Rabatten und Aufschlägen den Originalpreis unverändert belassen. Ein möglicher Zugang würde in der Anwendung der Umwandlungsmethode für einen Rabatt von $r\%$ und einen Zuschlag von $a\%$ bestehen:

$$1 - \left(1 - \frac{r}{100}\right)\left(1 + \frac{a}{100}\right) = 0$$

$$1 - \left(1 - \frac{r}{100} + \frac{a}{100} - \frac{ra}{100^2}\right) = 0$$

$$100r - 100a + ra = 0$$

$$r = \frac{100a}{100 + a} \quad \text{bzw.} \quad a = \frac{100r}{100 - r}$$

Die folgende Übersicht gibt mögliche Werte für r und a an.

r	0	$9,09\overline{09}$	$16,66\overline{6}$	20	50	75	10	25
a	0	10	20	25	100	300	$11,11\overline{1}$	$33,33\overline{1}$

Inzwischen sollten die Schüler einen gewissen Einblick in das Gebiet der *aufeinanderfolgenden Prozentsätze* gewonnen haben. Die hier vorgestellte Umwandlungsmethode ist ziemlich einprägsam, da die Grundschritte nur Subtraktion (oder Addition), Multiplikation und Subtraktion (oder Addition) erfordern.

Nachbereitung

Lassen Sie die Schüler sich an verschiedenen Aufgaben wie den folgenden versuchen:

1. Alice beabsichtigt, ein Kleid zu kaufen, dessen Listenpreis $20 beträgt. Ein Laden, der generell Kleider um $12\frac{1}{2}\%$ nachläßt, bietet zusätzlich 20% Rabatt auf den bereits reduzierten Preis. Ein nahegelegener Laden bietet das gleiche Kleid zu einem einzelnen Rabatt von 32%. Welcher Laden hat den günstigeren Preis?

2. Nachdem der Preis eines Magazins um 13% nachgelassen wurde, nahm der Verkauf um 20% zu. Wie waren die Einnahmen nach diesen Veränderungen?

Literatur

Posamentier, Alfred S. *A Study Guide for the Scholastic Aptitude Test, Mathematics Section.* Boston: Allyn and Bacon, 1983.

Posamentier, Alfred S. and Charles T. Salkind *Challenging Problems in Algebra.* Palo Alto, CA: Dale Seymour Publications, 1988.

18

Primfaktoren und zusammengesetzte Faktoren einer ganzen Zahl

Diese Einheit stellt einen neuen Zugang zum Vorgang der Faktorisierung einer Zahl, d. h. der Zerlegung dieser Zahl in Teiler, vor. Sie erlaubt es den Schülern, die vollständige Menge aller verschiedenen Teiler einer zusammengesetzten ganzen Zahl zu finden. Gleichzeitig hilft diese Einheit den Schülern, den Vorgang der Faktorisierung besser zu verstehen.

Lernziele

1. *Die Schüler bestimmen die Gesamtanzahl der Primfaktoren und zusammengesetzten Faktoren einer gegebenen zusammengesetzten ganzen Zahl.*

2. *Die Schüler bestimmen alle Elemente der Menge der Primfaktoren und der zusammengesetzten Faktoren dieser Zahl.*

3. *Die Schüler finden die Summe aller Elemente dieser Menge.*

Vorbereitung

Die Schüler sollten mit den Grundregeln der Teilbarkeit vertraut und in der Lage sein, die Primfaktorenzerlegung einer Zahl durchzuführen.

Lehrmethoden

Um die Menge der Primfaktoren und der zusammengesetzten Faktoren einer gegebenen Zahl zu finden, sollte zunächst die Primfaktorenzerlegung der Zahl bestimmt werden, um danach alle möglichen Produkte dieser Faktoren zu bilden.

Für die Bestimmung der Primfaktorenzerlegung der Zahl kann die "Abtrenn"-Methode verwendet werden. Um z. B. die Primfaktorenzerlegung von 3960 zu finden, sollten Sie folgendermaßen vorgehen:

```
2) 3960      3960 = 2 · 1980
2) 1980           = 2 · 2 · 990
2)  990           = 2 · 2 · 2 · 495
3)  495           = 2 · 2 · 2 · 3 · 165
3)  165           = 2 · 2 · 2 · 3 · 3 · 55
5)   55           = 2 · 2 · 2 · 3 · 3 · 5 · 11
     11
```

Die Primfaktorenzerlegung von 3960 lautet:

$$2 \cdot 2 \cdot 2 \cdot 3 \cdot 3 \cdot 5 \cdot 11 = 2^3 \cdot 3^2 \cdot 5 \cdot 11$$

Die Gesamtanzahl der Faktoren einer gegebenen Zahl ist durch das Produkt der Exponenten (*jeder* um Eins erhöht) der verschiedenen Faktoren in der Primfaktorenzerlegung dieser Zahl in Exponentialschreibweise bestimmt.

Die Gesamtanzahl der Faktoren von 3960 ist deshalb durch das Produkt

$$(3+1)(2+1)(1+1)(1+1) = 4 \cdot 3 \cdot 2 \cdot 2 = 48$$

gegeben.

Um jeden der 48 Faktoren zu finden, wird die folgende selbsterklärende Tabelle vorbereitet:

```
1   2   2²   2³
1   3   3²
1   5
1  11
```

Lassen Sie nun die Schüler jede Zahl der ersten Zeile mit jeder Zahl der zweiten Zeile multiplizieren:

$$
\begin{array}{llll}
1 \cdot 1 & 1 \cdot 2 & 1 \cdot 2^2 & 1 \cdot 2^3 \\
1 \cdot 3 & 2 \cdot 3 & 2^2 \cdot 3 & 2^3 \cdot 3 \\
1 \cdot 3^2 & 2 \cdot 3^2 & 2^2 \cdot 3^2 & 2^3 \cdot 3^2
\end{array}
$$

Dann wird jedes sich ergebende Produkt mit jeder Zahl der dritten Zeile multipliziert:

$$
\begin{array}{llll}
1 \cdot 1 \cdot 1 & 1 \cdot 1 \cdot 2 & 1 \cdot 1 \cdot 2^2 & 1 \cdot 1 \cdot 2^3 \\
1 \cdot 1 \cdot 3 & 1 \cdot 2 \cdot 3 & 1 \cdot 2^2 \cdot 3 & 1 \cdot 2^3 \cdot 3 \\
1 \cdot 1 \cdot 3^2 & 1 \cdot 2 \cdot 3^2 & 1 \cdot 2^2 \cdot 3^2 & 1 \cdot 2^3 \cdot 3^2 \\
1 \cdot 1 \cdot 5 & 1 \cdot 2 \cdot 5 & 1 \cdot 2^2 \cdot 5 & 1 \cdot 2^3 \cdot 5 \\
1 \cdot 3 \cdot 5 & 2 \cdot 3 \cdot 5 & 2^2 \cdot 3 \cdot 5 & 2^3 \cdot 3 \cdot 5 \\
1 \cdot 3^2 \cdot 5 & 2 \cdot 3^2 \cdot 5 & 2^2 \cdot 3^2 \cdot 5 & 2^3 \cdot 3^2 \cdot 5
\end{array}
$$

Sie sollten diesen Prozeß fortsetzen, bis alle Zeilen aufgebraucht sind. Für unser Beispiel 3960 erhalten wir schließlich:

$$
\begin{array}{llll}
1 \cdot 1 \cdot 1 \cdot 1 & 1 \cdot 1 \cdot 1 \cdot 2 & 1 \cdot 1 \cdot 1 \cdot 2^2 & 1 \cdot 1 \cdot 1 \cdot 2^3 \\
1 \cdot 1 \cdot 1 \cdot 3 & 1 \cdot 1 \cdot 2 \cdot 3 & 1 \cdot 1 \cdot 2^2 \cdot 3 & 1 \cdot 1 \cdot 2^3 \cdot 3 \\
1 \cdot 1 \cdot 1 \cdot 3^2 & 1 \cdot 1 \cdot 2 \cdot 3^2 & 1 \cdot 1 \cdot 2^2 \cdot 3^2 & 1 \cdot 1 \cdot 2^3 \cdot 3^2 \\
1 \cdot 1 \cdot 1 \cdot 5 & 1 \cdot 1 \cdot 2 \cdot 5 & 1 \cdot 1 \cdot 2^2 \cdot 5 & 1 \cdot 1 \cdot 2^3 \cdot 5 \\
1 \cdot 1 \cdot 3 \cdot 5 & 1 \cdot 2 \cdot 3 \cdot 5 & 1 \cdot 2^2 \cdot 3 \cdot 5 & 1 \cdot 2^3 \cdot 3 \cdot 5 \\
1 \cdot 1 \cdot 3^2 \cdot 5 & 1 \cdot 2 \cdot 3^2 \cdot 5 & 1 \cdot 2^2 \cdot 3^2 \cdot 5 & 1 \cdot 2^3 \cdot 3^2 \cdot 5 \\
1 \cdot 1 \cdot 1 \cdot 11 & 1 \cdot 1 \cdot 2 \cdot 11 & 1 \cdot 1 \cdot 2^2 \cdot 11 & 1 \cdot 1 \cdot 2^3 \cdot 11 \\
1 \cdot 1 \cdot 3 \cdot 11 & 1 \cdot 2 \cdot 3 \cdot 11 & 1 \cdot 2^2 \cdot 3 \cdot 11 & 1 \cdot 2^3 \cdot 3 \cdot 11 \\
1 \cdot 1 \cdot 3^2 \cdot 11 & 1 \cdot 2 \cdot 3^2 \cdot 11 & 1 \cdot 2^2 \cdot 3^2 \cdot 11 & 1 \cdot 2^3 \cdot 3^2 \cdot 11 \\
1 \cdot 1 \cdot 5 \cdot 11 & 1 \cdot 2 \cdot 5 \cdot 11 & 1 \cdot 2^2 \cdot 5 \cdot 11 & 1 \cdot 2^3 \cdot 5 \cdot 11 \\
1 \cdot 3 \cdot 5 \cdot 11 & 2 \cdot 3 \cdot 5 \cdot 11 & 2^2 \cdot 3 \cdot 5 \cdot 11 & 2^3 \cdot 3 \cdot 5 \cdot 11 \\
1 \cdot 3^2 \cdot 5 \cdot 11 & 2 \cdot 3^2 \cdot 5 \cdot 11 & 2^2 \cdot 3^2 \cdot 5 \cdot 11 & 2^3 \cdot 3^2 \cdot 5 \cdot 11
\end{array}
$$

Die Schüler können jedoch das gleiche Ergebnis auf einfachere und schnellere Weise erhalten: Finde die Teiler jedes Faktors der Primfaktorenzerlegung der Zahl in Exponentialschreibweise. In unserem Beispiel:

$$2^3 \begin{cases} 2^1 = 2 \\ 2^2 = 4 \\ 2^3 = 8 \end{cases} \quad 3^2 \begin{cases} 3^1 = 3 \\ 3^2 = 9 \end{cases} \quad 5^1 \{5^1 = 5 \quad 11^1 \{11^1 = 11$$

$$\qquad a \qquad\qquad\quad b \qquad\qquad c \qquad\qquad d$$

Lassen Sie die Schüler eine Tabelle vorbereiten, in der die erste Zeile aus der Zahl Eins und den Zahlen in *a* (siehe unten) gebildet wird. Lassen Sie die Schüler eine Linie ziehen und jede Zahl aus *b* mit jeder Zahl oberhalb der Linie multiplizieren. Die Schüler ziehen eine neue Linie und multiplizieren das Element aus *c* mit allen Zahlen oberhalb der zweiten Linie. Der Prozeß wird fortgesetzt, bis alle Teiler eines jeden Faktors aus der Primfaktorenzerlegung miteinander multipliziert sind.

1	2	4	8	
3	6	12	24	
9	18	36	72	II
5	10	20	40	
15	30	60	120	
45	90	180	360	III
11	22	44	88	
33	66	132	264	
99	198	396	792	
55	110	220	440	IV
165	330	660	1320	
495	990	1980	3960	

(I in erster Zeile)

Einheit 19 Das Primzahlensystem 53

Die Tabelle, die die gesuchten 48 Zahlen enthält, beginnt mit der Zahl 1 und endet mit unserer gegebenen Zahl 3960.

Der Teil I wird aus der Zahl 1 und den Faktoren aus *a* gebildet. Teil II besteht aus den Produkten von jeder der Zahlen aus *b* und jeder der Zahlen aus I. Teil III wird aus den Produkten zusammengestellt, die man erhält, wenn jede der Zahlen aus *c* mit jeder der Zahlen aus I und II multipliziert wird. Und schließlich wird Teil IV durch Multiplikation jeder der Zahlen aus *d* mit jeder der Zahlen aus I, II und III gebildet. Die Tabelle besteht aus $4 \cdot 12 = 48$ Faktoren. Alle Faktoren von 3960 tauchen in dieser Tabelle auf, sowohl die Primfaktoren als auch die zusammengesetzten Faktoren von 3960.

Um die Summe der Faktoren einer Zahl N zu bestimmen, stellen wir die Primfaktorenzerlegung von N durch $a^\alpha \cdot b^\beta \cdot c^\gamma \cdot d^\delta$ dar, so daß $N = a^\alpha \cdot b^\beta \cdot c^\gamma \cdot d^\delta$ gilt. Die Summe aller Faktoren von N ist durch die folgende Formel gegeben:

$$s = \frac{a^{\alpha+1} - 1}{a - 1} \cdot \frac{b^{\beta+1} - 1}{b - 1} \cdot \frac{c^{\gamma+1} - 1}{c - 1} \cdot \frac{d^{\delta+1} - 1}{d - 1}$$

In unserem Beispiel ist: $N = 3960$, $a = 2$, $b = 3$, $c = 5$, $d = 11$, $\alpha = 3$, $\beta = 2$, $\gamma = 1$, $\delta = 1$, da $3960 = 2^3 \cdot 3^2 \cdot 5 \cdot 11$. Deshalb gilt

$$\begin{aligned} s &= \frac{2^4 - 1}{2 - 1} \cdot \frac{3^2 - 1}{3 - 1} \cdot \frac{5^2 - 1}{5 - 1} \cdot \frac{11^2 - 1}{11 - 1} \\ &= \frac{15}{1} \cdot \frac{26}{2} \cdot \frac{24}{4} \cdot \frac{120}{10} \\ &= 15 \cdot 13 \cdot 6 \cdot 12 \\ &= 14\,040 \end{aligned}$$

Nachbereitung

Lassen Sie die Schüler für die folgenden Zahlen die Gesamtanzahl der Faktoren berechnen und jeden von ihnen (ob prim oder zusammengesetzt) bestimmen:

(a) 3600   (b) 540   (c) 1680   (d) 2575.

Finde die Summe aller Faktoren für die obigen Fälle.

19
Das Primzahlensystem

Diese Einheit stellt eine ungewöhnliche Methode zur Darstellung von Zahlen vor. Die Betrachtung dieses "seltsamen" Zählsystems sollte sowohl das Verständnis der Schüler für das Positionssystem (Stellenwertsystem) erhöhen als auch die Bedeutung der Primfaktorenzerlegung hervorheben.

Lernziele

1. *Die Schüler konvertieren Zahlen aus dem Primzahlensystem in das Zehnersystem.*
2. *Die Schüler konvertieren Zahlen aus dem Zehnersystem in das Primzahlensystem.*

Vorbereitung

Die Schüler sollten wissen, was eine Primzahl ist. Außerdem sollten die Schüler in der Lage sein, eine Zahl des Zehnersystems in seine Primfaktoren zu zerlegen.

Lehrmethoden

Um die Schüler mit dem Primzahlensystem vertraut zu machen, lassen Sie die Schüler folgende Aufgaben betrachten:

(a) $5 \cdot 4 = 9$, (b) $12 \cdot 24 = 36$, (c) $8 : 2 = 6$.

Zunächst werden die Schüler völlig verwirrt sein. Nach einer weiteren Untersuchung werden diejenigen, die mit Exponenten vertraut sind, beginnen, Untersuchungen in diesem Sinne anzustellen. Dieses System ist jedoch sicherlich von irgendeinem bisher untersuchten Zahlensystem völlig verschieden.

Im Primzahlensystem gibt es keine Basis. Jede Stelle repräsentiert eine Primzahl. Die erste Stelle (rechts beginnend) steht für die erste Primzahl 2, die nächste Stelle (nach links) steht für die nächste Primzahl 3. Das wird mit den aufeinanderfolgenden Primzahlen mit jeder der folgenden Stellen (nach links fortschreitend) entsprechend der nächstfolgenden Primzahl fortgesetzt.

Das kann durch einen Strich für jede Stelle mit seinem Wert darunter angezeigt werden.

$$\overline{29}\ \overline{23}\ \overline{19}\ \overline{17}\ \overline{13}\ \overline{11}\ \overline{7}\ \overline{5}\ \overline{3}\ \overline{2}$$

Wie unser Zehnersystem wird dieses Primzahlensystem unendlich weit nach links fortgesetzt.

Um den Wert einer Zahl im Zehnersystem zu finden, werden die Ziffern jeder Position mit ihrem Stellenwert multipliziert und dann addiert. In diesem Primzahlensystem wird jedoch der Wert einer Zahl erhalten, indem jeder Stellenwert in die *Potenz* der Zahl erhoben wird, die diese Stelle besetzt und dann *multipliziert*. Zum Beispiel ist die Zahl 145_p (der Index p wird verwendet, um anzuzeigen, daß es sich um eine Zahl im Primzahlensystem handelt) gleich $5^1 \cdot 3^4 \cdot 2^5 = 5 \cdot 81 \cdot 32 = 12960$. Die Exponenten der Primzahlen 5, 3 und 2 sind also 1, 4 bzw. 5. Lassen Sie die Schüler die Umwandlung vom Primzahlensystem in das Zehnersystem üben. Wenn sie damit einigermaßen vertraut sind, lassen Sie sie die Darstellung von 0 und 1 betrachten. Lassen Sie die Schüler 0_p und 10_p als Zahl im Zehnersystem ausdrücken. Weisen Sie die Schüler darauf hin, daß per Definition $2^0 = 1$ ist. Die Schüler sollten selbst darauf kommen, daß die Darstellung der Null im Primzahlensystem nicht möglich ist.

Um eine Zahl des Zehnersystems in das Primzahlensystem zu übertragen, ist eine Wiederholung der Primfaktorenzerlegung notwendig. Erklären Sie den Schülern, daß jede ganze Zahl größer als Eins (bis auf die Reihenfolge der Faktoren) auf genau eine Weise als Produkt von Primfaktoren dargestellt werden kann (Fundamentalsatz der elementaren Zahlentheorie). Zum Beispiel kann 420 in folgender Weise zerlegt werden: $7^1 \cdot 5^1 \cdot 3^1 \cdot 2^2$. Deshalb ist $420 = 1112_p$. Lassen Sie die Schüler die Zahlen (a) 144, (b) 600 und (c) 1960 in Primfaktoren zerlegen und dann im Primzahlensystem darstellen. Betonen Sie, daß die Exponenten der Primfaktoren die Ziffern im Primzahlensystem sind.

Wenn die Schüler dieses Zahlensystem beherrschen, können sie mit der Multiplikation konfrontiert werden: $5_p \cdot 4_p$ kann umgeschrieben werden als $2^5 \cdot 2^4 = 2^9 = 512$. Damit ist $5_p \cdot 4_p = 9_p$. Lassen Sie sie nun $25_p \cdot 4_p = 3^2 \cdot 2^5 \cdot 2^4 = 3^2 \cdot 2^9 = 29_p$ (bzw. 4609) betrachten. Weitere dazu in Beziehung stehende Aufgaben sollten gestellt werden (z. B. $8_p : 2_p$). Es sollte darauf hingewiesen werden, daß die Operationen Addition und Subtraktion eine Umwandlung in das Zehnersystem erfordern, bevor wirklich addiert oder subtrahiert wird. Diese Aufgabenstellungen erlauben es den Schülern, auf neue und ungewöhnliche Weise mit Exponenten praktisch umzugehen.

Das Primzahlensystem kann dazu dienen, den größten gemeinsamen Teiler und das kleinste gemeinsame Vielfache zweier Zahlen aus neuem Blickwinkel zu betrachten.

Angenommen, die Schüler wären aufgefordert, den größten gemeinsamen Teiler von 18 720 und 3 150 zu finden. Sie sollten die beiden Zahlen des Zehnersystems in das Primzahlensystem umwandeln, um 100125_p und 1221_p zu erhalten. Indem *die kleinsten Werte jeder Position* aufgeschrieben werden, erhalten sie 121_p, den größten gemeinsamen Teiler der beiden Zahlen.

Nun nehmen wir an, die Schüler wären damit konfrontiert, das kleinste gemeinsame Vielfache von 18 720 und 3 150 zu finden. Nach der Umwandlung der beiden Zahlen des Zehnersystems in das Primzahlensystem mit dem Ergebnis 100125_p bzw. 1221_p müssen sie nur noch die *größten Werte jeder Position* aufschreiben, um 101225_p zu erhalten, das kleinste gemeinsame Vielfache der beiden Zahlen.

Die Schüler werden ihren Spaß daran haben, die Verfahrensweisen im Primzahlensystem auf andere Aufgabenstellungen anzuwenden, die die Bestimmung des größten gemeinsamen Teilers oder des kleinsten gemeinsamen Vielfachen von gegebenen Zahlen (mehr als zwei Zahlen können gleichzeitig betrachtet werden) erfordern. Der wirkliche Wert dieser Methoden liegt jedoch in der Rechtfertigung dieser Methoden. Der Lehrer sollte diese Rechtfertigungen vorstellen, sobald die Schüler die behandelten Verfahren beherrschen.

Lassen Sie nun die Schüler 0_p bis 29_p in Zahlen des Zehnersystems umwandeln und ihre Antworten aufschreiben. Die Schüler werden anfangen, die Zahlen des Zehnersystems auf ungewöhnliche Weise erzeugt zu sehen.

Einheit 20 Periodische Dezimalbrüche

Primzahlensystem	Basis Zehn		
0_p	2^0	=	1
1_p	2^1	=	2
2_p	2^2	=	4
3_p	2^3	=	8
4_p	2^4	=	16
5_p	2^5	=	32
6_p	2^6	=	64
7_p	2^7	=	128
8_p	2^8	=	256
9_p	2^9	=	512
10_p	$3^1 \cdot 2^0$	=	3
11_p	$3^1 \cdot 2^1$	=	6
12_p	$3^1 \cdot 2^2$	=	12
13_p	$3^1 \cdot 2^3$	=	24
14_p	$3^1 \cdot 2^4$	=	48
15_p	$3^1 \cdot 2^5$	=	96
16_p	$3^1 \cdot 2^6$	=	192
17_p	$3^1 \cdot 2^7$	=	384
18_p	$3^1 \cdot 2^8$	=	768
19_p	$3^1 \cdot 2^9$	=	1536
20_p	$3^2 \cdot 2^0$	=	9
21_p	$3^2 \cdot 2^1$	=	18
22_p	$3^2 \cdot 2^2$	=	36
23_p	$3^2 \cdot 2^3$	=	72
24_p	$3^2 \cdot 2^4$	=	144
25_p	$3^2 \cdot 2^5$	=	288
26_p	$3^2 \cdot 2^6$	=	576
27_p	$3^2 \cdot 2^7$	=	1152
28_p	$3^2 \cdot 2^8$	=	2304
29_p	$3^2 \cdot 2^9$	=	4608

Ermuntern Sie die Schüler, weitere mögliche Anwendungen des Primzahlensystem zu finden.

Nachbereitung

Die Schüler sollten

1. jede der folgenden Zahlen im Zehnersystem darstellen: (a) 31_p (b) 24_p (c) 15_p (d) 41_p (e) 221_p (f) 1234_p,

2. jede der folgenden Zahlen des Zehnersystems als Produkt von Primzahlen und danach als Zahlen des Primzahlensystem schreiben: (a) 50 (b) 100 (c) 125 (d) 400 (e) 1000 (f) 260 (g) 350,

3. die folgenden Aufgaben lösen: (a) $3_p \cdot 6_p$ (b) $12_p \cdot 13_p$ (c) $6_p : 3_p$.

20
Periodische Dezimalbrüche

Der Ausdruck "unendlich" ist für Schüler oft mit Verständnisschwierigkeiten verbunden. Eine der ersten Stellen, an denen sie wirklich damit in Berührung kommen, ist die Begegnung mit den unendlichen Dezimalbrüchen. Die Schüler erkennen selbst die Notwendigkeit für eine spezifische Notation, wenn sie auf die sich wiederholenden Dezimalstellen treffen, die bestimmte Brüche produzieren. In dieser Einheit entdecken die Schüler Muster und scheinbar unvereinbare oder widersprüchliche arithmetische Prozeduren, die im Zusammenhang mit periodischen Dezimalbrüchen auftreten.

Lernziele

1. *Die Schüler sind in der Lage zu bestimmen, welche rationalen Zahlen periodische Dezimalbrüche sind und welche nicht.*

2. *Die Schüler bestimmen die maximale[11] Länge der Periode.*

3. *Die Schüler sind in der Lage, äquivalente Dezimalbrüche zu verwenden, um andere periodische Dezimalbrüche zu finden.*

4. *Die Schüler prüfen eine alternative Methode, um periodische Dezimalbrüche zu bestimmen.*

Vorbereitung

Die Schüler sollten wissen, wie man von einer rationalen Zahl in der Form $\frac{a}{b}$ zum äquivalenten Dezimalbruch gelangt. Sie sollten mit der Primfaktorenzerlegung vertraut sein.

Lassen Sie die Schüler raten, welche der folgenden Brüche periodische Dezimalbrüche werden: $\frac{1}{2}, \frac{1}{3}, \frac{1}{4}, \frac{1}{5}, \frac{1}{6}$. Lassen Sie sie diese Bruch-in-Dezimalzahl-Umwandlungen durchführen, um die Richtigkeit der geratenen Ergebnisse zu überprüfen. Weisen Sie darauf hin, daß ein endlicher

---

[11] Anm. d. Übers.: Hier ist offenbar die minimale Periodenlänge gemeint.

Dezimalbruch als ein periodischer Dezimalbruch mit unendlich vielen Nullen angesehen werden.

Lehrmethoden

Lassen Sie die Schüler mit Brüchen der Form $\frac{1}{n}$ beginnen. Das wird ihre Aufmerksamkeit (und ihre Vermutungen) auf den Nenner konzentrieren. Falls sie Schwierigkeiten haben herauszufinden, wie die periodischen Dezimalbrüche bestimmt werden, ohne die Umwandlung tatsächlich durchzuführen, schlagen Sie vor, jeden der Nenner in Primfaktoren zu zerlegen, um zu sehen, ob irgendwelche Muster sichtbar werden. Die Schüler werden schnell erkennen, daß die Dezimalbrüche genau dann endlich sind, wenn die Primfaktoren des Nenners Zweien oder Fünfen sind.

Fordern Sie die Schüler auf zu bestimmen, wie viele Dezimalstellen abgearbeitet werden müssen, bevor ein Muster offensichtlich wird. In einigen Fällen, wie bei $\frac{1}{3}$, werden zwei Dezimalstellen benötigt, bis das Muster klar ist. In anderen Fällen ist es nicht so einfach. Bitten Sie die Schüler, das periodische Muster von $\frac{1}{17}$ festzustellen. Es besteht aus 16 Stellen, bevor sich das Muster selbst reproduziert

$$\frac{1}{17} = 0.05882352941176470588235294117647.$$

Einige Schüler verallgemeinern vielleicht dieses Ergebnis und nehmen an, daß $\frac{1}{n}$ folglich $n-1$ sich wiederholende Ziffern besitzt. Jedoch besitzt $\frac{1}{3} = 0.\overline{3}$ nur eine sich wiederholende Ziffer, wodurch die Annahme zu verwerfen ist. Durch eine Untersuchung aller Entwicklungen von Brüchen der Form $\frac{1}{n}$ in Dezimalbrüche werden die Schüler aber erkennen, daß jede Entwicklung höchstens $n-1$ sich wiederholende Ziffern besitzt. Die Schüler sollten erkennen, daß jede Dezimalstelle der Entwicklung vom Rest eines Divisionsprozesses des vorhergehenden Schrittes stammt. Für jeden der Reste gibt es nur $n-1$ Möglichkeiten. (Der Rest kann nicht gleich Null sein, da sonst der Prozeß stoppen würde; er kann nicht gleich n sein, da er sonst noch einmal durch n teilbar wäre.) Falls der Rest mit irgendeinem der früher aufgetretenen Reste übereinstimmt, haben die Schüler die sich wiederholenden Ziffern gefunden, falls nicht, müssen sie fortsetzen, bis ein Rest wiederholt auftritt. Das muß in höchstens $n-1$ Schritten geschehen. Deshalb hat der Bruch $\frac{1}{n}$ bei Periodizität höchstens Periodenlänge $n-1$.

Die Schüler werden es auch interessant finden, daß die Periode einer Zahl wie $\frac{1}{7}$ auch die Perioden für $\frac{2}{7}, \frac{3}{7}, \frac{4}{7}, \frac{5}{7}$ und $\frac{6}{7}$ liefert. Der Bruch $\frac{2}{7}$ kann durch $\frac{1}{7}$ ausgedrückt werden.

$$\frac{2}{7} = 2 \cdot \frac{1}{7} = 2 \cdot 0,\overline{142857} = 0,\overline{285714}$$

Durch Addition verschiedener periodischer Dezimalbrüche können die Schüler neue periodische Dezimalbrüche erzeugen. Zum Beispiel ist

$$\begin{aligned} \frac{1}{3} &= 0,\overline{333333} \\ +\frac{1}{7} &= 0,\overline{142857} \\ \hline \frac{10}{21} &= 0,\overline{476190}. \end{aligned}$$

Um die allgemeinen periodischen Dezimalstellen für $\frac{1}{n}$ mit $n=21$ zu bestimmen, lassen Sie die Schüler $0,\overline{476190}$ durch den Zähler 10 dividieren, um $0,\overline{047619}$ zu erhalten.

Bei der Arbeit mit periodischen Dezimalbrüchen und bei der Durchführung arithmetischer Operationen können die Schüler der Tatsache begegnen, daß $1 = 0,\overline{9}$ ist. Das ist für einen Schüler schwer zu begreifen. Der folgende Beweis, den sie selbstständig erbringen können, sollte die Sachlage klären.

$$\begin{aligned} \frac{1}{3} &= 0,\overline{3} \\ +\frac{2}{3} &= 0,\overline{6} \\ \hline 1 &= 0,\overline{9} \end{aligned}$$

In ähnlicher Weise gilt

$$\begin{aligned} \frac{1}{9} \cdot 9 &= 0,\overline{1} \cdot 9 \\ \frac{9}{9} &= 0,\overline{9} \\ 1 &= 0,\overline{9} \end{aligned}$$

Schüler konzentrieren sich oft stärker und verstehen besser, wenn sie das Gefühl haben, daß sie etwas Neues lernen. Die folgende Methode, die im Grunde den Divisionsprozeß skizziert, der beim Übergang von gebrochener zu dezimaler Darstellung benötigt wird, liefert den Schülern andere Mittel, um die Periode zu bestimmen.

Um die Dezimaldarstellung von $\frac{3}{7}$ zu finden, sei $r_0 = \frac{3}{7}$, was anschließend mit 10 multipliziert wird

Einheit 21 Besonderheiten periodischer Dezimalbrüche mit voller Periode

(vergleichbar zum "Herunterholen" der Null bei der schriftlichen Division).

1. $\frac{3}{7} \cdot 10 = \frac{30}{7} = 4\frac{2}{7}$

Die 4 besetzt nun die Zehntelstelle und die $\frac{2}{7}$ werden der neue Rest r_1. Wiederhole den Prozeß, in dem der Bruch als neuer Rest und der ganzzahlige Teil als Dezimale für die nächste Stelle verwendet werden.

2. $\frac{2}{7} \cdot 10 = \frac{20}{7} = 2\frac{6}{7} \quad r_2 = \frac{6}{7}$
Hundertstelstelle = 2

3. $\frac{6}{7} \cdot 10 = \frac{60}{7} = 8\frac{4}{7} \quad r_3 = \frac{4}{7}$
Tausendstelstelle = 8

4. $\frac{4}{7} \cdot 10 = \frac{40}{7} = 5\frac{5}{7} \quad r_4 = \frac{5}{7}$
Zehntausendstelstelle = 5

5. $\frac{5}{7} \cdot 10 = \frac{50}{7} = 7\frac{1}{7} \quad r_5 = \frac{1}{7}$
Hunderttausendstelstelle = 7

6. $\frac{1}{7} \cdot 10 = \frac{10}{7} = 1\frac{3}{7} \quad r_6 = \frac{3}{7}$
Millionstelstelle = 1

Sagen Sie den Schülern, daß der Prozeß zu wiederholen ist, bis der Rest gleich dem Rest ist, mit dem sie begonnen hatten. In diesem Fall ist $r_6 = r_0 = \frac{3}{7}$ und das Ergebnis lautet $\frac{3}{7} = 0,\overline{428571}$.

Eine klare Darstellung dieser Methode liefert ein wertvolles Werkzeug für das bessere Verständnis dessen, was in den Divisionsprozeß eingeht und warum die Reste eine solch große Rolle bei der Bestimmung der Periodenlänge spielen.

Nachbereitung

Lassen Sie die Schüler folgende Aufgaben lösen:

1. Bestimme, welche der folgenden Brüche endliche Dezimalbrüche sind, ohne tatsächlich die Umwandlung in einen Dezimalbruch durchzuführen: $\frac{2}{9}, \frac{1}{8}, \frac{3}{13}, \frac{19}{20}$.

2. Bestimme die Länge der Periode von $\frac{1}{37}, \frac{4}{9}, \frac{3}{7}$.

3. Finde unter Berücksichtigung von $\frac{1}{14} = 0,0\overline{714285}$ die Dezimaldarstellung von $\frac{3}{14}$, ohne zu dividieren.

4. Zeige, daß $0,5 = 0,4\overline{9}$ gilt. (Hinweis: Berücksichtige die Brüche $\frac{1}{3}$ und $\frac{1}{6}$.)

5. Entwickle unter Verwendung der beschriebenen alternativen Methode $\frac{2}{9}$ in einen periodischen Dezimalbruch.

21

Besonderheiten periodischer Dezimalbrüche mit voller Periode

Diese Einheit eignet sich als interessantes Streiflicht zum Thema Dezimalzahlen und Brüche, indem "magische" Eigenschaften einer bestimmten Klasse von Zahlen gezeigt werden. Diese Zahlen sind reziprok zu Primzahlen P, deren Dezimaldarstellung nicht weniger als $P-1$ sich wiederholende Stellen enthält. Solche Zahlen werden Zahlen mit *voller Periode* genannt. In jeder Primzahl wird die sich wiederholende Ziffernfolge als Periode bezeichnet. Es ist zu empfehlen, diese Einheit nach der vorhergehenden zu behandeln.

Lernziele

1. Die Schüler überprüfen verschiedene Beispiele voller Perioden, um spezifische Gesetzmäßigkeiten zu verifizieren.

2. Die Schüler entdecken bzw. festigen wichtige Begriffe über Division, Reste und die Umwandlung von Brüchen in Dezimalzahlen.

Vorbereitung

Die Schüler sollten wissen, daß einige gemeine Brüche eine Darstellung als endlicher Dezimalbruch besitzen, während andere sich wiederholende Perioden verschiedener Länge haben. Sie sollten mit der Umwandlung von $\frac{1}{7}$ in einen Dezimalbruch beginnen.

Lehrmethoden

Es sollte angemerkt werden, daß bei der Umwandlung von A/P in einen Dezimalbruch die Periode nicht mehr als $P - 1$ Stellen besitzen kann, da bei der Division von A durch P höchstens $P - 1$ verschiedene Reste auftreten können, und da, sobald ein Rest zum zweiten Mal auftaucht, die gleiche Ziffernfolge wiederholt wird. Sowohl volle Perioden, als auch die Folgen der $P - 1$ Reste, die jede dieser Perioden begleiten, haben eine Reihe von interessanten Eigenschaften. Nur die einfachsten sollen hier diskutiert werden, eine vollständigere Übersicht der Eigenschaften von periodischen Dezimalbrüchen ist in der *Philosophy of Arithmetic* von Edward Brooks (Norwood Editions, S. 460–485) zu finden.

Eine der einfacher zu erklärenden Eigenschaften ist die, daß Vielfache (1 bis $P - 1$) von $1/P$ zyklische Vertauschungen der Periode von $1/P$ sind. Nachdem die Schüler $\frac{1}{7} = 0,\overline{142857}$ gefunden haben, können sie den Dezimalbruch mit 2, 3, 4, 5 oder 6 multiplizieren, um $0,\overline{285714}$; $0,\overline{428571}$; $0,\overline{571428}$; $0,\overline{714285}$ bzw. $0,\overline{857142}$ zu erhalten, die die entsprechenden Dezimalbrüche von $\frac{2}{7}$, $\frac{3}{7}$, $\frac{4}{7}$, $\frac{5}{7}$ bzw. $\frac{6}{7}$ darstellen. Wenn dies einmal verstanden wurde, besteht ein einfacher Weg, die Vielfachen von $\frac{1}{7}$ zu finden, darin, zuerst die letzte Stelle zu bestimmen. Zum Beispiel endet $4 \cdot 0,\overline{142857}$ auf 8, folglich ergibt sich $0,\overline{571428}$. Ist die Periode länger oder tauchen Ziffern mehr als einmal in der Periode auf, kann es notwendig sein, die letzten zwei oder drei Ziffern zu bestimmen. Eine Erklärung dieser zyklischen Vertauschung besteht im folgenden: Tritt bei der Division von 1 durch P der Rest A auf, beginnt die gleiche Ziffernfolge wie bei der Division von A durch P. Es sei daran erinnert, daß jedes mögliche A $(1 < A < P)$ als Rest auftritt. Als Folge davon ist das Resultat einer Multiplikation der Periode von $1/P$ mit P gleich $0,999999$. Einige weitere Brüche mit vollen Perioden sind:

$$\frac{1}{17} = 0,0588235294117647$$
$$\frac{1}{19} = 0,052631578947368421$$
$$\frac{1}{23} = 0,0434782608695652173913$$

Die restlichen Brüche dieser Art sind für $P < 100$:

$$\frac{1}{29}, \frac{1}{47}, \frac{1}{59}, \frac{1}{61} \text{ und } \frac{1}{97}.$$

Eine weitere seltsame Eigenschaft dieser Zahlen ist die folgende: Wird die Periode in zwei gleichlange kürzere Folgen zerlegt, beträgt ihre Summe $0,\overline{99999}$. Eine grafische Veranschaulichung dieser Eigenschaft ist in Abb. 1 gezeigt.

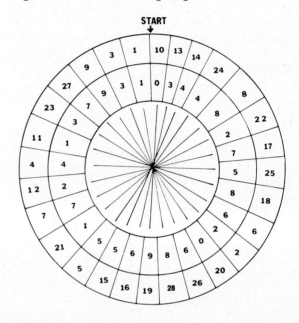

Abb. 1

Der innere Kreis besteht aus den Ziffern der Periode von $\frac{1}{29}$ und der äußere Kreis ist die Folge der Reste, die nach jeder Ziffer des inneren Kreises auftreten. Die Figur besitzt folgende Eigenschaften (wie auch ähnliche Figuren voller Perioden).

1. Zwei gegenüberliegende Terme der Periode ergeben in der Summe 9.

2. Zwei gegenüberliegende Reste addieren sich zu 29.

3. Um die Periode mit a $(1 < a < 29)$ zu multiplizieren, suche a im Kreis mit den Resten und beginne die neue Periode mit dem Dezimalterm, der dem zu a gehörigen folgt (im Uhrzeigersinn).

Einige Schüler werden vielleicht nicht die Geduld haben, die Verallgemeinerungen dieser Figur auszutesten, aber eine vergleichbare Figur kann natürlich für alle vollen Perioden angegeben werden. Die Schüler können ihre eigenen Figuren konstruieren, indem sie die Information verwenden, daß z. B. $\frac{1}{17}$ solch eine Zahl mit einer vollen Periode ist.

Einheit 22 Gesetzmäßigkeiten in Zahlenfolgen

Im folgenden wird eine Alternative zum mühsamen Ermitteln mittels Division bei der Bestimmung der Periode angegeben: Nachdem 5 Stellen von $\frac{1}{19}$ berechnet wurden, erhalten wir 3 als Rest, $\frac{1}{19} = 0,05263\frac{3}{19}$[12]. Daraus läßt sich ableiten, daß $\frac{3}{19} = 3 \cdot 0,05263\frac{3}{19} = 0,15789\frac{9}{19}$ ist. Somit ergibt sich $\frac{1}{19} = 0,0526315789\frac{9}{19}$. Da wir aber außerdem wissen, daß $\frac{1}{19}$ eine volle Periode besitzt, gilt 9 = erste + zehnte Stelle = zweite + elfte Stelle = dritte + zwölfte Stelle usw. Damit lassen sich alle 18 Ziffern erzeugen.

Das führt zu einer speziellen Eigenschaft der Periode von $\frac{1}{97}$. Es gilt nämlich $\frac{1}{97} = 0,01\frac{3}{97} = 0,0103\frac{9}{97} = 0,010309\frac{27}{97} = 0,01030927\frac{81}{97}$. Unglücklicherweise besteht 243 aus drei Stellen, so daß sich das Muster verändert, wir können aber noch die Potenzen von 3 in folgender Weise addieren, um die Periode zu erhalten:

```
0,0103092781
         243
         729
        2187
        6561    usw.
```

Die Schüler sollten ermutigt werden, weitere Muster dieser Art zu entdecken.

Nachbereitung

Lassen Sie die Schüler irgendeine der vollen Perioden unter Verwendung der hier gezeigten Regeln erzeugen, danach Vielfache der Periode finden. Erforschen Sie mit der Klasse, warum nur Primzahlen diese Besonderheit aufweisen. Falls z. B. $\frac{1}{14}$ eine volle Periode besäße, was würde das für $\frac{2}{14}$ und $\frac{4}{14}$ bedeuten?

22
Gesetzmäßigkeiten in Zahlenfolgen

Diese Einheit ist etwa ab Klasse 9 einsetzbar. Teile dieser Einheit können zur Ergänzung in leistungsschwächeren Klassen eingesetzt werden, wobei der Schwerpunkt auf das Erkennen von Gesetzmäßigkeiten gelegt werden sollte.

Lernziele

1. *Die Schüler erkennen Gesetzmäßigkeiten in Zahlenfolgen.*

2. *Die Schüler bestimmen Bildungsgesetze für Zahlenfolgen[13] durch Versuch und Irrtum.*

3. *Die Schüler bestimmen die Bildungsgesetze für Zahlenfolgen, indem sie die Regeln für die Bestimmung der Konstanten und der Koeffizienten von x und x^2 kennenlernen.*

Vorbereitung

Fordern Sie die Schüler auf, die fehlenden Zahlen in den folgenden Tabellen zu ergänzen, und die Bildungsgesetze zu bestimmen.

(a) x	y	(b) x	y	(c) x	y	(d) x	y
0	1	0	1	0	1	0	3
1	3	1	4	1	5	1	5
2	5	2	7	2	9	2	7
3	7	3	10	3	13	3	9
4	?	4	?	4	?	4	?
5	?	5	?	5	?	5	?

Die Mehrzahl der Schüler wird in der Lage sein, die fehlenden Werte zu ergänzen und Formeln für den Zusammenhang von x und y aufzustellen. Lassen Sie die Schüler die Tabellen vervollständigen, Formeln aufstellen und die Differenzen zwischen aufeinanderfolgenden y-Werten aufschreiben. Die vervollständigten Tabellen werden wie folgt aussehen. Die Differenzen zwischen aufeinanderfolgenden y-Werten sind mit D bezeichnet.

---

[12] Anm. d. Übers.: Diese Schreibweise steht hier für $\frac{1}{19} = 0,05263 + \frac{3}{19} \cdot 10^{-5}$, d. h., $\frac{3}{19}$ steht anstelle der sechsten Dezimalen.

[13] Anm. d. Übers.: Es handelt sich hier stets um polynomiale, sogar höchstens quadratische Bildungsgesetze.

(a)
x	y	D
0	1	
1	3	2
2	5	2
3	7	2
4	9	2
5	11	2

$y = 2x + 1$

(b)
x	y	D
0	1	
1	4	3
2	7	3
3	10	3
4	13	3
5	16	3

$y = 3x + 1$

(c)
x	y	D
0	1	
1	5	4
2	9	4
3	13	4
4	17	4
5	21	4

$y = 4x + 1$

(d)
x	y	D
0	3	
1	5	2
2	7	2
3	9	2
4	11	2
5	13	2

$y = 2x + 3$

Richten Sie die Aufmerksamkeit der Schüler auf die Konstanten. Ist irgendeine Regel erkennbar? Vielleicht werden sie bemerken, daß die Konstante gleich dem Wert von y bei $x = 0$ ist. Lenken Sie nun die Aufmerksamkeit der Schüler auf die Differenzen zwischen den aufeinanderfolgenden y-Werten. Die Schüler werden richtig erkennen, daß die Differenzen mit dem Koeffizienten von x übereinstimmen. Demonstrieren Sie verschiedene Muster dieser Art, bis die Schüler in der Lage sind, schnell die Muster zu analysieren und die entsprechenden Formeln aufzustellen.

Lehrmethoden

Stellen Sie Ihren Schülern die folgende Übungsaufgabe. Lassen Sie sie das Bildungsgesetz erkennen und die dazugehörige Formel aufstellen, falls sie das können.

Wie viele Rechtecke gibt es insgesamt? Vervollständige die Tabelle!

x Anzahl der kleinen Rechtecke	y Gesamtzahl der Rechtecke
0	
1	
2	
3	
4	
5	
6	

Durch Auszählen der Rechtecke werden viele in der Lage sein, die Tabelle auszufüllen. Lassen Sie sie die erste Differenz aufschreiben. Sie werden feststellen, daß das keine Konstante ist. Lassen Sie sie die zweite Differenz aufschreiben. Sie werden feststellen, daß das eine Konstante ist. Die Schüler sollen ihre Ergebnisse in einer Tabelle zusammenfassen. Vielleicht finden auch einige die zugrunde liegende Formel.

x Anzahl der kleinen Rechtecke	y Gesamtzahl der Rechtecke	D_1	D_2
0	0		
1	1	1	
2	3	2	1
3	6	3	1
4	10	4	1
5	15	5	1
6	21	6	1

$$y = \frac{x^2}{2} + \frac{x}{2}$$

Lassen Sie sie die gleiche Übung mit dem folgenden Muster durchführen. Was ist die größte Anzahl von Gebieten, die durch x Schnitte erhalten werden kann?

...Schnitte ...Schnitte ...Schnitte ...Schnitte
...Gebiete ...Gebiete ...Gebiete ...Gebiete

Lassen Sie sie folgendes ausfüllen:

x Anzahl der Schnitte	y Anzahl der Gebiete	D_1	D_2
0	1		
1	2	1	
2	4	2	1
3	7	3	1
4	11	4	1
5	16	5	1

Es ist anzumerken, daß die erste Differenz nicht konstant ist, während die zweite Differenz konstant ist. Vielleicht wird jemand in der Lage sein, die folgende Formel anzugeben

$$y = \frac{x^2}{2} + \frac{x}{2} + 1.$$

Einheit 23 Zahlenriesen

Gibt es erkennbare Regeln für die Bestimmung der Konstanten oder der Koeffizienten, die aus den beiden vorhergehenden Beispielen ableitbar sind? Ja, die Konstante ist der Wert von y, falls $x = 0$ ist.

Wir werden die Beziehung $ax^2 + bx + c = y$ untersuchen. Dazu bestimmen wir die Werte von y für verschiedene x-Werte.

x	y	D_1	D_2
0	c		
1	$a+b+c$	$a+b$	
2	$4a+2b+c$	$3a+b$	$2a$
3	$9a+3b+c$	$5a+b$	$2a$
4	$16a+4b+c$	$7b+b$	$2a$

Aus der Tabelle können wir auf gleiche Weise wie bisher ableiten, daß der y-Wert für $x = 0$ die Konstante liefert. Die erste Differenz ist $a+b$, also die Summe der Koeffizienten von x^2 und x. Die zweite Differenz lautet $2a$, was zweimal den Wert des Koeffizienten von x^2 bedeutet. Der Wert der ersten Differenz für $x = 1$ ist $a+b$. Da wir den Wert von a (er beträgt die Hälfte der zweiten Differenz) kennen, können wir den Wert von b dadurch bestimmen, daß wir a von der ersten Differenz $(a+b)$ subtrahieren. Auf diese Weise läßt sich das Bildungsgesetz ableiten.

Die Konstante ist der Wert von y, falls $x = 0$ ist. Deshalb ist die Konstante 1. Da $D_2 = 1$ ist, haben wir $a = \frac{1}{2}$. Da D_1 einerseits $a+b$, andererseits aber gleich 1, und außerdem $a = \frac{1}{2}$ ist, folgt, daß $b = \frac{1}{2}$ ist. Das Bildungsgesetz ist folglich

$$y = \frac{x^2}{2} + \frac{x}{2} + 1.$$

Nachbereitung

Vervollständige die Tabellen und finde die Bildungsgesetze durch die Bestimmung der ersten und zweiten Differenzen:

x	y	x	y	x	y	x	y
0	3	0	0	0	0	0	2
1	6	1	5	1	13	1	3
2	13	2	14	2	34	2	6
3	24	3	27	3	63	3	11
4		4		4		4	
5		5		5		5	

23
Zahlenriesen

Diese Einheit ist einer Diskussion sehr großer Zahlen gewidmet. Sie führt die Schüler in die endliche Welt der großen Zahlen ein. Außerdem wird gezeigt, wie einfach sich große Zahlen unter Verwendung wissenschaftlicher Notation darstellen lassen.

Lernziele

1. *Die Schüler finden Beispiele für wissenschaftliche Notation, wie sie in der Mathematik und in den anderen Wissenschaften verwendet wird.*

2. *Die Schüler stellen irgendeine Zahl in wissenschaftlicher Notation dar.*

Vorbereitung

Die Schüler sollten in der Lage sein, die folgenden Aufgaben zu lösen:

1. Berechne die folgenden Produkte ohne Verwendung eines Schreibgerätes:
   (a) $10 \cdot 63$ (b) $100 \cdot 0,05$ (c) $1000 \cdot 951$.

2. Berechne die folgenden Quotienten:
   (a) $470 : 10$ (b) $4\,862 : 1000$ (c) $46\,000 : 1000$.

3. Welche ist die größte Zahl, die Du Dir vorstellen kannst?

Lehrmethoden

Vielleicht erzählen Sie die alte Geschichte von den beiden Kindern, die sich auf der Straße in einer hitzigen Debatte befinden. Die Debatte rührt daher, daß jedes der beiden Kinder versucht, eine größere Zahl als das andere anzugeben. Am Ende erkennen sie, daß jedes eine jeweils größere Zahl als das andere angeben kann.

Es macht Spaß, mit Zahlen zu spielen, und viele interessante Dinge können mit ihnen angestellt werden. Jedoch wird allzu oft vergessen, was eine

Zahl tatsächlich ist. Fragen Sie die Schüler, wie groß eine Million ist. Können wir uns die Summe der ersten Milliarde natürlichen Zahlen vorstellen? Warum eigentlich sollten wir uns mit derartig großen Zahlen beschäftigen, die wir nie verwenden – oder doch?

An dieser Stelle sollte der Lehrer darlegen, daß Wissenschaftler, die sehr große oder sehr kleine Zahlen verwenden, diese Zahlen gewöhnlich in wissenschaftlicher Notation darstellen. Um zu lernen, wie dieses Notationssystem zu verwenden ist, werden wir uns an einige mathematische Beispiele erinnern. Es ist an dieser Stelle Sache des Lehrers, die wissenschaftliche Notation einzuführen. Sie mögen für eine geeignete Darstellung ein Standard-Lehrbuch zu Rate ziehen.

1. Die Darstellung einer Zahl als Produkt einer Zahl kleiner als 10 und größer oder gleich 1 ($1 \leq n < 10$) und einer Zehnerpotenz wird wissenschaftliche Notation dieser Zahl genannt.

2. Ein Lehrer der Naturwissenschaften ist sicher in der Lage, sehr große oder sehr kleine Zahlen anzugeben, die in den naturwissenschaftlichen Fächern verwendet wurden. Diese Zahlen können von den Schülern in wissenschaftlicher Notation angegeben werden.

Es sollte sich eine allgemeine Diskussion darüber anschließen, wann große Zahlen verwendet werden (z. B. für die Anzahl der Sandkörner am Strand, der Sterne am Himmel oder in Beispielen der Volkswirtschaftslehre, der Naturwissenschaften usw.). Artikel in Tageszeitungen und Illustrierten sind voll von Verweisen auf Millionen und Milliarden usw. Wie viele Menschen haben jemals eine Million von irgend etwas gesehen? Die meisten Menschen haben keine klare Vorstellung von der Größe einer Million.

Wie lange müßte man bei einem Wochenlohn von 1000 DM arbeiten, um eine Million DM zu verdienen? (Fast 20 Jahre.) Wie viele Sterne kann man mit bloßem Auge in einer klaren Nacht sehen? Nein, keine Millionen, nur ungefähr 3 500 ($3,5 \cdot 10^3$ in wissenschaftlicher Notation). Einhundert Blatt Papier ergeben einen Stapel von 5mm Höhe. Eine Million Blatt Papier würde einen Stapel von 50m ergeben oder ungefähr die Höhe eines zwölfgeschossigen Gebäudes. Angenommen, ein Auto fährt mit 65 km/h. Wie lange müßte man mit dieser konstanten Geschwindigkeit fahren, um eine Million Kilometer zurückzulegen? (Rund $1\frac{3}{4}$ Jahr.)

Wie groß ist eine Milliarde? Der 1981er Haushalt der USA hatte ein Aufkommen von mehr Steuerdollars als seit dem Beginn der Zeitrechnung Sekunden vergangen waren. (Bemerkung: Entsprechend den Fähigkeiten Ihrer Klasse und der zur Verfügung stehenden Zeit sollten alle großen Zahlen von den Schülern in die wissenschaftliche Darstellung umgewandelt werden.) Den Schülern sollte die Tatsache klargemacht werden, daß es menschlicher Vorstellung im Grunde genommen unmöglich ist, sich die enorme Größe einer Milliarde zu vergegenwärtigen. Erinnern wir uns, wie hoch ein Stapel von einer Million Blatt Papier wäre – einhundert Blatt Papier ergaben einen Stapel von 5mm Höhe. Eine Milliarde Blatt Papier ergäbe einen Stapel von 50km Höhe.

Ein Wagen, der sich mit 100 km/h bewegt, benötigte mehr als 1 140 Jahre, um eine Milliarde km zurückzulegen. Bei einem Wochenlohn von 1000 DM müßte man 19 231 Jahre arbeiten, um eine Milliarde DM zu verdienen. (Einige dieser Beispiele sollten mit dem Taschenrechner gerechnet werden.)

Sie sollten die folgende Aufgabe stellen: "John tat mir neulich einen Gefallen, und ich fragte ihn, welchen Lohn er dafür haben wolle. John sagte schlau: 'Gib mir am ersten Tag einen Pfennig, am zweiten Tag zwei Pfennige, am dritten Tag vier Pfennige und das 64 Tage lang, indem jeweils die Zahl der Pfennige von einem Tag zum anderen verdoppelt wird.' Wieviel Geld habe ich an John zu zahlen?"

Indem die Schüler eine Tabelle anfertigen, erhalten sie eine Vorstellung davon, wie die Zahlen anwachsen und welche Dimension sie erreichen können.

Anzahl der Tage	Anzahl der Pfennige
1	1
2	2
3	4
4	8
5	16
usw.	usw.
64	9 223 372 036 854 775 808

Nun ist die Summe der Zahlen in der zweiten Spalte gleich der Anzahl der an John zu zahlenden Pfennige:

18 446 744 073 709 551 615.

Einheit 23 Zahlenriesen

Gelesen: Achtzehn Trillionen, vierhundertsechsundvierzig Billiarden, siebenhundertvierundvierzig Billionen, dreiundsiebzig Milliarden, siebenhundertneun Millionen, fünfhunderteinundfünfzigtausendsechshundertfünfzehn. Die Schüler sollten in der Lage sein zu erkennen, daß diese Zahl, obwohl riesig groß, nicht unendlich groß ist. Lassen Sie sie diese Zahl näherungsweise in wissenschaftlicher Notation aufschreiben.

Die nächste Frage, die an dieser Stelle auftauchen kann, betrifft die größte Zahl, die mit drei Ziffern ausgedrückt werden kann. In gewöhnlicher Schreibweise lautet die Antwort 999. Wie steht es mit 99^9? (Das bedeutet, daß 99 achtmal mit sich selbst zu multiplizieren ist.) Wenn aber Exponenten erlaubt sind, heißt die Antwort 9^{9^9}, d. h. 9 mit dem Exponenten 9^9 oder einfacher 9 mit dem Exponenten 387 420 489 (dem Produkt von 387 420 489 Neunen). Wird diese Zahl mit 16 Ziffern pro Zoll gedruckt, so ist geschätzt worden, daß diese gigantische Zahl 33 Bände von je 800 Seiten mit 14 000 Ziffern pro Seite füllen würde. Es wurde geschätzt, daß diese Zahl mehr als vier Millionen Mal größer als die Anzahl der Elektronen des Universums ist. Trotzdem ist diese Zahl *endlich*. (Fragen Sie die Schüler, welches die größte aus drei Vieren gebildete Zahl ist.)

Sagen wir, die Anzahl der Sandkörner auf Coney Island[14] betrage ungefähr 10^{20}. Die Schüler könnten hier aufgefordert werden, eine Methode zu erfinden, um diese Schätzung zu begründen. Die Anzahl der Elektronen, die in einer Minute die Wendel einer gewöhnlichen Glühlampe durchwandern, ist gleich der Anzahl der Wassertropfen, die in einhundert Jahren über die Niagara-Fälle fließen. Der Grund für die Demonstration solcher Beispiele für sehr große Zahlen liegt darin, daß nachdrücklich betont werden soll, daß die Elemente selbst sehr großer Mengen gezählt werden können.

Die Schüler werden nun vielleicht fragen, welches die größte Zahl ist, die einen Namen besitzt. Der Ausdruck "Googol" wurde gewählt, um die Zahl zu beschreiben, die aus einer 1 und einhundert folgenden Nullen[15] besteht. Eine weitere Bezeichnung "Googolplex" wurde erfunden, um eine noch größere, aber immer noch endliche Zahl zu beschreiben: eine 1, gefolgt von Googol Nullen[16]. Ein Googol mal ein Googol wäre also eine 1 mit 200 Nullen. Schüler, die versuchen, ein Googolplex an die Tafel oder auf ein Blatt Papier zu schreiben, werden eine Vorstellung von der Größe dieser sehr großen, aber endlichen Zahl bekommen. (Die Entfernung zum fernsten, noch sichtbaren Stern wäre nicht groß genug, um diese Zahl auf ein Blatt Papier dieser Länge zu schreiben.)

Die Astronomen benutzen das Lichtjahr als eine geeignete Längeneinheit, um große astronomische Entfernungen zu messen. Der Polarstern ist 47 Lichtjahre entfernt. Was bedeutet das? Die Lichtgeschwindigkeit beträgt 300 000 km/s. In einem Jahr legt das Licht $9,46 \cdot 10^{12}$ km zurück. Diese ungeheure Distanz wird ein Lichtjahr genannt. Der erdnächste Stern ist 4,4 Lichtjahre, der erdfernste bekannte Stern $1,4 \cdot 10^9$ Lichtjahre entfernt. Lassen Sie die Schüler folgende Betrachtung anstellen: Es dauert 47 Jahre, bis Licht von der Erde den Polarstern erreicht. Was würde eine Person auf dem Polarstern heute auf der Erde beobachten können? (Ereignisse, die um 1937 eintraten[17].)

Nachbereitung

Lassen Sie die Schüler folgende Aufgaben lösen:

1. Die Entfernung des Planeten Pluto von der Erde beträgt ungefähr 5 900 000 000 km. Schreibe diese Entfernung in wissenschaftlicher Notation auf ($5,9 \cdot 10^9$).

2. Der Erdumfang beträgt am Äquator ungefähr 40 000 km. Schreibe diese Länge in wissenschaftlicher Notation auf ($4 \cdot 10^4$).

---

[14] Anm. d. Übers.: "Coney Island" ist eine landfest gewordene Insel im Süden von Brooklyn (Stadtteil von New York).

[15] Anm. d. Übers.: Googol bedeutet also 10^{100}.

[16] Anm. d. Übers.: Googolplex bedeutet also $10^{(10^{100})}$.

[17] Anm. d. Übers.: Das "heute" bezieht sich auf das Erscheinungsjahr dieses Buches, 1994.

24
Lebensversicherungsmathematik

Diese Einheit beschreibt, wie Versicherungsgesellschaften Wahrscheinlichkeit und Zinseszins bei der Berechnung von Nettoprämien für Lebensversicherungen berücksichtigen.

Lernziele

1. *Die Schüler benutzen eine Zinseszinsformel, um den Wert von Geld zu berechnen, das einen vorgegebenen Zeitraum zu einem gegebenen Zinssatz auf einer Bank liegt.*

2. *Die Schüler berechnen den heutigen Wert (den Barwert) von Kapital, das bis zu einem vorgegebenen Betrag über einen gegebenen Zeitraum zu einem gegebenen Zinssatz anwächst.*

3. *Die Schüler verwenden geeignete Wahrscheinlichkeiten und Zinssätze, um Prämien zu berechnen, die der Versicherungsnehmer einer Lebensversicherung entrichten muß.*

Vorbereitung

Verwenden Sie die folgende Aufgabe sowohl zur Untersuchung der Fragestellung als auch zur Motivation der Einheit. Von 200 000 Männern im Alter von 40 Jahren erreichten 199 100 ein Alter von 41 Jahren. Wie groß ist die Wahrscheinlichkeit, daß ein versicherter Mann von 40 Jahren mindestens noch ein Jahr lebt? Wie groß ist die Wahrscheinlichkeit, daß er innerhalb dieses einen Jahres stirbt?

Lehrmethoden

Das obige Problem macht dem Schüler klar, daß die Wahrscheinlichkeitstheorie auf das Gebiet der Lebensversicherungen anwendbar ist. Für die Versicherungsgesellschaften ist es wichtig, die Risiken einschätzen zu können, gegen die sich jemand durch den Kauf einer Lebensversicherung absichern will. Um über die Höhe von Prämien entscheiden zu können, muß eine Lebensversicherungsgesellschaft wissen, von wie vielen Menschen einer Altersgruppe man erwarten muß, daß sie sterben. Die Gesellschaften beschaffen sich diese Information durch das Sammeln von Daten über die Anzahl der Todesfälle pro Altersgruppe in der Vergangenheit. Da die Daten über eine sehr große Anzahl von Ereignissen gesammelt werden, kann das Gesetz der großen Zahlen angewendet werden. Das Gesetz sagt aus, daß *bei einer großen Anzahl von Versuchen der Quotient aus der Anzahl der Erfolge und der Anzahl der Versuche der theoretischen Wahrscheinlichkeit sehr nahe kommt.*

Lebensversicherungsgesellschaften stellen Sterbetafeln auf, die auf Todesfällen der Vergangenheit basieren, um die Anzahl der Todesfälle pro Altersgruppe vorherzusagen. Weiter unten (Tabelle 1) ist ein Ausschnitt aus der Commissioners 1958 Standard Ordinary Mortality Table abgebildet. Um diese Tafel aufzustellen, wurden Daten von 10 Millionen Menschen verwendet. Ihre Lebensdauer wurde bis zu einem Alter von 99 Jahren erfaßt. Für jedes Alter zeigt die Tafel die Anzahl der Lebenden zum Beginn des Jahres und die Anzahl der Todesfälle, die während des Jahres auftraten. Danach wird der folgende Quotient berechnet:

$$\frac{\text{Anzahl der Todesfälle pro Jahr}}{\text{Anzahl der Lebenden zu Beginn des Jahres}}$$

Dieser Quotient wird dann auf Todesfälle pro 1 000 Personen bezogen. Die Anzahl der Todesfälle pro Tausend wird *Mortalitätsrate* genannt. Diese Mortalitätsrate ist, wie die Schüler erkennen werden, entscheidend für die Berechnung der Prämien, die die Versicherten zahlen müssen.

Nach dieser Einführung sollte der Lehrer die folgende Frage stellen: Wie groß ist die Wahrscheinlichkeit, daß ein Achtzehnjähriger stirbt, wenn von 6 509 Achtzehnjährigen, die zu Beginn des Jahres lebten, 11 Todesfälle zu verzeichnen waren? Die Wahrscheinlichkeit beträgt $\frac{11}{6509}$. Da es jedoch die Lebensversicherungsgesellschaften vorziehen, diesen Quotienten in die Mortalitätsrate pro 1 000 zu transformieren, sollten die Schüler den Quotienten $\frac{11}{6509}$ in $\frac{x}{1000}$ durch das Aufstellen der folgenden Proportion überführen:

$$\frac{x}{1000} = \frac{\text{Anzahl der Todesfälle pro Jahr}}{\text{Anzahl der Lebenden zu Beginn des Jahres}}$$

(x = Mortalitätsrate pro 1000)

Einheit 24 Lebensversicherungsmathematik

Tabelle 1:

Alter	Anzahl der Lebenden	Todesfälle pro Jahr	Todesfälle pro 1000
0	10 000 000	70 800	7,08
1	9 929 200	17 475	1,76
2	9 911 725	15 066	1,52
3	9 896 659	14 449	1,46
4	9 882 210	13 835	1,40
10	9 805 870	11 865	1,21
11	9 794 005	12 047	1,23
12	9 781 958	12 325	1,26
13	9 769 633	12 896	1,32
18	9 698 230	16 390	1,69
25	9 575 636	18 481	1,93
30	9 480 358	20 193	2,13
42	9 173 375	38 253	4,17
43	9 135 122	41 382	4,53
44	9 093 740	44 741	4,92

Die Antwort auf die oben gestellte Frage lautet:

$$\frac{11}{6509} = \frac{x}{1000} \quad \text{oder} \quad x = 1,69$$

Das bedeutet, daß von 1 000 Personen 1,69 zum Ende des 18. Lebensjahres verstorben sind. Die Lebensversicherungsgesellschaft verwendet diese Information, um die Prämie für die Gruppe der Achtzehnjährigen zu bestimmen. Angenommen, es gibt 1 000 Personen im Alter von 18 Jahren, die sich für 1 000 DM für jeweils ein Jahr versichern. Wieviel hätte die Gesellschaft am Ende des Jahres auszuzahlen? Wenn 1,69 Personen sterben, zahlt die Gesellschaft 1 690 DM (1,69 · 1 000 = 1 690) aus. Wieviel muß die Gesellschaft den 1 000 Inhabern von Policen in Rechnung stellen? (Dabei werden Gewinne oder Betriebskosten nicht berücksichtigt.) Da sich die 1 690 DM auf 1 000 Personen verteilen, entfallen auf jede Person 1,69 DM.

Während der vorigen Diskussion wurde nicht auf die Tatsache eingegangen, daß das Geld, das an die Gesellschaft gezahlt worden ist, über das Jahr hinweg Zinsen abwirft. So muß außer der Betrachtung der Mortalitätsrate der Zinssatz bei der Berechnung der Prämie berücksichtigt werden.

Der Lehrer hat nun den Begriff des Zinseszinses zu erarbeiten. Fragen Sie die Klasse, wieviel Geld sich auf einem mit 5 Prozent verzinsten Bankkonto am Ende des Jahres befindet, wenn jemand 100 DM zu Beginn des Jahres einzahlt. Die Antwort lautet: 100 DM plus 0,05·100 DM oder 100 DM · 1,05, was

105 DM bedeutet. Liegen die 105 DM ein weiteres Jahr in der Bank, wie hoch wird dann der Betrag am Jahresende sein? 105 DM + 0,05·105 DM oder 100 DM · 1,05·1,05 oder 100 DM · $1,05^2$, was sich auf 110,25 DM beläuft. Lassen Sie die Schüler die allgemeine Formel unter Verwendung der Bezeichnungen K...Kapital zu Beginn, i...Zinssatz pro Jahr, n...die Anzahl der Jahre, die sich das Kapital auf dem Konto befindet und K_n...Geldbetrag am Ende des festgelegten Zeitraumes. Die Formel lautet dann $K_n = K \cdot (1+i)^n$.

Der Lehrer sollte den Schülern nun die Frage stellen, wieviel Geld heute auf ein mit 5 Prozent verzinstes Konto einzuzahlen ist, wenn sich nach einem Jahr 100 DM auf dem Konto befinden sollen. Im vorigen Beispiel hatten die Schüler gesehen, daß 100 DM im Verlauf eines Jahres auf 105 DM angewachsen waren. Diese Information wird verwendet, um eine Proportion aufzustellen:

$$\frac{x}{100} = \frac{100}{105} = 0,9524 \quad x = 100\cdot 0,9524 = 95,24.$$

Wieviel Geld müßte heute eingezahlt werden, um nach zwei Jahren 100 DM angehäuft zu haben?

$$\frac{x}{100} = \frac{100}{110,25} = 0,9070 \quad x = 90,70$$

Die Schüler sollten nun in der Lage sein, eine Formel für die Berechnung des einzuzahlenden Betrages aus der Zinseszinsformel ($K_n = K \cdot (1+i)^n$) herzuleiten. Die Formel ist:

$$K = \frac{K_n}{(1+i)^n}.$$

Ihre Schüler werden nun zum Ausgangsproblem der Lebensversicherungsgesellschaft zurückkehren, die am Ende des Jahres 1 690 DM an die verstorbenen Achtzehnjährigen auszuzahlen hat. Wie hoch ist der heutige Wert von 1 690 DM? Mit anderen Worten, wieviel muß die Lebensversicherungsgesellschaft zu Beginn des Jahres aufbringen, um am Jahresende 1 690 DM auszahlen zu können? Unter Verwendung der obigen Formel können die Schüler berechnen, daß für jede DM, die von der Gesellschaft ausgezahlt werden soll, am Jahresanfang 0,9524 DM aufgebracht werden muß. Falls die Gesellschaft 1 690 DM zu bezahlen hat, dann hat sie insgesamt 1609,56 DM von den 1 000 Achtzehnjährigen einzufordern (1 690 · 0,9524 = 1609,56). Jeder Versicherungsnehmer muß folglich eine Prämie von 1609,56 : 1000 = 1,60956 oder rund 1,61 DM entrichten.

Sie können nun ein weiteres Problem darlegen. Angenommen, eine andere Gruppe von 1 000 Personen im Alter von 25 Jahren kauft Versicherungspolicen für ein Jahr im Wert von jeweils 1 000 DM (die Leistung im Todesfall beträgt 1 000 DM). Der Sterbetafel entsprechend beträgt ihre Mortalitätsrate 1,93, d. h., von 1 000 Personen dieses Alters sterben 1,93 im Verlauf ihres fünfundzwanzigsten Lebensjahres. Wie hoch wird ihre Versicherungsprämie liegen, wenn die Verzinsung bei 5 Prozent liegt? Mortalitätsrate pro 1 000 Personen im Alter von 25 Jahren: 1,93. Der Betrag, der benötigt wird, um Versicherungsleistungen zu bezahlen: 1,93 · 1 000 = 1930. Zinsfaktor: 0,9524. Heutiger Wert der in einem Jahr fälligen Forderungen: 1930·0,9524 = 1 838,13. Anzahl der Prämien entrichtenden Personen: 1 000. Versicherungsprämie: 1 838,13:1 000=1,83813 oder rund 1,84 DM. Dieses Vorgehen kann auf zusätzliche Versicherungsjahre ausgedehnt werden.

Nachbereitung

Berechne die Prämie für eine Zweijahrespolice für eine Gruppe von Dreißigjährigen bei einem Zinssatz von 5 Prozent, Mortalitätsrate bei 30 ist 2,13, Mortalitätsrate bei 31 ist 2,19.

25
Geometrische Zerlegungen

Anders als Humpty Dumpty[18] können zerlegte geometrische Figuren wieder zusammengesetzt werden. Tatsächlich besteht das Grundanliegen der Zerlegung darin, eine ebene, geradlinig begrenzte Figur mit geraden Schnitten so zu zerlegen, daß die entstehenden Teile wieder zu einer gewünschten Figur zusammengesetzt werden können. Diese Einheit stellt eine große Auswahl von geometrischen Zerlegungen vor, wobei sowohl deren mathematischer als auch deren unterhaltender Wert betont wird.

[18] Anm. d. Übers.: Kindern bekannte Figur, die in Tausend Stücke springt.

Lernziele

1. Die Schüler begegnen vertrauten Formeln für Flächeninhalte von Polygonen auf anschauliche und beziehungsvolle Weise.

2. Die Schüler verwandeln bestimmte Polygone durch Zerlegungen in andere Polygone gleichen Flächeninhalts.

Vorbereitung

Stellen Sie Ihren Schülern das folgende Problem vor: Ein gegebenes gleichseitiges Dreieck ist so in vier Teile zu zerlegen, daß sie zusammengesetzt ein Rechteck ergeben. Eine mögliche Lösung ist die folgende: Konstruiere die Mittelsenkrechte von C durch den Punkt D auf der Seite $\overline{AB}$, zeichne von D eine Gerade zum Mittelpunkt von $\overline{BC}$, halbiere $\angle CAB$ und verlängere die Winkelhalbierende bis sie $\overline{CD}$ im Punkt F schneidet. Diese vier Teile bilden ein Rechteck (Abb. 1).

Abb. 1

Lehrmethoden

Beginnen Sie die Diskussion über Zerlegungen, indem Sie die Flächengleichheit zwischen einem Rechteck und einem Parallelogramm gleicher Basis zeigen. Die Zerlegung ist wie folgt vorzunehmen. Stelle aus starker Pappe ein Rechteck $ABCD$ her. Führe einen geraden Schnitt vom Punkt A zu einem Punkt E auf der Seite $\overline{DC}$ durch. Bilde ein Parallelogramm $ABE'E$, indem das $\triangle ADE$ so an das Rechteck gelegt wird, daß die Seite $\overline{AD}$ entlang $\overline{BC}$ verläuft (Abb. 2).

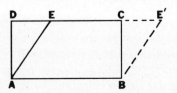

Abb. 2

Einheit 25 Geometrische Zerlegungen

Auf ähnliche Weise können Sie demonstrieren, daß ein Trapez den gleichen Flächeninhalt wie ein gewisses Parallelogramm mit derselben Basis hat. Betrachte irgendein Trapez, finde den Mittelpunkt E der Seite $\overline{BC}$ und zeichne eine Gerade parallel zu $\overline{AD}$ durch den Punkt E, die $\overline{AB}$ in X und $\overline{DC}$ in Y schneidet. Da $\triangle CEY$ kongruent zu $\triangle BEX$ ist, sind die Flächeninhalte vom Trapez $ABCD$ und Parallelogramm $AXYD$ gleich groß (Abb. 3).

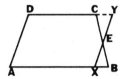

Abb. 3

Die Auswahl möglicher Transformationen von Polygonen in andere Polygone durch Zerlegungen ist riesig. Janos Bolyai, einer der Begründer der nichteuklidischen Geometrie, war der erste, der folgende Behauptung aufstellte: Von zwei gegebenen Polygonen gleichen Flächeninhalts kann jedes dieser Polygone durch eine endliche Anzahl von Schnitten so zerlegt werden, daß es nach Umordnung dem anderen Polygon kongruent ist. Wir wollen jedoch bestimmte Transformationen behandeln, die eine minimale Anzahl von Zerlegungen erfordern.

Zum Beispiel könnten Sie die Aufgabe betrachten, ein gegebenes spitzwinkliges Dreieck zu zerlegen, um ein Rechteck zu bilden. Finde in Abb. 4 zunächst die Mittelpunkte D bzw. E der Seiten $\overline{AC}$ bzw. $\overline{BC}$, die zu verbinden sind. Fälle das Lot von C auf $\overline{DE}$ und bezeichne den Lotfußpunkt mit X. Plaziere $\triangle DXC$ so, daß sich der Punkt X nun bei X' befindet und $\angle DCX$ an $\angle CAB$ angrenzt.

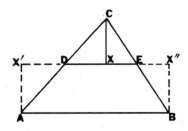

Abb. 4

Um die Schüler zu ermutigen, mit der Lösung von Zerlegungsaufgaben selbst zu beginnen, schlagen Sie vor, daß sie ein Quadrat der Kantenlänge 10 cm wie folgt sorgfältig konstruieren: Es seien $|\overline{AL}|=|\overline{BG}|=7$, $|\overline{CT_1}|=3{,}1$; $|\overline{DN}|=4{,}2$. Zeichne $\overline{AG}$ und $\overline{LN}$. Auf $\overline{LN}$ sei $|\overline{LS_1}|=1{,}6$. Bestimme auf $\overline{AG}$ die Punkte R, S, K und T so, daß $|\overline{AR}|=2{,}4$; $|\overline{RS}|=3{,}3$; $|\overline{SK}|=2{,}4$ und $|\overline{KT}|=3{,}3$ gilt. Zeichne $\overline{RR_1}$, $\overline{SS_1}$, $\overline{KB}$ und $\overline{TT_1}$ (Abb. 5).

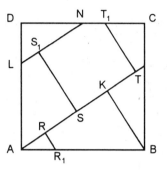

Abb. 5

Nachdem das Quadrat zerschnitten ist, sollten die Schüler sieben Teile haben. Unter Verwendung aller dieser Teile sollten die Schüler versuchen, (a) drei gleichgroße Quadrate und (b) ein gleichschenkliges Trapez zu bilden.

Eine schöne Zerlegung ist mit drei regelmäßigen Sechsecken möglich. Während das erste Sechseck nicht zerschnitten wird, werden das zweite und das dritte Sechseck, wie in Abb. 6 gezeigt, zerlegt. Diese 13 Teile können zu einem einzigen Sechseck vereinigt werden (Abb. 6).

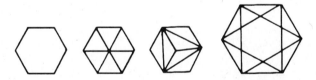

Abb. 6

Es sollte angemerkt werden, daß diese Transformation über Drehungen beschrieben werden kann, während andere Transformationen sowohl über Spiegelungen, Verschiebungen als auch über Drehungen beschrieben werden können. Sie können dann bestimmen, daß eine Seite des größeren Sechsecks das $\sqrt{3}$-fache einer Seite des kleineren beträgt. Da der Flächeninhalt des neuen Sechsecks dreimal so groß ist wie der Flächeninhalt jedes der kleineren Sechsecke, haben wir eine wichtige Beziehung nachgeprüft, die zwischen ähnlichen Figuren gilt: daß das Verhältnis ihrer Flächeninhalte gleich dem Quadrat des Verhältnisses zweier beliebiger, einander entsprechender Seiten ist.

Nachbereitung

Die Schüler sollten die folgenden Übungen durchführen.

1. Zeige mit Hilfe einer Zerlegung, daß ein Rechteck in zwei kongruente Trapeze zerlegt werden kann, deren Flächeninhalt jeweils die Hälfte des Flächeninhalts des Rechtecks beträgt.
2. Bilde aus den Teilen des Quadrates der Kantenlänge 10 cm (a) ein Rechteck und (b) ein Parallelogramm.
3. Zerlege das in Abb. 7 gezeigte regelmäßige Zwölfeck so, daß aus den Teilen ein Quadrat gebildet werden kann (schneide längs der gestrichelten Linien).

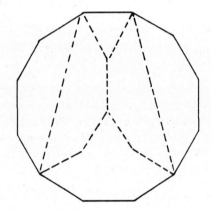

Abb. 7

26
Die Kleinsche Flasche

Diese Einheit macht die Schüler mit einem der faszinierendsten Gegenstände der Topologie, der Kleinschen Flasche, bekannt. Sie werden überrascht sein, einer geschlossenen räumlichen Fläche zu begegnen, deren Innenseite nicht von ihrer Außenseite zu unterscheiden ist.

Lernziele

1. *Die Schüler stellen aus einem Blatt Papier eine Kleinsche Flasche her.*
2. *Die Schüler charakterisieren eine Fläche durch bestimmte topologische Eigenschaften.*
3. *Die Schüler bestimmen die Bettische Zahl[19] topologischer Flächen.*

Lehrmethoden

Bevor demonstriert wird, wie die oben beschriebene Situation hergestellt werden kann, sollte kurz auf die einseitige topologische Figur, die Kleinsche Flasche, eingegangen werden. Die Kleinsche Flasche wurde von Felix Klein, einem deutschen Mathematiker, 1882 erfunden. Wenn wir die Kleinsche Flasche mit einem Gegenstand der Realität vergleichen sollten, würden wir uns einen elastischen Zylinder mit einem in seine Oberfläche geschnittenen Loch vorstellen. Wir dehnen dann das eine Ende aus, um eine weite Öffnung zu erhalten, während wir das andere Ende wie einen Flaschenhals verengen. Die beiden Kreise an den Enden des Zylinders müssen nun zusammengebracht werden (Abb. 1). Das enge Ende wird herumgebogen, durch das Loch in der Zylinderwand gesteckt und mit dem weiten Ende verbunden.

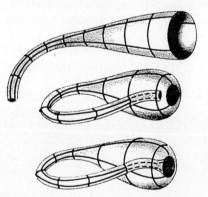

Abb. 1

Das Loch in der Oberfläche des Zylinders sollte nicht wirklich als Loch, sondern eher als Schnitt zweier Flächen angesehen werden, der durch eine Fortsetzung der Oberfläche der Flasche geschlossen wird.

Kehren wir nun zum Ausgangsproblem zurück. Die Situation kann leicht dadurch veranschaulicht werden, indem wir die Ärmel eines Jacketts mit den Enden des Zylinders und eines der

---
[19] Anm. d. Übers.: Es gibt hier drei Bettische Zahlen.

Einheit 26 Die Kleinsche Flasche

Ärmellöcher mit dem Loch im Zylinder vergleichen. Wir haben damit eine Figur geschaffen, die zur Kleinschen Flasche topologisch äquivalent ist.

Sobald die Schüler eine klare Vorstellung von der Kleinschen Flasche haben, können Sie vorführen, wie sie aus einem Blatt Papier hergestellt wird. Um die Kleinsche Flasche zu konstruieren, müssen die entsprechenden Ecken der Kanten AB und A'B' bzw. der Kanten AB' und A'B verbunden werden (Abb. 2).

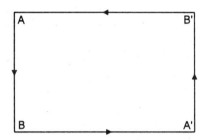

Abb. 2

Stelle zunächst einen Zylinder her, indem das Blatt Papier zur Hälfte gefaltet wird und die offenen Kanten mit Klebeband verbunden werden. Schneide einen Schlitz in die Dir zugewandte Seite (Abb. 3). Dieser Schnitt entspricht dem "Loch" in der Oberfläche des Zylinders. Falte das Modell in der Mitte und schiebe das untere Ende durch den Schlitz im Zylinder. Verbinde die Kanten wie in der Abb. 3 gezeigt. Es ist leicht einzusehen, daß dieses Papiermodell topologisch äquivalent zur Kleinschen Flasche ist.

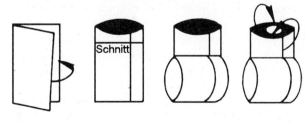

Abb. 3

Wenn wir nun die Kleinsche Flasche untersuchen sollten, und versuchten, die Außen- von der Innenseite – und umgekehrt – zu unterscheiden, würden wir feststellen, daß dies unmöglich ist. Es würde offenbar werden, daß diese Fläche einseitig und kantenlos ist, eine für geometrische Figuren ungewöhnliche Vorstellung.

Es mag schwierig sein, die Kleinsche Flasche oder irgendeine Fläche zu erkennen, deren Gestalt in extremer Weise verdreht ist. Deshalb ist es notwendig, jede Fläche durch einfachere topologische Eigenschaften charakterisieren zu können. Zwei der Eigenschaften wurden bereits erwähnt: die Anzahl der Kanten und die Anzahl der Seiten. Für die Kleinsche Flasche wurde festgestellt, daß sie einseitig ist und keine Kanten besitzt. Ein drittes Unterscheidungsmerkmal dieser Flächen ist die *Bettische Zahl*. Die Bettische Zahl ist gleich der maximalen Anzahl von Querschnitten (ein einfacher Schnitt mit der Schere, der auf einer Kante beginnt und endet), die durch die Fläche gelegt werden können, ohne die Fläche in mehr als ein Teil zu zerlegen. Das bedeutet, daß eine Figur in der Form einer Scheibe die Bettische Zahl Null besitzt, da irgendein Querschnitt die Scheibe in zwei Teile teilt. Andererseits hat ein Zylinder die Bettische Zahl Eins[20].

Fragen Sie die Schüler, warum es schwierig wäre, die Bettische Zahl einer wie ein Krapfen geformten Figur oder einer Kleinschen Flasche unter Verwendung der Querschnittsmethode zu bestimmen. Die meisten Schüler sollten erkennen, daß hier das Problem darin besteht, daß diese beiden topologischen Figuren keine Kanten besitzen. Eine alternative Methode verwendet einen *Schleifen-Schnitt* (Er beginnt an irgendeinem Punkt der Fläche, zu dem er zurückkehrt, ohne sich selbst zu überschneiden und ohne eine Kante zu treffen.), der eine andere Möglichkeit bietet, die Bettische Zahl zu bestimmen. Zur Ermittlung der Bettischen Zahl unter Verwendung des Schleifen-Schnittes zählen wir die Anzahl der Kanten und bestimmen die Bettische Zahl als die Anzahl der Schleifen-Schnitte, die in die Fläche gelegt werden können, ohne die Fläche in mehr Teile zu zerlegen, als sie Kanten besitzt. Eine wie ein Krapfen geformte Figur erfordert zwei Schleifen-Schnitte: einen horizontalen und einen anderen in vertikaler Richtung, so daß die Bettische Zahl gleich zwei ist. Die Kleinsche Flasche erfordert ebenfalls zwei Schleifen-Schnitte wie in Abb. 4 gezeigt ist.

Nachbereitung

1. Lassen Sie die Schüler die Bettische Zahl der folgenden Flächen bestimmen: (a) einer

---

[20] Anm. d. Übers.: Mit "Zylinder" ist hier offenbar die Mantelfläche des Zylinders gemeint.

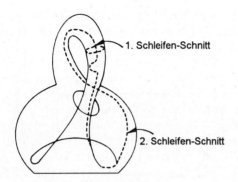

Abb. 4

Röhre, (b) einer gelochten Röhre, (c) einer gelochten Kugel.

2. Lassen Sie die Schüler feststellen, welche Figuren entstehen, wenn eine Kleinsche Flasche halbiert wird.

27
Das Vierfarbenproblem

Die Topologie ist ein Teilgebiet der Mathematik, das in enger Beziehung zur Geometrie steht. Die Figuren, die Gegenstand der Untersuchung sind, können sowohl auf ebenen als auch auf dreidimensionalen Flächen liegen. Der Topologe studiert jene Eigenschaften der Figur, die *nach* Verzerrungen oder Stauchungen, die nach bestimmten Regeln erfolgen, erhalten bleiben. Ein Stück Schnur, dessen Enden verbunden sind, kann die Form eines Kreises oder eines Quadrates annehmen. Während dieser Verformung verändert sich die Reihenfolge der "Punkte" auf der Schnur nicht. Die Ordnung bleibt also über die Verzerrung erhalten. Diese Beibehaltung der Ordnung ist eine Eigenschaft, die das Interesse des Topologen anzieht.

Lernziele

1. *Die Schüler formulieren das Vierfarbenproblem.*

2. *Anhand einer gegebenen Landkarte auf einer ebenen Fläche zeigen die Schüler am Beispiel, daß vier Farben ausreichend sind, um die gesamte Karte einzufärben.*

Vorbereitung

Die Schüler sollten die Bedeutung von gemeinsamen Grenzen und gemeinsamen Ecken im Hinblick auf Landkarten kennen.

Lehrmethoden

Erklären Sie den Schülern zu Beginn, daß dieses Problem erst in jüngster Zeit mit umfassender Hilfe der Computer gelöst wurde. Es galt davor als eines der großen ungelösten Probleme der Mathematik.

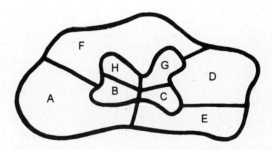

Abb. 1

Lassen Sie die Schüler diese fiktive Karte mit acht verschiedenen Ländern analysieren. Sie sollen alle Länder benennen, die an das Land H angrenzen und alle Länder, die mit H eine Ecke gemeinsam haben (Abb. 1). Eine Karte wird als korrekt gefärbt angesehen, wenn jedes Land vollständig gefärbt ist und wenn zwei Länder, die eine gemeinsame Grenze besitzen, verschieden gefärbt sind. Zwei Länder die nur eine Ecke gemeinsam haben, dürfen die gleiche Farbe aufweisen. Lassen Sie die Schüler verschiedene Karten nach den eben genannten Regeln einfärben (b...blau, r...rot, ge...gelb, gr...grün).

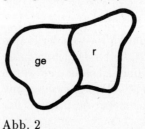

Diese Karte besteht aus zwei Gebieten mit einer gemeinsamen Grenze und erfordert deshalb zwei Farben für eine korrekte Einfärbung.

Abb. 2

Einheit 27 Das Vierfarbenproblem

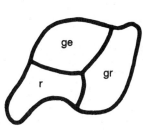

Abb. 3

Diese Karte besteht aus drei verschiedenen Gebieten und die Schüler sollten den Schluß ziehen, daß drei verschiedene Farben erforderlich sind, um die Karte korrekt einzufärben. Es scheint, als ob eine Karte mit zwei Gebieten zwei Farben und eine Karte mit drei Gebieten drei Farben erfordert.

Fragen Sie die Schüler, ob sie eine Karte mit drei verschiedenen Ländern erfinden können, die weniger als drei Farben erfordert, um sie einzufärben. Als ein Beispiel vgl. dazu Abb. 4.

Abb. 4

Da das "innerste" Land und das "äußerste" Land keine gemeinsame Grenze besitzen, können beide die Farbe rot erhalten, ohne daß ihre jeweilige Identität in Frage gestellt ist.

Es erscheint vernünftig, daraus zu schließen, daß, wenn eine Drei-Länder-Karte mit weniger als drei Farben eingefärbt werden kann, eine Vier-Länder-Karte mit weniger als vier Farben eingefärbt werden kann. Lassen Sie die Schüler solch eine Karte herstellen.

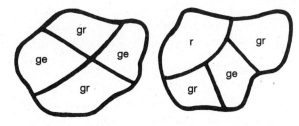

Abb. 5   Abb. 6

In Abb. 5 gibt es vier Gebiete und es sind nur zwei Farben für eine korrekte Einfärbung erforderlich. In Abb. 6 gibt es ebenfalls vier Gebiete und es sind drei Farben für eine korrekte Einfärbung erforderlich.

Fordern Sie die Schüler heraus, eine Karte zu finden, die aus vier Ländern besteht und genau vier Farben erfordert. Bevor die Schüler die Lösung dieser Aufgabe angehen, sollten sie erkennen, daß jedes der vier Länder an alle restlichen drei angrenzt. Abb. 7 gibt ein Beispiel für solch eine Karte.

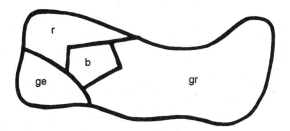

Abb. 7

Bitten Sie die Schüler, den nächsten logischen Schritt in dieser Reihe von Einfärbungsproblemen zu tun. Sie sollten auf die Idee kommen, Landkarten mit fünf unterschiedlichen Gebieten zu verwenden. Es wird möglich sein, Karten mit fünf Gebieten zu zeichnen, die zwei, drei oder vier Farben erfordern. Die Aufgabe, eine Fünf-Länder-Karte zu zeichnen, die fünf Farben für eine korrekte Einfärbung *erfordert*, wird unmöglich sein. Diese Kuriosität kann durch weitere Untersuchungen verallgemeinert werden, und die Schüler sollten die Erkenntnis gewinnen, daß irgendeine Karte auf einer ebenen Fläche mit irgendeiner Anzahl von Gebieten mit höchstens vier Farben erfolgreich eingefärbt werden kann.

Es ist überzeugender, das Problem in direkter Form zu formulieren: "Kann eine Landkarte auf einer ebenen Fläche mit irgendeiner Anzahl von Gebieten gezeichnet werden, die fünf Farben erfordert, um korrekt gefärbt zu sein?" Das ist die Formulierung des Vierfarbenproblems. Es sollte angemerkt werden, daß, während die drei berühmten Probleme der Antike[21] sich schon vor vielen Jahren als unlösbar herausstellten, dieses Problem erst in jüngster Zeit gelöst werden konnte.

Nachbereitung

1. Beschreibe in einem kurzen Abschnitt unter Verwendung von Diagrammen, was unter dem Vierfarbenproblem zu verstehen ist.

2. Zeige unter Verwendung der Farben gr ...grün, r ...rot, b ...blau und ge ...gelb,

---

[21] Anm. d. Übers.: Quadratur des Kreises, Dreiteilung des Winkels, Verdoppelung des Würfels.

daß es möglich ist, jede der folgenden Karten mit vier oder weniger Farben korrekt einzufärben (Abb. 8 - 10).

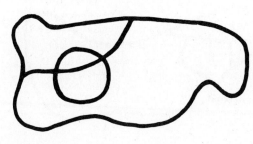

Abb. 8

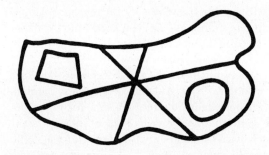

Abb. 9

Abb. 10

3. Zeichne eine Karte, die unendlich viele Gebiete enthält, aber nur zwei Farben für korrekte Einfärbung erfordert.

Literatur

Appel, K. and Haken, W. "The Solution of the Four-Color-Map Problem." *Scientific American* 237, No. 4 (December 1977): 108–21.

28
Mathematik auf einem Fahrrad

Die Vielzahl der Gänge des traditionellen Fahrrads mit Zehngangschaltung liefert eine Reihe mathematischer Anwendungen. Diese sollten den Schüler helfen, ihre Fahrräder besser zu "verstehen" und gleichzeitig ihre mathematischen Fähigkeiten zu verbessern.

Lernziele

1. Für eine gegebene Anzahl von Zähnen des vorderen bzw. hinteren Kettenblattes und gegebene Durchmesser der Räder bestimmen die Schüler Übersetzungsverhältnisse und die mit jeder Pedaldrehung zurückgelegten Wege. (Neues Vokabular wird entwickelt.)

2. Die Schüler sind in der Lage, zu erklären, warum Teilung von Bedeutung ist.

Vorbereitung

Die Schüler sollten grundlegende algebraische Fertigkeiten beherrschen und mit dem Fahrrad vertraut sein.

Lehrmethoden

Die Fahrräder für Erwachsene, mit denen wir uns hier beschäftigen werden, haben zwei Räder, Vorder- und Hinterradbremse, eine Gangschaltung mit entweder drei, fünf oder zehn Gängen und sind aus verschiedenen Stahllegierungen hergestellt.

Untersuchen wir zunächst die Unterschiede der Schaltungen bei drei und zehn Gängen. Der Schaltung mit zehn Gängen werden wir uns später ausführlich widmen.

Bei der Dreigangschaltung befindet sich die Schaltungsmechanik in Inneren der hinteren Radnabe (Abb. 1).

Einheit 28 Mathematik auf einem Fahrrad

Abb. 1

Es ist der Typ einer Klauenschaltung mit in die Nabe greifenden Teilen. Diese Schaltung unterliegt der Beschränkung, daß es kein Übersetzungsverhältnis gibt, das größer als der Innendurchmesser der hinteren Radnabe ist.

Bei einem Fahrrad mit Zehngangschaltung hat das Hinterrad einen Block mit fünf Zahnkränzen, wobei sich der größte Zahnkranz innen – den Speichen am nächsten – befindet und die Größe der Zahnkränze nach außen hin abnimmt. Die Übersetzung (d. h. die Verbindung von Zahnkränzen[22] und Kettenblättern durch eine Kette) wird verändert, indem die Kette von einem Kettenblatt zum andern mit Hilfe eines Kettenwerfers bewegt wird.

Untersuchen wir den grundlegenden Aufbau genau (Abb. 2).

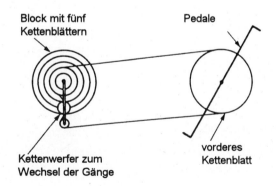

Abb. 2

Es gibt ein vorderes und ein hinteres Kettenblatt, deren Zähne in die Kette eingreifen. Die Anzahl der Zähne der beiden Kettenblätter ist von Bedeutung. Nehmen wir an, daß das vordere Kettenblatt 40 Zähne besitzt und das hintere Kettenblatt 20 Zähne, so beträgt das Verhältnis 40:20 oder 2. Das bedeutet, daß bei jeder Umdrehung des vorderen Kettenblattes das hintere Kettenblatt zwei Umdrehungen vollführt. Da das hintere Kettenblatt fest mit dem Hinterrad des Fahrrades verbunden ist, findet eine nochmalige Kraftübertragung statt, die nun vom Durchmesser des Hinterrades abhängt. Bei einem Fahrrad mit Zehngangschaltung beträgt der Durchmesser des Hinterrades (einschließlich des Reifens) 27 Zoll. Diese Anordnung ist in der folgenden Abbildung gezeigt (Abb. 3).

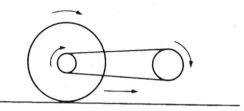

Abb. 3

Die Beziehung (unter Einbeziehung des Hinterrades) lautet: Übersetzungsverhältnis = Verhältnis · Durchmesser = $\frac{2}{1} \cdot 27 = 54$. Die so bestimmte Zahl bewegt sich i. allg. zwischen 36 und 108. Sie läßt Vergleiche der Gänge untereinander zu und ist bei der Bewertung von Übersetzungsverhältnissen in Bezug auf die verrichtete Arbeit von Nutzen.

Wenn z. B. ein Fahrer ein vorderes Kettenblatt mit 46 und ein hinteres Kettenblatt mit 16 Zähnen an einem 27-Zoll-Hinterrad verwendet, gibt das ein Übersetzungsverhältnis von 77,625 ≈ 78. Ein anderer Fahrer erhält unter Verwendung eines vorderen Kettenblattes mit 50 Zähnen und eines hinteren Kettenblattes mit 16 Zähnen ein Übersetzungsverhältnis von 84,375 ≈ 84, das mehr Kraft beim Treten als ein Übersetzungsverhältnis von 78 erfordert.

Unter welchen Umständen zieht der Fahrer aus diesem hohen Kraftaufwand Nutzen? Wenn man das Übersetzungsverhältnis aus der obigen Formel mit π multipliziert, erhält man die Strecke, um die man sich bei jeder Pedalumdrehung fortbewegt. Die Schüler sollten sich daran erinnern, daß Umfang = π · Durchmesser gilt.

Zum Beispiel legt ein Fahrer mit einem 78er Übersetzungsverhältnis mit jeder Pedalumdrehung rund 245 Zoll[23] zurück, während der Fahrer mit dem 84er Übersetzungsverhältnis rund 264 Zoll[24] zurücklegt. Folglich wird der größere

---

[22] Anm. d. Übers.: Man spricht vorn von Kettenblättern, hinten von Ritzeln oder Zahnkränzen. Im folgenden soll abkürzend nur von Kettenblättern gesprochen werden.

[23] Anm. d. Übers.: 245 Zoll entsprechen ungefähr 6,22 m.
[24] Anm. d. Übers.: 264 Zoll entsprechen ungefähr 6,71 m.

Kraftaufwand (erhöhte Schwierigkeit beim Treten) durch einen größeren Weg pro Pedaldrehung belohnt.

Wir wollen uns nun der Anwendung unterschiedlicher Übersetzungsverhältnisse durch den durchschnittlichen Radfahrer zuwenden.

Angenommen, Herr Meier befährt ohne Anstrengung mit einer 78er Übersetzung eine ebene Strecke und kommt an einen ziemlich steilen Berg. Sollte er in einen höheren oder einen niedrigeren Gang schalten?

Ihre Argumentation sollte folgendermaßen lauten: Falls Herr Meier in die 84er Übersetzung schaltet, legt er mit einer Pedalumdrehung ungefähr 6,71 m zurück. Das erfordert einen bestimmten Kraftaufwand. Um bei der Bewältigung des Berges die Erdanziehung zu überwinden, ist zusätzliche Energie nötig. So wird Herr Meier wahrscheinlich von seinem Rad absteigen. Falls Herr Meier in einen niedrigeren Gang geschaltet hätte, würde er weniger Kraft benötigen, um die Pedale zu drehen. Die zusätzliche Energie, die erforderlich ist, um den Berg zu überwinden, würde ihm durch seine Schaltung das gleiche Gefühl wie bei einer 78er Übersetzung vermitteln. Die Antwort lautet also, in den niedrigeren Gang zu schalten.

Herr Meier wird mehr Umdrehungen der Pedale benötigen, um den Berg zu erklettern, mehr, als wenn er die 84er Übersetzung gewählt hätte und mehr, als wenn er die 78er Übersetzung gewählt hätte. Denken wir daran, daß er sich aufgrund des Anstieges nur wie bei einer 78er Übersetzung fühlt. Das ist der "Handel", den Herr Meier geschlossen hat: mehr Umdrehungen bei konstantem Drehmoment anstatt der gleichen Anzahl von Umdrehungen bei variierender Kraft.

Der Vorteil dieses "Handels" kann durch einen Vergleich des menschlichen Körpers mit einem Motor erklärt werden. Ein Motor arbeitet am effektivsten bei konstantem Drehmoment und gleicht dies durch wechselnde Übersetzungsverhältnisse mit wechselnden Geschwindigkeiten aus.

Eine prägnantere Beschreibung wird im folgenden gegeben. Ein Auto verwendet Gänge, um die statische Reibung zu überwinden und um bis zur Reisegeschwindigkeit zu beschleunigen, wobei ein bestimmtes Drehmoment nicht überschritten wird, um den Motor nicht zu überlasten. Das ist dem Fahrrad nicht vergleichbar, da der menschliche Motor ein kurzzeitiges Anwachsen des Drehmoments bei der Beschleunigung des Fahrrades überwinden kann. Befindet sich ein Fahrrad in Bewegung, resultiert die Kraft, die benötigt wird, um das Fahrrad bei konstanter Geschwindigkeit auf einer ebenen Strecke in Bewegung zu halten, aus der inneren Reibung und dem Luftwiderstand. Das gilt in gleicher Weise für ein Auto. Will der Radfahrer schnell beschleunigen, wird er so schnell wie möglich in die Pedale treten. Alle Motoren (einschließlich des menschlichen Motors) sind in der Lage, das dafür vorhandene Drehmoment optimal einzusetzen. Es können zwei Fälle eintreten, die den Motor daran hindern, seine maximale Geschwindigkeit zu erreichen. Falls erstens das Drehmoment zu hoch ist, wird ein schnelles Drehen verhindert. Das entspricht einem Auto, das im dritten Gang gefahren wird und überholen will, ohne herunterzuschalten. Der Motor hat nicht die Kraft für eine schnelle Beschleunigung und kann nur langsam beschleunigen. Das gleiche gilt für einen Radfahrer, der aus einem hohen ("schweren") Gang schnell beschleunigen möchte, er besitzt i. allg. nicht die dafür notwendige Kraft. Der zweite Fall tritt beim "Überdrehen" ein. Das entspricht einem Auto, das sich mit 45 km/h im ersten Gang bewegt, und nun nicht mehr beschleunigen kann, obwohl genug Kraft vorhanden ist. Ein Beispiel für diesen Vorgang liefert ein Auto mit Schaltgetriebe, das von der Ampel weg beschleunigt, ohne zu schalten. Das entspricht einem Radfahrer, der die Pedale so schnell als möglich tritt, ohne jedoch dafür seine Maximalkraft einsetzen zu müssen.

Falls der Fahrer die höchste Drehzahl bei maximalem Drehmoment erreicht, wird er auch die maximale Geschwindigkeit erreichen.

An dieser Stelle werden Sie vielleicht Ihre Schüler sich an einigen Anwendungen versuchen lassen.

Aufgabe: Herr Müller kann entweder ein 68er Übersetzungsverhältnis bei 100 Umdrehungen pro Minute oder ein 72er Übersetzungsverhältnis bei 84 Umdrehungen pro Minute verwenden. Welches sollte Herr Müller verwenden, um maximale Geschwindigkeit zu erreichen? (Genau diese Überlegungen stellen Radrennfahrer bei der Wahl des Ganges für den Endspurt an.) Es wird angenommen, daß diese Geschwindigkeiten für die Dauer des Sprints konstant sind.

Lösung: Ein 68er Übersetzungsverhältnis mal

π ergibt ungefähr 214 Zoll[25] pro Umdrehung. Falls Herr Müller mit 100 Pedalumdrehungen pro Minute tritt, bewegt er sich mit 544 m/min bzw. 32,64 km/h fort.

Ein 72er Übersetzungsverhältnis mal π ergibt ungefähr 226 Zoll[26] pro Umdrehung, bei 84 Umdrehungen pro Minute eine Geschwindigkeit von 482,16 m/min bzw. 28,93 km/h. Deshalb würde Herr Müller mit der 68er Übersetzung besser davonsprinten.

Wie bereits früher angemerkt, widmen die Radrennfahrer diesen Drehmoment- und Drehzahlkenngrößen große Aufmerksamkeit. Ein Radrennfahrer wird seinen hinteren Kettenblattblock sehr sorgfältig in Abhängigkeit von der Strecke auswählen. Eine relativ flache Strecke wird einen Bereich von 13 bis 18 Zähnen für den hinteren Kettenblattblock erfordern, der mit einem 47er Kettenblatt vorn innen und einem 50er Kettenblatt vorn außen kombiniert wird.

Hieraus resultieren die zehn Gänge. Läuft die Kette über das 47er Kettenblatt, ergeben sich fünf verschiedene Übersetzungsverhältnisse, da der hintere Kettenwerfer die Kette über fünf Kettenblätter bewegt. Liegt die Kette auf dem 50er Kettenblatt, ergeben sich nochmals fünf verschiedene Übersetzungsverhältnisse (Abb. 4).

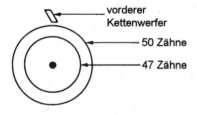

Abb. 4

Eine weitere Betrachtung, die ein Radrennfahrer bei der Auswahl der Gänge anstellt, gilt der Trägheit. Sie werden bemerken, daß ein 54er Kettenblatt vorn in Kombination mit einem 18er Kettenblatt hinten das gleiche Übersetzungsverhältnis wie ein 48er vorn in Kombination mit 16er hinten liefert, d. h. 48 : 16 = 3. Der Radrennfahrer wird 48 : 16 wählen, da bei einem Kettenblatt mit großem Radius eine höhere Trägheit zu überwinden ist als bei einem kleineren Kettenblatt. Da ein Kettenblatt mit 10-Zoll-Radius das kleinste ist, das die starken Scherkräfte aufnehmen kann, ist das 34er das kleinste verfügbare Kettenblatt. Zur Zeit wird die $\frac{1}{2}$-Zoll-Teilung (der Abstand zwischen den Zähnen) – eine Verbesserung gegenüber der 1-Zoll-Teilung – verwendet, um die Anzahl der Übersetzungsverhältnisse zu erhöhen, ohne die Kettenblätter zu groß werden zu lassen. Ein gut konstruiertes Kettenblatt sollte in etwa so wie in Abb. 5 aussehen, wo die entbehrliche Masse entfernt worden ist.

Abb. 5

Es gilt: Trägheit = M · Abstand von der Rotationsachse zum Quadrat. Je kleiner der Abstand ist, um so kleiner ist die Trägheit.

Es ist also bei der Auswahl eines Zehngang-Fahrrades daran zu denken, daß mit jeder Preisdifferenz auch ein Unterschied in Design, Leistung und Arbeit zur Fortbewegung zu erwarten ist.

Als letztes Beispiel soll erwähnt werden, daß viele preisgünstige Fahrräder aufgrund von Wiederholungen tatsächlich nur über 6 bis 8 Gänge verfügen. Betrachten wir das vorige Beispiel zur Trägheit, wo eine Wahl zwischen einem vorderen 48er und einem 54er Kettenblatt zu treffen war. Wir stellten fest, daß sich gleiche Übersetzungsverhältnisse mit einem 16er bzw. einem 18er Kettenblatt einstellten. Solche Wiederholungen des Übersetzungsverhältnisses sind bei preiswerteren Fahrrädern nicht selten.

Nachbereitung

1. Lisa nähert sich einem Anstieg, der ihr Übersetzungsverhältnis um 10 erhöht. Lisa ist nicht in der Lage, einen höheren Gang als ein 62er Übersetzungsverhältnis zu fahren. Angenommen ihr Dreigang-Fahrrad verfügt über ein 48er, ein 58er und ein 78er Übersetzungsverhältnis, welches sollte sie verwenden?

2. Wie weit wird ein Fahrrad bei einem 78er Übersetzungsverhältnis und 27-Zoll-Rädern mit einer Pedalumdrehung bewegt?

---
[25] Anm. d. Übers.: rund 5,44 m.
[26] Anm. d. Übers.: rund 5,74 m.

3. Jan kann mit einem 72er Übersetzungsverhältnis 80 Umdrehungen pro Minute, mit einem 96er Übersetzungsverhältnis 48 Umdrehungen pro Minute erreichen. Welches Übersetzungsverhältnis liefert die höhere Geschwindigkeit?

29
Mathematik und Musik

Die Schüler, die mit der Bruchrechnung vertraut sind, aber nur begrenzte Kenntnisse der Musiktheorie besitzen, werden feststellen, daß zwischen diesen Gebieten Wechselbeziehungen bestehen.

Lernziele

1. *Die Schüler kennen bestimmte Formeln, die die Tonhöhe einer Note zu Eigenschaften einer Saite oder einer Luftsäule in Beziehung setzen.*
2. *Die Schüler wissen, wie das pythagoreische Tonsystem aufgebaut ist.*
3. *Die Schüler zeigen den Euklidischen Beweis, daß eine Oktave weniger als sechs ganze Töne umfaßt.*

Vorbereitung

Verschaffen Sie sich ein Saiteninstrument wie Banjo, Violine oder Gitarre. Falls diese Instrumente nicht zur Verfügung stehen, kann Ihnen der Physiklehrer sicherlich ein Monochord[27] – ein wissenschaftliches Saiteninstrument, das zu experimentellen Zwecken genutzt wird – leihen.

Führen Sie folgende drei Experimente vor. Lassen Sie die Schüler jeweils feststellen, ob der Ton höher oder niedriger wird.

[27] Anm. d. Übers.: Saiteninstrument zur Ton- und Intervallbestimmung, dessen eine Saite über einen rechteckigen Resonanzkasten mit verschiebbarem Steg gespannt ist.

1. Reißen Sie eine Saite an, erhöhen Sie die Spannung, reißen Sie sie nochmals an.
2. Reißen Sie eine Saite an. Lassen Sie dann nur die halbe Saite schwingen, indem Sie die Saite in der Mitte nach unten drücken.
3. Reißen Sie nacheinander zwei Saiten verschiedenen Durchmessers (verschiedener Dicke) an.

Lehrmethoden

Die Schüler sollten folgende drei Feststellungen treffen:

1. Steigt die Spannung, wächst die Tonhöhe.
2. Wird die Länge kleiner, wächst die Tonhöhe.
3. Wird der Durchmesser kleiner, wächst die Tonhöhe.

An dieser Stelle erläutern Sie den Schülern, daß diese Feststellungen durch mathematische Formeln begründet sind. Diese Formeln benutzen jedoch eher den Begriff der Frequenz, die die Anzahl der Schwingungen der Saite pro Sekunde angibt, als den Begriff der Tonhöhe. Da die Tonhöhe wächst, wenn die Frequenz erhöht wird, ändern sich die Formeln im wesentlichen nicht. Die Formeln lauten:

$\frac{F_1^2}{F_2^2} = \frac{T_1}{T_2}$ (bei gleichem Typ der Saiten)

$\frac{F_1}{F_2} = \frac{L_2}{L_1}$ (bei konstanter Spannung)

$\frac{F_1}{F_2} = \sqrt{\frac{D_2}{D_1}}$ (bei konstanter Länge und Spannung),

wobei F die Frequenz, T die Spannung und D den Durchmesser der Saite bezeichnen.

Lassen Sie sich die Schüler an Rechenbeispielen versuchen: Eine Saite schwingt mit einer Frequenz von 400 Hz (Schwingungen pro Sekunde) und ist 50 cm lang. Eine zweite Saite gleichen Typs wird in gleicher Weise wie die erste angerissen. (Wobei auch die Spannungen der beiden Saiten identisch sein sollen.) Wie lang ist die zweite Saite, falls sie mit einer Frequenz von 800 Hz schwingt? Lassen Sie die Schüler die Gleichung

$$\frac{400}{800} = \frac{L_2}{50}$$

Einheit 29 Mathematik und Musik

lösen, woraus sie erhalten, daß die zweite Saite 25 cm lang ist. Als ein weiteres Beispiel könnte der Einfluß der Spannung auf die Verdoppelung der Frequenz dienen. Die Schüler sollten wissen, daß die Spannung quadratisch eingeht. ($\frac{1^2}{2^2} = \frac{1}{4}$)

Musik und Mathematik stehen auch bei der Erzeugung einer Tonleiter in Beziehung zueinander. Pythagoras, der den meisten Schüler durch seine Arbeiten zum rechtwinkligen Dreieck bekannt ist, schuf eine Tonleiter, die schöne Melodien hervorbringen konnte, aber im Hinblick auf die möglichen Kombinationen von Tönen und dem Gebrauch von Harmonien eingeschränkt war.

Pythagoras hatte das Gefühl, daß die Töne, die besonders angenehm – *konsonant* – klangen, in Beziehung zu den Zahlen 1, 2, 3 und 4 standen. Er verwendete verschiedene Saiten der gleichen Länge mit der Note C als Grundton. Falls das Sonometer verwendet wird, können Sie das Grundanliegen von Pythagoras demonstrieren. Das bedeutet, daß die Saite als Ganzes schwingt (Abb. 1, Diagramm 1). Um das C eine Oktave höher zu erzeugen, muß die Saite zweigeteilt schwingen, d. h. mit doppelter Frequenz (Abb. 1, Diagramm 2). Das gleiche Ergebnis kann durch Teilung einer Saite im Verhältnis 1:2 (Abb. 1, Diagramm 3) erhalten werden.

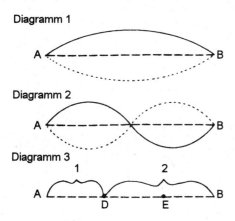

Abb. 1

In Abb. 1, Diagramm 3 hat das getrennte Schwingen von $\overline{AD}$ und $\overline{DB}$ den gleichen Effekt – die Erzeugung zweier Töne im Oktavabstand. Wenn also C mit der Zahl 1 korrespondiert, dann korrespondiert das eine Oktave höhere C mit der Zahl $\frac{2}{1}$ oder 2. Pythagoras nahm noch die Töne F und G hinzu, die mit $\frac{4}{3}$ bzw. $\frac{3}{2}$ korrespondieren. Stellen Sie den Schülern die Frage, wie eine Saite im Verhältnis 3:2 geteilt werden kann. Die Schüler sollten darauf kommen, daß die Saite in fünf Teile geteilt werden muß, um dieses Verhältnis zu erhalten (Abb. 2).

Abb. 2

Das ist ein Grund dafür, warum diese Note eine reine Quinte[28] genannt werden kann. Um eine Note zu erhalten, die mit $\frac{4}{3}$ korrespondiert, sollte die Saite wie gezeigt (Abb. 3) in sieben Teile geteilt werden.

Abb. 3

Diese Note wird jedoch Quarte und nicht Septime genannt.

Pythagoras fügte dieser Tonleiter $\frac{3}{2}$ G bzw. $\frac{3}{2} \cdot \frac{3}{2}$ C = $\frac{9}{4}$ C hinzu. Da $C = 1$ und eine Oktave höher $C = 2$ ist, paßt $\frac{9}{4} C = 2\frac{1}{4} C$ nicht zwischen diese beiden Noten. Fordern Sie die Schüler heraus, einen dazu "äquivalenten" Ton zu finden, der zwischen C und seine Oktave paßt. Erinnern Sie die Schüler daran, daß das Verdoppeln bzw. Halbieren einer Frequenz den Ton nur um eine Oktave verändert. Folglich verwendete Pythagoras anstatt $\frac{9}{4}$ die Hälfte davon, also $\frac{9}{8}$. Durch Hinzunahme des dritten Obertons jedes aufeinanderfolgenden Tons (d. h. Multiplikation mit $\frac{3}{2}$) werden die Schüler Töne erhalten, deren relative Frequenzen 1, $\frac{3}{2}$, $\frac{9}{8}$, $\frac{27}{16}$, $\frac{81}{64}$, $\frac{243}{128}$ betragen. Es wurden dabei natürlich, falls wie bei $\frac{9}{8}$ erforderlich, Frequenzen halbiert. Damit ist das pythagoreische Tonsystem vollständig.

---

[28] Anm. d. Übers.: Damit ist hier nicht das Tonintervall, sondern die 5. Stufe der diatonischen Tonleiter gemeint.

Ton	C	D	E	F	G	A	H	C
Relative Frequenz	1	$\frac{9}{8}$	$\frac{81}{64}$	$\frac{4}{3}$	$\frac{3}{2}$	$\frac{27}{16}$	$\frac{243}{128}$	2

Das G, das die fünfte Position einnimmt, wird als reine Quinte betrachtet. Das passiert, wenn das Verhältnis vom ersten zum fünften Ton der Tonleiter $\frac{3}{2}$ beträgt. Während all dieser Überlegungen sollte die Tatsache betont werden, daß die Frequenzen im gleichen Verhältnis wie die Längen stehen. Lassen Sie die Schüler die Tonleiter analysieren. Die Schüler sollten feststellen, daß ein konstantes Verhältnis von $\frac{9}{8}$ zwischen den relativen Frequenzen aufeinanderfolgender Töne besteht (außer zwischen E und F und zwischen H und C, wo das Verhältnis $\frac{256}{243}$ beträgt). Es sollte außerdem festgehalten werden, daß das Verhältnis $\frac{9}{8}$ einem ganzen Ton (g) entspricht, während $\frac{256}{243}$ für einen Halbton (h) steht. Das spiegelt sich in der folgenden Übersicht wider:

$$
\begin{array}{ccccccccc}
C & & D & & E & & F & & G & & A & & H & & C \\
1 & & \frac{9}{8} & & \frac{81}{64} & & \frac{4}{3} & & \frac{3}{2} & & \frac{27}{16} & & \frac{243}{128} & & 2 \\
& \vee & & \vee & & \vee & & \vee & & \vee & & \vee & & \vee & \\
& g & & g & & h & & g & & g & & g & & h &
\end{array}
$$

Diese Tonleiter wird Dur-Tonleiter genannt.

Es gibt jedoch einige Schwierigkeiten mit der Harmonie. Wenn ein Ton auf einem Musikinstrument erzeugt wird, gibt es nicht nur Schwingungen der gesamten Saite, die den Grundton erzeugt, sondern auch Schwingungen von Teilen der Saite, die die sogenannten Obertöne erzeugen. Die Frequenzen der Obertöne betragen das 2-, 3-, 4- und 5-fache der Frequenz des Grundtones. Der fünfte Oberton korrespondiert mit 5 oder $\frac{5}{4}$, wenn er zwischen 1 und 2 eingeordnet wird (erinnern Sie daran, daß fortschreitendes Halbieren wie $\frac{1}{2} \cdot \frac{1}{2}$ den gleichen Ton erzeugt). Der diesem Oberton am nächsten liegende Ton der Pythagoreischen Tonleiter ist das E mit der Frequenz $\frac{81}{64}$. Wenn ein C gespielt wird, auf das ein E folgt, erwartet das Ohr das gleiche E zu hören, das es gerade als Oberton von C gehört hat. Für den einzelnen kann das Pythagoreische E jedoch recht beunruhigend klingen. Diese Beunruhigung ist der Tatsache geschuldet, daß die beiden E nur leicht verschiedene Frequenzen besitzen: $\frac{81}{64}$ bzw. $\frac{5}{4}$ oder $\frac{80}{64}$.

Lernziele

1. Falls die Länge einer Saite bei konstanter Spannung wächst, wie verändert sich die Tonhöhe?

2. Welchen Einfluß hat das Spannen der Saite auf die Tonhöhe?

3. Angenommen C korrespondiert mit $\frac{4}{5}$ statt mit 1 der Pythagoreischen Tonleiter. Finde die relativen Frequenzen der nächsten 8 Noten dieser Durtonleiter.

30
Mathematik in der Natur

Lernziele

Die Schüler erkennen und erklären mindestens ein Naturphänomen, in dem sich Beziehungen zur Mathematik herstellen lassen.

Vorbereitung

Eine berühmte Zahlenfolge (*Die Fibonacci-Zahlen*) war das direkte Ergebnis eines Problems, das Leonardo Fibonacci von Pisa in seinem Buch *Liber Abaci*[29] (1202) stellte, und das die Vermehrung von Kaninchen betraf. Ein kurzer Rückblick auf dieses Problem zeigt, daß die Gesamtzahl von Kaninchenpaaren in jedem Monat durch die Folge 1, 1, 2, 3, 5, 8, 13, 21, 34, 55, 89, ... gegeben ist[30].

---
[29] Anm. d. Übers.: Buch vom Abacus.
[30] Anm. d. Übers.: Eine ausführlichere Vorstellung findet sich in Einheit 85.

Einheit 30 Mathematik in der Natur

Fibonacci-Zahlen haben viele interessante Eigenschaften und kommen in der Natur an verschiedenen Stellen vor.

Lehrmethoden

Lassen Sie die Schüler jedes Element der Fibonacci-Folge durch das folgende Element dividieren. Sie werden eine Folge von Brüchen erhalten:

$$\frac{1}{1}, \frac{1}{2}, \frac{2}{3}, \frac{3}{5}, \frac{5}{8}, \frac{8}{13}, \frac{13}{21}, \frac{21}{34}, \frac{34}{55}, \frac{55}{89} \ldots$$

Fragen Sie die Schüler, ob sie eine Beziehung zwischen diesen Zahlen und den Blättern einer Pflanze (die zur Verfügung stehen sollte) feststellen können. Im Hinblick auf die Fibonacci-Zahlen könnte man folgendes beobachten: (1) die Anzahl der Blätter, die man benötigt, um (den Stengel umlaufend) zum nächsten am Stengel "ähnlich plazierten" (d. h. in gleicher Richtung darüber befindlichen) Blatt zu kommen und (2) die Anzahl der Umdrehungen, wenn man den Blättern von einem Blatt zum nächsten "ähnlich plazierten" folgt. In beiden Fällen stellt sich heraus, daß diese Zahlen Fibonacci-Zahlen sind.

Für die Anordnung der Blätter wird folgende Notation verwendet: $\frac{3}{8}$ bedeutet, daß man drei Umdrehungen und acht Blätter benötigt, um am nächsten "ähnlich plazierten" Blatt anzukommen. Im allgemeinen bezeichnet, falls r gleich der Anzahl der Umdrehungen und s gleich der Anzahl der Blätter ist, die benötigt werden, um zum nächsten "ähnlich plazierten" Blatt zu kommen, der Quotient $\frac{r}{s}$ die Anordnung der Blätter einer Pflanze (*Phyllotaxis*[31]). Lassen Sie die Schüler die Abb. 1 betrachten und versuchen, dieses Verhältnis zu bestimmen. Zeichnen Sie eine graphische Darstellung der Pflanze an die Tafel, und stellen Sie den Schülern, falls das möglich ist, lebende Pflanzen zur Verfügung.

---

[31] Anm. d. Übers.: Blattanordnungslehre

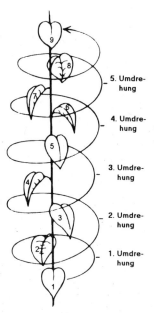

In dieser Abbildung (Abb. 1) lautet das Verhältnis $\frac{5}{8}$.

Auch der Kiefernzapfen liefert eine Anwendung der Fibonacci-Zahlen. Die blattähnlichen Teile des Zapfens können als modifizierte Blätter angesehen werden, die auf engem Raum zusammengepreßt sind. Bei genauer Betrachtung des Zapfens kann man zwei umlaufende Spiralen beobachten, eine linksdrehende (im Uhrzeigersinn) und eine rechtsdrehende (dem Uhrzeigersinn entgegengesetzt).

Abb. 1

Eine Spirale nimmt in einem spitzen Winkel zu, während die andere eher allmählich an Höhe gewinnt. Lassen Sie die Schüler sowohl die steilen Spiralen als auch die langsam ansteigenden zählen. Beide Zahlen sollten Fibonacci-Zahlen sein. Ein Zapfen der Weißen Kiefer hat z. B. fünf Spiralen im Uhrzeigersin und acht Spiralen in entgegengesetzter Richtung. Zapfen anderer Kiefernarten mögen zu anderen Verhältnissen von Fibonacci-Zahlen führen. Lassen Sie die Schüler danach Gänseblümchen im Hinblick auf solche Fibonacci-Verhältnisse untersuchen.

Wenn wir uns die Quotienten aufeinanderfolgender Fibonacci-Zahlen genau anschauen wollen, können wir sie durch endliche Dezimalbrüche approximieren. Zum Beispiel gilt:

(1) $\quad \dfrac{2}{3} = 0,666667$

(2) $\quad \dfrac{3}{5} = 0,600000$

(3) $\quad \dfrac{89}{144} = 0,618056$

(4) $\quad \dfrac{144}{233} = 0,618026$

Fahren wir in dieser Weise fort, nähern wir uns dem Verhältnis des *Goldenen Schnittes*. Der Punkt B in der Abb. 2 teilt die Strecke $\overline{AC}$ in

diesem Verhältnis, es gilt

$$\frac{|\overline{AB}|}{|\overline{BC}|} = \frac{|\overline{BC}|}{|\overline{AC}|} \approx 0{,}618034.$$

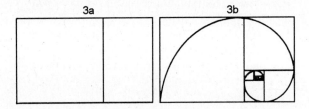

Abb. 2

Wir betrachten nun eine Folge von "Goldenen Rechtecken" (Abb. 3), deren Seitenlängen dem Goldenen Schnitt genügen, d. h. der Quotient $\frac{\text{Breite}}{\text{Länge}}$ ist gleich dem genannten Verhältnis ($\frac{b}{l} = \frac{l}{b+l}$).

Abb. 3

Falls das Rechteck (Abb. 3 a) durch eine Gerade in ein Quadrat und ein Goldenes Rechteck zerlegt wird, und falls so fortgesetzt wird, daß ein neu entstandenes Goldenes Rechteck in gleicher Weise zerlegt wird, kann eine logarithmische Spirale in den aufeinanderfolgenden Quadraten konstruiert werden (Abb. 3 b). Diese Kurve findet sich häufig bei der Anordnung von Samen in Blumen oder bei Formen von Muscheln und Schnecken. Hier sollten geeignete Illustrationen zur Veranschaulichung dienen (Abb. 4).

Abb. 4

Als weiteres Beispiel für die Beziehung zwischen Natur und Mathematik sollten die Schüler die Ananasfrucht betrachten. Es gibt hier drei verschiedene Spiralen von Sechsecken: eine Gruppe von *fünf* Spiralen, die sich allmählich in einer Richtung um die Ananas winden, eine zweite Gruppe, von *13* steiler ansteigenden Spiralen und eine dritte Gruppe von *acht* Spiralen, die in entgegengesetzter Richtung verlaufen. Jeder Gruppe liegt eine Fibonacci-Zahl zugrunde. Jedes Paar von Spiralen wirkt aufeinander, um Fibonacci-Zahlen zu liefern. Die Abb. 5 zeigt die Darstellung einer Ananas, deren Schuppen der Reihe nach numeriert sind. Die Ordnung ist durch den Abstand jeder Schuppe vom Fuß der Ananas festgelegt. Das heißt, die am weitesten unten liegende Schuppe erhält die Null, die nächsthöhere die Eins. Es ist festzustellen, daß das Sechseck Nr. 42 ein bißchen höher liegt als Sechseck 37.

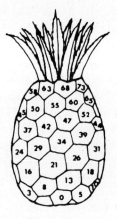

Abb. 5

Prüfen Sie, ob die Schüler die drei verschiedenen Gruppen von Spiralen in Abb. 5 ausmachen können, die am Boden beginnend übereinander verlaufen. Eine schwach ansteigende Spirale besteht aus der Folge 0, 5, 10, usw. Die zweite steiler ansteigende Spirale wird durch die Folge 0, 13, 26, usw. beschrieben. Die dritte Spirale aus 0, 8, 16, usw. windet sich in entgegengesetzter Richtung um die Ananas. Lassen Sie die Schüler die Differenzen zwischen aufeinanderfolgenden Gliedern der drei Folgen bestimmen. Hier lauten die Differenzen 5, 8 bzw. 13, die alle Fibonacci-Zahlen sind. Verschiedene Ananasfrüchte können aber verschiedene Folgen besitzen.

Zum Abschluß dieses Themas betrachten Sie kurz die Regenerierung männlicher Bienen (Drohnen). Männliche Bienen schlüpfen aus unbefruchteten Eiern, während weibliche Bienen (Arbeiterinnen, Königinnen) aus befruchteten Eiern schlüpfen. Erklären Sie den Schülern anhand des folgenden Schemas (Abb. 6) den Regenerationszyklus der

Einheit 31 Das Geburtstagsproblem

männlichen Bienen.

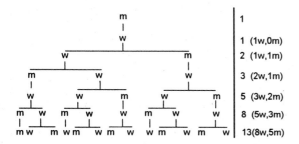

Abb. 6

Offensichtlich enthält dieses Schema die Fibonacci-Folge.

Nachbereitung

1. Bitten Sie die Schüler, zwei verschiedene Beispiele darzulegen, in denen sich Beziehungen zwischen Mathematik und Natur herstellen lassen.

2. Lassen die Schüler andere (als in dieser Einheit erwähnte) Beispiele für das Auftreten von Fibonacci-Zahlen in der Natur finden und die Art und Weise, wie die Folge verwendet wird, erklären.

Literatur

Brother, U. Alfred, *An Introduction to Fibonacci Discovery.* San Jose, Calif.: The Fibonacci Association, 1965.

Bicknell, M. and Verner E. Hoggatt, Jr., *A Primer for the Fibonacci Numbers.* San Jose, Calif.: The Fibonacci Association, 1972.

Hoggatt, Verner E., Jr., *Fibonacci and Lucas Numbers.* Boston: Houghton Miffin, 1969.

31
Das Geburtstagsproblem

Schüler sind fasziniert von Problemen, die überraschende oder unvorhersehbare Ausgänge bereithalten. Das "Geburtstagsproblem" wird sie motivieren, sich mit dem Begriff der Wahrscheinlichkeit aus mathematischer Sicht zu befassen.

Lernziele

Bei Fragestellungen, die Folgen von aufeinanderfolgenden Ereignissen, wie das Auftreten von Geburtstagen, Werfen von Münzen, Ziehen von Karten oder beim Würfeln, beinhalten, berechnen die Schüler die Wahrscheinlichkeit, daß ein bestimmtes Versuchsergebnis (a) mindestens einmal, (b) niemals eintritt.

Vorbereitung

Fragen Sie die Klasse nach ihren Vorstellungen, wie groß die Wahrscheinlichkeit des Ereignisses ist, daß zwei Schüler der Klasse am gleichen Tag Geburtstag haben. Die Schüler werden vermuten, daß die Chancen dafür sehr gering sind. Überraschen Sie sie mit der Mitteilung, daß in einer Klasse von 30 Schülern die Wahrscheinlichkeit dafür, daß mindestens zwei Schüler am gleichen Tag Geburtstag haben, ungefähr 0,68 beträgt (eine Wahrscheinlichkeit von 1,00 zeigt ein Ereignis an, das mit Sicherheit eintritt). In einer Klasse mit 35 Schülern erhöht sich diese Wahrscheinlichkeit auf ungefähr 0,80. Formulieren Sie diese Wahrscheinlichkeiten in der Sprache der "Chancen". Erklären Sie, daß die Chancen für das gewünschte Ereignis in der ersten Situation besser als zwei zu eins, im zweiten Fall ungefähr vier zu eins stehen. Verteilen Sie eine Liste mit den Geburts- und Sterbedaten der 42 Präsidenten der USA. Lassen Sie den Schülern Zeit, nach Daten zu suchen, die mehrere Präsidenten gemeinsam haben. (Zwei, Polk und Harding, wurden am 2. November geboren; zwei, Fillmore und Taft, starben am 8. März und drei, Adams, Jefferson und Monroe, starben am 4. Juli.) Verschaffen Sie sich nun einen Überblick über Ihre Klasse, um festzustellen, ob es Schüler gibt, die am gleichen Tag Geburtstag haben. Falls das so ist, wird diese Tatsache dafür motivierend wirken, daß es sinnvoll ist, Berechnungen über Wahrscheinlichkeiten anzustellen. Falls sich das gewünschte Ereignis nicht einstellt, erwähnen Sie, daß kein Anspruch auf absolute Sicherheit bestand.

Lehrmethoden

Wiederholen Sie die wichtigsten Grundlagen, die die Schüler benötigen werden. Mathematische Wahrscheinlichkeiten werden als Dezimalzahlen (oder dazu äquivalente Brüche) zwischen 0,00 und 1,00 betrachtet[32]. Eine Wahrscheinlichkeit von 0 (Null) bedeutet, daß das betreffende Ereignis unmöglich eintreten kann, während eine Wahrscheinlichkeit von 1 (Eins) das sichere Eintreten des Ereignisses bedeutet.

Jedes der hier aufgezählten Prinzipien kann durch einfache Beispiele wie den Münzwurf, das Würfeln oder das Ziehen von Karten usw. illustriert werden. Zum Beispiel ist die Wahrscheinlichkeit, beim Werfen zweier gewöhnlicher Spielwürfel insgesamt eine Augenzahl von 13 zu erzielen, gleich Null, während die Wahrscheinlichkeit, irgendeine Zahl zwischen 2 und 12 (einschließlich) zu erhalten, gleich Eins ist. Die Wahrscheinlichkeit für das Eintreten eines Ereignisses kann aus einem Quotienten errechnet werden, dessen Zähler die Anzahl der für das Ereignis "günstigen" Fälle beschreibt und dessen Nenner die Summe der Anzahlen der "günstigen" und der "ungünstigen" Fälle beschreibt. Symbolisch bedeutet das

$$P = \frac{G}{G+U} \quad \text{oder} \quad P = \frac{G}{M},$$

wobei P die Wahrscheinlichkeit für das Eintreten des Ereignisses bezeichnet, G die Anzahl der für das Ereignis günstigen Fälle, U die Anzahl der ungünstigen Fälle und M die Anzahl der insgesamt möglichen Fälle. Jede der Formen dieses Bruches kann in eine Dezimalzahl zwischen Null und Eins umgewandelt werden, da der Zähler nie den Nenner übersteigen kann.

Die Schüler sollten außerdem feststellen, daß die Wahrscheinlichkeit dafür, daß ein gewünschtes Ereignis *nicht* eintritt, gleich $\frac{U}{G+U}$ ist. Da

$$\frac{G}{G+U} + \frac{U}{G+U} = \frac{G+U}{G+U} = 1$$

ist, folgt daraus, daß

$$\frac{G}{G+U} = 1 - \frac{U}{G+U}$$

gilt. Die Schüler sollten nun in Worten formulieren, daß die Wahrscheinlichkeit für das *Eintreten* eines gewünschten Ereignisses gleich 1,00 minus der Wahrscheinlichkeit dafür ist, daß dieses Ereignis nicht eintritt. Diese Aussage versetzt sie in die Lage, die Lektion erfolgreich abzuschließen.

Die Schüler sollten mit einem fundamentalen Satz über Wahrscheinlichkeiten vertraut sein, der hier ohne Beweis präsentiert wird: Falls die Wahrscheinlichkeit eines ersten Ereignisses P_1 beträgt, und falls, nachdem dieses Ereignis eingetreten ist, die Wahrscheinlichkeit eines zweiten Ereignisses P_2 beträgt, dann beträgt die Wahrscheinlichkeit, daß beide Ereignisse eintreten, $P_1 \cdot P_2$. Weisen Sie darauf hin, daß diese Aussage auf die Berechnung der Wahrscheinlichkeit des Eintretens einer Folge von n Ereignissen verallgemeinert werden kann, die demnach $P_1 \cdot P_2 \cdot P_3 \cdot \ldots \cdot P_n$ beträgt, falls vorausgesetzt wird, daß die jeweils vorhergehenden Ereignisse bereits eingetreten sind. Zum Beispiel werden die Schüler, indem sie die folgenden Berechnungen durchführen, erkennen, daß die Wahrscheinlichkeit für das Ziehen einer Pik-Karte aus einem gewöhnlichen Spiel von 52 Karten gleich $\frac{13}{52}$ oder 0,25 ist, und daß die Wahrscheinlichkeit, *keine* Karte der Farbe Pik zu ziehen, gleich $\frac{39}{52}$ oder 0,75 beträgt. Dabei beziehen sich beide Wahrscheinlichkeiten auf das Ziehen einer einzelnen Karte vom Stapel. Sie sollten bemerken, daß $0,25 = 1 - 0,75$ gilt. Die Wahrscheinlichkeit für das Eintreten von "Zahl", gefolgt von "Zahl", gefolgt von "Wappen" beim dreimaligen Werfen einer "idealen" Münze beträgt $\frac{1}{2} \cdot \frac{1}{2} \cdot \frac{1}{2}$ oder $\frac{1}{8}$, womit die Anwendung des Fundamentalsatzes über die Behandlung von aufeinanderfolgenden Ereignissen demonstriert wurde.

Zurück zum Geburtstagsproblem. Sie sollten darauf hinweisen, daß es einfacher ist, die Wahrscheinlichkeit dafür zu bestimmen, daß *keine zwei* Schüler der Klasse am gleichen Tag Geburtstag haben, um dann dieses Ergebnis von 1,00 zu subtrahieren, als direkt auszurechnen, wie groß die Wahrscheinlichkeit ist, daß mindestens zwei

---

[32] Anm. d. Übers.: Allgemeiner sind Wahrscheinlichkeiten von Ereignissen reelle Zahlen zwischen 0 und 1, die gewissen Axiomen genügen müssen.

Einheit 32 Der Aufbau der Zahlbereiche

Schüler am gleichen Tag Geburtstag haben. Unterstützen Sie die Schüler bei der Herleitung der folgenden Darstellung für die Wahrscheinlichkeit, daß *keine zwei* Schüler der Klasse am gleichen Tag Geburtstag haben:

$$\frac{365}{365} \cdot \frac{364}{365} \cdot \frac{363}{365} \cdot \frac{362}{365} \cdot \frac{361}{365} \cdot \frac{360}{365} \cdot \frac{359}{365} \cdot \frac{358}{365} \cdots$$

Es wird in diesem Produkt so viele Faktoren geben, wie Schüler in der Klasse sind. Es ist zu beachten, daß in die Formel eingeht, daß das gewöhnliche Jahr aus 365 Tagen besteht. Falls einer Ihrer Schüler am 29. Februar Geburtstag hat, sind Nenner von 366 zu verwenden und der erste Bruch ist als $\frac{366}{366}$ zu schreiben.

Erklären Sie, daß diese Brüche die Wahrscheinlichkeiten repräsentieren, daß die Schüler, nacheinander nach ihrem Geburtstag befragt, *keinen* Tag nennen, der bereits vorher von einem Schüler genannt wurde. Weisen Sie auf das Prinzip der sequentiellen Befragung für die Berechnung der Wahrscheinlichkeit von aufeinanderfolgenden Ereignissen hin. Die Schüler werden an einer günstigen Rechenvariante für die aufeinanderfolgenden Multiplikationen und Divisionen interessiert sein – am einfachsten geschieht dies mit Hilfe des Taschenrechners.

Die Schüler werden feststellen, daß der Wert ihres Produktes bis auf 0,32 bzw. 0,20 abgefallen ist, wenn die Anzahl der Faktoren 30 bzw. 35 erreicht hat. Da diese Ergebnisse die Wahrscheinlichkeiten darstellen, daß keine zwei Schüler der Klasse am gleichen Tag Geburtstag haben, repräsentieren sie "ungünstige" Ereignisse. Unter Verwendung des bereits erwähnten Prinzips der Subtraktion von 1,00 kommen wir zu den Wahrscheinlichkeiten für die "günstigen" Ereignisse – zu den Wahrscheinlichkeiten, daß mindestens zwei Schüler der Klasse am gleichen Tag Geburtstag haben. Wir erhalten 0,68 bzw. 0,80 oder einen anderen Wert in Abhängigkeit von der Klassenstärke. Erreicht die Anzahl der Personen einer Gruppe gerade 55, so erreicht die Wahrscheinlichkeit für die Existenz von mindestens zwei Personen mit gleichem Geburtsdatum den erstaunlichen Wert von 0,99!

Nachbereitung

Die Schüler, die die Lernziele erreicht haben, sind sicher in der Lage, diese oder ähnliche Aufgaben richtig zu lösen:

1. Gib eine Darstellung für die Wahrscheinlichkeit an, daß in einer Gruppe von 15 Personen mindestens zwei das gleiche Geburtsdatum besitzen.

2. Eine Münze wird fünfmal geworfen. Wie groß ist die Wahrscheinlichkeit, daß
   (a) in keinem der Würfe "Zahl" erscheint und
   (b) mindestens einmal "Zahl" oben liegt?

3. Eine Karte wird aus einem gewöhnlichen Spiel mit 52 Karten gezogen, untersucht und zurückgelegt. Dieser Versuch wird viermal wiederholt. Wie groß ist die Wahrscheinlichkeit, daß
   (a) mindestens eine Karte die Farbe Pik aufweist und
   (b) keine der Karten ein As ist?

32
Der Aufbau der Zahlbereiche

Lernziele

Die Schüler identifizieren eine gegebene Zahl im Hinblick auf ihre Zugehörigkeit zu den Mengen der natürlichen, ganzen, rationalen, reellen oder komplexen Zahlen. Die Schüler wandeln Dezimalbrüche in gemeine Brüche um und umgekehrt.

Vorbereitung

Testen Sie die Fähigkeiten der Schüler mit Hilfe des folgenden Prätests, wobei Sie darauf hinweisen, das dies natürlich nur ein Test ist, der keine Bewertung nach sich zieht:

1. Identifiziere die folgenden Zahlen im Hinblick auf ihre Zugehörigkeit zu den Mengen der natürlichen, ganzen, rationalen, reellen oder komplexen Zahlen (benenne die "kleinste" Menge, zu der die Zahlen gehören): -3; $\frac{5}{3}$; 17; $\sqrt{2}$; $3{,}14$; $\frac{22}{7}$; $0{,}\overline{4}$; $0{,}2133333\ldots$; $2{,}71828\ldots$; $0{,}121121112\ldots$; $0{,}\overline{15}$; $0{,}1\overline{5}$; $-\frac{1}{4}$; $-\sqrt{16}$; usw.

2. Wandle folgende gemeine Brüche in Dezimalzahlen um:

$$\frac{3}{8}, \frac{7}{5}, \frac{2}{3}, \frac{7}{9}, \frac{5}{11}, \frac{5}{12}.$$

3. Wandle folgende Dezimalzahlen in gemeine Brüche um: 0,875; $0,\bar{8}$; 0,272727...; 0,8333333....

Die Schüler, die den Prätest mit guten Ergebnissen absolvieren, haben die Lernziele bereits erreicht. Weisen Sie ihnen andere Aufgaben zu, während Sie mit dem Rest der Klasse die Einheit abhandeln.

Lehrmethoden

Bitten Sie Ihre Schüler, eine einfache lineare Gleichung wie $3x + 5 = 11$ zu lösen. Wenn die richtige Lösung $x = 2$ kommt, fragen Sie die Schüler, was das für eine Zahl ist. Die Schüler mögen Ausdrücke wie "ganze Zahl" oder "positive Zahl" verwenden. Erklären Sie, daß 2 eine Zahl ist, die eine *Anzahl* beschreibt, und diese Zahlen in der Mathematik natürlichen Zahlen genannt werden. Fragen Sie die Schüler nach anderen Charakterisierungen der natürlichen Zahlen und lassen Sie sie die Menge durch Aufzählung beschreiben: $N = \{1, 2, 3, ...\}$. Sie sollten zur Kenntnis nehmen, daß die unendlich vielen Elemente dieser Menge geordnet sind und daß diese Menge ein erstes oder kleinstes Element besitzt, die Zahl Eins.

Fahren Sie in ähnlicher Art fort, um den Begriff der Menge der ganzen Zahlen zu entwickeln. Modifizieren Sie die gerade untersuchte Gleichung, indem Sie die beiden Konstanten vertauschen: $3x + 11 = 5$. Nachdem die Schüler $x = -2$ als Lösung erhalten haben, werden sie diese als negative ganze Zahl oder in ähnlicher Weise beschreiben. Die Schüler werden ohne Schwierigkeiten verstehen, daß die gerade untersuchte Menge der natürlichen Zahlen eine Teilmenge der Menge der ganzen Zahlen ist. Das kann mit Hilfe eines Venn-Diagramms verdeutlicht werden, das aus einem inneren Kreis, der mit "N" gekennzeichnet ist, um die Menge der natürlichen Zahlen zu repräsentieren, und einem äußeren Kreis besteht, der mit "Z" gekennzeichnet ist, um die Menge der ganzen Zahlen zu repräsentieren. Das Diagramm wird im Laufe der Einheit weiterentwickelt und durch drei weitere Kreise ergänzt werden, die die jeweils vorhergehenden Kreise einschließen. Fragen Sie die Schüler nach weiteren Beschreibungen der ganzen Zahlen und unterstützen Sie sie bei der Beschreibung dieser Menge durch Aufzählung: $Z = \{..., -3, -2, -1, 0, 1, 2, 3, ...\}$. Sie werden feststellen, daß auch diese Menge unendlich und geordnet ist, daß aber diese Menge *kein* erstes Element besitzt.

Bieten Sie nun die Gleichung $2x + 1 = 6$ an. Nach Erhalt der Antwort $\frac{5}{2}$ werden die Schüler erkennen, daß diese Zahl *kein* Element der Menge der natürlichen Zahlen oder der Menge der ganzen Zahlen ist, da diese Zahl nicht ganz, sondern gebrochen ist. Weisen Sie darauf hin, daß diese Zahlen durch Quotientenbildung aus zwei ganzen Zahlen $\frac{a}{b}$ entstehen, wobei der Nenner b ungleich Null ist (fragen Sie Ihre Schüler warum). Der Begriff "rationale Zahl" leitet sich in natürlicher Weise von dem lateinischen Wort "ratio" für Bruch ab. Fügen Sie den dritten Kreis, der die beiden vorigen Kreise vollständig enthält, zum Venn-Diagramm hinzu. Kennzeichnen Sie den neuen Kreis mit dem Symbol "Q" (für Quotient).

Lassen Sie die Schüler Beispiele für rationale Zahlen geben, einschließlich der Unterscheidung in echte und unechte Brüche, jeweils positive und negative. Die Schüler sollten sich bewußt sein, daß die Menge der rationalen Zahlen unendlich und geordnet ist, daß die Elemente dieser Menge aber nicht der Größe nach geordnet aufgezählt werden können. Sie könnten an dieser Stelle erklären, daß die rationalen Zahlen "überall dicht" liegen und daß zwischen zwei rationalen Zahlen unendlich viele weitere rationale Zahlen liegen.

Wir sind nun soweit, uns den Dezimalzahlen zuzuwenden. Die Schüler werden i. allg. eine gewisse Unsicherheit zeigen, wenn zu entscheiden ist, welche Dezimalbrüche rationale Zahlen repräsentieren. Wir müssen hier zwischen endlichen Dezimalbrüchen, unendlichen, aber periodischen Dezimalbrüchen und unendlichen nichtperiodischen Dezimalbrüchen unterscheiden. Ihre Schüler können einige Anhaltspunkte dadurch erhalten, daß sie einige Brüche wie $\frac{1}{8}$, $\frac{5}{9}$ und $\frac{1}{6}$ in Dezimalbrüche umwandeln, indem sie die Zähler durch die Nenner dividieren. Sie werden dabei beobachten, daß das Ergebnis in jedem Fall entweder ein endlicher oder ein unendlicher, aber periodischer Dezimalbruch ist. Die Schüler können leicht zeigen, daß jeder endliche Dezimalbruch eine rationale Zahl

Einheit 32 Der Aufbau der Zahlbereiche

darstellt, indem sie ihn als Bruch mit einer entsprechenden Zehnerpotenz im Nenner schreiben.

Als nächstes werden unendliche Dezimalbrüche vorgestellt. Die Schüler, die annehmen, daß $0,\overline{3}$ eine rationale Zahl darstellt, können versuchen, diese Zahl als gemeinen Bruch zu schreiben. Einige werden vielleicht erkennen, daß es sich hier um $\frac{1}{3}$ handelt. Falls das geschieht, fordern Sie sie mit dem Dezimalbruch $0,\overline{5}$ heraus, dem sie bereits früher bei der Umwandlung von $\frac{5}{9}$ begegnet waren. Ein anderes Beispiel wäre $0,166666\ldots$, das sie bei der Umwandlung von $\frac{1}{6}$ in einen Dezimalbruch erhalten hatten. Fragen Sie die Schüler, ob sie diese Dezimalbrüche in gemeine Brüche umwandeln könnten, wenn die Antworten *nicht* schon bekannt wären! Oder Sie fordern sie mit dem Dezimalbruch $0,\overline{13}$ heraus, von dem es unwahrscheinlich ist, daß seine Darstellung als gemeiner Bruch bekannt ist. Falls die Schüler Ihre Hilfe bei der Umwandlung von solchen Dezimalbrüchen in gemeine Brüche benötigen, werden zwei Beispiele die Technik erklären.

$x = 0,131313\ldots$
Multipliziere mit 100: [33]

$$
\begin{aligned}
100\,x &= 13,131313\ldots \\
-\quad x &= 0,131313\ldots \\
\hline
99\,x &= 13 \\
\Rightarrow \quad x &= \frac{13}{99}
\end{aligned}
$$

$x = 0,1666666\ldots$
Multipliziere mit 10:

$$
\begin{aligned}
10\,x &= 1,666666\ldots \\
-\quad x &= 0,166666\ldots \\
\hline
9\,x &= 1,5 \\
90\,x &= 15 \\
\Rightarrow \quad x &= \frac{15}{90} = \frac{1}{6}
\end{aligned}
$$

Liefern Sie den Schülern verschiedene Beispiele, einschließlich solcher mit Vorperiode, also mit nichtperiodischen Teilen, die sich vor der Periode befinden, wie im obigen zweiten Beispiel. Helfen Sie ihnen, die Tatsache zu begreifen, daß solche Dezimalzahlen rationale Zahlen darstellen, selbst wenn die Vorperioden lang sind. Diese Zahlen sind rational, solange die Vorperioden nur endlich lang sind *und* von Perioden gefolgt sind, die aus einer oder mehreren Ziffern bestehen.

---

[33] Anm. d. Übers.: Es kommt hier darauf an, mit $10^{\text{Periodenlänge}}$ zu multiplizieren.

Ihre Schüler sind nun bereit, die unendlichen nichtperiodischen Dezimalbrüche zu betrachten. Sie sind bereits mit einigen dieser Brüche vertraut, sicher mit $\pi = 3,14159\ldots$ und vielleicht mit Quadratwurzeln einiger Zahlen, die keine Quadrate sind. (Gehen Sie sicher, daß den Schülern klar ist, daß solche Zahlen wie $\frac{22}{7}$ und $3,14$ oder $3,1416$ nur *rationale Näherungswerte* der *irrationalen* Zahl π sind). Stellen Sie die Aufgabe, die Gleichung $x^2 + 2 = 7$ zu lösen. Diejenigen, die mit dem Algorithmus des Quadratwurzelziehens vertraut sind, können Sie bitten, $\sqrt{5}$ auf einige Stellen zu bestimmen, um festzustellen, ob ein sich wiederholendes Muster erscheint. Sie werden feststellen, daß das natürlich nicht der Fall ist, da $\sqrt{5} = 2,236\ldots$ irrational ist.

Die Schüler, die mit diesem Algorithmus nicht vertraut sind, können auf eine Tafel der Quadratwurzeln verwiesen werden. Sie werden feststellen, daß die einzigen Quadratwurzeln, die eine Periode in ihrer Dezimaldarstellung aufweisen, aus Quadraten rationaler Zahlen gezogen wurden. Alle anderen Quadratwurzeln sind irrationale Zahlen, da sie unendliche nichtperiodische Dezimalbrüche sind. Sie können dieses Resultat auf die n-ten Wurzeln von Zahlen ausdehnen, die selbst keine n-ten Potenzen sind.

Erklären Sie Ihren Schülern, daß die Menge der rationalen Zahlen zusammen mit der Menge der irrationalen Zahlen die Menge der reellen Zahlen bildet. Fügen Sie dem Venn-Diagramm einen vierten Kreis hinzu, den Sie mit R kennzeichnen und der die vorigen drei Kreise vollständig enthält. Die Schüler sollten erkennen, daß die Mengen der natürlichen Zahlen, der ganzen Zahlen und der rationalen Zahlen jeweils echte Teilmengen der Menge der reellen Zahlen sind.

Dieser Aufbau der Zahlbereiche soll mit einer kurzen Abhandlung der komplexen Zahlen abgeschlossen werden. Bitten Sie Ihre Schüler, den Versuch zu unternehmen, die Gleichung $x^2 + 4 = 0$ zu lösen. Helfen Sie ihnen einzusehen, daß Antworten wie $+2$ und -2 falsch sind. Sie sollten bald einsehen, daß es keine reelle Zahl gibt, die quadriert -4 oder irgendeine andere negative Zahl ergibt. Erklären Sie, daß Zahlen, die keine reelle Zahlen sind, "imaginäre" Zahlen genannt werden, und daß diese Zahlen zusammen mit den reellen Zahlen die "komplexen Zahlen" bilden. Vielleicht stellen Sie das Symbol $i = \sqrt{-1}$ vor, so daß die Lösungen der obigen Gleichung als $+2i$ und $-2i$

geschrieben werden können. Vervollständigen Sie das Venn-Diagramm mit dem fünften und letzten Kreis, der die anderen Kreise vollständig einschließt und die reellen Zahlen als echte Teilmenge der komplexen Zahlen C zeigt.

Nachbereitung

Stellen Sie den Schülern dem Prätest vergleichbare Aufgaben. Vergleichen Sie die Ergebnisse des Prätests mit diesem Posttest, um den erreichten Fortschritt einschätzen zu können.

33
Ausflüge in die Welt der Stellenwertsysteme

Die Schüler lernen in ihrer schulischen Laufbahn schon frühzeitig, daß die Basis, die in unserem täglich verwendeteten Zahlensystem (dem "Dezimalsystem") verwendet wird, die Zahl 10 ist. Später entdecken sie, daß auch andere Zahlen als Basis für Zahlensysteme dienen können. Zum Beispiel werden die Zahlen, die in bezug auf die Basis 2 (dem Binär- oder Dualsystem) dargestellt werden, in breitem Umfang in der Computertechnik verwendet. Diese Einheit wird eine Auswahl von Problemen untersuchen, die sich mit Zahlen beschäftigen, die bezüglich vieler verschiedener positiver ganzer Basen dargestellt werden.

Lernziele

Die Schüler lösen eine Reihe von numerischen und algebraischen Aufgaben, die sich mit Zahlen beschäftigen, die als Zahlen in bezug auf verschiedene positive ganzzahlige Basen b, $b \geq 2$ dargestellt werden.

Vorbereitung

Wie weit Sie in dieser Einheit gehen, hängt von den algebraischen Kenntnissen Ihrer Klasse ab. Fragen Sie die Schüler oder schätzen Sie ihre frühere Arbeit ein, um zu bestimmen, inwieweit die Schüler die Bedeutung der Stellenwerte bei der Notation von Zahlen, die Bedeutung der Null und negativer Exponenten verstehen und die Techniken zur Lösung von quadratischen und Gleichungen höherer Ordnung beherrschen.

Lehrmethoden

Gehen Sie wiederholend kurz auf die Tatsache ein, daß die Dezimalzahlen unter Verwendung eines Stellenwert- oder Positionssystems geschrieben werden. Weisen Sie darauf hin, daß z. B. in der Zahl 356 die 3 tatsächlich für 300 steht, die 5 für 50, während die 6 die Ziffer für die Einer ist und tatsächlich die 6 repräsentiert. Es gilt: $356 = 300 + 50 + 6 = 3 \cdot 100 + 5 \cdot 10 + 6 = 3 \cdot 10^2 + 5 \cdot 10^1 + 6 \cdot 10^0$. In gleicher Weise gilt z. B. $3\,107 = 3 \cdot 10^3 + 1 \cdot 10^2 + 0 \cdot 10^1 + 7 \cdot 10^0$. Fragen Sie die Schüler nach weiteren Beispielen. Falls notwendig, gehen Sie an dieser Stelle noch auf die Bedeutung des Exponenten Null und auch auf negative Exponenten ein, da davon im weiteren Gebrauch gemacht wird.

Erwähnen Sie, daß die Verwendung der Zahl 10 als Zahlenbasis in gewisser Weise beliebig ist, und daß die Schüler zur Kenntnis nehmen sollten, daß auch andere Zahlen als Basis verwendet werden können. Wird die Zahl 2 als Basis verwendet, werden die Zahlen als Summen von Zweierpotenzen ausgedrückt und die einzigen Ziffern, die zur Zahlendarstellung verwendet werden, sind 0 und 1. Zum Beispiel ist die bereits weiter oben betrachtete Zahl 356 gleich $256 + 64 + 32 + 4 = 2^8 + 2^6 + 2^5 + 2^2 = 1 \cdot 2^8 + 0 \cdot 2^7 + 1 \cdot 2^6 + 1 \cdot 2^5 + 0 \cdot 2^4 + 0 \cdot 2^3 + 1 \cdot 2^2 + 0 \cdot 2^1 + 0 \cdot 2^0 = 101100100_2$, wobei der Index auf die Basis hinweist. Zur Basis 3 (wobei die Ziffern, die zur Zahlendarstellung verwendet werden, 0, 1 und 2 sind) ergibt sich $356 = 243 + 81 + 27 + 3 + 2 = 1 \cdot 3^5 + 1 \cdot 3^4 + 1 \cdot 3^3 + 0 \cdot 3^2 + 1 \cdot 3^1 + 2 \cdot 3^0 = 111012_3$. Zur Basis 5 (wobei die Ziffern, die zur Zahlendarstellung verwendet werden, 0, 1, 2, 3 und 4 sind) gilt $356 = 2 \cdot 125 + 4 \cdot 25 + 1 \cdot 5 + 1 \cdot 1 = 2 \cdot 5^3 + 4 \cdot 5^2 + 1 \cdot 5^1 + 1 \cdot 5^0 = 2411_5$.

Die Klasse sollte erkennen, daß bei Darstellungen von Zahlen bezüglich einer Basis b nur die Ziffern von Null bis $b-1$ zur Verfügung stehen, und daß bei Werten von b größer als 10 neue Ziffern für die Zahlen 10, 11, 12, usw. geschaffen werden

Einheit 33 Ausflüge in die Welt der Stellenwertsysteme

müssen[34]. Erinnern Sie die Klasse daran, daß Zahlen wie 2411_5 als "zwei, vier, eins, eins zur Basis fünf" gelesen werden sollten. Führen Sie Übungen im Lesen und Schreiben ganzer Zahlen in der Darstellung bez. von 10 verschiedenen Zahlenbasen entsprechend den Bedürfnissen Ihrer Klasse durch.

Im nächsten Schritt betrachten Sie auch gebrochene Zahlen. Helfen Sie Ihren Schülern zu verstehen, daß $12,2_{10}$ eigentlich $1 \cdot 10^1 + 2 \cdot 10^0 + 2 \cdot 10^{-1}$ bedeutet, und daß auch solche Zahlen in Zahlensystemen mit anderen Basen dargestellt werden können. Zur Basis 5 haben wir z. B. $12,2_{10} = 2 \cdot 5^1 + 2 \cdot 5^0 + 1 \cdot 5^{-1}$, da $\frac{1}{5} = 0,2$ ist. Folglich gilt also $12,2_{10} = 22,1_5$. Verdeutlichen Sie dies an weiteren Beispielen wie der Umwandlung von $7,5_{10}$ in die Basis 2: Es gilt $7,5_{10} = 111,1_2$. Dezimalzahlen, deren Nachkommateil $0,5 (= \frac{1}{2})$, $0,25 (= \frac{1}{4})$, $0,75 (= \frac{3}{4})$, $0,125 (= \frac{1}{8})$ usw. lautet, können leicht in Dualzahlen umgewandelt werden. Zum Beispiel ist $8,75 = 1 \cdot 2^3 + 1 \cdot 2^{-1} + 1 \cdot 2^{-2}$, da $0,75 = \frac{3}{4} = \frac{1}{2} + \frac{1}{4} = \frac{1}{2^1} + \frac{1}{2^2} = 2^{-1} + 2^{-2}$ gilt. Somit ist $8,75_{10} = 100,11_2$. Zahlen können aber auch von einer Darstellung in eine andere überführt werden, ohne daß eine der beiden Basen gleich 10 ist. Zum Beispiel kann $12,2_4$ bez. der Basis 6 wie folgt dargestellt werden: $12,2_4 = 1 \cdot 4^1 + 2 \cdot 4^0 + 2 \cdot 4^{-1} = 4 + 2 + \frac{2}{4} = 6 + \frac{3}{6} = 1 \cdot 6^1 + 0 \cdot 6^0 + 3 \cdot 6^{-1} = 10,3_6$. Im Dezimalsystem ist das die Zahl 6,5. Führen Sie mit Ihren Schülern zu diesen Aufgabentypen Übungen entsprechend dem Interesse und den Fähigkeiten der Schüler durch.

Die Klasse ist nun bereit, weitere Aufgaben zu behandeln. Stellen Sie folgende Aufgabe: "Zur Basis b ist die Zahl 52 das Doppelte der Zahl 25. Finde den Wert von b." Die Schüler sollten feststellen, daß 52 (lies "fünf, zwei") eigentlich den Ausdruck $5b+2$ darstellt, da $52_b = 5 \cdot b^1 + 2 \cdot b^0$ ist. Die Aufgabe lautet also, die Lösung von $5b+2 = 2(2b+5)$ zu finden. Die Lösung lautet $b = 8$. Die Probe ergibt, daß $52_8 = 5 \cdot 8^1 + 2 \cdot 8^0 = 42_{10}$ und $25_8 = 2 \cdot 8^1 + 5 \cdot 8^0 = 21_{10}$ und $42 = 2 \cdot 21$ ist. Während diese Aufgabe nur auf eine lineare Gleichung führte, wird die folgende Aufgabe die Lösung einer quadratischen Gleichung erfordern: "In welcher Basis b ist die Zahl, die durch 132 repräsentiert wird, zweimal die Zahl, die durch 33 repräsentiert wird?" Wir haben $132_b = 1 \cdot b^2 + 3 \cdot b^1 + 2 \cdot b^0$ und $33_b = 3 \cdot b^1 + 3 \cdot b^0$, so daß sich die Gleichung $b^2 + 3b + 2 = 2(3b + 3)$ bzw. $b^2 - 3b - 4 = 0$ ergibt. Löst man diese Gleichung in der üblichen Weise, erhält man als erste Lösung $b = -1$ (die zu verwerfen ist, da b als positiv vorausgesetzt worden war) und als zweite und einzige annehmbare Lösung $b = 4$. Probe: $132_4 = 1 \cdot 4^2 + 3 \cdot 4^1 + 2 \cdot 4^0 = 1 \cdot 16 + 3 \cdot 4 + 2 = 30_{10}$, $33_4 = 3 \cdot 4^1 + 3 \cdot 4^0 = 3 \cdot 4 + 3 = 15_{10}$ und $30 = 2 \cdot 15$. Stellen Sie den Schülern ähnliche Aufgaben. Falls sie die Lösung von Gleichungen höher als zweiten Grades mittels Polynomdivision (da alle Lösungen ganzzahlig sind) untersucht haben, können auch Zahlen einbezogen werden, deren Darstellung bez. der verwendeten Basen mehr als drei Ziffern enthält. Zum Beispiel: "In welcher Basis b ist die Zahl, die durch 1213 repräsentiert wird, das Dreifache der Zahl, die durch 221 repräsentiert wird?" Wir haben $1 \cdot b^3 + 2 \cdot b^2 + 1 \cdot b^1 + 3 \cdot b^0 = 3(2 \cdot b^2 + 2 \cdot b^1 + 1 \cdot b^0)$ oder $b^3 + 2b^2 + b + 3 = 3(2b^2 + 2b + 1)$, was zu $b^3 - 4b^2 - 5b = 0$ zusammengefaßt werden kann. Die linke Seite dieser Gleichung kann ohne Anwendung der Polynomdivision faktorisiert werden: $b(b-5)(b+1) = 0$, woraus sich die Lösungen $b_1 = 0$, $b_2 = 5$ und $b_3 = -1$ ergeben. Wie vorhin ist die positive Lösung $b_2 = 5$ die einzig annehmbare. Bitten Sie die Klasse, dieses Ergebnis zu überprüfen.

Eine abschließende interessante Anwendung zu diesem Problemkreis der Zahlenbasen ist mit der folgenden Fragestellung verbunden: "Zur Basis 10 stellt die Zahl 121 eine Quadratzahl dar. Repräsentiert diese Zahl auch bez. anderer positiver ganzzahliger Basen eine Quadratzahl?" Geben Sie Ihren Schülern folgenden Hinweis zur Untersuchung dieser Frage: $121_b = 1 \cdot b^2 + 2 \cdot b^1 + 1 \cdot b^0 = b^2 + 2b + 1 = (b+1)^2$. Was für eine Überraschung! Die Ziffernfolge 121 stellt bez. *jeder* ganzzahligen Basis $b \geq 3$ eine Quadratzahl dar und zwar das Quadrat der um Eins vergrößerten Basis! Gibt es weitere solche Zahlen? Die Schüler können weitere Zahlen erhalten, indem sie Ausdrücke wie $b + 2$ oder $b + 3$ quadrieren, um die Zahlen 144 und 169 zu erhalten. Diese Quadratzahlen zur Basis 10 sind auch bez. jeder anderen positiven ganzzahligen Basis, die die verwendeten Ziffern enthalten ($b \geq 5$ bzw. $b \geq 10$), wieder Quadratzahlen. Der Koeffizient von b muß aber nicht notwendig gleich 1 sein. Falls Sie z. B. $2b + 1$ quadrieren, erhalten Sie $4b^2 + 4b + 1 = 441_b$, was eine Quadratzahl bez. jeder positiven ganzzahligen Basis

---

[34] Anm. d. Übers.: Für die Ziffern des Hexadezimalsystems ($b = 16$), das in der Welt der Mikrocomputer häufig verwendet wird, benutzt man 0, 1, 2, 3,..., 9, A, B, C, D, E, F.

$b \geq 5$ ist. Bitten Sie Ihre Schüler, Ausdrücke wie $3b+1$, $2b+2$, $4b+1$ usw. zu quadrieren, um andere Quadratzahlen zu erhalten. Einige Schüler werden vielleicht diese Untersuchung im Hinblick auf eine Suche nach Kubikzahlen und vierte Potenzen usw. fortsetzen wollen. Geben Sie den Hinweis, daß $(b+1)^3 = b^3 + 3b^2 + 3b + 1$ gilt, womit gezeigt ist, daß die Zahl 1331 bez. jeder positiven ganzzahligen Basis $b \geq 4$ eine Kubikzahl ist (zur Basis 10 ist $1331 = 11^3$). Tatsächlich ist in jedem Fall 1331 die dritte Potenz der um Eins vergrößerten Basis! Diese Untersuchung kann soweit fortgesetzt werden, wie es das Interesse und die Fähigkeiten Ihrer Klasse erlauben. Die Schüler, die mit dem binomischen Satz vertraut sind, werden den Vorteil sehen, den die Anwendung dieses Satzes bei der Entwicklung von höheren Potenzen von $b+1$, $2b+1$ usw. bringt.

Nachbereitung

Die Schüler, die die Lernziele erfüllt haben, werden keine Probleme bei der Lösung folgender Aufgaben bekommen:

1. Stelle die Dezimalzahl 78 bez. der Basis 5 dar.

2. Welche Zahl repräsentiert $1000,1_2$ bez. der Basis 8?

3. Bezüglich einer bestimmten Basis b repräsentiert die Zahl 54 das Dreifache der durch 16 repräsentierten Zahl. Finde den Wert von b!

4. Bezüglich einer bestimmten Basis b repräsentiert die Zahl 231 das Doppelte der durch 113 repräsentierten Zahl. Finde den Wert von b!

5. Bezüglich welcher Basen repräsentiert die Zahl 100 eine Quadratzahl? Bezüglich welcher Basen repräsentiert die Zahl 1000 eine Kubikzahl? Können diese Ergebnisse verallgemeinert werden?

34
Steigende Zinsen

Die Schüler werden häufig mit Inseraten von Geldinstituten konfrontiert, die attraktive Zinssätze und häufige Verzinsung auf ihre Einlagen versprechen. Da die meisten Banken ein weitgefächertes Programm anbieten, ist es für die potentiellen Bankkunden wichtig zu wissen, wie der Zins unter den zur Verfügung stehenden Optionen berechnet wird.

Lernziele

Die Schüler verwenden die Zinseszinsformel, um den Ertrag von Kapitalanlagen für jeden Zinssatz, jeden Zeitraum und für jede gebräuchliche Häufigkeit der Verzinsung, einschließlich stetiger Verzinsung zu berechnen. Außerdem bestimmen sie, welche von zwei oder mehreren Alternativen den größten Ertrag über den gleichen Zeitraum liefert.

Vorbereitung

Da diese Einheit Kenntnisse der Logarithmengesetze erfordert, müssen die Schüler mit diesen Gesetzen vertraut sein. Darüber hinaus sollten die Schüler mit Grenzwerten umgehen können. Letztlich hängt es vom Grundlagenwissen der Klasse ab, in welchem Umfang auf den Begriff der stetigen Verzinsung eingegangen werden kann.

Lehrmethoden

Formulieren Sie die folgende interessante Aufgabe: "Im Jahr 1626 kaufte Peter Minuit[35] die Insel Manhattan für die Dutch West India Company von den Indianern im Tausch gegen billigen Schmuck im Wert von 60 Holländischen Gulden bzw. rund $24. Angenommen, die Indianer hätten damals diese $24 zu einem jährlichen Zinssatz von 6% anlegen können und dieser Zinssatz

---

[35] Anm. d. Übers.: Eigentlich Peter Minnewit aus Wesel am Rhein, anglisiert Minuit.

Einheit 34 Steigende Zinsen

wäre tatsächlich über die Jahre konstant geblieben. Wieviel Geld hätten die Nachkommen dieser Indianer heute angesammelt, wenn (1) nur einfacher Zins berechnet worden wäre oder (2) die Verzinsung (a) jährlich, (b) vierteljährlich bzw. (c) stetig erfolgt wäre?" Die Antworten zu (a), (b) und (c) sollten für jedermann überraschend ausfallen!

Wiederholen Sie kurz die Formel für die einfache Verzinsung, die bereits in früheren Einheiten behandelt wurde. Die Klasse wird sich erinnern, daß der einfache Zins Z über das Produkt des eingesetzten Kapitals K, jährlichem Zinssatz i und der Zeit t in Jahren berechnet wurde. Dementsprechend ergibt sich die Formel $Z = K \cdot i \cdot t$ und bezogen auf die obige Aufgabe $Z = 24 \cdot 0,06 \cdot 368 = 529,92$ an Zinsen. Dieser Wert ist zum Grundwert von \$24,00 zu addieren, was den Betrag von \$553,92 liefert. Dabei wurde die Formel $K_t = K + K \cdot i \cdot t$ verwendet.

Mit dieser relativ kleinen Summe im Hinterkopf (für einen Ertrag nach 368 Jahren!) wenden wir uns der Untersuchung des Betrages zu, um den sich der Ertrag erhöht hätte, falls der Zins jährlich mitverzinst worden wäre. Mit einem Kapital K, einem jährlichen Zinssatz i und der Zeit $t = 1$ ist das Kapital K_1 am Ende des ersten Jahres durch die Formel $K_1 = K + K \cdot r = K(1 + i)$ gegeben. (Der Index zeigt das Jahr an, nach dessen Ablauf der Zins berechnet wird.) Nun wird $K_1 = K(1+i)$ zum Startkapital zu Beginn des zweiten Jahres, auf den sich die Verzinsung während dieses zweiten Jahres bezieht. Deshalb gilt $K_2 = K_1 + K_1 \cdot i = K(1+i) + K(1+i)i = K(1+i)(1+i) = K(1+i)^2$. Da der letzte Term das Kapital zu Beginn des dritten Jahres beschreibt, ergibt sich $K_3 = K(1+i)^2 + K(1+i)^2 i = K(1+i)^2(1+i) = K(1+i)^3$. Inzwischen werden Ihre Schüler das entstehende Muster erkannt haben und sollten in der Lage sein, die Verallgemeinerung für das Kapital nach t Jahren $K_t = K(1+i)^t$ vorzuschlagen.

Nun wenden Sie diese Formel auf die Investition von \$24 an, die im Jahr 1626 getätigt wurde! Eine jährliche Verzinsung von 6% angenommen, ergibt sich $K_{368} = 24(1 + 0,06)^{368} = 49\,291\,230\,407,49$, was bedeutet, daß die damaligen \$24 heute mehr als 49 Milliarden Dollar wert sind! Die Mehrzahl der Schüler ist sicher wirklich überrascht, wie riesig die Differenz zwischen diesem Ergebnis und den \$553,92 aus der Rechnung mit einfacher Verzinsung ist.

Die meisten Banken verzinsen nun nicht jährlich, sondern vierteljährlich, monatlich, täglich oder stetig, so daß als nächstes die Formel $K_t = K(1+i)^t$ zu verallgemeinern ist, um die Verzinsung innerhalb kürzerer Zeiträume berücksichtigen zu können. Unterstützen Sie Ihre Schüler beim Erkennen der Tatsache, daß im Falle halbjährlicher Verzinsung der *halbjährliche Zinssatz* nur die *Hälfte* des jährlichen Satzes beträgt, daß sich aber die Anzahl der Zinszeiträume *verdoppelt*, womit $K_t = K(1+\frac{i}{2})^{2t}$ gilt. In gleicher Weise ergibt sich für vierteljährliche Verzinsung $K_t = K(1 + \frac{i}{4})^{4t}$. Verallgemeinernd gilt nun für n-malige Verzinsung pro Jahr $K_t = K(1 + \frac{i}{n})^{nt}$. Diese Formel kann für jeden endlichen Wert für n verwendet werden. Für $n = 4$ erhalten wir für die obige Aufgabe $K_{368} = 24(1 + \frac{0,06}{4})^{4 \cdot 368} = 24 \cdot 1,015^{1472} = 79\,108\,915\,818,25$. Die \$24 sind nun auf fast 80 Milliarden Dollar angewachsen.

Die Schüler sollten bemerken, daß die Änderung von jährlicher Verzinsung auf vierteljährliche Verzinsung den Ertrag um mehr als 30 Milliarden erhöhte.

Die Schüler werden nun vielleicht die Frage stellen, ob der Ertrag ins Unendliche gesteigert werden kann, indem immer häufiger verzinst wird. Eine vollständiges Eingehen auf diese Frage erfordert eine tiefergehende Behandlung des Grenzwertbegriffs. Hier soll ein zwangloser, intuitiver Zugang genügen. Lassen Sie die Schüler zunächst die etwas einfachere Aufgabenstellung untersuchen, daß ein Kapital von \$1 zu einem jährlichen Zinssatz von 100% über einen Zeitraum von einem Jahr betrachtet wird. Das ergibt $K_1 = 1(1 + \frac{1,00}{n})^n = (1 + \frac{1,00}{n})^n$. Bitten Sie die Schüler, eine Tabelle mit Werten für K_1 in Abhängigkeit von verschiedenen, gebräuchlichen Werten von n, wie $n = 1$ (jährliche Verzinsung), $n = 2$ (halbjährlich), $n = 4$ (vierteljährlich) und $n = 12$ (monatlich) vorzubereiten. Sie sollten feststellen, daß das Kapital *nicht* ins Astronomische wächst, wenn n größer wird, sondern eher langsam von \$2,00 ($n = 1$) auf ungefähr \$2,60 ($n = 12$) ansteigt. Erklären Sie, daß sich das Kapital K_1 dem Wert \$2,72 nähert, ihn aber nie erreicht. (Der Umfang, in dem Sie die Tatsache diskutieren, daß $\lim_{n \to \infty}(1 + \frac{1}{n})^n = e = 2,71828\ldots$ gilt, wird vom Grundlagenwissen und den Fähigkeiten Ihrer Schüler abhängen.)

Da ein Zinssatz von 100% i. allg. unrealistisch ist, muß eine Umwandlung in einen allgemeinen Zinssatz i vorgenommen werden. Setzen wir $\frac{i}{n} = \frac{1}{k}$, ergibt sich $n = ki$ und für $K_t = K(1+\frac{i}{n})^{nt}$ erhalten wir damit

$$K_t = K\left(1+\frac{1}{k}\right)^{kit} = K\left[\left(1+\frac{1}{k}\right)^k\right]^{it}.$$

Offensichtlich strebt bei festem i mit n gegen Unendlich auch k gegen Unendlich, so daß der Ausdruck in den eckigen Klammern gegen den Wert e strebt. Damit ergibt sich die Formel $K_t = K \cdot e^{it}$ für den Fall *stetiger Verzinsung*, wobei i den jährlichen nominalen[36] Zinssatz und t die Zeit in Jahren beschreibt.

Es ist für die Schüler sicherlich von Interesse zu erfahren, daß diese Formel eine spezielle Darstellung eines allgemeinen "Wachstumsgesetzes" ist, das gewöhnlich in der Form $N_t = N_0 \cdot e^{rt}$ notiert wird, wobei N_t den Endbestand einer Menge bezeichnet, deren Anfangsbestand N_0 betrug. Dieses Gesetz findet Anwendung in vielen anderen Gebieten, z. B. auf das Populationswachstum (Bevölkerung, Bakterienkulturen usw.) und auf den radioaktiven Zerfall (hier spricht man vom "Zerfallsgesetz" $N_t = N_0 \cdot e^{-rt}$).

Zum Abschluß der Aufgabe vom Beginn dieser Einheit verwenden wir 2,72 als eine Näherung für e und erhalten $K_{368} = 24 \cdot 2{,}72^{0{,}06 \cdot 368} = 94\,513\,238\,118{,}64$.

Die Schüler erkennen, daß der "absolut höchste" Ertrag für eine \$24 Investition (bei einem nominalen jährlichen Zinssatz von 6% und einer Laufzeit von 368 Jahren) über 94 Milliarden Dollar beträgt.

Die hergeleiteten Formeln können nun von den Schülern angewendet werden. Zur Zeit bieten die Banken Zinssätze von 5% bis zu 12% (i. allg. bei längerfristigen Anlagen), wobei die Verzinsung gewöhnlich vierteljährlich, monatlich, täglich oder stetig erfolgt. Die Schüler können Aufgaben mit unterschiedlichem Startkapital, unterschiedlichen Zinssätzen, Verzinsungszeiträumen und Laufzeiten bearbeiten und die Erträge vergleichen. Sie werden wahrscheinlich überrascht sein, was dabei herauskommt.

---

[36] Anm. d. Übers.: Es ist zwischen dem nominalen und dem effektiven Zinssatz zu unterscheiden. Der nominale Zins ist stets auf das Zeitintervall zu beziehen, an dessen Ende der Zins gutgeschrieben wird und das nicht mit der "Gesamtlaufzeit" t übereinstimmen muß. Wird der Zins am Ende der Gesamtlaufzeit gutgeschrieben, spricht man vom effektiven Zinssatz.

Nachbereitung

Die Schüler, die die Lernziele erfüllt haben, werden in der Lage sein, folgende Aufgaben zu lösen:

1. Eine Bank bietet einen Jahreszins von 5% bei vierteljährlicher Verzinsung, wodurch angelegtes Geld sich nach 14 Jahren verdoppelt haben soll. Ist diese Angabe korrekt?

2. Es sollen \$1 000 über einen Zeitraum von zwei Jahren fest angelegt werden, wobei eine Sparkasse mit einem jährlichen Zinssatz von 5% bei vierteljährlicher Verzinsung und eine Handelsbank mit einem jährliche Zinssatz von $4\frac{1}{2}$% bei stetiger Verzinsung zur Wahl stehen. In welchem Fall ist der Ertrag größer?

3. Banken, die einen jährlichen Nominal-Zinssatz von 6% bei stetiger Verzinsung für eine Dauer von zwei Jahren oder länger anbieten, behaupten, daß diese Rate zu einem effektiven Jahreszins (dem Zinssatz bei jährlicher Verzinsung) von 6,27% äquivalent sei. Beweise, daß das für eine Einlage von \$500 (i. allg. das Minimum für solche Geldanlagen) und eine Periode von zwei Jahren richtig ist.

35

Reflexive, symmetrische und transitive Relationen

In dieser Einheit haben die Schüler die Gelegenheit, einige Eigenschaften mathematischer Relationen zwischen Zahlen, geometrischen Figuren, Mengen, Behauptungen, Personen, Orten und Dingen zu erforschen.

Lernziele

Die Schüler erkennen eine gegebene Relation als reflexiv, symmetrisch und transitiv bzw. als Äquivalenzrelation.

Einheit 35 Reflexive, symmetrische und transitive Relationen

Vorbereitung

Bitten Sie die Schüler zu beschreiben, was Ihnen der mathematische Begriff der "Relation" sagt. Falls Sie mit dem Verständnis der Schüler für diesen Begriff nicht zufrieden sind, geben Sie einige Beispiele, bevor Sie mit der Einheit beginnen. Passen Sie dabei Ihre Beispiele der Klassenstufe und dem Hintergrundwissen der Schüler auf solchen Gebieten wie Algebra, Geometrie, Mengenlehre, Zahlentheorie und Logik an.

Lehrmethoden

Beginnen Sie mit der Betrachtung einer solch einfachen Relation wie "ist gleich" für reelle Zahlen. Aus ihrer bisherigen Erfahrung in diesem Fach werden die Schüler erkennen, daß eine Zahl a sich selbst gleich ist, daß, wenn eine Zahl a gleich einer anderen Zahl b ist, dann auch b gleich a ist, und daß, wenn eine Zahl a gleich einer anderen Zahl b und b gleich einer dritten Zahl c ist, dann auch a gleich c ist. In symbolischer Schreibweise haben wir $a = a$, $a = b \Rightarrow b = a$ und $a = b$ und $b = c \Rightarrow a = c$. Der Pfeil ist dabei – wie in der mathematischen Logik üblich – als "impliziert" oder "daraus folgt" zu lesen. (Ersetzen Sie den Pfeil durch die verbale Formulierung, wenn die Klasse mit dieser Notation nicht vertraut ist.) Erklären Sie, daß eine Relation *reflexiv* genannt wird, wenn für jedes a diese Größe a zu sich selbst in Relation steht (wie in diesem Beispiel $a = a$). Folgt weiterhin für alle a, b aus "die Größe a steht in Relation mit der Größe b", daß dann b in der gleichen Relation zu a (wie bei $a = b \Rightarrow b = a$) steht, so wird die Relation *symmetrisch* genannt. Fügen Sie hinzu, daß, wenn für alle a, b, c eine Größe a in Relation zu einer weiteren Größe b, und b in der *gleichen* Relation zu einer dritten Größe c (wie bei $a = b$ und $b = c \Rightarrow a = c$) steht, die Relation *transitiv* genannt wird. Eine Relation, die alle dieser drei Eigenschaften besitzt, ist eine *Äquivalenzrelation*.

Fordern Sie nun die Schüler auf, einige der bereits aus dem Mathematikunterricht bekannten Relationen zu untersuchen. Es wurde eben festgestellt, daß "ist gleich" eine Äquivalenzrelation ist. Setzen Sie mit der Betrachtung der Relationen "ist größer als" und "ist kleiner als" für reelle Zahlen fort. Ihre Klasse wird schnell entdecken, daß diese Relationen weder reflexiv noch symmetrisch, aber transitiv *sind*. Interessant ist die Relation "ist ungleich" für reelle Zahlen. Obwohl diese Relation nicht reflexiv ist, *ist* sie symmetrisch. Die Schüler werden vielleicht annehmen, daß diese Relation transitiv ist, aber ein einfaches Gegenbeispiel zeigt, daß das nicht so ist: $9 + 6 \neq 7 + 2$ und $7 + 2 \neq 11 + 4$, aber $9 + 6 = 11 + 4$. Somit ist die Relation "ist ungleich" nicht transitiv.

Natürlich ist keine der soeben betrachteten Relationen eine Äquivalenzrelation. Lassen Sie die Klasse weitere Relationen untersuchen, z. B. "ist ein Vielfaches von" (oder "ist teilbar durch") und "ist ein Teiler von" für ganze Zahlen. Diese beiden Relationen sind reflexiv und transitiv, aber nicht symmetrisch. Bitten Sie die Schüler, diese Aussagen zu beweisen. Für die erste Relation können sie z. B. $a = kb$ und $b = mc$ schreiben, wobei k und m ganze Zahlen sind. Offenbar ist $a = 1 \cdot a$, so daß a durch a teilbar ist (Reflexivität). Es gilt $a : b = k$, da a durch b teilbar ist, jedoch ist $b : a = \frac{1}{k}$, was i. allg. *keine* ganze Zahl ist, so daß b nicht durch a teilbar ist (keine Symmetrie), $a = kb$ und $b = mc \Rightarrow a = k(mc)$ oder $a : c = km$, was eine ganze Zahl ist, da das Produkt zweier ganzer Zahlen wieder ganzzahlig ist (die Menge der ganzen Zahlen ist bez. der Multiplikation abgeschlossen), so daß letztlich a durch c teilbar ist (Transitivität).

Betrachten Sie als nächstes einige Relationen in der Geometrie. Zuerst werden die Relationen "ist kongruent zu" und "ist ähnlich zu" für geometrische Figuren betrachtet. Die Schüler werden unschwer erkennen, daß diese beiden Relationen Äquivalenzrelationen sind. Bitten Sie die Klasse, die beiden Relationen "in negierter Form" zu untersuchen. Jede der beiden wird dann nur noch die Eigenschaft der Symmetrie besitzen.

Die Relationen "ist parallel zu" und "ist senkrecht zu" sind recht interessant auf Geraden der Ebene und auf die Ebenen selbst anzuwenden. Zum Beispiel besitzt die Relation "ist parallel zu" für Geraden einer Ebene die Eigenschaften der Symmetrie *und* der Transitivität, während "ist senkrecht zu" *nur* symmetrisch ist. Fragen Sie Ihre Schüler, warum! Sie sollten sich daran erinnern, daß Geraden, die zu ein und derselben Geraden parallel sind, parallel zueinander sind, und daß Geraden, die zu ein und derselben Geraden senkrecht sind, parallel zueinander sind. Diese Relationen können auch hier "negiert" und als Übung verwendet werden.

Schüler, die mit den Grundzügen der Mengenlehre vertraut sind, können die Relationen "ist gleich" und "ist äquivalent (gleichmächtig) zu" für Mengen untersuchen. Da *gleiche* Mengen identische Elemente besitzen, ist es offensichtlich, daß "ist gleich" eine Äquivalenzrelation ist. *Äquivalente* Mengen besitzen die gleiche Anzahl von Elementen, es besteht eine eineindeutige Zuordnung zwischen den Elementen der beiden Mengen, die nicht notwendig identische Elemente enthalten müssen[37]. Eine kurze Überlegung läßt erkennen, daß auch "ist äquivalent zu" eine Äquivalenzrelation ist. Eine weitere interessante Relation ist "ist das Komplement zu" für Mengen. Die Klasse sollte erkennen, daß diese Relation zwar symmetrisch, aber weder reflexiv noch transitiv ist. (Falls a das Komplement zu b und b das Komplement zu c ist, ist a *nicht* das Komplement zu c, sondern es gilt $a = c$.)

Eine interessante Relation aus der Zahlentheorie ist "ist kongruent modulo m" für ganze Zahlen. Die Schüler, die mit diesem Begriff bereits vertraut sind, sollten in der Lage sein, auf einfache Weise zu zeigen, daß dies eine Äquivalenzrelation ist: $a \equiv a \pmod{m}$, da $a - a \equiv 0 \cdot m$ gilt (Reflexivität); $a \equiv b \pmod{m} \Rightarrow b \equiv a \pmod{m}$, da $b - a = -(a - b) = -k \cdot m$ gilt (Symmetrie); $a \equiv b \pmod{m}$ und $b \equiv c \pmod{m} \Rightarrow a \equiv c \pmod{m}$, da $a - c = (a-b) + (b-c) = k \cdot m + p \cdot m = (k+p)m$ ist (Transitivität).

Die Schüler, die mit den Anfangsgründen der mathematischen Logik vertraut sind, können aufgefordert werden, die Relation "impliziert" für Aussagen (die z. B. mit p, q, r bezeichnet werden) zu betrachten. Aufgeweckte Schüler werden erkennen, daß diese Relation reflexiv: $p \Rightarrow p$ (da jede Aussage sich selbst impliziert) und transitiv: $(p \Rightarrow q) \wedge (q \Rightarrow r) \Rightarrow (p \Rightarrow r)$ (da unter Verwendung einer Wahrheitstafel gezeigt werden kann, daß dies eine Tautologie ist) ist. Diese Relation ist jedoch *nicht* symmetrisch: $(p \Rightarrow q) \Rightarrow (q \Rightarrow p)$ ist *falsch* (da die Wahrheit einer Implikation *nicht* sichert, daß auch die Umkehrung wahr ist).

Erweitern Sie nun den Begriff der Relation vom streng mathematischen Rahmen auf Relationen zwischen Personen, Orten und Dingen. Für Ihre Klasse sollte dies sowohl unterhaltend als auch lehrreich sein. Schlagen Sie eine Relation wie "ist der Vater von" vor. Nach kurzer Überlegung stellt sich heraus, daß diese Relation nicht symmetrisch und nicht transitiv ist! Es ist offensichtlich, daß a nicht sein eigener Vater sein kann (nicht reflexiv); daß, wenn a der Vater von b ist, b der Sohn und nicht der Vater von a ist (nicht symmetrisch); und daß, wenn a der Vater von b und b der Vater von c ist, a der Großvater und nicht der Vater von c ist (nicht transitiv)! Viele ähnliche Relationen können betrachtet werden, einschließlich "ist die Mutter von", "ist der Bruder von" (Achtung: *nur* transitiv, *nicht* symmetrisch, da b die Schwester von a sein kann), "ist die Schwester von", "ist Geschwister von" (diese *ist* symmetrisch), "ist der Ehepartner von", "ist Vorfahre von", "ist Nachkomme von", "ist größer als" und "wiegt mehr als". Jede dieser Relationen kann sowohl auf das Bestehen gewisser Eigenschaften als auch auf das Nichtbestehen dieser Eigenschaften hin untersucht werden. Im Hinblick auf den geographischen Ort können die Schüler Relationen wie: "befindet sich nördlich von", "befindet sich westlich von" (Achtung: Transitivität ist hier *nicht* notwendig erfüllt, falls die Orte über den gesamten Globus ausgewählt werden können. Besser ist es hier, nur aus einem kleinen Gebiet oder einem Land), "befindet sich in höherer Lage als", "befindet sich genau 1 km entfernt von" (nur symmetrisch) und "ist weniger als 1 km entfernt von" (reflexiv *und* symmetrisch). Als Relationen zwischen Dingen können u. a. "befindet sich oberhalb von", "ist älter als", "kostet genausoviel wie" und "kostet mehr als" dienen.

Nachbereitung

Die Schüler, die die Lernziele erfüllt haben, werden in der Lage sein, Fragen wie die folgenden zu beantworten:

1. Prüfe, ob die folgenden Relationen reflexiv, symmetrisch und transitiv, also Äquivalenzrelationen, sind:

   (a) "ist Supplementwinkel zu" für Winkel (ergänzt gegebenen Winkel zu 180°)
   (b) "ist kongruent zu" für Strecken
   (c) "ist eine Teilmenge von" für Mengen
   (d) "ist eine echte Teilmenge von" für Mengen
   (e) "ist äquivalent zu" für Aussagen
   (f) "ist reicher als" für Nationen

---

[37] Anm. d. Übers.: Dies trifft so nur für endliche Mengen zu. Bei unendlichen Mengen spricht man nicht von gleicher Anzahl, sondern von gleicher Mächtigkeit.

Einheit 36 Umgehung eines unzugänglichen Gebietes

(g) "ist kleiner als" für Dinge
(h) "ist kälter als" für Orte

2. Beweise, daß die Relation "ist Komplementwinkel zu" für spitze Winkel symmetrisch, aber weder reflexiv, noch transitiv ist.

3. Welche der folgenden Relationen ist reflexiv und transitiv, aber nicht symmetrisch?
(a) "ist eine positive ganzzahlige Potenz von" für reelle Zahlen
(b) "besitzt den gleichen Flächeninhalt wie" für Dreiecke
(c) "ist die Umkehrung von" für Aussagen
(d) "ist jünger als" für Personen

36
Umgehung eines unzugänglichen Gebietes

Diese Einheit stellt die Aufgabe vor, eine Gerade durch ein unzugängliches Gebiet zu konstruieren, wobei nur Zirkel und Lineal verwendet werden dürfen, ohne daß diese Hilfsmittel innerhalb oder über dem unzugänglichen Gebiet verwendet werden können. Dieses Vorhaben gibt den Schülern die Gelegenheit, ihre Kreativität unter Beweis zu stellen.

Lernziele

1. *Zu einer gegebenen Strecke mit einem Endpunkt auf der Grenze eines unzugänglichen Gebietes konstruieren die Schüler mit Zirkel und Lineal eine zweite Strecke, die kollinear zur gegebenen Strecke ist und sich auf der anderen Seite des unzugänglichen Gebietes befindet (wobei ein Endpunkt auf der Grenze des unzugänglichen Gebietes liegt).*

2. *Zu zwei gegebenen Punkten auf beiden Seiten eines unzugänglichen Gebietes konstruieren die Schüler nur unter Verwendung von Zirkel und Lineal zwei kollineare Strecken, die jeweils einen der gegebenen Punkte als Endpunkt besitzen und das unzugängliche Gebiet nicht durchschneiden.*

Vorbereitung

Die Schüler sollten mit den geometrischen Grundkonstruktionen unter Verwendung von Zirkel und Lineal vertraut sein.

Lehrmethoden

Um das allgemeine Interesse der Schüler zu wecken, beginnen Sie dieses Thema mit einer Geschichte über zwei Länder, die durch einen Berg getrennt sind und beabsichtigen, eine verbindende gerade Straße und einen Tunnel durch den Berg zu bauen. Da keines der beiden Länder allein entscheiden kann, wie der Tunnel zu graben ist, entscheiden sie, eine Straße auf der einen Seite des Berges bis zu dem Punkt anzulegen, an dem der konzipierte Tunnel (die Fortsetzung einer geraden Straße auf der anderen Seite des Berges) den Berg wieder verläßt. Nur unter Verwendung von Zirkel und Lineal versuchen sie nun, den Weg für diese neue Straße zu zeichnen.

Nachdem die Schüler das Problem erfaßt haben, lassen Sie sie eine Lagesskizze (eine Karte, Abb. 1) anfertigen.

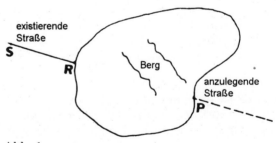

Abb. 1

Die Schüler müssen die kollineare "Fortsetzung von $\overline{SR}$" im Punkt P (unter Verwendung von Zirkel und Lineal) konstruieren und dabei beachten, daß das unzugängliche Gebiet nicht berührt oder durchschritten wird.

Es gibt verschiedene Wege, die kollineare Fortsetzung von $\overline{SR}$ im Punkt P zu konstruieren. Eine Methode besteht darin, eine Senkrechte (Gerade ℓ) auf $\overline{SR}$ durch einen "günstig gewählten"[38] Punkt N auf $\overline{SR}$ zu errichten. Dann wird durch einen günstig gewählten Punkt M der Geraden ℓ

---

[38] Anm. d. Übers.: "Günstig gewählt" bezieht sich hier darauf, Punkte so zu wählen, daß das unzugängliche Gebiet nicht durchschnitten wird.

eine Senkrechte (die Gerade k) zu ℓ konstruiert (Abb. 2).

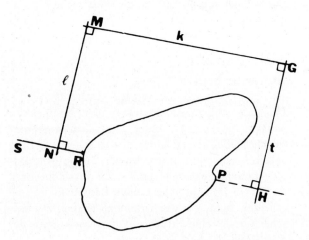

Abb. 2

Nun wird eine Senkrechte (Gerade t) zur Geraden k durch einen wieder günstig gewählten Punkt G konstruiert. Der Punkt H auf der Geraden t wird dann so gewählt, daß $|\overline{GH}| = |\overline{MN}|$ gilt. Die senkrecht zur Geraden t durch den Punkt H verlaufende Gerade ist die gesuchte Gerade durch den Punkt P, die kollinear mit $\overline{SR}$ ist. (Es ist anzumerken, daß, obwohl P kollinear mit $\overline{SR}$ war, dies eigentlich für die Konstruktion nicht benötigt wurde.) Die Rechtfertigung dieser Methode liegt darin begründet, daß eigentlich ein Rechteck (mit einer fehlenden Seite) konstruiert wurde.

Eine weitere Methode zur Lösung des Problems besteht in der Ersetzung des obigen Rechtecks durch ein gleichseitiges Dreieck, da Winkel von 60° ziemlich leicht zu konstruieren sind. Die Abb. 3 demonstriert diese Methode, die damit erklärt sein sollte.

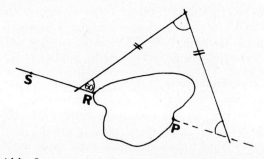

Abb. 3

Die Aufgabe der Konstruktion einer Geraden "durch" ein unzugängliches Gebiet, wenn nur die beiden Endpunkte (auf verschiedenen Seiten des Gebietes) gegeben sind, ist wesentlich anspruchsvoller. Natürlich kann auch hier eine geeignete Geschichte erzählt werden, die die beschriebene Situation beinhaltet.

Um zwei kollineare Strecken (bzw. Strahlen) zu konstruieren, die jeweils einen der beiden Punkte (P bzw. Q) enthalten, die auf gegenüberliegenden Seiten des unzugänglichen Gebietes liegen, beginne damit, irgendeine günstig gewählte Gerade durch den Punkt P zu zeichnen. Konstruiere dann eine dazu senkrechte Gerade durch einen günstig gewählten Punkt R. Diese Senkrechte sollte das unzugängliche Gebiet nicht schneiden (Abb. 4).

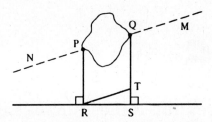

Abb. 4

Fälle nun das Lot von Q mit dem Lotfußpunkt S auf die zuletzt gezeichnete Gerade. Finde den Punkt T auf der Geraden QS, so daß $|\overline{PR}| = |\overline{QT}|$ gilt. Zeichne $\overline{RT}$. Konstruiere im Punkt P den Winkel $\angle RPN \cong \angle PRT$ und im Punkt Q den Winkel $\angle TQM \cong \angle QTR$. Damit ist die geforderte Konstruktion vollständig, da $\overline{NP}$ und $\overline{QM}$ auf der verlängerten Seite $\overline{PQ}$ des Parallelogramms $PRTQ$ liegen und damit kollinear sind.

Es gibt eine Reihe weiterer Möglichkeiten, diese Aufgabe zu lösen. Dabei werden oft ähnliche Dreiecke konstruiert, um die beiden geforderten Geraden zu erhalten. Ganz gleich, welchen Zugang die Schüler zur Lösung wählen, sind diese Probleme geeignet, sie zu kreativer Tätigkeit zu führen.

Nachbereitung

1. Lassen Sie die Schüler eine "Fortsetzung" von $\overline{SP}$ auf die andere Seite des unzugänglichen Gebietes (nur unter Verwendung von Zirkel und Lineal und ohne das Gebiet zu berühren oder zu schneiden) konstruieren (Abb. 5).

2. Lassen Sie die Schüler zwei kollineare Strecken an die gegenüberliegenden Punkte

Einheit 37 Der unzugängliche Winkel

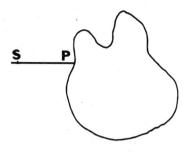

Abb. 5

(P und Q) eines unzugänglichen Gebietes (nur unter Verwendung von Zirkel und Lineal und ohne das Gebiet zu berühren oder zu schneiden) konstruieren (Abb. 6).

Abb. 6

Der Schwierigkeitsgrad dieser Aufgaben zur Nachbereitung kann dadurch erhöht werden, daß neue Lösungswege verlangt werden. Die Entscheidung darüber hängt dabei von den Fähigkeiten der Klasse ab.

37

Der unzugängliche Winkel

Diese Einheit liefert mit einer unterhaltsamen Anwendungsaufgabe den Schülern die Gelegenheit, verschiedene, bereits bekannte geometrische Beziehungen auf neue Weise anzuwenden. Damit wird gleichzeitig die Kreativität der Schüler geweckt.

Lernziele

Für einen gegebenen Winkel, dessen Scheitelpunkt sich in einem unzugänglichen Gebiet befindet (im weiteren als unzugänglicher Winkel bezeichnet) konstruieren die Schüler unter Verwendung von Zirkel und Lineal die Winkelhalbierende.

Vorbereitung

Die Schüler sollten mit den geometrischen Grundkonstruktionen unter Verwendung von Zirkel und Lineal vertraut sein. Sorgen Sie dafür, daß die Schüler ohne Probleme einen gegebenen Winkel unter Verwendung von Zirkel und Lineal halbieren können.

Lehrmethoden

Nachdem sich die Schüler die geometrischen Grundkonstruktionen ins Gedächtnis zurückgerufen haben, stellen Sie ihnen die folgende Situation vor:

Aufgabe: Konstruiere für einen Winkel, dessen Scheitelpunkt sich in einem unzugänglichen Gebiet befindet (d. h. der Scheitelpunkt des Winkels befindet sich in einem Gebiet innerhalb dessen Zirkel und Lineal nicht verwendet werden können, Abb. 1), die Winkelhalbierende nur unter Verwendung von Zirkel und Lineal.

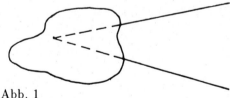

Abb. 1

Die ersten Versuche der Mehrzahl der Schüler werden wahrscheinlich falsch sein. Eine sorgfältige Betrachtung der Antworten der Schüler sollte jedoch den Weg zu einer richtigen Lösung weisen. Die Schüler werden vielleicht ziemlich seltsame (und schöpferische) Lösungen vorstellen. Alle sollten mit gebührender Aufmerksamkeit behandelt werden.

Es werden nun drei verschiedene Lösungen angeboten, um zu zeigen, wie unterschiedlich diese Aufgabe behandelt werden kann.

Lösung 1:

Zeichne irgendeine Gerade ℓ, die die Schenkel des unzugänglichen Winkels in den Punkten A und B schneidet. Bezeichne den Scheitelpunkt des unzugänglichen Winkels mit P (Abb. 2).

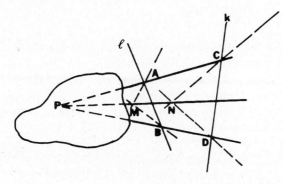

Abb. 2

Konstruiere die Winkelhalbierenden der Winkel $\angle PAB$ und $\angle PBA$, die einander dann im Punkt M schneiden. Erinnern Sie die Schüler daran, daß aufgrund der Tatsache, daß die Winkelhalbierenden eines Dreiecks (hier $\triangle APB$) einander in einem Punkt schneiden, die gesuchte Winkelhalbierende des Winkels $\angle APB$ den Punkt M enthalten muß.

Zeichne in gleicher Weise eine Gerade k, die die Schenkel des unzugänglichen Winkels in den Punkten C und D schneidet. Konstruiere die Winkelhalbierenden der Winkel $\angle PCD$ und $\angle PDC$, die einander im Punkt N schneiden. Wieder sollten die Schüler erkennen, daß aufgrund der Tatsache, daß die Winkelhalbierenden eines Dreiecks (in diesem Fall $\triangle CPD$) einander in einem Punkt schneiden, die gesuchte Winkelhalbierende des Winkels $\angle APB$ den Punkt N enthalten muß. Somit ist gezeigt, daß die gesuchte Gerade die Punkte M und N enthalten muß. Deshalb ist mit der Verbindung $\overline{MN}$ der beiden Punkte die Konstruktion abgeschlossen.

Lösung 2:

Konstruiere eine Gerade parallel zu einem der beiden Schenkel des unzugänglichen Winkels (Abb. 3). Das kann auf irgendeine Weise geschehen.

In Abb. 3 ist RS parallel zu PT^+ (ein Schenkel des unzugänglichen Winkels $\angle TPQ$) und schneidet PQ^+ im Punkt A. Konstruiere die Winkelhalbierende von $\angle SAQ$, die PT^+ in B schneiden

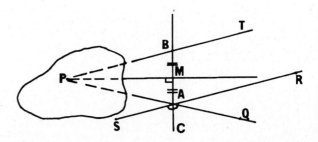

Abb. 3

wird. Da $SR \parallel PT^+$ ist, folgt $\angle SAC \cong \angle PBA$. Darüber hinaus gilt $\angle SAC \cong \angle CAQ \cong \angle PAB$. Damit ist aber $\angle PBA \cong \angle PAB$, womit das Dreieck $\triangle PAB$ gleichschenklig ist. Da die Mittelsenkrechte der Basis eines gleichschenkligen Dreiecks gleichzeitig den Winkel an der Spitze halbiert, ist die Mittelsenkrechte von $\overline{AB}$ die gesuchte Winkelhalbierende des unzugänglichen Winkels ($\angle TPQ$).

Lösung 3:

Konstruiere eine Gerade (MN) parallel zu einem der beiden Schenkel (PT^+) des unzugänglichen Winkels ($\angle TPQ$), die den anderen Schenkel im Punkt A schneidet (Abb. 4).

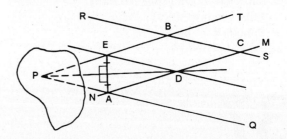

Abb. 4

Konstruiere danach eine zum anderen Schenkel (PQ^+) des unzugänglichen Winkels parallele Gerade (RS), die PT^+ und MN in den Punkten B und C schneidet. Trage mit dem Zirkel auf AC^+ die Strecke $\overline{AD}$ von der Länge $|\overline{BC}|$ ab. Konstruiere durch den Punkt D eine zu PQ^+ parallele Gerade, die PT^+ im Punkt E schneidet. Es kann nun leicht gezeigt werden, daß $|\overline{ED}| = |\overline{AD}|$ gilt (da das Viereck $EBCD$ ein Parallelogramm und $|\overline{ED}| = |\overline{BC}|$ ist). Da $PEDA$ ein Parallelogramm mit zwei kongruenten angrenzenden Seiten ($\overline{ED} \cong \overline{AD}$) ist, ist es ein Rhombus. Somit *ist* die Diagonale $\overline{PD}$ die Winkelhalbierende des

Einheit 38 Dreieckskonstruktionen

unzugänglichen Winkels. Die Strecke $\overline{PD}$ kann in einfacher Weise durch Halbieren des Winkels $\angle EDA$ oder durch Konstruktion der Mittelsenkrechten von $\overline{EA}$ gefunden werden.

Nach der Vorstellung dieser drei Lösungen sollten weitere Lösungen von Schülern unmittelbar folgen. Freie, unbefangene Überlegungen sollten befördert werden, um die Phantasie und Kreativität der Schüler anzuregen.

Nachbereitung

Bitten Sie die Schüler, einen unzugänglichen Winkel zu halbieren.

38
Dreieckskonstruktionen

Die Kongruenzsätze für Dreiecke werden von Lehrern oft dadurch gerechtfertigt, daß Dreiecke in eindeutiger Weise aus den gegebenen Größen wie den Längen dreier Seiten oder vielleicht den Längen zweier Seiten und dem eingeschlossenen Winkel konstruiert werden können. Diese Einheit wird diese i. allg. elementare Diskussion über Dreieckskonstruktionen auf einige ziemlich interessante Aufgabenstellungen erweitern.

Lernziele

Gegeben seien drei Größen, die ein Dreieck bestimmen. Die Schüler analysieren und konstruieren das geforderte Dreieck mit Zirkel und Lineal.

Vorbereitung

Die Schüler sollten mit den geometrischen Grundkonstruktionen vertraut sein.

Lehrmethoden

Um die Schüler mit dem Thema vertraut zu machen, lassen Sie sie das Dreieck konstruieren, für

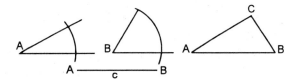

Abb. 1

das eine Seite und die zwei anliegenden Winkel gegeben sind (Abb. 1).

Die Schüler zeichnen eine Gerade und tragen die Länge von $\overline{AB}$ (manchmal mit c bezeichnet, die dem Winkel $\angle BCA$ gegenüberliegende Seite) ab. Während der Konstruktion der Winkel $\angle CAB$ und $\angle CBA$ an den beiden Enden von $\overline{AB}$ finden die Schüler vielleicht sogar selbst heraus, daß sie ein *eindeutig bestimmtes* $\triangle ABC$ konstruiert haben.

Falls den Schülern nur die Maße der drei Winkel eines Dreiecks gegeben sind, werden die Schüler sicherlich Dreiecke von verschiedener Größe (aber gleicher Form) konstruieren. Falls andererseits den Schülern die Längen aller drei Seiten des Dreiecks gegeben sind, werden alle Schüler zueinander kongruente Dreiecke konstruieren[39]. An dieser Stelle sollten die Schüler einsehen, daß bestimmte Angaben ein Dreieck *eindeutig* bestimmen und andere nicht. Ein Schüler muß sich bis jetzt auf die Fälle beschränken, in denen Seiten und Winkel gegeben sind. Jedoch werden die Schüler auch andere Größen des Dreiecks einbeziehen wollen. Stellen Sie folgende Aufgabe:

> Konstruiere ein Dreieck, für das die Längen zweier Seiten und die Länge der Höhe auf einer der Seiten gegeben sind.

Wir werden diese Aufgabe in der Form $[a, b, h_a]$ notieren, wobei h_a die Länge der Höhe auf die Seite a bezeichnet.

Um diese Konstruktion auszuführen (Abb. 2), wähle einen Punkt H_a auf einer Geraden und errichte in diesem Punkt die Senkrechte $\overline{H_a A}$ (mit der üblichen Zirkel-und-Lineal-Methode) der Länge h_a. Zeichne einen Kreisbogen $k(A, b)$, der die Ausgangsgerade in C schneidet. (Bemerkung: Dabei symbolisiert $k(A, b)$ einen Kreis mit Mittelpunkt A und Radius b.) Schneide danach mit

---

[39] Anm. d. Übers.: Dabei müssen hier und im weiteren die gegebenen Größen stets so gewählt werden, daß überhaupt ein solches Dreieck existiert.

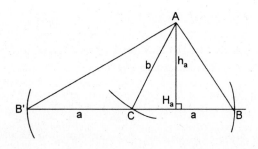

Abb. 2

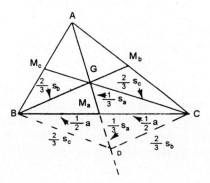

Abb. 4

$k(C, a)$ die Ausgangsgerade in den Punkten B und B'. Die *beiden* Lösungen der Aufgabe $[a, b, h_a]$ sind dann die Dreiecke $\triangle ABC$ und $\triangle AB'C$. Eine weitere Untersuchung dieser Lösung wird zeigen, daß $b > h_a$ eine notwendige Bedingung ist, und daß es im Fall $b = h_a$ nur *eine* Lösung gibt.

Eine viel einfachere Aufgabe besteht darin, ein Dreieck aus $[a, b, h_c]$ zu konstruieren. Die Schüler beginnen in ähnlicher Weise. Errichte auf irgendeiner Geraden im Punkt H_c die Senkrechte der Länge h_c. Zeichne im Punkt C, dem Endpunkt von h_c, die Kreisbögen $k(C, a)$ und $k(C, b)$. Die Schnittpunkte mit der Ausgangsgeraden ergeben die Punkte B und A. Wieder sollte sich eine Diskussion über Eindeutigkeit anschließen.

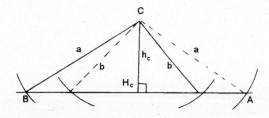

Abb. 3

Die Skizze (Abb. 3) sollte bei dieser Diskussion helfen.

Einige Dreieckskonstruktionen erfordern mehr Überlegung, bevor tatsächlich mit der Konstruktion begonnen werden kann. Ein Beispiel solch einer Aufgabenstellung ist die Konstruktion eines Dreiecks aus den Längen seiner drei Seitenhalbierenden $[s_a, s_b, s_c]$.

Ein Zugang zur Untersuchung der Aufgabenstellung besteht in der Betrachtung des Endergebnisses, des Dreiecks $\triangle ABC$.

Das Ziel besteht hier darin, eines der vielen in der Abb. 4 gezeigten Dreiecke mit elementaren Metho-

den zu konstruieren. Indem s_a, die Seitenhalbierende der Seite a, um ein Drittel seiner Länge bis zu einem Punkt D verlängert wird und anschließend $\overline{BD}$ und $\overline{CD}$ eingezeichnet werden, haben wir ein Dreieck gefunden, das leicht zu konstruieren ist. Da die Seitenhalbierenden eines Dreiecks einander im Verhältnis 1:2 schneiden, ist $|\overline{BG}| = \frac{2}{3} s_b$. Da $|\overline{GM_a}| = |\overline{DM_a}| = \frac{1}{3} s_a$ (aufgrund der Konstruktion) gilt, können wir schließen, daß das Viereck $BGCD$ ein Parallelogramm ist. Deshalb ist $|\overline{BD}| = |\overline{GC}| = \frac{2}{3} s_c$. Es ist dann relativ einfach, das $\triangle BGD$ zu konstruieren, da dessen Seiten jeweils zwei Drittel der Längen der gegebenen Seitenhalbierenden betragen. Nach der Konstruktion des $\triangle BGD$ sollten die Schüler in der Lage sein, die geforderte Konstruktion zu vervollständigen, indem (1) $\overline{BG}$ um die Hälfte bis zum Punkt M_b verlängert, (2) $\overline{DG}$ um die eigene Länge bis zum Punkt A verlängert und (3) $\overline{BM_a}$ um die eigene Länge bis zum Punkt C (wobei M_a der Mittelpunkt von $\overline{DG}$ ist) verlängert werden. Das gesuchte Dreieck wird dann durch Schneiden der Geraden AM_b und BM_a im Punkt C und Einzeichnen von $\overline{AB}$ erhalten.

Diese Aufgabe gibt den Schülern Gelegenheit, nicht nur eine Reihe wichtiger Begriffe der elementaren Geometrie zu wiederholen, sondern auch das "Rückwärtsarbeiten" (vgl. Einheit 93) bei der Analyse des Problems zu üben.

Als zusätzliche Übung lassen Sie die Schüler das Dreieck $\triangle ABC$ bei gegebenen Größen $[a, h_b, s_c]$ konstruieren.

Lassen Sie wieder zunächst das gesuchte Dreieck (Abb. 5) untersuchen. Die Schüler sollten feststellen, daß das Dreieck $\triangle CBH_b$ leicht konstruiert werden kann, indem im Punkt H_b die Senkrechte zu AC der Länge h_b errichtet wird. Zeichne $k(B, a)$, der AC in C schneidet, um das Dreieck $\triangle CBH_b$ zu vervollständigen. Eine weitere Überle-

Einheit 39 Das Kriterium der Konstruierbarkeit

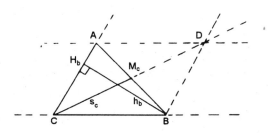

Abb. 5

Nachbereitung

Lassen Sie die Schüler die Dreiecke konstruieren, für die folgende Größen gegeben sind:

1. $[a, b, s_a]$ 2. $[a, h_b, t_c]$ 3. $[a, h_b, h_c]$
4. $[h_a, s_a, t_a]$ 5. $[h_a, h_b, h_c]$

Dabei bezeichnet t_a die Länge der Winkelhalbierenden des Winkels $\angle BAC$.

39

Das Kriterium der Konstruierbarkeit

In dieser Einheit wird ein Kriterium der Konstruierbarkeit für die Euklidischen Werkzeuge, Zirkel und Lineal, entwickelt.

Lernziele

1. *Die Schüler formulieren das Kriterium der Konstruierbarkeit.*

2. *Die Schüler stellen algebraische Ausdrücke geometrisch (in Abhängigkeit von gegebenen Längen) dar.*

Vorbereitung

Bitten Sie die Schüler, $|\overline{AB}| + |\overline{CD}|$ und $|\overline{AB}| - |\overline{CD}|$ für gegebene Längen $|\overline{AB}|$ und $|\overline{CD}|$ geometrisch darzustellen.

Lehrmethoden

Die Mehrzahl der Schüler sollte in der Lage sein, die obige Aufgabe erfolgreich zu bearbeiten. Es sei nun $|\overline{AB}| = a$ und $|\overline{CD}| = b$ (Abb. 1).

$\underline{A \quad {}^a \quad B} \qquad \underline{C \quad {}^b \quad D}$

Abb. 1

Der nächste logische Schritt besteht in der Darstellung des *Produkts* der Längen zweier gegebener

---

gung zeigt, daß das Dreieck $\triangle CDB$ ebenfalls konstruiert werden kann. Zeichne eine zu AC parallele Gerade (DB), die $k(C, 2s_c)$ im Punkt D schneidet. Um die Lage des Punktes A zu bestimmen, zeichne eine zu CB parallele Gerade (AD), die CH_b in A schneidet. Da $ABCD$ ein Parallelogramm ist, halbiert CD die Seite $\overline{AB}$ in M_c und es gilt $|\overline{CM_c}| = \frac{1}{2}|\overline{CD}| = s_c$. Somit ist das Problem, wieder ausgehend vom Endergebnis, vollständig analysiert, und danach wird das gesuchte Dreieck konstruiert.

Werden weitere Größen eines Dreiecks wie Winkelhalbierende, der Radius des ein- bzw. des umbeschriebenen Kreises oder der halbe Umfang zu den bereits betrachteten hinzugenommen, dann gibt es 179 mögliche Aufgaben zur Dreieckskonstruktion, wobei jede dieser Aufgaben durch die Angabe dreier Größen des Dreiecks formuliert ist. Während einige Aufgabenstellungen ziemlich einfach zu lösen sind (z. B. $[a, b, c]$), sind andere etwas schwieriger zu behandeln (z. B. $[h_a, h_b, h_c]$).

Dieser Aufgabentyp kann sowohl sehr gut als Ausgangspunkt für tiefergehende Untersuchungen sowohl dieses Themas als auch weiterer Konstruktionsaufgaben der Geometrie dienen. Ein unlängst erschienenes Buch, das noch wesentlich mehr Stoff zu diesem Thema (u. a. die *vollständige* Liste aller 179 Dreieckskonstruktionen!) und außerdem eine Reihe anderer anregender Konstruktionsthemen enthält, kann über die folgende Adresse bezogen werden:

Dale Seymour Publications
P.O. Box 10888
Palo Alto, CA 94303

Es hat den Titel

Advanced Geometric Constructions
von:
Alfred S. Posamentier und William Wernick

Strecken. Hier muß jedoch eine Strecke der Länge 1, eine sogenannte Einheitsstrecke, eingeführt werden.

Um ab zu konstruieren, sollten zwei Fälle betrachtet werden: (I) für $a > 1$ und $b > 1$ und (II) für $a < 1$ und $b < 1$.

Im Fall (I) konstruieren die Schüler die folgende Figur (Abb. 2). Dabei ist $\overline{MN} \parallel \overline{AB}$ und $\angle ACB$ ein geeignet gewählter Winkel.

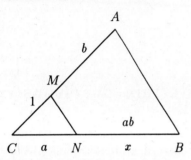

Abb. 2

Da $\overline{MN} \parallel \overline{AB}$ ist, gilt $\frac{x}{a} = \frac{b}{1}$ und $x = ab$, somit hat die Strecke $\overline{NB}$ die gesuchte Länge ab. Es ist anzumerken, daß $ab > a$ und $ab > b$ gilt, was für $a > 1$ und $b > 1$ zu erwarten war.

Im Fall (II) gehen die Schüler in gleicher Weise wie bei (I) vor (Abb. 3). Hier sollte sich klargemacht werden, daß wegen $a < 1$ und $b < 1$ geometrisch $ab < a$ und $ab < b$ gilt.

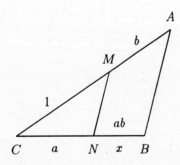

Abb. 3

Die Schüler sollten nun aufgefordert werden, ein vergleichbares Vorgehen für die Konstruktion einer Strecke zu entwickeln, die den Quotienten zweier gegebener Strecken der Länge a bzw. b darstellen kann. Wieder sollten dabei zwei Fälle unterschieden werden:

Fall I: $a < b < 1$. Lassen Sie die Schüler wieder die obige Figur konstruieren, wobei $\overline{MN} \parallel \overline{AB}$ ist.

In diesem Fall gilt entweder $a < \frac{a}{b} < b < 1$ oder $a < b < \frac{a}{b} < 1$. Die Schüler sollten aufgefordert werden, das nachzuprüfen.

Fall II: $b < a \leq 1$. Gehen Sie wie oben vor, um die folgende Figur zu konstruieren (Abb. 4).

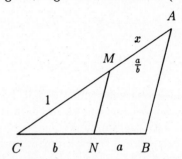

Abb. 4

Hier gilt $b < a < \frac{a}{b}$.

Bis hierher besaßen alle betrachteten Strecken positive Länge. Die Schüler werden nun erstaunt über die Verwendung von Strecken negativer Länge sein, um Produkte und Quotienten darzustellen.

Um Strecken negativer Länge betrachten zu können, müssen gerichtete Zahlenachsen eingeführt werden, eine waagerechte und eine schräge. Zur Bestimmung von ab fixiere A auf der waagerechten Achse, so daß $|\overline{OA}| = a$ und B auf der schrägen Achse, so daß $|\overline{OB}| = b$ gilt. Zeichne eine Gerade durch A und die 1 auf der schrägen Achse. Zeichne eine zu dieser Geraden parallele Gerade durch B, die die horizontale Achse im Punkt C schneidet. Damit ist $|\overline{OC}| = ab$ (Abb. 5 f.).

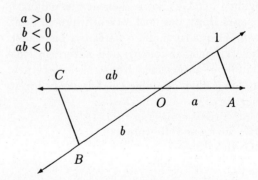

Abb. 5

Die Schüler werden feststellen, daß a und b auf jeweils verschiedenen Achsen abgetragen wurden

Einheit 39 Das Kriterium der Konstruierbarkeit

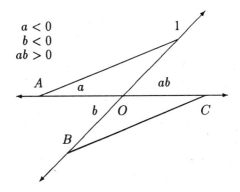

Abb. 6

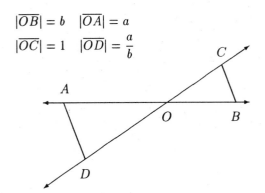

Abb. 8

und daß das Produkt ab der Wahl von a und b entsprechend größer bzw. kleiner als Null ausfiel.

Wie vorher werden wir den Quotienten bestimmen, indem die Division als Umkehrung der Multiplikation betrachtet wird. Für die Bestimmung von $\frac{a}{b}$ bestimmen wir x, so daß $bx = a$ gilt. Für $a > 0$ und $b > 0$ ist $\frac{a}{b} > 0$ (Abb. 7).

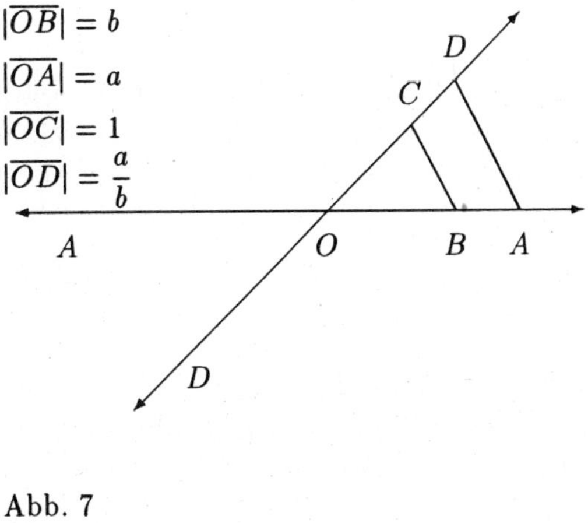

$|\overline{OB}| = b$
$|\overline{OA}| = a$
$|\overline{OC}| = 1$
$|\overline{OD}| = \frac{a}{b}$

Abb. 7

Auf ähnliche Weise folgt für $a < 0$ und $b > 0$, daß $\frac{a}{b} < 0$ ist (Abb. 8).

Lassen Sie die Schüler die Division durch Null untersuchen. Das heißt, wo befindet sich B, falls $b = 0$ ist? Was geschieht mit $|\overline{OD}|$?

Die einzige Operation, für die noch eine geometrische Darstellung benötigt wird, ist das Ziehen der Quadratwurzel. Lassen Sie dazu die Schüler lediglich einen Halbkreis des Durchmessers $1 + a$ (falls $\sqrt{a}$ gesucht ist) konstruieren. Errichte dann im gemeinsamen Endpunkt B von 1 und a die Senkrechte auf dem Durchmesser, die den Halbkreisbogen im Punkt D schneidet. Damit ist $|\overline{BD}| = \sqrt{a}$. Die

Schüler sollten in der Lage sein, Ähnlichkeitssätze bzw. den Höhensatz anzuwenden, um diese Aussage zu beweisen.

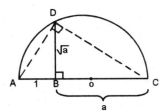

Abb. 9

Die Lösung einer Konstruktionsaufgabe kann als Wurzel einer Gleichung ausgedrückt werden. Betrachten wir z. B. das Problem[40] der Würfelverdopplung. Wir suchen die Kantenlänge eines Würfels, dessen Volumen doppelt so groß wie das eines gegebenen Würfels ist. Das heißt, wir müssen die Gleichung $x^3 = 2$ lösen.

Falls wir die Lösung durch eine endliche Anzahl von Anwendungen der Operationen $+$, $-$, $\cdot$, $:$ und $\sqrt{}$ unter Verwendung gegebener Strecken und einer Strecke der Länge Eins erhalten können, dann ist die Konstruktion durchführbar.

Umgekehrt, falls die Konstruktion durchführbar ist, dann können wir sie durch eine endliche Anzahl von Anwendungen der Operationen Addition, Subtraktion, Multiplikation, Division und des Quadratwurzelziehens unter Verwendung gegebener Strecken und einer Strecke der Länge Eins erhalten. Wir wissen, daß die von uns konstruierten Geraden und Kreise entweder durch gegebene Strecken oder durch Schnittpunkte von

---

[40] Anm. d. Übers.: Dieses Problem ist als eines der drei berühmten klassischen Probleme unlösbar.

zwei Geraden, von Gerade und Kreis oder von zwei Kreisen bestimmt sind. Um die obige Umkehrung zu zeigen, müssen wir beweisen, daß diese Schnittpunkte aus den Koeffizienten gewisser Gleichungen durch endlich viele rationale Operationen (Addition, Subtraktion, Multiplikation, Division) bzw. durch Quadratwurzelziehen erhalten werden können.

Die beiden Geraden

$$y = mx + b$$
$$y = m'x + b' \quad (m \neq m')$$

besitzen als Schnittpunkt den Punkt (x, y) mit

$$x = \frac{b - b'}{m - m'} \quad y = \frac{mb' - m'b}{m - m'}.$$

Diese Beziehungen lassen sich aus den Gleichungen durch Anwendung der obigen Operationen erhalten. Eine Gleichung für einen Kreis mit Radius r und Mittelpunkt (c, d) lautet $(x-c)^2 + (y-d)^2 = r^2$. Um die Schnittpunkte mit einer Geraden $y = mx + b$ zu bestimmen, substituieren wir y in der Kreisgleichung und erhalten

$$(x-c)^2 + (mx+b-d)^2 = r^2.$$

Das ist eine quadratische Gleichung in x. Da die Lösung der quadratischen Gleichung $ax^2 + bx + c = 0$ durch

$$x = \frac{-b \pm \sqrt{b^2 - 4ac}}{2a}$$

gegeben ist, wissen wir, daß die quadratische Gleichung $(x-c)^2 + (mx+b-d)^2 = r^2$ eine Lösung besitzt, die aus den bekannten Koeffizienten der Gleichung durch Anwendung der obigen fünf Operationen erhalten werden kann.

Der Schnitt zweier Kreise ist die gleiche Aufgabe wie der Schnitt eines Kreises mit der gemeinsamen Sehne. Dieser Fall kann somit auf die Bestimmung der Schnittpunkte von Kreis und Gerade zurückgeführt werden.

Kriterium der Konstruierbarkeit: Eine geometrische Konstruktion ist mit Zirkel und Lineal genau dann durchführbar, wenn sich die Zahlen, die die gesuchten geometrischen Objekte algebraisch bestimmen, aus denen, die die gegebenen Objekte definieren, durch eine endliche Anzahl von rationalen Operationen und Quadratwurzelziehen abgeleitet werden können.

Nachbereitung

1. Formuliere und erkläre das Kriterium der Konstruierbarkeit.

2. Konstruiere für gegebene Längen a, b und 1 eine Strecke der Länge $\sqrt{\dfrac{ab}{a+b}}$.

Literatur

Posamentier, Alfred S. und William Wernick, *Advanced Geometric Constructions.* Palo Alto, CA, Dale Seymour Publications, 1988.

40
Die Konstruktion von Wurzellängen

Häufig fragen Schüler danach, wie eine Strecke der Länge $\sqrt{2}$ konstruiert werden kann. Diese Einheit ist sowohl dieser Frage als auch der Konstruktion weiterer Strecken, deren Längen Wurzeln sind, gewidmet.

Lernziele

Die Schüler konstruieren ausgehend von einer Strecke der Länge Eins eine Strecke der Länge der Wurzel einer natürlichen Zahl.

Vorbereitung

Die Schüler sollten in der Lage sein, den Satz des Pythagoras anzuwenden und sollten mit den geometrischen Grundkonstruktionen mit Zirkel und Lineal vertraut sein.

Lehrmethoden

Bitten Sie die Schüler, ein Dreieck zu konstruieren, dessen eine Seite $\sqrt{2}$ beträgt. (Weisen Sie die Schüler darauf hin, eine vernünftige Länge Eins zu wählen.) Aller Wahrscheinlichkeit nach werden die

Einheit 40 Die Konstruktion von Wurzellängen

Schüler ein gleichschenkliges rechtwinkliges Dreieck mit Schenkeln der Länge Eins konstruieren. Unter Verwendung des Satzes des Pythagoras werden die Schüler feststellen, daß die Hypotenuse die Länge $\sqrt{2}$ besitzt.

Lassen Sie sie nun ein rechtwinkliges Dreieck unter Verwendung dieser Hypotenuse und eines weiteren Schenkels der Länge Eins konstruieren. Dieses neue Dreieck besitzt eine Hypotenuse der Länge $\sqrt{3}$. Die Schüler sollten dies leicht mit Hilfe des Satzes des Pythagoras herausfinden.

Durch Wiederholung dieses Verfahrens konstruieren die Schüler in Folge Wurzeln von natürlichen Zahlen, d. h. $\sqrt{2}, \sqrt{3}, \sqrt{4}, \sqrt{5}, \ldots$. Die Figur (Abb. 1), die oft "Wurzelspirale" genannt wird, veranschaulicht diesen Prozeß.

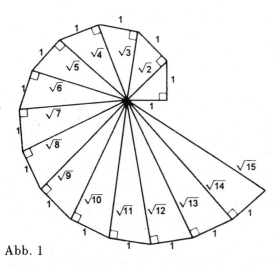

Abb. 1

Es ist zu erwarten, daß ein Schüler die Frage nach einer zweckmäßigeren Methode stellt, um z. B. $\sqrt{15}$ zu konstruieren, als eine Wurzelspirale bis zu $\sqrt{15}$ aufzubauen.

Bringen Sie den Schülern die Ähnlichkeitssätze in Erinnerung. In Abb. 2 sind die Dreiecke $\triangle CAD$ und $\triangle BCD$ ähnlich.

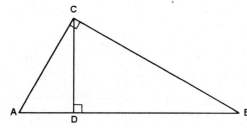

Abb. 2

Das heißt, es gilt

$$\frac{|\overline{AD}|}{|\overline{CD}|} = \frac{|\overline{CD}|}{|\overline{BD}|} \quad \text{bzw.} \quad |\overline{CD}|^2 = |\overline{AD}| \cdot |\overline{BD}|,$$

woraus $|\overline{CD}| = \sqrt{|\overline{AD}| \cdot |\overline{BD}|}$ folgt.

Diese Beziehung wird den Schülern helfen, eine Strecke der Länge $\sqrt{15}$ in einem Schritt zu konstruieren. Es ist nur die Figur aus Abb. 2 mit $|\overline{AD}| = 1$ und $|\overline{BD}| = 15$ zu konstruieren. Die Strecke $\overline{CD}$ hat dann die geforderte Eigenschaft $|\overline{CD}| = \sqrt{1 \cdot 15} = \sqrt{15}$.

Die Schüler sollten folgendermaßen vorgehen: Zeichne eine Strecke der Länge 16 und teile sie in zwei Strecken der Längen 1 bzw. 15. Errichte in dem Punkt, der die Strecke teilt, die Senkrechte auf dieser Strecke. Der Schnittpunkt der Senkrechten mit dem Halbkreis, der die Strecke der Länge 16 als Durchmesser besitzt, liefert den anderen Endpunkt der senkrechten Strecke der Länge $\sqrt{15}$ (Abb. 3).

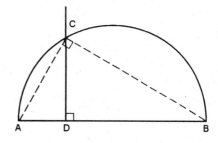

Abb. 3

Die gestrichelten Linien dienen lediglich dazu, die Konstruktion zu rechtfertigen.

Nachbereitung

- Konstruiere eine Wurzelspirale bis zu $\sqrt{18}$.

- Konstruiere eine Strecke der Länge $\sqrt{18}$ unter Verwendung einer Strecke der Länge Eins auf direktem Wege, *ohne* eine Wurzelspirale zu konstruieren.

41

Die Konstruktion eines Fünfecks

Lernziele

Die Schüler konstruieren bei gegebenem Umkreisradius ein regelmäßiges Fünfeck.

Vorbereitung

Die Schüler sollten mit den Eigenschaften von regelmäßigen Vielecken vertraut sein.

Lehrmethoden

Beginnen Sie Ihre Unterrichtsstunde, indem Sie die Klasse ein regelmäßiges Zehneck mit dem Umkreisradius 1 (Abb. 1) betrachten lassen.

Abb. 1

Zeichne vom Mittelpunkt des Umkreises O ausgehend die Strecken $\overline{OA}$ und $\overline{OB}$, um das Dreieck $\triangle ABO$ zu erhalten. Die Klasse sollte schnell erkennen, daß $\angle BOA = 36°$ (wegen $\frac{360}{10} = 36$) [41] gilt. Deshalb ist $\angle BAO = \angle ABO = 72°$.

Löse das $\triangle ABO$ für weitere Untersuchungen heraus (Abb. 2).

Zeichne die Winkelhalbierende $\overline{AC}$. Damit ist $\angle CAO = 36°$ und das Dreieck $\triangle OCA$ ist gleichschenklig. In gleicher Weise läßt sich begründen,

---

[41] Anm. d. Übers.: Eigentlich müßte zwischen dem geometrischen Objekt $\angle ABC$ und seinem Maß $|\angle ABC|$ unterschieden werden. Ist der Kontext eindeutig, bezeichnen wir jedoch auch das Maß des Winkels einfach mit $\angle ABC$.

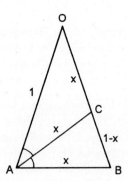

Abb. 2

daß auch $\triangle ABC$ gleichschenklig ist. Weiter ist $\triangle BOA \sim \triangle ABC$. Setzen wir $x = |\overline{OC}|$, so ist $|\overline{BC}| = 1-x$ und $|\overline{AC}| = x = |\overline{AB}|$. Aus der Ähnlichkeit der beiden Dreiecke sollten die Schüler die Proportion $\frac{1}{x} = \frac{x}{1-x}$ ableiten, die zur Gleichung $x^2 + x - 1 = 0$ führt. Diese Gleichung hat zwei Lösungen, von denen eine geometrisch interpretierbar ist: $x = \frac{\sqrt{5}-1}{2}$.

Lassen Sie nun die Schüler die Konstruktion einer Strecke dieser Länge x betrachten (Abb. 3). Errichte in irgendeinem Punkt A einer Geraden eine senkrechte Strecke der Länge $1 = |\overline{OA}|$. Zeichne einen Kreis mit dem Mittelpunkt O und dem Radius 1, der die Gerade durch A als Tangente besitzt. Trage auf der Geraden die Strecke $\overline{AP}$ mit $|\overline{AP}| = 2$ ab und zeichne $\overline{OP}$. Unter Verwendung des Satzes des Pythagoras sollten die Schüler zeigen, daß $|\overline{OP}| = \sqrt{5}$ und $|\overline{PQ}| = |\overline{OP}| - |\overline{OQ}| = \sqrt{5} - 1$ ist. Die Mittelsenkrechte auf $\overline{PQ}$ liefert uns schließlich

$$|\overline{QR}| = \frac{\sqrt{5}-1}{2} = x \, .$$

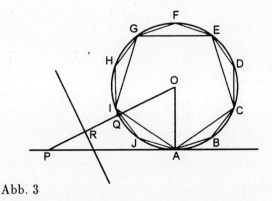

Abb. 3

Einheit 42 Das gleichschenklige Dreieck – ein klassischer Trugschluß

Die Schüler sollten nun die Strecke x auf dem Einheitskreis nacheinander abtragen. Wird dies präzise ausgeführt, liefert dieses Verfahren exakt 10 Bögen auf dem Kreis. Nachdem die Schüler das Zehneck konstruiert haben, sollten sie erkennen, daß die Verbindung jeder zweiten Ecke des Zehnecks das gesuchte Fünfeck ergibt.

Nachbereitung

Lassen Sie die Schüler ein regelmäßiges Fünfeck mit einer bestimmten Einheitslänge konstruieren.

42

Das gleichschenklige Dreieck – ein klassischer Trugschluß

Diese Einheit gibt Gelegenheit, den klassischen "Trugschluß des gleichschenkligen Dreiecks" vollständig zu betrachten. Dieser Trugschluß kann benutzt werden, um auf den Begriff der "Zwischenrelation"[42] einzugehen.

Lernziele

1. *Die Schüler stellen den Trugschluß des gleichschenkligen Dreiecks dar.*

2. *Die Schüler finden den Fehler, der diesen Trugschluß ermöglicht und beweisen, daß die Annahmen des Trugschlusses fehlerhaft sind.*

Vorbereitung

Die Schüler sollten sowohl mit den verschiedenen Kongruenzsätzen als auch mit den Winkelbeziehungen am Kreis vertraut sein.

---

[42] Anm. d. Übers.: Dieser Begriff bezieht sich auf die Anordnungsaxiome der ebenen euklidischen Geometrie.

Lehrmethoden

Beginnen Sie die Diskussion, indem Sie die Schüler auffordern, irgendein *schiefwinkliges* Dreieck an die Tafel zu zeichnen, für das Sie dann die Gleichschenkligkeit beweisen werden.

Um zu beweisen, daß dieses Dreieck $\triangle ABC$ gleichschenklig ist, zeichnen Sie die Winkelhalbierende des Winkels $\angle BCA$ und die Mittelsenkrechte auf $\overline{AB}$. Konstruieren Sie von ihrem Schnittpunkt G ausgehend die Lote auf $\overline{AC}$ und $\overline{BC}$, die diese Strecken in den Punkten D bzw. F schneiden (Abb. 1).

Es ist anzumerken, daß es vier Möglichkeiten der oben beschriebenen Konstruktion für verschiedene schiefe Dreiecke gibt:

Abb. 1: $\overline{CG}$ und $\overline{EG}$ schneiden einander innerhalb des Dreiecks,

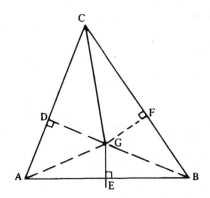

Abb. 1

Abb. 2: $\overline{CG}$ und $\overline{EG}$ schneiden einander auf $\overline{AB}$,

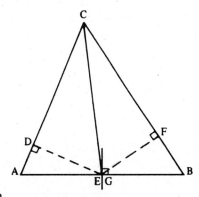

Abb. 2

Abb. 3: $\overline{CG}$ und $\overline{EG}$ schneiden einander außerhalb des Dreiecks, die Lote $\overline{DG}$ und $\overline{FG}$ fallen jedoch auf $\overline{AC}$ bzw. $\overline{BC}$,

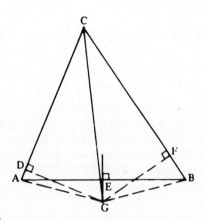

Abb. 3

Abb. 4: $\overline{CG}$ und $\overline{EG}$ schneiden einander außerhalb des Dreiecks, die Lote $\overline{DG}$ und $\overline{FG}$ schneiden jedoch die Geraden AC und BC außerhalb des Dreiecks.

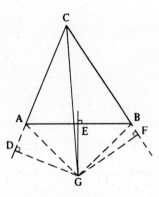

Abb. 4

Der "Beweis" des Trugschlusses kann mit jeder der obigen Figuren durchgeführt werden. Lassen Sie die Schüler den "Beweis" auf irgendeiner (oder auch auf allen) dieser Figuren verfolgen.

Vor.: $\triangle ABC$ ist schiefwinklig.

Beh.: $|\overline{AC}| = |\overline{BC}|$ (oder: $\triangle ABC$ ist gleichschenklig.)

"Beweis":

Da $\angle GCA \cong \angle BCG$[43] und $\angle CDG \cong \angle GFC$ gilt, ist $\triangle CDG \cong \triangle CGF$ (Kongruenzsatz SWW). Damit ist $|\overline{DG}| = |\overline{FG}|$ und $|\overline{CD}| = |\overline{CF}|$. Aufgrund von $|\overline{AG}| = |\overline{BG}|$ (ein Punkt auf der

---

[43] Anm. d. Übers.: Eigentlich müßte zwischen dem geometrischen Objekt $\angle ABC$ und seinem Maß $|\angle ABC|$ unterschieden werden. Ist der Kontext eindeutig, bezeichnen wir jedoch auch das Maß des Winkels einfach mit $\angle ABC$.

Mittelsenkrechten einer Strecke besitzt den gleichen Abstand zu beiden Endpunkten der Strecke) und der Tatsache, daß die Winkel $\angle ADG$ und $\angle BFG$ rechte Winkel sind, ergibt sich $\triangle DAG \cong \triangle FGB$. Deshalb ist $|\overline{AD}| = |\overline{BF}|$. Weiter folgt dann, daß $|\overline{AC}| = |\overline{BC}|$ ist (durch Addition in Abb. 1, 2, 3 und durch Subtraktion in Abb. 4).

An dieser Stelle werden die Schüler ziemlich verstört sein. Sie werden sich fragen, wo der Fehler begangen wurde, der den Trugschluß möglich machte. Einige Schüler werden so klug sein, die Abbildungen in Frage zu stellen. Durch eine strenge Durchführung der Konstruktion werden die Schüler einen raffinierten Fehler in den Abbildungen entdecken:

1. Der Punkt G *muß* außerhalb des Dreiecks liegen.

2. Schneiden die Lote die Seiten des Dreiecks, so liegt ein Schnittpunkt *zwischen* den Eckpunkten, während sich der andere außerhalb befindet (Abb. 5).

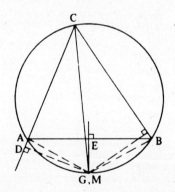

Abb. 5

Eine Diskussion über die Vernachlässigung des Begriffs der Zwischenrelation durch Euklid sollte sich anschließen. Das Schöne dieses besonderen Trugschlusses liegt jedoch in dem überzeugenden Beweis der obigen Punkte 1. und 2., die den *Fehler* innerhalb des Trugschlusses aufzeigen.

Beginnen Sie mit der Betrachtung des Umkreises von $\triangle ABC$. Auf der Winkelhalbierenden von $\angle BCA$ muß der Mittelpunkt M von $\overset{\frown}{AB}$ liegen (da $\angle MCA$ und $\angle BCM$ kongruente einbeschriebene Winkel sind). Die Mittelsenkrechte von $\overline{AB}$ muß $\overset{\frown}{AB}$ halbieren und somit den Punkt

Einheit 43 Der Fermat-Punkt

M enthalten. Somit schneiden die Winkelhalbierende von $\angle BCA$ und die Mittelsenkrechte von $\overline{AB}$ einander *außerhalb* des Dreiecks im Punkt M (oder G). Damit sind die Figuren in Abb. 1 und 2 unmöglich.

Lassen Sie nun die Schüler das einbeschriebene Viereck $ACBG$ betrachten. Da die gegenüberliegenden Winkel eines einbeschriebenen Vierecks Supplementwinkel sind, gilt $\angle GAC + \angle GBC = 180°$. Falls $\angle GAC$ und $\angle GBC$ rechte Winkel sind, ist $\overline{CG}$ ein Durchmesser und $\triangle ABC$ gleichschenklig. Da $\triangle ABC$ aber schiefwinklig ist, sind $\angle GAC$ und $\angle GBC$ keine rechten Winkel. Folglich ist einer der Winkel spitz und der andere stumpf. Angenommen, $\angle GBC$ ist spitz und $\angle GAC$ stumpf. Dann muß die Höhe auf $\overline{BC}$ im $\triangle BGC$ innerhalb des Dreiecks liegen, während im $\triangle GAC$ die Höhe auf $\overline{AC}$ *außerhalb* des Dreiecks liegen muß. (Das wird i. allg. von den Schülern bereitwillig akzeptiert, kann jedoch auch leicht bewiesen werden.) Die Tatsache, daß eines und *nur eines* der beiden Lote eine Dreiecksseite *zwischen* den Eckpunkten schneidet, führt den trügerischen "Beweis" ad absurdum. Es ist wichtig, daß der Lehrer die Bedeutung des Begriffes der Zwischenrelation nachdrücklich betont.

Nachbereitung

Lassen Sie die Schüler:

1. "beweisen", daß ein beliebiges gegebenes Dreieck gleichschenklig ist.

2. aufzeigen (und beweisen), an welcher Stelle der "Beweis" in Frage 1. fehlerhaft ist.

3. den Begriff der Zwischenrelation im Hinblick auf dessen Bedeutung in der Geometrie diskutieren.

43
Der Fermat-Punkt

Diese Einheit entwickelt interessante geometrische Beziehungen aus einer ungewöhnlichen geometrischen Anordnung. Dieses Thema ist für Schüler geeignet, die den Geometriekurs des Gymnasiums bereits weitestgehend absolviert haben.

Lernziele

1. *Die Schüler definieren den Fermat-Punkt eines spitzwinkligen Dreiecks.*

2. *Die Schüler bestimmen den Fermat-Punkt eines spitzwinkligen Dreiecks.*

3. *Die Schüler formulieren mindestens drei Eigenschaften der Figur, die zur Bestimmung des Fermat-Punktes eines spitzwinkligen Dreiecks verwendet werden.*

Vorbereitung

Bevor Sie versuchen, diese Einheit Ihren Schülern vorzustellen, wiederholen Sie mit ihnen die Winkelbeziehungen am Kreis sowie die Grundbegriffe von Kongruenz und Ähnlichkeit.

Lehrmethoden

Beginnen Sie Ihre Darstellung, indem Sie die Schüler mit folgender Aufgabe konfrontieren (Abb. 1):

Vor.: Spitzwinkliges Dreieck $\triangle ABC$. Die Dreiecke $\triangle ADC$ und $\triangle ABF$ sind gleichseitig.

Beh.: $|\overline{BD}| = |\overline{CF}|$

Obwohl die Lösung dieser Aufgabe nur die elementarsten Begriffe der Geometrie verwendet, neigen die Schüler dazu, diese Aufgabe als eine gewisse Herausforderung anzusehen. Was am verblüffensten erscheint, ist die Auswahl der beiden richtigen Dreiecke, deren Kongruenz nachzuweisen ist.

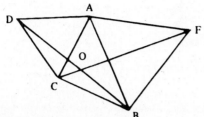

Abb. 1

Falls die Schüler sie nach einigen Minuten noch nicht gefunden haben, bitten Sie sie, die Dreiecke zu benennen, die die zu betrachtenden Strecken als Seiten enthalten. Bald werden sie erkennen, daß sie die Kongruenz $\triangle ACF \cong \triangle ADB$ beweisen müssen.

Als nächstes geht es darum zu überlegen, *wie* die Kongruenz dieser Dreiecke nachzuweisen ist. Bringen Sie die Schüler zu der Einsicht, daß sich überlappende Dreiecke i. allg. ein gemeinsames Element besitzen. Hier ist das der Winkel $\angle BAC$[44]. Da $\triangle ADC$ und $\triangle ABF$ gleichseitig sind, gilt $\angle CAD = 60°$, $\angle FAB = 60°$ und $\angle BAD = \angle FAC$ (Addition). Da das Dreieck $\triangle ADC$ gleichseitig ist, gilt $|\overline{AD}| = |\overline{AC}|$ und, da $\triangle ABF$ gleichseitig ist, gilt $|\overline{AB}| = |\overline{AF}|$. Deshalb ist $\triangle ACF \cong \triangle ADB$ (Kongruentsatz SWS) und somit $|\overline{BD}| = |\overline{CF}|$.

Wenn die Schüler diesen Beweis vollständig erfaßt haben, lassen Sie sie ein drittes gleichseitiges Dreieck $\triangle BCE$ betrachten, das über der Seite $\overline{BC}$ errichtet wird (Abb. 2). Bitten Sie sie, die Länge von $\overline{AE}$ mit der Länge von $\overline{BD}$ bzw. $\overline{CF}$ zu vergleichen.

Die Mehrzahl der Schüler wird erkennen, daß alle drei Strecken die gleiche Länge besitzen. Der Beweis dieser Aussage wird in gleicher Weise wie der vorige geführt. Das heißt, lassen Sie sie einfach beweisen, daß $\triangle ACE \cong \triangle BDC$ gilt, um $|\overline{AE}| = |\overline{BD}|$ zu erhalten.

Die Tatsache, daß $|\overline{AE}| = |\overline{BD}| = |\overline{CF}|$ gilt, ist ziemlich erstaunlich, wenn wir bedenken, daß das Dreieck $\triangle ABC$ ein *beliebiges* spitzwinkliges Dreieck ist. Eine Reihe von ähnlich überraschenden Ergebnissen kann man nun auf dieser Grundlage erhalten. Stellen Sie jedes einzeln vor und setzen Sie es, nachdem jedes Ergebnis bewiesen wurde,

---

[44] Anm. d. Übers.: Eigentlich müßte zwischen dem geometrischen Objekt $\angle ABC$ und seinem Maß $|\angle ABC|$ unterschieden werden. Ist der Kontext eindeutig, bezeichnen wir jedoch auch das Maß des Winkels einfach mit $\angle ABC$.

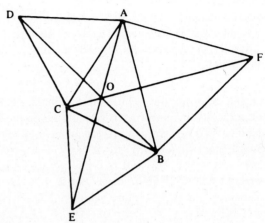

Abb. 2

sorgfältig in Beziehung zu den vorher bewiesenen Aussagen.

1. *Die Strecken $\overline{AE}$, $\overline{BD}$ und $\overline{CF}$ schneiden einander in einem Punkt.*

Beweis: Betrachte die Umkreise der drei gleichseitigen Dreiecke $\triangle ADC$, $\triangle AFB$ und $\triangle BCE$ (Abb. 3).

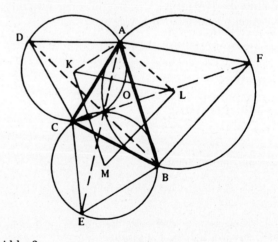

Abb. 3

Seien K, L und M die Mittelpunkte dieser Kreise.

Die Umkreise von $\triangle ADC$ und $\triangle AFB$ schneiden einander in den Punkten O und A.

Da $\angle CDA = 60°$ beträgt und wir wissen, daß $\angle COA + \angle CKA = 180°$ (gegenüberliegende Winkel im Sehnenviereck) beträgt, folgt $\angle COA = 120°$. In gleicher Weise ergibt sich $\angle AOB = 120°$. Damit ist als Ergänzung zu 360° auch $\angle BOC = 120°$.

Einheit 44 Der Punkt minimalen Abstands eines Dreiecks

Da nun aber $\angle CEB + \angle BOC = 180°$ gilt, liegt der Punkt O auf dem Umkreis des Vierecks $CEBO$ (Umkehrung des Satzes über die gegenüberliegenden Winkel im Sehnenviereck) und die drei Kreise schneiden einander folglich in diesem Punkt O.

Lassen Sie nun die Schüler den Punkt O mit den Punkten A, B, C, D, E und F verbinden. Wegen $\angle DOA = \angle AOF = \angle FOB = 60°$ liegen die Punkte D, O und B auf einer Geraden. Die gleiche Argumentation gilt auch für die Punkte C, O und F bzw. A, O und E.

Damit ist bewiesen, daß $\overline{AE}, \overline{CF}$ und $\overline{BD}$ einander in genau einem Punkt, dem Punkt O, schneiden, der außerdem der Schnittpunkt der drei Umkreise ist.

Bitten Sie jetzt die Klasse, den Punkt in $\triangle ABC$ zu bestimmen, mit dem die drei Dreiecksseiten kongruente Winkel aufspannen[45]. Sie sollten sich schnell daran erinnern, daß wir gerade bewiesen haben, daß $\angle AOB = \angle COA = \angle BOC = 120°$ gilt. Somit ist der Punkt, mit dem die drei Seiten von $\triangle ABC$ kongruente Winkel aufspannen, der Punkt O. Dieser Punkt wird der *Fermat-Punkt* eines Dreiecks genannt.

2. *Die Mittelpunkte K, L und M der Umkreise der drei gleichseitigen Dreiecke $\triangle ADC, \triangle AFB$ bzw. $\triangle BCE$ definieren ein weiteres gleichseitiges Dreieck.*

Bevor Sie mit dem Beweis beginnen, wiederholen Sie mit den Schülern kurz die Beziehungen zwischen den Seiten eines $30° - 60° - 90°$-Dreiecks.

Beweis: Lassen Sie die Schüler das gleichseitige Dreieck $\triangle ADC$ betrachten. Da $|\overline{AK}|$ zwei Drittel der Höhe beträgt, erhalten wir die Proportion $|\overline{AC}| : |\overline{AK}| = \sqrt{3} : 1$.
In gleicher Weise erhalten wir für das gleichseitige Dreieck $\triangle ABF$ die Proportion $|\overline{AF}| : |\overline{AL}| = \sqrt{3} : 1$. Deshalb gilt $|\overline{AC}| : |\overline{AK}| = |\overline{AF}| : |\overline{AL}|$.
Es ist $\angle CAK = \angle FAL = 30°$, $\angle LAC = \angle LAC$ (reflexiv) und $\angle LAK = \angle FAC$ (Addition), woraus $\triangle AKL \sim \triangle ACF$ folgt.

Somit gilt $|\overline{CF}| : |\overline{KL}| = |\overline{AC}| : |\overline{AK}| = \sqrt{3} : 1$.
In gleicher Weise kann $|\overline{BD}| : |\overline{KM}| = \sqrt{3} : 1$ und $|\overline{AE}| : |\overline{LM}| = \sqrt{3} : 1$ gezeigt werden. Deshalb ist $|\overline{BD}| : |\overline{KM}| = |\overline{AE}| : |\overline{LM}| = |\overline{CF}| : |\overline{LK}|$. Da

---
[45] Anm. d. Übers.: Gesucht ist der Punkt O im Inneren eines spitzwinkligen Dreiecks $\triangle ABC$, für den $\angle AOC \cong \angle COB \cong \angle BOA$ gilt.

aber, wie bereits oben bewiesen, $|\overline{BD}| = |\overline{AE}| = |\overline{CF}|$ gilt, erhalten wir $|\overline{KM}| = |\overline{LM}| = |\overline{CF}|$. Damit ist das Dreieck $\triangle KML$ gleichseitig.

Als abschließende Herausforderung stellen Sie Ihrer Klasse die Aufgabe, andere Beziehungen in Abb. 3 zu entdecken.

Nachbereitung

Um das Verständnis der Schüler für diese Lektion zu überprüfen, stellen Sie folgende Übungsaufgaben.

1. Definiere den *Fermat-Punkt* eines spitzwinkligen Dreiecks.

2. Zeichne irgendein spitzwinkliges Dreieck. Bestimme den Fermat-Punkt des Dreiecks unter Verwendung von Lineal und Zirkel.

3. Formuliere drei Eigenschaften der Figur in obiger Abb. 3.

Literatur

Posamentier, Alfred S., *Excursions in Advanced Euclidean Geometry.* Menlo Park, Ca.: Addison-Wesley, 1984.

44

Der Punkt minimalen Abstands eines Dreiecks

Diese Einheit ist der Suche nach dem Punkt in einem Dreieck gewidmet, für den die Summe der Abstände zu den Ecken minimal ist.

Lernziele

1. *Die Schüler beweisen, daß die Summe der Abstände eines inneren Punktes zu den Seiten eines gleichseitigen Dreiecks konstant ist.*

2. *Die Schüler bestimmen den Punkt minimalen Abstandes eines Dreiecks mit Winkeln, die $120°$ nicht überschreiten.*

Vorbereitung

Die Schüler sollten mit den Grundbegriffen geometrischer Ungleichungen vertraut sein.

Bitten Sie die Schüler, die Position eines Punktes eines Vierecks zu bestimmen, dessen Summe der Abstände zu den Ecken minimal ist.

Lehrmethoden

Beginnen Sie die Diskussion, indem Sie die Schüler nach einem Punkt im Inneren eines gegebenen Vierecks suchen lassen, dessen Summe der Abstände zu den Ecken die kleinstmögliche ist (von hier an soll ein solcher Punkt der *Punkt minimalen Abstandes* genannt werden).

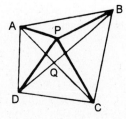

Abb. 1

Sie können erwarten, daß die Mehrzahl der Schüler vermutet, daß der Schnittpunkt der Diagonalen (Punkt Q in Abb. 1) dieser Punkt minimalen Abstandes ist. Obwohl diese Vermutung zutreffend ist, sollten Sie versuchen, eine Rechtfertigung (einen Beweis) für die Wahl dieses Punktes zu verlangen.

Lassen Sie die Schüler irgendeinen Punkt P (nicht identisch mit Q) aus dem Inneren des Vierecks $ABCD$ (Abb. 1) auswählen. Es gilt $|\overline{PA}| + |\overline{PC}| > |\overline{QA}| + |\overline{QC}|$ (da die Summe der Längen zweier Dreiecksseiten größer als die Länge der dritten Seite ist). Mit der gleichen Begründung ist $|\overline{PB}| + |\overline{PD}| > |\overline{QB}| + |\overline{QD}|$. Durch Addition erhalten wir $|\overline{PA}| + |\overline{PB}| + |\overline{PC}| + |\overline{PD}| > |\overline{QA}| + |\overline{QB}| + |\overline{QC}| + |\overline{QD}|$, womit gezeigt ist, daß die Summe der Abstände des Schnittpunktes der Diagonalen von den Ecken eines Vierecks kleiner als die Summe der Abstände *irgendeines anderen* inneren Punktes des Vierecks von den Ecken ist.

Als nächstes stellen Schüler gewöhnlich die Frage: "Was ist der Punkt minimalen Abstandes im Dreieck?" Bevor diese Frage angegangen wird, ist es zunächst sinnvoll, eine andere Aussage zu betrachten, die später den Schülern helfen wird, den Punkt minimalen Abstandes eines Dreiecks zu bestimmen.

Bitten Sie die Schüler, wieder ihre Intuition und ihren Verstand induktiv einzusetzen. Lassen Sie sie ein großes gleichseitiges Dreieck konstruieren, in dem irgendein innerer Punkt ausgewählt wird. Die Schüler bestimmen nun sorgfältig die Abstände dieses Punktes zu den drei *Seiten* des gleichseitigen Dreiecks. Nachdem die Schüler die Summe der drei Abstände notiert haben, bitten Sie sie, dieses Verfahren mit jeweils einem anderen inneren Punkt dreimal zu wiederholen. Genaue Messungen sollten gleiche Summen der Abstände für jeden gewählten Punkt ergeben. Daraus sollten die Schüler folgenden Schluß ziehen: *Die Summe der Abstände irgendeines Punktes aus dem Inneren eines gleichseitigen Dreiecks von den Seiten des Dreiecks ist konstant.* Zwei Beweise dieser interessanten Aussage werden im folgenden angegeben:

Methode I:

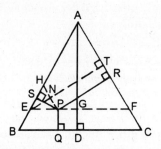

Abb. 2

Im gleichseitigen Dreieck $\triangle ABC$ (Abb. 2) gilt $\overline{PR} \perp \overline{AC}$, $\overline{PQ} \perp \overline{BC}$, $\overline{PS} \perp \overline{AB}$ und $\overline{AD} \perp \overline{BC}$. Zeichne eine Gerade durch den Punkt P parallel zu $\overline{BC}$, die $\overline{AD}$, $\overline{AB}$ bzw. $\overline{AC}$ in G, E bzw. F schneidet.
Es gilt $|\overline{PQ}| = |\overline{GD}|$.
Zeichne $\overline{ET} \perp \overline{AC}$. Da das Dreieck $\triangle AEF$ gleichseitig ist, gilt $|\overline{AG}| = |\overline{ET}|$ (alle Höhen eines gleichseitigen Dreiecks sind gleichlang).
Zeichne $\overline{PH} \| \overline{AC}$, die $\overline{ET}$ im Punkt N schneidet.
Es ist $|\overline{NT}| = |\overline{PR}|$.
Da das Dreieck $\triangle EHP$ gleichseitig ist, sind die Höhen $\overline{PS}$ und $\overline{EN}$ gleichlang.
Damit haben wir gezeigt, daß $|\overline{PS}| + |\overline{PR}| = |\overline{ET}| = |\overline{AG}|$ ist. Da $|\overline{PQ}| = |\overline{GD}|$ gilt, ist $|\overline{PS}| + |\overline{PR}| + |\overline{PQ}| = |\overline{AG}| + |\overline{GD}| = |\overline{AD}|$ für

Einheit 44 Der Punkt minimalen Abstands eines Dreiecks

jedes gegebene Dreieck eine Konstante.

Methode II:

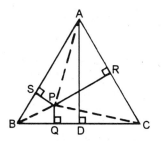

Abb. 3

Im gleichseitigen Dreieck $\triangle ABC$ gilt $\overline{PR} \perp \overline{AC}$, $\overline{PQ} \perp \overline{BC}$, $\overline{PS} \perp \overline{AB}$ und $\overline{AD} \perp \overline{BC}$.
Zeichne $\overline{PA}$, $\overline{PB}$ und $\overline{PC}$.
Der Flächeninhalt $\mathcal{A}_{\triangle ABC}$ des Dreiecks $\triangle ABC$ ist gleich der Summe der Flächeninhalte der Dreiecke $\triangle APB$, $\triangle BCP$ und $\triangle APC$. Damit gilt

$\mathcal{A}_{\triangle ABC} =$

$\frac{1}{2}|\overline{AB}| \cdot |\overline{PS}| + \frac{1}{2}|\overline{BC}| \cdot |\overline{PQ}| + \frac{1}{2}|\overline{AC}| \cdot |\overline{PR}|$.

Da $|\overline{AB}| = |\overline{BC}| = |\overline{AC}|$ ist, folgt
$\mathcal{A}_{\triangle ABC} = \frac{1}{2}|\overline{BC}| \cdot (|\overline{PS}| + |\overline{PQ}| + |\overline{PR}|)$. Andererseits gilt $\mathcal{A}_{\triangle ABC} = \frac{1}{2}|\overline{BC}| \cdot |\overline{AD}|$, woraus $|\overline{PS}| + |\overline{PQ}| + |\overline{PR}| = |\overline{AD}|$ folgt, was für ein gegebenes Dreieck konstant ist.

Die Schüler sind nun bereit, das Ausgangsproblem zu behandeln: die Bestimmung des Punktes minimalen Abstands eines Dreiecks. Wir werden ein schiefwinkliges Dreieck betrachten, dessen Winkel kleiner als 120° sind.

Die Schüler, die die offensichtliche Notwendigkeit des Auftretens von Symmetrie in diesem Problem erkannt haben, werden vielleicht den Punkt vorschlagen, der mit den Dreiecksseiten kongruente Winkel aufspannt. Soll diese Vermutung akzeptiert werden, muß man sie beweisen. Wir werden deshalb beweisen, daß *der Punkt im Inneren eines Dreiecks (dessen Innenwinkel alle kleiner als 120° sind), für den die Seiten kongruenten Winkeln gegenüberliegen, der Punkt minimalen Abstands des Dreiecks ist.*

Beweis:

In Abb. 4 sei M der Punkt innerhalb des Dreiecks $\triangle ABC$ mit $\angle MBA = \angle CMB = \angle AMC =$
$120°$[46]. Zeichne die Geraden durch A, B bzw. C, die zu $\overline{AM}$, $\overline{BM}$ bzw. $\overline{CM}$ senkrecht sind.

Diese Geraden schneiden einander in den Punkten P, Q und R und bilden das gleichseitige Dreieck $\triangle PQR$. (Um zu beweisen, daß $\triangle PQR$ gleichseitig ist, ist anzumerken, daß jeder Winkel 60° beträgt. Das kann z. B. durch Betrachtung des Vierecks $AMBR$ gezeigt werden. Da $\angle RAM = \angle RBM = 90°$ und $\angle BMA = 120°$ beträgt, folgt $\angle ARB = 60°$.)

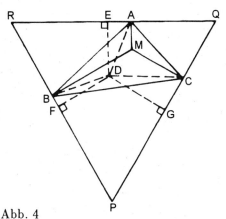

Abb. 4

Sei D *irgendein anderer* Punkt im Inneren von $\triangle ABC$. Wir müssen zeigen, daß die Summe der Abstände von M zu den Ecken kleiner als die Summe der Abstände von D zu den Ecken ist.

Aus der oben bewiesenen Aussage folgt, daß $|\overline{MA}| + |\overline{MB}| + |\overline{MC}| = |\overline{DE}| + |\overline{DF}| + |\overline{DG}|$ ist (wobei $\overline{DE}$, $\overline{DF}$ bzw. $\overline{DG}$ die Lote auf $\overline{RQ}$, $\overline{RP}$ bzw. $\overline{QP}$ sind).

Nun gilt aber
$|\overline{DE}| + |\overline{DF}| + |\overline{DG}| < |\overline{DA}| + |\overline{DB}| + |\overline{DC}|$.
(Der kürzeste Abstand eines Punktes von einer Geraden ist gleich der Länge des Lotes vom Punkt auf die Gerade.)

Durch Substitution erhalten wir:
$|\overline{MA}| + |\overline{MB}| + |\overline{MC}| < |\overline{DA}| + |\overline{DB}| + |\overline{DC}|$.

Nachdem nun der Satz bewiesen wurde, werden sich die Schüler fragen, warum wir uns während dieser Diskussion auf Dreiecke mit Innenwinkeln kleiner als 120° beschränkt haben. Lassen Sie sie versuchen, in einem stumpfwinkligen Dreieck mit

---

[46] Anm. d. Übers.: Eigentlich müßte zwischen dem geometrischen Objekt $\angle ABC$ und seinem Maß $|\angle ABC|$ unterschieden werden. Ist der Kontext eindeutig, bezeichnen wir jedoch auch das Maß des Winkels einfach mit $\angle ABC$.

einem Winkel von 150° den Punkt M zu konstruieren. Der Grund für unsere Beschränkung sollte dann offensichtlich sein.

Nachbereitung

Um das Verständnis der Schüler für die obigen Übungen zu überprüfen, bitten Sie sie:

1. Zu beweisen, daß die Summe der Abstände der Seiten eines gleichseitigen Dreiecks von einem inneren Punkt konstant ist.

2. Den Punkt minimalen Abstandes eines Dreiecks zu bestimmen, dessen Innenwinkel kleiner als 120° sind.

3. Den Punkt minimalen Abstandes eines Vierecks zu bestimmen.

Literatur

Posamentier, Alfred S. *Excursions in Advanced Euclidean Geometry.* Menlo Park, Ca.: Addison-Wesley, 1984.

45
Nochmals: Das gleichschenklige Dreieck

Bereits früh im Geometrieunterricht führen die Schüler Beweise unter Verwendung gleichschenkliger Dreiecke bzw. am gleichschenkligen Dreieck durch. In einem dieser Beweise geht es um die Aussage, daß die Winkelhalbierenden der Basiswinkel eines gleichschenkligen Dreiecks kongruent sind. Obwohl dieser Beweis ziemlich einfach ist, ist die Umkehrung der Aussage wesentlich schwieriger zu beweisen und vielleicht unter die am schwierigsten zu beweisenden Aussagen der euklidischen Geometrie einzuordnen. Diese Einheit zeigt verschiedene Wege, auf denen Schüler diese Aussage beweisen können.

Lernziele

Die Schüler beweisen die folgende Aussage: Sind zwei Winkelhalbierende eines Dreiecks kongruent, dann ist das Dreieck gleichschenklig.

Vorbereitung

Die Schüler sollten im Beweisen geometrischer Aussagen geübt sein und auch indirekte Beweise beherrschen.

Lehrmethoden

Beginnen Sie Ihre Darstellungen, indem Sie die Schüler bitten, folgende Aussage zu beweisen:

Die Winkelhalbierenden der Basiswinkel eines gleichschenkligen Dreiecks sind kongruent.

Vielleicht beginnen Sie den Beweis mit den Schülern in folgender Form:

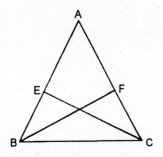

Abb. 1

Vor.: $\triangle ABC$, gleichschenklig mit $|\overline{AB}| = |\overline{AC}|$, Winkelhalbierenden $\overline{BF}$ und $\overline{CE}$ (Abb. 1)

Beh.: $\overline{BF} \cong \overline{CE}$

Beweis:

Es gilt $\angle FBC = \frac{1}{2} \angle ABC$ und $\angle BCE = \frac{1}{2} \angle BCA$.
Wegen $\angle CBA = \angle BCA$ (Basiswinkel des gleichschenkligen Dreiecks), $\angle FBC = \angle BCE$ und $\overline{BC} \cong \overline{BC}$ ist $\triangle FBC \cong \triangle BCE$ (Kongruenzsatz WSW). Damit ist aber $\overline{BF} \cong \overline{CE}$.

Nachdem die Schüler diesen Beweis geführt haben, bitten Sie sie, die Umkehrung der gerade bewiesenen Aussage zu formulieren:

Einheit 45 Nochmals: Das gleichschenklige Dreieck

Sind zwei Winkelhalbierende eines Dreiecks kongruent, dann ist das Dreieck gleichschenklig.

Fordern Sie die Schüler auf, diese neue Behauptung zu beweisen. Da es sehr unwahrscheinlich ist, daß Ihre Schüler in der Lage sind, diese Behauptung in kurzer Zeit zu beweisen, können Sie ihnen vielleicht einen der folgenden Beweise vorführen. Sie werden ziemlich erstaunt sein, daß die Umkehrung einer recht leicht zu beweisenden Aussage so schwierig zu beweisen ist. Jeder der folgenden Beweise ist sehr instruktiv und verdient besondere Aufmerksamkeit.

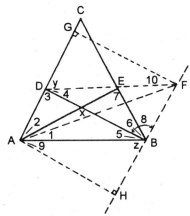

Abb. 2

Vor.: $\overline{AE}$ und $\overline{BD}$ sind Winkelhalbierende des Dreiecks $\triangle ABC$ (Abb. 2). $\overline{AE} \cong \overline{BD}$.

Beh.: $\triangle ABC$ ist gleichschenklig.

Beweis:

Zeichne $\angle DBF \cong \angle BEA$, so daß $\overline{BF} \cong \overline{BE}$ erfüllt ist.
Zeichne $\overline{DF}$.
Zeichne außerdem $\overline{FG} \perp \overline{AC}$ und $\overline{AH} \perp \overline{FB}$.
Nach Voraussetzung ist $\overline{AE} \cong \overline{DB}$ und $\overline{FB} \cong \overline{EB}$ sowie $\angle 8 \cong \angle 7$.
Damit ist $\triangle ABE \cong \triangle DBF$ (SWS), $|\overline{DF}| = |\overline{AB}|$ und $\angle 1 \cong \angle 4$.
Es gilt: $\angle x = \angle 2 + \angle 3$ (Außenwinkel im Dreieck)
$\angle x = \angle 1 + \angle 3$ (Substitution)
$\angle x = \angle 4 + \angle 3$ (Substitution)
$\angle x = \angle 7 + \angle 6$ (Außenwinkel im Dreieck)
$\angle x = \angle 7 + \angle 5$ (Substitution)
$\angle x = \angle 8 + \angle 5$ (Substitution)
Deshalb ergibt sich $\angle 4 + \angle 3 = \angle 8 + \angle 5$ (Transitivität) und folglich $\angle z = \angle y$.

Die rechtwinkligen Dreiecke $\triangle FGD$ und $\triangle AHB$ sind kongruent (SWW). Damit ist auch $|\overline{DG}| = |\overline{BH}|$ und $|\overline{FG}| = |\overline{AH}|$.
Die rechtwinkligen Dreiecke $\triangle AFG$ und $\triangle AHF$ sind kongruent und es gilt $|\overline{AG}| = |\overline{FH}|$.
Das Viereck $AHFG$ ist somit ein Parallelogramm.
Außerdem ist $\angle 9 = \angle 10$ (aus $\triangle AHB$ und $\triangle FGD$).
Es gilt weiterhin:
$\angle DAB = \angle BFD$ (Subtraktion)
$\angle BFD = \angle ABE$ (aus $\triangle DBF$ und $\triangle ABE$)
Damit ist aber $\angle DAB = \angle EBA$ (Transitivität) und das Dreieck $\triangle ABC$ ist gleichschenklig.

Die folgenden Beweise sind *indirekte Beweise* und verdienen u. U. eine besondere Einführung.

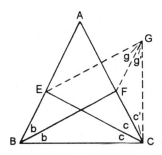

Abb. 3

Vor.: $\overline{BF}$ und $\overline{CE}$ sind Winkelhalbierende des Dreiecks $\triangle ABC$ (Abb. 3). $\overline{BF} \cong \overline{CE}$.

Beh.: $\triangle ABC$ ist gleichschenklig.

Indirekter Beweis I:

Angenommen, $\triangle ABC$ ist *nicht* gleichschenklig.
Sei $\angle ABC > \angle BCA$.
Es ist $\overline{BF} \cong \overline{CE}$ (Voraussetzung), $\overline{BC} \cong \overline{BC}$ und $\angle ABC > \angle BCA$ (Annahme), woraus $|\overline{CF}| > |\overline{BE}|$ folgt.
Konstruiere $\overline{FG}$ parallel zu $\overline{BE}$ durch F.
Konstruiere $\overline{EG}$ parallel zu $\overline{BF}$ durch E.
Das Viereck $BFGE$ ist ein Parallelogramm.
$\overline{BF} \cong \overline{EG}$, $\overline{EG} \cong \overline{CE}$, $\triangle GEC$ ist gleichschenklig.
Damit ist $\angle(g + g') = \angle(c + c')$,
aber $\angle g = \angle b$,
$\angle(b + g') = \angle(c + c')$.
Da nun $\angle b > \angle c$ ist, folgt $\angle g' < \angle c'$.
Im Dreieck $\triangle GFC$ haben wir $|\overline{CF}| < |\overline{FG}|$.
Da aber $|\overline{FG}| = |\overline{BE}|$ ist, gilt somit $|\overline{CF}| < |\overline{BE}|$.
Die Annahme der Ungleichheit der Winkel $\angle ABC$ und $\angle BCA$ führt also zu zwei einander widerspre-

chenden Ergebnissen $|\overline{CF}| < |\overline{BE}|$ und $|\overline{CF}| > |\overline{BE}|$. Folglich ist das Dreieck $\triangle ABC$ gleichschenklig.

Es schließt sich ein zweiter indirekter Beweis an:

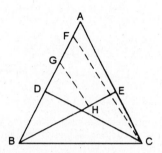

Abb. 4

Vor.: $\overline{BE}$ und $\overline{CD}$ sind Winkelhalbierende des Dreiecks $\triangle ABC$ (Abb. 4). $\overline{BE} \cong \overline{CD}$.

Beh.: $\triangle ABC$ ist gleichschenklig.

Indirekter Beweis II:

Im Dreieck $\triangle ABC$ besitzen die Winkelhalbierenden der Winkel $\angle ABC$ und $\angle BCA$ gleiche Längen (d. h. $|\overline{BE}|=|\overline{CD}|$).
Angenommen $\angle ABC < \angle BCA$. Dann gilt $\angle ABE < \angle DCA$.
Wir zeichnen dann $\triangle FCD$, das zu $\triangle DCA$ kongruent ist. Dabei ist zu beachten, daß ohne Beschränkung der Allgemeinheit F zwischen B und A gewählt werden kann. Im Dreieck $\triangle FBC$ ist $|\overline{BF}| > |\overline{CF}|$. (Falls in einem Dreieck zwei Winkel nicht übereinstimmen, dann stimmen auch die Längen der diesen Winkeln gegenüberliegenden Seiten nicht überein, und die größere Seite liegt dem größeren Winkel gegenüber.)
Wähle einen Punkt G, so daß $\overline{BG} \cong \overline{CF}$.
Zeichne dann $\overline{GH} \| \overline{CF}$.
Damit ist $\angle HGB \cong \angle CFB$ (Stufenwinkel) und $\triangle BHG \cong \triangle CDF$ (Kongruenzsatz WSW).
Daraus folgt, daß $|\overline{BH}| = |\overline{CD}|$ gilt.

Da aber $|\overline{BH}| < |\overline{BE}|$ ist, widerspricht dies der Annahme, daß die Winkelhalbierenden gleiche Länge besitzen. Ein ähnlicher Schluß wird zeigen, daß es unmöglich ist, $\angle BCA < \angle ABC$ zu erhalten.

Es folgt dann, daß $\angle BCA = \angle ABC$ gilt und das Dreieck gleichschenklig ist.

Nachbereitung

Lassen Sie die Schüler beweisen, daß, wenn zwei Winkelhalbierende eines Dreiecks kongruent sind, das Dreieck gleichschenklig ist.

Literatur

Posamentier, Alfred S., und Charles T. Salkind, *Challenging Problems in Geometry*. Palo Alto, CA: Dale Seymour Publications, 1988.

46

Reflexionseigenschaften der Ebene

Lernziele

Für eine gegebene Gerade und zwei Punkte auf einer Seite der Geraden bestimmen die Schüler den kürzesten Verbindungsweg von einem Punkt zur Geraden und von dort zum zweiten Punkt.

Vorbereitung

Bitten Sie die Schüler, unter Verwendung der Skizze in Abb. 1 die genaue Position des Punktes an der Bande $\overline{PQ}$ eines Billardtisches ausfindig zu machen, den die Kugel A treffen muß, um dann die Kugel B zu treffen (vorausgesetzt, die Kugel wird ohne Drall gespielt).

Die verschiedenen Meinungen darüber, wohin die Kugel zu spielen ist, werden genügend Interesse für den Gegenstand dieser Einheit – die Eigenschaften der Reflexion – wecken.

Lehrmethoden

Lassen Sie die Klasse versuchen, folgende Eigenschaft zu beweisen: "Ein Lichtstrahl verläßt einen Spiegel nach der Reflexion unter dem gleichen

Einheit 46 Reflexionseigenschaften der Ebene

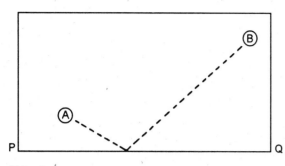

Abb. 1

Winkel wie beim Auftreffen auf den Spiegel." (Diese Aussage kann nach der Betrachtung des folgenden Beweises leicht gezeigt werden.)

Um den *kürzesten Weg* vom Punkt A zur Geraden m und von dort zum Punkt B in Abb. 2 zu finden, betrachte das Lot von A auf die Gerade m (mit Lotfußpunkt C). Sei D der Punkt auf der Geraden AC mit $\overline{AC} \cong \overline{CD}$. Der Punkt D wird das *Spiegelbild* des Punktes A an der Geraden m genannt.

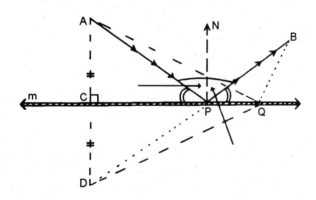

Abb. 2

Der Schnittpunkt von $\overline{BD}$ mit der Geraden m legt den Punkt P fest, den gesuchten Punkt unseres Ausgangsproblems. Was jedoch noch gezeigt werden muß, ist die Aussage, daß $|\overline{AP}| + |\overline{PB}|$ kürzer ist als *irgendein anderer* Weg von A zur Geraden m (sagen wir zum Punkt Q) und von dort nach B.

Für die Schüler ist es sicher günstig, von der konkreten Natur der Aussage zu abstrahieren und sie als "formalen Satz" zu formulieren und zu beweisen.

Vor.: Die Punkte A und B liegen auf der gleichen Seite der Geraden m. A, C und D sind kollinear[47]. $\overline{AD} \perp \overline{CP}$, Q irgendein Punkt auf CP (verschieden von P), D, P und B sind kollinear, $\overline{AC} \cong \overline{CD}$.

Beh.: $|\overline{AP}| + |\overline{PB}| < |\overline{AQ}| + |\overline{QB}|$

Beweisskizze: Da die Gerade m die Mittelsenkrechte von $\overline{AD}$ ist, gilt $\overline{AP} \cong \overline{DP}$ und $\overline{AQ} \cong \overline{QD}$. Im $\triangle DQB$ ist $|\overline{BD}| < |\overline{BQ}| + |\overline{QD}|$ (Dreiecksungleichung). Da $|\overline{BD}| = |\overline{DP}| + |\overline{PB}|$ ist, gilt $|\overline{AP}| + |\overline{PB}| < |\overline{AQ}| + |\overline{QB}|$.

Sie können nun der Klasse darlegen, daß wegen $\angle QBP \cong \angle DPC$ und $\angle CPA \cong \angle DPC$, $\angle CPA \cong \angle BPQ$ gilt. Falls $\overline{PN} \perp m$ ist, dann ist $\angle APN$, der Einfallswinkel, kongruent zu $\angle NPB$, dem Reflexionswinkel.

Lassen Sie die Schüler das Reflexionsgesetz auf die Aufgabe mit dem Billardtisch anwenden. Eine Billardkugel wird von der Bande in gleicher Weise zurückprallen wie ein Lichtstrahl, der von einem Spiegel zurückgeworfen wird. Falls also die Kugel sich in der Position A befindet (Abb. 3), und der Spieler beabsichtigt, sie mit Bande $\overline{PQ}$ zur Position B zu spielen, kann er seinen Stoß auf den Punkt von $\overline{PQ}$ richten, in dem er B sehen könnte, falls ein Spiegel entlang $\overline{PQ}$ plaziert wäre.

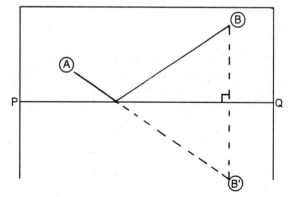

Abb. 3

Lassen Sie nun die Schüler die Aufgabe betrachten, daß zwei Banden ($\overline{PQ}$, dann $\overline{QR}$) berührt werden, ehe B getroffen wird.

Betrachte das Spiegelbild B' von B an $\overline{QR}$ (Abb. 4). Nun haben sie nur noch die Aufgabe zu

---

[47] Anm. d. Übers.: Drei Punkte heißen kollinear, falls sie auf ein und derselben Geraden liegen.

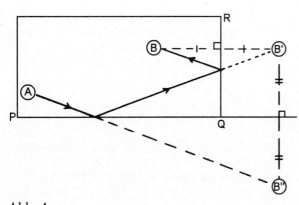

Abb. 4

betrachten, wohin die Kugel von A an die Bande $\overline{PQ}$ zu stoßen ist, um in Richtung B' zu rollen. Um das zu verwirklichen, lassen Sie sie das Spiegelbild B'' von B' an $\overline{PQ}$ verwenden. Der Schnittpunkt der Geraden, die A mit B'' verbindet, mit $\overline{PQ}$ ist der Punkt, auf den dieser Zweibandenstoß gerichtet werden muß. Die Schüler können sich diesen Punkt wieder als das Spiegelbild der Kugel vorstellen, das von A aus zu sehen ist, wenn sowohl entlang $\overline{PQ}$ als auch entlang $\overline{QR}$ Spiegel aufgestellt sind.

Eine motivierte Klasse wird nun vielleicht die Doppelreflexion ohne die Voraussetzung, daß die Banden einen rechten Winkel bilden, untersuchen wollen.

Zwei Spiegel, die einen festen Winkel einschließen, werden *Winkelspiegel* genannt. Lassen Sie die Klasse folgendes beweisen: Schickt ein Beobachter einen Lichtstrahl so in diesen Winkelspiegel, daß der Strahl von einem Spiegel reflektiert wird, dann wird der von dem zweiten Spiegel reflektierte Strahl mit dem einfallenden Strahl einen Winkel bilden, der das Doppelte des Winkels zwischen den Spiegeln beträgt. Mit anderen Worten:

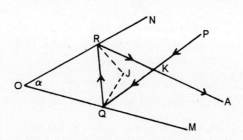

Abb. 5

Vor.: Spiegel OM und ON, sei $\angle NOM = \alpha$. Ein Lichtstrahl in P beginnend, auf Q auf OM gerichtet, von Q reflektiert nach R auf ON, von dort nach A (Abb. 5).

Beh.: $\angle RKP = 2\alpha$ [48]

Beweisskizze: Zeichne die Normalen (die Senkrechten) der Ebenen (der Spiegel) in den Einfallspunkten der Strahlen in jede Ebene, d. h. $QJ \perp OM$ im Punkt Q und $RJ \perp ON$ im Punkt R. Dann halbieren die Normalen QJ bzw. RJ nach dem Reflexionsgesetz die Winkel $\angle PQR$ bzw. $\angle ARQ$. Es gilt $\angle RKP = \angle KQR + \angle KRQ$ (Satz über Außenwinkel im Dreieck). Weiter ergibt sich $\angle RKP = 2(\angle RQJ + \angle JRQ)$ und $\angle RKP = 2(180° - \angle QJR)$. Da aber $\angle JRO$ und $\angle OQJ$ beides rechte Winkel sind, gilt $\angle ROQ = 180° - \angle QJR$ (die Innenwinkelsumme im Viereck beträgt 360°). Nach Substitution ist $\angle RKP = 2\angle ROQ = 2\alpha$.

Eine Anwendung des Winkelspiegels ergibt sich bei der Verwendung eines 45° Winkelspiegels daraus, daß der Lichtstrahl stets im Winkel von 90° reflektiert wird. Solch ein Paar von Spiegeln wird oft ein "optisches Quadrat" genannt, da es zur Bestimmung von aufeinander senkrecht stehenden Blickrichtungen verwendet wird.

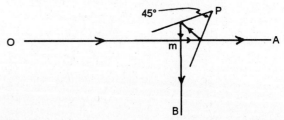

Abb. 6

Um zu demonstrieren, wie ein optisches Quadrat verwendet wird, stellen Sie an jeden der drei Punkte O, A und B einen Schüler, so daß die drei Punkte ein Dreieck bilden (Abb. 6). Unter Verwendung des optischen Quadrats sind sie in der Lage, den Lotfußpunkt des Lotes von B auf AO zu bestimmen. Dazu schaut der Schüler, der sich am Punkt O befindet, zum Schüler bei A. Ein weiterer Schüler bewegt sich, das optische Quadrat haltend, entlang der Geraden OA von O nach A,

---

[48] Anm. d. Übers.: Eigentlich müßte zwischen dem geometrischen Objekt $\angle ABC$ und seinem Maß $|\angle ABC|$ unterschieden werden. Ist der Kontext eindeutig, bezeichnen wir jedoch auch das Maß des Winkels einfach mit $\angle ABC$.

Einheit 47 Die Länge der Ecktransversalen eines Dreiecks

bis (in einem gewissen Punkt m) der Schüler bei O den Schüler bei B im Spiegel sehen kann. Der Punkt m ist der Fußpunkt des Lotes von B auf OA.

Nachbereitung

Stellen Sie den Schülern die Frage, wie mit Hilfe eines Spiegels die Höhe einer Fahnenstange bestimmt werden kann.

(Es gilt $x = \dfrac{h \cdot |\overline{BC}|}{|\overline{AB}|}$, wobei x die Höhe der Fahnenstange und h die Höhe des Beobachters beschreibt (Abb. 7).)

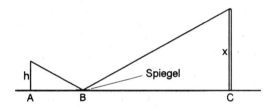

Abb. 7

47

Die Länge der Ecktransversalen eines Dreiecks

Diese Einheit präsentiert eine Methode, um die Länge *irgendeiner* Strecke zu bestimmen, die einen Eckpunkt eines Dreiecks mit irgendeinem Punkt der gegenüberliegenden Seite verbindet. Solch eine Strecke wird Ecktransversale[49] genannt. Die hier vorgestellte Technik ist für Schüler von besonderer Bedeutung, da durch sie eine Lücke in vielen Lehrplänen gefüllt wird. Den Schülern werden i. allg. Methoden gelehrt, die die Längenbestimmung spezieller Ecktransversalen wie Höhen und Seitenhalbierenden zum Inhalt haben. Nun

---

[49] Anm. d. Übers.: Zunächst heißt jede Gerade, die ein Dreieck schneidet, Transversale dieses Dreiecks, geht sie durch einen Eckpunkt, heißt sie Ecktransversale. Man spricht aber auch in bezug auf die Strecken, die durch das Dreieck aus den Geraden ausgeschnitten werden, von Transversalen.

werden die Schüler jedoch durch Anwendung des Stewartschen Satzes (benannt nach Matthew Stewart, der ihn 1745 veröffentlichte) in die Lage versetzt, die Länge *irgendeiner* Ecktransversalen eines Dreiecks zu bestimmen.

Lernziele

1. *Die Schüler bestimmen die Länge einer speziellen Ecktransversalen eines gegebenen Dreiecks, dessen Seitenlängen (und -abschnitte) bekannt sind.*

2. *Die Schüler verwenden eine spezielle Formel für die Bestimmung der Länge der Winkelhalbierenden eines Dreiecks, dessen Seitenlängen bekannt sind.*

Vorbereitung

Die Schüler sollten den größten Teil des Geometriekurses absolviert haben. Lassen Sie die Schüler zur Wiederholung folgende Aufgabe bearbeiten:

> Gegeben ist eine Dreieck mit den Seitenlängen 13, 14 und 15. Wie groß ist die Höhe auf der Seite der Länge 14?

Lehrmethoden

Eine der wichtigsten Fertigkeiten, die für die Herleitung des Stewartschen Satzes benötigt wird, ist die anwendungsbereite Kenntnis des Satzes des Pythagoras. Bereits die oben gestellte Aufgabe erfordert diese Fertigkeiten.

Nachdem die Schüler die entsprechende Skizze angefertigt haben, werden sie sofort zwei rechtwinklige Dreiecke erkennen (Abb. 1).

Auf diese Figur wird der Satz des Pythagoras zweimal angewendet, zunächst auf $\triangle ADC$ und anschließend auf $\triangle ABD$.

Für $\triangle ADC$:	$x^2 + (14-y)^2$	$= 225$
Für $\triangle ABD$:	$x^2 + y^2$	$= 169$
Nach Subtraktion:	$(14-y)^2 - y^2$	$= 56$
	y	$= 5$
und weiter	x	$= 12$

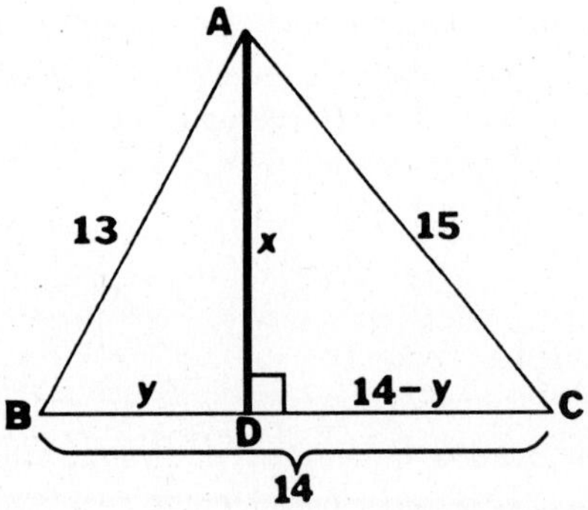

Abb. 1

Die Schüler haben somit zwei rechtwinklige Dreiecke mit ganzzahligen Seitenlängen vor sich: 5, 12, 13 und 9, 12, 15[50].

Fordern Sie nun Ihre Schüler auf, die Länge der Winkelhalbierenden des Dreiecks ΔABC durch den Eckpunkt A zu bestimmen. Nach kurzer Zeit wird sich ihre Ratlosigkeit zeigen. In diesem Augenblick beenden Sie die selbständige Arbeit der Klasse und diskutieren mit ihnen den Stewartschen Satz:

Satz von Stewart:

Für die durch Abb. 2 gegebenen Größen besagt der Satz:

$$a^2n + b^2m = c(d^2 + mn).$$

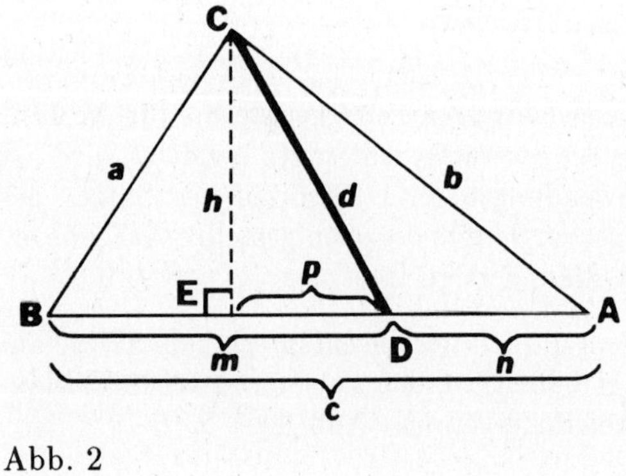

Abb. 2

Mit Hilfe dieses Satzes kann d aus a, b, m und n bestimmt werden. Es folgt nun der Beweis dieses sehr nützlichen Satzes.

Beweis :

Im ΔABC seien $|\overline{BC}| = a$, $|\overline{AC}| = b$, $|\overline{AB}| = c$, $|\overline{CD}| = d$. Der Punkt D teilt $\overline{AB}$ in zwei Teilstrecken: $\overline{BD} = m$ und $|\overline{DA}| = n$. Zeichne die Höhe $\overline{CE}$ mit $|\overline{CE}| = h$ und sei $|\overline{ED}| = p$.

Bevor wir mit dem Beweis des Satzes fortfahren, leiten wir zunächst zwei benötigte Formeln her. Die erste ist auf ΔCBD anzuwenden. Unter Verwendung des Satzes des Pythagoras und der Beziehung $|\overline{BE}| = m - p$ erhalten wir für ΔBEC

$$|\overline{BC}|^2 = |\overline{CE}|^2 + |\overline{BE}|^2 \quad \text{bzw.}$$

$$a^2 = h^2 + (m-p)^2. \tag{1}$$

Wenden wir den Satz des Pythagoras auf ΔCED an, haben wir $|\overline{CD}|^2 = |\overline{CE}|^2 + |\overline{ED}|^2$ oder $h^2 = d^2 - p^2$. Ersetzen wir h^2 in Gleichung (1), erhalten wir

$$\begin{aligned} a^2 &= d^2 - p^2 + (m-p)^2 \\ &= d^2 - p^2 + m^2 - 2mp + p^2. \end{aligned}$$

$$\text{Somit ist} \quad a^2 = d^2 + m^2 - 2mp. \tag{2}$$

In ähnlicher Weise ist bei ΔCDA vorzugehen. Unter Anwendung des Satzes des Satzes des Pythagoras auf ΔCEA finden wir

$$|\overline{AC}|^2 = |\overline{CE}|^2 + |\overline{AE}|^2.$$

Da $|\overline{AE}| = n + p$ ist, gilt

$$b^2 = h^2 + (n+p)^2. \tag{3}$$

Wegen $h^2 = d^2 - p^2$ erhalten wir aus (3) nach Substitution von h^2

$$\begin{aligned} b^2 &= d^2 - p^2 + (n+p)^2 \\ &= d^2 - p^2 + n^2 - 2np + p^2. \end{aligned}$$

$$\text{Somit ist} \quad b^2 = d^2 + n^2 - 2np. \tag{4}$$

Die Gleichungen (2) und (4) liefern uns die benötigten Formeln.

Wir multiplizieren nun Gleichung (2) mit n bzw. Gleichung (4) mit m, um

$$a^2n = d^2n + m^2n - 2mnp \tag{5}$$

bzw.

$$b^2m = d^2m + n^2m + 2mnp \tag{6}$$

zu erhalten.

Durch Addition der Gleichungen (5) und (6) haben wir

$$a^2n + b^2m = d^2n + d^2m + m^2n + n^2m + 2mnp - 2mnp.$$

[50] Anm. d. Übers.: Es handelt sich hier um sog. pythagoreische Zahlentripel, vgl. Einheit 51.

Einheit 47 Die Länge der Ecktransversalen eines Dreiecks

Damit ist $a^2n + b^2m = d^2(n+m) + mn(m+n)$. Da $m + n = c$ ist, ergibt sich $a^2n + b^2m = d^2c + mnc$ oder

$$a^2n + b^2m = c(d^2 + mn).$$

Ihre Schüler sollten nun in der Lage sein, im Dreieck $\triangle ABC$ die Länge der Seitenhalbierenden der Seite $\overline{BC}$ zu bestimmen, falls $|\overline{AB}| = 13$, $|\overline{BC}| = 14$ und $|\overline{AC}| = 15$ ist. Alles, was sie tun müssen, ist, den Stewartschen Satz wie folgt anzuwenden:

$$c^2n + b^2m = a(d^2 + mn).$$

Da aber $\overline{AD}$ eine Seitenhalbierende ist, gilt $m = n$ (Abb. 3).

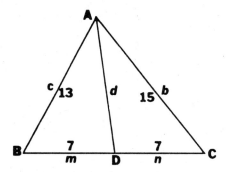

Abb. 3

Einsetzen der Werte in die obige Formel ergibt

$$13^2 \cdot 7 + 15^2 \cdot 7 = 14(d^2 + 49).$$

Damit ist $d = 2\sqrt{37}$.

Für die Bestimmung der Länge einer Winkelhalbierenden eines Dreiecks, führt der Satz von Stewart zu einer sehr übersichtlichen Beziehung, die die Schüler ohne Schwierigkeiten anwenden werden.

Lassen Sie die Schüler das Dreieck $\triangle ABC$ mit der Winkelhalbierenden $\overline{AD}$ betrachten (Abb. 4).

Aus dem Stewartschen Satz erhalten wir die folgende Beziehung:

$$c^2n + b^2m = a(w_\alpha^2 + mn) \quad \text{oder}$$
$$w_\alpha^2 + mn = \frac{c^2n + b^2m}{a}.$$

Es gilt aber

$$\frac{c}{b} = \frac{m}{n}.$$

(Die Winkelhalbierende des Winkels eines Dreiecks teilt die gegenüberliegende Seite in zwei Teile, deren Längen im gleichen Verhältnis wie die

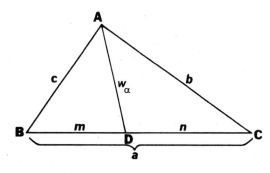

Abb. 4

Längen der anderen beiden Seiten des Dreiecks stehen. Die Umkehrung dieser Aussage gilt ebenfalls.)

Damit ist $cn = bm$.

Substitution in obiger Gleichung ergibt:

$$w_\alpha^2 + mn = \frac{cbm + cbn}{m+n} = \frac{cb(m+n)}{m+n} = cb.$$

Hieraus folgt $w_\alpha^2 = cb - mn$.

Nun sollten Ihre Schüler in der Lage sein, die Länge *irgendeiner* Ecktransversalen eines Dreiecks zu bestimmen. Zur Festigung stellen Sie Aufgaben zur Bestimmung von Winkel- und Seitenhalbierenden, bevor Sie zu anderen Typen von Ecktransversalen übergehen.

Nachbereitung

1. Bestimme die Länge der Höhe auf der längsten Seite eines Dreiecks mit den Seitenlängen 10, 12 und 14.

2. Bestimme die Länge der Seitenhalbierenden, die auf die längste Seite eines Dreiecks mit den Seitenlängen 10, 12 und 14 trifft.

3. Bestimme die Länge der Winkelhalbierenden, die auf die längste Seite eines Dreiecks mit den Seitenlängen 10, 12 und 14 trifft.

4. Bestimme im Dreieck $\triangle PQR$ mit $|\overline{PR}| = 7$, $|\overline{PQ}| = 8$, $|\overline{RS}| = 4$ und $|\overline{SQ}| = 5$ die Länge der Strecke $\overline{PS}$, wobei sich der Punkt S auf der Seite $\overline{RQ}$ befindet.

48

Eine überraschende Herausforderung

Diese Einheit will Schüler auf die Tatsache hinweisen, daß das, was in der Geometrie einfach erscheinen mag, tatsächlich recht schwierig sein kann.

Lernziele

Die Schüler analysieren und lösen eine gegebene Geometrieaufgabe eines hier vorgestellten Typs.

Vorbereitung

Die Schüler sollten in der Lage sein, mit relativ einfachen geometrischen Beweisen umzugehen, bevor sie diese Einheit angehen. Das hier dargestellte Problem ist zwar einfach zu formulieren, doch ziemlich schwierig zu lösen. Deshalb sollte sich diese Einheit an leicht über dem Durchschnitt liegende Schüler wenden.

Lehrmethoden

Das geometrische Problem, das Sie nun den Schülern stellen, erscheint den Schülern sicherlich ziemlich einfach und harmlos.

Aufgabe: $\triangle ABC$ ist gleichschenklig ($|\overline{AC}| = |\overline{BC}|$). $\angle ABD = 60°$, $\angle BAE = 50°$ und $\angle BCA = 20°$.
Bestimme die Größe des Winkels $\angle EDB$ (Abb. 1).

Den Schülern sollte eine angemessene Zeit zur Verfügung gestellt werden, um sich mit dem Problem auseinanderzusetzen. Sie werden sicher sehr schnell die Größen der Mehrzahl der Winkel des Dreiecks bestimmt haben. Sie werden jedoch auch bald erkannt haben, daß diese Aufgabe nicht so einfach ist, wie sie sich das zunächst vorgestellt hatten, da sie sehr wahrscheinlich nicht in der Lage sind, die gestellte Aufgabe zu lösen. An dieser Stelle können Sie mit Ihrer Diskussion des Lösungsweges beginnen.

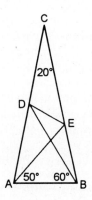

Abb. 1

Die Schüler werden schnell einsehen, daß Hilfsgeraden notwendig sind, um die Aufgabe zu lösen. Schlagen Sie vor, die Gerade $\overline{DG} \| \overline{AB}$ mit G auf $\overline{BC}$ einzuzeichnen. Zeichnen Sie dann $\overline{AG}$, die $\overline{BD}$ in F schneidet. Die letzte Strecke, die eingezeichnet wird, ist $\overline{EF}$ (Abb. 2).

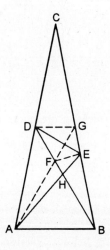

Abb. 2

Die Schüler sollten in der Lage sein zu beweisen, daß $\angle ABD \cong \angle BAG$ [51] ist. Dann ist $\angle AGD = \angle BAG = 60°$ (Wechselwinkel an geschnittenen Parallelen). Somit muß $\angle AFB = 60°$ sein, $\triangle AFB$ gleichseitig und $|\overline{AB}| = |\overline{BF}|$.

Da $\angle EAB = 50°$ und $\angle ABE = 80°$ sind, ist $\angle AEB = 50°$, womit $\triangle ABE$ gleichschenklig und $|\overline{AB}| = |\overline{BF}|$ wird. Deshalb ist $|\overline{BF}| = |\overline{BE}|$ (Transitivität) und $\triangle EFB$ gleichschenklig.

Da $\angle EBF = 20°$ ist, gilt $\angle BEF = \angle BFE =$

---

[51] Anm. d. Übers.: Eigentlich müßte zwischen dem geometrischen Objekt $\angle ABC$ und seinem Maß $|\angle ABC|$ unterschieden werden. Ist der Kontext eindeutig, bezeichnen wir jedoch auch das Maß des Winkels einfach mit $\angle ABC$.

Einheit 49 Mathematische Entdeckungen

80°. Wegen ∠$DFG = 60°$ ist ∠$GFE = 40°$, $|\overline{GE}| = |\overline{EF}|$ (gleiche Seitenlängen eines gleichschenkligen Dreiecks) und $|\overline{DF}| = |\overline{DG}|$ (Seiten eines gleichseitigen Dreiecks). Damit ist $DGEF$ ein Drachenviereck, d. h. zwei gleichschenklige Dreiecke teilen sich eine gemeinsame Basis. Damit teilt $\overline{DE}$ den Winkel ∠GDF (Eigenschaft des Drachenvierecks), woraus ∠$EDB = 30°$ folgt.

Eine weitere Lösungsvariante wird im folgenden beschrieben:

Im gleichschenkligen Dreieck △ABC ist ∠$ACB = 20°$, ∠$CAB = 80°$, ∠$ABD = 60°$ und ∠$EAB = 50°$. Zeichne $\overline{BF}$, so daß ∠$ABF = 20°$ gilt und danach $\overline{EF}$ (Abb. 3).

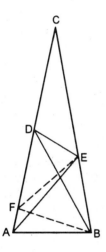

Abb. 3

Im △ABE ist ∠$AEB = 50°$ (Innenwinkelsumme im Dreieck ist 180°). Daraus folgt, daß △ABE gleichschenklig ist und

$$|\overline{AB}| = |\overline{BE}| \quad \text{gilt.} \qquad (1)$$

Auf ähnliche Weise ergibt sich, daß △FAB gleichschenklig ist, da ∠AFB = ∠$FAB = 80°$ gilt. Somit ist

$$|\overline{AB}| = |\overline{BF}|. \qquad (2)$$

Aus (1) und (2) erhalten wir $|\overline{BE}| = |\overline{BF}|$. Da ∠$FBE = 60°$ ist, ist △FBE gleichseitig und

$$|\overline{BE}| = |\overline{BF}| = |\overline{EF}|. \qquad (3)$$

Nun gilt im △DFB, daß ∠$FDB = 40°$ und ∠FBD = ∠ABD − ∠$ABF = 60° - 20° = 40°$. Damit ist auch △DFB gleichschenklig und

$$|\overline{DF}| = |\overline{BF}|. \qquad (4)$$

Es folgt dann aus (3) und (4), daß $|\overline{EF}| = |\overline{DF}|$ gilt, womit △FDE gleichschenklig und ∠FDE = ∠FED ist.

Aufgrund von ∠$AFB = 80°$ und ∠$EFB = 60°$, ergibt sich für den Außenwinkel ∠AFE des gleichschenkligen Dreiecks △FDE eine Größe von 140°. Weiter folgt, daß ∠$ADE = 70°$ ist. Damit ergibt sich ∠EDB = ∠ADE − ∠$FDB = 70° - 40° = 30°$.

Es gibt eine Reihe weiterer Möglichkeiten, diese Aufgabe zu lösen. Eine Quelle für sieben Lösungen dieser Aufgabe ist:

Challenging Problems in Geometry von A. S. Posamentier und C. T. Salkind, S. 149-54 (Seymour, 1988).

Nachbereitung

Lassen Sie die Schüler eine weitere Lösung für die obige Aufgabe finden.

49

Mathematische Entdeckungen

Diese Einheit soll es den Schülern ermöglichen, Entdeckungen auf der Basis von Beobachtungen zu machen, um dann eine Schlußfolgerung zu ziehen.

Lernziele

Konfrontiert mit einem mathematischen Muster, formulieren die Schüler ihre Beobachtungen und ziehen eine Schlußfolgerung.

Lehrmethoden

Diese Einheit besteht aus einer Reihe von kleineren mathematischen Unternehmungen, die von den Schüler verlangen, daß sie ein Muster oder eine Beziehung entdecken und danach ihre eigene Schlußfolgerung formulieren.

1. Wähle irgendzwei aufeinanderfolgende Quadratzahlen (z. B. 4 und 9). Gib eine Primzahl zwischen diesen beiden Zahlen an. Wiederhole das für 10 andere Paare von Quadratzahlen. Versuche nun ein Paar von aufeinanderfolgenden Quadratzahlen zu finden, die *keine* Primzahl einschließen. Welche Schlußfolgerung kannst Du aus diesem Versuch ziehen?

2. Wähle irgendeine ganze gerade Zahl größer als 2. Stelle nun diese gerade Zahl als Summe von genau zwei Primzahlen dar. Zum Beispiel: 8 = 3 + 5 und 18 = 7 + 11. Wiederhole das für mindestens 25 gerade Zahlen, bevor Du eine Schlußfolgerung ziehst.

3. Zeichne *irgendein* Dreieck. Dreiteile jeden Innenwinkel des Dreiecks sorgfältig unter Verwendung eines Winkelmessers. Finde die Schnittpunkte der nebeneinander liegenden Winkeldreiteilenden wie in Abb. 1 dargestellt.

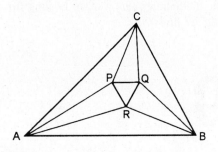

Abb. 1

Verbinde diese drei Punkte und untersuche das gebildete Dreieck. Wiederhole diese Konstruktion mindestens sechsmal, ehe irgendeine Schlußfolgerung gezogen wird.

4. Zeichne *irgendein* Parallelogramm. Konstruiere über zwei benachbarten Seiten des Parallelogramms zwei gleichseitige Dreiecke außerhalb des Parallelogramms. Verbinde dann die beiden am weitesten entfernt liegenden Eckpunkte der gleichseitigen Dreiecke mit der am weitesten entfernt liegenden Ecke des Parallelogramms (Abb. 2). Was für ein Dreieck wird gebildet? Wiederhole diesen Versuch mit mindestens sechs verschiedenen Parallelogrammen, ehe irgendeine Schlußfolgerung gezogen wird.

Die Schüler sollten in der Lage sein, einen Beweis ihrer Schlußfolgerung für das letzte Beispiel

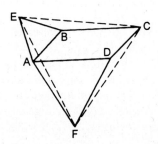

Abb. 2

zu führen. An den drei anderen Beispielen sollten sich die Schüler nicht versuchen; 1 und 2 sind nie bewiesen worden, während 3 extrem schwierig zu beweisen ist[52].

Sie können versuchen, ähnliche Experimente mit den Schülern durchzuführen. Es ist dabei für die Schüler von Bedeutung zu lernen, auf ihre Intuition in der Mathematik zu vertrauen und richtige induktive Schlüsse zu ziehen.

Nachbereitung

Bitten Sie die Schüler, die Summe der ersten 1, 2, 3, 4, 5, 6, ... 15 ungeraden Zahlen zu bilden und die 15 verschiedenen Summen zu notieren. Lassen Sie danach die Schüler eine logische Schlußfolgerung formulieren.

50
Mosaike und Vielecke

Lernziele

1. *Jeder Schüler entscheidet, ob mit gegebenen regelmäßigen Vielecken eine Ebene mosaikartig bedeckt werden kann.*

2. *Für eine Kombination verschiedener regelmäßiger Vielecke entscheidet jeder Schüler, ob eine Ebene mit diesen Vielecken bedeckt werden kann.*

---

[52] Zwei Beweise dieses Satzes können in *Challenging Problems in Geometry* von A. S. Posamentier und C. T. Salkind (Palo Alto, CA: Dale Seymour, 1988) S. 158-61 gefunden werden.

Einheit 50 Mosaike und Vielecke

Vorbereitung

Bevor Sie mit der Einheit beginnen, erklären Sie den Schülern, daß, wenn Vielecke aneinander angepaßt werden, um eine Ebene ohne Zwischenräume und ohne Überlappungen zu bedecken, das entstehende Muster ein *Mosaik* genannt wird. (Erwähnen Sie das Fliesenmuster auf Badezimmerfußböden als eines der häufigsten Anwendungen für Mosaike.) Ein Mosaik, das vollständig aus kongruenten regelmäßigen Vielecken besteht, die so aneinander angrenzen, daß kein Eckpunkt eines Vielecks an die Seite eines anderen stößt, wird regelmäßiges Mosaik genannt. Erklären Sie weiter, daß ein Netz von gleichseitigen Dreiecken, ein Schachbrettmuster von Quadraten und ein sechseckiges Muster die *einzigen* Mosaike aus regelmäßigen Vielecken sind, die es gibt.

Lehrmethoden

Um mathematisch zu zeigen, warum die obigen drei Muster die einzigen Mosaike sind, die den genannten Anforderungen genügen, bitten Sie die Klasse anzunehmen, daß m regelmäßige Vielecke erforderlich sind, um den Raum um einen Punkt (in dem sich die Ecken der Vielecke befinden) zu bedecken. Falls sie weiterhin annehmen, daß jedes regelmäßige Vieleck n Seiten besitzt, ist jeder Innenwinkel des Vielecks gleich $\frac{(n-2)\cdot 180°}{n}$. Damit ist $\frac{m(n-2)\cdot 180°}{n} = 360°$ und $(m-2)(n-2) = 4$.

Betrachten wir die letzte Gleichung, so müssen beide natürlichen Zahlen m und n größer als 2 sein. Für $m = 3$ wird $n = 6$. Ist $m > 3$, muß $n < 6$ sein. Da aber außerdem $n > 2$ erfüllt sein muß, kommen für n nur die Werte 3, 4 und 5 in Frage. Ist $n = 3$, ergibt sich $m = 6$, für $n = 4$ ist $m = 4$. Falls $n = 5$ ist, ist m nicht ganzzahlig. Damit sind die einzigen Lösungen $m = 3, n = 6$; $m = 4, n = 4$ und $m = 6, n = 3$. Lassen Sie die Schüler einfachere Möglichkeiten vorschlagen, diese Mosaike zu charakterisieren (6^3, 4^4, 3^6). Benutzen Sie die folgenden Skizzen, um zu verdeutlichen, daß keine weiteren regelmäßigen Vielecke Innenwinkel besitzen, die Teiler von 360° sind (Abb. 1).

Durch weitere Untersuchungen kann dieses Gebiet erweitert werden. Die Mosaike können auch gebildet werden, indem Vielecke zweier oder mehrerer

Abb. 1

verschiedener Arten auf eine solche Weise aneinander gelegt werden, daß gleiche Vielecke in gleicher zyklischer Ordnung einen Eckpunkt umgeben. Solche sog. *semi-regelmäßigen* Mosaike haben mindestens drei und höchstens sechs Vielecke an einem Eckpunkt.

Bitten Sie die Schüler, eine dreiteilige Anordnung (drei Vielecke teilen sich einen Eckpunkt) zu betrachten. Da die Winkelsumme um jeden Eckpunkt 360° betragen muß, ist eine solche Anordnung aus drei Vielecken mit jeweils n_1, n_2 bzw. n_3 Seiten nur dann möglich, wenn

$$\left(\frac{n_1-2}{n_1} + \frac{n_2-2}{n_2} + \frac{n_3-2}{n_3}\right) 180° = 360°$$

erfüllt ist. Hieraus erhalten wir

$$\left(\frac{n_1}{n_1} - \frac{2}{n_1} + \frac{n_2}{n_2} - \frac{2}{n_2} + \frac{n_3}{n_3} - \frac{2}{n_3}\right) 180° = 360°$$

$$1 + 1 + 1 - 2\left(\frac{1}{n_1} + \frac{1}{n_2} + \frac{1}{n_3}\right) = 2.$$

Damit muß

$$\frac{1}{n_1} + \frac{1}{n_2} + \frac{1}{n_3} = \frac{1}{2}$$

gelten.

Durch ähnliche Überlegungen können die Schüler die folgenden Bedingungen für weitere mögliche Anordnungen finden.

$$\frac{1}{n_1} + \frac{1}{n_2} + \frac{1}{n_3} + \frac{1}{n_4} = 1$$

$$\frac{1}{n_1} + \frac{1}{n_2} + \frac{1}{n_3} + \frac{1}{n_4} + \frac{1}{n_5} = \frac{3}{2}$$

$$\frac{1}{n_1} + \frac{1}{n_2} + \frac{1}{n_3} + \frac{1}{n_4} + \frac{1}{n_5} + \frac{1}{n_6} = 2$$

In der folgenden Tabelle werden die 17 ganzzahligen Lösungen aufgeführt, die betrachtet werden müssen.

Nr.	n_1	n_2	n_3	n_4	n_5	n_6
1	3	7	42			
2	3	8	24			
3	3	9	18			
4	3	10	15			
5	3	12	12			
6	4	5	20			
7	4	6	12			
8	4	8	8			
9	5	5	10			
10	6	6	6			
11	3	3	4	12		
12	3	3	6	6		
13	3	4	4	6		
14	4	4	4	4		
15	3	3	3	4	4	
16	3	3	3	3	6	
17	3	3	3	3	3	3

(Die Lösungen 10, 14 und 17 sind bereits diskutiert worden. Die Lösungen 1, 2, 3, 4, 6 und 9 können jeweils um einen einzelnen Eckpunkt gebildet werden, sie können aber nicht ausgedehnt werden, um die ganze Ebene zu bedecken.) Die Lösungen bestehen aus verschiedenen Kombinationen von Dreiecken, Quadraten, Sechsecken, Achtecken und Zwölfecken.

Jede der verbleibenden Lösungen kann als einzige Art der Anordnung für ein Design verwendet werden, das die gesamte Ebene überdeckt, ausgenommen die Lösung 11, die in Verbindung mit anderen wie z. B. 5 oder 15 verwendet werden muß.

Lassen Sie die Klasse die Lösung 5 betrachten. Hier treffen sich in einem Eckpunkt zwei Zwölfecke und ein Dreieck. Das erweiterte Schema kann durch Nebeneinanderstellen der Zwölfecke wie in Abb. 2 gebildet werden. Die verbleibenden Räume werden durch die Dreiecke ausgefüllt.

Die Lösung 7, die aus Zwölfecken, Sechsecken und Quadraten zusammengesetzt ist, die sich jeweils in einem Eckpunkt treffen, liefert hingegen ein komplizierteres Muster (Abb. 3).

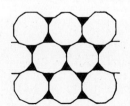
Abb. 2: Lösung 5

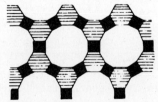
Abb. 3: Lösung 7

Ein Nebeneinanderlegen von Achtecken (Abb. 4) bildet die Lösung 8. Die Zwischenräume werden durch die Quadrate ausgefüllt.

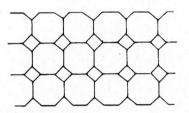

Abb. 4: Lösung 8

Zwei verschiedene Muster können aus der Lösung 12 durch das Nebeneinanderlegen von Sechsecken erhalten werden. In der einen Variante haben die Sechsecke gemeinsame Kanten, in der zweiten haben sie nur gemeinsame Eckpunkte (Abb. 5 und 6). Die Zwischenräume bilden Dreiecke oder die Form eines Diamants, der aus zwei Dreiecken besteht.

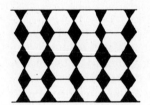 

Abb. 5: Lösung 12   Abb. 6: Lösung 12

Fordern Sie einzelne Schüler auf, die Muster für die restlichen Lösungen zu bestimmen und zu zeichnen.

Nachbereitung

1. Welche der folgenden regelmäßigen Vielecke können mosaikartig eine Ebene bedecken: (a) ein Quadrat, (b) ein Fünfeck, (c) ein Achteck, (d) ein Sechseck?

2. Welche der folgenden Kombinationen von regelmäßigen Vielecken können mosaikartig eine Ebene bedecken: (a) ein Achteck und ein Quadrat, (b) ein Fünfeck und ein Zehneck, (c) ein Sechseck und ein Dreieck?

Einheit 51 Der Satz des Pythagoras

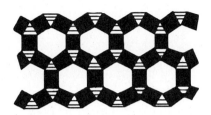

Abb. 7: Lösung 13

Abb. 9: Lösung 16

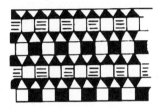

Abb. 8: Lösung 15

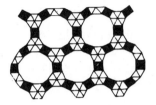

Abb. 10: Lösungen 11 & 16

51
Der Satz des Pythagoras

Lernziele

Die Schüler verwenden den Satz des Pythagoras, um geometrische Aufgaben zu lösen.

Außerdem ist zu erwarten, daß die Wertschätzung der Schüler für diesen Satz steigen wird.

Vorbereitung

Lassen Sie Ihre Schüler folgende Frage beantworten: Kann eine kreisrunde Tischplatte mit einem Durchmesser von 2,30 m durch eine rechteckige Tür passen, die 2,00 m hoch und 1,50 m breit ist?

Lehrmethoden

Die Schüler werden sofort erkennen, daß die Tischplatte nur dann möglicherweise durch die Tür paßt, wenn sie angekippt wird. Damit wird es notwendig, die Länge der Diagonalen eines 2 mal 1,5 Rechtecks zu bestimmen. An dieser Stelle könnten Sie den Satz des Pythagoras vorstellen. Es gibt über 360 Beweise für diesen Satz (vgl. Elisha S. Loomis, *The Pythagorean Proposition*, National Council of Teachers of Mathematics, Washington, D. C., 1968). Ein Lehrer sollte den Beweis auswählen, von dem er annimmt, daß er sowohl der interessanteste als auch der verständlichste für seine Klasse ist. Einige Beweise beruhen stark auf algebraischen Methoden, während andere rein geometrisch geführt werden.

Nachdem der Satz des Pythagoras bewiesen wurde, sind die Schüler bereit, ihre Kenntnisse über den Satz in einigen Aufgaben anzuwenden. Sie können nun sicherlich die Länge der Diagonalen der Tür (in der obigen Aufgabe) berechnen, die 2,50 m beträgt, woraus sie schließen können, daß die Tischplatte durch die Tür paßt. Es gibt viele weitere praktische Aufgaben, die als Anwendungen des Satzes des Pythagoras verwendet werden können. Nehmen wir z. B. an, daß Ihre Schüler sich für den Durchmesser eines Rohres interessieren. Um diesen Durchmesser zu bestimmen, ist nur ein Tischlerwinkel notwendig, der wie in Abb. 1 gezeigt an das Rohr angelegt wird.

Aus der Messung der Länge von x ergibt sich der Durchmesser des Rohres als $4,828 \cdot x$. Die Schüler sollten natürlich gebeten werden, diese Aussage zu überprüfen. Die gestrichelten Linien sollen zur Klärung der Situation beitragen. Wird der Satz des Pythagoras auf das rechte Dreieck angewendet, so ergibt sich

$$R^2 + R^2 = (R+x)^2 \quad \text{oder} \quad R = x(1+\sqrt{2}).$$

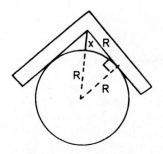

Abb. 1

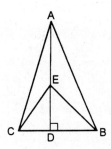

Abb. 3

Eine weitere Aufgabe, die Sie Ihren Schülern stellen können, besteht in der Bestimmung des Durchmessers eines Tellers, von dem nur noch ein Segment erhalten geblieben ist. Wieder wird die Situation durch eine Skizze erklärt (Abb. 2).

2. Stehen die Seitenhalbierenden $\overline{AD}$ und $\overline{BE}$ von $\triangle ABC$ senkrecht aufeinander, gilt

$$|\overline{AB}| = \sqrt{\frac{|\overline{AC}|^2 + |\overline{BC}|^2}{5}}.$$

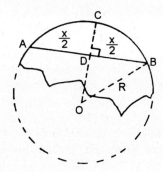

Abb. 2

3. Falls von irgendeinem inneren Punkt eines Dreiecks $\triangle ABC$ (Abb. 4) die Lote auf die Seiten des Dreiecks gefällt werden, ist die Summe der Quadrate der Längen der durch die Lotfußpunkte gegebenen Abschnitte der Seiten gleich der Summe der Quadrate der restlichen drei Abschnitte:

$$|\overline{BD}|^2 + |\overline{CE}|^2 + |\overline{AF}|^2 = |\overline{DC}|^2 + |\overline{EA}|^2 + |\overline{FB}|^2$$

Die Längen $|\overline{AB}|$ und $|\overline{CD}|$ können bestimmt werden, während die gestrichelten Linien die Diskussion des Lösungsweges erleichtern. Es seien $|\overline{AB}| = x$, $|\overline{CD}| = y$ und $|\overline{OB}|$ die Länge des gesuchten Radius. Damit ist $|\overline{OD}| = R - y$ und aufgrund des Satzes des Pythagoras gilt (im $\triangle ODB$)

$$(R-y)^2 + \frac{x^2}{4} = R^2 \quad \text{und weiter} \quad R = \frac{y}{2} + \frac{x^2}{8y},$$

so daß (in Abhängigkeit von den meßbaren Größen x und y) der Durchmesser $y + \frac{x^2}{4y}$ beträgt.

Aus rein geometrischen Gesichtspunkten gibt es einige ziemlich interessante Beziehungen, die mit Hilfe des Satzes des Pythagoras bewiesen werden können. Sie können vielleicht Ihrer Klasse einige dieser Beziehungen als weitere Anwendungen dieses Satzes vorstellen.

1. Ist E irgendein Punkt auf der Höhe $\overline{AD}$, dann gilt

$$|\overline{AC}|^2 - |\overline{CE}|^2 = |\overline{AB}|^2 - |\overline{EB}|^2 \quad \text{(Abb. 3).}$$

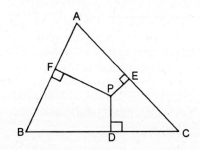

Abb. 4

4. Sind $\overline{AD}$, $\overline{BE}$ und $\overline{CF}$ Seitenhalbierende von $\triangle ABC$, so gilt

(I) $\frac{3}{4}(|\overline{AB}|^2 + |\overline{BC}|^2 + |\overline{CA}|^2) = |\overline{AD}|^2 + |\overline{BE}|^2 + |\overline{CF}|^2$,

(II) $5|\overline{AB}|^2 = 4|\overline{AE}|^2 + |\overline{BE}|^2$, falls $\angle ACB = 90°$.

Die vollständigen Lösungen dieser Aufgaben und viele weitere interessante Aufgaben können in: Posamentier, Alfred S. und Charles T. Salkind. *Challenging Problems in Geometry* (Palo Alto, CA: Seymour, 1988) gefunden werden.

Einheit 51 Der Satz des Pythagoras

Nachdem die Schüler diesen berühmten Satz des Pythagoras sicher beherrschen, können sie Verallgemeinerungen dieses Satzes betrachten.

Bis hierher verwendeten die Schüler den Satz des Pythagoras in der Form $a^2 + b^2 = c^2$, wobei a und b die *Längen* der Katheten eines rechtwinkligen Dreiecks und c die *Länge* der Hypotenuse sind. Dieser Satz könnte jedoch auch folgendermaßen interpretiert werden: "Die Summe der *Flächeninhalte* der Quadrate über den Katheten eines rechtwinkligen Dreiecks ist gleich dem *Flächeninhalt* des Quadrates über der Hypotenuse." Für das rechtwinklige Dreieck unten (Abb. 5) gilt

$$\mathcal{A}_{S_a} + \mathcal{A}_{S_b} = \mathcal{A}_{S_c},$$

wobei $\mathcal{A}$ den "Flächeninhalt von" bezeichnet).

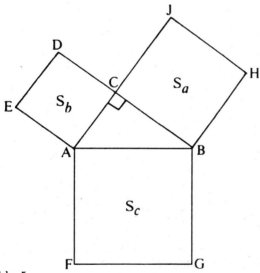

Abb. 5

Lassen Sie nun die Schüler diese Quadrate durch Halbkreise mit Durchmessern $|\overline{BC}|$, $|\overline{AC}|$ und $|\overline{AB}|$, oder durch ähnliche Vielecke ersetzen, so daß die entsprechenden Seiten auf den Seiten des Dreiecks liegen (Abb. 6).

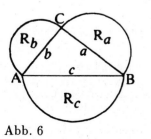 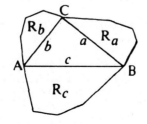

Abb. 6

Aus einer elementaren Beziehung über Flächeninhalte erhalten wir:

$$\frac{\mathcal{A}_{R_a}}{\mathcal{A}_{R_c}} = \frac{a^2}{c^2} \quad \text{und} \quad \frac{\mathcal{A}_{R_b}}{\mathcal{A}_{R_c}} = \frac{b^2}{c^2}.$$

Damit ist $\quad \dfrac{\mathcal{A}_{R_a} + \mathcal{A}_{R_b}}{\mathcal{A}_{R_c}} = \dfrac{a^2 + b^2}{c^2}.$

Es gilt jedoch aufgrund des Satzes des Pythagoras: $a^2 + b^2 = c^2$, so daß sich

$$\frac{\mathcal{A}_{R_a} + \mathcal{A}_{R_b}}{\mathcal{A}_{R_c}} = 1 \quad \text{und}$$

$\mathcal{A}_{R_a} + \mathcal{A}_{R_b} = \mathcal{A}_{R_c} \quad$ ergibt.

Die Bedeutung dieser Verallgemeinerung des Satzes des Pythagoras sollte hervorgehoben werden. Lassen Sie dann die Schüler andere Verallgemeinerungen aufstellen.

Bevor Sie diese geometrische Diskussion des Satzes des Pythagoras verlassen, könnten Sie Ihren Schülern noch zeigen, wie die Umkehrung dieses Satzes für die Entscheidung verwendet werden kann, ob ein Winkel eines Dreieck spitz, stumpf oder ein rechter Winkel ist, wenn die Seitenlängen des Dreiecks gegeben sind.

Das heißt,
falls $a^2 + b^2 = c^2$ gilt, ist $\measuredangle BCA$ ein rechter Winkel,
falls $a^2 + b^2 > c^2$ gilt, ist $\measuredangle BCA$ ein spitzer Winkel und
falls $a^2 + b^2 < c^2$ gilt, ist $\measuredangle BCA$ ein stumpfer Winkel.

Diese interessanten Beziehungen sollten für die Schüler von Nutzen sein.

Nach der Betrachtung des Satzes des Pythagoras unter geometrischen Gesichtspunkten, sollte es von Interesse sein, auch die zahlentheoretischen Aspekte dieses Satzes zu betrachten. Ein *pythagoreisches Tripel* – geschrieben als (a, b, c) – ist eine Menge von drei natürlichen Zahlen a, b und c, die der Gleichung $a^2 + b^2 = c^2$ genügen. Für jedes pythagoreische Tripel (a, b, c) und jede natürliche Zahl k ist auch (ka, kb, kc) ein solches Tripel. Ihre Schüler sollten das beweisen können.

Ein *primitives pythagoreisches Tripel* ist ein pythagoreisches Tripel, dessen erste beiden Zahlen *relativ prim* zueinander sind, was zur Folge hat, daß eine der beiden Zahlen gerade, die andere aber ungerade ist. Stellen Sie folgende Konstruktion vor: Berechne für natürliche Zahlen m und n mit $m > n$ die Zahlen $a = m^2 - n^2$, $b = 2mn$ und $c = m^2 + n^2$. (Für die Herleitung dieser Beziehungen sei auf: Sierpinski, W., *Pythagorean Triangles*. New York: Yeshiva University Press, 1962 verwiesen.) Nach der Erstellung einer Tabelle wie der folgenden werden die Schüler Vermutungen über die Eigenschaften der Zahlen m und n anzustellen beginnen, die bestimmte Typen pythagoreischer Tripel erzeugen. Die Schüler werden außerdem beginnen, die pythagoreischen Tripel in Gruppen einzuteilen.

m	n	$m^2 - n^2$	$2mn$	$m^2 + n^2$
2	1	3	4	5
3	2	5	12	13
4	1	15	8	17
4	3	7	24	25
5	4	9	40	41
3	1	8	6	10
5	2	21	20	29

Einige vorauszusehende Fragen sind: Was muß in bezug auf m und n gelten, damit (a, b, c) ein primitives pythagoreisches Tripel ist? Kann die Zahl c eines solchen Tripels gerade sein? Warum muß die gerade Zahl eines primitiven pythagoreischen Tripels durch 4 teilbar sein? Was muß für m und n gelten, damit die dritte Zahl eines primitiven pythagoreischen Tripels eine der anderen Zahlen um genau 1 übertrifft? Warum ist eine Zahl eines primitiven pythagoreischen Tripels stets durch 5 teilbar? Und warum ist das Produkt aller drei Zahlen eines pythagoreischen Tripels durch 60 teilbar?

Nach kurzer Zeit werden die Schüler beginnen, die Beziehungen zwischen pythagoreischen Tripeln zu untersuchen. Dieses echte Interesse, das durch eine ziemlich elementare Einführung in ein zahlentheoretisches Thema geweckt wurde, könnte der Beginn einer tiefergehenden Untersuchung eines bis dahin unbekannten Gebietes sein.

Die Behandlung des Satzes des Pythagoras bietet somit eine Vielzahl von Möglichkeiten, das Interesse der Schüler zu wecken. *Sie* müssen die Initiative ergreifen, diese "Variationen über ein Thema" vorzustellen. Wird das in richtiger Weise getan, werden die Schüler diese Bestrebungen fortführen.

Literatur

Posamentier, A. S., Banks, J. H. und Bannister, R. L. *Geometry, Its Elements and Structure*, 2d ed. New York: McGraw-Hill, 1977.

52
Nochmals: Zur Winkeldreiteilung

Lernziele

1. Die Schüler führen die Dreiteilung eines Winkels unter Verwendung einer von vier angebotenen Methoden durch.

2. Die Schüler beweisen die vier Methoden der Dreiteilung.

Vorbereitung

Die Schüler sollten über anwendungsbereites algebraisches Wissen verfügen. Sie sollten außerdem die gewöhnlich im Geometrieunterricht behandelten Konstruktionen und Beweise beherrschen.

Lehrmethoden

Nachdem Sie die folgende Konstruktion vorgestellt und begründet haben, sollten Sie diskutieren, warum dies im strengen Sinne keine Lösung des klassischen Problems der Dreiteilung eines Winkels nur unter Verwendung von Zirkel und Lineal ist.

Gegeben: $\triangle AOB_0$ mit $\angle B_0 OA = x$. [53]

Gesucht: $\triangle AOB_n$ mit $\angle B_n OA \longrightarrow \frac{2}{3}x$ für $n \longrightarrow \infty$.

Konstruktion und Begründung: (Abb. 1)

---

[53] Anm. d. Übers.: Eigentlich müßte zwischen dem geometrischen Objekt $\angle ABC$ und seinem Maß $|\angle ABC|$ unterschieden werden. Ist der Kontext eindeutig, bezeichnen wir jedoch auch das Maß des Winkels einfach mit $\angle ABC$.

Einheit 52 Nochmals: Zur Winkeldreiteilung

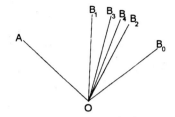

Abb. 1

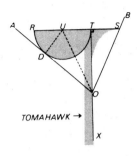

Abb. 2

1. Konstruiere $\overline{OB_1}$, die Winkelhalbierende von $\angle AOB_0$. Damit ist $\angle AOB_1 = x - \frac{1}{2}x$.

2. Konstruiere $\overline{OB_2}$, die Winkelhalbierende von $\angle B_1OB_0$. Damit ist $\angle AOB_2 = x - \frac{1}{2}x + \frac{1}{4}x$.

3. Konstruiere $\overline{OB_3}$, die Winkelhalbierende von $\angle B_1OB_2$. Damit ist $\angle AOB_3 = x - \frac{1}{2}x + \frac{1}{4}x - \frac{1}{8}x$.

4. Konstruiere $\overline{OB_4}$, die Winkelhalbierende von $\angle B_3OB_2$. Damit ist $\angle AOB_4 = x - \frac{1}{2}x + \frac{1}{4}x - \frac{1}{8}x + \frac{1}{16}x$.

5. Fahren wir in dieser Weise fort, so erhalten wir $\angle AOB_n = x - \frac{1}{2}x + \frac{1}{4}x - \frac{1}{8}x + \ldots \pm \left(\frac{1}{2}\right)^n x$. Multiplizieren wir dann beide Seiten dieser Gleichung mit $\frac{1}{2}$, ergibt sich $\frac{1}{2}\angle AOB_n = \frac{1}{2}x - \frac{1}{4}x + \frac{1}{8}x - \frac{1}{16}x + \ldots \pm \left(\frac{1}{2}\right)^{n+1} x$. Wir addieren nun diese zweite Gleichung zur ersten und erhalten

$$\frac{3}{2}\angle AOB_n = x \pm \left(\frac{1}{2}\right)^{n+1} x \quad \text{bzw.}$$

$$\angle AOB_n = \frac{2}{3}x\left[1 \pm \left(\frac{1}{2}\right)^{n+1}\right].$$

6. Lassen wir nun n gegen Unendlich streben (was der Ausführung einer *unendlichen* Anzahl von Konstruktionen entspricht), so strebt der Term $\left(\frac{1}{2}\right)^{n+1}$ gegen Null. Damit nähert sich $\angle AOB_n$ für wachsendes n dem gesuchten $\frac{2}{3}x$.

Die zweite Konstruktion fügt den euklidischen Werkzeugen Zirkel und Lineal ein seltsam aussehendes Gerät hinzu, das *Tomahawk* (Abb. 2) genannt wird (erstmals von Bergery in der dritten Auflage von *Geometrie Appliquee a l' Industrie*, Metz, 1835 veröffentlicht).

Um einen Tomahawk zu konstruieren, beginne mit einer Strecke $\overline{RS}$, die durch die Punkte U und T dreigeteilt ist. Zeichne einen Halbkreis um U mit dem Radius $|\overline{UT}|$ und die Senkrechte $\overline{TX}$ auf $\overline{RS}$. Vervollständige das Instrument wie in Abb. 2 gezeigt.

Um einen Winkel $\angle AOB$ dreizuteilen, lege das Instrument so auf den Winkel, daß S auf $\overline{OB}$ fällt, $\overline{TX}$ durch O verläuft und der Halbkreis die Strecke $\overline{AO}$ in einem Punkt D berührt. Da wir nun leicht zeigen können, daß $\triangle DOU \cong \triangle TOU \cong \triangle TOS$ gilt, haben wir

$$\angle DOU = \angle UOT = \angle TOS = \frac{1}{3}\angle AOB.$$

Die dritte Konstruktion basiert auf einem Satz von Archimedes. In diesem Satz wird ein Lineal verwendet, auf dem eine Strecke aufgetragen wurde. Diese Erweiterung der euklidischen Werkzeuge ermöglicht eine *Dreiteilung nach dem Einsetzungsprinzip*.

Um dieses Einsetzungsprinzip Schülern zu demonstrieren, lassen Sie sich unter Verwendung der euklidischen Werkzeuge an folgendem Problem versuchen.

Gegeben: $\overline{MN}$ und zwei Kurven q und n, so daß der kürzeste Abstand zweier Punkte auf q bzw. n kleiner oder gleich $\overline{MN}$ ist und ein Punkt O, der nicht auf q oder n liegt (Abb. 3).

Gesucht: Eine Gerade durch O, die q bzw. n in M_1 bzw. N_1 schneidet, so daß $|\overline{M_1N_1}| = |\overline{MN}|$ ist.

Bestimmte Spezialfälle ausgenommen ist dieses Problem mit Hilfe der euklidischen Werkzeuge allein unmöglich zu lösen. Lassen Sie die Schüler auf ihrem Lineal eine Strecke der Länge $|\overline{MN}|$ markieren. Es ist nun einfach, das markierte Lineal so an die Kurven anzulegen, daß es eine Gerade durch O beschreibt, die die beiden Kurven im Abstand $|\overline{MN}|$ schneidet.

Die Schüler sind nun bereit, die Dreiteilung nach dem Einsetzungsprinzip kennenzulernen.

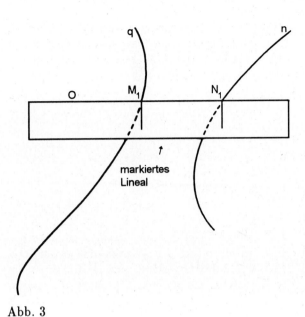

Abb. 3

3. Die Dreiecke $\triangle OCD$ und $\triangle BOC$ sind gleichschenklig.

4. Damit ist $\angle COD = \angle ODC = x$ und $\angle OCB = \angle CBO = y$.

5. Da $\angle OCB$ ein Außenwinkel von $\triangle OCD$ ist, gilt $\angle OCB = \angle DOC + \angle CDO = 2x$ oder $y = 2x$.

6. In gleicher Weise folgt, da $\angle AOB$ ein Außenwinkel von $\triangle OBD$ ist, $\angle AOB = \angle ADB + \angle DBO = x + 2x = 3x$.

7. Somit ist $\angle ADB = \frac{1}{3} \angle AOB$.

Cevas[54] Methode der Dreiteilung – die letzte dieser Einheit – verwendet ein Gerät, das aus vier drehbar verbundenen Linealen besteht. In Abb. 5 von Cevas Gestänge sind die Punkte C, D, E und O Drehpunkte, so daß das Viereck $CDEO$ ein Rhombus ist.

Gegeben: Kreis mit Mittelpunkt O und dem Zentriwinkel $\angle AOB$ (Abb. 4).

Gesucht: $\angle ADB$, so daß $\angle ADB = \frac{1}{3} \angle AOB$.

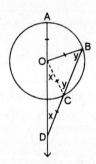

Abb. 4

Konstruktion:

1. Zeichne AO^+.

2. Markiere $|\overline{AO}|$ auf dem Lineal.

3. Zeichne $\overline{BD}$ unter Verwendung des Einsetzungsprinzips, so daß D auf AO^+ liegt und $\overline{BD}$ den Kreis im Punkt C mit $\overline{AO} \cong \overline{CD}$ schneidet. Dann ist $\angle ADB = \frac{1}{3} \angle AOB$.

Begründung:

1. Zeichne $\overline{OC}$.

2. Aufgrund der Konstruktion ist $\overline{AO} \cong \overline{BO} \cong \overline{CO} \cong \overline{DC}$ (die ersten drei Strecken sind Radien des Kreises um O und die vierte Strecke wurde kongruent zu $\overline{AO}$ konstruiert).

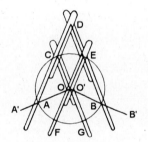

Abb. 5

Um einen gegebenen Winkel $\angle B'O'A'$ dreizuteilen, muß zunächst ein Kreis um O' mit dem Radius einer Seitenlänge des Rhombus $CDEO$ gezeichnet werden. Cevas Instrument wird nun auf den Winkel gelegt, so daß O und O' übereinstimmen. Es wird dann so justiert, daß DC^+ durch den Punkt A bzw. DE^+ durch den Punkt B geht, in dem OA'^+ bzw. OB'^+ den Kreis schneidet. Dann ist $\angle FOA = \angle GOF = \angle BOG = \frac{1}{3} \angle BOA$.

Der Beweis verwendet den Rhombus $CDEO$, um $\angle GCA = \angle COE = \angle BEF = \angle EDC = x$ zu erhalten. Folglich ist auch $\angle GOF = x$. Da die Punkte C und E auf dem Kreis liegen, sind die Dreiecke $\triangle ACG$ und $\triangle FEB$ einbeschriebene Dreiecke. Damit ist $\angle GCA = x = \frac{1}{2} \angle GOA$ und $\angle BEF = x = \frac{1}{2} \angle BOF$, was uns $2x = \angle GOA$ und $2x = \angle BOF$ liefert. Offensichtlich gilt dann $\angle FOA = \angle GOF = \angle BOG = \frac{1}{3} \angle BOA$.

---

[54] Anm. d. Übers.: Giovanni Ceva, ital. Mathematiker, 1647 – 1734.

Einheit 53 Der Satz des Ceva

Nachbereitung

1. Beweise, daß die *Tomahawk*-Methode zur Dreiteilung funktioniert.

2. Dreiteile einen beliebigen gegebenen Winkel unter Verwendung von einer der beiden in dieser Einheit vorgestellten Methoden.

53

Der Satz des Ceva

Diese Einheit stellt den Schülern einen Satz vor, der sich in vielen Fällen als sehr nützlich erweist, wenn es darum geht zu beweisen, daß Geraden einander in einem Punkt schneiden.

Lernziele

Die Schüler wenden den Satz des Ceva auf geeignete Fragestellungen an, um zu beweisen, daß Geraden einander in einem Punkt schneiden.

Vorbereitung

Lassen Sie die Schüler versuchen, folgende Beweise zu erbringen:

1. Beweise, daß die Seitenhalbierenden eines Dreiecks einander in einem Punkt schneiden.

2. Beweise, daß die Winkelhalbierenden eines Dreiecks einander in einem Punkt schneiden.

3. Beweise, daß die Höhen eines Dreiecks einander in einem Punkt schneiden.

Lehrmethoden

Überdurchschnittliche Schüler sollten, falls sie genügend Zeit zur Verfügung haben, einige dieser Aussagen beweisen können. Es ist anzumerken, daß die (synthetischen) Beweise, die sie normalerweise versuchen werden, zu den schwierigeren Beweisen des Geometriekurses des Gymnasiums zählen. Die Herausforderung der Schüler mit diesen ziemlich schwierigen Aufgaben liefert die Grundlage für die Vorstellung eines Satzes, der es dann erlaubt, diese Aufgaben auf ganz einfache Weise zu lösen.

Dieser Satz, der zuerst 1678 von dem italienischen Mathematiker Giovanni Ceva veröffentlicht wurde, lautet:

> Drei Geraden, die von den Ecken A, B und C eines Dreiecks $\triangle ABC$ zu den gegenüberliegenden Seiten verlaufen, die sie in den Punkten L, M bzw. N schneiden, schneiden einander in einem Punkt genau dann, wenn gilt
> $$\frac{|\overline{AN}|}{|\overline{NB}|} \cdot \frac{|\overline{BL}|}{|\overline{LC}|} \cdot \frac{|\overline{CM}|}{|\overline{MA}|} = 1.$$

Bemerkung: Es sind zwei Fälle zu unterscheiden: Die Geraden schneiden einander innerhalb oder außerhalb des gegebenen Dreiecks.

Bevor dieser Satz auf die oben gestellten Aufgaben angewendet wird, sollte er bewiesen werden.

Vor.: $\triangle ABC$ mit N auf AB, M auf AC und L auf BC. Die Geraden AL, BM und CN schneiden einander im Punkt P.

Beh.: $\dfrac{|\overline{AN}|}{|\overline{NB}|} \cdot \dfrac{|\overline{BL}|}{|\overline{LC}|} \cdot \dfrac{|\overline{CM}|}{|\overline{MA}|} = 1$

Beweis:

Zeichne eine Gerade parallel zu BC durch A, die CP in S und BP in R schneidet (Abb. 1).

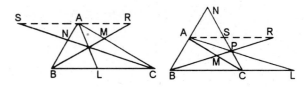

Abb. 1

Aus $\triangle AMR \sim \triangle CMB$ folgt

$$\frac{|\overline{AM}|}{|\overline{MC}|} = \frac{|\overline{AR}|}{|\overline{CB}|}. \qquad (1)$$

Aus $\triangle BNC \sim \triangle ANS$ folgt

$$\frac{|\overline{BN}|}{|\overline{NA}|} = \frac{|\overline{CB}|}{|\overline{SA}|}. \qquad (2)$$

Aus $\triangle CLP \sim \triangle SAP$ folgt

$$\frac{|\overline{CL}|}{|\overline{SA}|} = \frac{|\overline{LP}|}{|\overline{AP}|}. \qquad (3)$$

Aus $\triangle BLP \sim \triangle RAP$ folgt

$$\frac{|\overline{BL}|}{|\overline{RA}|} = \frac{|\overline{LP}|}{|\overline{AP}|}. \qquad (4)$$

Aus (3) und (4) erhalten wir

$$\frac{|\overline{CL}|}{|\overline{SA}|} = \frac{|\overline{BL}|}{|\overline{RA}|} \quad \text{bzw.} \quad \frac{|\overline{CL}|}{|\overline{BL}|} = \frac{|\overline{SA}|}{|\overline{RA}|}. \qquad (5)$$

Multiplikation von (1), (2) und (5) ergibt

$$\frac{|\overline{AM}|}{|\overline{MC}|} \cdot \frac{|\overline{BN}|}{|\overline{NA}|} \cdot \frac{|\overline{CL}|}{|\overline{BL}|} = \frac{|\overline{AR}|}{|\overline{CB}|} \cdot \frac{|\overline{CB}|}{|\overline{SA}|} \cdot \frac{|\overline{SA}|}{|\overline{RA}|} = 1.$$

Da der Satz des Ceva eine Äquivalenz ist, muß auch die Umkehrung der gerade bewiesenen Implikation gezeigt werden.

Vor.: $\triangle ABC$ mit N auf AB, M auf AC und L auf BC.
$$\frac{|\overline{AN}|}{|\overline{NB}|} \cdot \frac{|\overline{BL}|}{|\overline{LC}|} \cdot \frac{|\overline{CM}|}{|\overline{MA}|} = 1$$

Beh.: Die Geraden AL, BM und CN schneiden einander in einem Punkt.

Beweis:

Der Schnittpunkt der Geraden BM und AL sei P, der Schnittpunkt von CP und AB sei N'. Da AL, BM und CN' einander in einem Punkt schneiden, gilt aufgrund des bereits bewiesenen Teils des Satzes

$$\frac{|\overline{BL}|}{|\overline{LC}|} \cdot \frac{|\overline{CM}|}{|\overline{MA}|} \cdot \frac{|\overline{AN'}|}{|\overline{N'B}|} = 1.$$

Es gilt jedoch nach Voraussetzung:

$$\frac{|\overline{BL}|}{|\overline{LC}|} \cdot \frac{|\overline{CM}|}{|\overline{MA}|} \cdot \frac{|\overline{AN}|}{|\overline{NB}|} = 1.$$

Damit ist $\frac{|\overline{AN'}|}{|\overline{N'B}|} = \frac{|\overline{AN}|}{|\overline{NB}|}$, so daß N und N' übereinstimmen müssen. Damit schneiden die drei Geraden einander in einem Punkt.

Die Schüler sollten nun in der Lage sein, den Cevaschen Satz auf die obigen drei Aufgabenstellungen anzuwenden.

1. Beweise, daß die Seitenhalbierenden eines Dreiecks einander in einem Punkt schneiden.

Beweis: Im $\triangle ABC$ seien $\overline{AL}$, $\overline{BM}$ und $\overline{CN}$ die Seitenhalbierenden (Abb. 2).

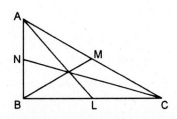

Abb. 2

Damit ist $|\overline{AN}| = |\overline{NB}|$, $|\overline{BL}| = |\overline{LC}|$ und $|\overline{CM}| = |\overline{MA}|$. Nach Multiplikation erhalten wir $|\overline{AN}| \cdot |\overline{BL}| \cdot |\overline{CM}| = |\overline{NB}| \cdot |\overline{LC}| \cdot |\overline{MA}|$ oder

$$\frac{|\overline{AN}|}{|\overline{NB}|} \cdot \frac{|\overline{BL}|}{|\overline{LC}|} \cdot \frac{|\overline{CM}|}{|\overline{MA}|} = 1.$$

Folglich schneiden nach dem Satz des Ceva die Geraden AL, BM und CN einander in einem Punkt.

2. Beweise, daß die Winkelhalbierenden eines Dreiecks einander in einem Punkt schneiden.

Beweis: Im $\triangle ABC$ seien AL, BM und CN die Winkelhalbierenden der Innenwinkel (Abb. 3).

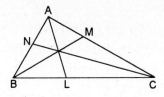

Abb. 3

Da eine Winkelhalbierende eines Dreiecks die gegenüberliegende Seite im Verhältnis der anliegenden Seiten teilt, ergeben sich folgende Proportionen:

$$\frac{|\overline{AN}|}{|\overline{NB}|} = \frac{|\overline{AC}|}{|\overline{BC}|}, \frac{|\overline{BL}|}{|\overline{LC}|} = \frac{|\overline{AB}|}{|\overline{AC}|} \text{ und } \frac{|\overline{CM}|}{|\overline{MA}|} = \frac{|\overline{BC}|}{|\overline{AB}|}.$$

Nach Multiplikation erhalten wir

$$\frac{|\overline{AN}|}{|\overline{NB}|} \cdot \frac{|\overline{BL}|}{|\overline{LC}|} \cdot \frac{|\overline{CM}|}{|\overline{MA}|} = \frac{|\overline{AC}|}{|\overline{BC}|} \cdot \frac{|\overline{AB}|}{|\overline{AC}|} \cdot \frac{|\overline{BC}|}{|\overline{AB}|} = 1.$$

Folglich schneiden nach dem Satz des Ceva die Winkelhalbierenden einander in einem Punkt.

3. Beweise, daß die Höhen eines Dreiecks einander in einem Punkt schneiden.

Beweis: Im $\triangle ABC$ seien $\overline{AL}$, $\overline{BM}$ und $\overline{CN}$ die Höhen (Abb. 4).

Einheit 54 Quadrate

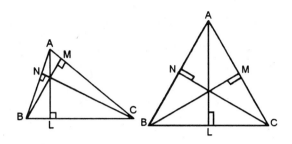

Abb. 4

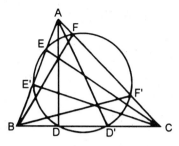

Abb. 5

Aus $\triangle ANC \sim \triangle AMB$ folgt $\dfrac{|\overline{AN}|}{|\overline{MA}|} = \dfrac{|\overline{AC}|}{|\overline{AB}|}$.

Aus $\triangle BLA \sim \triangle BNC$ folgt $\dfrac{|\overline{BL}|}{|\overline{NB}|} = \dfrac{|\overline{AB}|}{|\overline{BC}|}$.

Aus $\triangle CMB \sim \triangle CLA$ folgt $\dfrac{|\overline{CM}|}{|\overline{LC}|} = \dfrac{|\overline{BC}|}{|\overline{AC}|}$.

Nach Multiplikation dieser drei Gleichungen erhalten wir

$$\dfrac{|\overline{AN}|}{|\overline{MA}|} \cdot \dfrac{|\overline{BL}|}{|\overline{NB}|} \cdot \dfrac{|\overline{CM}|}{|\overline{LC}|} = \dfrac{|\overline{AC}|}{|\overline{AB}|} \cdot \dfrac{|\overline{AB}|}{|\overline{BC}|} \cdot \dfrac{|\overline{BC}|}{|\overline{AC}|} = 1.$$

Folglich schneiden nach dem Satz des Ceva die Höhen einander in einem Punkt.

Dies sind einige der einfacheren Anwendungsbeispiele für den Satz des Ceva. Eine Quelle für weitere Anwendungen ist: *Challenging Problems in Geometry Vol. II* von A. S. Posamentier und C. T. Salkind, Macmillan, 1970.

Nachbereitung

1. Lassen Sie die Schüler folgende Aussage unter Verwendung des Cevaschen Satzes beweisen: Gelten für das $\triangle ABC$ mit den Punkten P, Q bzw. R auf den Seiten $\overline{AB}$, $\overline{AC}$ bzw. $\overline{BC}$ die Beziehungen $\dfrac{|\overline{AQ}|}{|\overline{QC}|} = \dfrac{|\overline{BR}|}{|\overline{RC}|} = 2$ und $|\overline{AP}| = |\overline{PB}|$, so schneiden $\overline{AR}$, $\overline{BQ}$ und $\overline{CP}$ einander in einem Punkt.

2. $\triangle ABC$ schneidet einen Kreis in den Punkten D, D', E, E', F und F' (Abb. 5). Beweise die Aussage: Schneiden $\overline{AD}$, $\overline{BF}$ und $\overline{CE}$ einander in einem Punkt, so gilt das auch für $\overline{AD'}$, $\overline{BF'}$ und $\overline{CE'}$.

54
Quadrate

Diese Einheit soll die Fertigkeit der Schüler im Beweisen der Aussage, daß ein gegebenes Viereck ein Quadrat ist, verbessern. Außerdem wird das Thema des Schneidens von Geraden in einem gemeinsamen Punkt wiederholt.

Lernziele

Die Schüler erklären eine Methode, die es erlaubt zu beweisen, daß Geraden einander in einem gemeinsamen Punkt schneiden.

Vorbereitung

Die Schüler sollten mit den verschiedenen Eigenschaften eines Quadrates vertraut sein und einige Erfahrung im Führen von Beweisen besitzen, daß gewisse Vierecke Quadrate sind.

Lehrmethoden

Lassen Sie die Schüler je ein Quadrat auf den Seiten eines gegebenen Parallelogramms konstruieren, so daß sich die Quadrate außerhalb des Parallelogramms befinden (Abb. 1).

Lassen Sie sie die Mittelpunkte jedes Quadrates durch Einzeichnen der Diagonalen bestimmen. Fragen Sie die Klasse, welche Figur sich wohl durch die Verbindung aufeinanderfolgender Mittelpunkte ergeben wird. Ihre natürliche Neugier sollte die Schüler motivieren zu beweisen, daß $PQRS$ ein Quadrat ist.

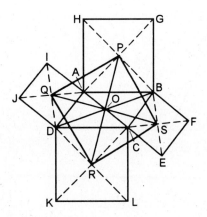

Abb. 1

Beweis: $ABCD$ ist ein Parallelogramm. Die Punkte P, Q, R bzw. S sind die Mittelpunkte der vier Quadrate $ABGH$, $DAIJ$, $DCLK$ bzw. $CBFE$. Es gilt $|\overline{PA}| = |\overline{DR}|$ und $|\overline{AQ}| = |\overline{QD}|$ (jede Strecke ist die Hälfte einer Diagonalen).

Sowohl der Winkel $\angle ADC$ als auch der Winkel $\angle IAH$ ist Supplementwinkel zu $\angle BAD$ (da $\angle DAI$ und $\angle HAB$ rechte Winkel sind). Damit ist $\triangle ADC \cong \triangle IAH$.

Da $\angle CDR = \angle QDA = \angle HAP = \angle QAI = 45°$ ist, gilt $\angle RDQ \cong \angle QAP$. Folglich ist $\triangle RDQ \cong \triangle PAQ$ (SWS) und $|\overline{QR}| = |\overline{QP}|$.

Auf ähnliche Weise kann gezeigt werden, daß $|\overline{QP}| = |\overline{PS}|$ und $|\overline{PS}| = |\overline{RS}|$ gilt.

Damit ist $PQRS$ ein Rhombus.

Da $\triangle RDQ \cong \triangle PAQ$ und $\angle RQD \cong \angle PQA$ gilt, ist $\angle PQR \cong \angle AQD$ (durch Addition). Da $\angle AQD$ ein rechter Winkel ist, ist auch $\angle PQR$ ein rechter Winkel und $PQRS$ ein Quadrat.

Bereits das sorgfältige Zeichnen der obigen Figur sollte anzeigen, daß die Diagonalen des Quadrates $PQRS$ und die Diagonalen des Parallelogramms $ABCD$ einander in ein und demselben Punkt schneiden. Dieser Beweis verdient besondere Aufmerksamkeit, da er den Nachweis dieser oft vernachlässigten Eigenschaft des Schneidens von Geraden in einem gemeinsamen Punkt veranschaulicht.

Um zu beweisen, daß die Diagonalen des Quadrates $PQRS$ und die Diagonalen des Parallelogramms $ABCD$ einander in einem Punkt schneiden, müssen wir zeigen, daß eine Diagonale des Quadrates und eine Diagonale des Parallelogramms einander halbieren. Mit anderen Worten: Wir beweisen, daß die Diagonalen des Quadrates und die Diagonalen des Parallelogramms alle den gleichen Mittelpunkt – den Punkt O – besitzen.

Wegen $\angle BAC \cong \angle DCA$ und $\angle PAB = \angle RCD = 45°$ ist $\angle PAC \cong \angle RCA$.[55]

Da $\angle AOP \cong \angle COR$ und $|\overline{AP}| = |\overline{CR}|$ ist, gilt $\triangle AOP \cong \triangle COR$ (Kongruenzsatz SWW).

Folglich ist $|\overline{AO}| = |\overline{CO}|$ und $|\overline{PO}| = |\overline{RO}|$.

Da $\overline{DB}$ durch den Mittelpunkt von $\overline{AC}$ (Diagonalen halbieren einander) und analog $\overline{QS}$ durch den Mittelpunkt von $\overline{PR}$ verläuft und da außerdem $\overline{AC}$ und $\overline{PR}$ den gleichen Mittelpunkt (den Punkt O) besitzen, haben wir gezeigt, daß $\overline{AC}$, $\overline{PR}$, $\overline{DB}$ und $\overline{QS}$ einander in einem Punkt schneiden, d. h. alle durch den Punkt O verlaufen.

Nachbereitung

Bitten Sie die Schüler, eine Beweismethode zu erklären, die es erlaubt zu zeigen, daß Geraden einander in einem Punkt schneiden. Es ist zu erwarten, daß sie die in dieser Einheit vorgestellte Methode erläutern.

55
Der Satz des Menelaos

Diese Einheit macht die Schüler mit einem Satz bekannt, der in bestimmten Fällen sehr nützlich ist, wenn es darum geht, die Kollinearität[56] von Punkten nachzuweisen.

Lernziele

Die Schüler wenden den Satz des Menelaos auf gegebene geeignete Fragestellungen an, um die Kollinearität von Punkten nachzuweisen.

---

[55] Anm. d. Übers.: Eigentlich müßte zwischen dem geometrischen Objekt $\angle ABC$ und seinem Maß $|\angle ABC|$ unterschieden werden. Ist der Kontext eindeutig, bezeichnen wir jedoch auch das Maß des Winkels einfach mit $\angle ABC$.

[56] Anm. d. Übers.: Drei oder mehr Punkte heißen kollinear, wenn sie auf einer Geraden liegen.

Einheit 55 Der Satz des Menelaos

Vorbereitung

Lassen Sie die Schüler versuchen zu beweisen, daß die Winkelhalbierenden zweier Innenwinkel eines nicht-gleichschenkligen Dreiecks und die Winkelhalbierende des dritten Außenwinkels die gegenüberliegenden Seiten in drei kollinearen Punkten schneiden.

Lehrmethoden

Im allgemeinen sind die Schüler nicht darauf vorbereitet, die Kollinearität von Punkten nachzuweisen. Sie werden somit in der Mehrzahl der Fälle feststellen, daß die in der Vorbereitung gestellte Aufgabe die Fähigkeiten der Schüler übersteigt. Diese Einheit wird jedoch einen Satz vorstellen, der eine recht einfache Lösung der obigen Aufgabe ermöglicht.

Dieser Satz, der Menelaos von Alexandria (um 100 n. Chr.) zugeschrieben wird, ist besonders beim Beweis der Kollinearität von Punkten hilfreich. Er lautet:

Die Punkte P, Q und R auf den Seiten $\overline{AC}$, $\overline{AB}$ und $\overline{BC}$ eines Dreiecks $\triangle ABC$ sind genau dann kollinear, wenn gilt

$$\frac{|\overline{AQ}|}{|\overline{QB}|} \cdot \frac{|\overline{BR}|}{|\overline{RC}|} \cdot \frac{|\overline{CP}|}{|\overline{PA}|} = 1.$$

Der Beweis besteht aus zwei Teilen.

Teil I, um $\dfrac{|\overline{AQ}|}{|\overline{QB}|} \cdot \dfrac{|\overline{BR}|}{|\overline{RC}|} \cdot \dfrac{|\overline{CP}|}{|\overline{PA}|} = 1$ zu zeigen.

Beweis: Die Punkte P, Q und R seien kollinear. Betrachte eine Gerade durch C, parallel zu $\overline{AB}$, die $\overline{PR}$ in D schneidet (Abb. 1 f.).

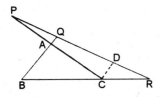

Abb. 1

Da $\triangle DCR \sim \triangle QBR$ ist, gilt $\dfrac{|\overline{DC}|}{|\overline{QB}|} = \dfrac{|\overline{RC}|}{|\overline{BR}|}$ oder

$$|\overline{DC}| = \frac{|\overline{RC}|}{|\overline{BR}|} \cdot |\overline{QB}|. \qquad (1)$$

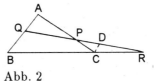

Abb. 2

In gleicher Weise folgt aus $\triangle PDC \sim \triangle PQA$, daß $\dfrac{|\overline{DC}|}{|\overline{AQ}|} = \dfrac{|\overline{CP}|}{|\overline{PA}|}$ oder

$$|\overline{DC}| = \frac{|\overline{CP}|}{|\overline{PA}|} \cdot |\overline{AQ}| \qquad (2)$$

gilt. Aus (1) und (2) ergibt sich:

$$\frac{|\overline{RC}|}{|\overline{BR}|} \cdot |\overline{QB}| = \frac{|\overline{CP}|}{|\overline{PA}|} \cdot |\overline{AQ}|.$$

Damit ist $|\overline{QB}| \cdot |\overline{RC}| \cdot |\overline{PA}| = |\overline{AQ}| \cdot |\overline{CP}| \cdot |\overline{BR}|$, woraus $\dfrac{|\overline{AQ}|}{|\overline{QB}|} \cdot \dfrac{|\overline{BR}|}{|\overline{RC}|} \cdot \dfrac{|\overline{CP}|}{|\overline{PA}|} = 1$ folgt.

Teil II beinhaltet den Beweis der Umkehrung der in *Teil I* bewiesenen Aussage.

Beweis: In Abb. 1 f. schneide die Gerade durch R und Q die Gerade AC in P'. Dann gilt aufgrund des bereits bewiesenen Teils des Satzes

$$\frac{|\overline{AQ}|}{|\overline{QB}|} \cdot \frac{|\overline{BR}|}{|\overline{RC}|} \cdot \frac{|\overline{CP'}|}{|\overline{P'A}|} = 1.$$

Es gilt jedoch nach Voraussetzung

$$\frac{|\overline{AQ}|}{|\overline{QB}|} \cdot \frac{|\overline{BR}|}{|\overline{RC}|} \cdot \frac{|\overline{CP}|}{|\overline{PA}|} = 1.$$

Damit ist $\dfrac{|\overline{CP'}|}{|\overline{P'A}|} = \dfrac{|\overline{CP}|}{|\overline{PA}|}$, so daß P und P' übereinstimmen müssen.

An dieser Stelle sollten die Schüler in der Lage sein, den Satz des Menelaos auf die obige Aufgabe anzuwenden.

Rufen Sie zunächst den Schülern den wichtigen Satz über die Proportionalitätseigenschaft der Winkelhalbierenden eines Dreiecks in Erinnerung.

Vor.: $\triangle ABC$ mit den Winkelhalbierenden $\overline{BM}$ und $\overline{CN}$ zweier Innenwinkel und der Winkelhalbierenden $\overline{AL}$ des Außenwinkels bei A.

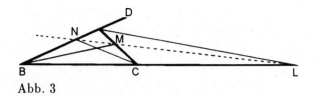

Abb. 3

Beh.: M, N und L sind kollinear (Abb. 3).

Beweis:

Da $\overline{BM}$ den Winkel $\angle ABC$ halbiert, ist

$$\frac{|\overline{AM}|}{|\overline{MC}|} = \frac{|\overline{AB}|}{|\overline{BC}|}.$$

Da $\overline{CN}$ den Winkel $\angle BCA$ halbiert, ist

$$\frac{|\overline{BN}|}{|\overline{NA}|} = \frac{|\overline{BC}|}{|\overline{AC}|}.$$

Da $\overline{AL}$ den äußeren Winkel $\angle DAC$ halbiert, ist

$$\frac{|\overline{CL}|}{|\overline{BL}|} = \frac{|\overline{AC}|}{|\overline{AB}|}.$$

Daraus ergibt sich durch Multiplikation

$$\frac{|\overline{AM}|}{|\overline{MC}|} \cdot \frac{|\overline{BN}|}{|\overline{NA}|} \cdot \frac{|\overline{CL}|}{|\overline{BL}|} = \frac{|\overline{AB}|}{|\overline{BC}|} \cdot \frac{|\overline{BC}|}{|\overline{AC}|} \cdot \frac{|\overline{AC}|}{|\overline{AB}|} = 1.$$

Somit müssen aufgrund des Satzes des Menelaos M, N und L kollinear sein.

Als weitere Übung in der Anwendung dieses nützlichen Satzes lassen Sie die Schüler folgende Behauptung zu beweisen:

Behauptung: Schneiden die Tangenten in den Punkten A, B bzw. C an den Umkreis eines Dreiecks $\triangle ABC$ die Geraden BC, AC bzw. AB in den Punkten P, Q bzw. R, so sind die Punkte P, Q und R kollinear (Abb. 4).

Beweis: Da $\angle CAB = \frac{1}{2}\angle COB = \angle CBQ$ gilt, ist $\triangle ABQ \sim \triangle BCQ$ und $\frac{|\overline{AQ}|}{|\overline{BQ}|} = \frac{|\overline{BA}|}{|\overline{BC}|}$ oder

$$\frac{|\overline{AQ}|^2}{|\overline{BQ}|^2} = \frac{|\overline{BA}|^2}{|\overline{BC}|^2}. \qquad (3)$$

Es gilt jedoch

$$|\overline{BQ}|^2 = |\overline{AQ}| \cdot |\overline{CQ}|. \qquad (4)$$

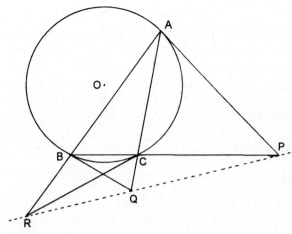

Abb. 4

Einsetzen von (4) in (3) ergibt

$$\frac{|\overline{AQ}|}{|\overline{CQ}|} = \frac{|\overline{BA}|^2}{|\overline{BC}|^2}. \qquad (5)$$

In ähnlicher Weise ergibt sich $\angle RCB = \frac{1}{2}\angle COB = \angle CAB$, woraus $\triangle CRB \sim \triangle ARC$ und $\frac{|\overline{CR}|}{|\overline{AR}|} = \frac{|\overline{BC}|}{|\overline{AC}|}$ oder

$$\frac{|\overline{CR}|^2}{|\overline{AR}|^2} = \frac{|\overline{BC}|^2}{|\overline{AC}|^2} \qquad (6)$$

folgt. Es gilt jedoch

$$|\overline{CR}|^2 = |\overline{AR}| \cdot |\overline{RB}|. \qquad (7)$$

Einsetzen von (7) in (6) ergibt

$$\frac{|\overline{RB}|}{|\overline{AR}|} = \frac{|\overline{BC}|^2}{|\overline{AC}|^2}. \qquad (8)$$

Die Schüler sollten nun aufgefordert werden, analog vorzugehen, um $\triangle CAP \sim \triangle ABP$ zu beweisen und in ähnlicher Weise

$$\frac{|\overline{PC}|}{|\overline{BP}|} = \frac{|\overline{AC}|^2}{|\overline{BA}|^2} \qquad (9)$$

zu erhalten.

Werden nun diese drei Proportionen (5), (8) und (9) multipliziert, ergibt sich

$$\frac{|\overline{AQ}|}{|\overline{CQ}|} \cdot \frac{|\overline{RB}|}{|\overline{AR}|} \cdot \frac{|\overline{PC}|}{|\overline{BP}|} = \frac{|\overline{BA}|^2}{|\overline{BC}|^2} \cdot \frac{|\overline{BC}|^2}{|\overline{AC}|^2} \cdot \frac{|\overline{AC}|^2}{|\overline{BA}|^2} = 1.$$

Somit sind wegen des Satzes des Menelaos die Punkte P, Q und R kollinear.

Einheit 56 Winkelbeziehungen am Kreis

Nachbereitung

Lassen Sie die Schüler mit Hilfe des Satzes des Menelaos beweisen, daß die Winkelhalbierenden der Außenwinkel eines nicht-gleichschenkligen Dreiecks die gegenüberliegenden Seiten in drei kollinearen Punkten schneiden (Abb. 5).

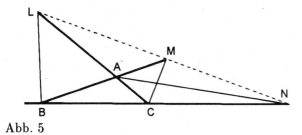

Abb. 5

56
Winkelbeziehungen am Kreis

Diese Einheit stellt einen ziemlich ungewöhnlichen Weg vor, die Sätze über Winkelmessungen mit einem Kreis darzustellen.

Lernziele

1. Unter Verwendung geeigneter Lehrmittel leiten die Schüler verschiedene Sätze über Winkelbeziehungen am Kreis mit Hilfe einer in dieser Einheit entwickelten Methode her.

2. Die Schüler sind in der Lage, Aufgaben, die die Anwendung der in dieser Einheit besprochenen Sätze erfordern, erfolgreich zu lösen.

Vorbereitung

Die Schüler sollten mit Winkeln am Kreis und ihrer Beziehung zu den entsprechenden Kreisbögen vertraut sein.

Lehrmethoden

Zusätzlich zu den üblichen Unterrichtsmitteln sollten Sie folgendes vorbereiten (Abb. 1):

(a) Ein Stück Pappe, auf dem zwei dunkel gefärbte Stücken Schnur befestigt sind, die einen Winkel bilden.

(b) Einen Kreis aus Pappe mit einem einbeschrieben Winkel, der zu dem "Schnurwinkel" kongruent ist.

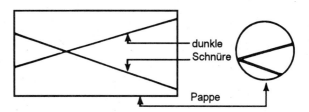

Abb. 1

Es ist wünschenswert, daß jeder Schüler dieses Arbeitsmaterial herstellt, um die folgenden Tätigkeiten selbst ausführen zu können.

Rufen Sie Ihren Schülern die Beziehung $\angle BAF = \frac{1}{2}\stackrel{\frown}{BF}$ zwischen einem einbeschriebenen Winkel und seinem eingeschlossen Bogen ins Gedächtnis [57]. Lassen Sie sie den Kreis so unter die Schnüre schieben, daß die beiden Winkel übereinstimmen (Abb. 2):

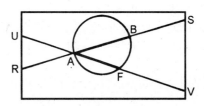

Abb. 2

Die Schüler lassen nun den Kreis in die in Abb. 3 beschriebene Position gleiten, wo die Schenkel von $\angle BAF$ parallel zu den Schenkeln des "Schnurwinkels" $\angle NMQ$ verlaufen und $\overline{UV}$ die Tangente in M an den Kreis bildet.

Die Schüler sollten erkennen, daß $\stackrel{\frown}{FM} = \stackrel{\frown}{AM}$ [58] und $\stackrel{\frown}{AM} = \stackrel{\frown}{BN}$ (wegen der Parallelität der Geraden) gilt. Folglich ist $\stackrel{\frown}{FM} = \stackrel{\frown}{BN}$. Da $\angle NMQ =$

---

[57] Anm. d. Übers.: Die genannte Beziehung gilt so nur für den Einheitskreis und beruht auf dem Zentriwinkel-Peripheriewinkelsatz.

[58] Anm. d. Übers.: Die Bögen werden hier stets mathematisch positiv durchlaufen. Häufig wird sich jedoch nicht auf den Bogen, sondern auf den entsprechenden Zentriwinkel bezogen.

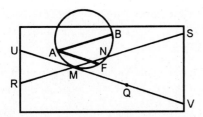

Abb. 3

$\angle BAF$ und $\angle BAF = \frac{1}{2}\widehat{BF} = \frac{1}{2}(\widehat{BN}+\widehat{NF}) = \frac{1}{2}(\widehat{FM}+\widehat{NF}) = \frac{1}{2}\widehat{MN}$ ist, gilt $\angle NMQ = \frac{1}{2}\widehat{MN}$. Damit ist der Satz bewiesen, daß *der Sehnentangentenwinkel halb so groß wie der eingeschlossene Bogen ist.*

Lassen Sie nun Ihre Schüler den Kreis in eine Position verschieben, in der der Scheitel des Schnurwinkels auf $\overline{AF}$ liegt und $\overline{AB}\|\overline{RS}$ gilt (Abb. 4).

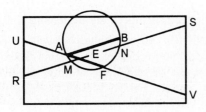

Abb. 4

Wieder gilt aufgrund der Parallelität der Geraden AB und MN, daß $\widehat{AM}=\widehat{BN}$ und $\angle BAF = \angle NEF$ ist. Die Schüler sollten nun erkennen, daß $\angle BAF = \frac{1}{2}\widehat{BF} = \frac{1}{2}(\widehat{BN}+\widehat{NF}) = \frac{1}{2}(\widehat{AM}+\widehat{NF})$ gilt. Sie können dann daraus schließen, daß $\angle NEF = \frac{1}{2}(\widehat{AM}+\widehat{NF})$ erfüllt ist. Damit ist der Satz bewiesen, daß *die Größe des Winkels zwischen zwei Sehnen, die einander im Inneren eines Kreises schneiden, die Hälfte der Summe der Größe der Bögen beträgt, die von dem Winkel und seinem Scheitelwinkel eingeschlossen werden.*

Um die nächste Aussage herzuleiten, lassen Sie die Schüler den Kreis in die in Abb. 5 gezeigte Position gleiten, in der der Schnurwinkel nun als Winkel fungiert, der von zwei Sekanten gebildet wird.

In dieser Position ist $\overline{AB}\|\overline{GI}$ und $\overline{AF}$ liegt auf $\overline{IF}$. Da $\overline{AB}\|\overline{GI}$ ist, gilt $\widehat{BG}=\widehat{HA}$ und $\angle BAF = \angle GIF$. Lassen Sie die Schüler wie oben schlußfolgern, daß $\angle BAF = \frac{1}{2}\widehat{FB} = \frac{1}{2}(\widehat{FB}+\widehat{BG}-\widehat{BG}) = \frac{1}{2}(\widehat{FB}+\widehat{BG}-\widehat{HA}) = \frac{1}{2}(\widehat{FG}-\widehat{HA})$ ist. Daraus können sie dann schließen, daß $\angle GIF = \frac{1}{2}(\widehat{FG}-\widehat{HA})$ gilt. Damit ist der Satz bewiesen, daß *die Größe des Winkels zwischen zwei Sehnen, die einander in einem Punkt außerhalb des Kreises schneiden, die Hälfte der Differenz der Größen der von den Sehnen eingeschlossenen Bögen beträgt.*

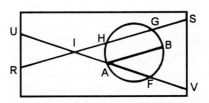

Abb. 5

Die nächste Position des Kreises dient den Schülern dazu, einen Winkel betrachten zu können, der von einer Tangente und einer Sekante des Kreises gebildet wird, wobei sich Tangente und Sekante außerhalb des Kreises schneiden. Lassen Sie die Schüler den Kreis in die in Abb. 6 beschriebene Position gleiten.

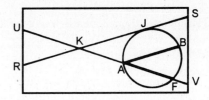

Abb. 6

Hier ist $\overline{AB}\|\overline{KS}$, $\overline{AF}$ liegt auf KV und $\overline{KS}$ ist Tangente an den Kreis in J. Wegen $\overline{AB}\|\overline{KS}$ ist $\widehat{JA}=\widehat{BJ}$ und $\angle BAF = \angle JKF$.

Inzwischen sollten die Schüler die folgenden Beziehungen ohne Schwierigkeiten herleiten können: $\angle BAF = \frac{1}{2}\widehat{FB} = \frac{1}{2}(\widehat{FB}+\widehat{BJ}-\widehat{BJ}) = \frac{1}{2}(\widehat{FB}+\widehat{BJ}-\widehat{JA}) = \frac{1}{2}(\widehat{FJ}-\widehat{JA})$. Sie sollten daraus schließen, daß $\angle JKF = \frac{1}{2}(\widehat{FJ}-\widehat{JA})$ gilt, womit der Satz bewiesen ist, daß *die Größe des Winkels zwischen einer Sekante und einer Tangente eines Kreises, die einander außerhalb des Kreises schneiden, die Hälfte der Differenz der Größen der von Sehne und Tangente eingeschlossenen Bögen beträgt.*

Zuletzt wird ein Winkel betrachtet, der von zwei Tangenten eingeschlossen wird. Um diesen zu er-

Einheit 57 Dreiteilung eines Kreises

57
Dreiteilung eines Kreises

halten, sollte der Kreis so positioniert werden, daß die beiden Schnüre Tangenten an den Kreis sind und daß jede der Schnüre parallel zu einem der beiden Schenkel des Winkels auf dem Kreis verläuft (Abb. 7).

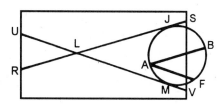

Abb. 7

Aufgrund der Positionierung des Kreises ist $\overline{AB} \| LS$ und $\overline{AF} \| LV$. Die Schüler sollten den Beweis selbständig vervollständigen können. Sie sollten begründen, daß $\widehat{BJ} = \widehat{JA}$ und $\widehat{MF} = \widehat{AM}$ und außerdem $\angle BAF = \angle JLM$ ist. Damit ergibt sich $\angle BAF = \frac{1}{2}\widehat{FB} = \frac{1}{2}(\widehat{FB} + \widehat{BJ} + \widehat{MF} - \widehat{BJ} - \widehat{MF}) = \frac{1}{2}(\widehat{FB} + \widehat{BJ} + \widehat{MF} - \widehat{JA} - \widehat{AM}) = \frac{1}{2}(\widehat{MJ} - \widehat{JM})$. Folglich ist $\angle JLM = \frac{1}{2}(\widehat{MJ} - \widehat{JM})$, womit der Satz bewiesen ist, daß *die Größe des von zwei Tangenten eines Kreises eingeschlossenen Winkels die Hälfte der Differenz der Größen der von den Tangenten eingeschlossenen Bögen beträgt.*

Zum Schluß machen Sie den Schülern klar, daß
(1) die Größe eines Winkels, dessen Scheitel *auf* dem Kreis liegt, die Hälfte des eingeschlossenen Bogens beträgt (Zentriwinkel-Peripheriewinkelsatz),
(2) die Größe eines Winkels, dessen Scheitel *innerhalb* des Kreises liegt, gleich der Hälfte der *Summe* der eingeschlossenen Bögen beträgt und
(3) die Größe eines Winkels, dessen Scheitel *außerhalb* des Kreises liegt, gleich der Hälfte der *Differenz* der eingeschlossenen Bögen beträgt.

Als alternative Methode für die Verwendung dieser Technik in Ihren Klassen sei auf *Geometry, Its Elements and Structure*, 2. Auflage von A. S. Posamentier, J. H. Banks und R. L. Bannister (McGraw-Hill, 1977), S. 396-402 verwiesen.

Nachbereitung

Lassen Sie die Schüler nochmals einige der obigen Sätze unter Verwendung der in der Einheit verwendeten Methode herleiten.

Die Teilung eines Kreises in zwei Gebiete gleichen Flächeninhalts ist eine ziemlich einfache Sache. Die Teilung in *drei* Gebiete gleichen Flächeninhalts ist jedoch eine wesentlich interessantere Aufgabe. In dieser Einheit werden die Schüler verschiedene Methoden für die Lösung dieser Aufgabe untersuchen.

Lernziele

Die Schüler sind in der Lage, einen Kreis in drei flächengleiche Gebiete zu zerlegen.

Vorbereitung

Die Schüler sollten in der Lage sein, einfache geometrische Konstruktionen unter Verwendung von Zirkel und Lineal durchzuführen. Außerdem sollten sie mit dem Satz des Pythagoras und der Formel für die Berechnung des Flächeninhalts eines Kreises vertraut sein.

Lehrmethoden

Bitten Sie die Schüler, einen Kreis in zwei flächengleiche Gebiete zu teilen. Eine offensichtliche Lösung besteht lediglich darin, einen Durchmesser in den gegebenen Kreis einzuzeichnen. Bitten Sie nun die Schüler, einen Kreis in drei flächengleiche Gebiete zu teilen (im weiteren "Dreiteilung des Kreises" genannt). Das sollte ebenfalls kein Problem für die Schüler sein, falls sie erkennen, daß sie nur (unter Verwendung von Zirkel und Lineal) drei aneinander angrenzende Winkel der Größe von jeweils 120° konstruieren müssen (Abb. 1).

Um diese Dreiteilung zu konstruieren, tragen sie einfach mit dem Zirkel auf dem Kreis sechs gleiche Bögen mit dem Kreisradius ab. Diese einfache Konstruktion kann durch einen Verweis auf die Konstruktion des einbeschriebenen regelmäßigen Sechsecks gerechtfertigt werden.

Falls Sie nun die Schüler nach einer weiteren Methode der Dreiteilung des Kreises fragen, werden

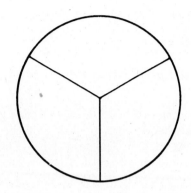

Abb. 1

sie sich sicher bemühen, eine andere Symmetriebeziehung, bezogen auf den Kreismittelpunkt, zu finden. Schließlich sollten diese Versuche zu einer Betrachtung zweier konzentrischer Kreise führen, die jeweils auch mit dem gegebenen Kreis konzentrisch sind. Die Aufgabe besteht dann nur noch darin, die Größen der Radien der beiden Kreise zu bestimmen.

Angenommen, die Schüler bestimmen zunächst den Radius x des ersten Kreises, dessen Fläche ein Drittel des gegebenen Kreises mit dem Radius r betragen soll. Dann ist $\pi x^2 = \frac{1}{3}\pi r^2$, was $x = \frac{r}{\sqrt{3}} = \frac{r\sqrt{3}}{3}$ ergibt. In gleicher Weise kann der Radius y des zweiten Kreises bestimmt werden, dessen Fläche zwei Drittel des gegebenen Kreises mit dem Radius r betragen soll, d. h. $\pi y^2 = \frac{2}{3}\pi r^2$, was $y = \frac{r\sqrt{2}}{\sqrt{3}} = \frac{r\sqrt{6}}{3}$ ergibt.

Da nun die gesuchten Längen gefunden sind, verbleibt die Aufgabe, diese Längen zu konstruieren. Lassen Sie die Schüler mit einem Kreis mit dem Radius r beginnen. Um x zu konstruieren, schreiben Sie $x = \frac{r\sqrt{3}}{3}$ als $\frac{x}{\sqrt{3}} = \frac{r}{3}$ um. Tragen Sie dann die Längen r und 3 auf einer Geraden ab (Abb. 2).

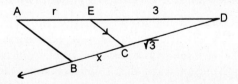

Abb. 2

Lassen Sie die Schüler auf einem Strahl, der mit der Geraden einen beliebigen Winkel einschließt,

die Länge $\sqrt{3}$ abtragen. Für die Konstruktion einer Strecke der Länge $\sqrt{3}$ können die Schüler irgendeine praktische Methode, z. B. eine Wurzelspirale (Abb. 3), verwenden.

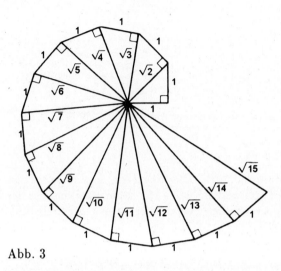

Abb. 3

Eine andere Methode zur Konstruktion einer Strecke der Länge $\sqrt{3}$ ist in Abb. 4 angegeben.

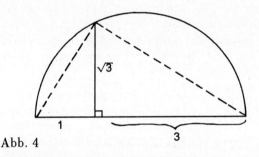

Abb. 4

Nachdem diese gesuchte Strecke auf dem Strahl abgetragen wurde (Abb. 2), konstruieren die Schüler eine zu $\overline{EC}$ parallele Gerade durch A, die DC^+ in B schneidet. Aufgrund des Strahlensatzes ist $x = |\overline{BC}| = \frac{r\sqrt{3}}{3}$.

Lassen Sie also die Schüler einen zum gegebenen Kreis konzentrischen Kreis mit dem Radius x zeichnen (Abb. 5). Der kleinere Kreis hat einen Flächeninhalt von einem Drittel des großen Kreises. Um die Dreiteilung zu vervollständigen, sollten die Schüler einen dritten zu den beiden vorhergehenden konzentrischen Kreis mit dem Radius y konstruieren.

Der Flächeninhalt des Kreises mit dem Radius y soll zwei Drittel des Flächeninhalts des Kreises mit dem Radius r betragen. Folglich ist $\pi y^2 = \frac{2}{3}\pi r^2$

Einheit 58 Der Satz des Ptolemäus

oder $y = \dfrac{r\sqrt{2}}{\sqrt{3}} = \dfrac{r\sqrt{6}}{3}$. Lassen Sie die Schüler eine Strecke der Länge y in ähnlicher Weise wie bei der Konstruktion der Strecke der Länge x konstruieren und danach den gesuchten Kreis einzeichnen (gestrichelte Linie in Abb. 5).

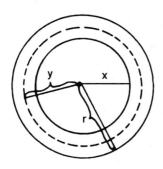

Abb. 5

Das Ergebnis zeigt einen dreigeteilten Kreis.

Eine faszinierendere Dreiteilung eines Kreises wird durch eine ziemlich ungewöhnliche Zerlegung erreicht (Abb. 6).

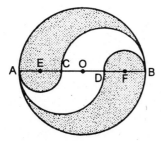

Abb. 6

In Abb. 6 wird der Durchmesser des gegebenen Kreises durch die Punkte C und D dreigeteilt. Es werden dann vier Halbkreise wie in der Abb. gezeigt eingezeichnet. Jedes der schattierten Gebiete hat einen Flächeninhalt von einem Drittel des Flächeninhalts des gegebenen Kreises. Somit hat auch das nichtschattierte Gebiet einen Flächeninhalt von einem Drittel des gegebenen Kreises, der damit dreigeteilt ist.

Um die Gültigkeit dieser Zerlegung nachzuweisen, müssen die Schüler zeigen, daß eines der schattierten Gebiete eine Fläche von einem Drittel des Ausgangskreises einnimmt. Der Flächeninhalt des "oberen" schattierten Gebietes ist gleich dem Flächeninhalt des Halbkreises mit Durchmesser $\overline{AB}$ minus dem Flächeninhalt des Halbkreises mit Durchmesser $\overline{BC}$ plus dem Flächeninhalt des Halbkreises mit Durchmesser $\overline{AC}$. Ist $|\overline{AE}| = r$, so ist $|\overline{AO}| = 3r$ und $|\overline{BD}| = 2r$. Damit ist der Flächeninhalt des "oberen" schattierten Gebietes

$$\frac{1}{2}\pi(3r)^2 - \frac{1}{2}\pi(2r)^2 + \frac{1}{2}\pi r^2$$
$$= \frac{9\pi r^2}{2} - \frac{4\pi r^2}{2} + \frac{\pi r^2}{2}$$
$$= 3\pi r^2.$$

Der Flächeninhalt des dreizuteilenden Kreises beträgt jedoch $\pi(3r)^2 = 9\pi r^2$. Somit beträgt der Flächeninhalt des schattierten Gebietes ein Drittel des Ausgangskreises, der damit dreigeteilt ist.

Nachbereitung

Lassen Sie die Schüler einen gegebenen Kreis in drei flächengleiche Gebiete zerlegen.

58

Der Satz des Ptolemäus

Diese Einheit stellt den Schülern einen sehr wichtigen Satz über Sehnenvierecke (einem Kreis einbeschriebenen Vierecke) vor.

Lernziele

Die Schüler wenden den Satz des Ptolemäus auf geeignete Aufgaben an, um diese erfolgreich zu lösen.

Vorbereitung

Stellen Sie den Schülern die Aufgabe, die Länge der Diagonalen eines gleichschenkligen Trapezes zu bestimmen, dessen Grundlinien 6 bzw. 8 Einheiten lang sind und dessen Schenkel die Länge 5 besitzen.

Lehrmethoden

Die Schüler, die mit dem Satz des Pythagoras vertraut sind, sollten in der Lage sein, diese Aufgabe zu lösen, indem sie den Satz zweimal anwenden.

Die Mehrzahl der Schüler wird jedoch eine weniger langweilige Lösungsmethode begrüßen. Stellen Sie hier den Satz des Ptolemäus vor.

Satz des Ptolemäus: In einem Sehnenviereck ist das Produkt der Längen der Diagonalen gleich der Summe der Produkte der Längen der Paare gegenüberliegender Seiten.

Bevor Sie daran gehen, diesen Satz zu beweisen, gehen Sie sicher, daß die Schüler die Aussage des Satzes verstanden haben und daß sie wissen, was ein Sehnenviereck ist. Einige der bekannteren Sätze über Sehnenvierecke sollten hier wiederholt werden. Es sollten auch Beispiele für Vierecke vorgestellt werden, die keine Sehnenvierecke sind, so daß die Schüler besser in der Lage sind, Sehnenvierecke zu erkennen.

Beweis: Betrachte ein Viereck $ABCD$, das in einen Kreis mit dem Mittelpunkt O einbeschrieben ist. Zeichne eine Gerade durch A, die CD in P schneidet, so daß $\angle CAB = \angle PAD$ gilt (Abb. 1).

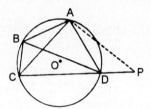

Abb. 1

Da das Viereck $ABCD$ ein Sehnenviereck ist, ist $\angle ABC$ ein Supplementwinkel zu $\angle CDA$. Da jedoch auch $\angle ADP$ Supplementwinkel zu $\angle CDA$ ist, gilt folglich $\angle ABC = \angle ADP$. Wir können dann zeigen, daß $\triangle BAC \sim \triangle DAP$ ist und damit

$$\frac{|\overline{AB}|}{|\overline{AD}|} = \frac{|\overline{BC}|}{|\overline{DP}|} \text{ oder } |\overline{DP}| = \frac{|\overline{AD}|}{|\overline{AB}|} \cdot |\overline{BC}| \text{ gilt.}$$

Wegen $\angle CAB = \angle PAD$ ist $\angle DAB = \angle PAC$. Da $\triangle BAC \sim \triangle DAP$, ist $\frac{|\overline{AB}|}{|\overline{AD}|} = \frac{|\overline{AC}|}{|\overline{AP}|}$.

Daraus folgt $\triangle ABD \sim \triangle ACP$ und weiter

$$\frac{|\overline{BD}|}{|\overline{CP}|} = \frac{|\overline{AB}|}{|\overline{AC}|} \text{ oder } |\overline{CP}| = \frac{|\overline{AC}|}{|\overline{AB}|} \cdot |\overline{BD}|.$$

Es gilt aber $|\overline{CP}| = |\overline{CD}| + |\overline{DP}|$.
Nach Substitution wird

$$\frac{|\overline{AC}|}{|\overline{AB}|} \cdot |\overline{BD}| = |\overline{CD}| + \frac{|\overline{AD}|}{|\overline{AB}|} \cdot |\overline{BC}|.$$

Vereinfachung dieser Beziehung liefert das gewünschte Ergebnis:

$$|\overline{AC}| \cdot |\overline{BD}| = |\overline{AB}| \cdot |\overline{CD}| + |\overline{AD}| \cdot |\overline{BC}|,$$

womit der Satz des Ptolemäus bewiesen ist.

Zeigen Sie den Schülern, wie der Satz des Ptolemäus angewendet werden kann, um die Aufgabe der Vorbereitung zu lösen. Da ein gleichschenkliges Trapez stets ein Sehnenviereck ist, kann der Satz angewendet werden, um $d^2 = 6 \cdot 8 + 5 \cdot 5 = 73$ zu erhalten (Abb. 2).

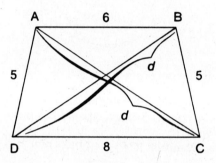

Abb. 2

Damit ist die Länge der Diagonalen $d = \sqrt{73}$.

Die Schüler sind oft neugierig, ob ein "neuer" Satz mit bereits bekannten Aussagen in Übereinstimmung steht. Lassen Sie den Satz des Ptolemäus auf ein Rechteck anwenden, das natürlich ein Sehnenviereck ist. Für das Rechteck $ABCD$ ergibt sich aus dem Ptolemäischen Satz (Abb. 3):

$$|\overline{AC}| \cdot |\overline{BD}| = |\overline{AD}| \cdot |\overline{BC}| + |\overline{AB}| \cdot |\overline{CD}|.$$

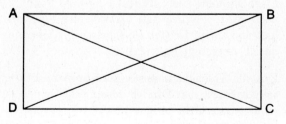

Abb. 3

Im Rechteck ist jedoch $|\overline{AB}| = |\overline{CD}|$, $|\overline{AD}| = |\overline{BC}|$ und $|\overline{AC}| = |\overline{BD}|$. Damit ergibt sich nach Substitution $|\overline{AC}|^2 = |\overline{AD}|^2 + |\overline{CD}|^2$, was nichts anderes als der Satz des Pythagoras ist.

Einheit 58 Der Satz des Ptolemäus

Lassen Sie nun die Schüler eine ziemlich einfache Anwendung des hier besprochenen Satzes betrachten.

Aufgabe: Der Punkt P befinde sich auf dem Bogen $\overset{\frown}{BA}$ des einem gleichseitigen Dreieck $\triangle ABC$ umbeschriebenen Kreises mit $|\overline{AP}| = 3$ und $|\overline{BP}| = 4$ (Abb. 4). Bestimme die Länge von $\overline{CP}$.

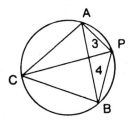

Abb. 4

Lösung: Sei t die Länge einer Seite des gleichseitigen Dreiecks $\triangle ABC$. Da das Viereck $APBC$ ein Sehnenviereck ist, können wir den Satz des Ptolemäus anwenden, um $|\overline{CP}| \cdot t = |\overline{AP}| \cdot t + |\overline{BP}| \cdot t$ zu erhalten. Damit ist $|\overline{CP}| = |\overline{AP}| + |\overline{BP}| = 3 + 4 = 7$.

Die Schüler sollten ermutigt werden, ähnliche Aufgaben zu untersuchen, in denen das gleichseitige Dreieck durch ein anderes regelmäßiges Polygon ersetzt wird.

Es ist oft so, daß Aufgaben zunächst einfacher scheinen als sie tatsächlich sind. Die nächste Aufgabe scheint in einfacher Weise mit Hilfe des Satzes des Pythagoras lösbar zu sein, während es nützlich ist, den Ptolemäischen Satz zu verwenden.

Aufgabe: An der Seite $\overline{AB}$ eines Quadrates $ABCD$ ist außerhalb des Quadrates ein rechtwinkliges Dreieck $\triangle ABF$ mit der Hypotenuse $\overline{AB}$ gezeichnet. Für $|\overline{AF}| = 6$ und $|\overline{BF}| = 8$ ist $|\overline{EF}|$ zu bestimmen, wobei E der Schnittpunkt der Diagonalen des Quadrates ist (Abb. 5).

Lösung: Wenden wir den Satz des Pythagoras auf die rechtwinkligen Dreiecke $\triangle AFB$ bzw. $\triangle AEB$ an, so erhalten wir $|\overline{AB}| = 10$ bzw. $|\overline{AE}| = |\overline{BE}| = 5\sqrt{2}$. Da $\angle BFA = \angle BEA = 90°$ ist, ist $AFBE$ ein Sehnenviereck. Damit kann nun der Satz des Ptolemäus auf das Viereck $AFBE$ angewendet werden, um $|\overline{AB}| \cdot |\overline{EF}| = |\overline{AF}| \cdot |\overline{BE}| + |\overline{AE}| \cdot |\overline{BF}|$ zu erhalten. Einsetzen der entsprechenden Werte für die Längen ergibt $10 \cdot |\overline{EF}| = 6 \cdot 5\sqrt{2} + 5\sqrt{2} \cdot 8$, woraus $|\overline{EF}| = 7\sqrt{2}$ folgt.

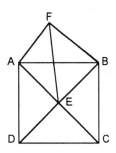

Abb. 5

Fordern Sie die Schüler auf, diese Aufgabe nochmals für den Fall zu betrachten, daß sich das rechtwinklige Dreieck $\triangle ABF$ innerhalb des Quadrates befindet. Hier ist $|\overline{EF}| = \sqrt{2}$.

Nachbereitung

Lassen Sie die Schüler folgende Aufgaben lösen:

1. Der Punkt E befindet sich auf der Seite $\overline{AD}$ des Rechtecks $ABCD$, so daß $|\overline{DE}| = 6$, $|\overline{DA}| = 8$ und $|\overline{CD}| = 6$ gilt. Wird $\overline{CE}$ verlängert, schneidet diese Strecke den Umkreis des Rechtecks im Punkt F. Es ist die Länge der Sehne $\overline{DF}$ zu bestimmen (Abb. 6, rechts).

2. Der Punkt P befindet sich auf der Seite $\overline{AB}$ des rechtwinkligen Dreiecks $\triangle ABC$, so daß $|\overline{BP}| = |\overline{PA}| = 2$ ist. Der Punkt Q liegt auf der Hypotenuse $\overline{AC}$, so daß $\overline{PQ}$ senkrecht zu $\overline{AC}$ ist. Für $|\overline{BC}| = 3$ ist die Länge von $\overline{BQ}$ unter Verwendung des Satzes des Ptolemäus zu bestimmen (Abb. 6, links).

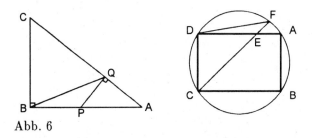

Abb. 6

Literatur

Posamentier, Alfred S. und Charles T. Salkind, *Challenging Problems in Geometry.* Palo Alto, CA: Seymour, 1988.

59

Konstruktionen zu π

Lernziele

1. Die Schüler haben klare Vorstellungen über den Quotienten π und dessen Beziehung zum Kreis.
2. Die Schüler "konstruieren" π mit Hilfe mehrerer Methoden.

Vorbereitung

Bevor Sie eine Diskussion über die Zahl π beginnen, wiederholen Sie mit den Schülern die Bedeutung der Begriffe Durchmesser und Umfang eines Kreises. Lassen Sie die Schüler den Durchmesser und den Umfang eines 2-Mark-Stückes messen. Bitten Sie sie, ähnliche Messungen an anderen kreisförmigen Objekten durchzuführen. Weisen Sie darauf hin, daß die Messungen möglichst genau durchzuführen sind.

Lehrmethoden

Beginnen Sie Ihre Unterrichtseinheit, indem Sie folgende Übersicht an die Tafel schreiben:

Objekt	u	d	$u+d$	$u-d$	$u \cdot d$	$\frac{u}{d}$

Notieren Sie einige der Messungen, die die Schüler erhalten haben. Sie sollten alle festgestellt haben, daß der Durchmesser des 2-Mark-Stückes *ungefähr* 2,6 cm und der Umfang *ungefähr* 8,2 cm beträgt. Lassen Sie dann die Schüler die Übersicht mit den selbst durchgeführten Messungen vervollständigen. Fragen Sie sie, ob sich in irgendeiner Spalte der Tabelle ungefähr der gleiche Wert für jedes gemessene Objekt ergibt. Lassen Sie anschließend die arithmetischen Mittel der Werte in dieser Spalte berechnen. Diese Mittelwerte sollten rund 3,14 (d. h. $\frac{u}{d} \approx 3,14$) ergeben. Es sollte nochmals betont werden, daß alle anderen Spalten wechselnde Werte enthalten, während die letzte Spalte $\frac{u}{d}$ im Prinzip stets den gleichen Wert unabhängig von der Größe des Objekts enthält.

Im Jahr 1737 wurde diesem Quotienten von Leonhard Euler, einem berühmten Schweizer Mathematiker, der Name "π" gegeben. Der exakte Wert von π kann nicht bestimmt werden. Es können praktisch nur Näherungen angegeben werden. Hier ist der Wert von π auf 50 Dezimalstellen genau:

$$\pi = 3,14159265358979323823462643$$
$$38327950288841971693993751 \ldots$$

Die Jahre hindurch gab es viele Versuche, π sowohl auf rechnerischem als auch auf geometrischem Wege zu bestimmen. Diese Einheit stellt einige der geometrischen Konstruktionen von π vor.

Einer der ersten ernsthaften Versuche, π mit einer gewissen Genauigkeit zu bestimmen, geht auf Archimedes zurück. Seine Methode basierte auf der Tatsache, daß der Umfang eines regelmäßigen Polygons mit n Seiten kleiner als der Umfang des dem Polygon umbeschriebenen Kreises ist, der wiederum kleiner als der Umfang des dem Kreis umbeschriebenen regelmäßigen Polygons ist. Durch aufeinanderfolgende Wiederholungen dieser Situation für wachsendes n werden die beiden Umfänge den Umfang des Kreises beidseitig approximierend einschließen. Archimedes begann mit einem regelmäßigen Sechseck und verdoppelte jedesmal die Anzahl der Seiten, bis er ein Polygon mit 96 Seiten erhalten hatte. Er konnte für den Quotienten aus Umfang und Durchmesser – also π – feststellen, daß er kleiner als $3\frac{10}{70}$, aber größer als $3\frac{10}{71}$ ist. Wir können das in Dezimalschreibweise als $3,14085 < \pi < 3,142857$ aufschreiben. Um den Schülern das Verständnis für diese Methode zu erleichtern, ist es vielleicht sinnvoll, die Situation mit Hilfe einiger Diagramme zu illustrieren. Die unten folgende Tabelle kann ebenfalls zur Erklärung beitragen, da die Schüler hier erkennen, daß mit dem Anwachsen der Seiten des Polygons π immer besser approximiert wird.

Die Schüler werden nun sehen, wie sie eine Strecke konstruieren können, deren Länge π recht genau approximiert. Die Konstruktion wurde in der Mitte des 19. Jahrhunderts entwickelt und es geht dabei um den Bruch $\frac{355}{113}$ (der bereits im fünften Jahrhundert von einem chinesischen Astronomen entdeckt wurde):

$$\frac{355}{113} = 3 + \frac{16}{113} = 3,1415929\ldots,$$

Einheit 59 Konstruktionen zu π

Anzahl der Seiten	Umfang d. umbeschr. Polygons	Umfang d. einbeschr. Polygons
4	4,0000000	2,8284271
8	3,3137085	3,0614675
16	3,1825979	3,1214452
32	3,1517249	3,1365485
64	3,1441184	3,1403312
128	3,1422236	3,1412773
256	3,1417504	3,1415138
512	3,1416321	3,1415729
1024	3,1416025	3,1415877
2048	3,1415951	3,1415914

was π auf sechs Stellen genau approximiert. Die Konstruktion beginnt mit einem Viertelkreis mit Radius Eins. Die Strecke $\overline{AO}$ hat eine Länge von $\frac{7}{8}$ des Radius, $\overline{AB}$ wird eingezeichnet und ein Punkt C so gewählt, daß $|\overline{CB}| = \frac{1}{2}$ des Radius beträgt. Die Strecke $\overline{CD}$ wird parallel zu $\overline{AO}$ und $\overline{CE}$ wird parallel zu $\overline{AD}$ eingezeichnet (Abb. 1).

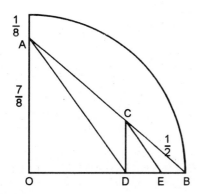

Abb. 1

Lassen Sie die Schüler die Länge der Strecke $\overline{AB}$ bestimmen:

$$\left(\frac{7}{8}\right)^2 + 1^2 = |\overline{AB}|^2, \text{ woraus } |\overline{AB}| = \frac{\sqrt{113}}{8} \text{ folgt.}$$

Die folgenden Beziehungen sind unter Heranziehung geeigneter ähnlicher Dreiecke leicht einzusehen. (Lassen Sie die Schüler erklären, warum $\triangle CDB \sim \triangle AOB$ und $\triangle CEB \sim \triangle ADB$ gilt.)

$$\frac{|\overline{DB}|}{|\overline{OB}|} = \frac{|\overline{CB}|}{|\overline{AB}|} \quad \text{und} \quad \frac{|\overline{EB}|}{|\overline{DB}|} = \frac{|\overline{CB}|}{|\overline{AB}|}$$

Multiplizieren wir diese Gleichungen, so erhalten wir

$$\frac{|\overline{EB}|}{|\overline{OB}|} = \frac{|\overline{CB}|^2}{|\overline{AB}|^2} = \frac{\frac{1}{4}}{\frac{113}{64}} = \frac{16}{113}.$$

Wegen $|\overline{OB}| = 1$ ist

$$\frac{|\overline{EB}|}{1} = \frac{16}{113} \text{ oder } |\overline{EB}| = \frac{16}{113} \approx 0,1415929204.$$

Da $\frac{355}{113} = 3 + \frac{16}{113}$ ist, kann nun eine Strecke gezeichnet werden, deren Länge das Dreifache des Radius vermehrt um die Länge von $\overline{EB}$ beträgt. Damit haben wir eine Strecke, deren Länge sich von π um weniger als eine Millionstel Einheit unterscheidet.

Eine etwas schwierigere geometrische Approximation für π wurde 1685 von Pater Adam Kochansky, einem Bibliothekar des Königs Jan III. Sobieski von Polen, entwickelt.

Zeichne einen Kreis mit Radius Eins. Trage dann auf der Tangente an den Kreis im Punkt Q eine Strecke $\overline{QR}$ der dreifachen Länge des Radius ab. Zeichne im Berührungspunkt Q der Tangente einen Durchmesser ein, der damit senkrecht auf $\overline{QR}$ steht. Zeichne nun eine weitere Tangente d am anderen Ende des Durchmessers ein. Vervollständige die Figur wie in Abb. 2 gezeigt.

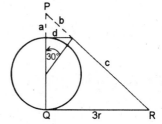

Abb. 2

Es wird im folgenden gezeigt, daß für einen Radius der Länge 1 die Strecke c annähernd die Länge π besitzt.

Ist $r = 1$, so gilt im $\triangle PQR$

$$(a + 2)^2 + 3^2 = (b + c)^2. \tag{1}$$

Unter Verwendung der Eigenschaften ähnlicher Dreiecke ergibt sich

$$\frac{a}{a+2} = \frac{d}{3} \tag{2}$$

und

$$\frac{b}{b+c} = \frac{d}{3}. \tag{3}$$

Aus der Gleichung (2) erhalten wir $3a = ad + 2d$ oder $a = \frac{2d}{3-d}$. Es gilt $\tan 30° = \frac{d}{1} = d = \frac{\sqrt{3}}{3}$. Folglich ist

$$a = \frac{2\frac{\sqrt{3}}{3}}{3 - \frac{\sqrt{3}}{3}} \quad \text{oder} \quad a = \frac{2\sqrt{3}}{9 - \sqrt{3}}. \quad (4)$$

In ähnlicher Weise können wir aus Gleichung (3) erhalten:

$$b = \frac{cd}{3-d} = \frac{c\sqrt{3}}{9-\sqrt{3}}. \quad (5)$$

Setzen wir die Gleichungen (4) und (5) in (1) ein, haben wir

$$\left(\frac{2\sqrt{2}}{9-\sqrt{3}} + 2\right)^2 + 9 = \left(\frac{c\sqrt{3}}{9-\sqrt{3}} + c\right)^2.$$

Die Schüler sollten in der Lage sein, diese Gleichung nach c aufzulösen und

$$c = \sqrt{\frac{40}{3} - 2\sqrt{3}}$$

zu erhalten.

Lassen Sie die Schüler diesen Ausdruck auswerten, um 3,141533 als Näherung für π zu erhalten.

Während der gesamten Unterrichtseinheit sollte betont werden, daß alle diese Werte nur *Näherungen* für den Wert von π darstellen, da es unmöglich ist, π mit Zirkel und Lineal zu konstruieren.

Nachbereitung

1. Bestimme den Durchmesser eines Kreises, dessen Durchmesser 4,71 m beträgt.

2. Konstruiere eine geometrische Näherung für π auf mehr als eine Weise.

Literatur

Posamentier, A. S. und Gordon, Noam: *An Astounding Revelation on the History of π*. The Mathematics Teacher. Vol. 77, Nr. 1, Jan. 1984. NCTM.

60

Der Arbelos

Das Gebiet, das durch drei Halbkreise in einer Weise begrenzt wird, daß es einem Schusterkneif ähnelt, besitzt einige ziemlich interessante Eigenschaften. Diesem Gebiet, das oft Arbelos genannt wird, ist diese Einheit gewidmet. Den Schülern wird hier diese geometrische Figur mit der Absicht vorgestellt, auf dessen Eigenschaften näher einzugehen.

Lernziele

1. *Die Schüler kennen den Arbelos.*

2. *Die Schüler lösen Aufgaben, die sich mit dem Arbelos beschäftigen.*

Vorbereitung

Diese Einheit wendet sich an Schüler, die bereits in der Lage sind, die Längen von Kreisbögen und Flächeninhalte von Dreiecken und Kreisen zu bestimmen.

Lehrmethoden

Lassen Sie die Schüler einen Halbkreis mit Mittelpunkt O und Radius R zeichnen. Sei $|\overline{AB}| = 2R$.

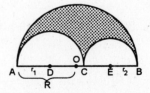

Abb. 1

Lassen Sie sie dann einen Punkt C auf $\overline{AB}$ markieren. Die Strecken $\overline{AC}$ und $\overline{CB}$ seien nun die Durchmesser zweier Halbkreise mit den Mittelpunkten D bzw. E, weiter sei $|\overline{AC}| = 2r_1$ und $|\overline{BC}| = 2r_2$. Der schattierte Teil der Figur ist als *Arbelos* oder *Schusterkneif* bekannt und besitzt einige sehr interessante Eigenschaften, die bereits von Archimedes, dem berühmten griechischen Mathematiker, untersucht wurden.

Einheit 60 Der Arbelos

Sie sollten nun die Aufmerksamkeit der Schüler auf die Skizze lenken. Versuchen Sie Ihren Schülern die Vermutung zu entlocken, daß[59]

$$\ell \overset{\frown}{AB} = \ell \overset{\frown}{AC} + \ell \overset{\frown}{CB}$$

ist. Nachdem die Schüler diese Eigenschaft verstanden haben, sollte ein Beweis vorgestellt werden:

In einem Kreis beträgt die Länge eines Bogens $\frac{n}{360} \cdot 2\pi r$ (wobei n die Gradzahl des von dem Bogen aufgespannten Zentriwinkels und r den Radius des Kreises bezeichnet). Damit ist

$$\ell \overset{\frown}{AB} = \frac{180}{360} \cdot 2\pi R = \pi R$$
$$\ell \overset{\frown}{AC} = \frac{1}{2} \cdot 2\pi r_1 = \pi r_1$$
$$\ell \overset{\frown}{CB} = \frac{1}{2} \cdot 2\pi r_2 = \pi r_2.$$

Da außerdem $R = r_1 + r_2$ gilt, ergibt folglich Multiplikation mit π die Beziehung $\pi R = \pi r_1 + \pi r_2$ oder $\ell \overset{\frown}{AB} = \ell \overset{\frown}{AC} + \ell \overset{\frown}{CB}$.

Lassen Sie die Schüler den Fall betrachten, daß sich über $\overline{AB}$ drei (statt zwei) Halbkreise erstrecken. Gilt dann eine analoge Beziehung?

Die Schüler sollten nun im Punkt C die Senkrechte auf $\overline{AB}$ errichten, die den Kreis in H schneidet. Außerdem ist die gemeinsame Tangente an die beiden Kreise um D und E zu konstruieren, wobei die beiden Berührungspunkte der Tangente F bzw. G genannt werden. Der Punkt, in dem die beiden Geraden einander schneiden, wird mit S bezeichnet (Abb. 2).

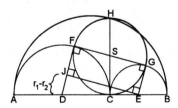

Abb. 2

Da eine zu einem Durchmesser senkrechte Strecke dem geometrischen Mittel der Abschnitte auf dem Durchmesser entspricht, haben wir die Beziehung $|\overline{HC}|^2 = 2r_1 \cdot 2r_2 = 4r_1r_2$. Außerdem ist $|\overline{FG}| = |\overline{JE}|$ (lassen Sie die Schüler anhand der Skizze erklären, warum). Da $|\overline{JD}| = r_1 - r_2$ und $|\overline{DE}| = r_1 + r_2$ gilt, ist $|\overline{JE}|^2 = (r_1 + r_2)^2 - (r_1 - r_2)^2 = r_1^2 + 2r_1r_2 + r_2^2 - r_1^2 + 2r_1r_2 - r_2^2 = 4r_1r_2$. Folglich ist auch $|\overline{FG}|^2 = 4r_1r_2$ oder $|\overline{HC}|^2 = |\overline{FG}|^2 = 4r_1r_2$.

Fragen Sie Ihre Schüler, ob sie eine weitere Beziehung finden können, die zwischen $\overline{HC}$ und $\overline{FG}$ besteht. Falls jemand die Antwort gibt, daß die beiden Strecken einander im Punkt S halbieren, lassen Sie die Schüler versuchen, dies selbständig zu beweisen. Da SC eine gemeinsame innere Tangente an die beiden Kreise ist, gilt folglich $|\overline{FS}| = |\overline{SC}|$ und $|\overline{SC}| = |\overline{SG}|$, was uns sofort $|\overline{FS}| = |\overline{SG}|$ liefert. Da aber auch $|\overline{HC}| = |\overline{FG}|$ gilt (lassen Sie die Schüler erklären, warum), wissen wir auch, daß $|\overline{HS}| = |\overline{SC}|$ ist. Wegen $|\overline{FS}| = |\overline{SG}| = |\overline{HS}| = |\overline{SC}|$ liegen die Punkte F, H, G und C auf einem Kreis mit dem Mittelpunkt S.

Eine sehr interessante Eigenschaft des Arbelos betrifft diesen Kreis, der $\overline{HC}$ und $\overline{FG}$ als Durchmesser besitzt. Lassen Sie die Schüler versuchen, den Flächeninhalt des Arbelos in Abhängigkeit von r_1 und r_2 zu beschreiben. Der Flächeninhalt des Arbelos ist gleich dem Flächeninhalt des Halbkreises AHB minus der Summe der Flächeninhalte der Halbkreise AFC und CGB.

Da der Flächeninhalt eines Halbkreises $\frac{\pi r^2}{2}$ beträgt, haben wir für den Flächeninhalt des Arbelos:

$$\frac{\pi R^2}{2} - \left(\frac{\pi r_1^2}{2} + \frac{\pi r_2^2}{2}\right)$$
$$= \frac{\pi}{2}(R^2 - r_1^2 - r_2^2).$$

Wir wissen, daß $R = r_1 + r_2$ ist, und nach Substitution erhalten wir wieder für den Flächeninhalt des Arbelos:

$$\frac{\pi}{2}((r_1 + r_2)^2 - r_1^2 - r_2^2)$$
$$= \frac{\pi}{2}(r_1^2 + 2r_1r_2 + r_2^2 - r_1^2 - r_2^2)$$
$$= \frac{\pi}{2}(2r_1r_2) = \pi r_1 r_2.$$

Lassen Sie nun die Schüler den Flächeninhalt des Kreises um S bestimmen. Der Durchmesser $\overline{HC}$ hat die Länge $|\overline{HC}| = 2\sqrt{r_1r_2}$, woraus sich für den Radius folglich eine Länge von $\sqrt{r_1r_2}$ ergibt. Der Flächeninhalt des Kreises beträgt damit $\pi(\sqrt{r_1r_2})^2 = \pi r_1 r_2$. Nun ist offensichtlich gezeigt,

---

[59] Anm. d. Übers.: Hier bezeichnet $\ell \overset{\frown}{AB}$ die Bogenlänge des betreffenden Kreisbogens.

daß der Arbelos flächengleich zu dem Kreis um S ist.

Vielleicht stellen Sie noch einen weiteren interessanten Arbelos vor.

Es seien P und R die Mittelpunkte der Bögen $\widehat{AC}$ bzw. $\widehat{CB}$. Sei Q der Mittelpunkt des Halbkreises unterhalb $\overline{AB}$. Verbinden Sie die Punkte P und R mit C und Q, so daß ein konkaves Viereck $PQRC$ entsteht (Abb. 3).

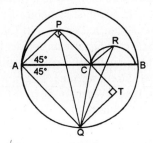

Abb. 3

Der Flächeninhalt dieses Vierecks ist gleich der Summe der Quadrate der Radien r_1 und r_2 der beiden kleineren Halbkreise.

Es folgt der Beweis: Das Viereck kann durch die Strecke $\overline{CQ}$ in zwei Dreiecke zerlegt werden. Es kann gezeigt werden, daß der Flächeninhalt von $\triangle QCP$ gleich dem Flächeninhalt des rechtwinkligen Dreiecks $\triangle APC$ ist. Da die beiden Dreiecke ein und dieselbe Grundseite $\overline{CP}$ besitzen, muß bewiesen werden, daß ihre Höhen die gleiche Länge besitzen. Dazu werden $\overline{AP}$ und $\overline{AQ}$ sowie $\overline{QT}$ senkrecht zu PC eingezeichnet (Abb. 3). Da Q der Mittelpunkt des Halbkreisbogens ist, gilt $\widehat{QB} = 90°$. Damit ist $\angle QAB = 45°$. Da außerdem das Dreieck $\triangle APC$ rechtwinklig und gleichschenklig ist, ist auch $\angle PAB = 45°$, was uns $\angle PAQ = 90°$ liefert. Aufgrund von $\angle CPA = 90°$ und $\angle QTP = 90°$ ist das Viereck $APTQ$ ein Rechteck und $|\overline{AP}| = |\overline{QT}|$.

Damit gilt für den Flächeninhalt von $\triangle QCP$

$$\mathcal{A}_{\triangle QCP} = \frac{|\overline{CP}| \cdot |\overline{PA}|}{2}.$$

Da in dem gleichschenkligen rechtwinkligen Dreieck $\triangle APC$ die Beziehung

$$|\overline{CP}|^2 + |\overline{PA}|^2 = (2r_1)^2 \quad \text{oder} \quad 2|\overline{CP}|^2 = (2r_1)^2$$

besteht, gilt folglich

$$|\overline{CP}|^2 = 2r_1^2 \quad \text{oder} \quad \frac{|\overline{CP}| \cdot |\overline{PA}|}{2} = r_1^2.$$

Daraus folgt $\mathcal{A}_{\triangle QCP} = r_1^2$.

In ähnlicher Weise kann nun gezeigt werden, daß

$$\mathcal{A}_{\triangle QCR} = \frac{|\overline{CR}| \cdot |\overline{RB}|}{2} = r_2^2$$

gilt.

Der Flächeninhalt des Vierecks beträgt demzufolge $r_1^2 + r_2^2$.

Nachbereitung

1. Zeige, daß für $r_1 = 16$ und $r_2 = 4$ die Aussage $\ell\,\widehat{AB} = \ell\,\widehat{AC} + \ell\,\widehat{CB}$ erfüllt ist. Bestimme den Radius des Kreises mit dem Mittelpunkt S und den Flächeninhalt des Arbelos.

2. Zeichne den Halbkreis um D unterhalb $\overline{AB}$ (Abb. 4).

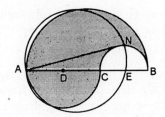

Abb. 4

Es sei $\overline{AN}$ die Tangente an den Kreis mit dem Mittelpunkt E. Zeige, daß der Flächeninhalt des schattierten Gebietes gleich dem Flächeninhalt des Kreises mit $\overline{AN}$ als Durchmesser ist.

3. Bestimme den Flächeninhalt des Vierecks $PQRC$ in Abb. 3, falls $r_1 = 8$ und $r_2 = 5$ ist.

4. Wie lautet die Beziehung zwischen dem Arbelos in Abb. 3 und den Fibonacci-Zahlen (vgl. Einheit 85).

Literatur

Gardner, Martin. *The Diverse Pleasures of Circles that are Tangent to One Another.* Scientific American, 240 (1), Januar 1979.

61

Der Neun-Punkte-Kreis

Wenig beachtet im Geometrielehrplan der Schule werden Probleme, bei denen es um Punkte geht, die auf einem gemeinsamen Kreis liegen (solche Punkte heißen auch *konzirkular*). Diese Einheit präsentiert eine der bekannteren Mengen konzirkularer Punkte, den *Neun-Punkte-Kreis*[60].

Lernziele

1. Die Schüler lernen den Neun-Punkte-Kreis kennen.
2. Die Schüler bestimmen den Mittelpunkt des Neun-Punkte-Kreises und konstruieren ihn.

Vorbereitung

Die Schüler sollten wissen, wie man elementar überprüfen kann, ob vier Punkte auf einem Kreis liegen. Zum Beispiel sollten ihnen wenigstens die folgenden beiden Sätze klar sein:

1. Wenn eine Seite eines Vierecks zwei kongruenten Winkeln an den nichtangrenzenden Ecken gegenüberliegt, dann ist das Viereck ein Sehnenviereck (d. h., es kann einem Kreis einbeschrieben werden).
2. Wenn zwei gegenüberliegende Winkel eines Vierecks Supplementwinkel sind, dann handelt es sich um ein Sehnenviereck.

Lehrmethoden

Geben Sie den Schülern ein Dreieck $\triangle ABC$ mit den Seitenmittelpunkten A', B', C' (Abb. 1) vor. Zeichnen sie die Höhe $\overline{CF}$. Fordern Sie die Schüler auf zu zeigen, daß das Viereck $A'B'C'F$ ein gleichschenkliges Trapez ist. Dazu sollten sie erkennen, daß die Strecke $\overline{A'B'}$ zwei Seitenmittelpunkte eines Dreiecks verbindet und folglich parallel zur dritten Dreiecksseite ist. Da $\overline{B'C'}$ die

[60] Anm. d. Übers.: Im deutschen Sprachraum auch *Feuerbachkreis* genannt.

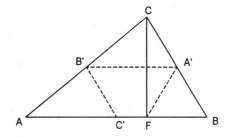

Abb. 1

Mittelpunkte von $\overline{AC}$ und $\overline{AB}$ verbindet, gilt $|\overline{B'C'}| = \frac{1}{2}|\overline{BC}|$. Da die Seitenhalbierende der Hypotenuse eines rechtwinkligen Dreiecks die halbe Länge der Hypotenuse hat, ist $|\overline{B'C'}| = |\overline{A'F}|$ und das Trapez $A'B'C'F$ ist gleichschenklig.

Nun lassen Sie die Schüler beweisen, daß ein gleichschenkliges Trapez stets ein Sehnenviereck ist (dabei Satz 2 von oben benutzen).

Um Verwirrung zu vermeiden, zeichnen Sie das Dreieck $\triangle ABC$ mit der Höhe $\overline{AD}$ neu, so wie in Abb. 2 gezeigt.

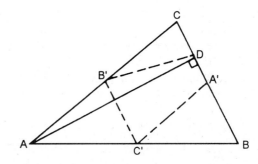

Abb. 2

Lassen Sie die Schüler in derselben Weise wie für die Höhe $\overline{CF}$ beweisen, daß die Punkte B', C', A' und D konzirkular sind. Dabei sollten sie den obigen Beweis als Vorlage benutzen.

Die Schüler müßten jetzt in der Lage sein, eine entsprechende Aussage für die Höhe $\overline{BE}$ und die zugehörigen Punkte B', C', A' und E zu formulieren. Das führt zu dem Schluß, daß die Punkte D, F und E auf dem Kreis liegen, der von den Punkten A', B', C' eindeutig bestimmt wird. Somit können die Schüler zusammenfassen, daß die Fußpunkte der Höhen eines Dreiecks konzirkular mit den Seitenmittelpunkten sind. Vorläufig haben sie einen "Sechs-Punkte-Kreis" ermittelt.

Die Schüler sollten bereits bewiesen haben, daß sich die Höhen eines Dreiecks[61] in einem Punkt treffen. Dieser Punkt heißt *Orthozentrum* oder *Höhenschnittpunkt* des Dreiecks. Lassen Sie die Schüler den Höhenschnittpunkt H des Dreiecks $\triangle ABC$ und den Mittelpunkt M von $\overline{CH}$ betrachten. Die Strecke $\overline{B'M}$ verbindet zwei Sei-

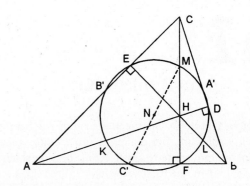

Abb. 4

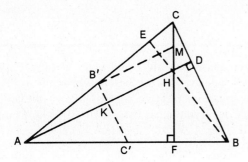

Abb. 3

tenmittelpunkte des Dreiecks $\triangle ACH$. Deshalb ist $B'M \parallel AH$. Entsprechend haben wir $B'C' \parallel BC$ im Dreieck $\triangle ABC$. Wegen $AB \perp BC$ gilt auch $B'M \perp B'C'$, also $\angle MB'C' = 90°$.[62] Da auch $\angle AFC = 90°$ gilt, ist das Viereck $MB'C'F$ ein Sehnenviereck, denn seine Gegenwinkel sind Supplementwinkel. Der zugehörige Umkreis ist genau der oben konstruierte Kreis, denn die drei Eckpunkte B', C' und F gehören zu den sechs konzirkularen Punkten und durch drei Punkte ist ein Kreis eindeutig bestimmt. Somit haben wir einen "Sieben-Punkte-Kreis" erhalten.

Die Schüler sollten nun beweisen, daß die Punkte K und L (die Mittelpunkte von $\overline{AH}$ bzw. $\overline{BH}$) ebenfalls auf diesem Kreis liegen. Dazu brauchen sie bloß das obige Verfahren für die Punkte K, C', A', D und für die Punkte L, C', B', E zu wiederholen. Eine kurze Rückschau auf den ganzen Beweis gibt nun einen *Neun-Punkte-Kreis* zu erkennen.

Lassen Sie die Schüler die Strecke $\overline{MC'}$ in Abb. 4 betrachten. Da das Dreieck $\triangle MC'F$ rechtwinklig ist, muß $\overline{MC'}$ der Durchmesser des Kreises durch die Punkte B', C', F und M sein. Um den Mittelpunkt N dieses Kreises zu bestimmen, fordern Sie die Schüler auf, einfach den Mittelpunkt der Strecke $\overline{MC'}$ zu finden. Das ist der Mittelpunkt des Neun-Punkte-Kreises.

Nachbereitung

Um die Stunde zu beenden, fordern Sie die Schüler auf, folgendes zu tun:

1. Definiere den Neun-Punkte-Kreis.

2. Konstruiere den Neun-Punkte-Kreis mit Zirkel und Lineal.

3. Bestimme den Mittelpunkt des Neun-Punkte-Kreises.

Interessante Beziehungen zum Neun-Punkte-Kreis findet man in der nächsten Einheit, *Die Eulersche Gerade*.

Viele weitere interessante Tatsachen in Verbindung mit dem Neun-Punkte-Kreis kann man nachlesen in:

Posamentier, Alfred S., *Excursions in Advanced Euclidean Geometry*. Menlo Park, Ca.: Addison-Wesley, 1984.

---

[61] Anm. d. Übers.: Die Höhen werden hier nicht als Strecken, sondern als Geraden aufgefaßt.

[62] Anm. d. Übers.: Eigentlich müßte zwischen dem geometrischen Objekt $\angle ABC$ und seinem Maß $|\angle ABC|$ unterschieden werden. Wenn der Kontext eindeutig ist, bezeichnen wir jedoch auch das Maß des Winkels einfach mit $\angle ABC$.

62

Die Eulersche Gerade

Diese Einheit sollte den Schülern *nach* der Einheit über den Neun-Punkte-Kreis angeboten werden. Diese Einheit benutzt Material, das in *Der Neun-Punkte-Kreis* entwickelt wurde und setzt es zu anderen Punkten eines Dreiecks in Beziehung.

Lernziele

1. Die Schüler bestimmen die Eulersche Gerade eines Dreiecks.

2. Die Schüler beweisen eine Beziehung zwischen dem Umkreismittelpunkt, dem Höhenschnittpunkt, dem Schwerpunkt und dem Mittelpunkt des Neun-Punkte-Kreises.

Vorbereitung

Lassen Sie die Schüler ein schiefwinkliges Dreieck zeichnen und den Neun-Punkte-Kreis sowie den Umkreis des Dreiecks konstruieren.

Lehrmethoden

Um die Diskussion zu erleichtern, sollten die Schüler ihre Konstruktion wie in Abb. 1 bezeichnen. Die Schüler zeichnen nun die Strecke $\overline{OH}$, die das Orthozentrum (den Höhenschnittpunkt) und den Umkreismittelpunkt (den Schnittpunkt der Mittelsenkrechten) verbindet. So erhalten sie die *Eulersche Gerade*.

Lassen sie die Schüler den Mittelpunkt des Neun-Punkte-Kreises durch Halbierung der Strecke $\overline{MC'}$ bestimmen. (Das war in *Der Neun-Punkte-Kreis* bewiesen worden.) Bei genauer Konstruktion sollte dieser Punkt auch die Strecke $\overline{OH}$ auf der Eulerschen Geraden halbieren. Die Schüler dürften nun auf einen Beweis dieses erstaunlichen Zusammentreffens gespannt sein.

1. Zeichnen Sie die Gerade OA, die den Umkreis in einem weiteren Punkt R trifft.

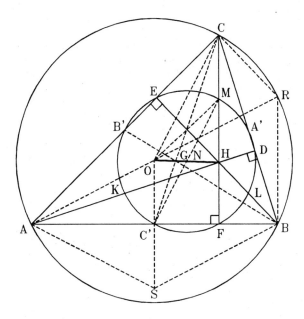

Abb. 1

2. $OC' \perp AB$ (da O auf der Mittelsenkrechten von $\overline{AB}$ liegt und C' der Mittelpunkt von $\overline{AB}$ ist.)

3. $\angle ABR = 90°$ (Thaleskreis).

4. Deshalb ist $OC' \parallel RB$ (beide stehen senkrecht auf AB).

5. Analog erhält man $RB \parallel CF$ und $RC \parallel BE$.

6. $\triangle AOC' \sim \triangle ARB$ (mit Ähnlichkeitsfaktor $\frac{1}{2}$).

7. Deshalb ist $|\overline{OC'}| = \frac{1}{2}|\overline{RB}|$.

8. Das Viereck $RBHC$ ist ein Parallelogramm (beide Gegenseitenpaare sind parallel).

9. Deshalb ist $|\overline{RB}| = |\overline{HC}|$ und $|\overline{OC'}| = \frac{1}{2}|\overline{HC}| = |\overline{HM}|$.

10. Das Viereck $OC'HM$ ist ein Parallelogramm (ein Seitenpaar ist parallel und kongruent).

11. Da die Diagonalen eines Parallelogramms einander halbieren, ist N (der Mittelpunkt von $\overline{MC'}$) der Mittelpunkt von $\overline{OH}$.

Bisher haben wir gezeigt, daß der Mittelpunkt des Neun-Punkte-Kreises die Strecke $\overline{OH}$ auf der Eulerschen Geraden halbiert. An dieser Stelle können wir leicht beweisen, daß der Radius des Neun-Punkte-Kreises halb so groß wie der Umkreisradius ist. Da die Strecke $\overline{MN}$ die Mittelpunkte zweier Seiten des Dreiecks $\triangle COH$ verbindet, ist sie halb so lang wie die dritte Seite $\overline{OC}$. Folglich ist der Radius $\overline{MN}$ des Neun-Punkte-Kreises gleich dem halben Umkreisradius $\overline{OC}$.

Leonhard Euler hat 1765 bewiesen, daß der Schwerpunkt eines Dreiecks (der Schnittpunkt der Seitenhalbierenden) die Verbindungsstrecke zwischen Höhenschnittpunkt und Umkreismittelpunkt (auf der Eulerschen Geraden) dreiteilt.

> Sei G der Schnittpunkt von $\overline{OH}$ und $\overline{CC'}$. Wegen $OC' \parallel CH$ ist $\triangle OGC' \sim \triangle HGC$. Oben haben wir gezeigt, daß $|\overline{OC'}| = \frac{1}{2}|\overline{HC}|$ gilt. Deshalb ist $|\overline{OG}| = \frac{1}{2}|\overline{GH}|$, also $|\overline{OG}| = \frac{1}{3}|\overline{OH}|$. Wir müssen nur noch zeigen, daß G der Schwerpunkt des Dreiecks ist. Da $\overline{CC'}$ eine Seitenhalbierende ist und $|\overline{GC'}| = \frac{1}{2}|\overline{GC}|$ gilt, muß der Punkt G der Schwerpunkt sein, denn er dreiteilt die Seitenhalbierende in der richtigen Weise.

Fragen Sie die Schüler, warum die Seitenhalbierende $\overline{BB'}$ ebenfalls die Strecke $\overline{OH}$ dreiteilt (weil sie auch den Schwerpunkt G enthält).

Wir haben die Strecke $\overline{OH}$ auf der Eulerschen Geraden mit wichtigen Dreieckspunkten halbiert und dreigeteilt. Vor Abschluß der Diskussion der Eulerschen Geraden sollte eine interessante Anwendung der Vektorrechnung besprochen werden. Rufen Sie den Begriff des Vektors und des Kräfteparallelogramms in Erinnerung. Wir werden zeigen, daß $\vec{OH}$ die Resultierende aus $\vec{OA}$, $\vec{OB}$ und $\vec{OC}$ ist. Das ist zuerst von James Joseph Sylvester (1814 - 1897) veröffentlicht worden.

> Wir betrachten den Punkt S auf der Geraden OC', für den $|\overline{OC'}| = |\overline{SC'}|$ gilt. Da OS die Mittelsenkrechte auf $\overline{AB}$ ist, ist das Viereck $AOBS$ ein Parallelogramm (Rhombus). Deshalb gilt $\vec{OS} = \vec{OA} + \vec{OB}$, also $\vec{OC'} = \frac{1}{2}(\vec{OA} + \vec{OB})$. Wegen $\triangle OGC' \sim \triangle HGC$ ist $|\overline{CH}| = 2|\overline{OC'}|$. Folglich gilt $\vec{CH} = \vec{OA} + \vec{OB}$. Offenbar ist $\vec{OH}$ die Resultierende aus $\vec{OC}$ und $\vec{CH} : \vec{OH} = \vec{OC} + \vec{CH}$. Daraus folgt nach Einsetzen $\vec{OH} = \vec{OC} + \vec{OA} + \vec{OB}$.

Nachbereitung

Fragen Sie die Schüler am Ende dieser Stunde:

1. Wie konstruiert man die Eulersche Gerade eines schiefwinkligen Dreiecks?

2. Welche Beziehung besteht zwischen dem Umkreismittelpunkt, dem Schwerpunkt, dem Höhenschnittpunkt und dem Mittelpunkt des Neun-Punkte-Kreises?

63

Die Simsonsche Gerade

Eine interessante Menge kollinearer Punkte ist bekannt unter dem Namen *Simsonsche Gerade*. Obgleich diese Gerade von William Wallace im Jahre 1797 entdeckt wurde, ist sie später aufgrund unachtsamer Fehlzitate Robert Simson (1687-1786) zugeschrieben worden. Diese Einheit bringt den Satz von Simson mit Beweis und Anwendungen.

Lernziele

1. *Die Schüler konstruieren die Simsonsche Gerade.*

2. *Die Schüler beweisen, daß die drei Punkte, welche die Simsonsche Gerade bestimmen, tatsächlich kollinear sind.*

3. *Die Schüler benutzen die Eigenschaften der Simsonschen Geraden bei der Lösung geometrischer Probleme.*

Vorbereitung

Schüler, die mit dieser Einheit konfrontiert werden, sollten in Geometrie schon recht bewandert sein und die Winkelmessung mit dem Bogenmaß bereits behandelt haben. Ferner sollten sie sich über Sehnenvierecke informieren, bevor sie mit dieser Einheit beginnen.

Einheit 63 Die Simsonsche Gerade

Lehrmethoden

Lassen Sie jeden Schüler ein Dreieck konstruieren, das einem Kreis einbeschrieben ist. Dann lassen Sie die Schüler von einem geeigneten Punkt des Kreises (der kein Eckpunkt des Dreiecks sein darf) die Lote auf die Dreiecksseiten fällen. Nun fragen Sie die Klasse, welche Beziehung zwischen den drei Fußpunkten der Lote zu bestehen scheint. Wenn die Konstruktionen sauber ausgeführt wurden, sollte jeder bemerken, daß diese drei Punkte auf einer Geraden liegen, eben auf der Simsonschen Geraden.

Das wirft die naheliegende Frage auf "Warum sind diese drei Punkte kollinear?". An dieser Stelle beginnen Sie mit Ihrem Beweis.

Satz von Simson: Die Fußpunkte der Lote von einem beliebigen Punkt des Umkreises eines gegebenen Dreiecks auf die Dreiecksseiten liegen auf einer Geraden.

Vor.:   Das Dreieck $\triangle ABC$ ist dem Kreis k einbeschrieben.
Der Punkt P liegt auf dem Kreis k.
$PY \perp AC$ in Y, $PZ \perp AB$ in Z und $PX \perp BC$ in X, wobei X, Y und Z auf den Dreiecksseiten liegen.

Beh.:   Die Punkte X, Y und Z liegen auf einer Geraden.

Beweis:

1. $\angle PYA$ ist supplementär zu $\angle PZA$ (beide sind rechte Winkel).
2. Das Viereck $PZAY$ ist ein Sehnenviereck (Gegenwinkel sind supplementär).
3. Zeichne $\overline{PA}, \overline{PB}$ und $\overline{PC}$.
4. $\angle PYZ \cong \angle PAZ$ (Peripheriewinkel über demselben Bogen des Umkreises von Viereck $PZAY$).
5. $\angle PYC$ ist supplementär zu $\angle PXC$ (beide sind rechte Winkel).
6. Also ist das Viereck $PXCY$ ein Sehnenviereck (Gegenwinkel sind supplementär).
7. $\angle PYX \cong \angle PCB$ (Peripheriewinkel über demselben Bogen des Umkreises von Viereck $PXCY$).
8. $\angle PAZ \cong (\angle PAB) \cong \angle PCB$ (Peripheriewinkel über demselben Bogen von k).
9. $\angle PYZ \cong \angle PYX$ (folgt aus Schritten 4, 7 und 8).
10. Da die Winkel $\angle PYZ$ und $\angle PYX$ gleich groß sind und den gemeinsamen Schenkel YP haben, müssen auch die anderen Schenkel YZ und YX

zusammenfallen. Folglich sind die Punkte X, Y und Z kollinear.

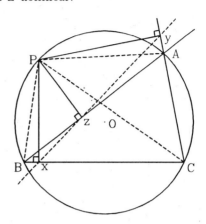

Abb. 1

Bieten Sie den Schülern diese Technik zum Beweis von Kollinearität sorgfältig dar. Obwohl das Herangehen ein wenig ungewöhnlich ist, sollte es sich in der weiteren Arbeit als ganz nützlich erweisen.

Um den Eindruck von der Simsonschen Geraden zu vertiefen, zeigen Sie den Schülern einen Beweis der folgenden Umkehrung des obigen Satzes.

Vor.:   Das Dreieck $\triangle ABC$ ist dem Kreis k einbeschrieben.
Die Punkte X, Y und Z liegen auf einer Geraden.
$PY \perp AC$ in Y, $PZ \perp AB$ in Z und $PX \perp BC$ in X.

Beh.: P liegt auf dem Umkreis des Dreiecks $\triangle ABC$.

Beweis:

1. Zeichne PA, PB und PC (Abb. 1).
2. $\angle PZB \cong \angle PXB$.
3. Das Viereck $PZXB$ ist ein Sehnenviereck ($\overline{PB}$ spannt mit den gegenüberliegenden Ecken Z und X gleich große Winkel auf).
4. $\angle PBX$ ist supplementär zu $\angle PZX$ (Gegenwinkel im Sehnenviereck).
5. $\angle PZX$ ist supplementär zu $\angle PZY$ (die Punkte X, Y und Z sind kollinear).
6. Deshalb ist $\angle PBX \cong \angle PZY$ (beide sind supplementär zu $\angle PZX$).
7. $PZAY$ ist ein Sehnenviereck (die Gegenwinkel $\angle PYA$ und $\angle PZA$ sind supplementär).
8. $\angle PZY \cong \angle PAY$ (Peripheriewinkel über demselben Bogen des Umkreises von $PZAY$).
9. Deshalb ist $\angle PBX \cong \angle PAY$ (Transitivität

der Winkelkongruenz in den Schritten 6 und 8).
10. Folglich ist ∠PBC supplementär zu ∠PAC (da Y, A und C auf einer Geraden liegen).
11. Das Viereck PACB ist ein Sehnenviereck (Gegenwinkel sind supplementär). Also liegt P auf dem Umkreis von Dreieck △ABC. Die Schüler

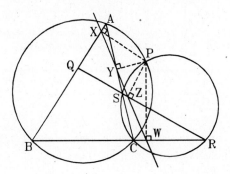

Abb. 2

sollten nun genügend vorbereitet sein, um die Simsonsche Gerade auf ein geometrisches Problem anzuwenden.

Die durch die Eckpunkte eines Dreiecks △ABC definierten Geraden AB, BC und CA werden von einer weiteren Geraden in den Punkten Q, R bzw. S geschnitten. Die Umkreise der Dreiecke △ABC und △SCR mögen sich in P schneiden. Beweise, daß das Viereck APSQ ein Sehnenviereck ist.

Zeichne die Lote $\overline{PX}$, $\overline{PY}$, $\overline{PZ}$ und $\overline{PW}$ von P auf AB, AC, QR bzw. BC wie in Abb. 2. Da der Punkt P auf dem Umkreis von △ABC liegt, sind die Punkte X, Y und W kollinear (Satz von Simson). Entsprechend sind die Punkte Y, Z und W kollinear, weil P auf dem Umkreis von △SCR liegt. Daraus folgt, daß die Punkte X, Y und Z kollinear sind. Folglich muß P auf dem Umkreis von △AQS liegen (Umkehrung des Simsonschen Satzes), d. h., das Viereck APSQ ist ein Sehnenviereck.

Nachbereitung

Lassen Sie die Schüler die folgenden Aufgaben lösen.
1. Konstruiere eine Simsonsche Gerade zu einem gegebenen Dreieck.
2. Wieviele Simsonsche Geraden besitzt ein Dreieck?
3. Beweise den Satz von Simson.
4. Durch einen Punkt P eines Kreises k sind drei Sehnen gezeichnet, welche den Kreis in den Punkten A, B und C schneiden. Beweise, daß die drei Schnittpunkte der drei Kreise mit $\overline{PA}$, $\overline{PB}$ und $\overline{PC}$ als Durchmesser auf einer Geraden liegen.

64

Der Schmetterlingssatz

Bei einer der faszinierendsten geometrischen Beziehungen geht es um eine Figur, die an einen Schmetterling erinnert. Die meisten Schüler werden den Sachverhalt leicht verstehen und glauben, daß er ebenso einfach zu beweisen ist. Gerade an dieser Stelle beginnt das Problem weitergehendes Interesse zu wecken, denn der Beweis ist nicht ganz einfach. Diese Einheit macht Vorschläge zur Darstellung des Problems in Ihrer Klasse und bringt verschiedene Beweise dieses interessanten Satzes.

Lernziele

1. Die Schüler formulieren den Schmetterlingssatz.

2. Die Schüler beweisen den Schmetterlingssatz.

Vorbereitung

Die Schüler sollten den größten Teil des Schulgeometrie-Kurses gemeistert haben (insbesondere Untersuchungen am Kreis und Ähnlichkeit.)

Lehrmethoden

Benutzen sie ein Kopiergerät, um für jeden Schüler ein Blatt mit einem Kreis vorzubereiten, in den eine Sehne $\overline{AB}$ (kein Durchmesser) und ihr Mittelpunkt M eingezeichnet sind. Sagen Sie den Schülern, sie möchten *beliebige* zwei Sehnen EF und CD durch den Punkt M zeichnen. Nun lassen Sie die Sehnen CE und FD zeichnen, die $\overline{AB}$ in den Punkten Q und P schneiden. Dabei sollte eine Skizze wie in Abb. 1 entstehen.

Einheit 64 Der Schmetterlingssatz

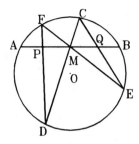

Abb. 1

Bitten Sie die Schüler, in ihren Skizzen alle möglichen Strecken auszumessen, die gleichlang zu sein scheinen und diese Streckenpaare aufzulisten. Die meisten Schüler werden in ihre Listen die Strecken $|\overline{AP}| = |\overline{BQ}|$ und $|\overline{MP}| = |\overline{MQ}|$ aufgenommen haben. Erinnern Sie die Schüler daran, daß sie in ihren Skizzen alle von *unterschiedlichen* Strecken $\overline{CE}$ und $\overline{FD}$ ausgegangen sind, und daß ihre Kunstwerke zwar alle an einen Schmetterling in einem Kreis erinnern, sich aber von einem zum anderen wesentlich unterscheiden können. Um so erstaunlicher sollte das Resultat wirken, daß bei *jedem* Schüler $|\overline{MP}| = |\overline{MQ}|$ ist!

Die Schüler werden nun dieses bemerkenswerte Ergebnis beweisen wollen. Zu diesem Zweck werden hier verschiedene Beweise dieses berühmten Theorems vorgestellt.

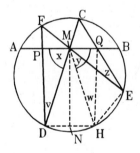

Abb. 2

Beweis I. Wir zeichnen die Strecken $\overline{DH} \parallel \overline{AB}$ und $\overline{MN} \perp \overline{DH}$ sowie die Strecken $\overline{MH}, \overline{QH}$ und $\overline{EH}$. Offenbar ist dann auch $MN \perp AB$.

MN muß als Mittelsenkrechte von $\overline{AB}$ durch den Kreismittelpunkt gehen. Deshalb ist MN auch die Mittelsenkrechte von $\overline{DB}$, denn eine Gerade, die durch den Kreismittelpunkt geht und auf einer Sehne senkrecht steht, halbiert diese Sehne.

Folglich ist $|\overline{MD}| = |\overline{MH}|$ und $\triangle MND \cong \triangle MNH$. Aus $\angle DMN = \angle HMN$ folgt nun

die Gleichheit der Winkel $\angle x$ und $\angle y$ (ihre Komplementärwinkel sind gleich). Wegen $AB \parallel DH$ gilt $\angle \widehat{AD} = \angle \widehat{HB}$,[63] $\angle x = \frac{1}{2}(\angle \widehat{AD} + \angle \widehat{BC})$ (Winkel zwischen zwei Sehnen) und $\angle x = \frac{1}{2}(\angle \widehat{HB} + \angle \widehat{BC})$ (Substitution). Daher ist $\angle y = \frac{1}{2}(\angle \widehat{HB} + \angle \widehat{BC})$. Aber $\angle HEC = \frac{1}{2} \angle \widehat{CAH}$ (Peripherie- und Zentriwinkel über demselben Bogen). Nach Addition erhalten wir also

$$\angle y + \angle HEC = \frac{1}{2}(\angle \widehat{HB} + \angle \widehat{BC} + \angle \widehat{CAH}).$$

Wegen $\angle \widehat{HB} + \angle \widehat{BC} + \angle \widehat{CAH} = 360°$ gilt $\angle y + \angle HEC = 180°$. Daraus folgt, daß $MQEH$ ein Sehnenviereck ist, d. h., ihm kann ein Kreis umbeschrieben werden. Man stelle sich diesen Kreis eingezeichnet vor. Die Winkel $\angle w$ und $\angle z$ sind dann Peripheriewinkel über demselben Bogen $\widehat{MQ}$, also $\angle w = \angle z$.

Da die Winkel $\angle v$ und $\angle z$ über demselben Bogen $\widehat{FC}$ unseres Ausgangskreises liegen, sind sie ebenfalls gleich: $\angle v = \angle z$. Mit der Transitivität erhalten wir somit $\angle v = \angle w$ und folglich $\triangle MPD \cong \triangle MQH$ (Kongruenzsatz WSW). Also gilt $|\overline{MP}| = |\overline{MQ}|$.

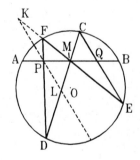

Abb. 3

Beweis II. Verlängere $\overline{EF}$ über F hinaus. Zeichne $\overline{KPL} \parallel \overline{CE}$. Es gilt $\angle PLC = \angle ECL$ (Wechselwinkel an geschnittenen Parallelen), folglich $\triangle PML \sim \triangle QMC$ (Hauptähnlichkeitssatz WW) und $\frac{|\overline{PL}|}{|\overline{CQ}|} = \frac{|\overline{MP}|}{|\overline{MQ}|}$. Analog erhält man aus $\angle LKE = \angle CEK$ die Beziehungen $\triangle KMP \sim \triangle EMQ$ (WW) und $\frac{|\overline{KP}|}{|\overline{QE}|} = \frac{|\overline{MP}|}{|\overline{MQ}|}$. Multiplikati-

---

[63] Anm. d. Übers.: Hier bezeichnet $\angle \widehat{AD}$ den Zentriwinkel über dem Bogen $\widehat{AD}$.

on ergibt

$$\frac{|\overline{PL}| \cdot |\overline{KP}|}{|\overline{CQ}| \cdot |\overline{QE}|} = \frac{|\overline{MP}|^2}{|\overline{MQ}|^2}. \quad (1)$$

Aus $\angle D = \angle E$ (Peripheriewinkel über demselben Bogen) und $\angle K = \angle E$ (Wechselwinkel an geschnittenen Parallelen) folgt $\angle D = \angle K$. Ferner gilt $\angle KPF = \angle DPL$ (Scheitelwinkel). Deshalb ist $\triangle KFP \sim DLP$ (WW) und $\frac{|\overline{PL}|}{|\overline{DP}|} = \frac{|\overline{FP}|}{|\overline{KP}|}$, d. h.

$$|\overline{PL}| \cdot |\overline{KP}| = |\overline{DP}| \cdot |\overline{FP}|. \quad (2)$$

Wir ersetzen den Zähler der linken Seite von Gleichung (1) mittels Gleichung (2) und erhalten

$$\frac{|\overline{MP}|^2}{|\overline{MQ}|^2} = \frac{|\overline{DP}| \cdot |\overline{FP}|}{|\overline{CQ}| \cdot |\overline{QE}|}.$$

Aus $|\overline{DP}| \cdot |\overline{FP}| = |\overline{AP}| \cdot |\overline{PB}|$ und $|\overline{CQ}| \cdot |\overline{QE}| = |\overline{BQ}| \cdot |\overline{QA}|$ (Sehnensatz) folgt weiter

$$\begin{aligned}\frac{|\overline{MP}|^2}{|\overline{MQ}|^2} &= \frac{|\overline{AB}| \cdot |\overline{PB}|}{|\overline{BQ}| \cdot |\overline{QA}|} \\ &= \frac{(|\overline{MA}| - |\overline{MP}|)(|\overline{MA}| + |\overline{MP}|)}{(|\overline{MB}| - |\overline{MQ}|)(|\overline{MB}| + |\overline{MQ}|)} \\ &= \frac{|\overline{MA}|^2 - |\overline{MP}|^2}{|\overline{MB}|^2 - |\overline{MQ}|^2}\end{aligned}$$

Ausmultiplizieren ergibt

$$|\overline{MP}|^2 |\overline{MB}|^2 = |\overline{MQ}|^2 |\overline{MA}|^2.$$

Nun ist aber $|\overline{MB}| = |\overline{MA}|$. Folglich gilt $|\overline{MP}|^2 = |\overline{MQ}|^2$, d. h., $|\overline{MP}| = |\overline{MQ}|$.

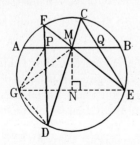

Abb. 4

Beweis III. Zeichne eine Gerade durch E parallel zu AB, die den Kreis in G schneidet, und zeichne $\overline{MN} \perp \overline{GE}$. Dann zeichne $\overline{PG}$, $\overline{MG}$ und $\overline{DG}$ (Abb. 4).

Wir haben

$$\begin{aligned}\angle GDP (= \angle GDF) &= \angle GEF & (1) \\ \angle PMG &= \angle MGE & (2)\end{aligned}$$

(Peripheriewinkel über demselben Bogen bzw. Wechselwinkel an geschnittenen Parallelen). Da die Mittelsenkrechte von $\overline{AB}$ gleichzeitig die Mittelsenkrechte von $\overline{GE}$ ist, gilt $|\overline{GM}| = |\overline{ME}|$ und

$$\angle GEF = \angle MGE \quad (3)$$

(Basiswinkel im gleichschenkligen Dreieck). Aus (1), (2) und (3) folgt

$$\angle GDP = \angle PMG.$$

Deshalb liegen die Punkte P, M, D und G auf einem Kreis (ein Viereck ist ein Sehnenviereck, wenn eine Seite zwei gleichen Winkeln gegenüberliegt). Folglich ist

$$\angle PGM = \angle PDM \quad (4)$$

(Peripheriewinkel über einem Bogen des Umkreises von $PMDG$). Andererseits ist

$$\angle CEF = \angle PDM (= \angle CDF) \quad (5)$$

(Peripheriewinkel über demselben Bogen). Aus (4) und (5) folgt $\angle PGM = \angle QEM (= \angle CEF)$. Aus $\angle QME = \angle MEG$ (Wechselwinkel an geschnittenen Parallelen), $\angle MGE = \angle MEG$ (Basiswinkel im gleichschenkligen Dreieck) und (2) folgt $\angle PMG = \angle QME$. Somit haben wir $\triangle PMG \cong \triangle QME$ gezeigt (Kongruenzsatz WSW). Daraus folgt $|\overline{PM}| = |\overline{QM}|$.

Obwohl diese Beweise des Schmetterlingssatzes sicherlich zu schwierig sind, um von einem durchschnittlichen Schüler selbständig gefunden werden zu können, vermitteln sie doch reichhaltige Lernerfahrungen in einem gut motivierten Kontext.

Nachbereitung

Fordern Sie die Schüler auf,

1. den Schmetterlingssatz zu formulieren

2. zu erklären, warum der Schmetterlingssatz gilt (die Schüler sollten entweder einen der obigen Beweise oder einen eigenen Beweis bringen).

Weitere Lösungen findet man in:
Posamentier, Alfred S., und Charles T. Salkind, *Challenging Problems in Geometry*. Palo Alto, CA: Seymour, 1988.

65 Berührkreise

Der Begriff des Berührkreises umfaßt sowohl den Inkreis als auch die Ankreise eines Dreiecks. Diese Einheit entwickelt eine Reihe faszinierender Beziehungen zwischen diesen Kreisen.

Lernziele

1. Die Schüler definieren die Berührkreise.

2. Die Schüler formulieren wenigstens vier Eigenschaften von Berührkreisen.

3. Die Schüler beweisen eine Eigenschaft von Berührkreisen.

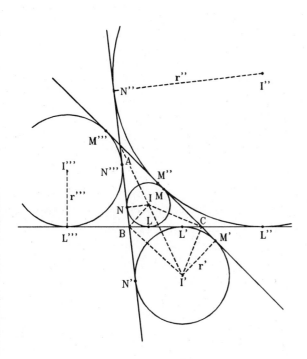

Abb. 1

Vorbereitung

Die Schüler sollten das Thema "Kreise" im Geometrieunterricht bereits eingehend behandelt haben.

Legen Sie Ihren Schülern die Figur in Abb. 1 vor und fragen Sie nach der Länge von $\overline{AN'}$, wenn das Dreieck $\triangle ABC$ einen Umfang von 16 LE (Längeneinheiten) hat. (Die Punkte M', N', und L' sind Punkte auf der Tangenten.)

Lehrmethoden

Obwohl das oben gestellte Problem ganz einfach ist, könnte es Ihren Schülern einige Schwierigkeiten bereiten, denn der Lösungsweg ist ziemlich ungewöhnlich. Sie müssen sich lediglich an den Satz erinnern, daß zwei Tangentenabschnitte von einem äußeren Punkt an einen Kreis gleichlang sind. Wenn wir diesen Satz auf das obige Problem anwenden, erhalten wir
$|\overline{BN'}| = |\overline{BL'}|$ und $|\overline{CM'}| = |\overline{CL'}|$.

Für den Umfang u von $\triangle ABC$ gilt $u = |\overline{AB}| + |\overline{BC}| + |\overline{AC}| = |\overline{AB}| + (|\overline{BL'}| + |\overline{CL'}|) + |\overline{AC}|$ was nach Substitution

$$u = |\overline{AB}| + |\overline{BN'}| + |\overline{CM'}| + |\overline{AC}|$$

bzw.

$$u = |\overline{AN'}| + |\overline{AM'}|$$

ergibt. Gleichzeitig ist $|\overline{AN'}| = |\overline{AM'}|$ (das sind ebenfalls Tangentenabschnitte aus einem äußeren Punkt an denselben Kreis). Deshalb ist $|\overline{AN'}| = \frac{1}{2}u = 8\,\text{LE}$. Nachdem sich die Schüler diesen faszinierenden Fakt klargemacht haben, werden sie motiviert sein, weiteren Beziehungen in dieser Figur nachzugehen.

Nun sei $s = \frac{1}{2}u$ (Halbumfang von $\triangle ABC$),

$$a = |\overline{BC}|, \; b = |\overline{AC}|, \; c = |\overline{AB}|.$$

Unter Ihrer Anleitung sollten die Schüler in der Lage sein, die folgenden Beziehungen zu erkennen:

$$|\overline{BN'}| = |\overline{BL'}| = |\overline{AN'}| - |\overline{AB}| = s - c$$
$$|\overline{CM'}| = |\overline{CL'}| = |\overline{AM'}| - |\overline{AC}| = s - b$$

An dieser Stelle sollten Sie die Schüler darauf hinweisen, daß dies nur einige der Tangentenabschnitte sind, die wir mit Hilfe der Seitenlängen von $\triangle ABC$ ausdrücken werden. Hier sollte die Beziehung der Kreise zum Dreieck erörtert werden. Die Schüler werden den Kreis mit dem Mittelpunkt I als den *Inkreis* von $\triangle ABC$ erkennen. Höchstwahrscheinlich werden sie den Kreis mit dem Mittelpunkt I' nicht kennen. Dieser Kreis, der ebenfalls tangential zu den drei Seiten von $\triangle ABC$ liegt, jedoch keine inneren Punkte des Dreiecks enthält, heißt ein *Ankreis*. Ein Dreieck hat vier Berührkreise – einen Inkreis und drei Ankreise. Der Mittelpunkt eines Ankreises ist der Schnittpunkt der Winkelhalbierenden zweier Außenwinkel und der Winkelhalbierenden eines Innenwinkels.

Die Schüler sollten sich mit diesen Kreisen vertraut machen, indem sie weitere Tangentenabschnitte mit Hilfe der Seitenlängen von $\triangle ABC$ ausdrücken. Leiten Sie sie dabei wieder an, soweit erforderlich.

$$\begin{aligned}
|\overline{AN}| + |\overline{AM}| &= \\
&= (|\overline{AB}| - |\overline{NB}|) + (|\overline{AC}| - |\overline{MC}|) \\
&= (|\overline{AB}| - |\overline{LB}|) + (|\overline{AC}| - |\overline{LC}|) \\
&= (|\overline{AB}| + |\overline{AC}|) - (|\overline{LB}| + |\overline{LC}|) \\
&= c + b - a
\end{aligned}$$

Fordern Sie Ihre Schüler heraus zu beweisen, daß

$$c + b - a = 2(s - a)$$

gilt. Daher ist $|\overline{AN}| + |\overline{AM}| = 2(s - a)$. Andererseits ist $|\overline{AN}| = |\overline{AM}|$, also $|\overline{AN}| = s - a$. Lassen Sie die Schüler vermuten, wie $|\overline{BN}|$ und $|\overline{CL}|$ mit Hilfe der Seitenlängen von $\triangle ABC$ ausgedrückt werden können:

$$|\overline{BN}| = s - b, \quad |\overline{CL}| = s - c.$$

Wir sind nun soweit, um mit Hilfe einiger dieser Gleichungen zwei interessante Beziehungen zu erhalten. Es sind dies: $|\overline{BL}| = |\overline{CL'}|$ und $|\overline{LL'}| = b - c$, die Differenz zwischen den anderen beiden Seiten von $\triangle ABC$.

Da wir gezeigt haben, daß sowohl $|\overline{BL}|$ als auch $|\overline{CL'}|$ gleich $s - b$ sind,[64] gilt $|\overline{BL}| = |\overline{CL'}|$. Betrachte $|\overline{LL'}| = |\overline{BC}| - |\overline{BL}| - |\overline{CL'}|$. Einsetzen liefert $|\overline{LL'}| = a - 2(s - b) = b - c$.

Wir könen nun ziemlich leicht zeigen, daß ein gemeinsamer äußerer Tangentenabschnitt von Inkreis und Ankreis eines Dreiecks genauso lang ist wie diejenige Dreiecksseite, die den Tangentenabschnitt schneidet. Der Beweis kann wie folgt geführt werden: $|\overline{NN'}| = |\overline{AN'}| - |\overline{AN}|$. Oben haben wir gezeigt, daß $|\overline{AN'}| = s$ und $|\overline{AN}| = s - a$ gilt. Einsetzen ergibt $|\overline{NN'}| = s - (s - a) = a$. Analog kann bei $|\overline{MM'}|$ argumentiert werden.

[64] Anm. d. Übers.: Es ist $|\overline{BL}| = |\overline{BN}|$.

Ein weiterer interessanter Satz besagt, daß die Länge eines gemeinsamen äußeren Tangentenabschnittes zweier Ankreise eines Dreiecks gleich der Summe der Längen der Dreiecksseiten ist, die den Abschnitt schneiden.

Zum Beweis dieses Satzes erinnern Sie die Schüler daran, daß $|\overline{BL''}| = s$ und $|\overline{CL'''}| = s$ ist. Das war bei der Lösung des Problems aus der *Vorbereitung* bewiesen worden. Deshalb gilt

$$\begin{aligned}
|\overline{L'''L''}| &= |\overline{BL''}| + |\overline{CL'''}| - |\overline{BC}| \\
&= s + s - a \\
&= b + c.
\end{aligned}$$

Wir können weiterhin zeigen, daß jeder gemeinsame innere Tangentenabschnitt zweier Ankreise eines Dreiecks genauso lang wie die Dreiecksseite ist, die dem im betrachteten Tangentenabschnitt enthaltenen Eckpunkt gegenüberliegt. Der Beweis ist recht einfach:

$$\begin{aligned}
|\overline{L'L''}| &= |\overline{BL''}| - |\overline{BL'}| \\
&= |\overline{BL''}| - |\overline{BN'}| = s - (s - c) = c
\end{aligned}$$

Ermutigen Sie die Schüler, die obige Figur zu untersuchen und weitere Beziehungen zu entdecken. Die Betrachtung der Radien der Berührkreise liefert einige interessante Resultate.

Ein Satz besagt, daß der Inkreisradius eines Dreiecks gleich dem Quotienten aus Dreiecksfläche und Halbumfang ist. Zum Beweis notieren wir (Bemerkung: $\mathcal{A}$ ist zu lesen als "Fläche von")

$$\begin{aligned}
\mathcal{A}_{\triangle ABC} &= \mathcal{A}_{\triangle BCI} + \mathcal{A}_{\triangle CAI} + \mathcal{A}_{\triangle ABI} \\
&= \frac{1}{2}ra + \frac{1}{2}rb + \frac{1}{2}rc \\
&= \frac{1}{2}r(a + b + c) = sr.
\end{aligned}$$

Folglich ist $r = \dfrac{\mathcal{A}_{\triangle ABC}}{s}$.

Eine natürliche Erweiterung dieses Satzes lautet: Der Radius eines Ankreises ist gleich dem Quotienten aus Dreiecksfläche und der Differenz zwischen Halbumfang und der Länge derjenigen Dreiecksseite, die den Ankreis tangiert.

Zum Beweis lassen Sie die Schüler folgende Überlegungen anstellen:

$$\begin{aligned}
\mathcal{A}_{\triangle ABC} &= \mathcal{A}_{\triangle ABI'} + \mathcal{A}_{\triangle ACI'} - \mathcal{A}_{\triangle BCI'} \\
&= \frac{1}{2}r'c + \frac{1}{2}r'b - \frac{1}{2}r'a
\end{aligned}$$

Einheit 66 Der Inkreis und das rechtwinklige Dreieck

$$= \frac{1}{2}r'(c+b-a)$$
$$= r'(s-a).$$

Deshalb ist $r' = \dfrac{\mathcal{A}_{\Delta ABC}}{s-a}$.

Auf die gleiche Weise sollten die Schüler zeigen, daß $r'' = \dfrac{\mathcal{A}_{\Delta ABC}}{s-b}$ und $r''' = \dfrac{\mathcal{A}_{\Delta ABC}}{s-c}$ gilt.

Lassen sie zum Abschluß dieser Diskussion die Schüler das Produkt aller Berührkreisradien eines Dreiecks bestimmen. Dazu müssen sie lediglich die letzten Ausdrücke miteinander multiplizieren:

$$rr'r''r''' = \frac{(\mathcal{A}_{\Delta ABC})^4}{s(s-a)(s-b)(s-c)}.$$

Nach der Heronschen Formel gilt

$$\mathcal{A}_{\Delta ABC} = \sqrt{s(s-a)(s-b)(s-c)}.$$

Folglich ist $rr'r''r''' = (\mathcal{A}_{\Delta ABC})^2$.

Bitten Sie die Schüler an dieser Stelle um eine Zusammenfassung der einzelnen Sätze und Beziehungen, die an diesem Modell entwickelt wurden.

Nachbereitung

Lassen Sie die Schüler am Ende der Stunde die folgenden Aufgaben lösen.

1. Definiere Berührkreise und Berührkreisradien.
2. Formuliere vier Eigenschaften der Berührkreise.
3. Formuliere und beweise eine Eigenschaft von Berührkreisen.

Literatur

Posamentier, Alfred S., *Excursion in Advanced Euclidean Geometry*. Menlo Park, Ca.: Addison-Wesley, 1984.

66
Der Inkreis und das rechtwinklige Dreieck

Nach einer Einheit über Kreise und einer weiteren über rechtwinklige Dreiecke wird es für die Schüler interessant sein, einige Beziehungen zwischen beiden Einheiten zu sehen. Diese Einheit behandelt einige interessante Eigenschaften des Inkreisradius eines rechtwinkligen Dreiecks.

Lernziele

1. Die Schüler können zeigen, daß die Länge des Inkreisradius eines rechtwinkligen Dreiecks mit ganzzahligen Seitenlängen ebenfalls eine ganze Zahl ist.

2. Die Schüler können erklären, in welcher Beziehung die Höhe (auf die Hypotenuse) eines rechtwinkligen Dreiecks zu den Inkreisradien der entstehenden Teildreiecke steht.

3. Die Schüler lernen eine Formel für die Beziehung zwischen Inkreisradius, Flächeninhalt und Umfang eines rechtwinkligen Dreiecks kennen und sind in der Lage, diese Formel herzuleiten.

4. Ist ein ganzzahliger Inkreisradius gegeben, so sind die Schüler in der Lage, die Anzahl aller rechtwinkligen Dreiecke mit teilerfremden ganzzahligen Seitenlängen zu bestimmen, die diesen Inkreisradius haben.

5. Die Schüler sind in der Lage, ein mögliches Tripel von Seitenlängen anzugeben, das ein rechtwinkliges Dreieck mit einem vorgegebenen ganzzahligen Inkreisradius realisiert.

Vorbereitung

Lassen Sie die Schüler sich an folgenden Problemen versuchen:

1. Berechne den Inkreisradius eines rechtwinkligen Dreiecks mit den Seitenlängen 3, 4, 5.
2. Versuche das gleiche mit den Seitenlängen 5, 12, 13.

Lehrmethoden

Nachdem diese Aufgaben entweder individuell oder gemeinsam mit der ganzen Klasse gelöst worden sind, wird die folgende Frage behandelt: "Wenn ein rechtwinkliges Dreieck ganzzahlige Seitenlängen hat, ist dann auch sein Inkreisradius stets eine ganze Zahl?" Um zu beweisen, daß die Antwort positiv ist, betrachten wir Abb. 1. Hier ist r der Inkreisradius, (d. h. der Radius des einbeschriebenen Kreises), das Dreieck $\triangle ABC$ habe seinen rechten Winkel in C sowie die Seitenlängen a, b, c.

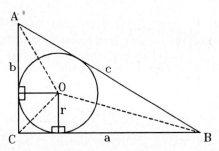

Abb. 1

Für den Beweis suchen wir nach einer Beziehung zwischen r, a, b und c. Verbinden wir den Mittelpunkt des Kreises mit den drei Eckpunkten, so erhalten wir drei Dreiecke. Die Flächeninhalte dieser Dreiecke sind $\frac{1}{2}ra$, $\frac{1}{2}rb$ und $\frac{1}{2}rc$. Das Dreieck $\triangle ABC$ hat die Fläche $\frac{1}{2}ab$. Lassen Sie die Schüler nun eine Beziehung zwischen r und a, b, c finden. Die Summe der Flächeninhalte der drei Dreiecke ist gleich dem Flächeninhalt des Dreiecks $\triangle ABC$, d. h.

$$\frac{1}{2}ra + \frac{1}{2}rb + \frac{1}{2}rc = \frac{1}{2}ab.$$

Folglich gilt $r = \frac{ab}{a+b+c}$. Zunächst scheint r bei gegebenen ganzzahligen a, b, c lediglich rational zu werden. Erinnern Sie an dieser Stelle Ihre Schüler daran (oder zeigen Sie es ihnen erstmalig), wie mittels einer Formel ganzzahlige Werte für a, b und c (d. h. pythagoreische Zahlentripel) gewonnen werden können, nämlich mit folgender Bildungsvorschrift für die Seitenlängen rechtwinkliger Dreiecke:

$$a = m^2 - n^2$$
$$b = 2mn$$
$$c = m^2 + n^2,$$

wobei $m > n$ ist und m und n teilerfremde natürliche Zahlen sind, von denen die eine gerade, die andere ungerade ist.

Nach Substitution von a, b und c in $r(a+b+c) = ab$ erhalten wir $2r(m^2 + mn) = 2mn(m^2 - n^2)$, also $r = n(m - n)$. Da m und n natürliche Zahlen sind und $m > n$ gilt, ist r ebenfalls eine natürliche Zahl. Somit gilt: *wenn ein rechtwinkliges Dreieck ganzzahlige Seitenlängen besitzt, so hat es auch einen ganzzahligen Inkreisradius.*

Mit diesem Ergebnis kann nun eine exakte Formel angegeben werden, die den Inkreisradius, den Flächeninhalt sowie den Umfang eines rechtwinkligen Dreiecks in Beziehung setzt. Wir gehen aus von $r = \frac{ab}{a+b+c}$ und schreiben u (Umfang) für $a + b + c$. Für die Fläche des Dreiecks $\triangle ABC$ gilt $\mathcal{A}_{\triangle ABC} = \frac{ab}{2}$ bzw. $2\mathcal{A}_{\triangle ABC} = ab$. Somit ist $r = \frac{\mathcal{A}_{\triangle ABC}}{u}$. Lassen Sie die Schüler zur Übung den Inkreisradius für verschiedene Werte $\mathcal{A}$ und u bestimmen. Sicherlich haben sich die Schüler schon einige Zeit mit rechtwinkligen Dreiecken beschäftigt, bei denen die Höhe auf die Hypotenuse eingezeichnet ist. Nun können sie den Inkreisradius zu diesem vertrauten Bild in Beziehung setzen.

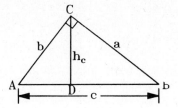

Abb. 2

Wir nennen das $\triangle ADC$ nun $\triangle_I$, den Inkreisradius r_I. Analog sei $\triangle DCB$ nun $\triangle_{II}$ mit dem Inkreisradius r_{II}, und $\triangle ABC = \triangle_{III}$ habe den Inkreisradius r_{III}. Wir zeigen, daß die Summe der Radien $r_I + r_{II} + r_{III}$ gleich der Höhe h_C von C auf c ist. Die Dreiecke $\triangle ADC$, $\triangle DCB$ und $\triangle ABC$ sind einander ähnlich. Folglich stehen die Inkreisradien zweier dieser Dreiecke im gleichen Verhältnis zueinander wie jedes andere Paar korrespondierender Größen. Speziell ist

$$\frac{r_I}{r_{III}} = \frac{b}{c} \quad \text{oder} \quad r_I = \frac{b}{c} r_{III}.$$

Auf die gleiche Art und Weise erhält man $r_{II} = \frac{a}{c} r_{III}$. Somit ergibt sich $r_I + r_{II} + r_{III} = \frac{a+b+c}{c} r_{III}$. Wir erinnern uns, daß $r = \frac{2\mathcal{A}_{III}}{u}$ gilt und erhalten

$$\frac{a+b+c}{c} r_{III} = \frac{a+b+c}{c} \cdot \frac{2\mathcal{A}_{III}}{u} = \frac{2\mathcal{A}_{III}}{c}.$$

Einheit 66 Der Inkreis und das rechtwinklige Dreieck

Andererseits ist $\mathcal{A}_{III} = \frac{1}{2}h_c c$. Also ist $\frac{2\mathcal{A}_{III}}{c} = h_c$, woraus $r_I + r_{II} + r_{III} = h_c$ folgt, was zu beweisen war.

Das oben Gesagte läßt sich auch dazu verwenden, um zu zeigen, daß die Summe der Inkreisflächen der Dreiecke Δ_I und Δ_{II} gleich dem Flächeninhalt des Inkreises von Δ_{III} ist. Erinnern wir uns dazu daran, daß $r_I = \frac{b}{c}r_{III}$ und $r_{II} = \frac{a}{c}r_{III}$ gilt. Daraus ergibt sich

$$r_I^2 + r_{II}^2 = \frac{b^2}{c^2}r_{III}^2 + \frac{a^2}{c^2}r_{III}^2 = \frac{a^2+b^2}{c^2}r_{III}^2 = r_{III}^2$$

(da $a^2 + b^2 = c^2$). Multiplizieren wir beide Seiten mit π, erhalten wir $\pi r_I^2 + \pi r_{II}^2 = \pi r_{III}^2$. Genau das wollten wir zeigen.

Eine weitere interessante Beziehung für den Inkreisradius ist die folgende:

Die Anzahl der rechtwinkligen Dreiecke mit einem vorgegebenen ganzzahligen Inkreisradius r und ganzzahligen, teilerfremden Seitenlängen ist gleich 2^l. Dabei ist l die Anzahl der ungeraden Primfaktoren in der Primzahlzerlegung von r.

Bevor Sie zum Beweis des Satzes übergehen, sollten die Schüler die Bedeutung der Aussage vollkommen erfaßt haben. Zeigen Sie den Schülern, daß für jede natürliche Zahl r mindestens ein rechtwinkliges Dreieck mit den Seitenlängen $2r+1$, $2r^2 + 2r$ und $2r^2 + 2r + 1$ existiert, dessen Inkreisradius gerade r ist. Die Schüler sollten zeigen können, daß die angegebenen Zahlen stets ein pythagoreisches Zahlentripel bilden. Lassen Sie sie verschiedene Werte für r ausprobieren. Für $r = 1$ erhält man ein Dreieck mit den Seitenlängen 3, 4 und 5.

Kommen wir zurück zum Beweis des obigen Satzes. Es seien a, b und c die Seiten eines rechtwinkligen Dreiecks, a, b und c seien ganzzahlig, b gerade, a, b und c teilerfremd. Der Inkreisradius dieses Dreiecks ist die natürliche Zahl r. Erinnern wir uns, daß $r = \frac{ab}{a+b+c}$ gilt. Andererseits ist r ebenfalls durch $\frac{1}{2}(a+b-c)$ darstellbar, da die Identität $\frac{ab}{a+b+c} = \frac{a+b-c}{2}$ gilt. Fordern Sie Ihre Schüler auf, unter Ausnutzung von $a^2 + b^2 = c^2$ diese Identität zu beweisen. Von der allgemeinen Bildungsvorschrift ausgehend sind a, b und c zu substituieren. Die Schüler erhalten als Ergebnis $r = (m-n)n$. Da m und n teilerfremd sind, sind auch $(m-n)$ und n teilerfremd. (Bemerkung: $(m-n)$ ist ungerade, da m und n nicht beide gleichzeitig gerade bzw. ungerade sein können.) Somit läßt sich der Inkreisradius in ein Produkt zweier natürlicher Zahlen $(m-n)$ und n zerlegen, wobei der Faktor $(m-n)$ ungerade ist.

Sei r jetzt eine beliebige natürliche Zahl und $r = xy$ eine Zerlegung in das Produkt zweier teilerfremder ganzer Zahlen. Offensichtlich ist eine der beiden Zahlen dann ungerade, z. B. x. Ferner sei $m = x + y$ und $n = y$. Somit sind auch m und n teilerfremd. Wenn $n = y$ ungerade ist, so ist $m = x + y$ gerade. Ist n gerade, so folgt, daß m ungerade sein muß. Folglich ist eine der Zahlen m und n gerade, die andere ungerade.

Wie wir uns erinnern, ist $m > n$. Setzen wir $a = m^2 - n^2$, $b = 2mn$, $c = m^2 + n^2$, so erhalten wir nach der oben angegebenen Bildungsvorschrift ein rechtwinkliges Dreieck mit dem Inkreisradius $r = (m-n)n$. Somit liefert jede Zerlegung der Zahl r in ein Produkt zweier teilerfremder Zahlen den gewünschten Typ Dreieck, in dem r gerade der Inkreisradius ist. Es läßt sich zeigen, daß für $l \geq 0$ und $r = 2^{x_0}p_1^{x_1}p_2^{x_2}p_3^{x_3}...p_l^{x_l}$ (die p_i sind ungerade Primzahlen) die Anzahl der Zerlegungen gleich 2^l ist. Somit muß 2^l die Anzahl der Zerlegungen von r in zwei teilerfremde Faktoren sein.

Für jede natürliche Zahl r existieren also genau so viele verschiedene rechtwinklige Dreiecke mit ganzzahligen, teilerfremden Seitenlängen und dem Inkreisradius der Größe r, wie es verschiedene Zerlegungen von r in das Produkt zweier teilerfremder ganzer Zahlen gibt. Die Anzahl solcher Dreiecke ist 2^l, womit der Beweis des Satzes vollendet wäre.

Schüler, die sich weiter in die Materie vertiefen wollen, können sich noch am Beweis folgenden Satzes versuchen: Ist r eine gerade natürliche Zahl, dann ist die Anzahl der rechtwinkligen Dreiecke mit ganzzahligen Seitenlängen (die nicht notwendigerweise teilerfremd sein müssen) und dem Inkreisradius der Größe r durch

$$(x_0 + 1)(2x_1 + 1)(2x_2 + 1)\ldots(2x_l + 1)$$

gegeben. Dabei ermittelt man $x_0, ..., x_l$ aus der Primzahlzerlegung für r:

$$r = 2^{x_0}p_1^{x_1} \cdot p_2^{x_2} \cdot \ldots \cdot p_l^{x_l},$$

$x_0 \geq 0$, $x_1 \geq 1$, $x_i \geq 0$ $(i = 2, ..., l)$. Die p_i sind die ungeraden Primzahlen, und es sei $2 < p_1 <$

$p_2 < ... < p_l$. Jede natürliche Zahl kann so zerlegt werden.

Die Schüler könnten noch weiter interessante Beziehungen, welche den Inkreisradius betreffen, untersuchen. Es bietet sich z. B. an, für ein beliebiges Dreieck ΔXYZ zu zeigen, daß $r = \sqrt{\frac{(s-x)(s-y)(s-z)}{5}}$ gilt, wobei $s = \frac{x+y+z}{2}$ ist. Weitere Untersuchungen zu diesem Thema sollten sich als eine Herausforderung an die Klasse erweisen.

Nachbereitung

1. Ein Dreieck habe die Seitenlängen 5, 12 und 13. Ist damit die Ganzzahligkeit von r garantiert? Wenn ja, wie groß ist r? Wenn nein, erkläre dies!

2. Durch das Zeichnen der Höhe in ein rechtwinkliges Dreieck entstehen drei Dreiecke. Ihre Inkreisradien haben die Größen 2, 3 und 4. Wie lang ist die Höhe?

3. Finde die Anzahl aller rechtwinkligen Dreiecke mit Inkreisradius $r = 70$, deren Seitenlängen ganzzahlig und teilerfremd sind!

4. Der Inkreisradius habe die Länge 3. Finde die Seitenlängen eines rechtwinkligen Dreiecks mit diesem Inkreisradius!

5. Ein Dreieck ΔXYZ habe habe einen Flächeninhalt von 6 sowie einen Umfang von 12. Finde die Länge des Inkreisradius!

67

Das Goldene Rechteck

In dieser Einheit werden das Konzept des Goldenen Schnittes sowie einige damit verbundene algebraische und geometrische Probleme vorgestellt.

Lernziele

1. Die Schüler konstruieren ein Goldenes Rechteck.

2. Die Schüler ermitteln den Goldenen Schnitt.

3. Die Schüler zeigen spezielle Eigenschaften des Goldenen Rechtecks und des Goldenen Schnittes.

Vorbereitung

Es ist lediglich geometrisches und algebraisches Grundwissen notwendig.

Lehrmethoden

Lassen Sie die Schüler ein Goldenes Rechteck auf folgende Weise konstruieren. Gegeben sei ein Quadrat $ABCD$ mit der Seitenlänge 1. Ermittle den Mittelpunkt M von $\overline{AD}$. Zeichne $\overline{MC}$. Nach dem Satz des Pythagoras ist $|\overline{MC}| = \frac{\sqrt{5}}{2}$. Schlage einen Kreisbogen um M mit dem Radius $|\overline{MC}|$, der $\overline{AD}$ auf der Verlängerung über D hinaus in E schneidet. Dann ist

$$|\overline{DE}| = |\overline{ME}| - |\overline{MD}| = \frac{\sqrt{5}}{2} - \frac{1}{2} = \frac{\sqrt{5}-1}{2}.$$

Daraus folgt $|\overline{AE}| = |\overline{AD}| + |\overline{DE}| = 1 + \frac{\sqrt{5}-1}{2} = \frac{\sqrt{5}+1}{2} = 1,61803\ldots$.

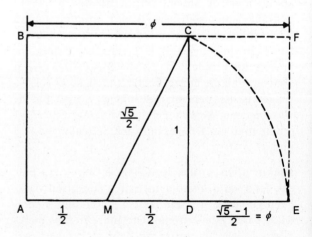

Abb. 1

Trage in E einen rechten Winkel an. Der Schnittpunkt mit BC sei F. Damit ist das Viereck $ABFE$ konstruiert. Seine Seitenlängen stehen im Verhältnis

$$\frac{|\overline{AE}|}{|\overline{AB}|} = \frac{\frac{\sqrt{5}+1}{2}}{1} = \frac{\sqrt{5}+1}{2} \quad (1)$$

Einheit 67 Das Goldene Rechteck

Man nennt das Verhältnis (1) den *Goldenen Schnitt*. Er wird mit dem griechischen Buchstaben ϕ (phi) bezeichnet. Ein Rechteck, dessen Seiten in solch einem Verhältnis stehen, nennt man *Goldenes Rechteck*. Wir bemerken, daß $\phi = 1,61803\ldots$ eine irrationale Zahl ist, die mit $\frac{8}{5}$ angenähert werden kann. Ein Rechteck mit diesem Verhältnis zwischen Länge und Breite wurde von den alten Griechen erdacht und im Jahre 1876 von dem Psychologen Fechner experimentell als dasjenige Rechteck bestätigt, welches die für das Auge angenehmsten und harmonischsten Proportionen besitzt.

Lassen Sie Ihre Schüler die Gleichung $x^2 - x - 1 = 0$ lösen. Die Lösungen sind

$$x_1 = \frac{\sqrt{5}+1}{2}, \quad x_2 = \frac{-\sqrt{5}+1}{2} \quad (2)$$

Nach (1) ist $x_1 = \phi$, und x_2 ist, wenn man es ausrechnet, $-0,61803\ldots$.

Eine Beziehung zwischen ϕ und x_2 wird sofort ersichtlich, wenn wir zunächst den Kehrwert $\frac{1}{\phi}$ von ϕ berechnen. Mit (1) ergibt sich

$$\frac{1}{\phi} = \frac{1}{\frac{\sqrt{5}+1}{2}} = \frac{\sqrt{5}-1}{2} = 0,61803\ldots.$$

Das Verhältnis $\frac{\sqrt{5}-1}{2}$ wird mit ϕ' bezeichnet. Nach (2) ist $x_2 = -\phi'$. Zusammengefaßt erhalten wir

$$\phi = \frac{\sqrt{5}+1}{2} = 1,61803\ldots \quad (3)$$

$$-\phi = \frac{-\sqrt{5}-1}{2} = -1,61803\ldots \quad (4)$$

$$\frac{1}{\phi} = \phi' = \frac{\sqrt{5}-1}{2} = 0,61803\ldots \quad (5)$$

$$-\phi' = \frac{-\sqrt{5}+1}{2} = -0,61803\ldots \quad (6)$$

Nebenbei bemerkt beträgt das Verhältnis zwischen Breite und Länge eines Goldenen Rechtecks ϕ', währenddessen das Verhältnis zwischen Länge und Breite gleich ϕ ist. In Abb. 1 gilt demzufolge $\frac{|DE|}{|DC|} = \phi'$, somit ist $CDEF$ ein Goldenes Rechteck.

Von (3)-(6) können einige recht interessante Beziehungen abgeleitet werden. Beispielsweise erhält man unter Benutzung von (3) und (5)

$$\phi \cdot \phi' = 1,$$
$$\phi - \phi' = 1.$$

Die Zahlen ϕ und ϕ' sind die einzigen in der Mathematik, die sich dadurch auszeichnen, daß sowohl ihr Produkt als auch ihre Differenz gleich 1 ist!

Weiterhin gilt

$$\phi^2 = \left(\frac{\sqrt{5}+1}{2}\right)^2 = \frac{5+2\sqrt{5}+1}{4} = \frac{3+\sqrt{5}}{2}$$

und

$$\phi + 1 = \frac{\sqrt{5}+1}{2} + 1 = \frac{3+\sqrt{5}}{2}.$$

Aus diesen Gleichungen folgt somit

$$\phi^2 = \phi + 1. \quad (7)$$

Wenden wir nun (5) und (7) an, so erhalten wir

$$\begin{aligned}(\phi')^2 + \phi &= \frac{1}{\phi^2} + \phi = \frac{1}{\phi+1} + \phi \\ &= \frac{1 + \phi^2 + \phi}{\phi + 1} \\ &= \frac{\phi^2 + \phi^2}{\phi^2} = \frac{2\phi^2}{\phi^2} = 2\end{aligned}$$

Ebenfalls aus (5) und (7) folgt

$$\begin{aligned}\phi^2 - \phi' &= \phi + 1 - \frac{1}{\phi} = \frac{\phi^2 + \phi - 1}{\phi} \\ &= \frac{\phi + 1 + \phi - 1}{\phi} = 2.\end{aligned}$$

Insgesamt gilt also

$$(\phi')^2 + \phi = \phi^2 - \phi'.$$

Potenzen von ϕ: Faszinierenderweise tauchen die Fibonaccischen Zahlen auf, wenn wir die Potenzen von ϕ als lineare Funktionen von ϕ darstellen und die dabei entstehenden Koeffizienten und Konstanten eingehender betrachten. So ergibt sich z.B. mit (7)

$$\begin{aligned}\phi^3 &= \phi^2 \phi = (\phi+1)\phi = \phi^2 + \phi \\ &= \phi + 1 + \phi = 2\phi + 1, \\ \phi^4 &= \phi^3 \phi = (2\phi+1)\phi = 2\phi^2 + \phi \\ &= 2(\phi+1) + \phi = 2\phi + 2 + \phi = 3\phi + 2, \\ \phi^5 &= \phi^4 \phi = (3\phi+2)\phi = 3\phi^2 + 2\phi \\ &= 3(\phi+1) + 2\phi = 3\phi + 2 + \phi = 5\phi + 3.\end{aligned}$$

Lassen Sie Ihre Schüler weitere Potenzen von ϕ ermitteln.

$$\phi^1 = 1\phi + 0$$
$$\phi^2 = 1\phi + 1$$
$$\phi^3 = 2\phi + 1$$
$$\phi^4 = 3\phi + 2$$
$$\phi^5 = 5\phi + 3$$
$$\phi^6 = 8\phi + 5$$
$$\phi^7 = 13\phi + 8$$
$$\phi^8 = 21\phi + 13$$
$$\vdots \qquad \vdots \qquad \vdots$$

Kehren wir nun zu unserer Abb. 1 zurück. Indem wir von $\overline{CD}$ die Länge $|\overline{DE}| = \phi'$ abtragen, erhalten wir das Quadrat $DEFG$ mit der Seitenlänge ϕ'.

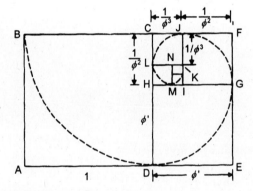

Dann gilt $|\overline{CH}| = 1 - \phi'$ (es war $|\overline{CD}| = 1$). Nun ist aber $1 - \phi' = 1 - \frac{1}{\phi} = \frac{\phi - 1}{\phi} = \frac{\frac{1}{\phi}}{\phi} = \frac{1}{\phi^2} = (\phi')^2 = \frac{1}{\phi^2}$. Mit $|\overline{CF}| = |\overline{GH}| = \phi' = \frac{1}{\phi}$ ergibt sich $\frac{|\overline{CH}|}{|\overline{CF}|} = \frac{(\phi')^2}{\phi'} = \phi'$.

Folglich ist $CFGH$ ebenfalls ein Goldenes Rechteck.

In ähnlicher Weise kann das Viereck $CFGH$ entlang $\overline{CF}$ in ein Quadrat der Seitenlänge $(\phi')^2$ und ein Rechteck $CJIH$ zerlegt werden, welches wiederum ein Goldenes Rechteck ist. Analog läßt sich $CJIH$ teilen, man erhält das Quadrat $CJKL$ und das Goldene Rechteck $IKLH$. Der Prozeß, Quadrate von Goldenen Rechtecken abzuspalten, um so ein weiteres Goldenes Rechteck zu erhalten, läßt sich unendlich oft wiederholen.[65] Abb. 2 veranschaulicht diese Methode.

---

[65] Anm. d. Übers.: Deshalb spricht man in diesem Zusammenhang auch von *stetiger Teilung*.

Werden die Punkte B, D, G, J, L, M durch eine glatte Kurve miteinander verbunden (Abb. 2), so entsteht dabei eine spiralförmige Kurve. Diese ist Teil einer logarithmischen Spirale, die jedoch an dieser Stelle nicht eingehender besprochen werden kann.

Nachbereitung

1. Man sagt, daß eine Strecke $\overline{AE}$ durch den Punkt D im Verhältnis des *Goldenen Schnittes* geteilt wird, wenn

$$\frac{|\overline{AE}|}{|\overline{AD}|} = \frac{|\overline{AD}|}{|\overline{DE}|} \qquad (8)$$

gilt. Zeige, daß beide Brüche in (8) den Wert $\phi = \frac{\sqrt{5}+1}{2}$ haben (setze z. B. $|\overline{AE}| = x$, $|\overline{AD}| = 1$ und leite aus (8) die quadratische Gleichung ab, die benutzt wurde, um in (2) ϕ zu bestimmen).

Literatur

Posamentier, Alfred S., *Excursions in Advanced Euclidean Geometry*. Menlo Park, Ca.: Addison-Wesley, 1984.

68

Das Goldene Dreieck

Diese Einheit sollte in Verbindung mit der Einheit "Das Goldene Rechteck" benutzt werden. Sie soll helfen, das Verständnis der Schüler für Gebiete der Mathematik zu entwickeln, die gewöhnlich nicht behandelt werden.

Lernziele

1. Die Schüler verstehen verschiedene Beziehungen zwischen dem regelmäßigen Fünfeck, dem Pentagramm und dem Goldenen Schnitt.

2. Die Schüler konstruieren ein Goldenes Dreieck.

3. Die Schüler beschreiben einige Eigenschaften des Goldenen Dreiecks mit Hilfe von Winkelfunktionen.

Einheit 68 Das Goldene Dreieck

Vorbereitung

Einige Kenntnisse in Geometrie und Algebra sind erforderlich.

Lehrmethoden

Lassen Sie Ihre Schüler mit irgendeinem Verfahren ein regelmäßiges Fünfeck $ABCDE$ konstruieren. Dann sollten sie das Pentagramm (Sternfünfeck) $ACEBD$ einzeichnen (Abb. 1). Betrachten Sie mit Ihren Schülern die verschiedenen von Fünfeck und Pentagramm gebildeten Winkel und gleichschenkligen Dreiecke. Für die folgende Diskussion greifen wir uns aus den vielen ähnlichen Dreiecken in Abb. 1 ganz willkürlich die Dreiecke $\triangle BED$ und $\triangle DEF$ heraus.

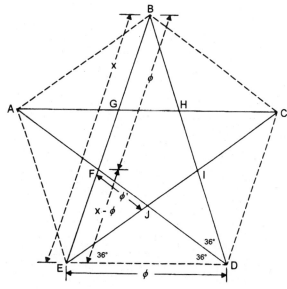

Abb. 1

Jede Fünfeckseite sei $\phi = \frac{1+\sqrt{5}}{2}$ Einheiten lang (vgl. Einheit 67). Da DF den Winkel $\angle BDE$ halbiert, sind die Dreiecke $\triangle DEF$ und $\triangle BDF$ gleichschenklig, so daß

$$|\overline{ED}| = |\overline{DF}| = |\overline{FB}| = \phi$$

gilt. Sei $x = |\overline{BE}| = |\overline{BD}|$. Dann ist $|\overline{FE}| = x - \phi$ und

$$\frac{|\overline{BF}|}{|\overline{FE}|} = \frac{|\overline{BD}|}{|\overline{ED}|}, \quad \frac{\phi}{x-\phi} = \frac{x}{\phi},$$

also

$$x^2 - \phi x - \phi^2 = 0. \qquad (1)$$

Die quadratische Gleichung (1) hat die positive Lösung

$$x = \phi\left(\frac{1+\sqrt{5}}{2}\right). \qquad (2)$$

Nach Definition ist andererseits $\phi = \frac{1+\sqrt{5}}{2}$, so daß wir aus (2) erhalten

$$x = \phi \cdot \phi = \phi^2 = |\overline{BE}|, \qquad (3)$$

$$|\overline{EF}| = x - \phi = \phi^2 - \phi = \phi + 1 - \phi = 1. \qquad (4)$$

Somit ist im Dreieck $\triangle BED$ das Verhältnis von Schenkel zu Basis gleich $\frac{|\overline{BE}|}{|\overline{ED}|} = \frac{\phi^2}{\phi} = \phi$. Im Dreieck $\triangle DEF$ ist dieses Verhältnis ebenfalls ϕ: $\frac{|\overline{DE}|}{|\overline{EF}|} = \frac{\phi}{1} = \phi$, wie auch in jedem anderen zu $\triangle BED$ ähnlichen Dreieck.

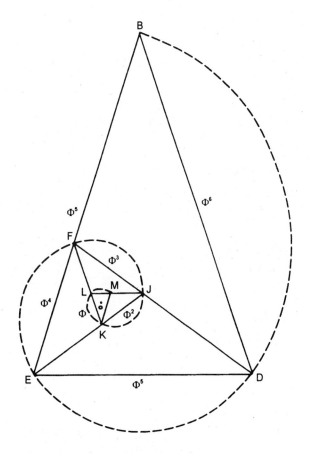

Abb. 2

In jedem $72° - 72° - 36°$ - Dreieck (im folgenden als *Goldenes Dreieck* bezeichnet) gilt also

$$\frac{Schenkel}{Basis} = \phi. \qquad (5)$$

Es ist dasselbe Verhältnis wie das von Länge zu Breite beim Goldenen Rechteck. Im gleichschenkligen Dreieck ΔEFJ ist $|\overline{FJ}| = \phi'$, denn aus (4) und (5) folgt $\dfrac{|\overline{EF}|}{|\overline{FJ}|} = \dfrac{1}{|\overline{FJ}|} = \phi$, also

$$|\overline{FJ}| = \frac{1}{\phi} = \phi'. \qquad (6)$$

Somit hat das regelmäßige Fünfeck $FGHIJ$ die Seitenlänge ϕ'.

Kehren wir zurück zum Dreieck ΔDEF und halten fest, daß EJ die Winkelhalbierende von $\angle DEF$ ist. Sei nun FK die Winkelhalbierende von $\angle EFJ$ (Abb. 2). Dann ist $|\overline{FJ}| = |\overline{FK}| = \frac{1}{\phi}$ und $|\overline{JK}| = \frac{1}{\phi^2}$. Ferner ist $FK \parallel BD$, da die Winkel $\angle KFJ$ und $\angle JDB$ gleich sind. Entsprechend ist die Winkelhalbierende von $\angle FJK$ parallel zu ED und schneidet FK in L, so daß ein weiteres Goldenes Dreieck ΔKJL entsteht. Dieser Prozeß der Halbierung eines Basiswinkels eines Goldenen Dreiecks kann unendlich fortgesetzt werden, er erzeugt eine Folge immer kleinerer Goldener Dreiecke, die gegen einen Grenzpunkt O konvergiert. Ähnlich wie im Goldenen Rechteck ist dieser Punkt der Pol einer logarithmischen Spirale durch die Eckpunkte $B, D, E, F, J, K, L, \ldots$ aller Goldenen Dreiecke.

Eine Reihe weiterer Eigenschaften des Goldenen Dreiecks sind es wert, erwähnt zu werden:

1. Die Strecke $\overline{ML}$ in Abb. 2 habe die Länge 1. Dann folgt aus (5)

$$\begin{aligned}
|\overline{LK}| &= \phi^1 = 1\phi + 0 \\
|\overline{KJ}| &= \phi^2 = 1\phi + 1 \\
|\overline{JF}| &= \phi^3 = 2\phi + 1 \\
|\overline{FE}| &= \phi^4 = 3\phi + 2 \\
|\overline{ED}| &= \phi^5 = 5\phi + 3 \\
|\overline{DB}| &= \phi^6 = 8\phi + 5 \\
&\vdots \quad \vdots \quad \vdots
\end{aligned}$$

und die Koeffizienten auf der rechten Seite bilden wieder Fibonacci-Folgen (vgl. Einheit 68).

2. Die Winkelhalbierende des der Basis gegenüberliegenden Winkels eines Goldenen Dreiecks teilt die Winkelhalbierenden der Basiswinkel im Verhältnis des Goldenen Schnittes (Abb. 1). Da sich die Winkelhalbierenden eines Dreiecks in einem Punkt schneiden, muß die Winkelhalbierende von $\angle EBD$ durch J gehen.

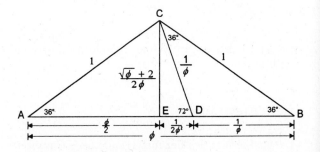

Abb. 3

Aus (4) folgt jedoch $|\overline{EF}| = 1 = |\overline{EJ}| = |\overline{JD}|$, und aus (6) $|\overline{FJ}| = \phi$. Somit ist $\dfrac{|\overline{JD}|}{|\overline{FJ}|} = \dfrac{1}{\phi'} = \phi$.

3. Das Goldene Dreieck kann dazu benutzt werden, um gewisse Winkelfunktionswerte mit Hilfe von ϕ darzustellen (Abb. 3). Sei ΔABC ein $36°-36°-108°$-Dreieck mit $|\overline{AC}| = |\overline{CB}| = 1$. Der Punkt D auf $\overline{AB}$ sei so gewählt, daß $\angle BCD = 36°$ gilt. Dann ist ΔACD ein Goldenes Dreieck mit $\angle CDA = \angle DCA = 72°$. Wegen $|\overline{AC}| = 1$ ist $|\overline{AD}| = 1$, und mit (5) folgt $|\overline{CD}| = \frac{1}{\phi}$. Außerdem ist auch ΔBCD gleichschenklig mit $\angle BCD = \angle DBC = 36°$. Folglich gilt $|\overline{CD}| = |\overline{DB}| = \frac{1}{\phi}$ und $|\overline{AB}| = |\overline{AD}| + |\overline{DB}| = 1 + \frac{1}{\phi} = \phi$.

Von C aus fällen wir das Lot auf die Gerade AB. Sei E der Fußpunkt dieses Lotes. Das liefert $|\overline{AE}| = |\overline{EB}| = \frac{\phi}{2}$. Im rechtwinkligen Dreieck ΔACE haben wir nun

$$\cos 36° = \cos 54° = \frac{\phi}{2}. \qquad (7)$$

Weiter ist

$$|\overline{ED}| = |\overline{AD}| - |\overline{AE}| = 1 - \frac{\phi}{2} = \frac{2-\phi}{2} = \frac{1}{2\phi^2}.$$

Nun folgt für das rechtwinklige Dreieck ΔCED

$$\cos 72° = \frac{|\overline{ED}|}{|\overline{CD}|} = \frac{\frac{1}{2\phi^2}}{\frac{1}{\phi}} = \frac{1}{2\phi} = \sin 18°. \qquad (8)$$

Nachbereitung

1. Benutze elementare Beziehungen zwischen den Winkelfunktionen und (7) und (8) um die Werte von $\tan \alpha$, $\cot \alpha$, $\sec \alpha$ und $\csc \alpha$ für $\alpha = 18°, 36°, 54°, 72°$ durch ϕ auszudrücken.

Einheit 69 Geometrische Trugschlüsse

2. Benutze die Halbwinkelbeziehungen, um die Winkelfunktionswerte für 9° und 27° mit Hilfe von ϕ darzustellen.

Literatur

Huntley, H. E., *The Divine Proportion*. New York: Dover, 1970.

69

Geometrische Trugschlüsse

In geometrischen Beweisen, die mit Hilfsfiguren arbeiten, bezweifeln Schüler häufig die Notwendigkeit einer strengen Begründung für die Existenz dieser Figuren. Oft sehen sie nicht ein, daß die Existenz und Eindeutigkeit dieser Figuren bewiesen werden muß. Die Schüler geraten auch leicht in Abhängigkeit von einer Skizze, ohne deren Korrektheit überprüft zu haben. Diese Einheit führt den Schülern irrige Beweise in der Hoffnung vor, daß sie die Notwendigkeit von Strenge besser begreifen.

Lernziele

1. Die Schüler erkennen, an welcher Stelle eines fehlerhaften Beweises ein geometrischer Trugschluß vorliegt.

Vorbereitung

Die Schüler sollten geometrische Beweise für kongruente und ähnliche Dreiecke gut kennen.

Legen Sie Ihren Schülern den folgenden Beweis vor. Sie werden merken, daß er einen Trugschluß enthält.

Fordern Sie die Schüler auf herauszufinden, wo der Irrtum liegt.

Vor.: $ABCD$ ist ein Rechteck
$|\overline{FA}| = |\overline{BA}|$
R ist Mittelpunkt von $\overline{BC}$
N ist Mittelpunkt von $\overline{CF}$ (Abb. 1).

Beh.: Ein rechter Winkel ist gleich einem stumpfen Winkel ($\angle CDA = \angle FAD$).

Beweis:

Zeichne RL senkrecht zu CB.

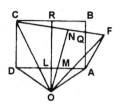

Abb. 1

Zeichne NM senkrecht zu CF.
RL und NM schneiden sich in einem Punkt O. Wenn sie sich nicht schneiden würden, wären RL und NM parallel, was bedeuten würde, daß auch CB und CF parallel wären, was nicht möglich ist.

Zeichne $\overline{DO}$, $\overline{CO}$, $\overline{FO}$ und $\overline{AO}$.
Da RO die Mittelsenkrechte auf $\overline{CB}$ und $\overline{DA}$ ist, gilt $|\overline{DO}| = |\overline{AO}|$.
Da NO die Mittelsenkrechte auf $\overline{CF}$ ist, gilt $|\overline{CO}| = |\overline{FO}|$.
Wegen $|\overline{FA}| = |\overline{BA}|$ und $|\overline{BA}| = |\overline{CD}|$ gilt $|\overline{FA}| = |\overline{CD}|$.

Somit ist $\triangle CDO \cong \triangle FAO$ (Kongruenzsatz SSS), und es gilt $\angle ODC = \angle OAF$. Aus $|\overline{OD}| = |\overline{OA}|$ folgt ferner $\angle ODA = \angle DAO$. Aus den beiden letzten Winkelbeziehungen folgt $\angle ODC - \angle ODA = \angle OAF - \angle DAO$ bzw. $\angle ADC = \angle FAD$.

Lehrmethoden

Nachdem die Schüler sich den Beweis angesehen und keinen Fehler gefunden haben, fordern Sie sie auf, die Figur mit Lineal und Zirkel neu zu konstruieren. Korrekt ausgeführt muß das wie in Abb. 2 aussehen.

Die im Beweis betrachteten Dreiecke sind zwar kongruent, aber die Gleichung $\angle OAF - \angle OAD = \angle FAD$ gilt nicht mehr. Die Fehlerhaftigkeit dieses Beweises liegt also in seiner Abhängigkeit von einer nicht korrekt gezeichneten Skizze begründet.

Anhand der Figur in Abb. 1 kann ein weiterer fehlerhafter Beweis geführt werden.

Beh.: $\angle OAF$ in Abb. 1 ist nicht stumpf.

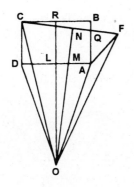

Abb. 2

Beweis:

Angenommen, $\angle OAF$ wäre stumpf. Dann muß $\overline{OF}$ die Strecken $\overline{AB}$ und $\overline{AD}$ schneiden, so wie in Abb. 1. Aus $CD \parallel AQ$ folgt $\angle DCF = \angle AQF$. Im gleichschenkligen Dreieck $\triangle ABF$ ist $\angle ABF = \angle AFB$. Wegen $\angle AFB > \angle AFC$ gilt daher auch $\angle AFB > \angle AFC$. Da $\angle AQF$ ein Außenwinkel von $\triangle BQF$ ist, muß $\angle AQF > \angle ABF$ sein. Deshalb ist $\angle AQF > \angle ABF > \angle AFC$, also auch $\angle DCF > \angle AFC$. Daraus folgt nach Subtraktion des Winkels $\angle OCF = \angle OFC$ die Ungleichung $\angle DCO > \angle OFA$. Widerspruch zur Kongruenz von $\triangle CDO$ und $\triangle FAO$!

Ganz analog kann - unter denselben Voraussetzungen - mit Hilfe der Figur in Abb. 3 "bewiesen" werden, daß $\angle OAF$ nicht spitz ist. Legen Sie nun

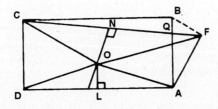

Abb. 3

Ihren Schülern den folgenden Beweis dafür vor, daß jeder Punkt im Inneren eines Kreises auch auf der Kreislinie liegt.

Vor.: O ist der Mittelpunkt eines Kreises mit Radius r. A ist ein Punkt im Inneren des Kreises, verschieden von O.

Beh.: A liegt auf der Kreislinie.

Beweis:

Wähle B auf der Verlängerung von $\overline{OA}$ über A hinaus, so daß $|\overline{OA}| \cdot |\overline{OB}| = r^2$ gilt. (Natürlich muß $|\overline{OB}|$ größer als r sein, denn $|\overline{OA}|$ ist kleiner als r.) Die Mittelsenkrechte von $\overline{AB}$ schneide den Kreis in den Punkten D und G, R sei der Mittelpunkt von $\overline{AB}$.

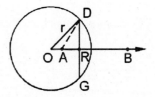

Abb. 4

Wir haben nun $|\overline{OA}| = |\overline{OR}| - |\overline{RA}|$ und $|\overline{OB}| = |\overline{OR}| + |\overline{RB}| = |\overline{OR}| + |\overline{RA}|$. Folglich gilt

$$r^2 = (|\overline{OR}| - |\overline{RA}|)(|\overline{OR}| + |\overline{RA}|)$$
$$= |\overline{OR}|^2 - |\overline{RA}|^2.$$

Der Satz des Pythagoras liefert

$$r^2 = (r^2 - |\overline{DR}|^2)(|\overline{AD}|^2 - |\overline{DR}|^2)$$
$$= r^2 - |\overline{AD}|^2$$

und folglich $|\overline{AD}|^2 = 0$. Also fällt A mit D zusammen, d. h., A liegt auf dem Kreis.

Der Trugschluß in diesem Beweis besteht darin, daß wir die Hilfsgerade DG unter *zwei* Bedingungen gezeichnet haben – daß sie die Mittelsenkrechte von $\overline{AB}$ ist und daß sie den Kreis schneidet. In Wirklichkeit liegen jedoch alle Punkte der Mittelsenkrechten von $\overline{AB}$ außerhalb des Kreises, denn

$$r^2 = |\overline{OA}| \cdot |\overline{OB}|$$
$$= |\overline{OA}|(|\overline{OA}| + |\overline{AB}|)$$
$$= |\overline{OA}|^2 + |\overline{OA}| \cdot |\overline{AB}|$$

und die im Beweis getroffene Annahme $|\overline{OA}| + \dfrac{|\overline{AB}|}{2} < r$ ergibt

$$2|\overline{OA}| + |\overline{AB}| < 2r$$
$$4|\overline{OA}|^2 + 4|\overline{OA}| \cdot |\overline{AB}| + |\overline{AB}|^2 < 4r^2.$$

Wegen $r^2 = |\overline{OA}|^2 + |\overline{OA}| \cdot |\overline{AB}|$ erhalten wir $4r^2 + |\overline{AB}|^2 < 4r^2$, also $|\overline{AB}|^2 < 0$, was nicht möglich ist.

Dieser Beweis deutet auf die Sorgfalt hin, die wir walten lassen müssen, wenn wir Hilfsfiguren unter Benutzung einer *einzigen* Bedingung zeichnen.

Einheit 70 Reguläre Polyeder

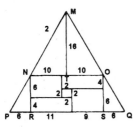

Abb. 5

Abb. 5 zeigt ein "Dreieck", das aus vier rechtwinkligen Dreiecken, vier Rechtecken und einem "Loch" besteht.

1. Lassen sie Ihre Schüler die Gesamtfläche der acht Regionen berechnen (ohne das Loch). [416]

2. Nun lassen Sie die ganze "Dreiecksfläche" berechnen. [Grundseite $|\overline{PQ}| = 32$, Höhe = 26, $\frac{1}{2}|\overline{PQ}| \cdot h = 416$.] Wir stehen nun vor dem Problem: Wie konnten wir denselben Flächeninhalt mit und ohne das Loch erhalten?

Der Trugschluß entsteht aufgrund eines Fehlers in 2. Die Figur ist *kein* Dreieck, da die Punkte M, N und P nicht kollinear sind.

Angenommen, M, N und P wären kollinear. Da $\angle RNO$ ein rechter Winkel ist, sind $\angle PNR$ und $\angle MNT$ komplementär. Da $\angle NPR$ ein rechter Winkel ist, sind $\angle PNR$ und $\angle RPN$ komplementär. Folglich gilt $\angle MNT = \angle RPN$ und $\triangle MNT \sim \triangle NPR$. Das ist jedoch nicht der Fall.

Dasselbe Argument gilt für die Punkte M, O und Q. Deshalb ist die Figur ein Fünfeck und die Formel, die wir in 2. benutzt haben, nicht korrekt.

Nachbereitung

Lassen Sie die Schüler einen geometrischen Trugschluß aus einem der folgenden Bücher auswählen und den Fehler im "Beweis" erklären.

Literatur

Maxwell, E.A., *Fallacies in Mathematics*, Cambridge University Press, 1963.
Northrop, E.P., *Riddles in Mathematics*, D. Van Nostrand Co., 1944.
Posamentier, A.S., J.H. Banks und R.L. Bannister, *Geometry, Its Elements and Structure*, 2. Aufl., McGraw-Hill, 1977, S. 240-44, 270-71.

70
Reguläre Polyeder

Diese Einheit präsentiert eine Methode, die zum Beweis der Tatsache benutzt werden kann, daß nicht mehr als fünf reguläre (oder regelmäßige) Polyeder existieren.

Lernziele

Die Schüler definieren ein reguläres Polyeder, erkennen alle regulären Polyeder und begründen, weshalb nicht mehr als fünf reguläre Polyeder existieren können.

Vorbereitung

Zeigen Sie den Schülern Modelle verschiedener Polyeder und lassen Sie die Anzahl der Eckpunkte (E), die Anzahl der Kanten (K) sowie die Anzahl der Flächen (F) jedes Polyeders ermitteln. Aus einer mit den Ergebnissen erstellten Tabelle sollte folgende Beziehung erkannt werden:

$$E + F = K + 2$$

Lehrmethoden

Nachdem die Schüler den Eulerschen Polyedersatz ($E+F = K+2$) empirisch gefunden haben, werden sie ihn anwenden wollen, um zu weiteren Schlüssen über Polyeder zu gelangen. In Abhängigkeit vom Interesse der Klasse kann der Beweis des Satzes gebracht werden. Eine Möglichkeit des Beweises ist in *Geometry, Its Elements and Structure* von A. S. Posamentier, J. H. Banks und R. L. Banister, S. 574-576 (McGraw-Hill, 1977) zu finden.

Eine interessante Anwendung dieses Satzes ist der Beweis, daß nicht mehr als fünf *reguläre* Polyeder existieren können. Beginnen Sie mit der Definition eines regulären Polyeders als einem Körper, der durch ebene Flächenstücke begrenzt wird, die Seitenflächen genannt werden und die alle reguläre Polygone sind (gleiche Seitenlängen und Winkel). Der Würfel ist ein einfaches Beispiel für ein reguläres Polyeder.

Zu Beginn des Beweises, daß *höchstens fünf reguläre Polyeder existieren können*, werde die Anzahl der Seiten (Kanten) jeder Seitenfläche mit s sowie die Anzahl der Flächen an jedem Eckpunkt mit t bezeichnet. Daraus, daß an jedem Eckpunkt t Seitenflächen zusammentreffen, sollten die Schüler erkennen, daß sich in jedem Eckpunkt auch t Kanten schneiden. Wenn wir nun die Anzahl der Kanten in jedem Eckpunkt (t) mit der Anzahl der Eckpunkte (E) multiplizieren, so liefert uns das *zweimal* die Anzahl der Kanten ($2K$) des Polyeders, da jede Kante zweimal gezählt wird: einmal in jedem der beiden sie begrenzenden Eckpunkte. Folglich gilt:

$$tE = 2K, \text{ bzw. } \frac{E}{\frac{1}{t}} = \frac{K}{\frac{1}{2}} .$$

In ähnlicher Weise verfahren wir, um einen Zusammenhang zwischen der Anzahl der Seitenflächen und der Anzahl der Kanten herzustellen. Wir zählen die Seiten (s) einer jeden Seitenfläche und multiplizieren das Ergebnis mit der Anzahl der Seitenflächen (F) des Polyeders. Auch das liefert uns *zweimal* die Anzahl der Kanten des Polyeders, da jede Seite (Kante) zwei Seitenflächen angehört. Demzufolge gilt:

$$sF = 2K, \text{ bzw. } \frac{F}{\frac{1}{s}} = \frac{K}{\frac{1}{2}} ,$$

also ist

$$\frac{E}{\frac{1}{t}} = \frac{K}{\frac{1}{2}} = \frac{F}{\frac{1}{s}} .$$

Die Schüler sollten sich folgenden Satz über Proportionen in Erinnerung rufen:

$$\frac{a}{b} = \frac{c}{d} = \frac{e}{f} = \frac{a+c+e}{b+d+f} .$$

Lassen Sie sie diesen dann auf das Folgende anwenden:

$$\frac{E}{\frac{1}{t}} = \frac{-K}{-\frac{1}{2}} = \frac{F}{\frac{1}{s}} = \frac{E-K+F}{\frac{1}{t}-\frac{1}{2}+\frac{1}{s}} .$$

Schließlich ergibt sich mit Eulers Polyedersatz ($E - K + F = 2$):

$$\frac{E}{\frac{1}{t}} = \frac{K}{\frac{1}{2}} = \frac{F}{\frac{1}{s}} = \frac{2}{\frac{1}{t}-\frac{1}{2}+\frac{1}{s}} .$$

Die Schüler können nun E, K und F berechnen:

$$E = \frac{4s}{2s+2t-st}$$

$$K = \frac{2st}{2s+2t-st}$$

$$F = \frac{4t}{2s+2t-st} .$$

Die Schüler sollten aufgefordert werden, die Eigenschaften von E, K und F zu untersuchen. Lassen Sie die Schüler herausfinden, daß diese Zahlen positiv sein müssen und demzufolge auch die Nenner positiv sind (da mit s und t auch alle Zähler positiv sind). Es ist also

$$2s + 2t - st > 0 .$$

Um die linke Seite als Produkt schreiben zu können, addiere man auf beiden Seiten der Ungleichung -4. Man erhält

$$2s + 2t - st - 4 > -4 .$$

Ein Multiplizieren beider Seiten mit -1 liefert

$$-2s - 2t + st + 4 < 4 \text{ bzw. } (s-2)(t-2) < 4 .$$

Lassen Sie die Schüler nun Einschränkungen für s und t aufstellen. Sie werden rasch feststellen, daß kein Polygon weniger als drei Seiten besitzen kann. Somit ist $s \geq 3$. Außerdem sollten sie erkennen, daß in jedem Eckpunkt des Polyeders mindestens drei Flächen zusammentreffen müssen. Also ist $t \geq 3$. Aus diesen Tatsachen läßt sich schließen, daß $(s-2)$ und $(t-2)$ positiv sein müssen. Das Produkt $(s-2)(t-2)$ muß kleiner als 4 sein. Mit diesen Informationen sollten die Schüler in der Lage sein, die nachfolgende Tabelle zu erstellen.

(s-2)(t-2)	(s-2)	(t-2)	s	t	E	K	F	Polyeder
1	1	1	3	3	4	6	4	Tetraeder
2	2	1	4	3	8	12	6	Hexaeder
2	1	2	3	4	6	12	8	Oktaeder
3	3	1	5	3	20	30	12	Dodekaeder
3	1	3	3	5	12	30	20	Ikosaeder

Da keine weiteren Werte für s und t möglich sind, ist die obige Tabelle vollständig. Folglich existieren nicht mehr als fünf reguläre Polyeder. Begabtere Schüler könnten dazu ermuntert werden, die Existenz dieser fünf regulären Polyeder zu untersuchen. Eine Literaturquelle hierfür sind Euklids *Elemente*, Buch XIII.

Eine nähere Untersuchung der obigen Tabelle läßt eine interessante Symmetrie zwischen Hexaeder (Würfel) und Oktaeder sowie zwischen

Einheit 71 Eine Einführung in die Topologie

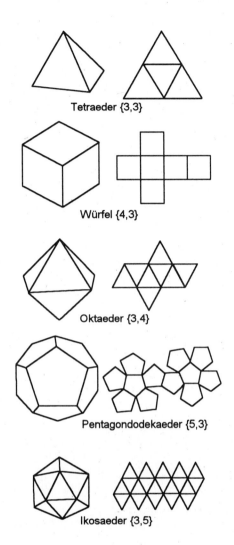

Abb. 1

Dodekaeder[66] und Ikosaeder erkennen. Diese Symmetrien werden durch Vertauschen von s und t offensichtlich. Weiterhin ist aus der Tabelle abzulesen, daß die Seitenflächen dieser regulären Polyeder entweder gleichseitige Dreiecke oder Quadrate oder regelmäßige Fünfecke sind (siehe Spalte s). Sie sollten die Schüler außerdem auffordern, mit den Daten obiger Tabelle die Gültigkeit des Eulerschen Polyedersatzes ($E + F = K + 2$) erneut zu bestätigen.

Abb. 1 zeigt die fünf regulären Polyeder mit den zugehörigen Netzen, die zum Bau dieser Körper verwendet werden können (man schneide sie aus und falte sie geeignet).

Obgleich man oft von ihnen als den fünf Platonischen Körpern spricht, heißt es auch, daß drei von ihnen (das Tetraeder, das Hexaeder und das Oktaeder) auf die Pythagoreer zurückgehen, während die übrigen beiden (das Oktaeder und das Ikosaeder) auf Theaitetus von Athen (etwa 415-368 v. u. Z.) zurückzuführen sind. Die Geschichte dieser Körper bietet ausreichend Stoff für einen kurzen Schülervortrag.

Nachbereitung

1. Lassen Sie die Schüler reguläre Polyeder definieren und erkennen.

2. Lassen Sie die Schüler begründen, weshalb nicht mehr als fünf reguläre Polyeder existieren können.

71

Eine Einführung in die Topologie

Eine Stunde über Topologie kann sofort im Anschluß an die Lektionen über Geometrie gehalten werden. Diese Einheit vermittelt einige Grundbegriffe der Topologie und ihre Anwendungen.

Lernziele

1. *Die Schüler untersuchen die topologische Äquivalenz zweier gegebener geometrischer Objekte.*

2. *An einem gegebenen Polyeder oder einem gegebenen ebenen Objekt zeigen die Schüler die Gültigkeit von $E + F - K = 2$ (im Raum) bzw. $E + F - K = 1$ (in der Ebene).*

Vorbereitung

Ein Grundwissen in Geometrie, das dem Niveau der Sekundarstufe I entspricht, ist für diese Einheit wünschenswert.

---

[66] Anm. d. Übers.: Eigentlich korrekt: *Pentagondodekaeder*; üblicherweise kurz: *Dodekaeder*.

Lehrmethoden

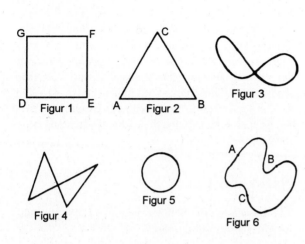

Figur 8   Figur 9   Figur 10

Abb. 3

Abb. 1

Lassen Sie die Schüler verschiedene geschlossene Kurven zeichnen. Dann lassen Sie zwischen denen unterscheiden, die einfach geschlossen sind und denen, die es nicht sind. Mögliche Ergebnisse könnten die in Abb. 1 gezeigten Figuren sein.

Fordern Sie die Schüler auf, diese Bilder ein weiteres Mal zu zeichnen - ohne dabei den Stift abzusetzen! Die Schüler sollten erkennen, daß, wenn sie die Figur 1 auf einem Blatt aus Gummi gezeichnet hätten, sie diese in die Figuren 2, 5 und 6 hätten drehen und biegen könnten.

Die Schüler könnten nun einige Figuren im Raum untersuchen. Lassen Sie einen Würfel zeichnen.

Figur 7

Abb. 2

Fragen Sie die Schüler, ob sich dieser Würfel mittels Drehen oder Biegen in eine der Figuren 8, 9 oder 10 in Abb. 3 verformen läßt. Sie müßten herausfinden, daß die Kugel die einzige[67] von diesen Figuren ist, in die der Würfel transformiert werden kann.

Es könnte daher erwähnt werden, daß ein Würfel topologisch äquivalent zu einer Kugel ist. Erklären

Sie den Schülern, daß das Studium solcher Figuren auf das mathematische Gebiet der *Topologie* (oder "Gummihautgeometrie") führt.

Eine faszinierende geometrische Beziehung stammt direkt aus der Topologie. Dabei geht es um die Eckpunkte (E), die Kanten (K) sowie die Flächen (F) eines Polyeders bzw. eines Polygons. Sie lautet: $E + F - K = 2$ (im dreidimensionalen Raum) bzw. $E + F - K = 1$ (in der Ebene). Lassen Sie die Schüler ein Fünfeck untersuchen. Ein Fünfeck besitzt fünf Ecken, fünf Seiten (Kanten) sowie eine Fläche, also ist $E + F - K = 5 + 1 - 5 = 1$. Die Schüler könnten jetzt eine dreidimensionale Figur betrachten wollen. Der Würfel (Figur 7) hat acht Eckpunkte, sechs Flächen und zwölf Kanten. Daher ist $E + F - K = 8 - 12 + 6 = 2$. Diese Beziehungen können Sie der Klasse mit Hilfe eines Overheadprojektors oder an Hand von Modellen demonstrieren. Angenommen, alle Kanten,

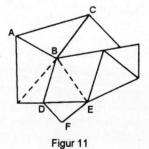

Figur 11

Abb. 4

die in einer Ecke eines Würfels zusammentreffen, würden von einer Ebene geschnitten (ein Würfelförmiges Stück Knetmasse hilft hier der Anschauung). Diese Ebene trennt dann diese Ecke vom Rest des Würfels ab. Durch dieses Verfahren werden dem ursprünglichen Polyeder eine Fläche, drei Eckpunkte und drei Kanten hinzugefügt. Somit wächst für das neue Polyeder E um zwei, F um eins und K um drei. Doch $E + F - K$ bleibt unverändert. Ermutigen Sie die Schüler zu weiteren

---

[67] Anm. d. Übers.: Diese Aussage ist richtig, wenn man Figur 8 z. B. als Mantelfläche eines Zylinders ansieht.

derartigen Experimenten.

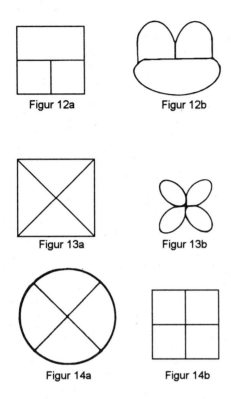

Abb. 5

Geometrische Objekte sind genau dann topologisch äquivalent, wenn sie durch Drehen, Stauchen, Dehnen oder Biegen miteinander in vollkommene Übereinstimmung gebracht werden können. Wird eine Fläche eines Polyeders entfernt, so ist die verbleibende Figur topologisch äquivalent zu einem Bereich der Ebene. Dieses neue Gebilde (siehe Figur 11) wird nicht die ursprüngliche Gestalt bzw. Größe besitzen, jedoch bleiben die Ränder erhalten. Die Kanten werden zu Seiten von Polygonen, und die Anzahl an Kanten und Ecken in der ebenen Figur wird dieselbe wie die des Polyeders im Raum sein.

Jedes Polygon, welches selbst kein Dreieck ist, läßt sich durch das Einzeichnen von Diagonalen in Dreiecke zerlegen. Jedesmal, wenn wir eine solche Diagonale zeichnen, erhöht sich die Anzahl der Kanten um eins, jedoch erhöht sich die Anzahl der Flächen damit ebenfalls um eins. Der Wert $E+F-K$ bleibt erhalten. Von Dreiecken am äußeren Rand des Gebildes liegen entweder, wie beim Dreieck ΔABC in Abb. 4, genau eine Seite oder, wie beim Dreieck ΔDEF, genau zwei Seiten auf dem Rand.

Dreiecke wie das ΔABC können durch Streichen der einen auf dem Rand liegenden Seite (hier $\overline{AC}$) entfernt werden. Tun wir das, so verringert sich sowohl die Anzahl der Flächen als auch die Anzahl der Kanten um eins. $E - K + F$ bleibt erhalten. Dreiecke wie das ΔDEF können durch Streichen der beiden auf dem Rand liegenden Kanten (hier $\overline{DF}$ und $\overline{EF}$) entfernt werden. Damit verringert sich die Anzahl der Kanten um zwei und die Anzahl der Flächen und Ecken jeweils um eins. Wiederum bleibt $E - K + F$ erhalten.

Wir fahren in dieser Art und Weise fort, bis nur noch ein Dreieck verblieben ist. Dieses Dreieck besteht aus drei Ecken, drei Seiten und einer Fläche. Also gilt in der Ebene $E-K+F = 1$. Nehmen wir schließlich die zuvor entfernte Fläche wieder hinzu, so erhalten wir, daß für ein Polyeder im Raum $E - K + F = 2$ gilt.

Nachdem die Schüler die Möglichkeit hatten, sich mit diesem Satz anzufreunden, sollten sie dazu ermuntert werden, diesen an selbstkonstruierten Polyedern weiter auszutesten. Knetmasse ist ein geeignetes Medium für eine solche Betätigung. Die Schüler mögen die Ergebnisse in einer Tabelle zusammenfassen.

Nachbereitung

1. Lassen Sie die Schüler entscheiden, ob sich die Figuren in Abbb. 5 durch Verbiegen ineinander verwandeln lassen.

2. Zeige, daß für ein Tetraeder und ein Oktaeder $E + F - K = 2$ gilt.

3. Zeige, daß für ein Sechseck und ein Zehneck $E + F - K = 1$ gilt.

72
Winkel auf dem Zifferblatt

Diese Einheit kann als Auflockerung für untere Gymnasialklassen dienen, wobei einige interessante Beziehungen entdeckt werden können. Sie kann auch zur Bereicherung des Unterrichts des elementaren Algebrakurses in Verbindung mit der Untersuchung gleichförmiger Bewegungen eingesetzt werden.

Lernziele

1. Die Schüler ermitteln die genaue Zeit, zu der die Zeiger einer Uhr in einem bestimmten Winkel zueinander stehen.
2. Die Schüler lösen Probleme, welche sich auf die Zeigerstellung einer Uhr beziehen.

Vorbereitung

Fragen Sie die Schüler, zu welcher Zeit (exakt) die Zeiger einer Uhr nach 4.00 Uhr das erste Mal übereinanderliegen.

Lehrmethoden

Die erste Reaktion der Schüler wird die simple Antwort 4:20 Uhr sein. Wenn Sie sie daran erinnern, daß der Stundenzeiger sich gleichmäßig bewegt, werden sie beginnen, die Antwort zwischen 4:21 Uhr und 4:22 Uhr zu vermuten. Sie werden erkennen, daß der Stundenzeiger alle 12 Minuten ein Intervall zwischen zwei Minutenmarkierungen durchläuft. Demzufolge wird er das Intervall 4:21-4:22 Uhr um 4:24 Uhr verlassen. Jedoch beantwortet das noch nicht die ursprüngliche Frage nach der exakten Zeit des Übereinanderliegens der Zeiger.

Der beste Weg, einem Schüler die Zeigerbewegung auf einem Ziffernblatt verständlich zu machen, ist der, ihn die Drehung der Zeiger als Bewegung mit konstanter Geschwindigkeit und unabhängig voneinander betrachten zu lassen. Die Minutenmarkierungen (im folgenden nur "Marken" genannt) dienen sowohl zum Bezeichnen von Längen als auch von Zeiten. Es sollte an dieser Stelle eine Analogie zur gleichförmigen Bewegung von Autos eingeschoben werden (ein beliebtes und nur allzu häufig benutztes Thema für Textaufgaben im elementaren Algebrakurs). Das Problem des Überholens eines langsameren Autos durch ein schnelleres wäre hier geeignet.

Erfahrungen haben gezeigt, daß die Analogie besser zwischen konkreten Fällen als nur allgemein aufgezeigt werden sollte. Vielleicht ist es hilfreich, die Klasse nach der Entfernung zu fragen, die ein mit 60 km/h fahrendes Auto zurücklegen muß, um ein anderes Auto zu überholen, das mit 5 km/h fährt und einen Vorsprung von 20 km hat.

Es sei 4:00 Uhr als Startzeit gesetzt. Unser Problem ist es, exakt zu bestimmen, wann der Minutenzeiger den Stundenzeiger nach 4:00 Uhr zum ersten Mal verdeckt. Die Geschwindigkeit des Stundenzeigers sei r, dann muß die Geschwindigkeit des Minutenzeigers $12r$ betragen. Wir suchen nach der Entfernung, gemessen in der Anzahl der Marken, die der Minutenzeiger zurücklegen muß, um den Stundenzeiger zu überholen.

Sagen wir, diese Entfernung betrage d Marken. Also legt der Stundenzeiger eine Strecke von $d-20$ Marken zurück, da er einen Vorsprung von 20 Marken vor dem Minutenzeiger hat. Also ist die Zeit $\frac{d}{12r}$, die der Minutenzeiger benötigt, gleich der Zeit $\frac{d-20}{r}$, die der Stundenzeiger benötigt. Es ist also $\frac{d}{12r} = \frac{d-20}{r}$ und somit $d = \frac{12}{11} \cdot 20 = 21\frac{9}{11}$. Das heißt, der Minutenzeiger wird den Stundenzeiger genau um $4:21\frac{9}{11}$ Uhr überholen.

Man betrachte den Ausdruck $d = \frac{12}{11} \cdot 20$. Hier ist 20 die Anzahl der Marken, die der Minutenzeiger zurückzulegen hätte, stünde der Stundenzeiger still. Offensichtlich verharrt der Stundenzeiger jedoch nicht in seiner Position. Deshalb müssen wir diesen Wert noch mit $\frac{12}{11}$ multiplizieren, da der Minutenzeiger ebenso $\frac{12}{11}$ zurückzulegen hat. Diesen Bruch ($\frac{12}{11}$) nennen wir den Korrekturfaktor. Lassen Sie die Klasse den Korrekturfaktor sowohl logisch als auch algebraisch rechtfertigen.

Um damit zu beginnen, die Schüler mit dem Gebrauch des Korrekturfaktors vertraut zu machen, wählen Sie einige kurze und einfache Beispiele. Beispielsweise können Sie nach der genauen Zeit fragen, zu der die Zeiger zwischen 7:00 Uhr und 8:00 Uhr übereinanderliegen. Hierbei würden die Schüler zunächst bestimmen, wie weit der Minutenzeiger sich von der "12 Uhr"-Position aus weiterdrehen muß, um die Position des Stundenzeigers zu erreichen, wenn wir wiederum annehmen, dieser stünde still. Multipliziert man nun die Anzahl 35 der Marken mit dem Korrekturfaktor $\frac{12}{11}$, so erhält man die exakte Zeit ($7:38\frac{2}{11}$ Uhr) des Übereinanderliegens der Zeiger.

Um den Schülern dieses neue Verfahren verständlicher zu machen, bitten Sie sie, sich eine Person vorzustellen, die eine Armbanduhr mit Hilfe einer

Einheit 72 Winkel auf dem Zifferblatt

elektronischen Uhr überprüft und dabei feststellt, daß sich die Zeiger der Armbanduhr alle 65 Minuten überdecken (wie mit der elektronischen Uhr gemessen wurde). Fragen Sie die Klasse, ob die Armbanduhr zu schnell, zu langsam oder exakt läuft.

Sie könnten auch in folgender Weise über das Problem nachdenken lassen. Um 12:00 Uhr liegen die Zeiger genau übereinander. Benutzen wir die zuvor beschriebene Methode, so finden wir die exakte Zeit des nächsten Zusammentreffens bei 1:05$\frac{5}{11}$ Uhr, dann wieder bei 2:10$\frac{10}{11}$ Uhr, dann bei 3:16$\frac{4}{11}$ Uhr usw. Das ergibt jedesmal ein Intervall von 65$\frac{5}{11}$ Minuten zwischen den Überdeckungspositionen. Also läuft die Uhr der Person um $\frac{5}{11}$ einer Minute ungenau. Lassen Sie die Schüler nun bestimmen, ob die Armbanduhr zu schnell oder zu langsam läuft.

Es gibt viele weitere interessante, zum Teil ziemlich schwierige Probleme, die allein durch den Korrekturfaktor hervorgerufen werden. Es wird Ihnen leichtfallen, eigene Probleme dazu zu formulieren. Fragen Sie Ihre Schüler zum Beispiel nach der exakten Zeit, zu der die Zeiger zueinander senkrecht stehen (oder einen gestreckten Winkel bilden) – sagen wir, zwischen 8:00 Uhr und 9:00 Uhr.

Wieder würden die Schüler die Anzahl der Marken bestimmen, die der Minutenzeiger von der "12 Uhr"-Position aus zurückzulegen hat, um mit dem festgehaltenen Stundenzeiger den gewünschten Winkel zu bilden. Dann lassen Sie das Ergebnis mit dem Korrekturfaktor ($\frac{12}{11}$) multiplizieren, um die exakte Zeit zu erhalten. Das bedeutet, um die genaue Zeit herauszufinden, zu der die Zeiger zwischen 8:00 Uhr und 9:00 Uhr das *erste Mal* senkrecht aufeinander stehen, bestimme man die erforderliche Position des Minutenzeigers bei festgehaltenem Stundenzeiger (hier die 25. Minutenmarke). Dann multipliziere man 25 mit $\frac{12}{11}$, man erhält 8:27$\frac{3}{11}$ Uhr als die exakte Zeit, zu der die Zeiger nach 8:00 Uhr das *erste Mal* senkrecht zueinander stehen.

Für Schüler ohne algebraische Vorkenntnisse können Sie die $\frac{12}{11}$-Korrektur für das Intervall zwischen zwei Überdeckungen in folgender Weise rechtfertigen:

Man denke sich die Zeiger einer Uhr zur Mittagsstunde. Innerhalb der nächsten 12 Stunden (das heißt, bis die Zeiger um Mitternacht dieselbe Position erreicht haben) vollführt der Stundenzeiger eine volle Umdrehung, der Minutenzeiger hingegen zwölf. Der Minutenzeiger trifft den Stundenzeiger in dieser Zeit elf Mal (Mitternacht mitgerechnet, die Mittagsstunde nicht). Da jeder Zeiger mit konstanter Geschwindigkeit rotiert, überdecken sich die Zeiger immer nach $\frac{12}{11}$ einer Stunde bzw. nach 65$\frac{5}{11}$ Minuten.

Das kann auf andere Situationen übertragen werden.

Ihren Schülern wird es sicherlich Vergnügen bereiten und sie mit Stolz erfüllen, daß sie die oft schwierig anmutenden Uhrenaufgaben nun mit solch einer einfachen Prozedur lösen können.

Nachbereitung

1. Zu welcher Zeit liegen die Zeiger einer Uhr nach 2:00 Uhr zum ersten Mal übereinander?

2. Zu welcher Zeit stehen die Zeiger einer Uhr nach 3:00 Uhr zum ersten Mal senkrecht zueinander?

3. Wie würde sich der "Korrekturfaktor" ändern, wenn unsere Uhr eine 24-Stunden-Uhr wäre?

4. Wie groß wäre der "Korrekturfaktor", wenn wir nach der genauen Zeit des Aufeinandertreffens von Sekunden- und Minutenzeiger nach ...(*wählen Sie eine Zeit*) fragen würden?

5. Welchen Winkel bilden die Zeiger um ...(*wählen Sie eine Zeit*)?

6. Zu welcher Zeit (genau) halbiert der Sekundenzeiger den Winkel zwischen Minuten- und Stundenzeiger nach ...(*wählen Sie eine Zeit*)?

73
Mittelung von Verhältnissen – das harmonische Mittel

Diese Einheit bietet eine schnelle Methode zum Bestimmen des Durchschnitts zweier oder mehrerer Verhältnisse[68] (wie z.B. Geschwindigkeiten, relative Kosten, Produktionsraten usw.), die auf die Bildung des harmonischen Mittels hinausläuft.

Lernziele

1. *Die Schüler bestimmen den Mittelwert verschiedener Verhältnisse bezüglich ein und derselben Basis, z.B. verschiedener Geschwindigkeiten, mit denen ein und dieselbe Wegstrecke zurückgelegt wird.*

2. *Ist in einer Aufgabe das Mitteln von Verhältnissen erforderlich, so wenden die Schüler, falls möglich, das Konzept des harmonischen Mittels in korrekter Weise an.*

Vorbereitung

Lassen Sie die Schüler folgende Aufgabe lösen:

Noreen fährt von ihrem Haus zur Arbeit mit einer Geschwindigkeit von 30 km/h. Später kehrt sie von dort nach Hause auf demselben Wege mit 60 km/h zurück. Wie ist ihre Durchschnittsgeschwindigkeit für beide Strecken?

Lehrmethoden

Das soeben formulierte Problem kann als hervorragende Motivation für diese Einheit dienen. Die meisten Schüler werden wahrscheinlich unkorrekterweise 45 km/h als Ergebnis anbieten. Die Erklärung dazu wird sein, daß 45 das Mittel von 30 und 60 ist. Richtig! Aber 30 und 60 repräsentieren hier Geschwindigkeiten und können deshalb nicht wie einfache Größen behandelt werden – machen Sie Ihren Schülern das klar! Die Schüler werden sich fragen, wie sich das auswirkt.

Zunächst sollten Sie Ihre Schüler davon überzeugen, daß ihre erste Antwort, 45 km/h, nicht richtig ist. Weisen Sie darauf hin, daß Noreen für ihren Hinweg zur Arbeit zweimal soviel Zeit benötigte wie für ihren Rückweg. Also wäre es nicht korrekt, beiden Werten das gleiche "Gewicht" zu verleihen. Sollte das Ihre Schüler noch immer nicht überzeugen, fragen Sie sie, welche der folgenden Methoden sie zur Berechnung ihrer Durchschnittsleistung in einem Halbjahr bei Klausurergebnissen von 90, 90, 90, 90 und 40 Punkten[69] benutzen würden:

90 (Mittelwert der ersten vier Arbeiten)
+40 (Punkte der letzten Arbeit)
130 : 2 = 65

oder: $90 + 90 + 90 + 90 + 40 = 400$; $400 : 5 = 80$.

Es ist zu erwarten, daß die Schüler nun vorschlagen, das Ergebnis des Ausgangsproblems mittels $\frac{30+30+60}{3} = 40$ zu berechnen. Das ist vollkommen richtig. Jedoch wird eine solch einfache Lösung wohl kaum zu erwarten sein, wenn der eine Wert nicht Vielfaches des anderen ist. Viele Schüler werden eine allgemeinere Lösungsmethode begrüßen. Eine solche Lösung basiert auf dem Gesetz: *Geschwindigkeit × Zeit = zurückgelegter Weg*. Dazu überlegen wir uns das Folgende:

t_1 (Zeit für den Weg zur Arbeit) $= \dfrac{s}{30}$,

t_2 (Zeit für den Heimweg) $= \dfrac{s}{60}$,

t (Gesamtzeit) $= t_1 + t_2 = \dfrac{s}{20}$,

v (Geschwindigkeit für den Gesamtweg) $= \dfrac{2s}{t} = \dfrac{2s}{\frac{s}{20}} = 40$.

v ist die *Durchschnittsgeschwindigkeit* für die gesamte Strecke.

Von besonderem Interesse sind solche Probleme, bei denen die zu mittelnden Verhältnisse sich auf die gleiche Basis beziehen (z.B. die gleiche Strecke für verschiedene Geschwindigkeiten). Lassen Sie die Schüler das ursprüngliche Problem in allgemeiner Form betrachten. v_1 und v_2 (statt 30 und 60) seien die gegebenen Geschwindigkeiten, jede beziehe sich auf eine Strecke s. Also ist $t_1 = \frac{s}{v_1}$ und $t_2 = \frac{s}{v_2}$, so daß $t = t_1 + t_2 = s\left(\frac{1}{v_1} + \frac{1}{v_2}\right) = \frac{s(v_1+v_2)}{v_1 v_2}$ gilt. Lassen Sie die Schüler sich schließlich

---

[68] Anm. d. Übers.: Im englischen Original ist von *rates* (Raten) die Rede.

[69] Anm. d. Übers.: Bezogen auf jeweils die gleiche Gesamtpunktzahl.

überlegen:
$$v = \frac{2s}{t} = \frac{2s}{s\left(\frac{1}{v_1} + \frac{1}{v_2}\right)}$$
$$= \frac{2}{\frac{1}{v_1} + \frac{1}{v_2}} = \frac{2v_1 v_2}{v_1 + v_2}. \quad (1)$$

Sie sollten feststellen, daß $\frac{2v_1 v_2}{v_1+v_2}$ genau das Reziproke des Mittelwertes (gemeint ist hier das *arithmetische Mittel*) der Reziproken von v_1 und v_2 ist. Solch ein Mittelwert wird *harmonisches Mittel* genannt.

Hier wäre vielleicht eine Bemerkung zum harmonischen Mittel angebracht. Eine Reihe von Zahlen heißt harmonisch, wenn jeweils drei aufeinanderfolgende Zahlen a, b, c der Reihe die folgende Eigenschaft besitzen:
$$\frac{a}{b} = \frac{a-b}{b-c}. \quad (2)$$

Diese Beziehung kann auch so geschrieben werden:
$$a(b-c) = c(a-b). \quad (3)$$

Dividieren wir durch abc, so erhalten wir:
$$\frac{1}{c} - \frac{1}{b} = \frac{1}{b} - \frac{1}{a}. \quad (4)$$

Diese Beziehung zeigt, daß die Reziproken einer harmonischen Reihe eine arithmetische Reihe bilden, wie $\frac{1}{a}$, $\frac{1}{b}$ und $\frac{1}{c}$. Von drei Termen einer arithmetischen Reihe ist der mittlere Wert ihr Mittelwert. So ist $\frac{1}{b}$ der Mittelwert von $\frac{1}{a}$ und $\frac{1}{c}$. Und b ist das harmonische Mittel von a und c.

Wir lösen die Gleichung (4) nach b auf:
$$\frac{2}{b} = \frac{1}{a} + \frac{1}{c}, \text{ also } b = \frac{2ac}{a+c}. \quad (5)$$

Lassen Sie die Schüler (1) mit (5) vergleichen!

In ähnlicher Weise könnten Sie die Klasse das harmonische Mittel dreier Zahlen r, s und t betrachten lassen:
$$\frac{3}{\frac{1}{r} + \frac{1}{s} + \frac{1}{t}} = \frac{3rst}{st + rt + rs}.$$

Die Schüler mögen dies gar zu einer "Formel" für das harmonische Mittel von vier Zahlen k, m, n und p erweitern wollen:
$$\frac{4}{\frac{1}{k} + \frac{1}{m} + \frac{1}{n} + \frac{1}{p}} = \frac{4kmnp}{mnp + knp + kmp + kmn}.$$

Lasssen Sie die Schüler folgendes Problem untersuchen:

Lisa kaufte für jeweils 2 Dollar Bleistifte zum Preis von 2 Cents, 4 Cents bzw. 5 Cents. Welchen Durchschnittspreis bezahlte sie für einen Bleistift?

Die Antwort lautet $3\frac{3}{19}$ Cents, das harmonische Mittel von 2, 4 und 5. Es sei betont, daß dies so berechnet werden konnte, da die Werte auf der gemeinsamen Basis von 2 Dollar beruhen. Von den Schülern könnten an dieser Stelle ähnliche Aufgaben (siehe *Nachbereitung*) aufgestellt und gelöst werden.

Vielleicht möchten Sie zu dem Konzept eine geometrische Veranschaulichung anbringen. Obgleich die größte Bedeutung des harmonischen Mittels in der projektiven Geometrie liegt, scheint es angebrachter zu sein, die Veranschaulichung des harmonischen Mittels in der synthetischen Geometrie wie folgt zu geben.

Lassen Sie die Schüler die Länge der Strecke bestimmen, die den Schnittpunkt der Diagonalen eines Trapezes enthält, parallel zu den Grundseiten ist und deren Endpunkte auf den Schenkeln liegen (Strecke $\overline{EF}$ in Abb. 1). Die Länge dieser Strecke $\overline{EF}$ ist das harmonische Mittel der Längen der Basisseiten $\overline{AD}$ und $\overline{BC}$. Die Abbildung (Abb. 1) zeigt ein Trapez $ABCD$ mit $\overline{AD} \parallel \overline{BC}$, die Diagonalen schneiden sich in G. Außerdem gilt $\overline{EF} \parallel \overline{BC}$. Da $\overline{GF} \parallel \overline{BC}$, ist

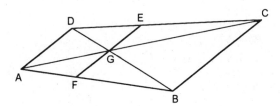

Abb. 1

$\triangle AFG \sim \triangle ABC$ und $\frac{|\overline{AF}|}{|\overline{FG}|} = \frac{|\overline{AB}|}{|\overline{BC}|}$. Analog erhalten wir aus $\overline{GF} \parallel \overline{AD}$, daß $\triangle GBF \sim \triangle DBA$ und $\frac{|\overline{BF}|}{|\overline{FG}|} = \frac{|\overline{AB}|}{|\overline{AD}|}$. Folglich gilt

$$\frac{|\overline{AF}|}{|\overline{FG}|} + \frac{|\overline{BF}|}{|\overline{FG}|} = \frac{|\overline{AB}|}{|\overline{BC}|} + \frac{|\overline{AB}|}{|\overline{AD}|}.$$

Da $|\overline{AF}| + |\overline{BF}| = |\overline{AB}|$, ist $\frac{|\overline{AB}|}{|\overline{FG}|} = \frac{|\overline{AB}|}{|\overline{BC}|} + \frac{|\overline{AB}|}{|\overline{AD}|}$

bzw. $|\overline{FG}| = \frac{|\overline{BC}| \cdot |\overline{AD}|}{|\overline{BC}| + |\overline{AD}|}$. Auf ähnliche Art und

Weise läßt sich $|\overline{EG}| = \dfrac{|\overline{BC}| \cdot |\overline{AD}|}{|\overline{BC}| + |\overline{AD}|}$ zeigen. Somit ergibt sich

$$|\overline{EF}| = |\overline{FG}| + |\overline{EG}| = \dfrac{2 \cdot |\overline{BC}| \cdot |\overline{AD}|}{|\overline{BC}| + |\overline{AD}|}.$$

Also ist $|\overline{EF}|$ das harmonische Mittel von $|\overline{BC}|$ und $|\overline{AD}|$.

Nachbereitung

1. Ein Düsenflugzeug fliegt von New York nach Rom mit 900 km/h und zurück auf derselben Route, jedoch mit 750km/h. Wie ist die durchschnittliche Geschwindigkeit für die ganze Reise?

2. Alice kaufte für jeweils 2 Dollar Nüsse dreier Sorten, eine Sorte kostete 40 Cents, eine 50 Cents und eine 60 Cents je 500g. Welchen Durchschnittspreis bezahlte sie für 100g Nüsse?

3. Im Juni erzielte Willie mit dem Baseballschläger 30 Treffer bei einer Trefferquote von 0,3. Im Mai hingegen erzielte er 30 Treffer bei einer Trefferquote von 0,4. Wie groß ist Willies durchschnittliche Trefferquote für Mai und Juni zusammen?

4. Finde das harmonische Mitel von 2, 3, 5, 6, 2 und 9.

Literatur

Posamentier, Alfred S.: *A Study Guide for the Mathematics Section of the Scholastic Aptitude Test*, Boston, Mass.: Allyn & Bacon, 1983.

Posamentier, Alfred S. und Charles T. Salkind: *Challenging Problems in Algebra*, Palo Alto, CA: Dale Seymour, 1988.

Posamentier, Alfred S. und Charles T. Salkind: *Challenging Problems in Geometry*, Palo Alto, CA: Dale Seymour, 1988.

Posamentier, A. S.: "The Harmonic Mean and Its Place Among Means" in *Readings for Enrichment in Secondary School Mathematics*. Herausgeber: Max A. Sobel, Reston, VA: NCTM.

74
Seltsames Kürzen

In seinem Buch *Fallacies in Mathematics* bezeichnet E.A. Maxwell folgende Kürzungen als "*Heuler*"[70]:

$$\dfrac{1\not{6}}{\not{6}4} = \dfrac{1}{4}$$

$$\dfrac{2\not{6}}{\not{6}5} = \dfrac{2}{5}.$$

Diese Einheit unterbreitet einen Vorschlag, wie die Analyse solcher "Heuler" genutzt werden kann, um das Verständnis der Schüler für das Kürzen und Erweitern von Brüchen zu erhöhen.

Lernziele

1. Die Schüler konstruieren einen "Heuler", der in der Klasse noch nicht vorgestellt worden ist.

2. Die Schüler begründen, weshalb nur vier "Heuler" in Form von zweistelligen Brüchen existieren.

Vorbereitung

Die Schüler sollten in der Lage sein, Brüche vollständig zu kürzen. Weiterhin sollten sie mit solchen Begriffen wie Faktor und Primzahl sowie mit der Bruchrechnung vertraut sein.

Lehrmethoden

Beginnen Sie mit dem Vorstellen der "Heuler", indem sie die Schüler folgende Brüche vollständig kürzen lassen: $\dfrac{16}{64}, \dfrac{19}{95}, \dfrac{26}{65}, \dfrac{49}{98}$. Nachdem die Brüche in der üblichen Weise gekürzt worden sind, erzählen Sie ihren Schülern, daß sie dabei eine

---

[70] Anm. d. Übers.: Die englische Bezeichnung lautet *howlers* und könnte auch mit *grobe Schnitzer* oder *Vergehen* übersetzt werden.

Einheit 74 Seltsames Kürzen

Menge unnötiger Arbeit verrichtet haben. Führen Sie folgendes Kürzen vor:

$$\frac{1\not{6}}{\not{6}4} = \frac{1}{4}$$

$$\frac{1\not{9}}{\not{9}5} = \frac{1}{5}$$

$$\frac{2\not{6}}{\not{6}5} = \frac{2}{5}$$

$$\frac{4\not{9}}{\not{9}8} = \frac{4}{8} = \frac{1}{2}$$

Das wird Ihre Schüler ein wenig in Erstaunen versetzen. Als erste Reaktion werden sie fragen, ob mit jedem zweistelligen Bruch auf diese Weise verfahren werden kann. So fordern Sie ihre Schüler auf, einen weiteren Bruch (bestehend aus zweistelligen Zahlen) zu finden, bei dem diese Kürzungsmethode funktioniert. Die Schüler werden vielleicht $\frac{5\not{5}}{\not{5}5} = \frac{5}{5}$ als Vorschlag für solch eine Kürzung anbringen. Machen Sie ihnen verständlich, daß das natürlich für alle Vielfachen von elf gilt. Das ist trivial. Für uns werden nur echte Brüche (deren Wert kleiner als eins ist) von Interesse sein.[71]

Da die Schüler nun zutiefst frustriert sein dürften, könnten Sie jetzt eine Diskussion darüber beginnen, weshalb die obigen vier Brüche (bestehend aus zweistelligen Zahlen) die einzigen sind, bei denen diese Art Kürzung funktioniert.

Lassen Sie die Schüler den Bruch $\frac{10x+a}{10a+y}$ untersuchen. Die obigen vier Kürzungen werden in der Weise realisiert, daß nach dem Streichen der a der Bruch zu $\frac{x}{y}$ wird. Also gilt $\frac{10x+a}{10a+y} = \frac{x}{y}$.

Das ergibt

$$y(10x + a) = x(10a + y)$$
$$10xy + ay = 10ax + xy$$
$$9xy + ay = 10ax$$
$$\text{also} \quad y = \frac{10ax}{9x + a}.$$

Lassen Sie nun die Schüler diese Beziehung genauer durchdenken. Sie sollten erkennen, daß x, y und a notwendigerweise natürliche Zahlen sein müssen, da sie Ziffern darstellen. Stellen Sie die Aufgabe, solche Werte für a und x zu finden, für die y ebenfalls ganzzahlig ist.

[71] Anm. d. Übers.: "Echte Brüche" ist hier wohl durch "mit 11 kürzbare Brüche" zu ersetzen.

Um eine Menge algebraischer Umformungen zu vermeiden, könnten die Schüler eine Tabelle aufstellen, in der y aus $y = \frac{10ax}{9x+a}$ berechnet wird. Weisen Sie darauf hin, daß x, y und a *einstellige* natürliche Zahlen (nämlich Ziffern) sein müssen. Nachfolgend ist ein Teil der Tabelle, die erstellt werden sollte, aufgezeigt. Man beachte, daß $x = a$ auszuschließen ist, da das den trivialen Fall behandelt.

$x\backslash a$	1	2	3	4	5	6	...	9
1	○	$\frac{20}{11}$	$\frac{30}{12}$	$\frac{40}{13}$	$\frac{50}{14}$	$\frac{60}{15}=4$		
2	$\frac{20}{19}$	○	$\frac{60}{21}$	$\frac{80}{22}$	$\frac{100}{23}$	$\frac{120}{24}=5$		
3	$\frac{30}{28}$	$\frac{60}{29}$	○	$\frac{120}{31}$	$\frac{150}{32}$	$\frac{180}{33}$		
⋮								
9								

In dem oben abgebildeten Teil der Tabelle sind bereits zwei der vier ganzzahligen Werte für y erzeugt. Für $x = 1$ und $a = 6$ ist $y = 4$, für $x = 2$ und $a = 6$ ist $y = 5$. Aus diesen Werten erhält man die Brüche $\frac{16}{64}$ bzw. $\frac{26}{65}$. Die übrigen beiden ganzzahligen Werte für y erhält man für $x = 1$ und $a = 9$, dann ist $y = 5$, bzw. für $x = 4$ und $a = 9$, dann ist $y = 8$. Das sollte die Schüler davon überzeugen, daß nur vier solche Brüche (bestehend aus zweistelligen Zahlen) existieren.

Nun werden sich die Schüler fragen, ob es Brüche gibt, deren Zähler und Nenner mehr als zwei Stellen besitzen und für die diese merkwürdige Methode des Kürzens ebenfalls funktioniert. Lassen Sie die Schüler diese Kürzmethode an $\frac{4\not{9}\not{9}}{\not{9}\not{9}8}$ ausprobieren. Sie werden herausfinden, daß tatsächlich $\frac{499}{998} = \frac{4}{8} = \frac{1}{2}$ gilt. Bald werden sie folgendes erkennen:

$$\frac{49}{98} = \frac{499}{998} = \frac{4999}{9998} = \frac{49999}{99998} = \cdots$$

$$\frac{16}{64} = \frac{166}{664} = \frac{1666}{6664} = \frac{16666}{66664} = \frac{166666}{666664} = \cdots$$

$$\frac{19}{95} = \frac{199}{995} = \frac{1999}{9995} = \frac{19999}{99995} = \frac{199999}{999995} = \cdots$$

$$\frac{26}{65} = \frac{266}{665} = \frac{2666}{6665} = \frac{26666}{66665} = \frac{266666}{6666665} = \cdots$$

Leistungsstärkere Schüler könnten diese Erweiterungsmöglichkeiten der ursprünglichen vier "Heuler" begründen.

Schülern, die nach weiteren Brüchen suchen möchten, bei denen dieses merkwürdige Kürzen funktioniert, könnten Sie folgende Brüche zeigen. Die Schüler sollten überprüfen, ob dieses seltsame

Kürzen hier anwendbar ist und sich auf die Suche nach weiteren solchen Brüchen begeben:

$$\frac{3\cancel{3}2}{8\cancel{3}0} = \frac{32}{80} = \frac{2}{5}$$

$$\frac{3\cancel{8}5}{8\cancel{8}0} = \frac{35}{80} = \frac{7}{16}$$

$$\frac{1\cancel{3}8}{\cancel{3}45} = \frac{18}{45} = \frac{2}{5}$$

$$\frac{2\cancel{7}5}{7\cancel{7}0} = \frac{25}{70} = \frac{5}{14}$$

$$\frac{1\cancel{6}\cancel{3}}{\cancel{3}2\cancel{6}} = \frac{1}{2}$$

$$\frac{2\cancel{0}3}{6\cancel{0}9} = \frac{1}{3}.$$

Nachbereitung

1. Lassen Sie die Schüler einen "Heuler" erzeugen, der in dieser Diskussion noch nicht aufgetaucht ist.

2. Lassen Sie die Schüler begründen, weshalb nur vier "Heuler" existieren, die aus zweistelligen Zahlen gebildet sind.

75
Ziffernprobleme aus neuer Sicht

Probleme, die die Zifferndarstellung von Zahlen verwenden, sind so, wie sie im Grundkurs für elementare Algebra behandelt werden, für gewöhnlich recht simpel und ein wenig langweilig. Zumeist dienen sie nur zur Festigung von zuvor gelehrten Fertigkeiten. Diese Einheit zeigt, wie Ziffernprobleme (vielleicht ein wenig fernab vom "eingefahrenen" Weg) dazu dienen können, das Verständnis der Schüler für den Begriff der Zahl zu erhöhen.

Lernziele

1. *Die Schüler lösen algebraische Probleme im Zusammenhang mit der Zifferndarstellung von Zahlen.*

2. *Die Schüler analysieren den mathematischen Hintergrund gewisser Eigenschaften von Zahlen.*

Vorbereitung

Die Schüler sollten in der Lage sein, sowohl einfache Gleichungen als auch einfache Gleichungssysteme zu lösen.

Lehrmethoden

Beginnen Sie ihre Ausführungen, indem Sie die Schüler eine beliebige dreistellige Zahl auswählen lassen, deren Hunderterstelle von der Einerstelle verschieden ist. Nun lassen Sie die Zahl in umgekehrter Reihenfolge der Ziffern darunterschreiben. Lassen Sie die Differenz dieser beiden Zahlen bilden (größere Zahl minus kleinere). Diese Differenz soll erneut in umgekehrter Ziffernreihenfolge daruntergeschrieben und zu der *Originaldifferenz* addiert werden. *Alle* müßten zu dem Ergebnis 1089 gelangen.

Nehmen wir z.B. an, ein Schüler hätte die Zahl 934 gewählt. Die Zahl mit der dazu umgekehrten Reihenfolge der Ziffern ist 439. Die Rechnung wäre also die folgende:

```
 934
 439
 495   (Differenz)
 594   (umgekehrte Reihenfolge)
1089   (Summe) .
```

Beim Vergleichen ihrer Ergebnisse wird die Schüler verwundern, daß alle Resultate übereinstimmen. Sie werden nun darauf brennen, das Warum dieser Tatsache zu ergründen.

Lassen Sie zunächst die ursprüngliche Zahl als $100h + 10z + e$ schreiben, wobei h, z und e die Hunderter-, Zehner- bzw. Einerstellen repräsentieren. Es sei $h > e$, was für eine der beiden Ausgangszahlen richtig sein muß. Dann ist $e - h < 0$, also borge man sich für die Subtraktion eine 1 von der Zehnerstelle, womit die Einerstelle (des Minuenden) zu $10 + e$ wird.

Da die Zehnerstellen der zu subtrahierenden Zahlen gleich sind und von der Zehnerstelle des Minuenden eine 1 geborgt worden war, ist der Wert an dieser Stelle nun $10(z-1)$. Die Hunderterstelle des

Einheit 75 Ziffernprobleme aus neuer Sicht

Minuenden ist $h-1$, da von hier zum Subtrahieren wiederum eine 1 an die Zehnerstelle ging, wodurch die Zehnerstelle zu $10(z-1)+100 = 10(z+9)$ wurde. Schematisch sieht das so aus:

$$
\begin{array}{lll}
100(h-1) & +10(z+9) & +(e+10) \\
100e & +10z & +h \\
\hline
100(h-e-1) & +10 \cdot 9 & +e-h+10 \ .
\end{array}
$$

Die Umkehrung der Ziffernfolge dieser Differenz liefert

$$100(e-h+10)+10 \cdot 9+h-e-1 \ .$$

Wir addieren die letzten beiden Zeilen:

$$100 \cdot 9+10 \cdot 8+(10-1) = 1089 \ .$$

Hier folgt ein weiteres Problem zu Zifferndarstellungen von Zahlen mit einer ungewöhnlichen Wendung:

> Eine zweistellige Zahl mit Sieben multipliziert ergebe eine dreistellige Zahl. Schreibt man hinter die letzte Ziffer dieser dreistelligen Zahl eine 6, so erhöht sich die dreistellige Zahl um 1833. Man finde die zweistellige Zahl.

Das Haupthindernis, über welches die Schüler beim Versuch des Lösens stolpern werden, wird wohl sein, wie sich das Anfügen einer 6 an eine Zahl algebraisch fassen läßt. Lassen Sie die Schüler die zweistellige Zahl mit a bezeichnen. Dann ist $7a$ die dreistellige Zahl. Um nun eine 6 anfügen zu können, multipliziere man zunächst mit 10 und addiere dann 6. Man erhält $70a+6 = 7a+1833$. Es ist also $a = 29$.

Um die Nützlichkeit des algebraischen Arbeitens mit der Zifferndarstellung einer Zahl noch deutlicher herauszustellen, wäre es vielleicht interessant, den Schülern zu zeigen, weshalb eine Zahl durch 9 (bzw. 3) teilbar ist, wenn die Summe ihrer Ziffern durch 9 (bzw. 3) teilbar ist. Lassen Sie eine beliebige fünfstellige Zahl $abcde$ untersuchen, also $10000a+1000b+100c+10d+e$. Diese Zahl kann auch als $(9999+1)a+(999+1)b+(99+1)c+(9+1)d+e$ bzw. $9999a+999b+99c+9d+a+b+c+d+e$ geschrieben werden. Die Summe der ersten vier Terme ist durch 9 (bzw. 3) teilbar, demzufolge muß der Rest der Summe ebenfalls durch 9 (bzw. 3) teilbar sein. Das heißt, damit die Zahl durch 9 (bzw. 3) teilbar ist, muß $a+b+c+d+e$ durch 9 (bzw. 3) teilbar sein.

Nun sollte noch ein anderes Ziffernproblem mit einer nicht routinemäßigen Lösung präsentiert werden. Die Schüler werden die nachfolgende Analyse als etwas ungewöhnlich empfinden.

> Gesucht ist diejenige zweistellige Zahl N, welche ohne Rest durch Vier teilbar ist und deren natürliche Potenzen auf die gleichen beiden Ziffern enden, die die ursprüngliche Zahl N bilden.

Natürlicherweise werden die Schüler das Problem mit dem Lösungsansatz $N = 10z+e$ angehen wollen. Da $10z+e = 4m$, d. h. ein Vielfaches von 4 ist, muß e gerade sein. Fragen Sie die Schüler nach denjenigen geraden Ziffern, deren Quadrate wieder auf diese Ziffer enden. Die Schüler finden heraus, daß nur 0 und 6 diese Eigenschaft besitzen. Es ist also $e = 0$ oder $e = 6$.

Aus $e = 0$ folgt $z = 0$, damit ist $N = 00$. Das ist ein trivialer Fall, denn sobald $e = 0$ ist, endet N auf 0, während N^2 auf 00 endet.

Man betrachte nun den Fall $e = 6$. Dann ist $N = 10z+6 = 4m$ bzw. $5z+3 = 2m$. Daraus ist zu erkennen, daß z nur 1, 3, 5, 7 oder 9 sein kann. Nun ist aber $N^2 = (10z+6)^2 = 100z^2+120z+36 = 100z^2+100r+10s+36$, wobei $120z = 100r+10s$. Da die letzten beiden Ziffern von N^2 gleich den Ziffern von N sind, ist $10s+36 = 10z+6$, also ist $z = s+3$ und damit $z \geq 3$. Außerdem ist $120z = 100r+10(z-3)$, also $11z = 10r-3$. Und damit folgt $11z \leq 87$, d.h. $z \leq 7$.

Lassen Sie die Schüler die möglichen Werte für z durchprobieren: $z = 3$: $36^2 = 1296$ (abgelehnt), dann $z = 5$: $56^2 = 3136$ (abgelehnt), schließlich $z = 7$: $76^2 = 5776$ (akzeptiert, da $N = 76$).

Es existieren noch viele weitere Probleme zur Zifferndarstellung von Zahlen, die Sie ihrer Klasse präsentieren könnten, um die in dieser Einheit enthaltenen zahlentheoretischen Überlegungen fortzusetzen.

Nachbereitung

1. Zeige unter Benutzung der Zifferndarstellung einer Zahl, daß eine gegebene Zahl durch 8 teilbar ist, wenn die aus ihren letzten drei Ziffern gebildete Zahl durch 8 teilbar ist.

2. Gesucht sind zwei zweistellige Zahlen, die aus denselben beiden Ziffern – nur in unterschiedlicher Reihenfolge – gebildet sind. Die Differenz der Quadrate dieser beiden Zahlen ist 7128. Die Summe der Zahlen ist 22 mal so groß wie die Differenz der beiden Ziffern. Wie lauten die beiden Zahlen?

3. Finde die kleinste natürliche Zahl N, deren erste Ziffer 6 lautet und die die folgende Bedingung erfüllt: Setzt man die erste Ziffer von N (also die 6) an das Ende, so erhält man eine Zahl, die gleich $\frac{1}{4}N$ ist.

76
Algebraische Identitäten

Diese Einheit vermittelt ein geometrisches Verfahren zur Darstellung algebraischer Identitäten. Die alten Griechen verfügten nicht über eine ausreichende algebraische Notation und entwickelten zum Beweis dieser Identitäten die Methode des Flächenzusammensetzens, indem sie einfach die Zahlen durch Streckenlängen darstellten.

Lernziele

Die Schüler zeigen die Gültigkeit algebraischer Identitäten geometrisch unter Ausnutzung der Methode des Flächenzusammensetzens.

Vorbereitung

1. Lassen Sie die Schüler $(a+b)^2$ ausmultiplizieren.

2. Lassen Sie die Schüler $a(b+c)$ ausmultiplizieren.

3. Lassen Sie die Schüler $(a-b)^2$ ausmultiplizieren.

4. Fragen Sie, für welche Werte a und b die soeben erhaltenen Ergebnisse richtig sind.

Lehrmethoden

Nachdem sich die Schüler mit den obigen Aufgaben beschäftigt haben, sollten Sie mit ihnen die Eigenschaften von Identitäten wiederholen. Wenn die Schüler den Begriff der Identität verstanden haben, stellen Sie ihnen die Methode des Flächenzusammensetzens vor, indem sie die Identität $(a+b)^2 = a^2 + 2ab + b^2$ geometrisch illustrieren. Lassen Sie die Schüler zunächst ein Quadrat mit der Seitenlänge $(a+b)$ zeichnen. Das Quadrat soll dann in mehrere Quadrate und Rechtecke zerlegt und deren Seiten geignet bezeichnet werden (Abb. 1). Die Schüler werden leicht die einze-

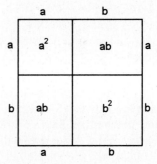

Abb. 1

len Flächeninhalte berechnen können. Da der Flächeninhalt des großen Quadrats gleich der Summe der Flächeninhalte der vier Vierecke ist, in welche es zerlegt worden war, erhalten die Schüler:

$$(a+b)^2 = a^2 + ab + ab + b^2 = a^2 + 2ab + b^2 .$$

Einen strengeren Beweis kann man in Euklids *Elemente*, Satz 4, Buch II finden.

Illustrieren Sie als nächstes geometrisch die Identität $a(b+c) = ab+ac$. Lassen Sie die Schüler dazu ein Rechteck mit den Seitenlängen a und $(b+c)$ zeichnen. Das Rechteck soll nun in verschiedene Teilrechtecke zerlegt werden (Abb. 2). Die Längen dieser Seiten sind in der Abbildung bezeichnet.

Die Schüler können ohne Schwierigkeiten den Flächeninhalt jedes Teiles bestimmen. Lassen Sie die Schüler erkennen, daß das Diagramm die Identität $a(b+c) = ab + ac$ illustriert, da der Flächeninhalt des großen Rechtecks gleich der Summe der Flächeninhalte der zwei Teilrechtecke ist, in die es zerlegt wurde. Lassen Sie die Schüler die folgende Identität untesuchen: $(a+b) \cdot (c+d) = ac + ad + bc + bd$. Zeichnen Sie mit den Schülern das geeignete Rechteck mit den Seitenlängen $(a+b)$ und

Einheit 76 Algebraische Identitäten

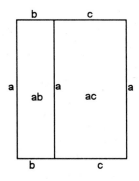

Abb. 2

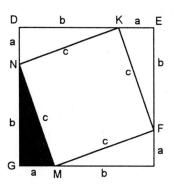

Abb. 4

$(c+d)$ (Abb. 3). Die Seitenlängen und Flächeninhalte sind in der Abbildung bezeichnet. Wie in den vorangegangenen Fällen ist der Flächeninhalt des großen Rechtecks gleich der Summe der Flächeninhalte der vier Vierecke der Zerlegung. Abb. 3 illustriert die Identität $(a+b)\cdot(c+d) = ac+ad+bc+bd$.

Erklären Sie den Schülern, daß die Methode des Flächenzusammensetzens zum Beweisen der meisten algebraischen Identitäten verwendet werden kann. Die Schwierigkeit wird in der Wahl der Maße für das Viereck und die auszuführende Zerlegung bestehen. Wenn sich die Schüler beim Darstellen

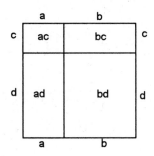

Abb. 3

algebraischer Identitäten unter Verwendung von Flächeninhalten einigermaßen sicher fühlen, lassen Sie sie über $a^2 + b^2 = c^2$, den Satz des Pythagoras, nachdenken. Obwohl es keine Identität ist, ist hier das Flächenzusammensetzen trotzdem anwendbar. Lassen Sie die Schüler ein Quadrat der Seitenlänge $(a+b)$ zeichnen. Zeigen Sie ihnen, wie dieses Quadrat in vier kongruente Dreiecke und ein Quadrat zerlegt werden kann (Abb. 4). Die Seitenlängen sind in der Abbildung angegeben. In Abb. 4 ist abzulesen:

1. Fläche von $DEFG$ = 4× (Fläche von $\triangle GNM$)+Fläche von $KLMN$.
2. Damit ist $(a+b)^2 = 4(\frac{1}{2}ab) + c^2$.[72]
3. Substituieren wir nun $(a+b)^2$ mittels der zuvor bewiesenen Identität, so erhalten wir $a^2 + 2ab + b^2 = 2ab + c^2$.

Bitten Sie die Schüler, den Beweis zu vervollständigen, um zu dem Schluß $a^2 + b^2 = c^2$ zu kommen. Die Schüler sollten nun in der Lage sein, selbst Identitäten aufzustellen und geometrisch zu beweisen.

Nachbereitung

1. Lassen Sie die Schüler die Gültigkeit der folgenden algebraischen Identitäten geometrisch zeigen:

    (a) $(a-b)^2 = a^2 - 2ab + b^2$
    (b) $a^2 - b^2 = (a+b)\cdot(a-b)$.

2. Lassen Sie die Schüler weitere Identitäten finden, die mit der Methode des Flächenzusammensetzens beweisbar sind.

---

[72] Anm. d. Übers.: Zuvor muß gezeigt werden, daß $KLMN$ ein Quadrat ist, deshalb also für seinen Flächeninhalt c^2 eingesetzt werden kann.

77

Faktorisierung von Trinomen der Form $ax^2 + bx + c$

Diese Einheit stellt eine recht ungewöhnliche Methode vor, Trinome der Form $ax^2 + bx + c$ mit ganzzahligen Koeffizienten a, b, c[73] in Faktoren zu zerlegen, falls dies möglich ist.[74] Diese Methode ist besonders dann hilfreich, wenn der Koeffizient a in ax^2+bx+c verschieden von 1 ist, da in diesem Falle die gewöhnliche "trial-and-error"-Methode für die meisten Trinome ziemlich eintönig ist.

Lernziele

1. *Die Schüler analysieren und faktorisieren (zerlegen) verschiedene gegebene Trinome der Form $ax^2 + bx + c$.*

2. *Die Schüler sind in der Lage, diese Methode beim Lösen quadratischer Gleichungen einzusetzen.*

Vorbereitung

Die Schüler sollten wissen, wie man Binome multipliziert und faktorisiert, und wie man erkennt, daß ein Trinom ein vollständiges Quadrat ist.

Lehrmethoden

Beginnen Sie diese Unterrichtsstunde damit, verschiedene Beispiele für die Multiplikation von Binomen zu geben: $(x + 5)(x + 2)$, $(2x - 3)(x + 1)$, $(5x-2)(3x-7)$ usw. Lassen Sie die Schüler die folgenden Eigenschaften dieser Multiplikationen erkennen:

(a) Sie führen alle zu Trinomen der Form $ax^2 + bx + c$, wobei a, b und c ganze Zahlen sind.

(b) Das Produkt der ersten Terme der Binome ist gleich dem ersten Term des Trinoms.

(c) Es ist nicht möglich, für a den Wert Null zu erhalten, wenn man zwei Binome miteinander multipliziert. Folglich ist a stets ungleich Null im Trinom der Form $ax^2 + bx + c$.

Wenn die Schüler diese Multiplikationen in ausreichender Weise geübt haben, lassen Sie über die dazu inverse Operation nachdenken. Das heißt, lassen Sie die Schüler ein gegebenes Trinom der Form $ax^2 + bx + c$ in das Produkt zweier Binome zerlegen. Fragen Sie nach ihren Vorstellungen über verschiedene Zerlegungsvarianten von Trinomen in Faktoren, z. B.: $x^2 + 5x + 6$, $2x^2 - 7x - 4$ usw. Dann lassen Sie die Schüler die Faktorenzerlegung des allgemeinen Trinoms $ax^2 + bx + c$ in folgender Weise betrachten:

$$ax^2 + bx + c = \frac{a(ax^2 + bx + c)}{a}$$
$$= \frac{a^2x^2 + abx + ac}{a}.$$

Das ist möglich, da a stets ungleich Null ist.

Falls $a^2x^2 + abx + ac$ faktorisiert werden kann, so könnte eine Faktorisierung $(ax + y)(ax + z)$ lauten, wobei y und z noch zu bestimmen sind. Wir erhalten also:

$$ax^2 + bx + c = \frac{a^2x^2 + abx + ac}{a}$$
$$= \frac{(ax + y)(ax + z)}{a}$$
$$= \frac{a^2x^2 + a(y + z)x + yz}{a}$$

Vergleichen wir den zweiten mit dem vierten Ausdruck, so stellen wir fest, daß $y+z = b$ und $yz = ac$ gelten müßte. Um ein Trinom der Form ax^2+bx+c zu faktorisieren, ist es demzufolge nur erforderlich, dieses als Produkt $\frac{(ax+y)(ax+z)}{a}$ auszudrücken. Die Werte von y und z werden daraus ermittelt, daß ihre Summe gleich b und ihr Produkt gleich ac sein muß. Lassen Sie die Schüler auch noch herausfinden, daß aus $\frac{(ax+y)(ax+z)}{a} = \frac{a^2x^2+abx+ac}{a}$ folgt, daß der Zähler ein Vielfaches von a sein muß. Folglich wird es immer möglich sein, den Faktor a zu kürzen.

---

[73] Anm. d. Übers.: Im folgenden wird stets $a \neq 0$ vorausgesetzt.

[74] Anm. d. Übers.: Es werden dabei in den Faktoren nur ganzzahlige Koeffizienten zugelassen.

Einheit 78 Quadratische Gleichungen

Beispiel 1. Faktorisiere $5x^2 + 8x + 3$.

Es gilt $5x^2+8x+3 = \frac{(5x+y)(5x+z)}{5}$, wobei $y+z = 8$ und $yz = 5 \cdot 3 = 15$ ist. Eine Untersuchung des konstanten Terms 15 läßt die möglichen Paare von Zahlen y und z erkennen, deren Produkt 15 ist: 15 und 1, -15 und -1, 5 und 3 sowie -5 und -3. Da ihre Summe jedoch 8 sein muß, ist 5 und 3 die einzig mögliche Kombination von y und z. Also ist

$$\begin{aligned} 5x^2 + 8x + 3 &= \frac{(5x+5)(5x+3)}{5} \\ &= \frac{5(x+1)(5x+3)}{5} \\ &= (x+1)(5x+3) \end{aligned}$$

Beispiel 2. Zerlege $6x^2 + 5x - 6$ in Linearfaktoren.

Es gilt $6x^2+5x-6 = \frac{(6x+y)(6x+z)}{6}$, wobei $y+z = 6$ und $yz = 6 \cdot (-6) = -36$ gilt. Aus einer Analyse des Produktes -36 folgen die möglichen Paare von Zahlen y und z, deren Produkt -36 ist: 36 und -1, -36 und 1, 18 und -2, -18 und 2, 12 und -3, -12 und 3, 9 und -4, -9 und 4 sowie 6 und -6. Da die Summe von x und y jedoch 5 sein muß, erhalten wir als einzige mögliche Kombination 9 und -4. Also ist

$$\begin{aligned} 6x^2 + 5x - 6 &= \frac{(6x+9)(6x-4)}{6} \\ &= \frac{3(2x+3)2(3x-2)}{6} \\ &= (2x+3)(3x-2) \end{aligned}$$

Ist $a = 1$, so liegt die einfachere Form $x^2 + bx + c$ vor. Damit ist

$$x^2 + bx + c = \frac{(1x+y)(1x+z)}{1} = (x+y)(x+z),$$

wobei $y + z = b$ und $yz = c$ ist.

Beispiel 3. Faktorisiere $x^2 - 4x - 5$.

Es gilt $x^2 - 4x - 5 = (x+y)(x+z)$, wobei $y+z = -4$ und $yz = -5$ gilt. Folglich sind die möglichen Paare von Zahlen: 5 und -1 sowie -5 und 1. Da die Summe jedoch -4 ist, ist die einzige mögliche Kombination -5 und 1. Also ist $x^2 - 4x - 5 = (x-5)(x+1)$.

Diese Technik ist auch für das Lösen quadratischer Gleichungen – d. h. Gleichungen der Form $x^2 + bx + c = 0$ – anwendbar.

Beispiel 4. Löse die Gleichung $2x^2 - 7x - 4 = 0$.
Zuerst faktorisieren wir $2x^2 - 7x - 4$. Es ist also $2x^2 - 7x - 4 = \frac{(2x+y)(2x+z)}{2}$, wobei $y+z = -7$ und $yz = -8$ gilt. Da das Produkt -8 ist, finden wir als mögliche Paare 8 und -1, -8 und 1, 4 und -2 sowie -4 und 2. Da die Summe jedoch -7 beträgt, ist die einzig mögliche Kombination -8 und 1. Demzufolge gilt $2x^2 - 7x - 4 = \frac{(2x-8)(2x+1)}{2} = (x-4)(2x+1)$. Also erhalten wir $2x^2 - 7x - 4 = (x-4)(2x+1) = 0$, und die Wurzeln der quadratischen Gleichung sind 4 und $-\frac{1}{2}$.

Es ist wichtig, daß die Schüler verstehen, daß es keine Garantie dafür gibt, daß ein beliebiges Trinom faktorisiert werden kann. So können z. B. $x^2 - 5x - 7$ und $x^3 - 5x - 6$ *nicht* in Linearfaktoren zerlegt werden.

Nachbereitung

1. Faktorisiere die folgenden Trinome
   (a) $x^2 - 8x + 12$ (b) $4x^2 + 4x - 3$
   (c) $x^2 + 10x + 25$ (d) $3x^2 - 5x$
   (e) $2r^2 + 13r - 7$ (f) $9m^2 - 1$.

2. Löse die folgenden quadratischen Gleichungen mittels Faktorisierung:
   (a) $x^2 - 3x - 4 = 0$
   (b) $6x^2 + x = 2$.

78

Quadratische Gleichungen

Diese Einheit stellt vier Methoden zum Lösen quadratischer Gleichungen vor.

Lernziele

Die Schüler lösen eine gegebene quadratische Gleichung auf mindestens vier verschiedenen Wegen.

Vorbereitung

Die Schüler sollten die Gleichung
$$x^2 - 7x + 12 = 0$$
lösen können.

Lehrmethoden

Aller Wahrscheinlichkeit nach haben die meisten Ihrer Schüler die obige Aufgabe mit Hilfe der *Lösungsformel* für quadratische Gleichungen gelöst. Neben der Methode der quadratischen Ergänzung, die auf natürliche Weise zu dieser Lösungsformel führt, werden in dieser Einheit drei weitere Methoden zur Lösung quadratischer Gleichungen besprochen.

Quadratische Ergänzung

Man betrachte die Gleichung $ax^2 + bx + c = 0$, wobei a, b und c reelle Zahlen sind mit $a \neq 0$.

$$ax^2 + bx + c = 0 \to x^2 + \frac{b}{a}x + \frac{c}{a} = 0.$$

Man addiere das Quadrat der Hälfte des Koeffizienten von x auf beiden Seiten.

$$x^2 + \tfrac{b}{a}x + \left(\tfrac{b}{2a}\right)^2 = -\tfrac{c}{a} + \left(\tfrac{b}{2a}\right)^2$$
$$\left(x + \tfrac{b}{2a}\right)^2 = -\tfrac{c}{a} + \tfrac{b^2}{4a^2}$$

Man ziehe auf beiden Seiten die Quadratwurzel:

$$|x + \tfrac{b}{2a}| = \sqrt{\tfrac{b^2-4ac}{4a^2}}$$
$$x + \tfrac{b}{2a} = \pm\sqrt{\tfrac{b^2-4ac}{4a^2}}$$
$$x = \tfrac{-b \pm \sqrt{b^2-4ac}}{2a}$$

Das ist die Lösungsformel für quadratische Gleichungen.

Beispiel: Man löse $x^2 - 7x + 12 = 0$.

$$x^2 - 7x + \left(\tfrac{-7}{2}\right)^2 = -12 + \left(\tfrac{-7}{2}\right)^2$$
$$\left(x - \tfrac{7}{2}\right)^2 = -12 + \tfrac{49}{4} = \tfrac{-48+49}{4} = \tfrac{1}{4}$$
$$|x - \tfrac{7}{2}| = \pm\sqrt{\tfrac{1}{4}} = \pm\tfrac{1}{2}$$
$$x - \tfrac{7}{2} = \pm\sqrt{\tfrac{1}{4}} = \pm\tfrac{1}{2}$$

$x = \tfrac{7}{2} \pm \tfrac{1}{2} \to x_1 = 3, x_2 = 4$.

Zerlegung in Linearfaktoren

Es seien x_1 und x_2 die Lösungen der gegebenen Gleichung $ax^2 + bx + c = 0$. Dann kann $x^2 + \frac{b}{a}x + \frac{c}{a} = 0$ als

$$(x - x_1)(x - x_2) = 0$$

geschrieben werden. Wir kennen die Summe und das Produkt der Lösungen:

$$x_1 + x_2 = \frac{-b}{a}, \quad x_1 x_2 = \frac{c}{a}$$

(Vietascher Wurzelsatz).

Es sei $x_1 = \frac{-b}{2a} + N$ und $x_2 = \frac{-b}{2a} - N$ für eine reelle Zahl N.[75] Dann gilt für das Produkt der Wurzeln

$$\frac{c}{a} = x_1 x_2 = \left(-\frac{b}{2a} + N\right)\left(-\frac{b}{2a} - N\right).$$

Als Lösung für N erhalten wir:

$$N = \pm\frac{\sqrt{b^2-4ac}}{2a}.$$

Somit sind die Lösungen $x = \frac{-b}{2a} \pm \frac{\sqrt{b^2-4ac}}{ab}$.

Beispiel: Man löse $x^2 - 7x + 12 = 0$.

Die Schüler finden für die Summe der Lösungen $x_1 + x_2 = 7$. Folglich ist die eine Lösung $\frac{7}{2} + N$ und die andere muß $\frac{7}{2} - N$ sein. Da das Produkt der Lösungen 12 ist, gilt $12 x_1 x_2 = (-\frac{7}{2}+N)(-\frac{7}{2}-N) = \frac{49}{4} - N^2 = 12$.
Also ist $N^2 = \frac{1}{4}$ und $N = \pm\frac{1}{2}$. Damit gilt für die Lösungen:

$$x_1 = \tfrac{7}{2} + N = \tfrac{7}{2} + \tfrac{1}{2} = 4$$
$$x_2 = \tfrac{7}{2} - N = \tfrac{7}{2} - \tfrac{1}{2} = 3.$$

Gleichungssystemmethode

Wir werden zuerst die gegebene Gleichung $x^2 - 7x + 12 = 0$ lösen, bevor wir den allgemeinen Fall betrachten. Durch diese Reihenfolge wird die Methode leichter nachzuvollziehen sein.

Beispiel: Man löse $x^2 - 7x + 12 = 0$.

Betrachte die Summe und das Produkt der Lösungen: $x_1 + x_2 = 7$ und $x_1 x_2 = 12$.
Quadriere die Summe: $(x_1 + x_2)^2 = 49$.
Multipliziere das Produkt mit -4: $-4x_1 x_2 = -48$.
Addiere: $(x_1 + x_2)^2 - 4x_1 x_2 = 49 - 48 = 1$.
Die linke Seite läßt sich zu $(x_1 - x_2)^2$ vereinfachen.
Folglich ist $x_1 - x_2 = \pm\sqrt{1} = \pm 1$.

---

[75] Anm. d. Übers.: Die Existenz solch einer *reellen* Zahl N ist nur gesichert wenn die quadratische Gleichung *reelle* Lösungen hat.

Einheit 78 Quadratische Gleichungen

Man erinnere sich an $x_1 + x_2 = 7$.
Löst man dieses Gleichungssystem, so erhält man:

$$2x_1 = 8 \quad \to \quad x_1 = 4, \; x_2 = 3 \; .$$

Nun zum allgemeinen Fall $ax^2 + bx + c = 0$:
Das Quadrat der Summe der Wurzeln ist

$$(x_1 + x_2)^2 = x_1^2 + 2x_1 x_2 + x_2^2 = \left(-\frac{b}{a}\right)^2 = \frac{b^2}{a^2} \; .$$

Das Produkt der Wurzeln multipliziert mit -4 ist

$$-4 x_1 x_2 = \frac{-4c}{a} \; .$$

Wie oben addieren wir die letzten beiden Gleichungen:

$$x_1^2 - 2x_1 x_2 + x_2^2 = \frac{b^2}{a^2} - \frac{4c}{a} \; ,$$
$$(x_1 - x_2)^2 = \frac{b^2 - 4ac}{a^2} \; .$$

Somit gilt

$$x_1 - x_2 = \pm \frac{\sqrt{b^2 - 4ac}}{a} \; .$$

Da $x_1 + x_2 = \frac{-b}{a}$, erhalten wir

$$\begin{aligned} x_{1,2} &= \frac{1}{2}\left(\frac{-b}{a} \pm \frac{\sqrt{b^2-4ac}}{a}\right) \\ &= \frac{-b \pm \sqrt{b^2 - 4ac}}{2a} \; . \end{aligned}$$

Eine Substitutionsmethode

Wiederum beginnen wir die Diskussion mit der Lösung einer speziellen Gleichung, bevor wir den allgemeinen Fall betrachten.

Beispiel: Man löse $x^2 - 7x + 12 = 0$.

Es sei $r = x - n$ bzw. $x = r + n$, dann ist $x^2 = (r+n)^2 = r^2 + 2rn + n^2$.
Nun substituieren wir die entsprechenden Werte in der Ausgangsgleichung:

$$(r^2 + 2rn + n^2) - 7(r+n) + 12 = 0$$
$$r^2 + r(2n - 7) + (n^2 - 7n + 12) = 0 \; .$$

Wenn $2n - 7 = 0$ ist, dann verschwindet der Term bei r. Das gilt für $n = \frac{7}{2}$. Wir erhalten $r^2 + (n^2 - 7n + 12) = 0$ oder durch Einsetzen von $n = \frac{7}{2}$:

$$r^2 + \left(\frac{49}{4} - 7\left(\frac{7}{2}\right) + 12\right) = 0 \; ,$$
$$r^2 = \frac{49}{4} - 12 = \frac{1}{4} \text{ und folglich ist } r = \pm\frac{1}{2} \; .$$

Somit sind die Lösungen ($x = r + n$):
$$x_1 = \tfrac{1}{2} + \tfrac{7}{2} = 4 \qquad x_2 = -\tfrac{1}{2} + \tfrac{7}{2} = 3 \; .$$

Der allgemeine Fall funktioniert in ähnlicher Weise. Man betrachte die Gleichung $ax^2 + bx + c = 0$. Sei $r = x - n$, dann ist $x = r + n$ und

$$x^2 = (r+n)^2 = r^2 + 2rn + n^2 \; .$$

Nun substituiere man diese Ausdrücke in der Ausgangsgleichung:

$$x^2 + \tfrac{bx}{a} + \tfrac{c}{a} = 0$$
$$(r^2 + 2rn + n^2) + \tfrac{b}{a}(r+n) + \tfrac{c}{a} = 0$$
$$\text{oder} \quad r^2 + r(2n + \tfrac{b}{a}) + (n^2 + \tfrac{bn}{a} + \tfrac{c}{a}) = 0 \; .$$

Um den Term bei r verschwinden zu lassen, setzen wir

$$2n + \frac{b}{a} = 0 \text{ bzw. } n = \frac{-b}{2a} \; .$$

Das liefert uns dann

$$r^2 + (n^2 + \tfrac{b}{a}n + \tfrac{c}{a}) = 0$$
$$\text{bzw.} \quad r^2 = -(n^2 + \tfrac{b}{a}n + \tfrac{c}{a}) \; .$$

Da jedoch $n = \frac{-b}{2a}$ ist, erhalten wir

$$r^2 = -\left(\frac{b^2}{4a^2} - \frac{b^2}{2a^2} + \frac{c}{a}\right) \; ,$$

$$r^2 = \frac{b^2 - 4ac}{4a^2} \text{ und damit } r = \pm \frac{\sqrt{b^2 - 4ac}}{2a} \; .$$

Da $x = r + n$ ist, folgt

$$x = \frac{-b}{2a} \pm \frac{\sqrt{b^2 - 4ac}}{2a}$$
$$\text{bzw.} \quad x = \frac{-b \pm \sqrt{b^2 - 4ac}}{2a} \; .$$

Obgleich einige dieser Methoden zum Lösen quadratischer Gleichungen nicht allzu praktisch sind, so vermitteln sie den Schülern doch ein besseres Verständnis vieler der zugrundeliegenden Begriffe.

Nachbereitung

Fordern Sie die Schüler auf, mindestens die vier in dieser Einheit vorgestellten Methoden zum Lösen der folgenden Gleichungen anzuwenden.

1. $x^2 - 11x + 30 = 0$
2. $x^2 + 3x - 28 = 0$
3. $6x^2 - x - 2 = 0$.

79
Der Euklidische Algorithmus

Diese Einheit gibt eine Methode an, die Schüler in den Euklidischen Algorithmus zum Finden des größten gemeinsamen Teilers zweier ganzer Zahlen einzuführen.

Lernziele

1. *Die Schüler bestimmen den größten gemeinsamen Teiler zweier gegebener, beliebig großer, ganzer Zahlen,*
2. *Nachdem die Schüler den größten gemeinsamen Teiler bestimmt haben, drücken sie ihn in Abhängigkeit von den beiden ganzen Zahlen aus.*

Vorbereitung

Fragen Sie die Schüler, wie sie 12g, 2g, 3g, 4g, 1g und 11g abwiegen würden, wenn sie nur eine Schalenwaage sowie Wägestücke von 5g und 7g zur Verfügung hätten.

Lehrmethoden

Die Schüler sollten folgende Vorschläge zum Wiegen machen können:

a) **12g:** Lege je ein Stück von 5g und 7g in eine Waagschale. Dann können die 12g in der anderen abgewogen werden.

b) **2g:** Lege ein 5g-Wägestück in die eine Schale, ein 7g-Stück in die andere. Dann sind die gewünschten 2g genau das, was dem 5g-Stück hinzugefügt werden muß, um die Waage in Balance zu bringen.

c) **3g:** Lege zwei 5g-Stücke in die eine Schale, ein 7g-Stück in die andere. Dann sind die gewünschten 3g genau das, was dem 7g-Stück hinzugefügt werden muß, um die Waage in Balance zu bringen.

d) **4g:** Lege zwei 5g-Stücke in die eine Waagschale, zwei 7g-Stücke in die andere. Dann sind die gewünschten 4g genau das, was den 5g-Stücken hinzugefügt werden muß, um die Waage in Balance zu bringen.

e) **1g:** Lege drei Wägestücke von 5g in eine Schale, zwei von 7g in die andere. Das gewünschte Gewicht von 1g ist genau das, was den 7g-Stücken hinzugefügt werden muß, um die Waage in Balance zu bringen.

f) **11g:** Lege fünf 5g-Stücke in eine Schale und zwei 7g-Stücke in die andere. Die gewünschten 11g sind genau das, was der Schale mit den 7g-Stücken zugefügt werden muß, um die Waage in Balance zu bringen.

Bitten Sie die Schüler nun, 1g, 2g, 3g und 4g mittels anderer vorgegebener Kombinationen von Gewichten abzuwiegen. Sie sollten bald erkennen, daß das kleinste Gewicht, das mit beliebigen, gegebenen Wägestücken gewogen werden kann, gleich dem *größten gemeinsamen Teiler* der Gewichte ist:

Gegebene Gewichte	Größter gemeinsamer Teiler	Kleinstes wägbares Gewicht
2 und 3	1	1
2 und 4	2	2
3 und 9	3	3
8 und 20	4	4
15 und 25	5	5

Der größte gemeinsame Teiler von A und B wird mit $ggT(A, B)$ bezeichnet.

Um den $ggT(945, 219)$ zu finden, können wir den *Euklidischen Algorithmus* anwenden. Der Euklidische Algorithmus gründet sich auf folgenden Satz: Es seien A und B ganze Zahlen und $A \neq B$. Dividiert man B durch A, so ergibt das einen Quotienten Q und einen Rest R: $B = QA + R$. Es gilt folglich $ggT(B, A) = ggT(A, R)$.

Mit dem folgenden Verfahren kann $ggT(945, 219)$ gefunden werden:

$945 : 219:$ $945 = 4 \cdot 219 + 69$ (1)
$219 : 69:$ $219 = 3 \cdot 69 + 12$ (2)
usw. bis $R = 0$:
$69 = 5 \cdot 12 + 9$ (3)
$12 = 1 \cdot 9 + 3$ (4)
$9 = 3 \cdot 3 + 0$

Einheit 79 Der Euklidische Algorithmus

Damit ist $ggT(945, 219) = 3$, also gleich dem letzten Rest, der in der Folge der Divisionen ungleich Null war. Mit dieser Methode kann $ggT(A, B)$ für zwei beliebige ganze Zahlen A, B bestimmt werden. Lassen Sie die Schüler den Algorithmus zunächst an einigen Beispielen üben, bevor Sie mit dem Unterricht fortfahren.

Für die leistungsstärkeren Schüler in der Klasse (oder zur Information) sei hier noch der Beweis des *Euklidischen Algorithmus* angegeben:

Gegeben sind zwei ganze Zahlen a und b ungleich Null. Man dividiere a durch b, erhält dabei den Rest r_1. Man dividiere nun b durch r_1, erhält dabei einen Rest r_2. Man fahre in dieser Weise fort, dividiere den Rest r_k durch r_{k+1}, erhält dabei einen Rest r_{k+2}. Schließlich wird es ein r_n geben, für das $r_{n+1} = 0$ gilt. Dann ist $|r_n|$ der größte gemeinsame Teiler von a und b.

Beweis: Durch den Divisionsalgorithmus werden ganze Zahlen $q_1, r_1, q_2, r_2, q_3, r_3, \ldots$ festgelegt, wobei

$$a = q_1 b + r_1$$
$$b = q_2 r_1 + r_2$$
$$r_1 = q_3 r_2 + r_3$$
$$\vdots$$

Dabei ist $0 \leq \ldots < r_3 < r_2 < r_1 < |b|$. Es existieren nur $|b|$ nichtnegative ganze Zahlen, die kleiner als $|b|$ sind. Deshalb muß es ein $r_{n+1} = 0$ mit $n + 1 < |b|$ geben. Ist $r_1 = 0$, dann ist $ggT(a, b) = b$. Ist $r_1 \neq 0$, dann erhalten wir:

$$a = q_1 b + r_1$$
$$b = q_2 r_1 + r_2$$
$$r_1 = q_3 r_2 + r_3$$
$$\vdots$$
$$r_{n-2} = q_n r_{n-1} + r_n$$
$$r_{n-1} = q_{n+1} r_n$$

Sei $d = ggT(a, b)$. Aus $d|a$ und $d|b$ folgt $d|r_1$. Aus $d|b$ und $d|r_1$ folgt in analoger Weise $d|r_2$. Aus $d|r_1$ und $d|r_2$ folgt $d|r_3$. Mit der gleichen Argumentation gelangt man zu dem Schluß, daß aus $d|r_{n-2}$ und $d|r_{n-1}$ dann $d|r_n$ folgt. Da $r_n \neq 0$ ist, gilt $r_n|r_{n-1}$, folglich gilt auch $r_n|r_{n-2}$ usw. Weiterhin gilt $r_n|r_{n-3}, r_n|r_{n-4}, \ldots, r_n|r_2, r_n|r_1, r_n|b$ und $r_n|a$. Aus $r_n|a$ und $r_n|b$ folgt $r_n|d$. Es gilt also $r_n|d$ und $d|r_n$. Damit ist $r_n = d$ und $r_n = ggT(a, b)$.

Nun wäre es schön, den ggT zweier Zahlen in folgender Weise als Ausdruck dieser Zahlen schreiben zu können: $ggT(A, B) = MA + NB$, wobei M und N ganze Zahlen sind. Im obigen Beispiel hieße das $ggT(945, 219) = 3 = m \cdot 219 + n \cdot 945$. Durchlaufen wir den Euklidischen Algorithmus vom Ende zum Anfang, so erhalten wir:

Von der Zeile (4) nach oben: $3 = 12 - 9$.
Nun substituiere man für 9 den Ausdruck aus (3):
$3 = 12 - (69 - 5 \cdot 12) = 6 \cdot 69$.
Man substituiere für 12 aus (2):
$3 = 6(219 - 3 \cdot 69) - 69$.
Nun substituiere man für 69 aus (1):
$3 = 6 \cdot 219 - 19(945 - 4 \cdot 219)$ bzw.
$3 = 82 \cdot 219 - 19 \cdot 945$.

Vorhin hatten die Schüler das kleinste Gewicht bestimmt, welches mit Wägestücken von 945g und 219g gewogen werden kann, indem sie den $ggT(945, 219)$ suchten. Nun können sie auch noch sagen, wie viele 945g-Stücke dabei in die eine Waagschale zu legen sind und wie viele 219g-Stücke in die andere, indem sie nämlich $ggT(945, 219)$ als Ausdruck von 945 und 219 schreiben. Sie müssen also 82 der 219g-Stücke in die eine Schale legen und 19 der 945g-Stücke in die andere. Das gewünschte Gewicht ist das, was der Schale mit den 945g-Stücken hinzugefügt werden muß, bis die Balance der Waage erreicht ist. Dieses Schema könnte dazu verwendet werden, um das Verständnis für Diophantische Gleichungen zu entwickeln.

Nachbereitung

Die Schüler sollten in der Lage sein, den ggT der folgenden Paare ganzer Zahlen zu berechnen und diesen dann als Ausdruck der beiden Zahlen zu schreiben:

1) 12 und 18   2) 52 und 86
3) 865 und 312   4) 120 und 380.

80
Primzahlen

Diese Einheit gibt den Schülern eine Einführung in einige faszinierende Eigenschaften von Primzahlen.

Lernziele

1. *Unter Benutzung der Eulerschen Funktion φ bestimmen die Schüler zu einer gegebenen Zahl die Anzahl der zu ihr teilerfremden positiven ganzen Zahlen, die kleiner als diese Zahl sind.*

2. *Die Schüler erklären, weshalb kein Polynom mit ganzzahligen Koeffizienten existiert, das ausschließlich Primzahlen erzeugt.*

Vorbereitung

Fragen Sie die Schüler, welche der folgenden Zahlen Primzahlen sind.

(a) 11 (b) 27 (c) 51
(d) 47 (e) 91 (f) 1

Lehrmethoden

Die Mathematiker haben Jahre damit zugebracht, eine allgemeine Formel für die Erzeugung von Primzahlen zu finden. Es gab viele Versuche, aber keiner hatte Erfolg.

Lassen Sie die Schüler in den Ausdruck $n^2 - n + 41$ verschiedene Werte für n einsetzen. Tragen Sie die Ergebnisse in eine Tabelle an der Tafel ein. Im Laufe der Untersuchung sollte sich herausstellen, daß für n zwischen 1 und 40 nur Primzahlen erzeugt werden. (Sollten die Schüler noch nicht $n = 40$ gesetzt haben, so lassen Sie dies tun.) Dann lassen Sie $n = 41$ probieren. Der Wert von $n^2 - n + 41$ ist dann $(41)^2 - 41 + 41 = (41)^2$. Das ist keine Primzahl. Ein ähnlicher Ausdruck, $n^2 - 79n + 1601$, erzeugt bis $n = 80$ Primzahlen, für $n = 81$ erhalten wir jedoch $(81)^2 - 79 \cdot 81 + 1601 = 1763 = 41 \cdot 43$, also keine Primzahl. Die Schüler werden sich nun fragen, ob es möglich ist, ein Polynom in n mit ganzzahligen Koeffizienten zu finden, dessen Werte für jede positive ganze Zahl n Primzahlen sind. Raten Sie ihnen, besser nicht nach einem solchen Polynom zu suchen. Leonard Euler (1707-1783) hat bewiesen, daß keines existieren kann. Euler zeigte, daß jedes Polynom wenigstens einen Wert erzeugt, der keine Primzahl ist.

Eulers Beweis:
Zunächst nimmt man an, daß ein solches Polynom existiert: $a + bx + cx^2 + dx^3 + \ldots$ (wobei einige der Koeffizienten verschwinden können). Sei s der Wert, den dieses Polynom für $x = m$ annimmt, also $s = a + bm + cm^2 + dm^3 \ldots$. Und sei t der Wert, den das Polynom für $x = m + ns$ annimmt, $t = a + b(m + ns) + c(m + ns)^2 + d(m + ns)^3 \ldots$. Auflösung der Klammern ergibt

$$t = (a + bm + cm^2 + dm^3 + \ldots) + A.$$

Jeder Summand in A enthält den Faktor s. Folglich ist A durch s teilbar. Der Ausdruck in den Klammern ist jedoch nach Voraussetzung gleich s. Damit ist der gesamte Ausdruck ein Vielfaches von s, und die erzeugte Zahl ist keine Primzahl. Folglich gibt es kein Polynom, das ausschließlich Primzahlen erzeugt.

Obgleich diese Tatsache schon frühzeitig in der mathematischen Geschichte erkannt worden war, hörten die Mathematiker nicht auf, weitere Vermutungen über Zahlenausdrücke anzustellen, die nur Primzahlen erzeugen.

Pierre de Fermat (1601-1665), der viele bedeutende Beiträge zur Zahlentheorie geliefert hat, vermutete, daß alle Zahlen der Form $F_n = 2^{2^n} + 1$ mit $n = 0, 1, 2, 3, 4, \ldots$ Primzahlen sind. Lassen Sie die Schüler F_n für $n = 0, 1, 2$ bestimmen. Sie erhalten 3, 5 und 17. Für $n = 3$ finden die Schüler $F_n = 257$. Sagen Sie ihnen, daß $F_4 = 65\,537$ ist, um deutlich zu machen, daß diese Zahlen sehr schnell wachsen. Für $n = 5$ ist $F_n = 4\,294\,967\,297$. Fermat konnte keinen echten Teiler dieser Zahl finden. Durch diese Ergebnisse ermutigt, formulierte er die Vermutung, daß alle Zahlen dieser Form Primzahlen sind. Unglücklicherweise hatte er seine Rechnungen zu früh abgebrochen. Euler zeigte 1732, daß $F_5 = 4\,294\,967\,297 = 641 \cdot 6\,700\,417$ (und damit keine Primzahl!) ist. Erst Jahre später fand man die Faktoren von F_6: $F_6 = 18\,446\,744\,073\,709\,551\,617 = 247\,177 \cdot 67\,280\,421\,310\,721$. Es sind viele weitere Zahlen dieser Form untersucht worden, aber bis heute

Einheit 80 Primzahlen

wurde – soweit bekannt – darunter keine Primzahl mehr gefunden. Es sieht so aus, als hätte sich Fermats Vermutung völlig ins Gegenteil gekehrt. Nun fragt man sich, ob überhaupt noch Primzahlen F_n mit $n > 4$ existieren.

Euler führte seine Studien zu Primzahlen noch viel weiter. Er begann, ganze Zahlen zu untersuchen, die *relativ prim* sind. (Zwei ganze Zahlen heißen *relativ prim*, wenn sie außer 1 keinen gemeinsamen positiven Teiler besitzen.) Lassen Sie die Schüler die Zahl 12 und alle positiven ganzen Zahlen kleiner als 12 notieren. Dann sollen sie 12 sowie alle Zahlen, die mit 12 einen gemeinsamen Teiler ($\neq 1$) besitzen, herausstreichen.

1 2̸ 3̸ 4̸ 5 6̸ 7 8̸ 9̸ 1̸0̸ 11 1̸2̸

Die Zahlen 1, 5, 7 und 11 werden übrigbleiben. Somit gibt es vier positive ganze Zahlen, die kleiner als 12 und relativ prim zu 12 sind. Die Anzahl dieser Zahlen wird mit $\varphi(12)$ bezeichnet, φ ist unter dem Namen *Eulersche Funktion* bekannt. Für $n > 1$ ist $\varphi(n)$ gleich der Anzahl der positiven ganzen Zahlen kleiner als n, die zu n relativ prim sind. Für $n = 1$ definiert man $\varphi(1) = 1$. Wie wir gerade sahen, ist $\varphi(12) = 4$.

Lassen Sie die Schüler den Wert $\varphi(n)$ für $n = 1, 2, 3, 4, 5$ bestimmen. Dazu ist eine Tabelle wie die folgende geeignet.

n	zu n relativ prime Zahlen $< n$	$\varphi(n)$
1		1
2	1 (Primzahl)	1
3	1 2 (Primzahl)	2
4	1 3	2
5	1 2 3 4 (Primzahl)	4
6	1 5	2
7	(Primzahl)	6
8	1 3 5 7	4
9	1 2 4 5 7 8	6
10	1 3 4 6 7 9	4
11	(Primzahl)	10
12	1 5 7 11	4

Die Schüler sollten dabei feststellen, daß die Auflistung für Primzahlen eigentlich nicht nötig ist, denn eine Primzahl ist stets relativ prim zu allen kleineren positiven ganzen Zahlen. Für alle Primzahlen n gilt somit $\varphi(n) = n - 1$.

Lassen Sie die Schüler nun auch $\varphi(n)$ für n von 6 bis 12 bestimmen. Schauen wir uns die $\varphi(n)$-Spalte an, so scheint sich dort keine Gesetzmäßigkeit zu entwickeln. Wir würden jedoch gern einen allgemeinen Ausdruck für $\varphi(n)$ erhalten, um $\varphi(n)$ für jede beliebige Zahl berechnen zu können. Wie wir bereits feststellten, gilt für Primzahlen $\varphi(n) = n - 1$. Um zu einem Ausdruck für $\varphi(n)$ für zusammengesetzte Zahlen n zu gelangen, betrachten wir zunächst einen konkreten Fall. Sei $n = 15$. Die Primzahlzerlegung von 15 liefert $15 = 3 \cdot 5$. Das können wir auch als $n = p \cdot q$ schreiben, wobei $n = 15, p = 3$ und $q = 5$ gilt. Nun lassen Sie die Schüler 15 mit allen natürlichen Zahlen kleiner 15 niederschreiben und alle durch drei teilbaren Zahlen (3 ist gleich p) herausstreichen:

1 2 3̸ 4 5 6̸ 7 8 9̸ 10 11 1̸2̸ 13 14 1̸5̸.

Halten Sie fest, daß das genau $5 = \frac{15}{3} = \frac{n}{p}$ sind. Übrig bleiben 10 Zahlen, $10 = 15 - \frac{15}{3} = n - \frac{n}{p} = n(1 - \frac{1}{p})$.

Lassen Sie von diesen 10 Zahlen die durch fünf teilbaren (5 ist gleich q) streichen:

1 2 4 5̸ 7 8 1̸0̸ 11 13 14.

Es gibt nur zwei von diesen Zahlen, $2 = \frac{1}{5} \cdot 10 = \frac{1}{q} \cdot n \cdot (1 - \frac{1}{p})$. Nun sind noch acht Zahlen übrig, $8 = 10 - \frac{1}{5} \cdot 10 = n(1 - \frac{1}{p}) - \frac{1}{q} \cdot n(1 - \frac{1}{p})$. In beiden Summanden des Ausdrucks ist der Faktor $n(1 - \frac{1}{p})$ enthalten. Damit haben wir eine Formel für die Anzahl der positiven ganzen Zahlen ermittelt, die kleiner als n und relativ prim zu n sind:

$$\varphi(n) = n(1 - \frac{1}{p})(1 - \frac{1}{q}).$$

Nun kann n jedoch mehr als zwei Primteiler besitzen. Für diesen Fall geben wir hier eine allgemeinere Formel (ohne Beweis) an. Die Zahl n werde in ihre Primfaktoren zerlegt, $n = p^a q^b r^c \ldots w^h$, wobei $p, q, r, \ldots, w$ Primzahlen und $a, b, c, \ldots, h$ positive ganze Zahlen sind. Dann gilt:

$$\varphi(n) = (1 - \frac{1}{p})(1 - \frac{1}{q})(1 - \frac{1}{r}) \ldots (1 - \frac{1}{w}).$$

Sie sollten den Schülern zeigen, daß diese Formel natürlich auch für Primzahlen gilt, da dann $\varphi(n) = n - 1 = n(\frac{n-1}{n}) = n(1 - \frac{1}{n})$ gilt. Um zu verdeutlichen, wie man mit der Formel umgeht, erarbeiten Sie mit den Schülern gemeinsam die Werte $\varphi(21)$, $\varphi(43)$ und $\varphi(78)$.

Lösungen:
$\varphi(21) = \varphi(7 \cdot 3) = 21(1 - \frac{1}{7})(1 - \frac{1}{3}) = 12$
$\varphi(43) = 43 - 1$ (da 43 Primzahl ist) $= 42$
$\varphi(78) = \varphi(2 \cdot 3 \cdot 13) = 78(1 - \frac{1}{2})(1 - \frac{1}{3})(1 - \frac{1}{13}) = 24$

Einige Schüler werden sicherlich bemerkt haben, daß $\varphi(n)$ stets einen geraden Wert annimmt. Die Begründung dafür könnte als Ausgangspunkt für weitere Untersuchungen dienen.

Nachbereitung

1. Man ermittle $\varphi(13)$, $\varphi(14)$, $\varphi(48)$, $\varphi(73)$ und $\varphi(100)$.

2. Lassen Sie die Schüler erklären, weshalb kein Polynom mit ganzzahligen Koeffizienten existiert, das nur Primzahlen erzeugt.

81
Algebraische Trugschlüsse

Nur allzu oft schleichen sich bei den Schülern während des mathematischen Arbeitens Fehler ein, die viel heimtückischer sind als ein Rechenfehler oder ein anderer, aus Unachtsamkeit entstandener Fehler. Um Fehler zu verhindern, die durch Nichtbeachtung der korrekten Definition mathematischer Begriffe entstehen, wäre es ratsam, derartige Fehler im Vorhinein zu demonstrieren. Das ist das Hauptziel dieser Einheit.

Lernziele

Die Schüler erkennen, an welcher Stelle eines fehlerhaften Beweises ein algebraischer Trugschluß vorliegt.

Vorbereitung

Die Schüler sollten mit den grundlegenden algebraischen Operationen vertraut sein, die im algebraischen Grundkurs des Gymnasiums behandelt werden.

Lehrmethoden

Wenn die Theorie, die hinter mathematischen Operationen steht, schlecht verstanden wurde, so besteht die Gefahr, daß eine Operation rein formal und vielleicht in unlogischer Weise angewendet wird. Schüler, die sich bestimmter Beschränkungen in der Anwendbarkeit mathematischer Operationen nicht bewußt sind, neigen dazu, diese auch an Stellen einzusetzen, wo die Anwendung nicht gerechtfertigt ist. Dieses falsche Vorgehen führt oft zu einem widersinnigen Ergebnis, das dann *Trugschluß* genannt wird. Die folgenden Widersprüchlichkeiten sollen veranschaulichen, wie solche Trugschlüsse in der Algebra entstehen, wenn gewisse algebraische Operationen ausgeführt werden, für die die Bedingungen gar nicht gegeben waren.

Nahezu jedem, der schon der elementaren Algebra ausgesetzt war, wird früher oder später ein Beweis der Aussage $2 = 1$ bzw. $3 = 1$ usw. begegnet sein. Ein solcher "Beweis" ist ein Beispiel für einen Trugschluß.

"Beweis":
1) Sei $\qquad\qquad\qquad a = b$
2) Multipliziere mit a: $\qquad a^2 = ab$
3) Subtrahiere b^2: $\qquad a^2 - b^2 = ab - b^2$
4) Zerlege in Faktoren: $(a + b)(a - b) = b(a - b)$
5) Dividiere durch $(a - b)$: $\qquad a + b = b$
6) Wegen $a = b$ folgt daraus $\qquad 2b = b$
7) Dividiere durch b: $\qquad\qquad 2 = 1$.

Fordern Sie die Schüler auf, diesen "Beweis" zu untersuchen und herauszufinden, an welcher Stelle die logische Argumentation zusammenbricht. Natürlich steckt der Fehler im fünften Schritt. Wegen $a = b$ ist $a - b = 0$. Folglich wurde eine Division durch Null ausgeführt. Und das ist *nicht gestattet*. An dieser Stelle wäre eine Diskussion darüber angebracht, was Dividieren im Sinne von Multiplizieren bedeutet. Eine Zahl a durch b zu dividieren, setzt die Existenz einer Zahl y voraus, für die $b \cdot y = a$ bzw. $y = \frac{a}{b}$ gilt. Für $b = 0$ unterscheiden wir zwei Fälle: entweder ist $a \neq 0$ oder es ist $a = 0$. Im Falle $a \neq 0$ ist $y = \frac{a}{0}$ bzw. $0 \cdot y = a$. Fragen Sie ihre Schüler, ob sie eine Zahl angeben können, welche, mit Null multipliziert, a ergibt. Ihre Schüler müßten zu dem Schluß gelangen, daß keine solche Zahl y existiert. Im Falle $a = 0$ ist $y = \frac{0}{0}$ bzw. $0 \cdot y = 0$. Jede beliebige Zahl y erfüllt diese Gleichung. Deshalb ist die Division durch Null nicht erlaubt. Es gibt weitere Trugschlüsse, die auf einer Division durch Null beruhen. Lassen Sie die

Einheit 81 Algebraische Trugschlüsse

Schüler selbst entdecken, wo jeweils in den folgenden Beispielen die Schwierigkeiten auftauchen.

1) Wir "beweisen", daß zwei beliebige ungleiche Zahlen gleich sind.
Angenommen, x, y und z sind positive Zahlen und $x = y + z$. Dann ist $x > y$.
Multipliziere beide Seiten mit $(x - y)$:
$x^2 - xy = xy + xz - y^2 - yz$.
Subtrahiere xz von beiden Seiten:
$x^2 - xy - xz = xy - y^2 - yz$.
Zerlege in Faktoren:
$x(x - y - z) = y(x - y - z)$.
Die Division beider Seiten durch $(x - y - z)$ liefert
$x = y$.
Somit ist x, von dem $x > y$ angenommen war, gleich y. Der Trugschluß entsteht an der Stelle, wo durch $(x - y - z)$ dividiert wird, denn dieser Term ist gleich Null.

2) Wir "beweisen", daß alle positiven ganzen Zahlen gleich sind.
Für einen beliebigen Wert x erhalten wir

$$\frac{x - 1}{x - 1} = 1$$

$$\frac{x^2 - 1}{x - 1} = x + 1$$

$$\frac{x^3 - 1}{x - 1} = x^2 + x + 1$$

$$\frac{x^4 - 1}{x - 1} = x^3 + x^2 + x + 1$$

$$\vdots$$

$$\frac{x^n - 1}{x - 1} = x^{n-1} + x^{n-2} + \ldots + x^2 + x + 1 .$$

Setzen wir in allen diesen Identitäten $x = 1$, so nehmen die rechten Seiten die Werte $1, 2, 3, 4, \ldots, n$ an. Alle linken Seiten sind einander gleich. Folglich gilt $1 = 2 = 3 = 4 = \ldots = n$. In diesem Beispiel nehmen alle linken Seiten der Identitäten für $x = 1$ den Wert $\frac{0}{0}$ an.

3) Fragen Sie Ihre Schüler, ob sie der folgenden Aussage zustimmen würden: "Sind zwei Brüche gleich und stimmen ihre Zähler überein, so sind auch ihre Nenner einander gleich." Lassen Sie die Schüler das an beliebig gewählten Brüchen veranschaulichen. Anschließend lassen Sie die folgende Gleichung lösen:

$$6 + \frac{8x - 40}{4 - x} = \frac{2x - 16}{12 - x} . \qquad (1)$$

Nach dem Zusammenfasssen der Terme auf der linken Seite, erhält man

$$\frac{6(4 - x) + 8x - 40}{4 - x} = \frac{2x - 16}{12 - x} .$$

Zusammengefaßt ergibt das

$$\frac{2x - 16}{4 - x} = \frac{2x - 16}{12 - x} .$$

Da die Zähler gleich sind, folgt $4 - x = 12 - x$. Addieren wir x auf beiden Seiten, so erhalten wir $4 = 12$. Wie in den vorangegangenen Beispielen ist auch hier wieder eine Division durch Null versteckt. Lassen Sie die Schüler den Fehler finden. Es sollte betont werden, daß Gleichungen nicht blindlings umgeformt werden können, ohne vorher festzustellen, für welche Werte der Variablen diese Gleichungen gültig sind. So ist die Gleichung (1) keine Identität, die für alle Werte x gültig ist. Die Gleichung wird nur von $x = 8$ erfüllt. Lassen Sie die Schüler $(12-x)(2x-16) = (4-x)(2x-16)$ lösen, um das zu überprüfen. Für $x = 8$ sind die Zähler gleich Null. Sie können die Schüler auch für den allgemeinen Fall $\frac{a}{b} = \frac{a}{c}$ zeigen lassen, daß a nicht Null sein darf, wenn $b = c$ gefolgert werden soll.

Zu einer anderen Klasse von Trugschlüssen gehören jene, in denen nicht beachtet wird, daß die Gleichung $x^2 = a$ (mit $a > 0$) stets zwei Lösungen – zwar mit gleichem Betrag, doch mit unterschiedlichen Vorzeichen – besitzt.

Man nehme beispielsweise die Gleichung $16 - 48 = 64 - 96$. Man addiere 36 auf beiden Seiten und erhält $16 - 48 + 36 = 64 - 96 + 36$. Jede Seite der Gleichung läßt sich nun als vollständiges Quadrat schreiben: $(4 - 6)^2 = (8 - 6)^2$. Bildet man die Quadratwurzel beider Seiten, so erhält man $4 - 6 = 8 - 6$. Daraus folgt $4 = 8$. Fragen Sie die Schüler, wo der Trugschluß liegt. Der Trugschluß besteht im unkorrekten Ziehen der Quadratwurzel. Das korrekte Ergebnis müßte $(4-6) = -(8-6)$ lauten.

Die folgenden Trugschlüsse entstehen durch nicht äquivalente Umformungen von Gleichungen.

Lassen Sie die Schüler $x + 2\sqrt{x} = 3$ in der üblichen Weise lösen. Die Lösungen sind $x = 1$ und $x = 9$. Die erste Lösung erfüllt die Gleichung, die zweite tut dies nicht. Lassen Sie die Schüler erklären, wo das Problem liegt.

Eine ähnliche Gleichung ist $x - a = \sqrt{x^2 + a^2}$. Nach dem Quadrieren beider Seiten und Vereinfachen erhalten wir $-2ax = 0$ bzw. $x = 0$. Setzen wir $x = 0$ in die Ursprungsgleichung ein, so müssen wir feststellen, daß dieser Wert die Gleichung nicht erfüllt. Lassen Sie die Schüler die richtige Lösung der Gleichung finden.

Bis jetzt haben wir nur quadratische Wurzeln positiver Zahlen betrachtet. Fragen Sie die Schüler, was passiert, wenn wir die üblichen Regeln auf Radikale anwenden, die imaginäre Zahlen enthalten. Erläutern Sie das folgende Problem. Die Schüler haben gelernt, daß $\sqrt{a}\sqrt{b} = \sqrt{ab}$ gilt, z. B. $\sqrt{2}\sqrt{5} = \sqrt{2 \cdot 5} = \sqrt{10}$. Das gibt uns dann $\sqrt{-1}\sqrt{-1} = \sqrt{(-1)(-1)} = \sqrt{1} = 1$. Jedoch erhält man auch $\sqrt{-1}\sqrt{-1} = (\sqrt{-1})^2 = -1$. Daraus könnte $1 = -1$ geschlußfolgert werden, da beide gleich $\sqrt{-1} \cdot \sqrt{-1}$ sind. Die Schüler sollten versuchen, diesen Fehler zu erklären. Sie sollten erkennen, daß die gewöhnlichen Multiplikationsregeln für Radikale nicht auf komplexe Zahlen angewendet werden können.

Ein weiterer "Beweis" für $-1 = +1$ ist der folgende:

$$\sqrt{-1} = \sqrt{-1}$$
$$\sqrt{\frac{1}{-1}} = \sqrt{\frac{-1}{1}}$$
$$\frac{\sqrt{1}}{\sqrt{-1}} = \frac{\sqrt{-1}}{\sqrt{1}}$$
$$\sqrt{1}\sqrt{1} = \sqrt{-1}\sqrt{-1}$$
$$1 = -1.$$

Lassen Sie die Schüler $\sqrt{-1}$ durch i und -1 durch i^2 ersetzen, um den Fehler zu erkennen.

Bevor das Thema der algebraischen Trugschlüsse abgeschlossen wird, wäre noch die Behandlung eines Trugschlusses angebracht, der sich auf Gleichungssysteme bezieht. Beim Nachvollziehen der vorangehenden Beweise sollten die Schüler bemerkt haben, daß immer ein bestimmtes Gesetz oder eine Operation inkorrekt angewendet wurde. Wir betrachten nun ein Beispiel dafür, wie ein versteckter Widerspruch in den Gleichungen selbst absurde Ergebnisse herbeiführen kann. Lassen Sie die Schüler das folgende Gleichungssystem durch Substitution von x in der ersten Gleichung lösen:

$$2x + y = 8 \quad \text{und} \quad x = 2 - \frac{y}{2}.$$

Das Ergebnis ist $4 = 8$. Lassen Sie die Schüler den Fehler finden. Wenn die Schüler die Graphen beider Funktionen zeichnen, werden sie feststellen, daß sie parallel verlaufen und keinen gemeinsamen Punkt besitzen.

Eine weitergehende Darstellung derartiger Trugschlüsse ist aufgrund der in ihnen enthaltenen dramatischen Botschaft gewiß immer die Mühe wert.

Nachbereitung

Lassen Sie die Schüler die Fehler in den nachfolgenden Beispielen lokalisieren.

1. (a) $x = 4$
   (b) $x^2 = 16$
   (c) $x^2 - 4x = 16 - 4x$
   (d) $x(x - 4) = 4(4 - x)$
   (e) $x(x - 4) = -4(x - 4)$
   (f) $x = -4$

2. (a) $(y + 1)^2 = y^2 + 2y + 1$
   (b) $(y + 1)^2 - (2y + 1) = y^2$
   (c) $(y+1)^2 - (2y+1) - y(2y+1) = y^2 - y(2y+1)$
   (d) $(y + 1)^2 - (y + 1)(2y + 1) + \frac{1}{4}(2y + 1)^2 = y^2 - y(2y + 1) + \frac{1}{4}(2y + 1)^2$
   (e) $\left[(y + 1) - \frac{1}{2}(2y + 1)\right]^2 = \left[y - \frac{1}{2}(2y + 1)\right]^2$
   (f) $y + 1 - \frac{1}{2}(2y + 1) = y - \frac{1}{2}(2y + 1)$
   (g) $y + 1 = y$

82

Summenformeln für Figurationszahlen

Lernziele

1. *Die Schüler leiten die Formeln für die Summe der ersten n natürlichen Zahlen, Dreieckzahlen, Quadratzahlen und Fünfeckzahlen her.*

2. *Die Schüler wenden die gefundenen Formeln an, um für konkrete Werte von n die Summe der ersten n Figurationszahlen einer vorgegebenen Art zu finden.*

Einheit 82 Summenformeln für Figurationszahlen

Vorbereitung

Bevor sie mit dieser Einheit beginnen, vergewissern Sie sich, daß die Schüler mit den Begriffen *Figurationszahl* und *Bildung einer Folge von Figurationszahlen* vertraut sind. Zudem sollten Grundkenntnisse der elementaren Algebra vorhanden sein.

Lehrmethoden

Um die Schüler mit der Thematik vertraut zu machen, lassen Sie auf Millimeterpapier Reihen von Punkten konstruieren, um sich ein Bild von den ersten Gliedern der verschiedenen Reihen der Figurationszahlen machen zu können.

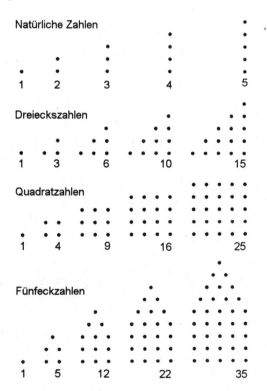

Abb. 1

Diskutieren Sie mit der Klasse die Beziehungen in den Bildern. Die meisten Schüler werden natürlich erkennen, daß wir die Summe der ersten n natürlichen Zahlen in der folgenden Weise repräsentieren können:

$$N_n = \text{Summe der ersten } n \text{ natürlichen Zahlen}$$
$$= 1 + 2 + 3 + \ldots + n$$
$$= 1 + (1+1) + (1+1+1) + \ldots + \underbrace{(1+1+\ldots+1)}_{n}.$$

N_n kann auch als Summe der Zahlen in einem Feld dargestellt werden:

$$N_n = \left.\begin{array}{c}\overbrace{\begin{array}{cccccc}1 & 1 & 1 & 1 & \ldots & 1 \\ & 1 & 1 & 1 & \ldots & 1 \\ & & 1 & 1 & \ldots & 1 \\ & & & 1 & \ldots & 1 \\ & & & & \ddots & \vdots \\ & & & & & 1\end{array}}^{n}\end{array}\right\} n$$

Wenn wir die Zeilen und Spalten vertauschen, erhält N_n die Gestalt

$$N_n = \left.\begin{array}{c}\begin{array}{cccccc}1 & & & & & \\ 1 & 1 & & & & \\ 1 & 1 & 1 & & & \\ 1 & 1 & 1 & 1 & & \\ \vdots & \vdots & \vdots & \vdots & \ddots & \\ 1 & 1 & 1 & 1 & \ldots & 1\end{array}\\ \underbrace{}_{n}\end{array}\right\} n$$

Diese zwei Repräsentationen für N_n in Form von Feldern können nun so kombiniert werden, daß sie eine Darstellung in Feldform für $2N_n$ liefern:

$$2N_n = \left.\begin{array}{c}\begin{array}{cccccc}1 & 1 & 1 & 1 & \ldots & 1 \\ 1 & 1 & 1 & 1 & \ldots & 1 \\ 1 & 1 & 1 & 1 & \ldots & 1 \\ 1 & 1 & 1 & 1 & \ldots & 1 \\ 1 & 1 & 1 & 1 & \ldots & 1 \\ \vdots & \vdots & \vdots & \vdots & \ddots & \vdots \\ 1 & 1 & 1 & 1 & \ldots & 1\end{array}\\ \underbrace{}_{n}\end{array}\right\} (n+1)$$

Hier können die Schüler deutlich $2N_n = n(n+1)$ ablesen. Wir erhalten daher

$$\boxed{N_n = \frac{n(n+1)}{2}}.$$

Diese Formel für N_n kann stets angewendet werden, wenn die Summe der ersten n natürlichen Zahlen gefragt ist.

Lassen Sie die Schüler sich daran versuchen, eine Formel für die Summe der ersten n natürlichen Dreieckszahlen zu finden. Mit Hilfe der obigen Punktfelder erhält man folgendes:

$$T_n = \text{Summe der ersten } n \text{ Dreieckszahlen}$$
$$= 1 + 3 + 6 + \ldots + N_n$$
$$= 1 + (1+2) + (1+2+3) + \ldots + (1+2+3+\ldots+n)$$

T_n läßt sich nun als Summe der Zahlen in dem folgenden Feld darstellen:

$$T_n = \left.\begin{matrix} 1 & & & & & \\ 1 & 2 & & & & \\ 1 & 2 & 3 & & & \\ 1 & 2 & 3 & 4 & & \\ \vdots & \vdots & \vdots & \vdots & \ddots & \\ 1 & 2 & 3 & 4 & \ldots & n \end{matrix}\right\} n$$

$\underbrace{}_{n}$

Wenden wir die zuvor gefundene Formel für N_n auf jede Zeile an, so erhalten wir

$$\begin{aligned} T_n \;=\;& \frac{1(1+1)}{2} \\ +\;& \frac{2(1+2)}{2} \\ +\;& \frac{3(1+3)}{2} \\ +\;& \frac{4(1+4)}{2} \\ +\;& \ldots \\ +\;& \frac{n(1+n)}{2}. \end{aligned}$$

Die Schüler sollten erkennen, daß

$$2T_n = 1 \cdot 2 + 2 \cdot 3 + 3 \cdot 4 + 4 \cdot 5 + \ldots + n(n+1)$$

gilt, was sich in sehr günstiger Weise als Summe der Zahlen in dem folgenden Feld darstellen läßt:

$$2T_n = \left.\begin{matrix} 2 & 3 & 4 & 5 & \ldots & (n+1) \\ & 3 & 4 & 5 & \ldots & (n+1) \\ & & 4 & 5 & \ldots & (n+1) \\ & & & 5 & \ldots & (n+1) \\ & & & & \ddots & \vdots \\ & & & & & (n+1) \end{matrix}\right\} n$$

Die Kombination des Feldes für T_n und des Feldes für $2T_n$ ergibt ein Feld für $3T_n$, dessen Elemente sich leicht aufsummieren lassen:

$$3T_n = \left.\begin{matrix} 1 & 2 & 3 & 4 & 5 & \ldots & (n+1) \\ 1 & 2 & 3 & 4 & 5 & \ldots & (n+1) \\ 1 & 2 & 3 & 4 & 5 & \ldots & (n+1) \\ 1 & 2 & 3 & 4 & 5 & \ldots & (n+1) \\ \vdots & \vdots & \vdots & \vdots & \vdots & \ddots & \vdots \\ 1 & 2 & 3 & 4 & \ldots & n & (n+1) \end{matrix}\right\} n$$

$\overbrace{}^{(n+1)}$

Das Anwenden der Formel für N_n führt sofort zu

$$3T_n = n\frac{(n+1)(1+(n+1))}{2}, \text{ also}$$

$$\boxed{T_n = \frac{n(n+1)(n+2)}{6}}.$$

Nun sind die Schüler gerüstet, die Summe der ersten n Quadratzahlen zu untersuchen.

$$\begin{aligned} S_n \;&=\; \text{Summe der ersten n Quadratzahlen} \\ &=\; 1^2 + 2^2 + 3^2 + 4^2 + \ldots + n^2. \end{aligned}$$

In Form eines Feldes geschrieben, ergibt das:

$$S_n = \left.\begin{matrix} 1 & 2 & 3 & 4 & \ldots & n \\ & 2 & 3 & 4 & \ldots & n \\ & & 3 & 4 & \ldots & n \\ & & & 4 & \ldots & n \\ & & & & \ddots & \vdots \\ & & & & & n \end{matrix}\right\} n$$

$\overbrace{}^{n}$

Dies mit dem Feld für T_n kombiniert, liefert uns ein Feld für $S_n + T_n$:

$$S_n + T_n = \left.\begin{matrix} 1 & 2 & 3 & 4 & \ldots & n \\ 1 & 2 & 3 & 4 & \ldots & n \\ 1 & 2 & 3 & 4 & \ldots & n \\ 1 & 2 & 3 & 4 & \ldots & n \\ 1 & 2 & 3 & 4 & \ldots & n \\ \vdots & \vdots & \vdots & \vdots & \ddots & \vdots \\ 1 & 2 & 3 & 4 & \ldots & n \end{matrix}\right\} (n+1)$$

$\overbrace{}^{n}$

Die Schüler sollten erkennen, daß jede Zeile des Feldes von $S_n + T_n$ die Summe der ersten n natürlichen Zahlen darstellt, in unserer Notation N_n. Da das Feld $(n+1)$ Zeilen besitzt, erhalten wir

$$S_n + T_n = (n+1)N_n.$$

Die oben hergeleiteten Formeln für T_n und N_n einzusetzen, ist eine elementare Rechenübung, die schnell zum Ergebnis führt:

$$\boxed{S_n = \frac{(n+1)(2n+1)}{6}}.$$

Einheit 83 Pythagoreische Zahlentripel

Nachbereitung

Um festzustellen, inwieweit die Schüler das Unterrichtsziel erreicht haben, lassen Sie jeden Schüler

1. eine Formel für die Summe der ersten n Fünfeckzahlen unter Benutzung von Feldern ermitteln,
2. die verschiedenen Formeln, die die Klasse hergeleitet hat, anwenden, um die Summe der ersten n Figurationszahlen für verschiedene ganzzahlige Werte von n zu bestimmen.

83
Pythagoreische Zahlentripel

Wenn der Satz des Pythagoras in der Sekundarstufe behandelt wird, werden die Schüler oft von den Lehrern dazu angehalten, solche geordneten Tripel von Zahlen zu erkennen (und im Gedächtnis zu behalten), die Seitenlängen eines rechtwinkligen Dreiecks sein könnten. Einige dieser sogenannten *pytharoreischen Zahlentripel* sind z. B. (3, 4, 5), (5, 12, 13), (8, 15, 17), (7, 24, 25). Der Schüler wird in der Regel nur sporadisch und passiv mit diesen Zahlentripeln konfrontiert. Wie kann man weitere Tripel gewinnen, ohne einfach nur zu probieren? Die vorliegende Einheit gibt Antwort auf diese Frage, die oft von den Schülern gestellt wird.

Lernziele

1. Die Schüler erzeugen sechs primitive pythagoreische Zahlentripel unter Benutzung der in dieser Einheit hergeleiteten Formeln.
2. Die Schüler geben die Eigenschaften eines primitiven pythagoreischen Zahlentripels an.

Vorbereitung

Die Kenntnis des Satzes des Pythagoras wird vorausgesetzt. Die Schüler sollten in der Lage sein, pythagoreische Zahlentripel zu erkennen und primitive pythagoreische Zahlentripel von den übrigen unterscheiden zu können. [76]

Lehrmethoden

Fordern Sie Ihre Schüler auf, die fehlenden Glieder in den folgenden pythagoreischen Zahlentripeln zu finden:
1. $(3, 4, -)$
2. $(7, -, 25)$
3. $(11, -, -)$.

Die ersten beiden Tripel lassen sich schnell mit Hilfe des Satzes des Pythagoras vervollständigen. Auf das dritte Tripel ist diese Methode nicht anwendbar. An dieser Stelle können Sie Ihren Schülern eine Methode zur Lösung des Problems anbieten.

Bevor wir mit der Herleitung der gewünschten Formeln beginnen, betrachten wir zunächst einige einfache Lemmata.

Lemma 1. *Das Quadrat einer ungeraden Zahl liefert bei Division durch 8 den Rest 1.*

Beweis:
Eine ungerade Zahl ist als $2k + 1$ darstellbar, wobei k eine ganze Zahl ist. Dann ist
$(2k + 1)^2 = 4k^2 + 4k + 1 = 4k(k + 1) + 1$.
Da k und $k + 1$ aufeinanderfolgende Zahlen sind, muß eine von ihnen gerade sein. Folglich ist $4k(k + 1)$ durch 8 teilbar. Damit liefert $(2k + 1)^2$ bei Division durch 8 den Rest 1.

Die nächsten beiden Lemmata sind unmittelbare Folgerungen.

Lemma 2. *Bei Division der Summe zweier ungerader Quadratzahlen durch 8 verbleibt der Rest 2.*

Lemma 3. *Die Summe zweier ungerader Quadratzahlen kann keine Quadratzahl sein.*

Beweis von Lemma 3:
Da bei der Division der Summe zweier ungerader Quadratzahlen durch 8 der Rest 2 verbleibt, ist diese Summe gerade, jedoch nicht durch 4 teilbar. Demzufolge kann sie keine Quadratzahl sein.

---

[76] Anm. d. Übers.: Ein pythagoreisches Zahlentripel (a, b, c) wird *primitiv* genannt, wenn a, b, und c keinen gemeinsamen Teiler haben. Offenbar sind die drei Zahlen dann sogar paarweise teilerfremd.

Nach diesen vorbereitenden Überlegungen können wir nun mit der Herleitung von Formeln zur Erzeugung pythagoreischer Zahlentripel beginnen. Sei (a, b, c) ein primitives pythagoreisches Zahlentripel, d. h., a und b sind relativ prim. Sie können somit nicht gerade sein. Können sie beide ungerade sein?

Wären a und b ungerade, so würde aus Lemma 3 $a^2 + b^2 \neq c^2$ folgen. Das steht im Widerspruch zur Annahme, daß (a, b, c) ein pythagoreisches Zahlentripel ist, also können a und b nicht gleichzeitig ungerade sein; eine der Zahlen ist gerade, die andere ungerade.

Wir nehmen an, a ist ungerade und b gerade. Dann ist auch c ungerade.

Wir können $a^2 + b^2 = c^2$ umschreiben:
$$b^2 = c^2 - a^2$$
$$b^2 = (c+a)(c-a).$$

Die Summe und die Differenz zweier ungerader Zahlen ist gerade:
$$c + a = 2p \quad \text{und} \quad c - a = 2q,$$
wobei p und q natürliche Zahlen sind.
Nach a und c aufgelöst, erhalten wir
$$c = p + q \quad \text{und} \quad a = p - q.$$

Wir zeigen nun, daß p und q relativ prim sind. Angenommen, p und q sind nicht relativ prim. Dann existiert ein gemeinsamer Teiler $g > 1$ von p und q. Damit ist g ebenfalls ein gemeinsamer Teiler von a und c. Somit ist g auch ein gemeinsamer Teiler von $c + a$ und $c - a$. Also ist g^2 ein Teiler von b^2, denn $b^2 = (c+a)(c-a)$. Daraus folgt, daß g ein Teiler von b ist. Damit teilt g auch a und c. Damit können a, b und c nicht relativ prim sein. Das steht im Widerspruch zur Voraussetzung, daß (a, b, c) ein *primitives* pythagoreisches Zahlentripel ist. Demzufolge müssen p und q relativ prim sein.

Da b gerade ist, können wir für b
$$b = 2r$$
schreiben (r sei eine natürliche Zahl). Es gilt aber $b^2 = (c+a)(c-a)$. Folglich ist $b^2 = (2p) \cdot (2q) = 4r^2$ bzw. $pq = r^2$.

Ist das Produkt zweier natürlicher Zahlen (p und q), die relativ prim sind, das Quadrat einer natürlichen Zahl (r), so muß jede der Zahlen das Quadrat einer natürliche Zahl sein. Sei also
$$p = m^2 \quad \text{und} \quad q = n^2.$$

Dabei sind m und n natürliche Zahlen. Als Teiler zweier teilerfremder Zahlen (p und q) sind m und n selbst teilerfremd. Aus $a = p - q$ und $c = p + q$ folgt
$$a = m^2 - n^2 \quad \text{und} \quad c = m^2 + n^2.$$

Für $b = 2r$ folgt mit $b^2 = 4r^2 = 4pq = 4m^2n^2$
$$b = 2mn.$$

Zusammengefaßt lauten nun die Formeln für die Erzeugung von pythagoreischen Zahlentripeln:
$$a = m^2 - n^2, \quad b = 2mn, \quad c = m^2 + n^2.$$

Die Zahlen m und n können nicht gleichzeitig gerade sein, denn sie sind relativ prim. Sie können nicht gleichzeitig ungerade sein, denn das würde $c = m^2 + n^2$ zu einer geraden Zahl machen, was zuvor als nicht möglich herausgestellt worden war. Das zeigt, daß eine der Zahlen gerade, die andere ungerade sein muß. Somit ist $b = 2mn$ durch 4 teilbar. Demzufolge kann kein pythagoreisches Zahlentripel aus drei Primzahlen bestehen. Das bedeutet *nicht*, daß ein solches Tripel übehaupt keine Primzahl enthalten darf.

Wir wollen für einen Moment den Prozeß umkehren. Wir betrachten teilerfremde Zahlen m und n (mit $m > n$), von denen eine Zahl gerade, die andere ungerade ist, und zeigen, daß dann (a, b, c) mit $a = m^2 - n^2$, $b = 2mn$ und $c = m^2 + n^2$ ein primitives pythagoreisches Zahlentripel ist. Es ist leicht nachzuvollziehen, daß
$$(m^2 - n^2)^2 + (2mn)^2 = (m^2 + n^2)^2$$
gilt, womit die Zahlen ein pythagoreisches Zahlentripel bilden. Es bleibt zu zeigen, daß (a, b, c) ein *primitives* Tripel ist.

Angenommen, a und b besitzen einen gemeinsamen Teiler $h > 1$. Da a ungerade ist, muß h ebenfalls ungerade sein. Wegen $a^2 + b^2 = c^2$ ist h auch ein Teiler von c. Damit teilt h auch $m^2 - n^2$ und $m^2 + n^2$ genauso wie die Summe $2m^2$ und die Differenz $2n^2$. Da h ungerade ist, ist h ein gemeinsamer Teiler von m^2 und n^2. Die Zahlen m und n (und damit auch m^2 und n^2) sind jedoch teilerfremd.

Einheit 84 Teilbarkeitsregeln

Also kann h kein gemeinsamer Teiler von m und n sein. Aus diesem Widerspruch folgt, daß a und b teilerfremd sind.

Die Schüler werden die soeben gefundene Methode zur Erzeugung von pythagoreischen Zahlentripeln sicherlich anwenden wollen. Die untenstehende Tabelle gibt einige pythagoreische Zahlentripel für kleine Werte von m und n an.

Pythagoreische Zahlentripel

m	n	a	b	c
2	1	3	4	5
3	2	5	12	13
4	1	15	8	17
4	3	7	24	25
5	2	21	20	29
5	4	9	40	41
6	1	35	12	37
6	5	11	60	61
7	2	45	28	53
7	4	33	56	65
7	6	13	84	85

Es fällt sofort auf, daß für bestimmte pythagoreische Zahlentripel $c = b + 1$ gilt. Lassen Sie die Schüler die entsprechende Beziehung zwischen m und n für diese Tripel herausfinden.

Die Tabelle zeigt, daß für diese Tripel $m = n + 1$ gilt. Um zu beweisen, daß dies für alle pythagoreischen Zahlentripel mit $c = b + 1$ so ist, setzen wir $a = m^2 - n^2$, $b = 2mn$, $c = m^2 + n^2$ und betrachten die Gleichung $m^2 + n^2 = 2mn + 1$. Sie ist äquivalent zu $(m - n)^2 = 1$, woraus wegen $m > n$ die Beziehung $(m - n) = 1$ folgt, was zu beweisen war.

Sie könnten Ihre Schüler auffordern, alle pythagoreischen Zahlentripel zu finden, die aufeinanderfolgende natürliche Zahlen sind. Mit einer ähnlichen Überlegung wie die soeben angestellte werden sie herausfinden, daß $(3, 4, 5)$ das einzige Tripel mit dieser Eigenschaft ist.

Sie könnten den Schülern noch weitere derartige Untersuchungen vorschlagen. Auf alle Fälle werden die Schüler nach der Behandlung dieser Einheit ein weitaus besseres Verständnis pythagoreischer Zahlentripel und der elementaren Zahlentheorie besitzen.

Nachbereitung

1. Finde sechs pythagoreische Zahlentripel, die noch nicht in der Tabelle enthalten sind.

2. Finde eine Methode, um pythagoreische Zahlentripel (a, b, c) mit $b = a + 1$ zu erzeugen.

3. Zeige, daß jedes primitive pythagoreische Zahlentripel eine durch 3 teilbare Zahl enthält.

4. Zeige, daß jedes primitive pythagoreische Zahlentripel eine durch 5 teilbare Zahl enthält.

5. Zeige, daß das Produkt aller Zahlen eines primitiven pythagoreischen Zahlentripels ein Vielfaches von 60 ist.

6. Finde ein pythagoreisches Zahlentripel (a, b, c), für das $a^2 = b + 2$ gilt.

84
Teilbarkeitsregeln

In dieser Einheit werden Methoden vorgestellt, mit denen Teiler einer ganzen Zahl bestimmt werden können, ohne die Division auszuführen.

Lernziele

1. *Die Schüler bestimmen die Primfaktoren einer ganzen Zahl, ohne eine Division durchzuführen.* [77]

2. *Die Schüler stellen Teilbarkeitsregeln für alle Zahlen kleiner als 49 sowie für einige ausgewählte Zahlen größer als 49 auf.*

Vorbereitung

Lassen Sie Ihre Schüler die folgenden Zahlen auf Teilbarkeit durch 2, 3 und 5 untersuchen, ohne die Division auszuführen.

(a) 792 (b) 835 (c) 356 (d) 3890 (e) 693 (f) 743

---

[77] Anm. d. Übers.: Genauer: ohne die gegebene Zahl selbst dividieren zu müssen.

Lehrmethoden

Den Schülern ist wahrscheinlich klar, daß jede gerade Zahl durch 2 teilbar ist; von den oben angegebenen Zahlen sind also (a), (c) und (d) durch 2 teilbar. Viele werden ebenfalls erkennen, daß eine Zahl durch 5 teilbar ist, wenn ihre letzte Ziffer durch 5 teilbar ist, d. h. wenn sie auf 5 oder 0 endet; folglich sind (b) und (d) durch 5 teilbar. Vielleicht werden einige Schüler nun eifrig versuchen, diese Regel sinngemäß auch zur Überprüfung der Teilbarkeit durch 3 anzuwenden. Von den angegebenen Zahlen enden (c), (e) und (f) auf ein Vielfaches von 3, aber nur eine dieser Zahlen, nämlich 693, ist tatsächlich durch 3 teilbar. Dies sollte die Schüler neugierig machen und den Wunsch entstehen lassen, Teilbarkeitsregeln für andere Zahlen als 2 und 5 aufzustellen.

Es gibt verschiedene Wege zur Behandlung der Teilbarkeitsregeln. Eine Möglichkeit wäre, die einzelnen Teiler in ihrer natürlichen Reihenfolge zu besprechen. Dieser Weg mag seinen Reiz haben; er lenkt jedoch von den auftretenden strukturellen Gemeinsamkeiten ab, welche die Schüler bei der Aneignung der Mathematik häufig sehr zu schätzen wissen. Wir werden in dieser Einheit die Teilbarkeitsregeln nach den verwendeten Methoden gruppieren.

Teilbarkeit durch Potenzen von 2: *Eine ganze Zahl ist durch 2 (bzw. 2^k) teilbar, wenn ihre letzte Ziffer (bzw. die aus ihren letzten k Ziffern gebildete Zahl) durch 2 (bzw. durch 2^k) teilbar ist.*

Beweis: Betrachte die folgende n-stellige Zahl

$$a_{n-1}a_{n-2}a_{n-3}\ldots a_2 a_1 a_0,$$

die als

$$10^{n-1}a_{n-1}+10^{n-2}a_{n-2}+\ldots+10^2 a_2+10^1 a_1+10^0 a_0$$

geschrieben werden kann. Da alle Summanden bis auf den letzten durch 2 teilbar sind, ist die Teilbarkeit durch 2 gesichert, wenn die letzte Ziffer durch 2 teilbar ist. Analog: da alle Summanden bis auf die letzten beiden stets durch 2^2 teilbar sind, müssen wir lediglich überprüfen, ob die aus den letzten beiden Ziffern gebildete Zahl durch 2^2 teilbar ist. Dieses Beweisschema kann leicht auf den allgemeinen Fall 2^k übertragen werden.

Teilbarkeit durch Potenzen von 5: *Eine ganze Zahl ist durch 5 (bzw. 5^k) teilbar, wenn ihre letzte Ziffer (bzw. die aus ihren letzten k Ziffern gebildete Zahl) durch 5 teilbar ist.*

Beweis: Die Aussage kann nach demselben Schema wie die Teilbarkeitsregel für Potenzen von 2 bewiesen werden. Dabei muß lediglich die 2 durch eine 5 ersetzt werden.

Teilbarkeit durch 3 und 9: *Eine ganze Zahl ist durch 3 (bzw. 9) teilbar, wenn ihre Quersumme durch 3 (bzw. 9) teilbar ist.*

Beweis: Betrachte die Zahl $a_8 a_7 a_6 a_5 a_4 a_3 a_2 a_1 a_0$ (der allgemeine Fall $a_n a_{n-1} \ldots a_2 a_1 a_0$ verläuft analog), die als

$$a_8(9+1)^8 + a_7(9+1)^7 + \ldots + a_1(9+1) + a_0$$

geschrieben werden kann. Mit der Bezeichnung $M_i(9)$ für ein Vielfaches von 9 für $i=1,2,3,\ldots 8$ können wir die Zahl auch folgendermaßen schreiben

$$a_8[M_8(9)+1]+a_7[M_7(9)+1]+\ldots a_1[M_1(9)+1]+a_0$$

(Hier wäre eventuell an den Binomische Lehrsatz zu erinnern.) Die Zahl ist also gleich

$$M(9) + a_8 + a_7 + a_6 + a_5 + a_4 + a_3 + a_2 + a_1 + a_0$$

wobei auch $M(9)$ ein gewisses Vielfaches von 9 bezeichnet. Folglich ist die Zahl durch 9 (oder 3) teilbar, wenn die Summe ihrer Ziffern durch 9 (bzw. 3) teilbar ist.

Eine Teilbarkeitsregel für 11 wird analog zur Teilbarkeitsregel für 3 und 9 bewiesen.

Teilbarkeit durch 11: *Eine ganze Zahl ist durch 11 teilbar, wenn die Differenz der Summe aller Ziffern auf geraden Positionen und der Summe aller Ziffern auf ungeraden Positionen*[78] *durch 11 teilbar ist.*

Beweis: Betrachte die Zahl $a_8 a_7 a_6 a_5 a_4 a_3 a_2 a_1 a_0$ (der allgemeine Fall verläuft analog), die als

$$\begin{aligned}&a_8(11-1)^8 + a_7(11-1)^7 + \ldots + a_1(11-1) + a_0\\ =\ &a_8[M_8(11) + 1] + a_7[M_7(11) - 1] + \ldots + a_1[M_1(11) - 1] + a_0\end{aligned}$$

geschrieben werden kann. Dieser Ausdruck ist gleich

$$M(11) + a_8 - a_7 + a_6 - a_5 + a_4 - a_3 + a_2 - a_1 + a_0.$$

---

[78] Anm. d. Übers.: Diese Differenz heißt auch die *alternierende Quersumme* der Zahl.

Einheit 84 Teilbarkeitsregeln

Folglich ist die Zahl durch 11 teilbar, wenn $a_8 + a_6 + a_4 + a_2 + a_0 - (a_7 + a_5 + a_3 + a_1)$ durch 11 teilbar ist.

Es wäre klug, wenn Sie die Übertragungen dieser Teilbarkeitsregeln auf Zahlsysteme mit von zehn verschiedener Basis andeuten würden. Oft sind die Schüler in der Lage, diese Übertragung selbständig durchzuführen (jedenfalls nach entsprechender Anleitung). Der Rest dieser Einheit behandelt Teilbarkeitsregeln für Primzahlen ≥ 7 und zusammengesetzte Zahlen.

Teilbarkeit durch 7: *Streiche die letzte Ziffer der gegebenen Zahl und subtrahiere diese gestrichene Ziffer zweimal von der verbliebenen Zahl. Wenn das Ergebnis durch 7 teilbar ist, dann ist auch die Ausgangszahl durch 7 teilbar.*

Beweis: Zum Beweis führen wir die angegebene Technik für alle möglichen Endziffern durch und betrachten das Ergebnis der Subtraktion:

Letzte Ziffer	Von Ausgangszahl wird abgezogen	Letzte Ziffer	Von Ausgangszahl wird abgezogen
1	$20 + 1 = 3 \cdot 7$	5	$100 + 5 = 15 \cdot 7$
2	$40 + 2 = 6 \cdot 7$	6	$120 + 6 = 18 \cdot 7$
3	$60 + 3 = 9 \cdot 7$	7	$140 + 7 = 21 \cdot 7$
4	$80 + 4 = 12 \cdot 7$	8	$160 + 8 = 24 \cdot 7$
		9	$180 + 9 = 27 \cdot 7$

In jedem Fall wird ein Vielfaches von 7 einmal oder mehrmals von der Ausgangszahl abgezogen. Wenn also die verbleibende Zahl durch 7 teilbar ist, dann gilt das auch für die Ausgangszahl.

Teilbarkeit durch 13: *Es gilt dieselbe Regel wie für die Teilbarkeit durch 7, mit dem Unterschied, daß 7 durch 13 ersetzt wird, und daß die gestrichene Ziffer nicht zweimal, sondern neunmal abgezogen wird.*

Beweis: Wir betrachten wieder alle möglichen Endziffern und das jeweilige Resultat der Subtraktion:

Letzte Ziffer	Von Ausgangszahl wird abgezogen	Letzte Ziffer	Von Ausgangszahl wird abgezogen
1	$90 + 1 = 7 \cdot 13$	5	$450 + 5 = 35 \cdot 13$
2	$180 + 2 = 14 \cdot 13$	6	$540 + 6 = 42 \cdot 13$
3	$270 + 3 = 21 \cdot 13$	7	$630 + 7 = 49 \cdot 13$
4	$360 + 4 = 28 \cdot 13$	8	$720 + 8 = 56 \cdot 13$
		9	$810 + 9 = 63 \cdot 13$

In jedem Fall wird ein Vielfaches von 13 einmal oder mehrmals von der Ausgangszahl abgezogen. Wenn also die verbleibende Zahl durch 13 teilbar ist, dann gilt das auch für die Ausgangszahl.

Teilbarkeit durch 17: *Es gilt dieselbe Regel wie für die Teilbarkeit durch 7, mit dem Unterschied, daß 7 durch 13 ersetzt wird, und daß die gestrichene Ziffer nicht zweimal, sondern fünfmal abgezogen wird.*

Beweis: Diese Teilbarkeitsregel wird analog wie die für 7 bzw. 13 bewiesen.

Die gemeinsame Struktur der letzten drei Teilbarkeitsregeln (für 7, 13 und 17) sollte die Schüler dazu anregen, ähnliche Regeln für die Teilbarkeit durch größere Primzahlen aufzustellen. Die folgende Tabelle enthält die entsprechenden "Koeffizienten" der gestrichenen Ziffer für verschiedene Primzahlen.

Teilbarkeit durch	7	11	13	17	19	23	29	31	37	41	43	47
Koeffizient	2	1	9	5	17	16	26	3	11	4	30	14

Um die Lücken in der Reihe der bisher betrachteten Teiler aufzufüllen, ist eine Überlegung zur Teilbarkeit durch zusammengesetzte Zahlen notwendig.

Teilbarkeit durch zusammengesetzte Zahlen: *Eine ganze Zahl a ist durch eine zusammengesetzte Zahl b teilbar, wenn sie durch jeden Primfaktor von b in der höchsten auftretenden Potenz teilbar ist.*

Die untenstehende Tabelle illustriert diese Regel. Sie selbst oder Ihre Schüler sollten die Tabelle bis 48 ergänzen.

Teilbarkeit durch	6	10	12	15	18	21	24	26	28
erfordert Teilbarkeit durch	2,3	2,5	3,4	3,5	2,9	3,7	3,8	2,13	4,7

Nun verfügen die Schüler nicht nur über eine recht umfangreiche Liste von Teilbarkeitsregeln, sondern auch über einen interessanten Einblick in die elementare Zahlentheorie. Lassen Sie die Schüler diese Teilbarkeitsregeln im praktischen Gebrauch üben (um sie damit vertrauter werden zu lassen) und versuchen, eigene Teilbarkeitsregeln für andere Zahlen aufzustellen und diese Regeln auf Zahlsysteme mit von zehn verschiedener Basis übertragen. Leider können wir aus Platzgründen hier nicht weiter ins Detail gehen.

Nachbereitung

Schüler, welche die *Lernziele* erreicht haben, sollten die folgenden Aufgaben lösen können.

1. Stelle eine Regel für die Teilbarkeit durch
   (a) 8 (b) 18 (c) 13 (d) 23 (e) 24 (f) 42
   auf.

2. Bestimme die Primfaktoren von
   (a) 280 (b) 1001 (c) 495 (d) 315 (e) 924

Literatur

Weitere Bezüge zu diesem Thema findet man in:

Posamentier, Alfred S. *A Study guide for the Mathematics Section of the Scholastic Aptitude Test*, Boston, Mass.: Allyn & Bacon, 1983.

Posamentier, Alfred S., und Charles A. Salkind. *Challenging Problems in Algebra.* Palo Alto, CA: Dale Seymour, 1988.

Posamentier, Alfred S., und Charles A. Salkind. *Challenging Problems in Geometry.* Palo Alto, CA: Dale Seymour, 1988.

85

Die Fibonacci-Folge

Lernziele

1. Die Schüler definieren die Fibonacci-Folge.

2. Die Schüler finden verschiedene Summenformeln für Fibonacci-Zahlen.

3. Die Schüler finden die Summe der Quadrate der ersten n Fibonacci-Zahlen.

4. Die Schüler erkennen verschiedene Eigenschaften der Fibonacci-Zahlen.

Vorbereitung

Lassen Sie die Schüler sich an dem folgenden Problem versuchen:
Wieviel Paar Hasen werden im Laufe eines Jahres – mit einem Paar beginnend – geboren, wenn in jedem Monat von jedem Paar ein neues Paar geworfen wird, welches vom zweiten Monat an wiederum selbst fruchtbar ist?

Lehrmethoden

Der italienische Mathematiker Leonardo von Pisa (er war der Sohn (it.: figlio) von Bonaccio, daher der Name Fibonacci) stellte dieses Problem in seinem Buch *LIBER ABACI*, das 1202 veröffentlicht wurde. Arbeiten Sie seine Lösung mit den Schülern gemeinsam durch. Zeichnen Sie ein Diagramm wie in Abb. 1.

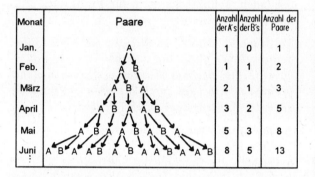

Abb. 1

Beginnen Sie mit dem ersten Monat und erläutern Sie während des Zeichnens die Prozedur der Vermehrung beim Übergang von einem Monat zum nächsten (in Abb. 1 sind die ausgewachsenen (also fruchtbaren) Paare mit A und die neugeborenen Paare mit B bezeichnet). Erinnern Sie die Schüler daran, daß ein neugeborenes Paar erst einen Monat heranwachsen muß, bevor es fruchtbar wird.

Führen Sie die Tabelle weiter bis zum elften Monat, wo als Ergebnis herauskommt, daß in einem Jahr 377 Paar Hasen geboren werden. Lenken Sie nun die Aufmerksamkeit auf die dritte Spalte (Anzahl der erwachsenen Paare) der Fibonacci-Folge. Lassen Sie die Schüler versuchen, eine Regel für die Fortführung der Folge zu finden. Die Schüler sollen erkennen, daß jede Zahl in der dritten Spalte gleich der Summe der beiden darüberliegenden Zahlen ist. Das läßt sich allgemein aufschreiben:

$$f_n = f_{n-1} + f_{n-2}.$$

Dabei steht f_n für die n-te Fibonacci-Zahl, z. B.: $f_3 = f_1 + f_2$, $f_4 = f_2 + f_3$, $f_7 = f_5 + f_6$. Und es ist $f_1 = f_2 = 1$.

Die Fibonacci-Folge hat viele interessante Eigenschaften, die die Schüler entdecken können, indem sie die Beziehungen zwischen den Folgengliedern untersuchen. Wir beweisen, daß für die Summe

Einheit 85 Die Fibonacci-Folge

der ersten n Fibonacci-Zahlen gilt:

$$f_1 + f_2 + \ldots + f_n = f_{n+2} - 1. \quad (1)$$

Wie schon bemerkt, gilt wegen $f_n = f_{n-1} + f_{n-2}$:

$$\begin{aligned} f_1 &= f_3 - f_2 \\ f_2 &= f_4 - f_3 \\ f_3 &= f_5 - f_4 \\ &\vdots \\ f_{n-1} &= f_{n+1} - f_n \\ f_{n-2} &= f_{n+2} - f_{n+1}. \end{aligned}$$

Nach Addition aller Gleichungen folgt daraus $f_1 + f_2 + f_3 + \ldots + f_n = f_{n+2} - f_2$. Da wir wissen, daß $f_2 = 1$ ist, erhalten wir

$$f_1 + f_2 + f_3 + \ldots + f_n = f_{n+2} - 1.$$

Auf ähnliche Weise können wir einen Ausdruck für die Summe der ersten n Fibonacci-Zahlen mit ungeradem Index finden:

$$f_1 + f_3 + f_5 + \ldots + f_{2n-1} = f_{2n}. \quad (2)$$

Zum Beweis notieren wir:

$$\begin{aligned} f_1 &= f_2 \\ f_3 &= f_4 - f_2 \\ f_5 &= f_6 - f_4 \\ f_7 &= f_8 - f_6 \\ &\vdots \\ f_{2n-3} &= f_{2n-2} - f_{2n-4} \\ f_{2n-1} &= f_{2n} - f_{2n-2}. \end{aligned}$$

Die Addition der Gleichungen liefert hier

$$f_1 + f_3 + f_5 + \ldots + f_{2n-1} = f_{2n}.$$

Die Summe der ersten n Fibonacci-Zahlen mit geradem Index ist

$$f_2 + f_4 + f_6 + \ldots + f_{2n} = f_{2n+1} - 1. \quad (3)$$

Um dies zu beweisen, multiplizieren wir die Gleichung (1) mit 2 und subtrahieren davon die Gleichung (2). Wegen $f_{2n+2} = f_{2n} + f_{2n+1}$ und $f_{2n+1} = f_{2n+2} - f_{2n}$ erhalten wir die Beziehung

$$f_2 + f_4 + f_6 + \ldots + f_{2n} = f_{2n+2} - f_{2n} = f_{2n+1} - 1.$$

Auch die Formel für die Summe der Quadrate der ersten n Fibonacci-Zahlen kann mittels der Methode der Addition von Gleichungen gewonnen werden. Zuerst einmal ist festzustellen, daß für $k > 1$ gilt:

$$f_k f_{k+1} - f_{k-1} f_k = f_k (f_{k+1} - f_{k-1}) = f_k \cdot f_k = f_k^2.$$

Das liefert uns folgende Beziehungen:

$$\begin{aligned} f_1^2 &= f_1 f_2 - f_0 f_1 \quad (\text{wobei } f_0 = 0) \\ f_2^2 &= f_2 f_3 - f_1 f_2 \\ f_3^2 &= f_3 f_4 - f_2 f_3 \\ &\vdots \\ f_{n-1}^2 &= f_{n-1} f_n - f_{n-2} f_{n-1} \\ f_n^2 &= f_n f_{n+1} - f_{n-1} f_n. \end{aligned}$$

Nach Addition der Gleichungen erhalten wir

$$f_1^2 + f_2^2 + f_3^2 + \ldots + f_n^2 = f_n \cdot f_{n+1}.$$

Die Fibonacci-Folge steht in Beziehung zu einem bedeutenden, alten Gegenstand der Mathematik. Untersuchen wir die Quotienten der ersten aufeinanderfolgenden Paare von Folgengliedern, so erhalten wir folgendes:

$$\begin{aligned} \tfrac{1}{1} &= 1{,}0000 & \tfrac{2}{1} &= 2{,}0000 \\ \tfrac{3}{2} &= 1{,}5000 & \tfrac{5}{3} &= 1{,}6667 \\ \tfrac{8}{5} &= 1{,}6000 & \tfrac{13}{8} &= 1{,}6250 \\ \tfrac{21}{13} &= 1{,}6154 & \tfrac{34}{21} &= 1{,}6190 \\ \tfrac{55}{34} &= 1{,}6176 & \tfrac{89}{55} &= 1{,}6182 \\ \tfrac{144}{89} &= 1{,}6180 & \tfrac{233}{144} &= 1{,}6181. \end{aligned}$$

Die Quotienten $\frac{f_n}{f_{n-1}}$ ($n > 0$) bilden eine fallende Folge für ungerade n und eine wachsende Folge für gerade n. Jeder Quotient auf der rechten Seite ist größer als der entsprechende Quotient auf der linken Seite. Die Quotienten nähern sich einem Wert zwischen $1{,}6180$ und $1{,}6181$. Man kann zeigen, daß $\frac{1+\sqrt{5}}{2}$ (oder auf fünf Dezimalstellen genähert $1{,}61803$) der Grenzwert der Folge dieser Quotienten ist.

Dieses Verhältnis war für die alten Griechen so wichtig, daß sie es mit dem speziellen Namen "Goldener Schnitt" versahen. Sie drückten diesen Wert nicht als Zahl aus sondern in Form einer geometrischen Konstruktion, in welcher die

Längen zweier Strecken im Verhältnis des Goldenen Schnittes zueinander stehen, also $1,61803\ldots$ zu 1.

Der Goldene Schnitt ist das Kernstück der Beziehung zwischen Fibonacci-Zahlen und Geometrie. Betrachten wir noch einmal die Quotienten aufeinanderfolgender Fibonacci-Zahlen. Wie schon gesagt, scheinen sich die Quotienten in der obigen Tabelle dem Goldenen Schnitt anzunähern. Wir wollen diese Hypothese weiter untersuchen. Betrachten wir die Strecke $\overline{AB}$, die durch den Punkt P so geteilt sei, daß $\frac{|AB|}{|AP|} = \frac{|AP|}{|PB|}$ gilt.

```
o————————o————————o
A        P        B
```

Sei $x = \frac{|AB|}{|AP|}$. Dann ist $x = \frac{|AB|}{|AP|} = \frac{|AP|+|PB|}{|AP|} = 1 + \frac{|PB|}{|AP|} = 1 + \frac{|AP|}{|AB|} = 1 + \frac{1}{x}$.
Also gilt $x = 1 + \frac{1}{x}$ bzw. $x^2 - x - 1 = 0$.
Die Lösungen dieser Gleichung sind

$$a = \frac{1+\sqrt{5}}{2} \approx 1,6180339887$$

$$b = \frac{1-\sqrt{5}}{2} \approx -0,6180339887\,.$$

Da wir es mit Streckenlängen zu tun haben, ist a das Verhältnis des Goldenen Schnittes. Da a und b Lösungen der Gleichung $x^2 - x - 1 = 0$ sind, ist

$$a^2 = a + 1 \qquad (4)$$
$$b^2 = b + 1\,. \qquad (5)$$

Multiplizieren wir (4) mit a^n (n ist eine natürliche Zahl), so erhalten wir $a^{n+2} = a^{n+1} + a^n$. Multiplizieren wir (5) mit b^n, so ergibt das $b^{n+2} = b^{n+1} + b^n$. Subtraktion dieser Gleichungen liefert

$$a^{n+2} - b^{n+2} = (a^{n+1} - b^{n+1}) + (a^n - b^n)\,.$$

Nun dividieren wir durch $a - b \;(= \sqrt{5} \neq 0)$:

$$\frac{a^{n+2} - b^{n+2}}{a-b} = \frac{(a^{n+1} - b^{n+1})}{a-b} + \frac{(a^n - b^n)}{a-b}\,.$$

Sei jetzt $t_n = \frac{a^n - b^n}{a-b}$, dann folgt $t_{n+2} = t_{n+1} + t_n$. (wie in der Definition der Fibonacci-Folge.) Für den Nachweis, daß t_n die n-te Fibonacci-Zahl f_n ist, bleibt nur noch zu zeigen, daß $t_1 = 1$ und $t_2 = 1$ gilt:

$$t_1 = \frac{a^1 - b^1}{a-b}$$
$$t_2 = \frac{a^2 - b^2}{a-b} = \frac{(a-b)(a+b)}{a-b} = \frac{\sqrt{5}\cdot 1}{\sqrt{5}} = 1\,.$$

Daraus folgt $f_n = \frac{a^n - b^n}{a-b}$ mit $a = \frac{1+\sqrt{5}}{2}$, $b = \frac{1-\sqrt{5}}{2}$ und $n = 1, 2, 3, \ldots$.

Nachbereitung

1. Ermittle die Summe der ersten 9 Fibonacci-Zahlen.

2. Ermittle die Summe der ersten 5 Fibonacci-Zahlen mit ungeradem Index.

Literatur

Brother, U. Alfred: *An Introduction to Fibonacci Discovery*, San Jose, Calif.: The Fibonacci Association, 1965.

Bicknell, M. und Verner E. Hoggatt, Jr.: *A Primer for the Fibonacci Numbers*, San Jose, California: The Fibonacci Association, 1972.

Hoggatt, Verner E., Jr.: *Fibonacci and Lucas Numbers*, Boston: Houghton Mifflin, 1969.

Posamentier, Alfred S.: *Excursion in Advanced Euclidean Geometry*, Menlo Park, Ca.: Addison-Wesley, 1984.

86
Diophantische Gleichungen

Diese Einheit kann in jeder Klasse mit Grundkenntnissen in elementarer Algebra behandelt werden.

Lernziele

1. *Die Schüler finden ganzzahlige Lösungen (falls sie existieren) einer gegebenen Gleichung mit zwei Unbekannten.*

Einheit 86 Diophantische Gleichungen

2. Die Schüler bestimmen die Anzahl aller positiven ganzzahligen Lösungen einer gegebenen diophantischen Gleichung mit zwei Unbekannten.

Vorbereitung

Stellen Sie den Schülern die folgende Aufgabe: Angenommen, Ihr Arbeitgeber schickt Sie zur Post mit der Bitte, 60- und 80-Pfennig-Briefmarken zu kaufen. Er gibt Ihnen 50 Mark, die Sie ausgeben sollen. Wieviele verschiedene Kombinationen von 60- und 80-Pfennig-Marken können Sie für die 50 Mark (ohne Restgeld) kaufen?

Lehrmethoden

Die meisten Schüler werden sofort erkennen, daß es hier um zwei Variable, sagen wir x und y, geht, die bestimmt werden müssen. Wenn wir mit x die Anzahl der 80-Pfennig-Marken und mit y die Anzahl der 60-Pfennig-Marken bezeichnen, erhalten wir die Gleichung $80x + 60y = 5000$, oder einfacher, $4x + 3y = 250$. Hier sollten die Schüler erkennen, daß diese Gleichung zwar unendlich viele Lösungen besitzt, daß aber unklar ist, wieviele *ganzzahlige* Lösungen darunter sind – unendlich viele oder nur endlich viele oder überhaupt keine. Mehr noch, dieselbe Frage steht wieder neu im Hinblick auf die Anzahl der *positiven ganzzahligen* Lösungen, und nur solche Lösungen haben ja für das gestellte Problem einen Sinn. Die erste Aufgabe besteht darin, festzustellen, ob tatsächlich ganzzahlige Lösungen existieren.

Dazu kann ein nützliches Theorem verwendet werden. Es besagt, daß die Gleichung $ax + by = k$ mit ganzzahligen Koeffizienten a, b, und k unendlich viele ganzzahlige Lösungen hat, wenn der größte gemeinsame Teiler von a und b auch ein Teiler von k ist. Gleichungen dieses Typs, bei denen ganzzahlige Lösungen gesucht sind, werden *Diophantische Gleichungen* genannt, zu Ehren des griechischen Mathematikers Diophantos von Alexandria (um 250 u. Z.), der über derartige Gleichungen geschrieben hat.

Da der größte gemeinsame Teiler von 3 und 4 gleich 1, also ein Faktor von 250 ist, hat die Gleichung $4x + 3y = 250$ unendlich viele ganzzahlige Lösungen. Die nächste Frage ist: Wieviele *positive* ganzzahlige Lösungen existieren? Ein Weg zur Beantwortung dieser Frage ist unter dem Namen Eulersche Methode (Leonhard Euler, 1707-1783) bekannt. Zunächst wird die Gleichung nach der Variablen mit dem betragskleinsten Koeffizienten aufgelöst, in unserem Fall ist das y: $y = \frac{250-4x}{3}$. Die ganzzahligen Anteile werden abgespalten:

$$y = 83 + \frac{1}{3} - x - \frac{x}{3} = 83 - x + \frac{1-x}{3}.$$

Nun wird eine neue Variable, sagen wir t, eingeführt: $t = \frac{1-x}{3}$ und x durch t ausgedrückt: $x = 1 - 3t$. Da diese Gleichung keinen gebrochenen Koeffizienten mehr enthält, muß der Prozeß *nicht* wiederholt werden, was sonst erforderlich wäre (dabei wird jedesmal eine neue Variable eingeführt, analog zu t oben). Jetzt wird x in der nach y aufgelösten Gleichung substituiert:

$$y = \frac{250 - 4(1-3t)}{3} = 82 + 4t.$$

Jeder ganzzahlige Wert für t liefert ganzzahlige Werte für x und y. Hier wird eine Wertetabelle wie die folgende von Nutzen sein.

t	...	-2	-1	0	1	2	...
x	...	7	4	1	-2	-5	...
y	...	74	78	82	86	90	...

Beim Anlegen einer umfangreicheren Tabelle werden die Schüler vielleicht sämtliche t-Werte herausfinden, für die x und y positiv werden. Dieses Verfahren zur Bestimmung der Anzahl aller positiven ganzzahligen Lösungen ist jedoch nicht besonders elegant. Führen Sie die Schüler zu den folgenden Ungleichungen, die gleichzeitig erfüllt sein müssen:

$$1 - 3t > 0 \quad \text{und} \quad 82 + 4t > 0.$$

Folglich muß

$$t < \frac{1}{3} \quad \text{und} \quad t > -20\frac{1}{2}$$

gelten, also $-20\frac{1}{2} < t < \frac{1}{3}$. Das bedeutet, daß es 21 Möglichkeiten gibt, für genau 50 Mark (ohne Rest) Briefmarken im Wert von 60 und 80 Pfennigen zu kaufen. Es ist sicherlich angebracht, den Schülern die Lösung einer etwas komplizierteren Diophantischen Gleichung vorzuführen. Das folgende ist ein geeignetes Beispiel.

Beispiel: Löse die Diophantische Gleichung

$$5x - 8y = 39.$$

Lösung: **1.** Löse nach x auf, da x den betragskleinsten Koeffizienten hat:

$$x = \frac{8y + 39}{5} = y + 7 + \frac{3y + 4}{5}.$$

2. Setze $t = \frac{3y+4}{5}$ und löse nach y auf:

$$y = \frac{5t - 4}{3} = t - 1 + \frac{2t - 1}{3}.$$

3. Setze $u = \frac{2t-1}{3}$ und löse nach t auf:

$$t = \frac{3u + 1}{2} = u + \frac{u + 1}{2}.$$

4. Setze $v = \frac{u+1}{2}$ und löse nach u auf:

$$u = 2v - 1.$$

Da der Koeffizient von v eine ganze Zahl ist, können wir nun den Prozeß umkehren.
5. Rücksubstitution in umgekehrter Reihenfolge:

$$\begin{aligned}
t &= \frac{3u + 1}{2} \\
  &= \frac{3(2v - 1) + 1}{2} = 3v - 1, \\
y &= \frac{5t - 4}{3} \\
  &= \frac{5(3v - 1) - 4}{3} = \boxed{5v - 3}.
\end{aligned}$$

Für x erhält man

$$\begin{aligned}
x &= \frac{8y + 39}{5} \\
  &= \frac{8(5v - 3) + 39}{5} = \boxed{8v + 3}.
\end{aligned}$$

Wir erhalten hier die folgende Tabelle der ganzzahligen Lösungen:

v	...	-2	-1	0	1	2	...
x	...	-13	-5	3	11	19	...
y	...	-13	-8	-3	2	7	...

Drängen Sie die Schüler, den Charakter der Elemente der Lösungsmenge in Abhängigkeit von v zu untersuchen.

Eine andere Methode zur Lösung Diophantischer Gleichungen wird in Einheit 87 vorgestellt.

Nachbereitung

Lassen Sie die Schüler jeweils die folgenden Diophantischen Gleichungen lösen und die Anzahl der positiven ganzzahligen Lösungen bestimmen.
(a) $2x + 11y = 35$ (c) $3x - 18y = 40$
(b) $7x - 3y = 23$ (e) $4x - 17y = 53$

Literatur

Posamentier, Alfred S., und Charles T. Salkind. *Challenging Problems in Algebra.* Palo Alto, CA: Seymour, 1988.

87
Kettenbrüche und Diophantische Gleichungen

Dieses Material sollte nach der Einheit *Diophantische Gleichungen* behandelt werden. Hier wird eine weitere Methode zur Lösung Diophantischer Gleichungen beschrieben.

Lernziele

1. *Die Schüler finden ganzzahlige Lösungen (falls sie existieren) einer gegebenen Gleichung mit zwei Unbekannten.*

2. *Die Schüler bestimmen die Anzahl der positiven Lösungen einer Diophantischen Gleichung.*

3. *Die Schüler ermitteln die Kettenbruchentwicklung eines unechten Bruches.*

Vorbereitung

Die Schüler sollten die Einheit *Diophantische Gleichungen* (86) erfolgreich absolviert haben.

Einheit 87 Kettenbrüche und Diophantische Gleichungen

Lehrmethoden

Vor der Diskussion einer weiteren Methode zur Lösung Diophantischer Gleichungen, die hier vorgestellt werden soll, ist eine Exkursion ins Gebiet der Kettenbrüche angezeigt. Jeder (unkürzbare) Bruch kann als Kettenbruch geschrieben werden. Zum Beispiel:

$$\frac{11}{7} = 1 + \frac{4}{7} = 1 + \frac{1}{\frac{7}{4}} = 1 + \frac{1}{1 + \frac{3}{4}}$$

$$= 1 + \frac{1}{1 + \frac{1}{\frac{4}{3}}} = 1 + \frac{1}{1 + \frac{1}{1 + \frac{1}{3}}}$$

Der letzte Ausdruck wird ein *einfacher Kettenbruch* genannt, weil alle auftretenden Zähler (nach dem ersten Summanden) gleich 1 sind. Wir werden hier ausschließlich Kettenbrüche dieser Art behandeln.

Wir betrachten einen beliebigen unechten, unkürzbaren Bruch und seine Darstellung als einfacher Kettenbruch:

$$\frac{r}{s} = a_1 + \cfrac{1}{a_2 + \cfrac{1}{a_3 + \cfrac{1}{a_4 + \cfrac{1}{a_5}}}}$$

Wir nennen $c_1 = a_1$ die erste Konvergente;

$c_2 = a_1 + \dfrac{1}{a_2}$ die zweite Konvergente;

$c_3 = a_1 + \cfrac{1}{a_2 + \cfrac{1}{a_3}}$ die dritte Konvergente;

$c_4 = a_1 + \cfrac{1}{a_2 + \cfrac{1}{a_3 + \cfrac{1}{a_4}}}$ die vierte Konvergente;

$c_5 = a_1 + \cfrac{1}{a_2 + \cfrac{1}{a_3 + \cfrac{1}{a_4 + \cfrac{1}{a_5}}}}$ die letzte Konvergente.

Zum Beispiel ist für die obige Kettenbruchdarstellung von $\frac{11}{7}$

$$c_1 = 1,\; c_2 = 2,\; c_3 = \frac{3}{2},\; c_4 = \frac{11}{7}.$$

Wir wollen nun eine Formel für die n-te Konvergente eines allgemeinen Kettenbruches herleiten. Sei $c_n = \frac{r_n}{s_n}$ die n-te Konvergente des Kettenbruches $[a_1, a_2, a_3, \ldots]$. Dann ist $c_1 = a_1$, also $r_1 = a_1$ und $s_1 = 1$. Weiter ist $c_2 = a_1 + \frac{1}{a_2} = \frac{a_1 a_2 + 1}{a_2}$, folglich $r_2 = a_1 a_2 + 1$ und $s_2 = a_2$.

$$\begin{aligned}
c_3 &= a_1 + \cfrac{1}{a_2 + \cfrac{1}{a_3}} = a_1 + \cfrac{1}{\frac{a_2 a_3 + 1}{a_3}} \\
&= a_1 + \frac{a_3}{a_2 a_3 + 1} = \frac{a_1 a_2 a_3 + a_1 + a_3}{a_2 a_3 + 1} \\
&= \frac{a_3(a_1 a_2 + 1) + a_1}{a_3 a_2 + 1}.
\end{aligned}$$

Wegen $a_1 a_2 + 1 = r_2$, $a_1 = r_1$, $a_2 = s_2$, $1 = s_1$ erhalten wir $c_3 = \frac{a_3 r_2 + r_1}{a_3 s_2 + s_1}$. Somit ist $r_3 = a_3 r_2 + r_1$ und $s_3 = a_3 s_2 + s_1$. Analog erhalten wir $c_4 = \frac{a_4 r_3 + r_2}{a_4 s_3 + s_2}$ und allgemein für die n-te Konvergente

$$\boxed{c_n = \frac{a_n r_{n-1} + r_{n-2}}{a_n s_{n-1} + s_{n-2}} = \frac{r_n}{s_n}}$$

Diese Formel kann mit vollständiger Induktion bewiesen werden. Um sie auch für $n = 2$ und $n = 1$ benutzen zu können, müssen wir r_0, s_0 und r_{-1}, s_{-1} geeignet festlegen. Nach der Formel ist $c_2 = \frac{a_2 r_1 + r_0}{a_2 s_1 + s_0}$. Weiter oben hatten wir $c_2 = \frac{a_1 a_2 + 1}{a_2}$ gefunden. Aus den letzten beiden Gleichungen und wegen $r_1 = a_1$, $s_1 = 1$ erhalten wir

$$c_2 = \frac{a_2 a_1 + r_0}{a_2 + s_0} = \frac{a_2 a_1 + 1}{a_2}.$$

Da diese Beziehung für beliebige (natürliche) Werte von a_1 und a_2 gelten soll, muß $r_0 = 1$ und $s_0 = 0$ sein. Im Fall $n = 1$ liefert die Formel $c_1 = \frac{a_1 r_0 + r_{-1}}{a_1 s_0 + s_{-1}}$, während wir oben $c_1 = \frac{a_1}{1}$ erhalten hatten. Nach Einsetzen von $r_0 = 1$, $s_0 = 0$ und Vergleich der beiden Brüche folgt hier $r_{-1} = 0$, $s_{-1} = 1$.

Lassen Sie die Schüler $\frac{117}{41}$ in einen Kettenbruch entwickeln:

$$\frac{117}{41} = 2 + \cfrac{1}{1 + \cfrac{1}{5 + \cfrac{1}{1 + \cfrac{1}{5}}}}$$

Nun legen Sie eine Tabelle an:

Konvergenten

n	-1	0	1	2	3	4	5
a_n			2	1	5	1	5
r_n	0	1	2	3	17	20	117
s_n	1	0	1	1	6	7	41

Die ersten beiden Spalten für r_n und s_n sind konstant, während alle anderen Werte vom konkreten Bruch abhängen. Die Werte der a_n erhält man direkt aus dem Kettenbruch. Die Werte von r_n und s_n werden mit Hilfe der oben abgeleiteten Formel bestimmt. Um zu überprüfen, ob die Tabelle richtig berechnet wurde, sollten sich die Schüler daran erinnern, daß die letzte Konvergente nichts anderes als der entwickelte Bruch sein muß.

Eine Untersuchung der entsprechenden Über-Kreuz-Produkte in der aufgestellten Tabelle legt die Gültigkeit der Formel

$$r_n \cdot s_{n-1} - r_{n-1} \cdot s_n = (-1)^n \quad (1)$$

nahe.[79]

Die Schüler können nun ihr neu erworbenes Wissen über Kettenbrüche zur Lösung Diophantischer Gleichungen $ax + by = k$, bei denen der größte gemeinsame Teiler von a und b ein Teiler von k ist, einsetzen. Da die Division durch $ggt(a,b)$ wieder eine Diophantische Gleichung derselben Form liefert, können wir ohne Beschränkung der Allgemeinheit voraussetzen, daß a und b teilerfremd sind. Nun bilden wir aus den Koeffizienten a und b einen *unechten* Bruch, sagen wir $\frac{a}{b}$, und entwickeln diesen Bruch in einen Kettenbruch: $\frac{a}{b} = \frac{r_n}{s_n}$.[80] Nach Formel (1) gilt

$$a \cdot s_{n-1} - b \cdot r_{n-1} = (-1)^n .$$

Multiplikation mit $(-1)^n k$ ergibt

$$a((-1)^n k \cdot s_{n-1}) - b((-1)^n k \cdot r_{n-1}) = k . \quad (2)$$

Folglich ist $x = (-1)^n k \cdot s_{n-1}$, $y = (-1)^n k \cdot r_{n-1}$ eine Lösung der Diophantischen Gleichung.

Betrachten wir z. B. die Diophantische Gleichung

$$41x - 117y = 3 .$$

[79] Anm. d. Übers.: Auch diese Formel kann mit vollständiger Induktion bewiesen werden.

[80] Anm. d. Übers.: Dabei soll $\frac{r_n}{s_n}$ die *letzte* Konvergente sein.

Wir stellen, wie oben bereits geschehen, die Tabelle der Konvergenten auf und lesen für die vorletzte Konvergente $r_{n-1} = 20$ und $s_{n-1} = 7$ ab. Die Gleichung (2) lautet hier

$$41(3 \cdot 20) - 117(3 \cdot 7) = 3 .$$

Folglich ist $x = 60$, $y = 21$ eine Lösung.
Zur Berechnung weiterer Lösungen gehen wir nach folgendem Schema vor.
Subtrahiere $41 \cdot 60 - 117 \cdot 21 = 3$ von $41x - 117y = 3$:

$$41(x - 60) - 117(y - 21) = 0 .$$

Folglich gilt $41(x-60) = 117(y-21)$. Wir dividieren die letzte Gleichung durch $41 \cdot 117$ und setzen die entstehenden Quotienten gleich t:

$$\frac{x-60}{117} = \frac{y-21}{41} = t .$$

Auflösung nach x bzw. y liefert nun folgende Darstellung für die Lösungen der Diophantischen Gleichung:

$$\boxed{x = 117t + 60, \quad y = 41t + 21}$$

Die Lösungen können in einer Tabelle zusammengestellt werden:

t	...	-2	-1	0	1	2	...
x	...	-174	-57	60	177	294	...
y	...	-61	-20	21	62	103	...

Nachbereitung

1. Lassen Sie die Schüler die folgenden unechten Brüche in Kettenbrüche entwickeln.

   (a) $\frac{37}{13}$ (b) $\frac{47}{23}$ (c) $\frac{173}{61}$

2. Lassen Sie die Schüler die folgenden Diophantischen Gleichungen lösen und feststellen, wieviele positive (ganzzahlige) Lösungen existieren.

   (a) $7x - 31y = 2$ (b) $5x - 2y = 4$
   (c) $18x - 53y = 3$ (d) $123x - 71y = 2$

Einheit 88 Vereinfachung unendlicher Ausdrücke

88

Vereinfachung unendlicher Ausdrücke

Diese Einheit bietet einfache algebraische Methoden zur Vereinfachung von auf den ersten Blick komplizierten unendlichen Ausdrücken an.

Lernziele

Die Schüler lösen Gleichungen mit unendlichen Ausdrücken unter Benutzung einer einfachen algebraischen Methode.

Vorbereitung

Die Schüler sollten mit Wurzelgleichungen und quadratischen Gleichungen umgehen können.

Lehrmethoden

Legen Sie Ihren Schülern das folgende Problem zur Lösung vor:

Bestimme den Wert von x, wenn gilt

$$x^{x^{x^{x^{\cdot^{\cdot^{\cdot}}}}}} = 2.$$

Die meisten Schüler werden mit einer gewissen Verwirrung reagieren. Da sie es wahrscheinlich noch nie mit einem unendlichen Ausdruck zu tun hatten, werden sie ziemlich überrascht sein. Die Schüler mögen versuchen, Werte für x einzusetzen, um die Lösung der Aufgabe abzuschätzen. Bevor sie endgültig frustriert sind, beginnen Sie die unendliche Natur des Ausdrucks zu erklären. Weisen sie auch darauf hin, daß $3^{3^3} \neq 27^3 = 19\,683$ ist, sondern $3^{3^3} = 3^{27} = 7\,625\,597\,484\,989$. Nun lassen Sie Ihre Schüler den gegebenen Ausdruck in der folgenden Weise betrachten: Wenn $x^{x^{x^{\cdot^{\cdot^{\cdot}}}}} = 2$ ist, dann wird, da es sich um unendlich viele x handelt, ein x weniger den Wert des Ausdrucks nicht

verändern.[81] Deshalb ist der Exponent des ersten x (der untersten Basis) gleich 2.

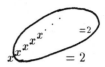

Also vereinfacht sich unsere Gleichung zu $x^2 = 2$ und die Lösung ist $x = \sqrt{2}$. Fragen Sie die Schüler, ob vielleicht auch $x = -\sqrt{2}$ eine Lösung ist.

Es wäre nur natürlich, wenn die Schüler sich fragen würden, ob dieselbe Methode zur Lösung führt, wenn die 2 durch, sagen wir 5, oder 7 ersetzt wird. Sagen Sie Ihren Schülern, ohne ins Detail zu gehen, daß die 2 nicht durch beliebige (positive) Zahlen ersetzt werden kann, sondern, daß diese Zahlen nicht größer als e (die Basis der natürlichen Logarithmen, näherungsweise $2,7182818284\ldots$) sein dürfen, wenn das angegebene Verfahren zur Lösung führen soll.

Um das soeben benutzte Lösungsschema zu festigen, lassen Sie die Schüler den folgenden verschachtelten Wurzelausdruck betrachten.

$$x = \sqrt{5 + \sqrt{5 + \sqrt{5 + \sqrt{5 + \sqrt{5 + \ldots}}}}}$$

Zur Bestimmung von x lassen Sie Ihre Schüler erkennen, daß sich der Ausdruck nicht ändert, wenn man die äußere Wurzel und die erste 5 entfernt.

$$x = \sqrt{5 + \underbrace{\sqrt{5 + \sqrt{5 + \sqrt{5 + \sqrt{5 + \ldots}}}}}_{= x}}$$

Wir erhalten also $x = \sqrt{5 + x}$, eine einfache Wurzelgleichung. Die Schüler quadrieren einfach beide Seiten der Gleichung und lösen die entstehende quadratische Gleichung:

$$\begin{aligned} x^2 &= 5 + x \\ x^2 - x - 5 &= 0 \\ x &= \tfrac{1 \pm \sqrt{21}}{2}. \end{aligned}$$

Da x positiv ist, erhalten wir die Lösung $x = \tfrac{1+\sqrt{21}}{2} \approx 2,97$.

---

[81] Anm. d. Übers.: Das eigentliche Problem besteht hier nicht in erster Linie – wie im Text dargestellt – im Auffinden eines "Tricks" zur Lösung einer Rechenaufgabe, sondern vielmehr darin, die Aufgabe präzise zu formulieren, d. h. den "unendlichen Ausdruck" sinnvoll zu *definieren* (was sauber nur über einen Grenzwert gelingt).

Ein anderer Zugang zur Lösung dieser Aufgabe: Zunächst werden beide Seiten der Ausgangsgleichung quadriert

$$x^2 = 5 + \sqrt{5 + \sqrt{5 + \sqrt{5 + \sqrt{5 + \ldots}}}}$$

und anschließend wird auf der rechten Seite x substituiert, was auf $x^2 = x + 5$ führt. Der Rest verläuft wie oben beschrieben.

Sie sollten hier besonderen Wert auf die prinzipielle Beurteilung des Wertes des verschachtelten Wurzelausdruckes legen. Das heißt, ist dieser Wert positiv oder negativ, reell oder komplex usw.

Eine weitere Anwendung dieser Methode zur Berechnung unendlicher Ausdrücke betrifft Kettenbrüche. Bevor Sie unendliche Kettenbrüche einführen, sollten Sie die Erinnerung der Schüler an (endliche) Kettenbrüche auffrischen. Vielleicht lassen Sie die Schüler die Zahl $\frac{13}{5}$ als Kettenbruch schreiben:

$$\frac{13}{5} = 2 + \frac{3}{5} = 2 + \frac{1}{\frac{5}{3}} = 2 + \frac{1}{1 + \frac{2}{3}}$$

$$= 2 + \frac{1}{1 + \frac{1}{\frac{3}{2}}} = 2 + \frac{1}{1 + \frac{1}{1 + \frac{1}{2}}}.$$

Weiter könnten Sie die Schüler den Wert eines gegebenen Kettenbruches berechnen lassen:

$$1 + \frac{1}{2 + \frac{1}{3 + \frac{1}{4}}} = 1 + \frac{1}{2 + \frac{1}{\frac{13}{4}}} = 1 + \frac{1}{2 + \frac{4}{13}}$$

$$= 1 + \frac{1}{\frac{30}{13}} = 1 + \frac{13}{30} = \frac{43}{30}.$$

Nun lassen Sie die Schüler den unendlichen Kettenbruch

$$x = 1 + \cfrac{1}{1 + \cfrac{1}{1 + \cfrac{1}{1 + \cfrac{1}{1 + \ldots}}}}$$

betrachten. Sie werden bald erkennen daß die zuvor benutzte Methode zum Vereinfachen nicht mehr funktioniert. An dieser Stelle zeigen Sie ihnen das folgende Verfahren. Das Entfernen des "ersten Teils" des unendlichen Kettenbruches wird auch hier wieder nichts am Wert ändern:

$$x = 1 + \cfrac{1}{\underbrace{1 + \cfrac{1}{1 + \cfrac{1}{1 + \ldots}}}_{= x}}$$

Folglich ist $x = 1 + \frac{1}{x}$, also

$$x^2 = x + 1$$
$$x^2 - 1 = 0$$
$$x = \tfrac{1 \pm \sqrt{5}}{2},$$

da jedoch $x > 0$ ist, gilt $x = \frac{1+\sqrt{5}}{2}$. Einige Ihrer Schüler erkennen dies vielleicht als den Wert des Goldenen Schnittes.

Interessiertere Schüler fragen sich vielleicht, wie man einen "sich nicht wiederholenden" unendlichen Ausdruck berechnen kann. Diesen Schülern könnten Sie die folgende Aufgabe vorlegen: Berechne den Ausdruck

$$\sqrt{1 + 2\sqrt{1 + 3\sqrt{1 + 4\sqrt{1 + 5\sqrt{1 + \ldots}}}}}.$$

Zur Berechnung dieses Ausdrucks sind einige Vorbetrachtungen nötig. Wegen

$$(n+2)^2 = n^2 + 4n + 4 = 1 + (n+1)(n+3)$$

gelten auch die Gleichungen

$$n + 2 = \sqrt{1 + (n+1)(n+3)}$$
$$n(n+2) = n\sqrt{1 + (n+1)(n+3)}$$

für alle natürlichen Zahlen n. Sei $f(n) = n(n+2)$. Dann ist $f(n+1) = (n+1)(n+3)$, also

$$f(n) = n\sqrt{1 + (n+1)(n+3)}$$
$$f(n) = n\sqrt{1 + f(n+1)}$$
$$f(n) = n\sqrt{1 + (n+1)\sqrt{1 + f(n+2)}}$$
$$f(n) = n\sqrt{1 + (n+1)\sqrt{1 + (n+2)\sqrt{1 + f(n+3)}}}$$

usw. Für $n = 1$ erhalten wir nun
$f(1) = 1(1 + 2) = 3$ und

$$3 = 1\sqrt{1 + (1+1)\sqrt{1 + (1+2)\sqrt{1 + (1+3)\sqrt{1 + \ldots}}}}$$
$$= 1\sqrt{1 + 2\sqrt{1 + 3\sqrt{1 + 4\sqrt{1 + \ldots}}}}$$

Mit Hilfe der in dieser Einheit besprochenen Methoden sollten Ihre Schüler besser mit unendlichen Ausdrücken umgehen können.

Nachbereitung

1. Berechne: $\sqrt{7 + \sqrt{7 + \sqrt{7 + \sqrt{7 + \ldots}}}}$

2. Berechne: $2 + \cfrac{1}{3 + \cfrac{1}{3 + \cfrac{1}{3 + \cfrac{1}{3 + \ldots}}}}$

3. Berechne: $1 + \cfrac{1}{2 + \cfrac{1}{1 + \cfrac{1}{2 + \cfrac{1}{1 + \cfrac{1}{2 + \ldots}}}}}$

89
Kettenbruchentwicklung von irrationalen Zahlen

Lernziele

1. Die Schüler können die Kettenbruchentwicklung einer gegebenen irrationalen Zahl aufschreiben.

2. Die Schüler finden die irrationale Zahl, die durch einen unendlichen Kettenbruch[82] definiert wird.

---

[82] Anm. d. Übers.: Das angegebene Verfahren funktioniert nur für *periodische* unendliche Kettenbrüche.

Vorbereitung

Die Schüler sollten mit Kettenbrüchen vertraut sein.

Lehrmethoden

Die Verfahrensweise bei der Kettenbruchentwicklung einer irrationalen Zahl ist im wesentlichen dieselbe wie die bei rationalen Zahlen. Sei x die gegebene irrationale Zahl. Bestimme a_1, die größte ganze Zahl kleiner als x, und stelle x in der Form

$$x = a_1 + \frac{1}{x_2}, \quad 0 < \frac{1}{x_2} < 1$$

dar. Dann ist $x_2 = \frac{1}{x - a_1} > 1$ irrational, denn wenn eine ganze Zahl von einer irrationalen Zahl subtrahiert wird, dann sind die Differenz und der Kehrwert der Differenz irrational.

Bestimme a_2, die größte ganze Zahl kleiner als x_2, und schreibe x_2 in der Form

$$x_2 = a_2 + \frac{1}{x_3}, \quad 0 < \frac{1}{x_3} < 1, \quad a_2 \geq 1,$$

wobei die Zahl

$$x_3 = \frac{1}{x_2 - a_2} > 1$$

wieder irrational ist.

Mit dieser Rechnung, die beliebig oft wiederholt werden kann, erhält man nacheinander die Gleichungen

$$x = a_1 + \frac{1}{x_2}, \quad x_2 > 1$$

$$x_2 = a_2 + \frac{1}{x_3}, \quad x_3 > 1, \quad a_2 \geq 1$$

$$x_3 = a_3 + \frac{1}{x_4}, \quad x_4 > 1, \quad a_3 \geq 1$$

$$\vdots$$

$$x_n = a_n + \frac{1}{x_{n+1}}, \quad x_{n+1} > 1, \quad a_n \geq 1$$

$$\vdots$$

wobei $a_1, a_2, a_3 \ldots$ ganze Zahlen und $x, x_2, x_3 \ldots$ irrationale Zahlen sind. Dieser Prozeß kann nicht abbrechen, denn dies könnte nur geschehen, wenn für ein gewisses n die Gleichung $x_n = a_n$ erfüllt wäre. Das ist aber nicht möglich, da eben x_n irrational und a_n ganz ist.

Wenn man x_2 aus der zweiten Gleichung in die erste Gleichung einsetzt, dann in die entstandene Beziehung x_3 aus der dritten Gleichung einsetzt und so fortfährt, dann erhält man den gesuchten unendlichen, einfachen[83] Kettenbruch

$$x = a_1 + \frac{1}{x_2} = a_1 + \cfrac{1}{a_2 + \cfrac{1}{x_3}}$$

$$= a_1 + \cfrac{1}{a_2 + \cfrac{1}{a_3 + \cfrac{1}{x_4}}}$$

$$= \ldots,$$

der manchmal als $x = [a_1, a_2, a_3, \ldots]$ geschrieben wird, wobei die drei Punkte andeuten, daß der Prozeß unendlich fortgesetzt wird.

Beispiel 1. Entwickle $\sqrt{3}$ in einen einfachen Kettenbruch.

Lösung: Die größte ganze Zahl kleiner als $\sqrt{3}$ ist 1. Deshalb ist $a_1 = 1$ und

$$\sqrt{3} = 1 + \frac{1}{x_2}.$$

Auflösung dieser Gleichung nach x_2 ergibt

$$x_2 = \frac{1}{\sqrt{3}-1} \cdot \frac{\sqrt{3}+1}{\sqrt{3}+1} = \frac{\sqrt{3}+1}{2}.$$

Folglich ist

$$\sqrt{3} = a_1 + \frac{1}{x_2} = 1 + \cfrac{1}{\frac{\sqrt{3}+1}{2}}$$

und

$$x_2 = \frac{\sqrt{3}+1}{2} = a_2 + \frac{1}{x_3}$$

mit $a_2 = 1$, denn das ist die größte ganze Zahl kleiner als $\frac{\sqrt{3}+1}{2}$. Wir haben also

$$x_3 = \cfrac{1}{\frac{\sqrt{3}+1}{2} - 1} = \frac{2}{\sqrt{3}-1} \cdot \frac{\sqrt{3}+1}{\sqrt{3}+1}$$

$$= \sqrt{3}+1,$$

$$\sqrt{3} = 1 + \cfrac{1}{1 + \cfrac{1}{\sqrt{3}+1}}.$$

Fortsetzung dieses Prozesses:
$x_3 = 2 + \frac{1}{x_4}$, $a_3 = 2$, da 2 die größte ganze Zahl kleiner als $\sqrt{3}+1$ ist. Somit ist

$$x_4 = \frac{1}{\sqrt{3}-1} \cdot \frac{\sqrt{3}+1}{\sqrt{3}+1} = \frac{\sqrt{3}+1}{2},$$

$$\sqrt{3} = 1 + \cfrac{1}{1 + \cfrac{1}{2 + \cfrac{1}{\frac{\sqrt{3}+1}{2}}}}.$$

Da $x_4 = \frac{\sqrt{3}+1}{2}$ denselben Wert hat wie x_2, wird x_5 denselben Wert wie x_3 annehmen, nämlich $\sqrt{3}+1$. Alle folgenden partiellen Quotienten werden $1, 2, 1, 2, \ldots$ sein und die Kettenbruchentwicklung von $\sqrt{3}$ lautet

$$\sqrt{3} = 1 + \cfrac{1}{1 + \cfrac{1}{2 + \cfrac{1}{1 + \cfrac{1}{2 + \cdots}}}}$$

$$= [1, 1, 2, 1, 2, \ldots] = [1, \overline{1, 2}].$$

Der Strich über 1,2 bedeutet, daß die Ziffernfolge 1,2 unendlich oft wiederholt wird.

Beispiel 2. Bestimme die Kettenbruchentwicklung für

$$x = \frac{\sqrt{30}-2}{13}.$$

---

[83] Anm. d. Übers.: Ein Kettenbruch heißt *einfach*, wenn alle auftretenden Zähler gleich 1 sind.

Einheit 89 Kettenbruchentwicklung von irrationalen Zahlen

Lösung: Da $\sqrt{30}$ zwischen 5 und 6 liegt, ist a_1, die größte ganze Zahl kleiner als x, gleich 0. Also ist

$$x = \frac{\sqrt{30}-2}{13} = 0 + \frac{1}{x_2},$$

$$x_2 = \frac{1}{x} = \frac{13}{\sqrt{30}-2} \cdot \frac{\sqrt{30}+2}{\sqrt{30}+2}$$

$$= \frac{\sqrt{30}+2}{2}.$$

Die größte ganze Zahl kleiner als x_2 ist $a_2 = 3$, d. h.

$$x_2 = a_2 + \frac{1}{x_3} = 3 + \frac{1}{x_3},$$

$$x_3 = \frac{1}{x_2-3} = \frac{1}{\frac{\sqrt{30}+2}{2}-3}$$

$$= \frac{2}{\sqrt{30}-4} \cdot \frac{\sqrt{30}+4}{\sqrt{30}+4}$$

$$= \frac{2(\sqrt{30}+4)}{14} = \frac{\sqrt{30}+4}{7}.$$

Die größte ganze Zahl kleiner als x_3 ist $a_3 = 1$. Folglich ist

$$x_4 = \frac{1}{x_3-1} = \frac{1}{\frac{\sqrt{30}+4}{7}-1}$$

$$= \frac{7}{\sqrt{30}-3} \cdot \frac{\sqrt{30}+3}{\sqrt{30}+3} = \frac{\sqrt{30}+3}{3}.$$

Analog erhalten wir $x_5 = \frac{\sqrt{30}+3}{7}$, $x_6 = \frac{\sqrt{30}+4}{2}$ und $x_7 = \frac{\sqrt{30}+4}{7} = x_3$. In der weiteren Rechnung muß sich also die Folge 1,2,1,4 wiederholen. Die gesuch-

te Kettenbruchentwicklung lautet

$$x = 0 + \frac{1}{x_2} = 0 + \cfrac{1}{3+\cfrac{1}{x_3}} = 0 + \cfrac{1}{3+\cfrac{1}{1+\cfrac{1}{x_4}}}$$

$$= 0 + \cfrac{1}{3+\cfrac{1}{1+\cfrac{1}{2+\cfrac{1}{x_5}}}} = 0 + \cfrac{1}{3+\cfrac{1}{1+\cfrac{1}{2+\cfrac{1}{1+\cfrac{1}{x_6}}}}}$$

$$= 0 + \cfrac{1}{3+\cfrac{1}{1+\cfrac{1}{2+\cfrac{1}{1+\cfrac{1}{4+\cfrac{1}{x_7}}}}}}$$

Wir haben also $x = \frac{\sqrt{30}-2}{13} = [0,3,\overline{1,2,1,4}]$ erhalten.

Die Schüler können die durch einen gegebenen unendlichen Kettenbruch dargestellte irrationale Zahl berechnen.[84] Schauen wir uns das für $x = [2,\overline{2,4}]$ an. Wir haben

$$x = 2 + \cfrac{1}{2+\cfrac{1}{4+\cfrac{1}{2+\cfrac{1}{4+\ldots}}}}$$

$$= 2 + \frac{1}{y},$$

wobei $y = 2 + \cfrac{1}{4+\cfrac{1}{2+\cfrac{1}{4+\ldots}}}$

ist. Deshalb gilt

$$y = 2 + \cfrac{1}{4+\cfrac{1}{y}} = 2 + \frac{y}{4y+1}.$$

Auflösung nach y ergibt $y = \frac{2+\sqrt{6}}{2}$ und $x = 2+\frac{1}{y} = 2 + \frac{2}{2+\sqrt{6}}$. Somit ist $x = 2 + \sqrt{6} - 2 = \sqrt{6}$.

Nachbereitung

1. Lassen Sie die Schüler jede der folgenden Zahlen in einen unendlichen einfachen Ketten-

---

[84] Anm. d. Übers.: Dazu muß der Kettenbruch *periodisch* sein.

bruch entwickeln.
a) $\sqrt{2}$ b) $\sqrt{43}$ c) $\frac{25+\sqrt{53}}{22}$

2. Lassen Sie die Schüler zeigen, daß der unendliche Kettenbruch $[\overline{3,6}]$ gleich $\sqrt{10}$ ist.

90
Die Fareysche Folge

In dieser Einheit wird eine ungewöhnliche Zahlenfolge besprochen. Das Material ist für Schüler unterschiedlicher Klassen geeignet. In Abhängigkeit von den Fähigkeiten und dem Reifegrad der Schüler wird sich jedoch der Akzent der Darstellung verschieben.

Lernziele

1. *Die Schüler zeigen, daß Brüche mit gleichem Abstand von $\frac{1}{2}$ in der Farey-Folge komplementär sind.*

2. *Die Schüler stellen eine Beziehung zwischen π und der Anzahl der Glieder in der Fareyschen Folge her.*

Vorbereitung

Betrachten Sie mit den Schülern die Folge von Brüchen

$$\frac{1}{7}, \frac{1}{6}, \frac{1}{5}, \frac{1}{4}, \frac{2}{7}, \frac{1}{3}, \frac{2}{5}, \frac{3}{7}, \mathbf{\frac{1}{2}}, \frac{4}{7}, \frac{3}{5}, \frac{2}{3}, \frac{5}{7}, \frac{3}{4}$$

und lassen Sie jeweils die Summe

a) des fünften Bruches links und des fünften Bruches rechts von $\frac{1}{2}$

b) des dritten Bruches links und des dritten Bruches rechts von $\frac{1}{2}$

c) des zweiten Bruches links und des zweiten Bruches rechts von $\frac{1}{2}$

berechnen. Fordern Sie die Schüler auf, ihre Ergebnisse zu verallgemeinern.

Lehrmethoden

Die von den Schülern in der Vorbereitung berechneten Summen sind alle gleich eins: $\frac{1}{4} + \frac{3}{4} = 1$, $\frac{1}{3} + \frac{2}{3} = 1$ und $\frac{2}{5} + \frac{3}{5} = 1$. Wir werden ein Paar von Brüchen, deren Summe 1 ist, *komplementär* nennen. Wir wollen uns nun die angegebene Folge näher ansehen.

Wenn wir alle echten unkürzbaren Brüche, deren Nenner nicht größer als eine vorgegebene Zahl n – sagen wir z. B. $n = 7$ – sind, der Größe nach anordnen, so erhalten wir die 17 Brüche

$$\frac{1}{7}, \frac{1}{6}, \frac{1}{5}, \frac{1}{4}, \frac{2}{7}, \frac{1}{3}, \frac{2}{5}, \frac{3}{7}, \mathbf{\frac{1}{2}}, \frac{4}{7}, \frac{3}{5}, \frac{2}{3}, \frac{5}{7}, \frac{3}{4}, \frac{4}{5}, \frac{5}{6}, \frac{6}{7}.$$

Fügt man nun noch die Brüche $\frac{0}{1}$ und $\frac{1}{1}$ hinzu, so erhält man die *Fareysche Folge*. Genauer: Die Fareysche Folge F_n der Ordnung n ist definiert als *die geordnete Menge aus $\frac{0}{1}$, allen unkürzbaren echten Brüchen mit Nennern von 2 bis n, geordnet nach wachsender Größe, und $\frac{1}{1}$.* Die Fareysche Folge hat viele charakteristische Eigenschaften. Eine dieser Eigenschaften haben die Schüler bereits entdeckt: Brüche mit gleichem Abstand (mit *Abstand* zweier Folgenglieder meinen wir hier die Differenz der Positionen in der Fareyschen Folge) von $\frac{1}{2}$ sind komplementär, d. h., ihre Summe ist gleich 1. Eine weitere interessante Beziehung besteht zwischen der Anzahl der Glieder der Fareyschen Folge der Ordnung n und der Zahl π.

Bevor die Eigenschaften der Fareyschen Folge untersucht werden, sollte den Schülern ein wenig geschichtlicher Hintergrund vermittelt werden. Es sollte erwähnt werden, daß Farey diese Folge 1816 entdeckte, während er lange Tabellen von Dezimalbrüchen durchlas.

Ferner ist es sinnvoll, sich noch einmal über den Charakter der Elemente der Fareyschen Folge Gedanken zu machen. Wollen wir F_n einfach als Folge *rationaler Zahlen* auffassen, die durch gewisse Brüche dargestellt werden können, oder aber als eine Folge von *Symbolen* $\frac{a}{b}$, bei der die rationalen Zahlen $\frac{a}{b}$ nur zur Festlegung der Reihenfolge dienen? Beide Auffassungen sind möglich, führen aber zu unterschiedlichen Darstellungen. Wir wählen hier die zweite Variante (die streng genommen auf die Betrachtung einer Folge von Zahlenpaaren hinausläuft). Das bedeutet, daß im folgenden für uns beispielsweise $\frac{8}{10}$ und $0,4$ *keine* Elemente der Folge F_7 sind, obwohl sie dieselbe rationale Zahl darstellen wie der Bruch $\frac{3}{5}$, der ein Element von F_7 *ist*. Das muß auch den Schülern

Einheit 90 Die Fareysche Folge

klar sein. Man überlegt sich nun leicht, daß die Zugehörigkeit zur Folge F_n folgendermaßen charakterisiert werden kann:

$$\frac{a}{b} \in F_n \iff 0 \leq \frac{a}{b} \leq 1,\ b \leq n \text{ und } ggT(a,b) = 1.$$

Satz 1. *Ist der Bruch $\frac{a}{b}$ ein Element der Fareyschen Folge F_n, dann ist auch $\frac{b-a}{b}$ ein Element von F_n.*

Beweis: Wegen $0 \leq \frac{a}{b} \leq 1$ ist auch $\frac{b-a}{b}$ eine Zahl aus dem Intervall $[0,1]$. Wir zeigen, daß auch $ggT(b-a, b) = 1$ gilt. Angenommen, $b-a$ und b sind nicht teilerfremd. Dann ist $d := ggT(b-a, b) > 1$ und $b - a = qd$, $b = rd$ mit gewissen ganzen Zahlen r und q. Daraus folgt $a = b - qd = (r - q)d$. Folglich haben dann auch a und b den gemeinsamen Teiler d. Andererseits gilt nach Voraussetzung $ggT(a, b) = 1$. Widerspruch! Also sind $b-a$ und a teilerfremd, d. h., $\frac{b-a}{b}$ ist ein Element von F_n. qed

Satz 2. *Ist der Bruch $\frac{a}{b}$ ein Element der Fareyschen Folge F_n, dann haben $\frac{a}{b}$ und $\frac{b-a}{b}$ in F_n denselben Abstand von $\frac{1}{2}$.*

Beweis:
1. Fall: $\frac{a}{b} = \frac{1}{2}$. Dann ist auch $\frac{b-a}{b} = \frac{1}{2}$ und beide Abstände sind gleich null.
2. Fall: $\frac{a}{b} < \frac{1}{2}$. Dann ist $\frac{b-a}{b} = 1 - \frac{a}{b} > \frac{1}{2}$ und der Abschnitt der Fareyschen Folge F_n zwischen $\frac{a}{b}$ und $\frac{b-a}{b}$ ist von der Form

$$\frac{a}{b} < \frac{l_1}{m_1} < \ldots < \frac{l_i}{m_i} < \frac{1}{2} < \frac{r_1}{s_1} < \ldots < \frac{r_j}{s_j} < \frac{b-a}{b}.$$

Wir nehmen nun an, die Abstände sind nicht gleich, d. h., es gilt $i \neq j$. Sei etwa $i > j$ (der Fall $i < j$ kann analog behandelt werden). Sei $\frac{l}{m}$ irgendeiner der Brüche zwischen $\frac{a}{b}$ und $\frac{1}{2}$. Nach Satz 1 ist mit $\frac{l}{m}$ auch $\frac{m-l}{m}$ ein Element von F_n. Aus der Ungleichung

$$\frac{a}{b} < \frac{l_1}{m_1} < \ldots \frac{l_i}{m_i} < \frac{1}{2}$$

folgt

$$1 - \frac{1}{2} < 1 - \frac{l_1}{m_1} < \ldots < 1 - \frac{l_i}{m_i} < 1 - \frac{a}{b}$$

$$\frac{1}{2} < \frac{m_1 - l_1}{m_1} < \ldots < \frac{m_i - l_i}{m_i} < \frac{b-a}{b}.$$

Folglich "erzeugen" die i Brüche zwischen $\frac{a}{b}$ und $\frac{1}{2}$ genau i Brüche zwischen $\frac{1}{2}$ und $\frac{b-a}{b}$. Es muß

also $i \leq j$ sein. Widerspruch zu $i > j$! Also gilt $i = j$ und die Abstände der Brüche $\frac{a}{b}$ und $\frac{b-a}{b}$ von $\frac{1}{2}$ sind gleich.
3. Fall: $\frac{a}{b} > \frac{1}{2}$. Dieser Fall kann völlig analog zu Fall 2 behandelt werden, dabei vertauschen $\frac{a}{b}$ und $\frac{b-a}{b}$ ihre Rollen. qed

Satz 2 besagt, daß komplementäre Glieder der Fareyschen Folge denselben Abstand von $\frac{1}{2}$ haben. Aus Satz 2 folgt gleichzeitig auch die Umkehrung dieser Aussage.

Satz 3. *Folgenglieder von F_n mit gleichem Abstand von $\frac{1}{2}$ sind komplementär.*

Beweis: Seien $\frac{a}{b}$ und $\frac{c}{d}$ Elemente von F_n mit gleichem Abstand von $\frac{1}{2}$. Nach Satz 1 ist dann auch $\frac{b-a}{b}$ ein Element von F_n, das nach Satz 2 denselben Abstand von $\frac{1}{2}$ wie $\frac{a}{b}$ hat. Da nicht drei verschiedene Folgenglieder denselben Abstand zu $\frac{1}{2}$ haben können, muß entweder $\frac{b-a}{b} = \frac{a}{b}$ oder $\frac{b-a}{b} = \frac{c}{d}$ sein. Im ersten Fall erhalten wir sofort $\frac{a}{b} = \frac{1}{2}$ und folglich auch $\frac{c}{d} = \frac{1}{2}$, also sind $\frac{a}{b}$ und $\frac{c}{d}$ komplementär. Im zweiten Fall ist

$$\frac{a}{b} + \frac{c}{d} = \frac{a}{b} + \frac{b-a}{b} = 1,$$

d. h., $\frac{a}{b}$ und $\frac{c}{d}$ sind komplementär. qed

Lassen Sie die Schüler beliebige drei aufeinanderfolgende Glieder $\frac{a}{b} < \frac{l}{m} < \frac{c}{d}$ der Fareyschen Folge betrachten und versuchen, den mittleren Bruch durch die beiden äußeren auszudrücken. Vielleicht finden sie heraus, daß stets

$$\frac{l}{m} = \frac{a+c}{b+d}$$

gilt (im Sinne der Gleichheit der *Zahlen*). Der Beweis dieser Eigenschaft ist jedoch nicht ganz einfach. Begabte Schüler könnten sich unter der zusätzlichen Voraussetzung, daß der Bruch $\frac{a+c}{b+d}$ gekürzt werden kann, daran versuchen.

Eine andere, sehr interessante Beziehung besteht zwischen π und der Anzahl der Glieder der Fareyschen Folge F_n. Die letztere erhält man auf folgende Weise. Zunächst betrachten wir alle Brüche in F_n mit einem festen Nenner b. Da die Brüche unkürzbar sind, ist ihre Anzahl gleich der Anzahl aller natürlichen Zahlen kleiner gleich b, die mit b teilerfremd sind. Diese Zahl wird mit $\varphi(b)$ bezeichnet. Die Funktion φ heißt *Eulersche Funktion*, sie spielt eine bedeutende Rolle in der Zahlentheorie.

Die Schüler sollten nun erkennen, daß für die Anzahl N der Glieder von F_n gilt

$$N = \varphi(1) + \varphi(2) + \varphi(3) + \varphi(4) + \ldots + \varphi(n) + 1.$$

Der Wert von N wächst mit wachsendem n schnell an. Zum Beispiel ist für $n = 100$ bereits $N = 3045$. Es gibt also eine Menge unkürzbarer Brüche mit Zähler und Nenner kleiner als 100.

Es besteht nun eine bemerkenswerte Beziehung zwischen der Funktion φ und der Zahl π (dem Verhältnis zwischen Kreisumfang und Durchmesser). Man kann nämlich zeigen, daß die Näherungsgleichung

$$\varphi(1) + \varphi(2) + \ldots + \varphi(n) \approx \frac{3n^2}{\pi^2}$$

gilt, wobei die Näherung mit wachsendem n immer genauer wird. Somit haben wir für die Anzahl der Glieder der Fareyschen Folge F_n die Näherungsformel

$$N \approx \frac{3n^2}{\pi^2} + 1.$$

Für $n = 100$ liefert diese Näherungsformel den Wert $3 \cdot \frac{100^2}{\pi^2} = 3040{,}63\ldots$, während der exakte Wert gleich 3045 ist.

Nachbereitung

1. Lassen Sie die Schüler näherungsweise die Anzahl der Glieder der Fareyschen Folge F_n für $n = 200$ und $n = 8$ bestimmen.

2. Lassen Sie die Schüler experimentell weitere Eigenschaften der Fareyschen Folge herausfinden.

91
Die parabolische Enveloppe

Diese Einheit beschreibt kurz die mechanische Konstruktion der parabolischen Enveloppe (auch Hüllkurve oder Einhüllende genannt) und zeigt, wie die Schüler, ausgehend von dieser Hüllkurve, eine Vielzahl verwandter Kurven konstruieren können.

Lernziele

Ausgehend von der parabolischen Enveloppe zeichnen die Schüler mittels unterschiedlicher Techniken eine Vielzahl von Kurven, ohne sie Punkt für Punkt über eine Gleichung zu konstruieren. Dabei lernen die Schüler die Begriffe Einhüllende einer Kurvenschar, Evolute und Fußpunktkurve kennen.

Vorbereitung

Die Schüler sollten einen elementaren Geometriekurs absolviert haben und mit den Kegelschnitten vertraut sein.

Lehrmethoden

Lassen Sie die Schüler auf folgende Weise Tangenten an eine Parabel konstruieren:
Zeichne einen Winkel beliebiger Größe und trage auf beiden Schenkeln die gleiche Anzahl von Intervallen einer beliebigen, aber festen Länge ab. Abb. 1 zeigt einen Winkel von 50°, auf dessen Schenkeln 17 gleichgroße Intervalle abgetragen wurden. Die Punkte 1 und 17, 2 und 16, 3 und 15, ... 17 und 1 wurden jeweils durch Geraden verbunden.

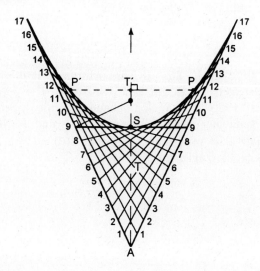

Abb. 1

Die entstehende Geradenschar besteht aus Tangenten an eine Parabel, man sagt, die Parabel ist die *Einhüllende* der Geradenschar.

Der Mittelpunkt S der Strecke 9-9 (mit 9-9 bezeichnen wir die Strecke, die den Punkt 9 auf dem einen Strahl mit dem Punkt 9 auf dem anderen Srahl verbindet) ist der *Scheitel* der Parabel, und 9-9 ist die Tangente an die Parabel im Punkt S. Die Gerade AS (A ist der Scheitelpunkt des Winkels) ist die *Symmetrieachse* der Parabel und ebenfalls in Abb. 1 eingetragen. Fragen Sie die Schüler, warum die Tangente 9-9 auf AS senkrecht steht.

Errichten Sie auf beiden Schenkeln des Winkels im Punkt 9 die Senkrechten. Wir halten ohne Beweis fest, daß diese Senkrechten die Symmetrieachse AS im *Brennpunkt* F der Parabel schneiden. Anspruchsvollere Schüler werden das vielleicht beweisen wollen. In jedem Fall wird es sinnvoll sein, die Reflexions- und Ortseigenschaften des Brennpunktes zu erwähnen.

Die Berührungspunkte der Tangenten mit der Parabel können näherungsweise direkt aus Abb. 1 abgelesen werden. Präziser kann man sie bestimmen, wenn man die Tatsache ausnutzt, daß eine Tangente an die Parabel die Symmetrieachse in einem Punkt schneidet, dessen Entfernung vom Scheitelpunkt gleich der Ordinate des Berührungspunktes ist.[85] In Abb. 1 schneidet z. B. die Tangente 14-4 die Achse im Punkt T. Man bestimmt den Punkt T' auf der Achse oberhalb von S so, daß $|\overline{TS}| = |\overline{ST'}|$ gilt und zeichnet eine Gerade durch T' parallel zu 9-9, welche die Tangenten 4-14 und 14-4 in den Punkten P bzw. P' schneidet. Dann sind P bzw. P' die Berührungspunkte der beiden Tangenten mit der Parabel. Analog können weitere Punkte auf der Parabel bestimmt werden.

Die Evolute der Parabel

Nachdem alle Berührungspunkte P und P' der gezeichneten Tangenten bestimmt wurden, zeichnen Sie mit Hilfe eines rechtwinkligen Dreiecks oder eines Tischlerwinkels die Senkrechten in all diesen Punkten. Diese Senkrechten auf den Tangenten einer Kurve in den Berührungspunkten heißen *Normalen*. Die Hüllkurve aller dieser Normalen ist die *Evolute* der Ausgangskurve. Das heißt, die Normalen sind die Tangenten an die Evolute der gegebenen Kurve. Man kann zeigen, daß die Evolute der Parabel eine Kurve mit einem *Rückkehrpunkt*

---
[85] Anm. d. Übers.: Hier wird vorausgesetzt, daß die Parabel in "Normallage" in einem kartesischen Koordinatensystem liegt.

ist, eine sog. *semikubische Parabel* (oder *Neilsche Parabel*) (Abb. 2).

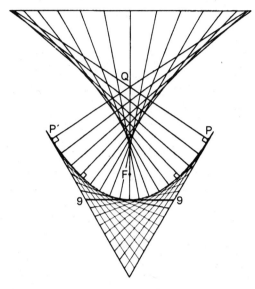

Abb. 2

Nutzen Sie zur genauen Konstruktion der Evolute die Symmetrie der Parabel aus: Die Normalen in P und P' müssen sich jeweils in einem Punkt Q auf der Symmetrieachse schneiden.

Fußpunktkurven der Parabel

Abb. 3 zeigt eine Kurve C und einen festen Punkt F auf dieser Kurve oder in ihrer Umgebung. Wir fällen die Lote aus dem Punkt F auf alle Tangenten der Kurve C. Der geometrische Ort der Fußpunkte dieser Lote heißt die *Fußpunktkurve* zur gegebenen Kurve bezüglich F. Durch unterschiedliche Wahl von F erhält man verschiedene Fußpunktkurven. Nun sei C die Parabel aus Abb. 1

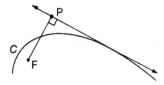

Abb. 3

und F ihr Brennpunkt. Wenn sie die Lote aus F auf alle Tangenten fällen, werden die Schüler bemerken, daß die Fußpunkte auf der Geraden 9-9 liegen. Umgekehrt kann man zeigen, daß jede Senkrechte auf einer Tangente, die im Schnittpunkt dieser Tangente mit der Geraden 9-9 errichtet wurde, durch den Punkt F geht. Das heißt, die Tangente im Scheitelpunkt ist die Fußpunktkurve der Parabel bezüglich des Brennpunktes. (Die Schüler sollten daran erinnert werden, daß der Nachweis, daß eine gewisse Menge ein bestimmter geometrischer Ort ist, den Beweis einer Äquivalenz, also zweier Implikationen erfordert.) Diese Tatsache rechtfertigt die oben benutzte Technik zur Bestimmung des Brennpunktes der Parabel.

Nun sei S der feste Punkt. Wir fällen das Lot aus S auf jede der Tangenten in Abb. 1. Wie Abb. 4 zeigt, ist der geometrische Ort der Lotfußpunkte eine Kurve, die in S eine Spitze hat und bezüglich der Parabelachse symmetrisch ist. Wir bemerken ohne Beweis, daß es sich um die *Zissoide des Diokles* (Efeukurve) handelt. Wählen Sie F' unterhalb von S auf der Parabelachse, so daß $|\overline{FS}| = |\overline{SF'}|$ gilt. Zeichnen Sie eine Parallele zu 9-9 durch F'. Diese Gerade ist die *Leitlinie* der Parabel. Man kann zeigen, daß die Zissoide sich der Leitlinie asymptotisch annähert.

An dieser Stelle möchten Sie vielleicht verschiedene Eigenschaften der Parabel besprechen, z. B. ihre Reflexionseigenschaften. Jetzt, da der Brennpunkt und die Leitlinie bestimmt sind, könnten Sie auch die Parabel als geometrischen Ort definieren. Die Parabel ist der geometrische Ort aller Punkte, die von einer Geraden (der Leitlinie) und einem festen Punkt (dem Brennpunkt) außerhalb dieser Geraden den gleichen Abstand haben. Das kann man durch Falten eines Blattes Pergamentpapier veranschaulichen. Zeichnen Sie eine Gerade und einen Punkt außerhalb der Geraden auf ein Blatt Pergamentpapier. Falten Sie das Blatt wiederholt so, daß der Punkt (an unterschiedlichen Stellen) auf die Gerade zu liegen kommt. Die entstehenden Falten lassen dann eine parabolische Hüllkurve erkennen.

Nachbereitung

1. Lassen Sie die Schüler zwei weitere Fußpunktkurven zur Parabel zeichnen.

    (a) Sei F' der feste Punkt (s. Abb. 4). Die entstehende Fußpunktkurve ist eine *echte Strophoide*.

    (b) Sei R der Punkt auf der Parabelachse (Abb. 4), für den $|\overline{FF'}| = |\overline{F'R}|$ gilt. Die Fußpunktkurve der Parabel bezüglich R ist die *Trisektrix von MacLaurin*.

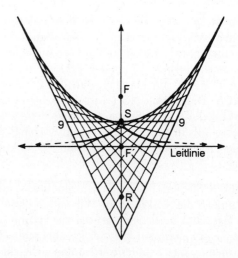

Abb. 4

2. Eine *Gegenfußpunktkurve* zu einer gegebenen Kurve ist der geometrische Ort der Fußpunkte aller Lote aus einem festen Punkt auf die Normalen der Kurve.

    (a) Bestimme die Gegenfußpunktkurve der Parabel in Abb. 2 bezüglich des Punktes F. (Fälle die Lote aus F auf die zur Konstruktion der Evolute gezeichneten Normalen.) Die Gegenfußpunktkurve ist hier eine Parabel mit einer Spitze in F.

    (b) Bestätige durch Messung daß die Gegenfußpunktkurve in c) mit dem geometrischen Ort aller Mittelpunkte der zwischen Parabel und Parabelachse liegenden Normalenabschnitte identisch ist.

Literatur

Lockwood, E. H., *A Book of Curves*, Cambridge University Press, 1961.

Zwikker, C., *The Advanced Geometry of Plane Curves and their Applications*, Dover Publications, 1963.

Einheit 92 Zahlenkongruenz und Teilbarkeitsregeln

92

Zahlenkongruenz und Teilbarkeitsregeln

Lernziele

1. *Die Schüler bestimmen die Primfaktoren einer gegebenen ganzen Zahl, ohne eine Division auszuführen.*[86]

2. *Die Schüler können weitere, in dieser Einheit nicht besprochene Teilbarkeitsregeln aufstellen.*

Vorbereitung

1. Lassen Sie die Schüler die Primfaktoren der folgenden Zahlen bestimmen:
(a) 144   (b) 840   (c) 360.

2. Lassen Sie die Schüler die folgenden Zahlen auf Teilbarkeit durch 2, 3, und 5 untersuchen, ohne die entsprechenden Divisionen auszuführen:
(a) 234   (b) 315.

Lehrmethoden

Beginnen Sie die Stunde mit der Einführung des Begriffes der Zahlenkongruenz. Zwei Zahlen, die bei Division durch 7 denselben Rest lassen, heißen *kongruent modulo 7*.

Zum Beispiel lassen 23 und 303 denselben Rest bei Division durch 7. Deshalb sagen wir, daß 23 und 303 kongruent modulo 7 sind. Das kann wie folgt geschrieben werden: $23 \equiv 303 \pmod 7$.

Allgemein heißen zwei ganze Zahlen a und b kongruent modulo m (in Zeichen $a \equiv b \pmod{m}$), wenn sie denselben nichtnegativen Rest bei Division durch die ganze Zahl $m \neq 0$ lassen. Aufgrund dieser Definition haben wir die Äquivalenz

$$a \equiv b \pmod m \Leftrightarrow \begin{cases} a = mk + r \\ b = mk' + r \end{cases} \quad 0 \leq r < |m|$$

---
[86] Anm. d. Übers.: Gewisse Divisionen müssen auch bei Anwendung der in dieser Einheit formulierten Teilbarkeitsregeln ausgeführt werden.

Das Symbol "$\equiv$" wurde zum ersten Mal 1801 von dem berühmten deutschen Mathematiker Carl Friedrich Gauß (1777-1855) benutzt. Es ist naheliegend, dieses Zeichen zu verwenden, da es an das gewöhnliche Gleichheitszeichen erinnert. Es hat andererseits nichts mit dem Begriff der geometrischen Kongruenz zu tun. Das Zeichen $\not\equiv$ bedeutet "ist nicht kongruent zu".

Beispiel 1. $17 \equiv -4 \pmod 7$, denn $17 = 7 \cdot 2 + 3$ und $-4 = 7 \cdot (-1) + 3$.

In der letzten Gleichung müssen wir mit dem Faktor -1 arbeiten, da der Faktor 0 einen negativen Rest ergeben würde, was aufgrund der Definition der Kongruenz nicht zulässig ist.

Beispiel 2. $a \equiv 0 \pmod a$, denn a und 0 lassen bei Division durch a denselben Rest 0.

Äquivalente Definition der Kongruenz.

Zwei ganze Zahlen sind genau dann kongruent modulo m, wenn ihre Differenz durch m teilbar ist.

Beweis:

Wir wollen zeigen, daß gilt $a \equiv b \pmod m \iff a - b = \overline{m}$ ($\overline{m}$ ist zu lesen als "ein Vielfaches von m"). Aus $a \equiv b \pmod m$ folgt nach Definition $a = mk_1 + r$ und $b = mk_2 + r$, also $a - b = m(k_1 - k_2)$, was auch in der Form $a - b = \overline{m}$ geschrieben werden kann. Damit haben wir die Implikation $a \equiv b \pmod m \implies a - b = \overline{m}$ bewiesen.

Umgekehrt: $a - b = \overline{m} \Rightarrow a = b + \overline{m} \Rightarrow a = b + km$. Sei nun

$$b = mk' + r. \qquad (1)$$

Wir setzen ein:

$$\begin{aligned} a = b + km &= (mk' + r) + km \\ &= m(k' + k) + r \\ &= mk'' + r. \qquad (2) \end{aligned}$$

Aus den Gleichungen (1) und (2) folgt nun $a \equiv b \pmod m$. Damit ist auch die Implikation $a - b = \overline{m} \implies a \equiv b \pmod m$ bewiesen. qed

Nach dieser Vorbereitung können die Schüler einige Eigenschaften der Kongruenz untersuchen.

Elementare Eigenschaften der Kongruenz.

Vor.: $a, b, c, d, m \in \mathbb{Z}$ beliebig, $m \neq 0$,
$a \equiv b \pmod m$ und $c \equiv d \pmod m$

Beh.:   (I) $a + c \equiv b + d \pmod m$

(II) $ac \equiv bd \pmod m$

(III) $ka \equiv kb \pmod m$
für jede ganze Zahl k.

Beweis:

Diese Eigenschaften folgen aus der Definition der Kongruenz. Wir beweisen (II), die übrigen Beweise können analog geführt werden. Nach Definition gelten die Implikationen

$$a \equiv b \pmod{m} \implies a = b + \overline{m}$$
$$c \equiv d \pmod{m} \implies c = d + \overline{m}.$$

Multiplikation der Gleichungen für a und c ergibt

$$\begin{aligned} ac &= bd + b\overline{m} + d\overline{m} \\ &= bd + (b+d)\overline{m} \\ &= bd + \overline{m}. \end{aligned}$$

Folglich gilt $ac \equiv bd \pmod{m}$. qed

Ein weiterer interessanter Aspekt der Restklassenarithmetik sind die Potenzreste. Die *Potenzreste* einer ganzen Zahl a modulo m sind *die Reste, die bei Division der Potenzen $a^0, a^1, a^2, \ldots$ von a durch m auftreten.*

Beispiel 3. Bestimme die Potenzreste von 5 modulo 3.

Lösung:

$$\begin{aligned} 5^0 &= 1 = 0 \cdot 3 + 1 \text{ also } r_0 = 1 \\ 5^1 &= 5 = 1 \cdot 3 + 2 \text{ also } r_1 = 2 \\ 5^2 &= 25 = 8 \cdot 3 + 1 \text{ also } r_2 = 1 \\ 5^3 &= 125 = 41 \cdot 3 + 2 \text{ also } r_3 = 2. \end{aligned}$$

und so weiter. Die Potenzreste von 5 bezüglich 3 bilden somit die Folge 1, 2, 1, 2, ...

Lassen Sie die Schüler begründen, warum in dieser Folge keine anderen Zahlen als 1 und 2 auftreten.

Beispiel 4. Bestimme die Potenzreste von 10 modulo 2 und gib die einzelnen Kongruenzen an.

Lösung:

$$\begin{aligned} 10^0 &= 1 = 0 \cdot 2 + 1 \text{ also } r_0 = 1 \\ 10^1 &= 10 = 5 \cdot 2 + 0 \text{ also } r_1 = 0 \\ 10^2 &= 100 = 50 \cdot 2 + 0 \text{ also } r_2 = 0. \end{aligned}$$

Die gesuchten Potenzreste sind 1, 0, 0, ... Die Kongruenzen lauten somit

$$10^0 \equiv 1, \ 10^1 \equiv 0, \ 10^2 \equiv 0, \ldots \pmod{2}.$$

Die Schüler sollten das Auftreten dieser Folge begründen können.

Wenn die Schüler den Begriff der Potenzreste verstanden haben, können einige Eigenschaften dieser Reste betrachtet werden.

Eigenschaften der Potenzreste

Vor.: a und $m \neq 0$ sind bel. ganze Zahlen

Beh.: (P1) Der Rest von a^0 bei Division durch m ist gleich 1.

(P2) Wenn ein Potenzrest von a gleich null ist, dann sind auch alle folgenden Potenzreste gleich null.

Beweis:

(P1): Wir haben $a^0 = 1 = 0 \cdot m + 1$, d. h. $a^0 \equiv 1 \pmod{m}$.

(P2): Es sei $a^h \equiv 0 \pmod{m}$. Multiplikation der Kongruenz mit a ergibt[87] $a \cdot a^h \equiv a \cdot 0 \pmod{m}$, also $a^{h+1} \equiv 0 \pmod{m}$. Analog erhält man, daß auch $a^{h+2}, a^{h+3}, \ldots$ bei Division durch m den Rest 0 lassen.

Die Situation von (P2) liegt im oben betrachteten Beispiel 4 vor.

Teilbarkeitsregeln

Lassen Sie die Schüler irgendeine Zahl $N = a_n a_{n-1} \ldots a_2 a_1 a_0$ im Zehnersystem betrachten. Diese kann auch wie folgt geschrieben werden:

$$N = a_0 10^0 + a_1 10^1 + a_2 10^2 + \ldots a_n 10^n.$$

Es seien $r_0, r_1, \ldots, r_n$ die Potenzreste von $10 \pmod{m}$, also $10^0 \equiv 1$, $10^1 \equiv r_1, \ldots, 10^n \equiv r_n \pmod{m}$. Lassen Sie die Schüler diese Kongruenzen mit a_0 bzw. $a_1 \ldots$ bzw. a_n multiplizieren:

$$a_0 10^0 \equiv a_0, \ a_1 10^1 \equiv a_1 r_1, \ \ldots, \ a_n 10^n \equiv a_n r_n \pmod{m}.$$

Addition dieser Kongruenzen ergibt

$$a_0 10^0 + \ldots + a_n 10^n \equiv a_0 + a_1 r_1 + \ldots a_n r_n \pmod{m}.$$

Somit ist

$$N \equiv a_0 + a_1 r_1 + \ldots + a_n r_n \pmod{m}.$$

Die letzte Kongruenz besagt, daß N genau dann durch m teilbar ist, wenn $a_0 + a_1 r_1 + \ldots + a_n r_n$ durch m teilbar ist. Diese Tatsache kann genutzt werden, um Teilbarkeitsregeln aufzustellen:

Teilbarkeit durch 2 und 5

Für $m = 2$ und $m = 5$ gilt $10^1 \equiv 0 \pmod{m}$ und folglich $r_1 = 0$. Wegen Eigenschaft (P2) sind

---

[87] Anm. d. Übers.: Hier wird Eigenschaft (III) der Kongruenz benutzt.

dann auch alle folgenden Potenzreste gleich 0: $r_2 = r_3 = \ldots = 0$ und wir haben $N \equiv a_0 \pmod{m}$. Das bedeutet: *Eine Zahl ist genau dann durch 2 bzw. 5 teilbar, wenn ihre letzte Ziffer durch 2 bzw. 5 teilbar ist.*

Teilbarkeit durch 3 und 9
Für $m = 3$ und $m = 9$ haben wir $10^0 \equiv 1$, $10^1 \equiv 1, \ldots \pmod{m}$, d. h. $r_0 = 1$, $r_1 = 1$ $r_2 = 1, \ldots$ Somit ist $N \equiv a_0 + a_1 + a_2 + \ldots + a_n \pmod{m}$. Das bedeutet: *Eine Zahl ist genau dann durch 3 bzw. 9 teilbar, wenn ihre Quersumme (die Summe ihrer Ziffern) durch 3 bzw. 9 teilbar ist.*

Teilbarkeit durch 11
Wegen $10^0 \equiv 1$, $10^1 \equiv -1$, $10^2 \equiv 1, \ldots \pmod{11}$ haben wir $N \equiv a_0 - a_1 + a_2 - \ldots + (-1)^n a_n \pmod{11}$. Ergebnis: *Eine Zahl ist genau dann durch 11 teilbar, wenn ihre alternierende Quersumme durch 11 teilbar ist.*

Mit der besprochenen Methode können die Schüler selbst Teilbarkeitsregeln für weitere Primzahlen aufstellen. In diesem Zusammenhang sollte betont (und begründet) werden, daß eine Zahl a genau dann durch eine zusammengesetzte Zahl b teilbar ist, wenn sie durch jeden Faktor p^k (p prim, k ganz) der Primzahlzerlegung von b teilbar ist.

Wenn wir also z. B. überprüfen wollen, ob eine Zahl durch 6 teilbar ist, dann müssen wir nur ihre Teilbarkeit durch 2 und durch 3 untersuchen.

Mit entsprechender Hilfestellung sollten die Schüler nun in der Lage sein, eine umfangreiche Liste von Teilbarkeitsregeln aufzustellen. Sie haben ferner erste Kenntnisse der Theorie der Zahlenkongruenzen erworben.

Nachbereitung

Stellen Sie den Schülern die folgenden Aufgaben:

1. Stelle für
   (a) 4 und 25   (b) 7   (c) 13   (d) 101
   Teilbarkeitsregeln auf.

2. Bestimme die Primfaktoren von
   (a) 1220   (b) 315   (c) 1001.

3. Finde Teilbarkeitsregeln für 6 und 11 im Zahlensystem mit der Basis 7.

93
Problemlösung – die Strategie des Rückwärtsarbeitens

Dem Mathematiklehrer werden von seinen Schülern häufig Fragen wie die folgende gestellt: "Woher wußten Sie, wie sie vorgehen müssen, um zu beweisen, daß diese beiden Strecken parallel sind?". In der Regel wird der Lehrer der Meinung sein, daß seine Erfahrung den richtigen Weg gewiesen hat. Diese Antwort wäre natürlich für den fragenden Schüler, der einen praktikablen Lösungsweg wissen möchte, ohne Wert. Der Lehrer ist gut beraten, dem Schüler hier eine umgekehrte Strategie zu beschreiben, die von dem erwünschten Ergebnis ausgeht und der Reihe nach die vorher notwendigen Schritte aufdeckt.

Lernziele

Die Schüler sind in der Lage, geeignete Probleme erfolgreich durch "Rückwärtsarbeiten" (eine "inverse Strategie") zu bearbeiten.

Vorbereitung

Lassen Sie die Schüler die folgende Aufgabe lösen: Bestimme die Kehrwerte zweier Zahlen, deren Summe gleich 2 und deren Produkt gleich 3 ist.

Lehrmethoden

Die Strategie des Rückwärtsarbeitens ist gewiß nichts Neues. Sie findet sich bereits um 320 v. u. Z. bei Pappos von Alexandria. Im Buch VII von Pappos' *"Collectio"* ist eine recht vollständige Beschreibung der Methoden der "Analysis" und der "Synthesis" enthalten. T. L. Heath gibt in seinem Buch *A Manual of Greek Mathematics* (Oxford University Press, 1931, S. 452-3) die folgende Übersetzung von Pappos' Definitionen dieser Begriffe:

"Die *Analysis* nimmt das Gesuchte, als ob es gegeben wäre, und gelangt über seine aufeinanderfolgenden Konsequenzen zu etwas, was als Ergebnis einer Synthesis bekannt ist; denn in der Analysis betrachten wir das Gesuchte, als ob es bereits gefunden wäre und wir fragen nach dem, woraus jenes folgt, und weiter nach dem vorhergehenden Grunde des letzteren und so weiter, bis wir, unsere Schritte so zurückverfolgend, bei etwas ankommen, das bereits bekannt ist oder auf ein Axiom führt, und solch ein Vorgehen nennen wir Analysis, ...

In der *Synthesis* dagegen kehren wir den Prozeß um und nehmen das als gegeben an, bei dem wir zuletzt in der Analysis angelangt waren, und indem wir in ihrer natürlichen Reihenfolge als Schlußfolgerungen anordnen, was zuvor Voraussetzungen waren, und sie nacheinander eine mit der anderen verknüpfen, gelangen wir schließlich zur Konstruktion dessen, was gesucht war; und dies nennen wir *Synthesis*."

Leider hat diese Methode nicht den ihr gebührenden Platz in der Schulmathematik gefunden. Mit dieser Einheit plädieren wir für einen höheren Stellenwert der Strategie des Rückwärtsarbeitens im Mathematikunterricht.

Zum besseren Verständnis der Technik betrachten wir eine Reihe geeigneter Aufgaben. Die Diskussion ihrer Lösung wird den Schülern helfen, diese Methode besser zu beherrschen.

Wir wollen zuerst das folgende einfache Problem aus der Elementargeometrie betrachten.

Aufgabe 1:

In der in Abb. 1 gezeigten Figur gelte $\overline{AB} \cong \overline{DC}$, $\overline{AB} \parallel \overline{DC}$, $\angle BAH \cong \angle DCG$, $\overline{GE} \cong \overline{HF}$ und die Punkte B, E, G, H, F, D sollen auf einer Geraden liegen. Man beweise, daß dann $AE \parallel CF$ gilt.

Lösung: Ein Schüler, der diese Aufgabe lösen will, wird sich als erstes überlegen, welche Informationen gegeben sind, und dann, was zu beweisen ist. Nachdem er sich die Voraussetzungen angesehen hat, wird er in der Regel blind vorgehen und die Kongruenz irgendwelcher Strecken, Winkel und Dreiecke beweisen, bis er oder sie die zu beweisende Aussage erhält – falls es je dazu kommt.

Ein gut ausgebildeter Schüler dagegen wird, nachdem er die gegebenen Informationen erfaßt hat, sofort beginnen, von der zu beweisenden Behauptung ausgehend rückwärts zu arbeiten ("Analysis"). Zuerst wird er sich fragen, mit welchen Me-

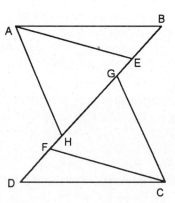

Abb. 1

thoden man beweisen kann, daß zwei Geraden parallel sind. Das wird meistens darauf hinauslaufen, die Kongruenz von Winkeln zu zeigen. Clevere Schüler werden merken, daß sie die Parallelität von AE und CF beweisen könnten, wenn es ihnen gelänge, zu zeigen, daß $\angle AED \cong \angle CFB$ gilt. Wie können sie die letzte Beziehung beweisen? Aufgrund ihrer Ausbildung werden die meisten Schüler nach einem Paar kongruenter Dreiecke suchen, die die Winkel $\angle AED$ bzw. $\angle CFB$ als korrespondierende Winkel enthalten. In Fortsetzung des rückwärtigen Zugangs müssen die Schüler nun solch ein Paar kongruenter Dreiecke finden. Hier sind die Dreiecke $\triangle AEH$ und $\triangle CFG$ naheliegend, da sie $\angle AED$ und $\angle CFB$ als korrespondierende Winkel enthalten. Kann die Kongruenz dieser Dreiecke gezeigt werden? Offensichtlich (noch) nicht. Alles, was die Schüler über diese Dreiecke wissen, ist $\overline{HE} \cong \overline{GF}$.

In Weiterführung dieser Überlegungen werden sie schon bald zeigen, daß $\triangle ABH \cong \triangle CDG$ gilt, was zum Beweis von $\triangle AEH \cong \triangle CFG$ benutzt werden kann. Indem sie die Schritte der inversen Argumentation in umgekehrter Reihenfolge zurückverfolgen, können die Schüler dann leicht den geforderten Beweis erbringen. Es ist klar, daß die inverse Strategie ein Mittel war, um einen Weg zum Beweis der Behauptung zu finden.

Der Zugang des Rückwärtsarbeitens wird noch erheblich attraktiver, wenn er den Weg zu einer besonders eleganten Lösung weist. Wir wollen das am Beispiel der bereits in der *Vorbereitung* gestellten Aufgabe betrachten.

Aufgabe 2:

Bestimme die Summe der Kehrwerte zweier Zahlen, deren Summe gleich 2 und deren Produkt gleich 3 ist.

Lösung: Eine erste Reaktion nach dem Lesen der Aufgabenstellung wird das Aufstellen der Gleichungen sein: $x + y = 2$, $xy = 3$. Ein Schüler, der sich in Algebra auskennt, wird sofort an die Lösung dieses Gleichungssystems gehen. Sie oder er löst vielleicht zunächst die erste Gleichung nach y auf, um $y = 2 - x$ zu erhalten und dies in die zweite Gleichung einzusetzen, was auf $x(2-x) = 3$ bzw. $x^2 - 2x + 3 = 0$ führt. Wegen $x = 1 \pm \sqrt{-2}$ sind $1 + i\sqrt{2}$ und $1 - i\sqrt{2}$ die gesuchten Zahlen. Die Summe ihrer Kehrwerte ist

$$\frac{1}{1+i\sqrt{2}} + \frac{1}{1-i\sqrt{2}} = \frac{(1+i\sqrt{2})+(1-i\sqrt{2})}{(1-i\sqrt{2})\cdot(1+i\sqrt{2})} = \frac{2}{3}$$

Diese Lösung ist keineswegs elegant.

Hätten die Schüler eine rückwärtige Strategie ("Analysis") benutzt, so hätten sie sich zuerst das gesuchte Ergebnis angesehen, d. h. $\frac{1}{x}+\frac{1}{y}$. Die Summe dieser Brüche ist gleich $\frac{x+y}{xy}$. Die beiden Ausgangsgleichungen geben Zähler und Nenner dieses Bruches direkt an. Daraus folgt sofort die Lösung $\frac{2}{3}$. Es ist offensichtlich, daß bei dieser Aufgabe die inverse Strategie dem gewöhnlichen, direkten Zugang überlegen ist.

Aufgabe 3:

Bestimme die Summe der Quadrate der Kehrwerte zweier Zahlen, deren Summe gleich 2 und deren Produkt gleich 3 ist.

Lösung: Um die gesuchte Summe mit einer inversen Strategie zu finden, müssen sich die Schüler zuerst das Ergebnis ansehen, d. h. $\left(\frac{1}{x}\right)^2 + \left(\frac{1}{y}\right)^2$ bzw. $\frac{1}{x^2}+\frac{1}{y^2}$. Die Schüler sind wieder aufgefordert, diese Brüche zu addieren: $\frac{x^2+y^2}{x^2 y^2}$. Deshalb ist der Nenner der Antwort gleich $(xy)^2 = 9$. Der Zähler ist hier jedoch nicht so leicht zu berechnen, wie in der vorigen Aufgabe. Die Schüler müssen jetzt den Wert von $x^2 + y^2$ bestimmen. Wieder müssen sie dazu rückwärts schauen. Wie kann man $x^2 + y^2$ aus $x+y$ und xy erzeugen? Die Schüler werden schnell die Beziehung $(x + y)^2 = x^2 + y^2 + 2xy$ vorschlagen, die eine Darstellung für $x^2 + y^2$ liefert. Nun ist $(x + y)^2 = 2^2 = 4$ und $2xy = 2 \cdot 3 = 6$. Folglich gilt $x^2 + y^2 = -2$ und die Lösung der Aufgabe lautet $\frac{1}{x^2}+\frac{1}{y^2} = \frac{-2}{9}$.

Mit einem ähnlichen Vorgehen kann auch der Wert des Ausdrucks $\left(\frac{1}{x}\right)^3 + \left(\frac{1}{y}\right)^3$ aus den beiden Gleichungen $x + y = 2$ und $xy = 3$ gewonnen werden. Man fängt wieder mit dem Ergebnis an und arbeitet rückwärts: $\frac{1}{x^3}+\frac{1}{y^3} = \frac{x^3+y^3}{(xy)^3}$. Da $(xy)^3 = 3^3 = 27$ bekannt ist, muß nur noch der Wert von $x^3 + y^3$ bestimmt werden. Wie kann man $x^3 + y^3$ erzeugen? Aus $(x + y)^3 = x^3 + y^3 + 3x^2 y + 3xy^2$ erhalten wir

$$\begin{aligned} x^3 + y^3 &= (x+y)^3 - 3xy(x+y) \\ &= 2^3 - 3 \cdot 3 \cdot 2 \\ &= -10. \end{aligned}$$

Deshalb ist $\frac{1}{x^3}+\frac{1}{y^3} = \frac{x^3+y^3}{(xy)^3} = -\frac{10}{27}$. Analog kann die Summe höherer Potenzen dieser Kehrwerte berechnet werden.

Auch die folgende geometrische Konstruktionsaufgabe eignet sich sehr gut für ein Rückwärtsarbeiten ("Analysis").

Aufgabe 4:

Konstruiere das Dreieck $\triangle ABC$, wenn die Längen der beiden Seitenhalbierenden s_a und s_b und die Länge der Seite c gegeben sind.

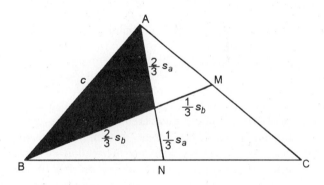

Abb. 2

Lösung: Die Schüler sind gut beraten, rückwärts zu arbeiten, anstatt sofort zu versuchen, die verlangte Konstruktion auszuführen. Das heißt hier, anzunehmen, die Konstruktion sei bereits ausgeführt, und das Ergebnis zu untersuchen. Die Schüler werden schnell erkennen, daß sie in der Lage wären, das schwarze Teildreieck in Abb. 2 zu konstruieren, da sie die Seitenlängen dieses Dreiecks kennen (c, $\frac{2}{3}s_a$, $\frac{2}{3}s_b$). Auch die Punkte M und N können dann leicht konstruiert werden. Den Punkt C erhält man als Schnittpunkt von AM und BN.

Ausgehend vom Ergebnis haben die Schüler durch rückwärtiges Schließen einen Plan zur Konstruktion des gesuchten Dreiecks formuliert, der nun einfach durch Abarbeiten der Schritte in der umgekehrten Reihenfolge ausgeführt werden kann ("Synthesis").

Obwohl die Lösung vieler Probleme mit Hilfe einer inversen Strategie beträchtlich vereinfacht werden kann, gibt es auch eine große Zahl von Aufgaben, bei denen ein direkter Zugang der beste ist. Für die Schüler ist es natürlich, ein Problem direkt anzugehen. Wir als Lehrer müssen jedoch unsere Schüler ermutigen, den direkten Zugang zu verwerfen und es mit "Rückwärtsarbeiten" zu versuchen, wenn der Lösungsweg nicht leicht zu sehen ist.

Einige Aufgaben erfordern nur eine teilweise inverse Strategie. In solchen Fällen ist es nützlich, mit dem Ergebnis zu beginnen und rückwärts zu arbeiten, bis ein Weg zum Ergebnis gefunden ist. Wir betrachten dazu das folgende Beispiel.

Aufgabe 5:

Bestimme die Lösung der Gleichung

$$(x-y)^2 + (x-y-2)^2 = 0.$$

wobei x und y reelle Zahlen sind.

Lösung: Algebraisch gut ausgebildete Schüler werden natürlicherweise einen direkten Zugang zur Lösung dieser Gleichung wählen. Nach dem Ausrechnen der beiden Quadrate wird Ratlosigkeit eintreten. Schüler, die bereits mit der inversen Strategie gearbeitet haben, werden dann versuchen, die Lösungsmenge der Gleichung zu analysieren. Die Werte von x und y müssen so beschaffen sein, daß die Summe der Quadrate zweier Polynome gleich null wird. Wie kann die Summe zweier nichtnegativer Zahlen gleich null werden? Die Schüler beantworten diese Frage mit der Feststellung, daß $x - y^2 = 0$ und $x - y - 2 = 0$ sein muß. Bis zu diesem Punkt haben die Schüler eine inverse Strategie ("Analysis") verfolgt. Im weiteren müssen sie jedoch direkt vorgehen und das Gleichungssystem $x - y^2 = 0$, $x - y - 2 = 0$ lösen.

In seinem Buch *Vom Lösen mathematischer Aufgaben I, II*, Basel, Stuttgart (Birkhäuser) 1966/67, diskutiert George Polya eine zur hier vorgestellten analoge Methode der inversen Problemlösung. Polya hebt die wichtige Rolle des Lehrers bei der Vermittlung derartiger Methoden hervor, wenn er feststellt, daß es "eine gewisse psychologische Abscheu gegen diese umgekehrte Reihenfolge gibt, die auch einen begabten Schüler am Verständnis der Methode hindern kann, wenn sie nicht sorgfältig dargestellt wird".

Es liegt in der Verantwortung des Mathematiklehrers, sich bewußt um die Darstellung der Bedeutung, der Vorteile und möglichen Grenzen einer inversen Strategie bei der Problemlösung zu bemühen.

Nachbereitung

1. Berechne $\frac{1}{x^4} + \frac{1}{y^4}$, wenn $x+y = 2$ und $xy = 3$ gilt.

2. Konstruiere ein Dreieck aus zwei Seiten und der Höhe auf einer dieser Seiten.

3. Lassen Sie die Schüler mit Analysis und Synthesis die folgende Aussage beweisen:
   Im rechtwinkligen Dreieck $\triangle ABC$ seien $\overline{CF}$ die Seitenhalbierende der Hypotenuse $\overline{AB}$, $\overline{CE}$ die Winkelhalbierende von $\angle ACB$ und $\overline{CD}$ die Höhe auf $\overline{AB}$ (Abb. 3). Dann gilt $\angle DCE \cong \angle ECF$.

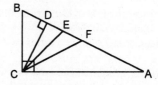

Abb. 3

4. Berechne $x^5 + \frac{1}{x^5}$, wenn $x^2 + \frac{1}{x^2} = 7$ ist. (Antwort: ±123.)

Einheit 94 Brüche in anderen Zahlensystemen

94
Brüche in anderen Zahlensystemen

Lernziele

Die Schüler können periodische Brüche in einem Positionssystem mit irgendeiner Basis in gemeine Brüche umwandeln.

Vorbereitung

Bitten Sie die Schüler, den Bruch $\frac{87}{99}$ als Dezimalbruch zu schreiben. Fordern Sie die Schüler heraus, einen periodischen Dezimalbruch in einen gemeinen Bruch umzuwandeln.

Lehrmethoden

Dezimalbrüche werden für gewöhnlich unterteilt in periodische und nicht periodische. Periodische Dezimalbrüche werden weiter unterschieden in endliche und unendliche periodische Dezimalbrüche. Die Schüler sind sich normalerweise im klaren darüber, daß ein endlicher Dezimalbruch eine rationale Zahl darstellt. Von interessanterer Natur sind jedoch die unendlichen Dezimalbrüche. Wir beschränken unsere Untersuchung auf unendliche periodische Dezimalbrüche und betrachten als Beispiel die Zahl $0{,}1212\overline{12}$. (Der Strich über den beiden letzten Stellen markiert die Periode.) Wir wollen diese Zahl als gemeinen Bruch schreiben. Wenn wir $x = 0{,}12\overline{12}$ setzen, haben wir $100x = 12{,}12\overline{12}$ und $100x - x = 12$, also $x = \frac{12}{100-1} = \frac{12}{99}$. Somit ist $0{,}12\overline{12}$ die Darstellung einer rationalen Zahl. Eine weitere Überlegung ist hier angebracht. Wir bemerken, daß $\frac{12}{99} + \frac{87}{99} = 1$ gilt. Wenn wir die äquivalenten Dezimalbrüche addieren, erhalten wir

$$
\begin{array}{r}
0{,}1212\overline{12} \\
+\ 0{,}8787\overline{87} \\
\hline
0{,}999999
\end{array}
$$

Es muß also $0{,}999999 = 1$ sein. Mit der oben benutzten Technik kann man das folgendermaßen zeigen: $x = 0{,}\overline{99}$, $10x = 9{,}\overline{99}$, folglich $10x - x = 9$ und $x = \frac{9}{10-1} = 1$.

Dieses Beispiel führt uns zu einem wichtigen Satz:
Jeder periodische Dezimalbruch ist eine rationale Zahl, d. h., er kann als gemeiner Bruch geschrieben werden.

Beweis: Jeder periodische Dezimalbruch (< 1) kann in der Form $0{,}\overline{a_1 a_2 \ldots a_n}$ geschrieben werden, wobei a_i eine Ziffer ist und die natürliche Zahl n die Periodenlänge angibt. Wie oben setzen wir

$$x = 0{,}\overline{a_1 a_2 \ldots a_n}$$

und erhalten

$$
\begin{aligned}
10^n x &= a_1 a_2 \ldots a_n{,}\overline{a_1 a_2 \ldots a_n} \\
10^n x - x &= a_1 a_2 \ldots a_n \\
x &= \frac{a_1 a_2 \ldots a_n}{10^n - 1}.
\end{aligned}
$$

Somit ist der periodische Dezimalbruch eine rationale Zahl. qed

Die Schüler werden nun periodische Brüche in Zahlensystemen mit anderer Basis betrachten wollen (solche Brüche können wir nicht mehr *Dezimalbrüche* nennen!). Wir betrachten den periodischen Bruch $0{,}12\overline{12}$ im Dreiersystem. Die Schüler sollten zu den folgenden Fragen geführt werden:

(1) Ist dieser periodische Bruch im Dreiersystem eine rationale Zahl, d. h., kann er als gemeiner Bruch geschrieben werden?

(2) Allgemein: Ist *jeder* periodische Bruch in einem Zahlensystem mit *beliebiger* Basis eine rationale Zahl?

Wir beginnen mit dem konkreten Beispiel und gehen wieder wie bei den periodischen Dezimalbrüchen vor. Sei $x = 0{,}12\overline{12}$. Fragen Sie die Schüler, wie im Dreiersystem das Ternärkomma (das Analogon des Dezimalkommas im Ternärsystem) zwei Stellen nach rechts verschoben werden kann. Durch Multiplikation mit 3^2: $3^2 x = 12{,}12\overline{12}$. Subtraktion ergibt $3^2 x - x = 12$, $x(3^2 - 1) = 12$, $x = \frac{12}{3^2 - 1} = \frac{12}{22}$. Also ist der periodische Bruch im Dreiersystem eine rationale Zahl. Weisen Sie die Schüler auf die Analogie der Ergebnisse bei unterschiedlichen Basen (3 und 10) hin.

Wir benutzen nun dieses Beispiel als Modell und beweisen, daß ein periodischer Bruch in einem Zahlensystem mit beliebiger Basis eine rationale Zahl ist, also als gemeiner Bruch geschrieben werden kann.

Beweis: Wir betrachten einen periodischen Bruch $x = 0,\overline{a_1 a_2 \ldots a_n}$ in einem Zahlensystem mit der Basis B. Dann ist

$$B^n x = a_1 a_2 \ldots a_n, \overline{a_1 a_2 \ldots a_n}$$
$$B^n x - x = a_1 a_2 \ldots a_n$$
$$x = \frac{a_1 a_2 \ldots a_n}{B^n - 1}.$$

Das zeigt, daß jeder periodische Bruch eine rationale Zahl ist.

Nachbereitung

Geben Sie den Schülern die folgenden Aufgaben:

1. Wie lautet die Dezimaldarstellung von $x = \frac{123}{10^3-1}$?

2. Schreibe die Zahl $x = \frac{11256}{7^4-1}$ als periodischen Bruch im Siebenersystem.

3. Wandle den periodischen Bruch $x = 0,23\overline{23}$ in einen gemeinen Bruch um, wenn x im Zahlensystem mit der Basis (a) 10, (b) 8, (c) 5 geschrieben ist.

95
Figurationszahlen

Diese Einheit ist für Schüler geeignet, welche die grundlegenden algebraischen Fertigkeiten beherrschen. Da ein Großteil des Materials intuitives Herangehen erfordert, wird diese Fähigkeit hier gut trainiert. Es wäre von Vorteil, wenn die Schüler über arithmetische Folgen und ihre Summenformel Bescheid wüßten. Wenn das jedoch nicht der Fall sein sollte, könnten diese Dinge ohne großen Aufwand bereitgestellt werden.

Lernziele

1. *Die Schüler bestimmen die zu einem gegebenen regelmäßigen Vieleck gehörigen Vieleckszahlen.*

2. *Die Schüler entdecken Beziehungen zwischen zwei oder mehreren Vieleckszahlen vorgegebener Ränge.*

Vorbereitung

Die alten Babylonier haben entdeckt, daß die Elemente gewisser Folgen ganzer Zahlen als Punktmuster gleicher geometrischer Struktur dargestellt werden können. Auch bei den alten Griechen spielte diese Verbindung von Arithmetik und Geometrie eine Rolle. Zum Beispiel kann die Zahl 3 durch 3 Punkte dargestellt werden, die ein Dreieck bilden. Dasselbe trifft auch für die Zahl 6 zu. Wel-

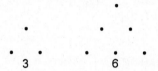

Abb. 1

ches regelmäßige Vieleck wird wohl der Zahl 4 entsprechen? Und der Zahl 9? Geben Sie den Schülern etwas Zeit, und fragen Sie dann nach den Antworten. Zahlen, die auf diese Weise mit geometrischen

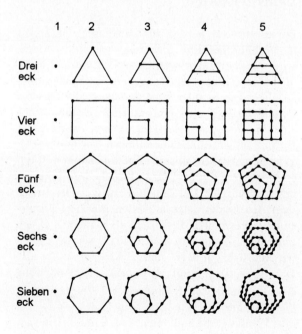

Abb. 2

Figuren in Verbindung stehen, werden *Vieleckszahlen* oder *polygonale Zahlen*, manchmal auch *figurative Zahlen* genannt. Die von einem regelmäßigen n-Eck abgeleiteten Vieleckszahlen nennen wir *n-Eckzahlen*.

Lehrmethoden

Erklären Sie den Schülern zunächst den Begriff des Ranges. Die Vieleckszahl vom Rang r (oder auch einfach: der r-te Rang) eines regelmäßigen Polygons ist die Anzahl der Punkte in der r-ten, von diesem Polygon abgeleiteten Konfiguration. Die erste Konfiguration ist dabei stets ein Punkt. Zum Beispiel ist für das Dreieck der 1. Rang gleich 1 (die erste Dreieckzahl), der zweite Rang gleich 3 (die zweite Dreieckzahl), der dritte Rang gleich 6 usw.

Zeichnen Sie nun für die ersten fünf regelmäßigen Polygone (Dreieck, Quadrat, Fünfeck Sechseck, Siebeneck[88]) jeweils die ersten fünf Konfigurationen (und damit die ersten fünf Ränge), so, wie in in Abb. 1 gezeigt. Um Zeit zu sparen, können Sie einen Overhead-Projektor benutzen oder Kopien der Skizze in der Klasse verteilen. Legen Sie dann eine Tabelle der Vieleckszahlen an.

Vieleck	n	\multicolumn{5}{c}{Rang r}
		1	2	3	4	5
Dreieck	3	1	3	6	10	15
Qadrat	4	1	4	9	16	25
Fünfeck	5	1	5	12	22	35
Sechseck	6	1	6	15	28	45
Siebeneck	7	1	7	18	34	55

Es sollte den Schülern klar sein, daß es sehr langweilig wäre, wenn man zur Bestimmung einer Vieleckszahl immer erst eine Skizze machen müßte. Stattdessen wollen wir sehen, wie aufeinanderfolgende Vieleckszahlen eines Polygons beschaffen sind und versuchen, durch Untersuchung der entsprechenden Zahlenfolge eine Formel für den r-ten Rang (d. h. für die r-te Vieleckszahl) jedes gegebenen Polygons zu gewinnen.

Wenn wir uns die Zeile der Dreieckzahlen in der Tabelle ansehen, erkennen wir, daß der r-te Rang des Dreiecks jeweils folgendermaßen durch r ausgedrückt werden kann:

$$
\begin{aligned}
1 &= r \\
3 &= (r-1) + r \\
  &= (2-1) + 2 \\
6 &= (r-2) + (r-1) + r \\
  &= (3-2) + (3-1) + 3 \\
10 &= (r-3) + (r-2) + (r-1) + r \\
   &= (4-3) + (4-2) + (4-1) + 4 \\
15 &= (r-4) + (r-3) + (r-2) + (r-1) + r \\
   &= (5-4) + (5-3) + (5-2) + (5-1) + 5
\end{aligned}
$$

Die Folge der Ränge ist eine arithmetische Folge, und die Dreieckszahl vom Rang r ist gleich der Summe dieser arithmetischen Folge $1, 2, 3, \ldots, r$ von 1 bis r. Somit gilt für die r-te Dreieckzahl $D_r = r(r+1)/2$.

Als nächstes sehen wir uns die Quadratzahlen an:

$$
\begin{aligned}
1 &= r^2 = 1^2 \\
4 &= r^2 = 2^2 \\
9 &= r^2 = 3^2 \\
16 &= r^2 = 4^2 \\
25 &= r^2 = 5^2.
\end{aligned}
$$

Es ist klar, daß der r-te Rang des Quadrates, also die r-te Quadratzahl, gleich r^2 ist.

Die Formel für die r-te Fünfeckzahl erhalten wir auf ähnliche Weise:

$$
\begin{aligned}
1 &= r^2 + 0 = 1^2 + 0 \\
5 &= r^2 + 1 = 2^2 + 1 \\
12 &= r^2 + 3 = 3^2 + 3 \\
22 &= r^2 + 6 = 4^2 + 6 \\
35 &= r^2 + 10 = 5^2 + 10.
\end{aligned}
$$

Wenn wir uns die jeweils letzten Summanden ansehen: 0, 1, 3, 6, 10, so stellen wir fest, daß diese Zahlen gleich der Summe der arithmetischen Folge $0, 1, 2, \ldots, r$, also gleich $(r-1)r/2$ ist. Somit ist die r-te Fünfeckzahl gleich

$$r^2 + \frac{(r-1)r}{2} = \frac{2r^2 + (r-1)r}{2} = \frac{r(3r-1)}{2}.$$

Um eine Formel für die r-te Sechseckzahl zu finden, stellen wir die ersten fünf Sechseckzahlen folgendermaßen dar:

$$
\begin{aligned}
1 &= 1r \\
6 &= 3r = 3 \cdot 2 \\
15 &= 5r = 5 \cdot 3 \\
28 &= 7r = 7 \cdot 4 \\
45 &= 9r = 9 \cdot 5.
\end{aligned}
$$

---

[88] Anm. d. Übers.: Hier sollte darauf hingewiesen werden, daß ein regelmäßiges 7-Eck nicht exakt mit Zirkel und Lineal konstruiert werden kann.

Der Koeffizient vor r ist jeweils gleich der r-ten ungeraden Zahl, also gleich $2k - 1$ Somit ist die r-te Sechseckzahl gleich $(2r - 1)r$.

Die r-te Siebeneckzahl bestimmen wir wie folgt. Wir schreiben die ersten fünf Siebeneckzahlen in folgender Darstellung auf:

$$\begin{aligned} 1 &= 2r^2 - 1 = 2 \cdot 1^2 - 1 \\ 7 &= 2r^2 - 1 = 2 \cdot 2^2 - 1 \\ 18 &= 2r^2 + 0 = 2 \cdot 3^2 + 0 \\ 34 &= 2r^2 + 2 = 2 \cdot 4^2 + 2 \\ 55 &= 2r^2 + 5 = 2 \cdot 5^2 + 5 \, . \end{aligned}$$

Wahrscheinlich wird es für die Schüler sehr schwierig sein, eine Formel für die zweiten Summanden x in den Termen $2r^2 + x$ zu finden. Deshalb sollten Sie den Schüler nach kurzer Bedenkzeit sagen, daß x gleich der Summe der arithmetischen Folge $-1, 0, 1, 2, 3, \ldots, r$ minus 1 ist, also gleich $(r-2)(r-1)/2 - 1$. Die Schüler sollten das an jeder der fünf Gleichungen überprüfen. Die r-te Siebeneckzahl ist somit gleich

$$2r^2 + \frac{(r-2)(r-1)}{2} - 1$$
$$= \frac{4r^2 + r^2 - 3r + 2 - 2}{2} = \frac{r(5r-3)}{2} \, .$$

Machen Sie die Schüler darauf aufmerksam, daß wir jetzt Formeln für den r-ten Rang jedes der ersten fünf Polygone haben. Das heißt, wir können jetzt jede Dreieck-, Quadrat-, Fünfeck-, Sechseck- und Siebeneckzahl berechnen. Aber es gibt regelmäßige Polygone mit $8, 9, \ldots 20, 100$ usw. Ecken[89], und wir möchten auch Formeln für den r-ten Rang jedes dieser Polygone haben. Es ist unsere nächste Aufgabe, derartige Formeln aufzustellen.

Zunächst schreiben wir die bereits gefundenen

---

[89] Anm. d. Übers.: Hier sei wieder bemerkt, daß nur einige dieser Vielecke mit Zirkel und Lineal exakt konstruierbar sind.

Formeln in eine Tabelle:

n	r-te n-Eckzahl		
3	$\frac{r(r+1)}{2}$ =	$\frac{r^2+r}{2}$ =	$\frac{1r^2}{2} + \frac{r}{2}$
4	r^2 =	$\frac{2r^2}{2}$ =	$\frac{2r^2}{2} + \frac{0}{2}$
5	$\frac{r(3r-1)}{2}$ =	$\frac{3r^2-r}{2}$ =	$\frac{3r^2}{2} - \frac{r}{2}$
6	$r(2r-1)$ =	$\frac{4r^2-2r}{2}$ =	$\frac{4r^2}{2} - \frac{2r}{2}$
7	$\frac{r(5r-3)}{2}$ =	$\frac{5r^2-3r}{2}$ =	$\frac{5r^2}{2} - \frac{3r}{2}$
$\vdots$			

Sehen wir uns nun die letzte Spalte an. Wir bemerken, daß die Koeffizienten der $r^2/2$-Terme als $n - 2$ geschrieben werden können. Die Koeffizienten der $r/2$-Terme können als $-(n-4)$ geschrieben werden. Folglich ist die r-te n-Eckzahl gleich

$$\frac{(n-2)r^2}{2} - \frac{(n-4)r^2}{2}$$
$$= \frac{r}{2} \cdot [(n-2)r - (n-4)]$$
$$= \frac{r}{2} \cdot [(r-1)n - 2(r-2)] \, .$$

Wir können nun unsere Tabelle der Vieleckzahlen folgendermaßen vervollständigen:

	1	2	3	4	5	$\ldots$	r
3	1	3	6	10	15	$\ldots$	$\frac{r(r+1)}{2}$
4	1	4	9	16	25	$\ldots$	r^2
5	1	5	12	22	35	$\ldots$	$\frac{r(3r-1)}{2}$
6	1	6	15	28	45	$\ldots$	$r(2r-1)$
7	1	7	18	34	55	$\ldots$	$\frac{r(5r-3)}{2}$
$\vdots$							
n	1					$\ldots$	$\frac{r}{2} \cdot [(r-1)n - 2(r-2)]$

An dieser Stelle ist es angebracht, mit den Schülern einige einfache Aufgaben mit Hilfe der Formel für die r-te n-Eckzahl zu lösen.

Beispiel 1. Bestimme die dritte Achteckzahl.

Lösung: Sei $n = 8$ und $r = 3$. Einsetzen in die

Einheit 96 Graphen

Formel ergibt

$$\frac{r}{2} \cdot [(r-1)n - 2(r-2)]$$
$$= \frac{3}{2} \cdot [(3-1)8 - 2(3-2)] = 21.$$

Beispiel 2. Zu welchem Polygon gehört die Vieleckzahl 40, wenn $r = 4$ ist?

Lösung: In diesem Fall kennen wir r und den Wert der n-Eckzahl und müssen n bestimmen. Wir setzen in die Formel ein und lösen die Gleichung:

$$\frac{r}{2} \cdot [(r-1)n - 2(r-2)] = 40$$
$$\frac{4}{2} \cdot [(4-1)n - 2(4r-2)] = 40$$
$$3n - 4 = 20$$
$$n = 8.$$

Es handelt sich also um eine Achteckzahl.

Die folgenden Aufgaben sind ein wenig schwieriger, da hier die Formeln benutzt werden müssen, um Beziehungen zwischen verschiedenen Typen von Vieleckzahlen zu herzustellen.

Beispiel 3. Zeige, daß die r-te Fünfeckzahl gleich r plus die dreifache Summe der $(r-1)$-ten Fünfeckzahl ist.

Lösung: Zur Lösung dieser Aufgabe benötigen wir die Formel für die r-te Fünfeckzahl:

$$F_r = \frac{r(3r-1)}{2} = \frac{3r^2}{2} - \frac{r}{2}.$$

Wir schreiben $\frac{-r}{2}$ als $\frac{-3r}{2} + r$ und erhalten

$$F_r = \frac{3r^2}{2} - \frac{-3r}{2} = \frac{3(r^2-r)}{2} + r$$
$$= \frac{3r(r-1)}{2} + r = 3D_{r-1} + r,$$

wobei D_{r-1} die $(r-1)$-te Dreieckzahl ist.

Beispiel 4. Zeige, daß die r-te Sechseckzahl gleich der Summe der r-ten Fünfeckzahl und der $(r-1)$-ten Dreieckzahl ist.

Lösung:

$$(Se)_r = r(2r-1) = 2r^2 - r$$
$$= \frac{3r^2 - r}{2} + \frac{r^2 - r}{2}$$
$$= \frac{r(3r-1)}{2} + \frac{r(r-1)}{2} = F_r + D_{r-1}.$$

Nachbereitung

Nachdem die Schüler diese Beispiele gesehen haben, sollten sie in der Lage sein, die folgenden Aufgaben zu lösen.

1. Zeichne ein regelmäßiges Achteck und die zur dritten Achteckzahl gehörende Punktmenge (betrachte vorher die Skizzen der ersten fünf Vieleckzahlen).

2. Bestimme die ersten drei Zehneckzahlen.

3. Zeige, daß jede Siebeneckzahl gleich der Summe der Sechseckzahl vom selben Rang und der Dreieckzahl vom vorhergehenden Rang ist (d. h., zeige, daß $(Si)_r = (Se)_r + D_{r-1}$ gilt).

4. Zeige, daß jede n-Eckzahl ($n \geq 5$) gleich der Summe der $(n-1)$-Eckzahl vom selben Rang und der Dreieckzahl vom vorhergehenden Rang ist. (Hinweis: Beginne mit der Summe der r-ten $(n-1)$-Eckzahl und D_{r-1}.)

5. Zeige, daß die Summe einer mit 1 beginnenden beliebigen Anzahl aufeinanderfolgender ungerader Zahlen eine Quadratzahl ist.

96
Graphen

Diese Einheit kann als Einführungsstunde in die Topologie genutzt werden.

Lernziele

Die Schüler können entscheiden, ob ein endlicher Graph einzyklisch ist oder nicht.

Vorbereitung

Lassen Sie die Schüler versuchen, jede der Figuren aus Abb. 1 mit dem Bleistift in einem Zuge nachzuzeichnen, ohne einen Teil wegzulassen oder ein Kurvenstück zweimal zu durchlaufen.

Bitten Sie die Schüler, neben jedem der Punke A, B, C, D, E jeweils die Anzahl der Kurvenstücke einzutragen, die in diesem Punkt enden.

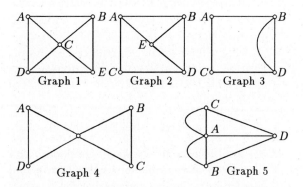

Abb. 1

Lehrmethoden

Figuren wie in Abb. 1, die aus einer endlichen Anzahl von Strecken oder stetigen Kurvenstücken bestehen, werden *Graphen* genannt. Die Strecken und Kurvenstücke heißen *Kanten* oder *Bögen* des Graphen, die Endpunkte der Bögen werden *Knoten(punkte)* genannt. Die Anzahl der Bögen, die in einen Knoten X eines Graphen einmünden, heißt *Index* oder *Grad* oder *Valenz* des Knotens X.

Beim Versuch, die Graphen in Abb. 1 in einem Zuge nachzuzeichnen, ohne einen Bogen zweimal zu durchlaufen (ein Graph, bei dem dies möglich ist, heißt *einzyklisch*), sollten die Schüler die Beobachtung machen, daß dies funktioniert, wenn der Graph entweder nur Knotenpunkte mit geradem Index oder genau zwei Knotenpunkte mit ungeradem Index hat. Wir werden zeigen, daß diese Aussage für jeden zusammenhängenden Graphen richtig ist (ein Graph heißt *zusammenhängend*, wenn jeder Knotenpunkt von jedem anderen Knotenpunkt aus über die Bögen des Graphen erreichbar ist).

In jedem Graphen ist die Anzahl der Knotenpunkte mit ungeradem Index gerade.

Beweis: Seien V_1 die Anzahl der Knoten mit Index 1, V_2 die Anzahl der Knotenpunkte mit Index 2 und, allgemein, V_n die Anzahl der Knotenpunkte mit Index n in einem gegebenen Graphen, weiter sei $N = V_1 + V_3 + V_5 + \ldots V_{2n-1}$. Dann ist N die Anzahl aller Knotenpunkte mit ungeradem Index. In jedem der mit V_3 gezählten Knotenpunkte laufen 3 Bögen zusammen, in jedem der mit V_5 gezählten 5, in jedem der mit V_n gezählten Knotenpunkte laufen n Bögen zusammen. Da jeder Bogen zwei Enden hat, ist also [90] $M = V_1 + 2V_2 + 3V_3 + \ldots + 2nV_{2n}$ gleich der doppelten Anzahl aller Bögen im Graphen, d. h. eine gerade Zahl.

Da auch

$$M - N = 2V_2 + 2V_3 + 4V_4 + 4V_5 + \ldots \\ = + (2n-2)V_{2n-1} + 2nV_{2n}$$

eine gerade Zahl ist, gilt dasselbe auch für die Differenz $M - (M - N) = N$. qed

Ist ein zusammenhängender Graph einzyklisch, so kann er höchstens zwei Knotenpunkte mit ungeradem Index haben.[91]

Beweis: Wir betrachten einen stetigen Pfad, der jeden Bogen eines einzyklischen Graphen genau einmal durchläuft. Wenn dieser Pfad einen Knotenpunkt anläuft, der kein Endpunkt des Pfades ist, so muß er ihn - auf einem anderen Bogen - auch wieder verlassen. Folglich muß der Index eines solchen Knotenpunktes gerade sein. Für den Anfangs- und den Endpunkt des Pfades muß das nicht gelten. Es können also höchstens zwei Knoten einen ungeraden Index haben. qed

Nach dem zuvor bewiesenen Satz muß die Anzahl der Knoten mit ungeradem Index gerade sein; ein einzyklischer Graph kann also nur entweder *zwei* oder *keinen* Knoten mit ungeradem Index haben.

Lassen Sie nun die Schüler mit Hilfe dieses Satzes sowohl einzyklische als auch nicht einzyklische Graphen zeichnen. Der erste Graph in Abb. 1 hat fünf Knoten. Davon haben B, C und E einen geraden und A und D einen ungeraden Index. Da der Graph also genau zwei Knoten mit ungeradem Index hat, ist er einzyklisch. Ein zulässige Route durch den Graphen ist $A - D - E - C - A - B - C - D$.

Der zweite Graph in Abb. 1 hat fünf Knotenpunkte. Nur C hat einen geraden Index, alle anderen einen ungeraden. Folglich ist dieser Graph nicht einzyklisch.

---

[90] Anm. d. Übers.: Daß in der folgenden Gleichung der letzte Index gerade ist, stellt keine Einschränkung dar, da jedes der V_i gleich 0 sein kann.

[91] Anm. d. Übers.: Es gilt auch die Umkehrung dieser Aussage.

Einheit 96 Graphen

Die Graphen Nr. 3 und Nr. 4 haben genau zwei bzw. keinen Knotenpunkt mit ungeradem Index und sind folglich beide einzyklisch.

Der Graph Nr. 5 hat vier Knotenpunkte mit ungeradem Index und ist deshalb nicht einzyklisch.

Um das Interesse Ihrer Schüler zu wecken, erklären Sie ihnen das Königsberger Brückenproblem. Im 18. Jahrhundert ging in Königsberg, der kleinen, an der Mündung des Pregel gelegenen preußischen Stadt, eine Denksportaufgabe um: Kann man durch die Stadt spazieren und dabei jede Brücke genau einmal überqueren? Im Jahre 1735 bewies der berühmte Schweizer Mathematiker Leonhard Euler (1701-1783), daß ein derartiger Spaziergang unmöglich ist. Sagen Sie den Schülern, daß die folgende Diskussion eine Verbindung zwischen den zuvor angestellten Untersuchungen von Graphen und der Lösung des Königsberger Brückenproblems herstellen wird.

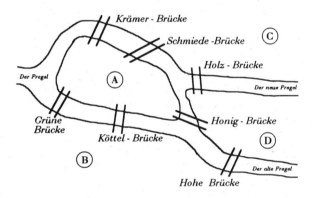

Abb. 2

Bezeichnen Sie mit den Schülern die beiden Flußufer mit B und C und die beiden Inseln mit A und D. Wenn wir auf der Insel D starten und dann über Schmiede-, Honig-, Hohe, Köttel- und Grüne Brücke Brückennamen? laufen, kommen wir nicht über die Krämerbrücke. Wenn wir, von C kommend, zuerst über die Krämerbrücke laufen und dann über Honig-, Hohe, Köttel-, Schmiede- und Holz-Brücke, dann kommen wir nicht mehr über die Grüne Brücke.

Das Königsberger Brückenproblem ist nichts anderes als die Frage, ob der Graph Nr. 5 in Abb. 1 einzyklisch ist. Sehen wir uns beide Abbildungen an und stellen die Ähnlichkeit fest. Es gibt sieben Brücken in Abb. 2 und sieben Bögen im Graphen Nr. 5. Wenn wir in Abb. 2 auf D starten, haben wir drei Möglichkeiten: wir können über die Hohe Brücke, die Honig-, oder die Holz-Brücke gehen. Wenn im Punkt D des Graphen starten, können wir einen aus drei Bögen wählen. Wenn wir in C starten, haben wir drei Brücken bzw. drei Bögen zur Auswahl. In derselben Weise entsprechen die Orte A und B in Abb. 2 den Knotenpunkten A und B des fünften Graphen in Abb. 1. Da dieser Graph nicht einzyklisch ist (alle Knotenpunkte haben ungeraden Index), gibt es auch den gesuchten Weg über die Königsberger Brücken nicht.

Ein anderes Problem, das auf die Frage hinausläuft, ob ein gewisser Graph einzyklisch ist, ist das Fünf-Zimmer-Problem. Lassen Sie die Schüler den Grundriß eines 5-Zimmer-Hauses betrachten (Abb. 3).

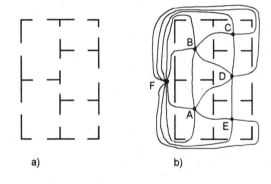

Abb. 3

Jeder Raum hat eine Tür zu jedem Nachbarraum und eine Tür, die nach draußen führt. Die Aufgabe betebt darin, einen Weg zu finden, der im Inneren des Hauses oder außerhalb beginnt und durch jede Tür *genau einmal* hindurchführt.

Ermuntern sie die Schüler, verschiedene Wege auszuprobieren. Sie werden feststellen, daß, obwohl die Gesamtzahl aller zu testenden Möglichkeiten endlich ist, es doch viel zu viele sind, um auf diesem Wege eine Lösung zu finden. Führen Sie die Schüler nun zur Untersuchung eines entsprechenden Graphen.

Abb. 3b) zeigt alle möglichen Verbindungen der fünf Räume A, B, C, D, E untereinander und mit dem Äußeren des Hauses. Das Problem reduziert sich nun auf die Untersuchung, ob dieser Graph einzyklisch ist. Er hat *vier* Knotenpunkte mit ungeradem Index und zwei Knotenpunkte mit geradem Index. Da es mehr als zwei Knotenpunkte mit ungeradem Index gibt, ist dieser Graph *nicht* einzyklisch, d. h., der gesuchte Weg durch das Haus existiert nicht.

Den Schülern können nun weitere Aufgaben dieser Art gestellt werden.

Nachbereitung

1. Lassen Sie die Schüler untersuchen, ob die Graphen in Abb. 4 mit dem Bleistift in einem Zuge nachgezeichnet werden können, ohne einen Bogen zweimal zu durchlaufen.

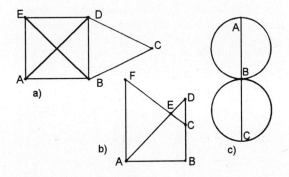

Abb. 4

2. Lassen Sie die Schüler den Grundriß eines beliebigen Hauses zeichnen und dann untersuchen, ob es einen Weg gibt, der durch jede Tür genau einmal hindurch führt.

97
Dreiteilung des Winkels – möglich oder unmöglich?

Von den drei berühmten Problemen der Antike[92] ist das der Winkeldreiteilung für einen Schüler am aufschlußreichsten. In dieser Einheit diskutieren und beweisen wir, daß nicht jeder Winkel mit Hilfe von Zirkel und Lineal dreigeteilt werden kann.

---

[92] Anm. d. Übers.: Neben der Winkeldreiteilung gehören noch die Verdoppelung des Würfels (das Delische Problem) und die Quadratur des Kreises zu diesen drei klassischen Problemen.

Lernziele

Die Schüler können in groben Zügen beweisen, daß ein Winkel von 120° nicht dreigeteilt werden kann.

Vorbereitung

Die Schüler sollten mit den grundlegenden geometrischen Konstruktionen vertraut sein.

Lehrmethoden

Fordern Sie die Schüler auf, einen Winkel von 90° nur mit Hilfe von Lineal und Zirkel zu dreiteilen. Mit ein wenig Mühe sollten sie in der Lage sein, einen Winkel von 60° am Scheitelpunkt des gegebenen Winkels zu konstruieren. Damit ist die Dreiteilung geschafft. Jetzt bitten Sie die Schüler, einen Winkel von 120° zu dreiteilen. Das wird Schwierigkeiten machen, weil es mit Lineal und Zirkel nicht möglich ist. Hier beginnen Sie mit der Diskussion der Unmöglichkeit der Winkeldreiteilung nur mit Lineal und Zirkel.

Mit Hilfe einer Strecke der Länge 1 und eines Winkels der Größe α kann eine Strecke der Länge $\cos \alpha$ konstruiert werden (Abb 1). Wenn wir den Win-

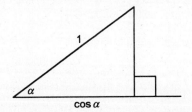

Abb. 1

kel α dreiteilen können, dann können wir auch eine Strecke der Länge $\cos \frac{\alpha}{3}$ konstruieren. Wenn wir zeigen, daß $\cos \frac{\alpha}{3}$ nicht konstruiert werden kann, hätten wir damit auch gezeigt, daß der Winkel α nicht dreigeteilt werden kann. Wir betrachten hier den Winkel $\alpha = 120°$ und zeigen, daß er nicht dreigeteilt werden kann.

Als erstes werden wir $\cos \alpha$ durch $\cos \frac{\alpha}{3}$ ausdrücken. Wir gehen aus von der Beziehung

$$\cos 3y = \cos(2y + y) = \cos 2y \cos y - \sin 2y \sin y.$$

Wegen $\cos 2y = 2\cos^2 y - 1$ erhalten wir

$$\begin{aligned}\cos 3y &= \cos y(2\cos^2 y - 1) - \sin 2y \sin y \\ &= [2\cos^3 y - \cos y] - \sin 2y \sin y.\end{aligned}$$

Wegen $\sin 2y = 2\sin y \cos y$ folgt

$$\begin{aligned}\cos 3y &= [2\cos^3 y - \cos y] - \sin y(2\sin y \cos y)\\ \cos 3y &= [2\cos^3 y - \cos y] - 2\sin^2 y \cos y\\ \cos 3y &= [2\cos^3 y - \cos y] - 2\cos y(1 - \cos^2 y)\\ \cos 3y &= [2\cos^3 y - \cos y] - 2\cos y + 2\cos^3 y\\ \cos 3y &= 4\cos^3 y - 3\cos y\,.\end{aligned}$$

Wir setzen nun $3y = \alpha$ und erhalten die gesuchte Beziehung zwischen $\cos\alpha$ und $\cos\frac{\alpha}{3}$:

$$\cos\alpha = 4\cos^3\frac{\alpha}{3} - 3\cos\frac{\alpha}{3}\,.$$

Multiplikation mit 2 und Substitution von $2\cos\frac{\alpha}{3}$ durch x ergibt $2\cos\alpha = x^3 - 3x$. Wegen $\cos 120° = \frac{-1}{2}$ muß x also der Gleichung

$$x^3 - 3x + 1 = 0$$

genügen.

Die Schüler sollten sich nun erinnern, daß eines der Kriterien der Konstruierbarkeit (s. Einheit 39) besagt, daß konstruierbare Größen von der Form $a + b\sqrt{c}$ sein müssen, wobei a und b rational und c konstrierbar ist.

Wir zeigen zunächst, daß die Gleichung $x^3 - 3x + 1 = 0$ keine rationalen Lösungen hat. Dazu nehmen wir an, es gäbe eine rationale Lösung. Diese kann als $\frac{p}{q}$ mit teilerfremden ganzen Zahlen p und q geschrieben werden. Einsetzen in die Gleichung ergibt

$$\begin{aligned}(\tfrac{p}{q})^3 - 3(\tfrac{p}{q}) + 1 &= 0\\ p^3 - 3pq^2 + q^3 &= 0\\ q^3 &= 3pq^2 - p^3\\ q^3 &= p(3q^2 - p^2)\,.\end{aligned}$$

Somit ist q^3, und folglich auch q, durch p teilbar. Also muß $p = \pm 1$ sein. Andererseits liefert die Auflösung der Gleichung nach p^3

$$\begin{aligned}p^3 &= 3pq^2 - q^3\\ p^3 &= q^2(3p - q)\,.\end{aligned}$$

Das bedeutet, daß p durch q teilbar ist und folglich $q = \pm 1$ gelten muß. Wir können also schlußfolgern, daß nur $x = \pm 1$ als rationale Lösungen der Gleichung $x^3 - 3x + 1 = 0$ in Frage kommen. Einsetzen zeigt jedoch, daß weder $+1$ noch -1 eine Lösung ist.

Als nächstes nehmen wir an, $x^3 - 3x + 1$ habe eine konstruierbare Lösung $x = a + b\sqrt{c}$. Man kann zeigen, daß dann auch die dazu konjugierte Zahl, $a - b\sqrt{c}$, eine Lösung ist.[93] Für die Summe aller Lösungen einer polynomialen Gleichung

$$x^n + a_1 x^{n-1} + a_2 x^{n-2} + \ldots + a_n = 0$$

gilt $l_1 + l_2 + l_3 + \ldots + l_n = a_1$. Daraus folgt, daß die Summe aller Lösungen der Gleichung $x^3 - 3x + 1 = 0$ gleich null ist. Wenn $a + \sqrt{c}$ und $a - \sqrt{c}$ zwei dieser Lösungen sind, muß für die dritte Lösung l also gelten

$$a + \sqrt{c} + a - \sqrt{c} + l = 0\,,$$

d. h., $l = -2a$. Aber a ist rational, also ist l eine rationale Lösung der Gleichung, was im Widerspruch zum bereits Bewiesenen steht.

Folglich kann ein Winkel von 120° nicht dreigeteilt werden. Das ist im wesentlichen der Beweis dafür, daß nicht jeder Winkel nur mit Lineal und Zirkel dreigeteilt werden kann.

Nachbereitung

Lassen Sie die Schüler in groben Zügen den in dieser Einheit gegebenen Beweis darstellen und seine Bedeutung diskutieren.

98
Vergleich von Mittelwerten

Diese Einheit kann als Hauptbestandteil einer Stunde über Statistik genutzt werden.

Lernziele

1. *Die Schüler vergleichen die aus zwei oder mehreren Zahlen gebildeten drei wichtigsten Mittelwerte (den arithmetischen, den geometrischen und den harmonischen Mittelwert).*

2. *Die Schüler beweisen Ungleichungen zwischen Mittelwerten.*

---

[93] Anm. d. Übers.: Dieser Schluß ist nur richtig, wenn $\sqrt{c}$ irrational ist, was jedoch wegen des bereits Bewiesenen vorausgesetzt werden kann.

Vorbereitung

Lassen Sie, nachdem Sie die Begriffe des arithmetischen und geometrischen Mittels zweier Zahlen a und b ins Gedächtnis zurückgerufen haben, die Schüler eine harmonische Folge a, h, c betrachten und h durch a und b ausdrücken.

Lehrmethoden

Beginnen Sie damit, die drei Mittel (arithmetisches, geometrisches und harmonisches) auf folgende Weise zu definieren.

Es sei a, m, b eine arithmetische Folge. Dann heißt das mittlere Glied m das *arithmetische Mittel* von a und b. Die Folge a, m, b hat dann eine gemeinsame Differenz $m - a = b - m$ und es gilt

$$\boxed{m = \frac{a+b}{2} = \text{arithmetisches Mittel } (\mathcal{AM})}$$

Nun sei a, h, b eine harmonische Folge. Dann heißt das mittlere Glied h das *harmonische Mittel* von a und b. Die Folge a, h, b hat dann Kehrwerte mit einer gemeinsamen Differenz $\frac{1}{h} - \frac{1}{a} = \frac{1}{b} - \frac{1}{h}$ und es gilt ($a, b, h \neq 0$; $a \neq -b$)

$$\boxed{h = \frac{2ab}{a+b} = \text{harmonisches Mittel } (\mathcal{HM})}$$

Schließlich sei a, g, b eine geometrische Folge. Dann heißt g das *geometrische Mittel* von a und b. Die Folge a, g, b hat dann ein gemeinsames Verhältnis, $\frac{g}{a} = \frac{b}{g}$, und es gilt ($a, b > 0$)

$$\boxed{g = \sqrt{ab} = \text{geometrisches Mittel } (\mathcal{GM})}$$

Da die bildliche Vorstellung oft das Verständnis verbessert, ist hier eine geometrische Interpretation angebracht. Wir betrachten einen Halbkreis mit Mittelpunkt O und das Lot von einem auf der Kreislinie gelegenen Punkt R auf einen Durchmesser $\overline{AB}$ (Abb. 1). Sei S der Fußpunkt des Lotes von P auf OR und seien $|\overline{AP}| = a$ und $|\overline{PB}| = b$.

Da $|\overline{RO}| = \tfrac{1}{2}|\overline{AB}| = \tfrac{1}{2}(|\overline{AP}| + |\overline{PB}|) = \tfrac{1}{2}(a+b)$ gilt, ist $|\overline{RO}|$ das *arithmetische Mittel* ($\mathcal{AM}$) von a und b.

Wir betrachten das rechtwinklige Dreieck $\triangle ARB$. Wegen $\triangle BPR \sim \triangle RPA$ gilt $\frac{|\overline{PB}|}{|\overline{PR}|} = \frac{|\overline{PR}|}{|\overline{AP}|}$, d. h. $|\overline{PR}|^2 = |\overline{AP}| \cdot |\overline{PB}| = ab$. Folglich ist $|\overline{PR}| = \sqrt{ab}$. Somit ist $|\overline{PR}|$ das *geometrische Mittel* ($\mathcal{GM}$) von a und b.

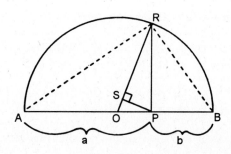

Abb. 1

Wegen $\triangle RPO \sim \triangle RSP$ gilt $\frac{|\overline{RO}|}{|\overline{PR}|} = \frac{|\overline{PR}|}{|\overline{RS}|}$. Deshalb ist $|\overline{RS}| = \frac{|\overline{PR}|^2}{|\overline{RO}|}$, aber $|\overline{PR}|^2 = ab$ und $|\overline{RO}| = \tfrac{1}{2}|\overline{AB}| = \tfrac{1}{2}(a+b)$. Folglich ist $|\overline{RS}| = \frac{ab}{\tfrac{1}{2}(a+b)} = \frac{2ab}{a+b}$ das *harmonische Mittel* ($\mathcal{HM}$) von a und b.

Diese geometrische Interpretation ist recht gut für einen Größenvergleich dieser drei Mittel geeignet. Da die Hypotenuse eines rechtwinkligen Dreiecks die längste Seite ist, gilt $|\overline{RO}| > |\overline{PR}|$ im Dreieck $\triangle ROP$ und $|\overline{PR}| > |\overline{RS}|$ im Dreieck $\triangle RSP$. Also gilt $|\overline{RO}| > |\overline{PR}| > |\overline{RS}|$. Da diese Dreiecke jedoch auch entarten können, haben wir nur $|\overline{RO}| \geq |\overline{PR}| \geq |\overline{RS}|$, woraus die Ungleichungen $\mathcal{AM} \geq \mathcal{GM} \geq \mathcal{HM}$ folgen.

Da die Schüler sowohl das arithmetische als auch das geometrische Mittel kennen, ist hier eine kurze Einführung des harmonischen Mittels angezeigt.

Das *harmonische Mittel* zweier Zahlen ist der *Kehrwert des arithmetischen Mittels der Kehrwerte* dieser beiden Zahlen. Das ist so, weil eine harmonische Folge die Folge der Kehrwerte einer arithmetischen Folge darstellt. Für zwei Zahlen a und b mit $a, b, a+b \neq 0$ ist also

$$\mathcal{HM}(a,b) = \frac{1}{\frac{\frac{1}{a}+\frac{1}{b}}{2}} = \frac{2ab}{a+b}.$$

Entsprechend ist das harmonische Mittel mehrerer Zahlen der Kehrwert des arithmetischen Mittels der Kehrwerte dieser Zahlen.

Beispiel 1. Bestimme das harmonische Mittel von a, b und c.

Lösung: Nach Definition ist

$$\mathcal{HM}(a,b) = \frac{1}{\frac{\frac{1}{a}+\frac{1}{b}+\frac{1}{c}}{3}} = \frac{3abc}{ab+ac+bc},$$

falls $a, b, c, ab+ac+bc \neq 0$ gilt.

Sowohl das arithmetische als auch das geometrische Mittel haben häufige Anwendungen im Mathematikunterricht. Das harmonische Mittel hat ebenfalls eine sehr nützliche und oft vernachlässigte Anwendung in der Elementarmathematik. Das harmonische Mittel ist der "Durchschnitt von Verhältnissen". Zum Beispiel sei die Durchschnittsgeschwindigkeit für den Weg zur und von der Arbeitsstelle gesucht, wenn der Weg zur Arbeit mit durchschnittlich 30 km/h und der Rückweg (dieselbe Strecke) mit durchschnittlich 60 km/h zurückgelegt wird. Die Durchschnittsgeschwindigkeit ist dann das harmonische Mittel von 30 und 60, d. h. $\frac{2\cdot 30\cdot 60}{30+60} = 40$.

Um zu zeigen, daß die Durchschnittsgeschwindigkeit zweier oder mehrerer Geschwindigkeiten tatsächlich das harmonische Mittel dieser Geschwindigkeiten ist, nehmen wir an, daß nacheinander mit den Geschwindigkeiten $v_1, v_2, v_3, \ldots, v_n$ jeweils eine Zeit $t_1, t_2, t_3, \ldots, t_n$ lang gefahren wird und dabei jeweils *ein und dieselbe* Strecke d zurückgelegt wird. Dann ist

$$t_1 = \frac{d}{v_1}, t_2 = \frac{d}{v_2}, \ldots t_n = \frac{d}{v_n}.$$

Die Durchschnittsgeschwindigkeit (für die ganze Fahrt) ist

$$\frac{\text{Gesamtweg}}{\text{Gesamtzeit}} = \frac{nd}{t_1+t_2+\ldots+t_n}$$
$$= \frac{nd}{\frac{d}{v_1}+\frac{d}{v_2}+\ldots+\frac{d}{v_n}} = \frac{n}{\frac{1}{v_1}+\frac{1}{v_2}+\ldots+\frac{1}{v_n}},$$

was das harmonische Mittel ist.

Beispiel 2. Lisa hat für jeweils 1,00 DM Bonbons dreier Sorten gekauft, von denen 100g jeweils 30, 50 bzw. 80 Pfennige kosten. Was hat sie durchschnittlich für 100g Bonbons bezahlt?

Lösung: Da der Mittelwert von Verhältnissen (mit derselben Basis) das harmonische Mittel ist, ergibt sich ein durchschnittlicher Preis je 100g von

$$\frac{3\cdot 30\cdot 50\cdot 80}{30\cdot 50+30\cdot 80+50\cdot 80} = 45\tfrac{43}{79}$$

Pfennigen.

Diskutieren Sie nun mit der Klasse den Größenvergleich zwischen den drei Mitteln im allgemeinen Fall. Wir betrachten das arithmetische, geometrische und harmonische Mittel von n positiven Zahlen $a_1, a_2, \ldots, a_n$:

$$\mathcal{AM}(a_1, \ldots, a_n) = \frac{a_1+a_2+\ldots+a_n}{n}$$

$$\mathcal{GM}(a_1, \ldots, a_n) = \sqrt[n]{a_1 \cdot a_2 \cdot \ldots \cdot a_n}$$

$$\mathcal{HM}(a_1, \ldots, a_n) = \frac{n}{\frac{1}{a_1}+\frac{1}{a_2}+\ldots+\frac{1}{a_n}}$$

(mit den entsprechenden Voraussetzungen).

Satz 1. Es gilt $\mathcal{AM} \geq \mathcal{GM}$.

Beweis: Sei $g = \sqrt[n]{a_1 \cdot a_2 \cdot a_3 \cdot \ldots \cdot a_n}$. Dann ist

$$1 = \sqrt[n]{\frac{a_1}{g} \cdot \frac{a_2}{g} \cdot \frac{a_3}{g} \cdot \ldots \cdot \frac{a_n}{g}},$$

also $1 = \frac{a_1}{g} \cdot \frac{a_2}{g} \cdot \frac{a_3}{g} \cdot \ldots \cdot \frac{a_n}{g}$. Andererseits ist $\frac{a_1}{g} + \frac{a_2}{g} + \frac{a_3}{g} + \ldots + \frac{a_n}{g} \geq n$, denn, wenn das Produkt n positiver Zahlen gleich 1 ist, dann ist die Summe dieser Zahlen *nicht* kleiner als n. Folglich gilt

$$\frac{a_1+a_2+\ldots+a_n}{n} \geq g,$$

also $\mathcal{AM} \geq \mathcal{GM}$.

Für zwei Zahlen $a > b > 0$ ist dieser Beweis ganz einfach:

Wegen $a-b > 0$ ist $(a-b)^2 > 0$, d. h. $a^2-2ab+b^2 > 0$. Nach Addition von $4ab$ auf beiden Seiten der Ungleichung erhält man

$$a^2+2ab+b^2 > 4ab.$$

Wurzelziehen ergibt

$$\frac{a+b}{2} > \sqrt{ab},$$

also $\mathcal{AM} > \mathcal{GM}$. (Bemerkung: Im Falle $a = b$ ist $\mathcal{AM} = \mathcal{GM}$.)

Satz 2. Es gilt $\mathcal{GM} \geq \mathcal{HM}$.

Beweis: Wegen $\mathcal{AM} \geq \mathcal{GM}$ gilt für beliebiges b die Ungleichung

$$\frac{a_1^b+a_2^b+\ldots+a_n^b}{n} \geq \sqrt[n]{a_1^b \cdot a_2^b \cdot \ldots \cdot a_n^b}.$$

Für $\frac{1}{b} < 0$ folgt daraus

$$\left[\sqrt[n]{a_1^b \cdot a_2^b \cdot \ldots \cdot a_n^b}\right]^{\frac{1}{b}} \geq \left[\frac{a_1^b + a_2^b + \ldots a_n^b}{n}\right]^{\frac{1}{b}}.$$

Für $b = -1$ erhalten wir

$$\sqrt[n]{a_1 \cdot a_2 \cdot \ldots \cdot a_n} \geq \left[\frac{a_1^{-1} + a_2^{-1} + \ldots + a_n^{-1}}{n}\right]^{-1},$$

also

$$\sqrt[n]{a_1 \cdot a_2 \cdot \ldots \cdot a_n} \geq \frac{n}{\frac{1}{a_1} + \frac{1}{a_2} + \ldots + \frac{1}{a_n}},$$

d. h. $\mathcal{GM} \geq \mathcal{HM}$.

Auch hier wird der Beweis für zwei Zahlen $a > b > 0$ viel einfacher:
Da (wie oben) $a^2 + 2ab + b^2 > 4ab$ gilt, haben wir $ab(a+b)^2 > ab \cdot 4ab$. Folglich ist $ab > \frac{4a^2b^2}{(a+b)^2}$ und $\sqrt{ab} > \frac{2ab}{a+b}$. Also gilt $\mathcal{GM} > \mathcal{HM}$. (Wir bemerken, daß im Falle $a = b$ gilt $\mathcal{GM} = \mathcal{HM}$.)

Nachbereitung

1. Bestimme $\mathcal{AM}$, $\mathcal{GM}$ und $\mathcal{HM}$ für
   (a) 20 und 60 (b) 25 und 45 (c) 3, 15 und 45.

2. Ordne $\mathcal{GM}$, $\mathcal{HM}$ und $\mathcal{AM}$ in der Reihenfolge wachsender Größe an.

3. Zeige, daß für zwei positive Zahlen das $\mathcal{GM}$ gleich dem geometrischen Mittel von $\mathcal{AM}$ und $\mathcal{HM}$ ist.

4. Beweise, daß für drei positive Zahlen a, b und c gilt $\mathcal{GM} > \mathcal{HM}$.

99
Die Pascalsche Pyramide

Die Fähigkeit, Konzepte erweitern und verallgemeinern zu können, zählt zu den wichtigsten Dingen, bei deren Entwicklung der Lehrer einem Schüler helfen kann. In dieser Einheit wird die bekannte Anwendung des Pascalschen Dreiecks zur Bestimmung der Binomialkoeffizienten von $(a+b)^n$ mit Hilfe einer "Pascalschen Pyramide" so verallgemeinert, daß die Koeffizienten des Polynoms $(a+b+c)^n$ bestimmt werden können.

Lernziele

1. Die Schüler berechnen Trinome der Form $(a+b+c)^n$ für kleine n.

2. Die Schüler entdecken wichtige Beziehungen zwischen dem Pascalschen Dreieck und der Pascalschen Pyramide.

Vorbereitung

Wenn Ihre Schüler mit dem Pascalschen Dreieck vertraut sind, dann lassen Sie sie folgenden Ausdrücke entwickeln:
a) $(a+b)^3$ b) $(a-b)^4$ c) $(x+2y)^5$

Fordern Sie Ihre Schüler auf, ihre Rechenfertigkeit (und Geduld) anhand der Berechnung der folgenden Ausdrücke unter Beweis zu stellen:
a) $(a+b+c)^3$ b) $(a+b+c)^4$

Lehrmethoden

Beginnen Sie mit einer Besprechung des Pascalschen Dreiecks. Sie könnten erwähnen, daß dieses Dreieck nicht nur auf Pascal zurückgeht. Tatsächlich war dieses Dreieck bereits vor 1300 in China bekannt. Auch Omar Khayyam, der Autor des *Rubiyat*, kannte das Dreieck fast 600 Jahre vor Pascal. Aber historische Betrachtungen beiseite – jede Zeile des Pascalschen (oder Khayyamschen oder Ying Huischen) Dreiecks liefert die Koeffizienten von $(a+b)^n$:

$$
\begin{array}{cccccccc}
 & & & & 1 & & & & & (a+b)^0 \\
 & & & 1 & & 1 & & & & (a+b)^1 \\
 & & 1 & & 2 & & 1 & & & (a+b)^2 \\
 & 1 & & 3 & & 3 & & 1 & & (a+b)^3 \\
1 & & 4 & & 6 & & 4 & & 1 & (a+b)^4 \\
1 & 5 & 10 & & 10 & & 5 & 1 & & (a+b)^5
\end{array}
$$

Zum Beispiel erhält man die Koeffizienten der Entwicklung von $(a+b)^4$ aus der fünften Zeile des Dreiecks: $a^4 + 4a^3b + 6a^2b^2 + 4ab^3 + b^4$.

Während die Binomialkoeffizienten durch ein simples Dreieck dargestellt werden können, erhält man die Trinomialkoeffizienten mit Hilfe einer etwas komplizierteren Pyramide. Der Ausdruck $(a+b+c)^0$ hat nur den einzigen Koeffizienten 1, den wir uns als Spitze der Pyramide vorstellen können. Jede weitere Potenz wird durch eine dreieckige Schnittfigur der Pyramide mit dem Koeffizienten 1 an jeder Ecke dargestellt (Abb. 1).

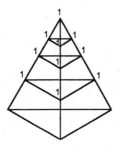

Abb. 1

Somit besteht jede der Seitenkanten der Pyramide aus einer Folge von Einsen. Die Koeffizienten des Ausdrucks $(a+b+c)^1 = 1a+1b+1c$ werden durch das Dreieck in der ersten Schicht dargestellt, das nur an den Ecken besetzt ist:

$$
\begin{array}{ccc}
 & 1 & \\
1 & & 1
\end{array}
$$

Es gibt zwei Methoden, die Koeffizienten höherer Potenzen mit Hilfe der Pyramide zu gewinnen. Nach der ersten Methode betrachten wir wieder jede Potenz von $(a+b+c)$ als dreieckige Schnittfläche der Pyramide. Die Zahlen auf den Kanten dieses Dreiecks (also die Zahlen zwischen den Eckpunkten) erhält man durch Addition der beiden unmittelbar darüberliegenden Zahlen. Zum Beispiel hat $(a+b+c)^2$ eine 1 an jeder Ecke und dazwischen jeweils eine 2:

$$
\begin{array}{ccccc}
 & & 1 & & \\
 & 2 & & 2 & \\
1 & & 2 & & 1
\end{array}
$$

Zur Bestimmung der im Inneren des Dreiecks liegenden Koeffizienten werden jeweils die drei darüberliegenden Zahlen addiert. Zum Beispiel hat $(a+b+c)^3$ die folgenden Koeffizienten:

$$
\begin{array}{ccccccc}
 & & & 1 & & & \\
 & & 3 & & 3 & & \\
 & 3 & & 6 & & 3 & \\
1 & & 3 & & 3 & & 1
\end{array}
$$

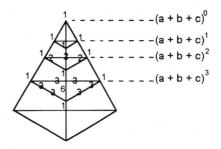

Abb. 2

Abb. 2 zeigt die vollständige Pyramide bis zur 3. Potenz. Um die im Schnittdreieck für $(a+b)^n$ erhaltenen Koeffizienten den richtigen Variablen zuzuordnen, geht man nach folgenden Regeln vor:

1. Die 1 in der ersten Zeile ist der Koeffizient von a^n.

2. Die Zahlen in der zweiten Zeile sind die Koeffizienten von $a^{n-1}b$ und $a^{n-1}c$.

3. In der dritten Zeile stehen die Koeffizienten aller Terme der Form $a^{n-2}b^ic^k$ (mit $i+k=2$). Dabei muß in jedem dieser Terme die Summe aller Exponenten gleich n sein.

4. In jeder Zeile ist der Exponent von a konstant, während der Exponent von b von links nach rechts fällt und der Exponent von c anwächst.

Als Beispiel betrachten wir den Ausdruck $(a+b+c)^3$ mit der Koeffizientenkonfiguration

$$
\begin{array}{ccccccc}
 & & & 1 & & & \\
 & & 3 & & 3 & & \\
 & 3 & & 6 & & 3 & \\
1 & & 3 & & 3 & & 1
\end{array}
$$

Die vollständige Entwicklung lautet somit $a^3 + 3a^2b + 3a^2c + 3ab^2 + 6abc + 3ac^2 + b^3 + 3b^2c + 3bc^2 + c^3$.

Bei der Arbeit mit dieser Pyramide bemerken die Schüler vielleicht, daß die Seitenflächen der Pyramide jeweils ein Pascalsches Dreieck bilden, d. h., die Kante des zu $(a+b+c)^3$ gehörigen Schnittdreiecks ist gerade die vierte Zeile im Pascalschen Dreieck. Diese Beobachtung führt zur zweiten Methode der Herleitung der Pyramide.

Zur Bestimmung des zu $(a+b+c)^n$ gehörigen Schnittdreiecks der Pyramide schreibt man zunächst die Zahlen der $(n+1)$-ten Zeile des Pascalschen Dreiecks links neben die ersten $n+1$ Zeilen. Dann werden die Elemente aller Zeilen jeweils mit der links stehenden Zahl multipliziert. Zum Beispiel ergibt sich für $(a+b+c)^4$ die folgende Rechnung:

```
      1                    1·1
     1 1                  4·1 4·1
    1 2 1                6·1 6·2 6·1
   1 3 3 1              4·1 4·3 4·3 4·1
  1 4 6 4 1            1·1 1·4 1·6 1·4 1·1
```

Als Ergebnis erhält man die Koeffizienten von $(a+b+c)^4$:

```
            1
         4     4
       6   12    6
     4  12   12   4
   1   4   6    4   1
```

Auf den ersten Blick mag dieses Verfahren kompliziert scheinen, aber ein wenig Übung wird eventuelle anfängliche Verwirrung beseitigen. Es wird sich als eine faszinierende und nützliche Technik erweisen.

Nachbereitung

1. Lassen Sie die Schüler die Zeiten vergleichen, die sie zur Entwicklung von $(a+b+c)^4$ auf algebraischem Wege bzw. mit Hilfe der Pyramidenmethode benötigen.
2. Berechne $(a+b+c)^5$ und $(a+b+c)^6$.
3. Berechne $(a+2b+3c)^3$ und $(a+4b+c)^4$.
4. Lassen Sie interessierte Schüler ein Arbeitsmodell der Pyramide bauen, das aus abnehmbaren Segmenten besteht, auf denen die entsprechenden Koeffizienten notiert sind.

100
Der multinomische Lehrsatz

Diese Einheit ist für Schüler geeignet, die den binomischen Lehrsatz bereits behandelt haben.

Lernziele

1. *Die Schüler bestimmen die Koeffizienten eines beliebigen Terms einer multinomialen Entwicklung, ohne diese direkt auszuführen.*

2. *Die Schüler können die Formeln für die Koeffizienten der multinomialen Entwicklung begründen.*

3. *Die Schüler wenden den multinomischen Satz auf ein gegebenes Trinom an.*

Vorbereitung

Lassen Sie die Schüler $(a+b)^4$ mit Hilfe des binomischen Satzes entwickeln. Bitten Sie die Schüler, die Anzahl aller verschiedenen Anordnungen der Buchstaben AAABBBCC zu bestimmen.

Lehrmethoden

Besprechen Sie zuerst die Antworten der Schüler zur Anzahl der Anordnungsmöglichkeiten von AAABBBCC. Die Schüler sollten erkennen, daß die Antwort hier anders ausfallen muß als bei der Frage nach allen Anordnungsmöglichkeiten der Buchstaben ABCDEFGH (wobei keines der anzuordnenden Symbole doppelt vorkommt). Im letzten Fall kann der erste Platz (von acht Plätzen) mit acht verschiedenen Buchstaben besetzt werden, der zweite Platz mit sieben verschiedenen Buchstaben, der dritte – mit sechs, der vierte – mit fünf,..., der achte – mit nur noch einem Buchstaben. Für die Gesamtzahl der Möglichkeiten ergibt sich nun nach dem Abzählprinzip $8 \cdot 7 \cdot 6 \cdot 5 \cdot 4 \cdot 3 \cdot 2 \cdot 1 = 8!$.

Wenn die Schüler den binomischen Lehrsatz bereits behandelt haben, sollten sie auch mit den

Einheit 100 Der multinomische Lehrsatz

Begriffen der *Kombination* und der *Variation* vertraut sein und die Formel

$$C_n^r = \binom{n}{r} = \frac{V_n^r}{r!} = \frac{n!}{r!(n-r)!}$$

kennen.

Führen Sie die Schüler nun behutsam durch die folgenden Überlegungen zur Anzahl der Möglichkeiten, die Buchstaben AAABBBCC anzuordnen.

Mit #(A) bezeichnen wir die Anzahl aller Möglichkeiten, die A auf die acht Plätze zu verteilen. Da drei A vorhanden sind, müssen jeweils drei von acht Positionen ausgewählt werden. Dafür gibt es $C_8^3 = \binom{8}{3}$ Möglichkeiten. Somit ist $\#(A) = \binom{8}{3} = \frac{8!}{3! \cdot 5!}$.

Entsprechend gilt $\#(B) = \binom{5}{3} = \frac{5!}{3! \cdot 2!}$, da für die B jeweils 3 der verbliebenen 5 Positionen ausgewählt werden müssen. Es bleiben 2 Positionen für die beiden C übrig. Es gibt nur eine Möglichkeit, diese beiden Positionen zu besetzen: $\binom{2}{2} = \frac{2!}{2! \cdot 0!} = 1$. Weisen Sie darauf hin, daß nach Definition $0! = 1$ ist. Nach dem Abzählprinzip erhalten wir

$$\#(A,B,C) = \#(A) \cdot \#(B) \cdot \#(C) = \frac{8!}{3! \cdot 5!}$$
$$= \frac{8!}{3! \cdot 5!} \cdot \frac{5!}{3! \cdot 2!} \cdot \frac{2!}{2! \cdot 0!} = \frac{8!}{3! \cdot 3! \cdot 2!}$$

Der letzte Ausdruck wird für gewöhnlich als $\binom{8}{3,3,2}$ geschrieben. Er steht für die Anzahl der Möglichkeiten, 8 Symbole dreier verschiedener Sorten anzuordnen, wobei von den einzelnen Sorten jeweils 3,3 bzw. 2 Exemplare vorhanden sind.

Bitten Sie die Schüler, zur Festigung dieser Technik die Anzahl aller Anordnungen der Buchstaben des Wortes *Mississippi* zu bestimmen. Unter Berücksichtigung der Wiederholungen (1 M, 4 I, 4 S, 2 P) sollten die Schüler

$$\frac{11 \cdot 10 \cdot 9 \cdot \not{8} \cdot 7 \cdot \not{6} \cdot 5 \cdot \not{4} \cdot 3 \cdot \not{2} \cdot 1}{1 \cdot \not{4} \cdot \not{3} \cdot \not{2} \cdot 1 \cdot \not{4} \cdot \not{3} \cdot \not{2} \cdot 1 \cdot \not{2} \cdot 1} = 34650$$

erhalten. Die Schüler sollten nun zu einer Verallgemeinerung dieses Schemas für n Gegenstände geführt werden, die sich aus n_1 Gegenständen einer Sorte N_1, n_2 Gegenständen einer zweiten Sorte N_2, n_3 Gegenständen einer dritten Sorte N_3, ..., n_r Gegenständen einer letzten Sorte N_r zusammensetzen. Es ist also $n_1 + n_2 + \ldots + n_r = n$. Wir gehen wie oben vor und bezeichnen mit $\#(N_1)$ die Anzahl der Möglichkeiten, die n_1 Gegenstände der ersten Sorte auf die n vorhandenen Positionen zu verteilen. Dann ist

$$\#(N_1) = \frac{n!}{n_1!(n-n_1)!}.$$

Entsprechend gibt es

$$\#(N_2) = \frac{(n-n_1)!}{n_2!(n-n_1-n_2)!}$$

Möglichkeiten, die n_2 Gegenstände der zweiten Sorte auf die verbliebenen $n - n_1$ Positionen zu verteilen usw. Schließlich ist

$$\#(N_r) = \frac{(n-n_1-n_2-\ldots-n_{r-1})!}{n_r!(n-n_1-n_2-\ldots-n_r)!}.$$

Wegen $n_1 + n_2 + \ldots + n_r = n$ gilt

$$\#(N_r) = \frac{n_r!}{n_r! 0!} = 1.$$

Wir bezeichnen nun mit $\binom{n}{n_1,n_2,n_3,\ldots,n_r}$ die Anzahl der Möglichkeiten, alle n Gegenstände (mit den angegebenen Wiederholungen) anzuordnen. Diese Anzahl ist nach dem Abzählprinzip gleich dem Produkt der r Zahlen $\#(N_1), \#(N_2), \ldots, \#(N_r)$:

$$\binom{n}{n_1,n_2,n_3,\ldots,n_r} =$$
$$\frac{n!}{n_1!(n-n_1)!} \cdot \frac{(n-n_1)!}{n_2!(n-n_1-n_2)!} \cdot \ldots \cdot 1$$
$$= \frac{n!}{n_1! \cdot n_2! \cdot n_3! \cdot \ldots \cdot n_r!}.$$

Die Schüler sollten diese allgemeine Formel auf den Fall $r = 2$ anwenden. Sie erhalten hier

$$\binom{n}{n_1,n_2} = \frac{n!}{n_1! \cdot n_2!} = \frac{n!}{n_1! \cdot (n-n_1)!},$$

die bekannte Formel für $C_n^{n_1}$ bzw. $\binom{n}{n_1}$.

Die Schüler sind nun in der Lage, den multinomischen Satz anzugehen. In der Vorbereitung waren sie gebeten worden, $(a+b)^4$ zu entwickeln. Sie sollten nun bemerken, daß dabei gewisse Terme mehrfach auftreten. Das Produkt $aaab = a^3b$ z. B. tritt $\binom{4}{3}$ mal auf. Das entspricht der Anzahl aller Anordnungsmöglichkeiten von $aaab$. Diese Überlegung gilt für alle Terme der Entwicklung.

Die Schüler sollten nun die Entwicklung von $(a+b+c)^4$ betrachten. Man erhält alle Terme der Entwicklung, indem man aus jedem der vier Faktoren einen Summanden auswählt und das Produkt dieser Zahlen bildet. Die Summe dieser 81 Terme $aaaa$, $aaab$, $aabb$, $abac$, $abab$, $cbcb$, ... ist das Ergebnis der Entwicklung. In der Auflistung ist der Term a^2b^2 zweimal enthalten, insgesamt tritt er in der Entwicklung jedoch

$$\binom{4}{2,2,0} = \frac{4!}{2! \cdot 2! \cdot 0!} = 6$$

mal auf. Um den Koeffizienten von a^3bc^2 in der Entwicklung von $(a+b+c)^6$ zu bestimmen, muß man also lediglich

$$\binom{6}{3,1,2} = \frac{6!}{3! \cdot 1! \cdot 2!} = 60$$

berechnen. Die vollständige Entwicklung kann somit folgendermaßen geschrieben werden:

$$(a+b+c)^4 =$$
$$= \sum_{n_1+n_2+n_3=4} \frac{4!}{n_1! n_2! n_3!} a^{n_1} b^{n_2} c^{n_3}.$$

Nun ist es nur noch ein kleiner Schritt bis zum allgemeinen multinomischen Satz:

$$(a_1 + a_2 + a_3 + \ldots + a_r)^n =$$
$$= \sum_{n_1+\ldots+n_r=n} \frac{n!}{n_1! n_2! \ldots n_r!} a_1^{n_1} a_2^{n_2} \ldots a_r^{n_r}.$$

Vielleicht werden einige Schüler diesen Satz mittels vollständiger Induktion beweisen wollen. Allerdings ist der Beweis recht unhandlich.

Es folgen zwei Anwendungen des multinomischen Satzes.

Beispiel 1. Entwickle und vereinfache $(2x+y-z)^3$.

Lösung:

$$(2x+y-z)^3 =$$
$$+ \binom{3}{3,0,0}(2x)^3 y^0 (-z)^0 + \binom{3}{0,3,0}(2x)^0 y^3 (-z)^0$$
$$+ \binom{3}{0,0,3}(2x)^0 y^0 (-z)^3 + \binom{3}{2,1,0}(2x)^2 y^1 (-z)^0$$
$$+ \binom{3}{2,0,1}(2x)^2 y^0 (-z)^1 + \binom{3}{1,1,1}(2x)^1 y^1 (-z)^1$$
$$+ \binom{3}{0,2,1}(2x)^0 y^2 (-z)^1 + \binom{3}{0,1,2}(2x)^0 y^1 (-z)^1$$
$$+ \binom{3}{1,2,0}(2x)^1 y^2 (-z)^0 + \binom{3}{1,0,2}(2x)^1 y^0 (-z)^2$$
$$= 8x^3 + y^3 - z^3 + 12x^2y - 12x^2z + 6xy^2 + 6xz^2$$
$$- 12xyz - 3y^2z + 3yz^2.$$

Beispiel 2. Bestimme den Term der Entwicklung von $(2x^2 - y^3 + \frac{1}{2}z)^7$, der x^4 und z^4 enthält.

Lösung: Das allgemeine Glied der Entwicklung ist $\binom{7}{a,b,c}(2x^2)^a(-y^3)^b(\frac{1}{2}z)^c$, wobei $a+b+c = 7$ gilt. Somit ist in den Termen, die x^4 und z^4 enthalten, $a = 2$, $c = 4$ und folglich $b = 1$. Einsetzen dieser Werte ergibt

$$\binom{7}{2,1,4}(2x^2)^2(-y^3)^1(\tfrac{1}{2}z)^4 =$$
$$= \tfrac{7!}{2!1!4!} 4x^4 (-y^3) \tfrac{1}{16} z^4 = \tfrac{-105}{4} x^4 y^3 z^4.$$

Nachbereitung

1. Lassen Sie die Schüler den Koeffizienten von $a^2 b^5 d$ in der Entwicklung von $(a+b-c-d)^8$ bestimmen.

2. Bitten Sie die Schüler zu erklären, wie die Formel für die Koeffizienten einer Multinomialentwicklung hergeleitet werden.

3. Lassen Sie die Schüler $(2x + y^2 - 3)^5$ entwickeln.

Einheit 101 Kubische Gleichungen I

101
Kubische Gleichungen I

Das Interesse an kubischen Gleichungen kann bis in die Zeit der Alten Babylonier (etwa 1800 – 1600 v. u. Z.) zurückverfolgt werden. Die algebraische Lösung von Gleichungen dritten Grades ist jedoch ein Ergebnis der Italienischen Renaissance.

Die algebraische Lösung kubischer Gleichungen ist daher mit den Namen der italienischen Mathematiker Scipione del Ferro, Niccolo de Brescia (genannt Tartaglia), Geronimo Cardano und Rafaele Bombelli verknüpft.

Lernziele

1. Die Schüler lösen kubische Gleichungen.
2. Die Schüler lösen Textaufgaben, die auf kubische Gleichungen führen.

Vorbereitung

Die Schüler sollten mit quadratischen Gleichungen umgehen können. Ferner sollte ein solides Grundwissen auf dem Gebiet der komplexen Zahlen und der Trigonometrie vorhanden sein.

Lehrmethoden

Bringen Sie die Wurzeln aus komplexen Zahlen in folgender Weise in Erinnerung:

Den Hauptwert der n-ten Wurzel aus einer komplexen Zahl $z = r(\cos\varphi + i\sin\varphi)$ erhält man, indem man die n-te Wurzel des Betrages r bildet und das Argument φ durch n teilt. Die Formel zur Gewinnung aller n-ten Wurzeln aus z lautet

$$\sqrt[n]{z} = \sqrt[n]{r}\left(\cos\frac{\varphi + 2k\pi}{n} + \sin\frac{\varphi + 2k\pi}{n}\right).$$

Für $k = 0$ liefert sie den Hauptwert, für $k = 1, 2, \ldots, n-1$ die restlichen Wurzeln.

Beispiel 1. Berechne die kubischen Einheitswurzeln.

Lösung: Wir haben $1 = \cos 0 + i\sin 0$, also $\varphi = 0$ und $r = 1$. Die allgemeine Formel liefert die Wurzeln

$$z_k = \cos\frac{2k\pi}{3} + i\sin\frac{2k\pi}{3},$$

wobei $k = 0, 1$ und 2 zu wählen ist.

$k = 0:\ z_0 = \cos 0 + i\sin 0 = 1$ (Hauptwert)

$k = 1:\ z_1 = \cos\frac{2\pi}{3} + i\sin\frac{2\pi}{3}$
$= \cos 120° + i\sin 120°$
$= -\cos 60° + i\sin 60° = -\frac{1}{2} + \frac{\sqrt{3}}{2}i$

$k = 2:\ z_2 = \cos\frac{4\pi}{3} + i\sin\frac{4\pi}{3}$
$= \cos 240° + i\sin 240°$
$= -\cos 60° - i\sin 60° = -\frac{1}{2} - \frac{\sqrt{3}}{2}i$

Wir bemerken, daß jede komplexe Einheitswurzel durch Potenzieren alle anderen erzeugt. Zum Beispiel erhalten wir für $\alpha = z_1 = -\frac{1}{2} + \frac{\sqrt{3}}{2}i$:

$$\begin{aligned}
\alpha^2 &= (-\tfrac{1}{2})^2 + 2(-\tfrac{1}{2})\tfrac{\sqrt{3}}{2}i + (\tfrac{\sqrt{3}}{2}i)^2 \\
&= \tfrac{1}{4} - \tfrac{\sqrt{3}}{2}i + \tfrac{3}{4}i^2 \\
&= \tfrac{1}{4} - \tfrac{3}{4} - \tfrac{\sqrt{3}}{2}i = -\tfrac{1}{2} - \tfrac{\sqrt{3}}{2}i = z_2.
\end{aligned}$$

Entsprechend ist

$$\begin{aligned}
\alpha^3 &= \alpha^2 \cdot \alpha = (-\tfrac{1}{2} - \tfrac{\sqrt{3}}{2}i)(-\tfrac{1}{2} + \tfrac{\sqrt{3}}{2}i) \\
&= (-\tfrac{1}{2})^2 - (\tfrac{\sqrt{3}}{2}i)^2 = \tfrac{1}{4} - \tfrac{3}{4}i^2 \\
&= \tfrac{1}{4} + \tfrac{3}{4} = 1 = z_0.
\end{aligned}$$

Die dritten Einheitswurzeln sind also 1, α und α^2, wobei α entweder gleich $z_1 = -\frac{1}{2} + \frac{\sqrt{3}}{2}i$ oder gleich $z_2 = -\frac{1}{2} - \frac{\sqrt{3}}{2}i$ gewählt kann.

Beispiel 2. Bestimme die Kubikwurzeln einer reellen Zahl a.

Lösung: Wir haben $a = a(\cos 0 + i\sin 0)$, folglich

$$z_k = \sqrt[3]{a}\left(\cos\frac{2k\pi}{3} + i\sin\frac{2k\pi}{3}\right),$$

wobei $k = 0, 1$ oder 2 ist. Nun liefert aber $(\cos\frac{2k\pi}{3} + i\sin\frac{2k\pi}{3})$ für $k = 0, 1$ und 2 die dritten Einheitswurzeln (s. Beispiel 1). Das heißt, wenn a' die reelle dritte Wurzel aus a ist, dann sind die drei gesuchten Wurzeln gleich a', $a'\alpha$ und $a'\alpha^2$, wobei α entweder gleich $-\frac{1}{2} + \frac{\sqrt{3}}{2}i$ oder gleich $-\frac{1}{2} - \frac{\sqrt{3}}{2}i$ gewählt werden kann.

Wir betrachten nun die allgemeine kubische Gleichung
$$ax^3 + bx^2 + cx + d = 0$$
mit beliebigen komplexen Koeffizienten a, b, c, d. Diese Gleichung kann durch die Transformation $x = y - \frac{b}{3a}$ in eine einfachere Gleichung ohne quadratischen Term überführt werden:

$$a(y - \frac{b}{3a})^3 + b(y - \frac{b}{3a})^2 + c(y - \frac{b}{3a}) + d = 0$$
$$a(y^3 - \frac{b}{a}y^2 + \frac{b^2}{3a^2}y - \frac{b}{27a^3}) +$$
$$+ b(y^2 - \frac{2b}{3a}y + \frac{b^2}{9a^2}) + c(y - \frac{b}{3a}) + d = 0$$

d. h.

$$ay^3 + (c - \frac{b^2}{3a})y + (\frac{2b^3}{27a^2} - \frac{bc}{3a} + d) = 0.$$

Wenn wir nun $c - \frac{b^2}{3a} = c'$ und $\frac{2b^3}{27a^2} - \frac{bc}{3a} + d = d'$ setzen, dann geht die allgemeine kubische Gleichung über in

$$ay^3 + c'y + d' = 0$$

Um in der weiteren Rechnung Brüche zu vermeiden, dividieren wir durch a und schreiben die Gleichung in der folgenden Form:

$$y^3 + 3py + 2q = 0.$$

Diese letzte Gleichung wird die *reduzierte kubische Gleichung* genannt. Wie wir gezeigt haben, kann jede kubische Gleichung in diese Form transformiert werden.

Zur Lösung der reduzierten Gleichung betrachten wir die Identität

$$(a+b)^3 - 3ab(a+b) - (a^3 + b^3) = 0.$$

Der Vergleich dieser Identität mit der reduzierten Gleichung zeigt, daß $y = a + b$ genau dann eine Lösung der letzteren ist, wenn a und b den Gleichungen $ab = -p$ und $a^3 + b^3 = -2q$ genügen. Um y zu bestimmen, müssen wir also das Gleichungssystem

$$ab = -p \quad bzw. \quad a^3 b^3 = -p^3$$
$$a^3 + b^3 = -2q \quad\quad a^3 + b^3 = -2q$$

lösen.[94] Auflösung der zweiten Gleichung nach b^3 und Einsetzen in die erste Gleichung ergibt $-a^3(2q + a^3) = -p^3$, also $a^6 + 2a^3 q - p^3 = 0$.

Wenn wir $a^3 = \nu$ setzen, erhalten wir die quadratische Gleichung $\nu^2 + 2q\nu - p^3 = 0$. Die Lösungen dieser Gleichung sind

$$\nu_1 = -q + \sqrt{q^2 + p^3}$$
$$\nu_2 = -q - \sqrt{q^2 + p^3}$$

Wir setzen $a^3 = \nu_1$ und erhalten

$$a^3 = -q + \sqrt{q^2 + p^3}$$
$$b^3 = -q - \sqrt{q^2 + p^3}$$

(die Wahl $a^3 = \nu_2$ würde nur die Rollen von a und b vertauschen). Folglich ist

$$a = \sqrt[3]{-q + \sqrt{q^2 + p^3}}$$
$$b = \sqrt[3]{-q - \sqrt{q^2 + p^3}}$$

und wegen $y = a + b$

$$y = \sqrt[3]{-q + \sqrt{q^2 + p^3}} + \sqrt[3]{-q - \sqrt{q^2 + p^3}}.$$

Diese Beziehung ist als Cardanische Lösungsformel für die kubische Gleichung bekannt.

Da a^3 und b^3 jeweils drei dritte Wurzeln haben, scheint es so, als ob es 9 Lösungen y der reduzierten kubischen Gleichung gäbe. Das ist jedoch nicht der Fall. Da $ab = -p$ gelten muß, kommen nur solche Kombinationen der dritten Wurzeln von a^3 und b^3 in Frage, deren Produkt tatsächlich gleich der Zahl $-p$ ist.

Nun wissen wir, daß die dritten Wurzeln aus a^3 gleich a, $a\alpha$ und $a\alpha^2$ sind, wobei α eine der dritten Einheitswurzeln ist.[95] Analog sind b, $b\alpha$ und $b\alpha^2$ die dritten Wurzeln aus b^3. Wenn nun $ab = -p$ gilt, dann gibt es nur noch zwei weitere Wurzelkombinationen, die das Produkt $-p$ liefern, nämlich $(a\alpha, b\alpha^2)$ und $(a\alpha^2, b\alpha)$:

$$a\alpha \cdot b\alpha^2 = ab\alpha^3 = ab = -p$$
$$a\alpha^2 \cdot b\alpha = ab\alpha^3 = ab = -p$$

Deshalb sind dann $y = a + b$, $y = a\alpha + b\alpha^2$ und $y = a\alpha^2 + b\alpha$ die Lösungen der reduzierten kubischen Gleichung. Aus diesen können dann über

---

[94] Anm. d. Übers.: Hier ist zu beachten, daß die Gleichungen $ab = -p$ und $a^3 b^3 = -p^3$ im Komplexen *nicht* äquivalent sind.

[95] Anm. d. Übers.: Das folgt aus Beispiel 2 zunächst nur für reelles und positives a, gilt aber auch für beliebiges komplexes a.

Einheit 102 Kubische Gleichungen II

die Beziehung $x = y - \frac{b}{3a}$ die Lösungen der Ausgangsgleichung bestimmt werden.

Beispiel 3. Löse die Gleichung
$x^3 + 3x^2 + 9x - 13 = 0$.

Lösung: Zuerst eliminieren wir den quadratischen Term mit Hilfe der Substituion $x = y - \frac{b}{3a}$. In diesem Beispiel ist $a = 1$ und $b = 3$, also $x = y-1$.

Diese Substition führt auf die Gleichung

$$(y-1)^3 + 3(y-1)^2 + 9(y-1) - 13 = 0 \text{ bzw.}$$
$$(y^3 - 3y^2 + 3y - 1) +$$
$$3(y^2 - 2y + 1) + 9(y-1) - 13 = 0.$$

Somit ist $y^3 - 6y - 20 = 0$ die reduzierte Gleichung. Wir haben also
$3p = 6$, $p = 2$ und $p^3 = 8$.
$2q = -20$, $q = -10$ und $q^2 = 100$.
Folglich ist $\sqrt{q^2 + p^3} = \sqrt{108} = 6\sqrt{3}$ und

$$\begin{aligned}
a &= \sqrt[3]{10 + 6\sqrt{3}} = \sqrt[3]{1 + 3\sqrt{3} + 9 + 3\sqrt{3}} \\
  &= \sqrt[3]{(1 + \sqrt{3})^3} = 1 + \sqrt{3} \\
b &= \sqrt[3]{10 - 6\sqrt{3}} = \sqrt[3]{1 - 3\sqrt{3} + 9 - 3\sqrt{3}} \\
  &= \sqrt[3]{(1 - \sqrt{3})^3} = 1 - \sqrt{3}
\end{aligned}$$

und die Lösungen der reduzierten Gleichung sind

$$\begin{aligned}
y_1 &= a + b = (1 + \sqrt{3}) + (1 - \sqrt{3}) = 2 \\
y_2 &= a\alpha + b\alpha^2 \\
    &= (1 + \sqrt{3})\tfrac{-1+\sqrt{3}i}{2} + (1 - \sqrt{3})\tfrac{-1-\sqrt{3}i}{2} \\
    &= -1 + 3i \\
y_3 &= a\alpha^2 + b\alpha \\
    &= (1 + \sqrt{3})\tfrac{-1-\sqrt{3}i}{2} + (1 - \sqrt{3})\tfrac{-1+\sqrt{3}i}{2} \\
    &= -1 - 3i.
\end{aligned}$$

Da $x = y - 1$ gesetzt war, erhalten wir schließlich

$$\begin{aligned}
x_1 &= y_1 - 1 = 1 \\
x_2 &= y_2 - 1 = -2 + 3i \\
x_3 &= y_3 - 1 = -2 - 3i.
\end{aligned}$$

In diesem Beispiel gibt es also eine reelle und zwei komplexe Lösungen.

Wir haben in dieser Einheit die allgemeine Lösung der kubischen Gleichung untersucht. In einer weiteren Einheit werden wir den Charakter der Lösungen in Abhängigkeit vom Vorzeichen gewisser Größen in der Cardanischen Lösungsformel eingehender untersuchen.

Nachbereitung

Schüler, die die Lernziele erreicht haben, sollten folgende Aufgaben lösen können:

1. Bestimme die Lösungen von
   $x^3 + 6x^2 + 17x + 18 = 0$.

2. Löse die Gleichung $x^3 - 11x^2 + 35x - 25 = 0$.

3. Finde die Lösung von $x^3 - 3x^2 + 3x - 1 = 0$.

102
Kubische Gleichungen II

In der ersten von zwei Einheiten über kubische Gleichungen haben wir die allgemeine Lösung von Gleichungen dritten Grades untersucht. In dieser Einheit studieren wir verschiedene Fälle (den reduziblen und den irreduziblen Fall), die bei der Lösung der kubischen Gleichung mit der Cardanischen Formel auftreten können

Lernziele

1. *Die Schüler bestimmen mit Hilfe der Diskriminante einer kubischen Gleichung den Charakter der zu erwartenden Lösungen.*

2. *Die Schüler lösen vorgegebene Gleichungen dritten Grades.*

Vorbereitung

Die Schüler sollten mit komplexen Zahlen und quadratischen Gleichungen umgehen können. Ferner sollten sie über trigonometrische Kenntnisse verfügen.

Lehrmethoden

Fassen Sie den Inhalt der vorigen Einheit in folgender Weise zusammen: In einer beliebigen kubischen Gleichung $Ax^3 + Bx^2 + Cx + D = 0$ kann mit Hilfe der Substitution $x = y - \frac{B}{3A}$ stets der quadratische Term eliminiert werden. Diese Transformation führt auf eine Gleichung der Form $y^3 + 3py + 2q = 0$, die auch reduzierte oder normale kubische Gleichung genannt wird.

Die Lösung der reduzierten Gleichung wird durch die Cardanische Formel $y = \sqrt[3]{-q + \sqrt{q^2 + p^3}} + \sqrt[3]{-q - \sqrt{q^2 + p^3}}$ gegeben. Mit den Bezeichnungen $a = \sqrt[3]{-q + \sqrt{q^2 + p^3}}$ und $b = \sqrt[3]{-q - \sqrt{q^2 + p^3}}$ hat die reduzierte Gleichung die folgenden Lösungen: $y_1 = a + b$, $y_2 = a\alpha + b\alpha^2$ und $y_3 = a\alpha^2 + b\alpha$, wobei $\alpha = -\frac{1}{2} + \frac{\sqrt{3}}{2}i$ und $\alpha^2 = -\frac{1}{2} - \frac{\sqrt{3}}{2}i$ kubische Einheitswurzeln sind. Wenn y_1, y_2 und y_3 bestimmt sind, erhält man die Lösungen der Ausgangsgleichung mit Hilfe der Transformation $x = y - \frac{B}{3A}$.

Die Cardanische Formel zeigt, daß der Charakter der Lösungen offenbar vom Wert des Terms $q^2 + p^3$ abhängt, den man deshalb auch die Diskriminante der kubischen Gleichung nennt. Je nach dem Vorzeichen von $q^2 + p^3$ liefert nämlich die Quadratwurzel aus dieser Summe reelle oder imaginäre Werte.

Es ist nützlich, die Lösungen der reduzierten Gleichung in folgender Form aufzuschreiben, bevor mit der Diskussion der Diskriminante begonnen wird:

$$y_1 = a + b$$
$$y_2 = a(-\tfrac{1}{2} + \tfrac{\sqrt{3}}{2}i) + b(-\tfrac{1}{2} - \tfrac{\sqrt{3}}{2}i)$$
$$y_3 = a(-\tfrac{1}{2} - \tfrac{\sqrt{3}}{2}i) + b(-\tfrac{1}{2} + \tfrac{\sqrt{3}}{2}i)$$

und nach Vereinfachung

$$y_1 = a + b$$
$$y_2 = -\tfrac{a+b}{2} + \tfrac{a-b}{2}\sqrt{3}i$$
$$y_3 = -\tfrac{a+b}{2} - \tfrac{a-b}{2}\sqrt{3}i.$$

Wir betrachten nun die Diskriminante $q^2 + p^3$.

Fall I: $q^2 + p^3 > 0$. Dann existiert jeweils ein reeller Wert für a und b. Wir können also a und b als reell voraussetzen. Dann sind auch $m = a + b$ und $n = a - b$ reell und die Lösungen der reduzierten Gleichung lauten:

$$y_1 = a + b$$
$$y_2 = -\tfrac{m}{2} + \tfrac{n}{2}\sqrt{3}i$$
$$y_2 = -\tfrac{m}{2} - \tfrac{n}{2}\sqrt{3}i.$$

Das heißt, im Fall $q^2 + p^3 > 0$ gibt es eine reelle und zwei konjugiert komplexe Lösungen.

Beispiel 1. Löse $x^3 - 6x^2 + 10x - 8 = 0$.

Zuerst müssen wir den quadratischen Term eliminieren. Die entsprechende Substitution lautet in diesem Beispiel

$$x = y - \frac{B}{3A} = y - \frac{-6}{3} = y + 2.$$

Sie führt auf die reduzierte Gleichung

$$(y+2)^3 - 6(y+2)^2 + 10(y+2) - 8 = 0$$
$$y^3 - 2y - 4 = 0.$$

Folglich ist
$3p = -2$, $p = -\frac{2}{3}$ und $p^3 = -\frac{8}{27}$,
$2q = -4$, $q = -2$ und $q^2 = 4$.
Wir haben somit $q^2 + p^3 > 0$ und wissen daher, daß es eine reelle und zwei konjugiert komplexe Lösungen geben muß.

Die Werte für a und b sind:

$$a = \sqrt[3]{-q + \sqrt{q^2 + p^3}}$$
$$= \sqrt[3]{2 + \sqrt{\tfrac{100}{27}}} = \sqrt[3]{2 + \tfrac{10}{3\sqrt{3}}}$$
$$b = \sqrt[3]{-q - \sqrt{q^2 + p^3}}$$
$$= \sqrt[3]{2 - \sqrt{\tfrac{100}{27}}} = \sqrt[3]{2 - \tfrac{10}{3\sqrt{3}}}.$$

Wir vereinfachen:

$$a = \sqrt[3]{\tfrac{6\sqrt{3}+10}{3\sqrt{3}}} = \sqrt[3]{\tfrac{3\sqrt{3}+9+3\sqrt{3}+1}{\sqrt{27}}}$$
$$= \sqrt[3]{\tfrac{(\sqrt{3}+1)^3}{\sqrt{27}}} = \tfrac{\sqrt{3}+1}{\sqrt{3}}$$
$$b = \sqrt[3]{\tfrac{6\sqrt{3}-10}{3\sqrt{3}}} = \sqrt[3]{\tfrac{3\sqrt{3}-9+3\sqrt{3}-1}{\sqrt{27}}}$$
$$= \sqrt[3]{\tfrac{(\sqrt{3}-1)^3}{\sqrt{27}}} = \tfrac{\sqrt{3}-1}{\sqrt{3}}.$$

Die Lösungen der reduzierten Gleichung lauten

Einheit 102 Kubische Gleichungen II

dann
$$y_1 = a + b = \frac{\sqrt{3}+1}{\sqrt{3}} + \frac{\sqrt{3}-1}{\sqrt{3}} = 2$$
$$y_2 = a\alpha + b\alpha^2 = \left(\frac{\sqrt{3}+1}{\sqrt{3}}\right)\left(-\frac{1}{2} + \frac{\sqrt{3}}{2}i\right) +$$
$$\left(\frac{\sqrt{3}-1}{\sqrt{3}}\right)\left(-\frac{1}{2} - \frac{\sqrt{3}}{2}i\right)$$
$$y_3 = a\alpha^2 + b\alpha = \left(\frac{\sqrt{3}+1}{\sqrt{3}}\right)\left(-\frac{1}{2} - \frac{\sqrt{3}}{2}i\right) +$$
$$\left(\frac{\sqrt{3}-1}{\sqrt{3}}\right)\left(-\frac{1}{2} + \frac{\sqrt{3}}{2}i\right)$$

und nach Vereinfachung
$$y_1 = 2, \quad y_2 = -1 + i, \quad y_3 = -1 - i.$$

Die Lösungen der Ausgangsgleichung sind folglich
$$x_1 = y_1 + 2 = 4$$
$$x_2 = y_2 + 2 = 1 + i$$
$$x_3 = y_3 + 2 = 1 - i.$$

Fall II: $q^2 + p^3 = 0$. Dann sind a und b gleich. Bezeichnen wir diesen gemeinsamen Wert mit m, so erhalten wir die folgenden Lösungen der reduzierten Gleichung:
$$y_1 = m + m = 2m$$
$$y_2 = -\frac{m+m}{2} + \frac{m-m}{2}\sqrt{3}i = -m$$
$$y_2 = -\frac{m+m}{2} - \frac{m-m}{2}\sqrt{3}i = -m.$$

In diesem Fall sind also alle drei Lösungen reell und zwei davon sind gleich.

Beispiel 2. Löse $x^3 - 12x + 16 = 0$.
In diesem Beispiel haben wir bereits die reduzierte Gleichung, deshalb ist
$3p = -12$, $p = -4$ und $p^3 = -64$,
$2q = 16$, $q = 8$ und $q^2 = 64$,
also $q^2 + p^3 = 64 - 64 = 0$. Das bedeutet, daß die Gleichung drei reelle Lösungen hat, wobei zwei der Lösungen gleich sind. Für a und b erhalten wir
$$a = \sqrt[3]{-q + \sqrt{q^2 + p^3}} = \sqrt[3]{-8} = -2$$
$$b = \sqrt[3]{-q - \sqrt{q^2 + p^3}} = \sqrt[3]{-8} = -2.$$

Die Lösungen lauten also
$$y_1 = a + b = -4$$
$$y_2 = a\alpha + b\alpha^2 = -2(\alpha + \alpha^2)$$
$$= -2(-\tfrac{1}{2} + \tfrac{\sqrt{3}}{2}i - \tfrac{1}{2} - \tfrac{\sqrt{3}}{2}i) = 2$$
$$y_3 = a\alpha^2 + b\alpha = -2(\alpha^2 + \alpha) = 2.$$

Fall III: $q^2 + p^3 < 0$. In diesem Fall sind a und b aufgrund der Wurzel aus der negativen Diskriminante komplexe Zahlen. Wir haben also[96] $a = M + Ni$, $b = M - Ni$ und folgende Lösungen der reduzierten Gleichung:
$$y_1 = a + b = 2M$$
$$y_2 = -\frac{2M}{2} + \frac{2Ni}{2}\sqrt{3}i = -M - \sqrt{3}N$$
$$y_2 = -\frac{2M}{2} - \frac{2Ni}{2}\sqrt{3}i = -M + \sqrt{3}N.$$

Die Lösungen sind also alle reell und voneinander verschieden.[97]

Es gibt jedoch keine allgemeine algebraische Methode zur exakten Berechnung der dritten Wurzeln komplexer Zahlen.[98] Somit ist die Cardanische Formel von geringem Nutzen in diesem Fall, der deshalb auch *irreduzibler Fall* genannt wird.

Die Lösungen können in diesem Fall mit Hilfe der Trigonometrie bestimmt werden. Wir schreiben dazu die Cardanische Formel in der Form $y = \sqrt[3]{u + vi} + \sqrt[3]{u - vi}$ und setzen $r = \sqrt{u^2 + v^2}$ und $\tan\Theta = \frac{v}{u}$. Dann gilt
$$y = \sqrt[3]{r}[\cos\tfrac{\Theta + 2k\pi}{3} + i\sin\tfrac{\Theta + 2k\pi}{3}]$$
$$+ \sqrt[3]{r}[\cos\tfrac{\Theta + 2k\pi}{3} - i\sin\tfrac{\Theta + 2k\pi}{3}]$$

wobei $k = 0, 1, 2$ zu setzen ist.

Die Vereinfachung dieses Ausdrucks ergibt
$$y = 2\sqrt[3]{r}\cos\frac{\Theta + 2k\pi}{3}, \qquad k = 0, 1, 2.$$

Die drei Lösungen lauten also
$$y_1 = 2\sqrt[3]{r}\cos\tfrac{\Theta}{3}$$
$$y_2 = 2\sqrt[3]{r}\cos\tfrac{\Theta + 2\pi}{3}$$
$$y_3 = 2\sqrt[3]{r}\cos\tfrac{\Theta + 4\pi}{3}.$$

Beispiel 3. Löse $x^3 - 6x - 4 = 0$.
Für diese Gleichung ist $3p = -6$ und $2q = -4$, also $p^3 = -8$, $q^2 = 4$, $p^3 + q^2 = -4$ und $\sqrt{p^3 + q^2} = 2i$. Für die Lösungen gilt nach der Cardanischen

---

[96] Anm. d. Übers.: Daß a und b sogar konjugiert komplexe Zahlen sind, ist nicht offensichtlich und müßte bewiesen werden.

[97] Anm. d. Übers.: Nur, wenn $3M^2 \neq N^2$ ist.

[98] Anm. d. Übers.: Allerdings existiert auch für die dritte Wurzel aus einer reellen Zahl keine solche Methode.

Formel $y = \sqrt[3]{2+2i} + \sqrt[3]{2-2i}$, d. h., $r = \sqrt{8}$, $\tan \Theta = 1$ und $\Theta = \frac{\pi}{4}$. Die Gleichung hat somit die folgenden Lösungen:

$$\begin{aligned}
x_1 &= 2\sqrt[3]{r}\cos\frac{\Theta}{3} = 2\sqrt[3]{\sqrt{8}}\cos\frac{\pi}{12} \\
&= 2\sqrt{2}\cos 15° \\
x_2 &= 2\sqrt[3]{r}\cos\frac{\Theta+2\pi}{3} = 2\sqrt{2}\cos\frac{\pi/4+2\pi}{3} \\
&= 2\sqrt{2}\cos 135° \\
x_3 &= 2\sqrt[3]{r}\cos\frac{\Theta+14\pi}{3} = 2\sqrt{2}\cos\frac{\pi/4+4\pi}{3} \\
&= 2\sqrt{2}\cos 255°.
\end{aligned}$$

Nach den Halbwinkelbeziehungen

$$\sin\frac{x}{2} = \sqrt{\frac{1-\cos x}{2}}, \quad \cos\frac{x}{2} = \sqrt{\frac{1+\cos x}{2}}$$

ist

$$\begin{aligned}
\sin 15° &= \sqrt{\frac{1-\cos 30°}{2}} = \sqrt{\frac{1-\sqrt{3}/2}{2}} \\
&= \frac{\sqrt{2-\sqrt{3}}}{2} \\
\cos 15° &= \sqrt{\frac{1+\cos 30°}{2}} = \sqrt{\frac{1+\sqrt{3}/2}{2}} \\
&= \frac{\sqrt{2+\sqrt{3}}}{2}.
\end{aligned}$$

Folglich gilt für die Lösungen der Gleichung

$$\begin{aligned}
x_1 &= 2\sqrt{2}\frac{\sqrt{2+\sqrt{3}}}{2} = \sqrt{4+2\sqrt{3}} \\
&= \sqrt{1+2\sqrt{3}+3} = 1+\sqrt{3} \\
x_2 &= 2\sqrt{2}\cos 135° = 2\sqrt{2}(-\cos 45°) \\
&= 2\sqrt{2}(-\frac{\sqrt{2}}{2}) = -2 \\
x_3 &= 2\sqrt{2}(-\sin 15°) = 2\sqrt{2}(-\frac{\sqrt{2-\sqrt{3}}}{2}) \\
&= \sqrt{1-2\sqrt{3}+3} = \sqrt{3}-1.
\end{aligned}$$

Dieses trigonometrische Verfahren kann auch im reduziblen Fall eingesetzt werden.

Nachbereitung

Schüler, welche die Lernziele erreicht haben, sollten die folgenden kubischen Gleichungen analysieren und dann lösen können.

1. $x^3 - 6x^2 + 11x - 6 = 0$
2. $x^3 - 5x^2 + 9x - 9 = 0$
3. $x^3 - 75x + 250 = 0$
4. $x^3 - 6x^2 + 3x + 10 = 0$

103

Partialsummen von Zahlenfolgen

Die vollständige Induktion ist in den Lehrplänen der Sekundarstufe II (Profil-, Leistungskurs) fest verankert. Viele Lehrbücher enthalten eine Vielzahl von Anwendungen dieser Beweistechnik. Unter diesen Anwendungen sind Beweise von Summenformeln für endliche Folgen besonders populär. Obwohl die meisten Schüler diese Beweise lediglich wie gefordert abarbeiten, wird doch der eine oder andere fragen, wie man eigentlich auf die zu beweisende Summenformel gekommen ist.

Diese Einheit gibt Ihnen die Möglichkeit, auf Fragen der Schüler zur Herleitung von Summenformeln für gewisse Folgen zu reagieren.

Lernziele

1. *Die Schüler bestimmen die Partialsummen gewisser endlicher Folgen.*

2. *Die Schüler entwickeln Formeln zur Berechnung der Partialsummen verschiedener endlicher Folgen.*

Vorbereitung

Die Schüler sollten mit algebraischen Ausdrücken und Funktionen umgehen können und die Begriffe der endlichen Folge und der Partialsumme kennen.

Lehrmethoden

Bringen Sie die Begriffe Folge und Partialsumme in der folgenden Weise in Erinnerung.

Eine *endliche Folge* ist eine endliche Menge, deren Elemente in einer bestimmten Reihenfolge angeordnet sind.

Beispiele: 1) $1, 3, 5, 7, \ldots, 19$

2) $\sin x, \sin 2x, \sin 3x, \ldots \sin 20x$

3) $2, 4, 6, 8, \ldots, 2n$

Einheit 103 Partialsummen von Zahlenfolgen

Wir betrachten nun eine beliebige endliche Folge von Zahlen u_1, u_2, ..., u_n. Wir können die folgenden Summen bilden

$$s_1 = u_1$$
$$s_2 = u_1 + u_2$$
$$s_3 = u_1 + u_2 + u_3$$
$$s_n = u_1 + u_2 + \ldots + u_n.$$

Wir nennen die Summe $s_n = u_1 + u_2 + \ldots u_n$ die *n-te Partialsumme* der Folge u_1, u_2, ..., u_n. Wenn wir z. B. die Folge 1, 2, 3, 4 betrachten, so haben wir hier für die vierte Partialsumme $s_4 = 1 + 2 + 3 + 4 = 10$.

Das ist ein einfaches Beispiel. Wenn wir jedoch allgemein die Folge 1, 2, 3, ..., n betrachten, dann ist es schon nicht mehr so einfach, ihre Summe $s_n = 1 + 2 + 3 + \ldots n$ zu berechnen. Die Summe dieser speziellen Folge kann mit Hilfe des folgenden Kunstgriffes berechnet werden:[99]

$$1 = \tfrac{1 \cdot 2}{2}$$
$$1 + 2 = 3 = \tfrac{2 \cdot 3}{2}$$
$$1 + 2 + 3 = 6 = \tfrac{3 \cdot 4}{2}$$
$$\ldots\ldots\ldots\ldots\ldots\ldots\ldots$$
$$1 + 2 + \ldots + n = \tfrac{n(n+1)}{2}.$$

Das bedeutet, daß wir die Summe $1+2+3+\ldots+10$ wie folgt berechnen können:

$$s_{10} = \frac{10(10+1)}{2} = \frac{10 \cdot 11}{2} = 55.$$

Dieser Kunstgriff ist nicht auf jede Folge anwendbar. Wir müssen deshalb nach einer allgemeineren Methode suchen, wenn wir die Summen anderer Folgen berechnen wollen. Im folgenden Theorem wird eine solche Methode angegeben.

Theorem. Wir betrachten eine Zahlenfolge u_1, u_2, ..., u_n. Wenn $F(k)$ eine Funktion ist, so daß für alle $k = 1, 2, \ldots, n$ die Gleichung $u_k = F(k+1) - F(k)$ erfüllt ist, dann gilt $u_1 + u_2 + \ldots + u_n = F(n+1) - F(1)$.

Beweis: Wenn wir die Voraussetzung $u_k = F(k+1) - F(k)$ der Reihe nach für $k = n, n-1, n-$

[99] Anm. d. Übers.: Vgl. auch Einheit 1.

$2, \ldots, 3, 2, 1$ aufschreiben, so erhalten wir die folgenden Gleichungen:

$$u_n = F(n+1) - F(n)$$
$$u_{n-1} = F(n) - F(n-1)$$
$$u_{n-2} = F(n-1) - F(n-2)$$
$$\ldots\ldots\ldots\ldots\ldots\ldots\ldots\ldots\ldots\ldots$$
$$u_2 = F(3) - F(2)$$
$$u_1 = F(2) - F(1).$$

Die Addition dieser Gleichungen ergibt $u_1 + u_2 + u_3 + \ldots + u_n = F(n+1) - F(1)$ und das Theorem ist bewiesen.

Betrachten Sie nun mit den Schülern die folgenden Beispiele.

Beispiel 1.
Berechne die Summe $1 + 2 + 3 + \ldots + n$.

Da $u_k = k$ ist, suchen wir F in der Form $F(k) = Ak^2 + Bk + C$. (Es sollte ein Polynom gesucht werden, dessen Grad um eins größer als der Grad von u_k selbst ist.) Dann ist also

$$F(k+1) = A(k+1)^2 + B(k+1) + C.$$

Damit das Theorem angewendet werden kann, muß für alle $k \leq n$ gelten

$$u_k = F(k+1) - F(k)$$
$$k = [A(k+1)^2 + B(k+1) + C]$$
$$\quad - [Ak^2 + Bk + C]$$
$$k = 2Ak + (A+B).$$

Durch Vergleich der Koeffizienten vor den einzelnen Potenzen von k erhalten wir $2A = 1$ und $A + B = 0$. Die Lösung dieses Gleichungssystems ist $A = \tfrac{1}{2}$, $B = -\tfrac{1}{2}$. Folglich ist

$$F(k) = \tfrac{1}{2}k^2 - \tfrac{1}{2}k + C$$
$$F(k+1) = \tfrac{1}{2}(k+1)^2 - \tfrac{1}{2}(k+1) + C$$

und $F(1) = C$. Aus dem Theorem folgt nun

$$1 + 2 + 3 + \ldots + n = F(n+1) - F(1)$$
$$= \tfrac{1}{2}(n+1)^2 - \tfrac{1}{2}(n+1)$$
$$= \tfrac{1}{2}n(n+1).$$

Beispiel 2.
Bestimme die Summe $1^2 + 2^2 + 3^2 + \ldots + n^2$.

Da $u_k = k^2$ ist, suchen wir F in der Form $F(k) = Ak^3 + Bk^2 + Ck + D$ (einen Grad höher als u_k, da die höchste Potenz von $F(k)$ in der Differenz $F(k+1) - F(k)$ wegfällt). Dann ist $F(k+1) = A(k+1)^3 + B(k+1)^2 + C(k+1) + D$. Damit das Theorem angewendet werden kann, muß für alle $k \leq n$ gelten

$$k^2 = [A(k+1)^3 + B(k+1)^2 + C(k+1) + D]$$
$$\quad - [Ak^3 + Bk^2 + Ck + D]$$
$$k^2 = 3Ak^2 + (3A + 2B)k + (A + B + C).$$

Durch Koeffizientenvergleich erhalten wir $3A = 1$, $3A + 2B = 0$ und $A + B + C = 0$. Die Lösung dieses Gleichungssystems ist
$A = \frac{1}{3}$, $B = -\frac{1}{2}$, $C = \frac{1}{6}$.
Somit ist

$$F(k) = \tfrac{1}{3}k^3 - \tfrac{1}{2}k^2 + \tfrac{1}{6}k + D$$
$$F(k+1) = \tfrac{1}{3}(k+1)^3 - \tfrac{1}{2}(k+1)^2 + \tfrac{1}{6}(k+1) + D$$

und $F(1) = \tfrac{1}{3} - \tfrac{1}{2} + \tfrac{1}{6} + D = D$.

Folglich ist

$$1^2 + 2^2 + \ldots + n^2$$
$$= F(n+1) - F(1)$$
$$= \tfrac{1}{3}(n+1)^3 - \tfrac{1}{2}(n+1)^2 + \tfrac{1}{6}(n+1)$$
$$= \frac{n(n+1)(2n+1)}{6}.$$

Beispiel 3.
Berechne die Summe $1^3 + 3^3 + 5^3 + (2n-1)^3$.

Da u_k ein Polynom dritten Grades in k ist, arbeiten wir mit dem Ansatz

$$F(k) = Ak^4 + Bk^3 + Ck^2 + Dk + E.$$

Die Bedingung $u_k = (2k-1)^3 = F(k+1) - F(k)$ führt auf

$$8k^3 - 12k^2 + 6k - 1 = 4Ak^3 + (6A + 3B)k^2$$
$$\quad + (4A + 3B + 2C)k$$
$$\quad + (A + B + C + D).$$

Der Koeffizientenvergleich ergibt

$4A = 8$, also $A = 2$;

$6A + 3B = -12$, also $B = -8$;

$4A + 3B + 2C = 6$, also $C = 11$;

$A + B + C + D = -1$, also $D = -6$.

Somit ist

$$F(k) = 2k^4 - 8k^3 + 11k^2 - 6k + E$$
$$F(k+1) = 2(k+1)^4 - 8(k+1)^3$$
$$\quad + 11(k+1)^2 - 6(k+1) + E$$

und $F(1) = -1 + E$. Folglich gilt

$$1^3 + 3^3 + 5^3 + \ldots + (2n-1)^3 = F(n+1) - F(1)$$
$$= 2(n+1)^4 - 8(n+1)^3 + 11(n+1)^2 - 6(n+1)$$
$$+ E - (-1 + E) = 2n^4 - n^2 = n^2(2n^2 - 1).$$

Beispiel 4.
Bestimme die Summe $\tfrac{1}{2} + \tfrac{1}{4} + \ldots + \tfrac{1}{2^n}$.

Wir suchen F in der Form $F(k) = \dfrac{A}{2^k}$. Dann ist $F(k+1) = \dfrac{A}{2^{k+1}}$ und die Bedingung $u_k = F(k+1) - F(k)$ bedeutet $\dfrac{1}{2^k} = \dfrac{A}{2k+1} - \dfrac{A}{2^k}$. Folglich muß $A = -2$ sein, also $F(n+1) = -\dfrac{1}{2^n}$ und $F(1) = -1$. Wir erhalten nun

$$\frac{1}{2} + \frac{1}{4} + \ldots \frac{1}{2^n} = F(n+1) - F(1)$$
$$= -\frac{1}{2^n} + 1$$
$$= 1 - \frac{1}{2^n}.$$

Nach ausreichender Übung sollte es den Schülern nicht mehr schwer fallen, die Funktion $F(k)$ zu bestimmen.

Nachbereitung

Schüler, welche die Lernziele erreicht haben, sollten die folgenden Aufgaben lösen können.

1. Bestimme die Summe
$1 + 8 + 27 + \ldots + n^3$.

2. Bestimme die Summe
$\tfrac{1}{5} + \tfrac{1}{25} + \tfrac{1}{125} + \ldots + \tfrac{1}{5^n}$.

3. Bestimme eine Formel für die Summe einer endlichen arithmetischen Folge.

104

Eine allgemeine Formel für Summen der Form $\sum_{n=1}^{N} n^r$

Die Berechnung der Summe einer endlichen Folge ist eine wichtige Aufgabenstellung. Es gibt jedoch keine allgemeine Formel zur Berechnung der Summe einer beliebigen endlichen Folge.

In dieser Einheit wird eine Formel zur Berechnung beliebiger endlicher Summen vom speziellen Typ $\sum_{n=1}^{N} n^r$ hergeleitet.

Lernziele

1. Die Schüler berechnen Summen der Form $\sum_{n=1}^{N} n^r$.
2. Die Schüler stellen ihr Verständnis der Technik zur Bestimmung allgemeiner Summenformeln für spezielle Typen von endlichen Folgen unter Beweis.

Vorbereitung

Die Schüler sollten den binomischen Lehrsatz kennen und über Anfangskenntnisse auf dem Gebiet der Folgen sowie der elementaren linearen Algebra verfügen.

Lehrmethoden

Wiederholen Sie den Begriff der Partialsumme und den binomischen Lehrsatz auf folgende Weise.

Die *n-te Partialsumme* ist die Summe der ersten k Glieder einer gegebenen Zahlenfolge. Wenn wir z. B. die Zahlenfolge $u_1, u_2, \ldots, u_N$ betrachten, so ist $u_1 + u_2 + \ldots u_n$ die zugehörige n-te Partialsumme. Diese Partialsumme kann auch mit dem Symbol $\sum_{r=1}^{n} u_k$ bezeichnet werden. Das Symbol $\sum_{k=1}^{n} k^2$ steht also für $1^2 + 2^2 + \ldots + n^2$. Man sagt dazu auch kurz: Reihe.[100]

Ein anderes Beispiel für eine Reihe ist $\sum_{m=0}^{k} \binom{k}{m} a^{k-m} b^m$, wobei a und b beliebige reelle Zahlen sind, k irgendeine natürliche Zahl und $\binom{k}{m} = \frac{k!}{m!(k-m)!}$ ist. Man kann zeigen, daß diese Reihe gleich $(a+b)^k$ ist. Diese Tatsache ist als der *binomische Lehrsatz* bekannt.

Es gibt einen weniger bekannten, aber wichtigen Satz aus der Theorie der Reihen, den wir in dieser Einheit beweisen werden. Unsere Überlegungen werden sich auf diesen Satz und den binomischen Lehrsatz stützen.

Lemma. Wir betrachten eine endliche Reihe $\sum_{n=1}^{N} u_n$. Wenn wir eine Funktion $f(n)$ finden, so daß für alle $n \leq N$ die Gleichung $u_n = f(n+1) - f(n)$ erfüllt ist, dann gilt $\sum_{n=1}^{N} u_n = f(N+1) - f(1)$.

Beweis: Wenn wir die Voraussetzung $u_n = f(n+1) - f(n)$ der Reihe nach für $n = N-1, N-2, \ldots, 3, 2, 1$ aufschreiben, so erhalten wir die folgenden Gleichungen:

$$
\begin{aligned}
u_N &= f(N+1) - f(N) \\
u_{N-1} &= f(N) - f(N-1) \\
u_{N-2} &= f(N-1) - f(N-2) \\
&\cdots\cdots\cdots\cdots\cdots\cdots\cdots \\
u_2 &= f(3) - f(2) \\
u_1 &= f(2) - f(1).
\end{aligned}
$$

Die Addition dieser Gleichungen ergibt $\sum_{n=1}^{N} u_n = f(N+1) - f(1)$ und das Theorem ist bewiesen.

Sei nun $\sum_{n=1}^{N} n^r$ die Reihe, deren Summe wir berechnen möchten. Um das bewiesene Lemma anzuwenden, betrachten wir eine Funktion der Form

---

[100] Anm. d. Übers.: Eigentlich ist eine Reihe die *Folge* der Partialsummen einer gegebenen Folge.

$f(n) = \sum_{k=0}^{r+1} b_k n^k$, wobei die b_k reelle Zahlen sind.
Dann gilt $f(n+1) = \sum_{k=0}^{r+1} b_k (n+1)^k$. Damit das Lemma mit dieser Funktion auf die Reihe $\sum_{n=1}^{N} n^r$ angewendet werden kann, muß für alle $n \leq N$ gelten

$$\begin{aligned} u_n &= f(n+1) - f(n) \\ n^r &= \sum_{k=0}^{r+1} b_k (n+1)^k - \sum_{k=0}^{r+1} b_k n^k \\ n^r &= \sum_{k=0}^{r+1} b_k [(n+1)^k - n^k]. \end{aligned} \quad (1)$$

Nach dem binomischen Lehrsatz ist

$$(n+1)^k = \sum_{m=0}^{k} \binom{k}{m} n^{k-m}$$

und folglich

$$(n+1)^k - n^k = \sum_{m=1}^{k} \binom{k}{m} n^{k-m}.$$

Damit kann (1) in der Form

$$n^r = \sum_{k=0}^{r+1} b_k \sum_{m=1}^{k} \binom{k}{m} n^{k-m}$$

geschrieben werden. Der Vergleich der Koeffizienten aller Potenzen von n führt auf das folgende Gleichungssystem

$$\begin{aligned} \binom{r+1}{1} b_{r+1} &= 1 \\ \binom{r+1}{2} b_{r+1} + \binom{r}{1} b_r &= 0 \\ \binom{r+1}{3} b_{r+1} + \binom{r}{2} b_r + \binom{r-1}{1} b_{r-1} &= 0 \\ &\cdots\cdots\cdots\cdots\cdots\cdots \\ \binom{r+1}{m} b_{r+1} + \binom{r}{m-1} b_r + \binom{r-1}{m-2} b_{r-1} + \ldots &= 0 \\ &\cdots\cdots\cdots\cdots\cdots\cdots \\ \binom{r+1}{r+1} b_{r+1} + \binom{r}{r} b_r + \ldots + \binom{1}{1} b_1 &= 0. \end{aligned}$$

Dieses Gleichungssystem kann auf folgende Weise in Matrixform geschrieben werden:

$$\begin{pmatrix} \binom{r+1}{1} & 0 & 0 & 0 & \ldots 0 \\ \binom{r+1}{2} & \binom{r}{1} & 0 & 0 & \ldots 0 \\ \binom{r+1}{3} & \binom{r}{2} & \binom{r-1}{1} & 0 & \ldots 0 \\ \vdots & \vdots & \vdots & \vdots & \vdots \\ \binom{r+1}{m} & \binom{r}{m-1} & \binom{r-1}{m-2} & \ldots & \ldots 0 \\ \vdots & \vdots & \vdots & \vdots & \vdots \\ \binom{r+1}{r+1} & \binom{r}{r} & \binom{r-1}{r-1} & \binom{r-2}{r-2} & \ldots 1 \end{pmatrix} \begin{pmatrix} b_{r+1} \\ b_r \\ b_{r-1} \\ \vdots \\ b_m \\ \vdots \\ b_1 \end{pmatrix} = \begin{pmatrix} 1 \\ 0 \\ 0 \\ \vdots \\ 0 \\ \vdots \\ 0 \end{pmatrix}$$

Wenn wir diese drei Matrizen mit A, X bzw. B bezeichnen, dann haben wir die Matrixgleichung $AX = B$. Da A eine Dreiecksmatrix ist, gilt

$$\det A = \prod_{s=1}^{r+1} \binom{s}{1} \neq 0.$$

Folglich existiert A^{-1}. (det A ist die Determinante von A. Im einfachen Fall einer 2×2-Matrix gilt $\det A = \begin{vmatrix} a_1 & b_1 \\ a_2 & b_2 \end{vmatrix} = a_1 b_2 - a_2 b_1$. Das Π steht für "Produkt", in derselben Weise, wie Σ für "Summe" steht.) Wir haben also $X = A^{-1} B$. Bezeichnen wir die Elemente von A^{-1} mit a_{ij}, so gilt aufgrund der speziellen Gestalt von B die Beziehung

$$X = A^{-1} B = \begin{pmatrix} a_{11} \\ a_{21} \\ \vdots \\ a_{r+1,1} \end{pmatrix}$$

Folglich muß

$$\begin{pmatrix} b_{r+1} \\ b_r \\ \vdots \\ b_1 \end{pmatrix} = \begin{pmatrix} a_{11} \\ a_{21} \\ \vdots \\ a_{r+1,1} \end{pmatrix}$$

gelten, d. h., $b_{r+2-i} = a_{i1}$ für alle $i \in \{1, 2, \ldots, r+1\}$.

Mit dieser Wahl der b_k erfüllt nun die Funktion $f(n)$ die Voraussetzungen des Lemmas. Wegen $f(N+1) = \sum_{k=0}^{r+1} b_k (N+1)^k$ und $f(1) = \sum_{k=0}^{r+1} b_k$ erhalten wir mit dem Lemma

$$\sum_{n=1}^{N} n^r = \sum_{k=0}^{r+1} b_k (N+1)^k - \sum_{k=0}^{r+1} b_k$$

Einheit 104 Eine allgemeine Formel für Summen der Form $\sum_{n=1}^{N} n^r$

$$= \sum_{k=0}^{r+1} b_k [(N+1)^k - 1] \quad (2)$$

Nach dem binomischen Satz gilt

$$(N+1)^k - 1 = \binom{k}{0} N^k + \binom{k}{1} N^{k-1} + \ldots + \binom{k}{k-1} N$$

Somit kann (2) in folgender Form geschrieben werden:

$$\sum_{n=1}^{N} n^r =$$
$$= \sum_{k=0}^{r+1} b_k \left[\binom{k}{0} N^k + \binom{k}{1} N^{k-1} + \ldots + \binom{k}{k-1} N \right].$$

Wir bezeichnen den Koeffizienten von N^j auf der rechten Seite der letzten Gleichung mit c_j. Dann ist $\sum_{n=1}^{N} n^r = \sum_{j=1}^{r+1} c_j N^j$ und

$$c_j = b_j \binom{j}{0} + b_{j+1} \binom{j+1}{1} + \ldots + b_{r+1} \binom{r+1}{r+1-j}.$$

Diese Summe taucht – bis auf den ersten Summanden – auch in einer Zeile des Gleichungssystems für die b_k auf. Man liest nun aus diesem Gleichungssystem ab, daß $c_j = b_j \binom{j}{0} = b_j$ für alle $j \neq r$ und $c_r = b_r \binom{r}{0} + 1 = b_r + 1$ gilt.

Wir haben damit das folgende Theorem bewiesen.

Theorem. Die Summe der endlichen Reihe $\sum_{n=1}^{N} n^r$ ist gleich $\sum_{j=1}^{r+1} c_j n^j$, wobei $c_j = a_{r+2-j,1}$ für alle $j \neq r$, $c_r = a_{21} + 1$ gilt. Dabei sind die a_{i1} die Elemente der ersten Spalte der oben definierten Matrix A^{-1}.

Beispiel 1. Bestimme $\sum_{n=1}^{N} n^2$.

In diesem Beispiel ist $r = 2$ und wir haben

$$\begin{pmatrix} \binom{3}{1} & 0 & 0 \\ \binom{3}{2} & \binom{2}{1} & 0 \\ \binom{3}{3} & \binom{2}{2} & \binom{1}{1} \end{pmatrix} \begin{pmatrix} b_3 \\ b_2 \\ b_1 \end{pmatrix} = \begin{pmatrix} 1 \\ 0 \\ 0 \end{pmatrix}$$

Folglich ist $A = \begin{pmatrix} 3 & 0 & 0 \\ 3 & 2 & 0 \\ 1 & 1 & 1 \end{pmatrix}$. Man erhält[101]

$$A^{-1} = \frac{(\mathrm{Adj}A)'}{\det A} = \frac{\begin{pmatrix} 2 & -3 & 1 \\ 0 & 3 & -3 \\ 0 & 0 & 6 \end{pmatrix}'}{\begin{vmatrix} 3 & 0 & 0 \\ 3 & 2 & 0 \\ 1 & 1 & 1 \end{vmatrix}}$$

$$= \frac{1}{6} \begin{pmatrix} 2 & 0 & 0 \\ -3 & 3 & 0 \\ 1 & -3 & 6 \end{pmatrix}$$

Somit ist

$$X = \frac{1}{6} \begin{pmatrix} 2 & 0 & 0 \\ -3 & 3 & 0 \\ 1 & -3 & 6 \end{pmatrix} \begin{pmatrix} 1 \\ 0 \\ 0 \end{pmatrix} = \frac{1}{6} \begin{pmatrix} 2 \\ -3 \\ 1 \end{pmatrix}$$

Wir haben also

$$\begin{pmatrix} b_3 \\ b_2 \\ b_1 \end{pmatrix} = \frac{1}{6} \begin{pmatrix} 2 \\ -3 \\ 1 \end{pmatrix}$$

und somit $b_3 = \frac{1}{3}$, $b_2 = -\frac{1}{2}$, $b_1 = \frac{1}{6}$. Für die Funktion $f(n)$ folgt

$$f(n) = \frac{1}{6}[2n^3 - 3n^2 + n + b_0]$$
$$f(n+1) = \frac{1}{6}[2(n+1)^3 - 3(n+1)^2 + (n+1) + b_0],$$

und $f(1) = \frac{1}{6} b_0$.

Folglich ist die Reihensumme gleich

$$\sum_{n=1}^{N} n^2 = f(N+1) - f(1)$$
$$= \frac{1}{6}[2(N+1)^3 - 3(N+1^2) + (N+1)]$$
$$= \frac{1}{6} N(N+1)(2N+1)$$

---

[101] Anm. d. Übers.: In der anschließenden Rechnung bezeichnet Adj$A$ die Matrix der Adjunkten der Elemente von A.

Beispiel 2. Bestimme die Summe $1+2+3+\ldots+n$.

In diesem Beispiel geht es um die Reihe $\sum_{n=1}^{N} n$ und es ist $r=1$. Die Gleichung zur Bestimmung der b_k lautet also

$$\begin{pmatrix} \binom{2}{1} & 0 \\ \binom{2}{2} & \binom{1}{1} \end{pmatrix} \begin{pmatrix} b_2 \\ b_1 \end{pmatrix} = \begin{pmatrix} 1 \\ 0 \end{pmatrix}$$

Wir haben $A = \begin{pmatrix} 2 & 0 \\ 1 & 1 \end{pmatrix}$ mit der Inversen $A^{-1} = \frac{1}{2}\begin{pmatrix} 1 & 0 \\ -1 & 2 \end{pmatrix}$ und somit

$$X = \frac{1}{2}\begin{pmatrix} 1 & 0 \\ -1 & 2 \end{pmatrix}\begin{pmatrix} 1 \\ 0 \end{pmatrix} = \frac{1}{2}\begin{pmatrix} 1 \\ -1 \end{pmatrix}$$

Folglich ist $b_2 = \frac{1}{2}$ und $b_1 = -\frac{1}{2}$. Wir haben also

$$\begin{aligned} f(n) &= \tfrac{1}{2}(n^2 - n + b_0) \\ f(n+1) &= \tfrac{1}{2}[(n+1)^2 - (n+1) + b_0] \end{aligned}$$

und $f(1) = \tfrac{1}{2}b_0$. Das ergibt

$$\sum_{n=1}^{N} n = f(N+1) - f(1) =$$
$$= \tfrac{1}{2}[(N+1)^2 - (N+1)] = \tfrac{1}{2}N(N+1).$$

Nachbereitung

Nach ausreichender Übung sollten die Schüler die folgenden Aufgaben lösen können.

1. Berechne die Summe $1^3 + 2^3 + \ldots + n^3$.

2. Berechne die Summe $\sum_{k=1}^{n} k^5$.

3. Welche Änderungen ergeben sich im letzten Theorem, wenn man Reihen der Form $\sum_{n=1}^{N}(2n)^r$ betrachtet?

105
Ein parabolischer Rechner

Nachdem der Lehrer am Ende der Sekundarstufe I bzw. am Anfang der Sekundarstufe II wichtige Eigenschaften der Parabel behandelt hat, wird er vielleicht einige Anwendungen der Parabel diskutieren wollen. Er könnte auf die Reflexionseigenschaften parabolischer Flächen zu sprechen kommen, die z. B. in Scheinwerfern oder in Spiegelteleskopen genutzt werden. Die Strahlen einer Lichtquelle werden im Brennpunkt eines Parabolspiegels (Abb. 1) als *Parallelstrahlen* reflektiert. Es könnte bemerkt werden, daß der Einfallswinkel $\measuredangle FTP$ jedes Strahls gleich seinem Ausfallswinkel $\measuredangle FTQ$ ist. Dasselbe Prinzip wird in ei-

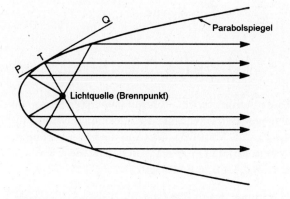

Abb. 1

nem Spiegelteleskop (oder einem Radarspiegel) genutzt, nur daß die Strahlen hier von einer entfernten Quelle erzeugt und vom Spiegel (oder dem Radarschirm) in den Brennpunkt reflektiert werden, der aus einer Kamera oder einem anderen Empfangsgerät bestehen kann.

Eine andere Anwendung, die betrachtet werden könnte, ist die parabolische Flugbahn eines geworfenen Gegenstandes. Eine weitere, ziemlich ungewöhnliche Anwendung der Parabel benutzt ihre Eigenschaften im kartesischen Koordinatensystem. In dieser Einheit wird gezeigt, wie eine Parabel in der kartesischen Koordinatenebene als Rechengerät zur Ausführung von Multiplikationen und Divisionen genutzt werden kann. Die einzigen Hilfsmittel, die die Schüler benötigen, sind Millimeterpapier und Lineal.

Einheit 105 Ein parabolischer Rechner

Lernziele

1. Die Schüler zeichnen eine geeignete Parabel und führen mit ihrer Hilfe eine gegebene Multiplikation aus.

2. Die Schüler zeichnen eine geeignete Parabel und führen mit ihr eine gegebene Division durch.

3. Die Schüler begründen (analytisch), warum das in dieser Einheit vorgestellte Multiplikationsverfahren "funktioniert".

Vorbereitung

Bevor Sie einer Klasse diese Einheit anbieten, sollten Sie sich vergewissern, daß die Schüler in der Lage sind, eine Parabel zu zeichnen und die Gleichung einer Geraden zu bestimmen, wenn zwei Punkte der Geraden bekannt sind.

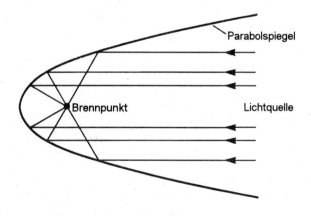

Abb. 2

Lehrmethoden

Lassen Sie die Schüler auf einem großen Bogen Zeichenpapier (möglichst Millimeterpapier) Koordinatenachsen und den Graphen der Parabel $y = x^2$ zeichnen. Dies muß sehr genau geschehen. Wenn das getan ist, können die Schüler den "Parabelrechner" in Betrieb nehmen. Nehmen wir z. B. an, sie wollten 3 und 5 miteinander multiplizieren. Dazu zeichnen sie einfach die Gerade, welche die beiden Punkte mit den Abszissen 3 und -5 verbindet. Das Produkt $3 \cdot 5$ ist die Ordinate des Punktes, in dem diese Gerade (AB in Abb. 3)

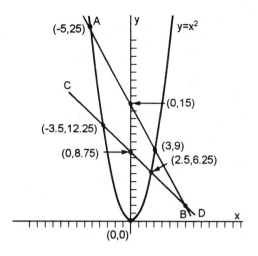

Abb. 3

die y-Achse schneidet. Zur weiteren Übung lassen Sie die Schüler das Produkt $2,5 \cdot 3,5$ berechnen. Dazu müssen sie die Gerade durch die Punkte $(2,5; 6,25)$ und $(-3,5; 12,25)$ zeichnen (das sind die Punkte auf der Parabel $y = x^2$ mit den Abszissen $2,5$ und $-3,5$). Die Ordinate des Schnittpunktes dieser Geraden (CD in Abb. 3) mit der y-Achse ist gleich dem Produkt von $2,5$ und $3,5$, d. h. gleich $8,75$. Natürlich wird die mit diesem Verfahren erreichbare Genauigkeit von der Größe der Zeichnung bestimmt. Die Schüler sollten sich klarmachen, daß im letzten Beispiel anstelle der Punkte mit den Abszissen $2,5$ und $-3,5$ ebensogut die Parabelpunkte mit den Abszissen $-2,5$ und $3,5$ benutzt werden könnten.

An dieser Stelle könnten Sie die Schüler fragen, wie dieselbe Zeichnung zum Dividieren benutzt werden kann. Schüler, die sich daran erinnern, daß die Division die zur Multiplikation inverse Operation ist, sollten bemerken, daß man mit der Geraden CD die Divisionsaufgabe $8,75 : 3,5$ lösen kann. Der andere Schnittpunkt der Geraden CD mit der Geraden, d. h. der Punkt $(2,5; 6,25)$ liefert das Ergebnis $2,5$.

Sie sind gut beraten, wenn Sie die Schüler nun eine Reihe von Übungsaufgaben lösen lassen, um sie mit dieser Technik besser vertraut zu machen. Die Schüler können mit Hilfe eines Lineals die Antworten aus der Zeichnung ablesen (ohne eine Gerade zu zeichnen).

Nach ausreichender Übung sind die Schüler vielleicht neugierig geworden, warum diese Technik eigentlich "funktioniert". Um zu beweisen, daß sie funktioniert, lassen Sie die Klasse die folgende allgemeine Situation betrachten (Abb. 4).

Vor.: PQ schneidet die Parabel $y = x^2$ in den Punkten $(x_1; y_1)$ und $(x_2; y_2)$ und die y-Achse im Punkt $(0; y_3)$.

Beh.: Es gilt $y_3 = |x_1 x_2|$.

Beweis:

Der Anstieg der Geraden PQ ist gleich $\frac{y_2 - y_1}{x_2 - x_1} = \frac{x_2^2 - x_1^2}{x_2 - x_1} = x_1 + x_2$ (wegen $y_2 = x_2^2$ und $y_1 = x_1^2$).

Andererseits ist der Anstieg von PQ gleich $\frac{y - y_1}{x - x_1}$ für jeden Punkt $(x; y)$ auf dieser Geraden.

Deshalb ist $\frac{y - y_1}{x - x_1} = x_1 + x_2$ die Gleichung der Geraden PQ. Im Punkt $(0; y_3)$ erhalten wir

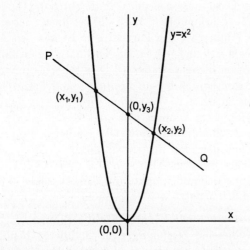

Abb. 4

$\frac{y_3 - y_1}{0 - x_1} = x_1 + x_2$, also $y_3 = -x_1^2 - x_1 x_2 + y_1$.
Wegen $y_1 = x_1^2$ folgt $y_3 = -x_1 x_2$, und, da die rechte Seite positiv ist, $y_3 = |x_1 x_2|$.

Nachdem sie diesen Beweis kennen, werden die Schüler vielleicht mit anderen Parabeln experimentieren wollen, um zu versuchen, $y = x^2$ durch eine "praktischere" Parabel zu ersetzen.

Die Parabelskizze bietet die Möglichkeit für eine Vielzahl weiterer Untersuchungen. Zum Beispiel kann sie zur "Konstruktion" einer Strecke der Länge $\sqrt{a}$ dienen. Man muß dazu nur eine Parallele zur x-Achse durch den Punkt $(0; a)$ zeichnen. Der Abschnitt auf dieser Geraden zwischen y-Achse und Parabel hat die Länge $\sqrt{a}$. Die Schüler sollten zu weiteren Untersuchungen ermuntert werden.

Nachbereitung

1. Lassen Sie die Schüler die Parabel $y = x^2$ zeichnen und mit ihrer Hilfe die folgenden Aufgaben lösen:
   (a) $4 \cdot 5$ (b) $4,5 \cdot 5,5$ (c) $4 : 2,5$ (d) $1,5 : 0,5$

2. Lassen Sie die Schüler zeigen, wie die Parabel $y = \frac{1}{2} x^2$ für die Ausführung von Multiplikationen und Dvisionen genutzt werden kann.

106

Ellipsenkonstruktionen

Diese Einheit zeigt, wie Ellipsen mit Hilfe von Zirkel und Lineal konstruiert werden können.

Lernziele

1. *Die Schüler konstruieren Punkte auf einer Ellipse, ohne eine Gleichung zu benutzen.*[102]

2. *Die Schüler benutzen Beziehungen zwischen Kreis und Ellipse zur Ellipsenkonstruktion.*

Vorbereitung

Kenntnis der analytischen Geometrie ist wünschenswert, aber nicht notwendig. Bitten Sie die Schüler, mit irgendeinem Verfahren (d. h. analytisch oder mit speziellen Hilfsmitteln) eine Ellipse zu konstruieren.

---

[102] Anm. d. Übers.: Präziser: ohne die Koordinaten dieser Punkte zu berechnen.

Einheit 106 Ellipsenkonstruktionen

Lehrmethoden

Bitten Sie die Schüler, nachdem Sie sich ihre Konstruktionsversuche angeschaut haben, die Genauigkeit ihrer Arbeiten zu beurteilen. Einige Schüler werden vielleicht eine Freihandzeichnung angefertigt haben, während andere auf Millimeterpapier einzelne Punkte eingetragen haben. Das ist eine günstige Gelegenheit, auf eine erste Konstruktionsmethode zu sprechen zu kommen.

Methode I: Punktweise Konstruktion. Eine der Definitionen der Ellipse lautet: *Die Ellipse ist der geometrische Ort aller Punkte P, für die die Summe der Abstände zu zwei festen Punkten F und F' konstant ist.* Die Punkte P in Abb. 1 mit

$$|\overline{PF}| + |\overline{PF'}| = konstant \qquad (1)$$

liegen also auf einer Ellipse. Für gewöhnlich wird

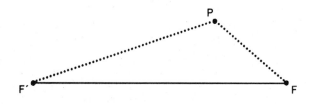

Abb. 1

diese Konstante mit $2a$ bezeichnet, und es ist nicht schwierig, aus dieser Definition die Ellipsengleichung (in Mittelpunktslage)

$$\frac{x^2}{a^2} + \frac{y^2}{b^2} = 1 \qquad (2)$$

abzuleiten. Die bekannte Gärtnerkonstruktion der Ellipse (bei der ein an zwei Pflöcken knapp über dem Boden befestigtes Seil mit einem frei beweglichen "Zeichenstab" gespannt wird) beruht direkt auf dieser Definition.

Verfahren: Zeichne in die Mitte eines DIN-A4-Blattes im Querformat eine 8 cm lange horizontale Strecke $\overline{FF'}$. Die Endpunkte dieser Strecke werden die Brennpunkte der zu konstruierenden Ellipse sein (Abb. 2). Sei die Konstante in (1) gleich 12 cm:

$$|\overline{PF}| + |\overline{PF'}| = 12\,cm \quad . \qquad (3)$$

Zeichne um F und F' Kreise mit dem Radius 8 cm. Dann zeichne um beide Punkte Kreise mit dem Radius 4 cm. Die Schnittpunkte A, B, C, D der großen mit den kleinen Kreisen liegen auf der

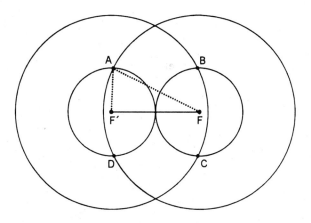

Abb. 2

Ellipse (3). Für den Punkt A z. B. gilt nämlich nach Konstruktion $|\overline{FA}| = 8$ cm und $|\overline{F'A}| = 4$ cm, also $|\overline{FA}| + |\overline{F'A}| = 12$ cm und (3) ist erfüllt.

Eine recht genaue Konstruktion der Ellipse erhält man, wenn man nun die Radien der Kreise um F und F' in Schritten von 0,5 cm verändert. Man beginnt mit dem Radienpaar 9,5 cm und 2,5 cm, das vier Punkte der Ellipse liefert. Weitere vier Punkte liefert das Radienpaar 9 cm und 3 cm usw., wie in Abb. 3 gezeigt. Diese Konstruktion

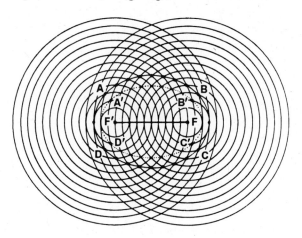

Abb. 3

liefert sogar gleichzeitig weitere Ellipsen. Betrachten wir z. B. die Ellipse

$$|\overline{PF}| + |\overline{PF'}| = 10\,cm \qquad (4)$$

Um Punkte dieser Ellipse zu gewinnen, muß man lediglich die Schnittpunkte solcher Kreise markieren, deren Radien in der Summe 10 cm ergeben.

Im Laufe der oben vorgeschlagenen Konstruktion der Ellipse (3) sind z. B. Kreise mit den Radien 7 cm und und 3 cm um F und F' gezeichnet worden. Die vier Schnittpunkte der größeren mit den kleineren dieser vier Kreise liegen auf einer *anderen* als der ursprünglich konstruierten Ellipse (3), eben auf der Ellipse (4).

Abb. 3 zeigt die Skizzen der beiden Ellipsen (3) und (4). Auf analoge Weise können aus derselben Zeichnung weitere Ellipsen gewonnen werden, die alle die Brennpunkte F und F' haben.

Methode II: Tangentenkonstruktion. Lassen Sie die Schüler in die Mitte eines DIN-A4-Blattes einen Kreis mit dem Radius 6 cm zeichnen und die folgende Konstruktion ausführen: Wähle einen Punkt F im Inneren des Kreises mit einem Abstand von 4,5 cm vom Kreismittelpunkt (Abb. 4). Zeichne eine beliebige Sehne durch F. Diese

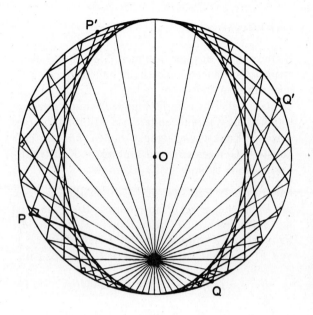

Abb. 5

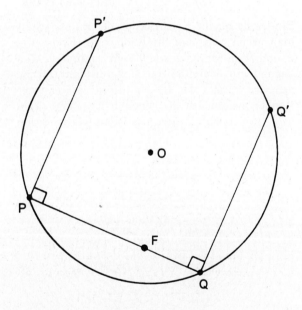

Abb. 4

schneidet den Kreis in zwei Punkten P und Q. Errichte die Senkrechten in P und Q, die den Kreis in zwei weiteren Punkten P' und Q' schneiden. Dann sind PP' und QQ' Tangenten an eine Ellipse, für die F einer der Brennpunkte ist. Wiederhole diese Prozedur für viele solche Sehnen PQ. Das Ergebnis ist eine Zeichnung ähnlich wie in Abb. 5.

Die Begründung dieser Konstruktion basiert auf der Umkehrung des folgenden Theorems: *Der geometrische Ort der Fußpunkte der Lote aus einem Brennpunkt auf alle Tangenten einer Ellipse ist ein Kreis.* Einen Beweis dieses Satzes findet man z. B. in de Vries, Geometrie II, Braunschweig, Westermann Verlag, 1954, S. 293-294.

Verschiebt man F, so ändern sich Größe und Form der Ellipse. Ferner ist der zweite Brennpunkt F' der Endpunkt der um ihre eigene Länge über O hinaus verlängerten Strecke $\overline{FO}$.

Nachbereitung

1. Lassen Sie die Schüler die Zeichnung in Abb. 3 in einem größeren Maßstab ausführen, z. B. $|\overline{FF'}| = 12$ cm Die Einfärbung der verschiedenen von den Kreisen gebildeten Regionen kann ein schönes Bild ergeben.

2. Lassen Sie die Schüler die folgende Konstruktion vervollständigen und begründen:
Zeichne einen Kreis mit dem Radius r und dem Mittelpunkt O. Wähle einen festen Punkt F im Kreisinneren und zeichne $\overline{OF}$. Natürlich ist dann $r > |\overline{OF}|$. Zeichne einen beliebigen Radius $\overline{OQ}$. Verbinde F mit Q und konstruiere den Mittelpunkt M dieser Strecke. Errichte die Senkrechte auf $\overline{FQ}$ in M und bezeichne mit P den Schnittpunkt dieser Senkrechten mit $\overline{OQ}$. Dann liegt P auf einer Ellipse, für die F einer der Brennpunkte

Einheit 107 Parabelkonstruktionen

ist.[103] Darüber hinaus ist MP eine Tangente an diese Ellipse.

107
Parabelkonstruktionen

Lernziele

Die Schüler konstruieren mit Hilfe von Zirkel und Lineal eine Parabel, ohne ihre Gleichung zu benutzen.

Vorbereitung

Bitten Sie die Schüler, die Parabel $y = x^2$ auf einem Blatt Millimeterpapier zu konstruieren. Wenn das geschehen ist, lassen Sie die Schüler irgendeine Parabel auf unliniertem Papier konstruieren.

Lehrmethoden

Aller Wahrscheinlichkeit nach werden die Schüler nicht in der Lage sein, eine Parabel auf unliniertem Papier zu zeichnen. An dieser Stelle könnten Sie an die Ortsdefiniton der Parabel erinnern: sie ist der geometrische Ort aller Punkte, die von einem festen Punkt und einer festen Geraden denselben Abstand haben. Vielleicht empfinden die Schüler das als nützlichen Hinweis bei der Suche nach einer Konstruktionsmethode für eine Parabel. Nachdem Sie ihre Vorschläge angehört haben, besprechen Sie mit den Schülern die folgenden Methoden.

Methode I: Punkweise Konstruktion. Zeichne auf ein quer gelegtes Blatt DIN-A4 jeweils im Abstand von 1 cm etwa 15 dünne parallele vertikale Strecken (Abb. 1). Jede der Strecken soll 16 cm lang sein. Zeichne die gemeinsame Mittelsenkrechte dieser Strecken. Bezeichne die Skizze so

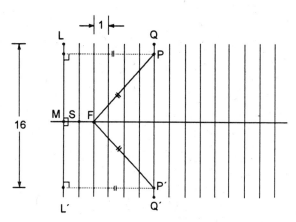

Abb. 1

wie in Abb. 1 gezeigt und achte darauf, daß F den Schnittpunkt der dritten Strecke und der Mittelsenkrechten markiert. Sei QQ' eine beliebige der vertikalen Geraden, etwa die sechste von LL' aus. Nach Konstruktion ist QQ' dann 6 cm von LL' entfernt. Nimm diese Entfernung als Zirkelspanne und zeichne Kreisbögen um F, die QQ' ober- und unterhalb der horizontalen Geraden in den Punkten P und P' schneiden. Dann liegen P und P' auf einer Parabel mit dem *Brennpunkt* F. Wiederhole diese Prozedur mit allen anderen vertikalen Linien und verbinde alle so gefundenen Punkte miteinander (Abb. 2).

Diskussion: Nach Konstruktion ist der senkrechte Abstand der Punkte P und P' von der Geraden LL' gleich $|\overline{FP}|$ bzw. $|\overline{FP'}|$. Die Definition der Parabel basiert gerade auf dieser Abstandsgleichheit: Eine Parabel ist der geometrische Ort aller Punkte, die von einem festen Punkt und einer festen Geraden denselben Abstand haben. Die Gerade LL' heißt *Leitlinie*, die Gerade MF heißt *Achse* der Parabel. Ist M der Schnittpunkt von Leitlinie und Parabelachse und $|\overline{FM}| = 2p$, so ist es nicht schwierig, mit Hilfe der Abstandsformel und der obigen Parabeldefinition zu zeigen, daß die Parabel der Gleichung

$$y^2 = 4px \qquad (1)$$

genügt.[104] Der Mittelpunkt S von MF ist der *Scheitelpunkt* der Parabel.

Methode II: Punktweise Konstruktion. Zeichne ein Rechteck $ABCD$ und bezeichne die

---

[103] Anm. d. Übers.: Dabei ist wichtig, daß diese Ellipse für alle Punkte Q ein und dieselbe ist

[104] Anm. d. Übers.: Dazu muß allerdings der Koordinatenursprung mit M und die y-Achse mit LL' zusammenfallen.

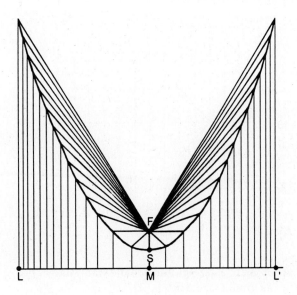

Abb. 2

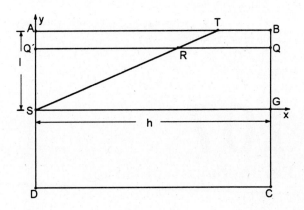

Abb. 4

Mittelpunkte von $\overline{AD}$ und $\overline{BC}$ mit S bzw. G (Abb. 3). Unterteile $\overline{AB}$, $\overline{AS}$ und $\overline{BG}$ jeweils äqui-

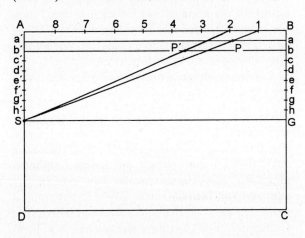

Abb. 3

distant mit der gleichen *Anzahl* von Punkten. Bezeichne die Teilungspunkte auf $\overline{AB}$ mit 1, 2, 3,... und die Teilungspunkte auf $\overline{BG}$ und $\overline{AS}$ mit a, b, c,... bzw. mit a', b', c',.... Markiere den Schnittpunkt P von $S1$ mit aa', den Schnittpunkt P' von $S2$ mit bb' usw. Dann liegen P, P' und alle weiteren so gewonnen Punkte auf einer Parabel mit dem Scheitelpunkt S und der Achse SG.

Beweis: Wir legen in die Figur von Abb. 3 ein Koordinatensystem mit der x-Achse SG und der y-Achse AD (Abb. 4). Sei R einer der oben konstruierten Punkte. Wir bezeichnen seine Koordinaten

mit $(x;y)$, d. h., $|\overline{Q'R}| = x$, $|\overline{SQ'}| = |\overline{GQ}| = y$. Mit den Bezeichnungen $l = |\overline{AS}|$ und $h = |\overline{SG}|$ gilt dann nach Konstruktion

$$\frac{|\overline{AT}|}{|\overline{AB}|} = \frac{|\overline{GQ}|}{|\overline{GB}|},$$

also

$$\frac{|\overline{AT}|}{h} = \frac{y}{l}. \qquad (2)$$

Da die Dreiecke $\Delta SQ'R$ und ΔSAT ähnlich sind, gilt

$$\frac{x}{y} = \frac{|\overline{AT}|}{|\overline{AS}|} = \frac{|\overline{AT}|}{l},$$

also

$$|\overline{AT}| = \frac{lx}{y}. \qquad (3)$$

Wir setzen diesen Wert für $|\overline{AT}|$ in (2) ein und erhalten $\frac{lx}{hy} = \frac{y}{l}$. Auflösung nach y ergibt

$$y^2 = \frac{l^2}{h}x. \qquad (4)$$

Somit liegen alle oben konstruierten Punkte R auf der Parabel (4), denn l und h sind von R unabhängige Konstanten. Ein Vergleich mit der allgemeinen Parabelgleichung (1) zeigt, daß für die Parabel (4) gilt

$$p = \frac{l^2}{4h}. \qquad (5)$$

Die Entfernung p des Brennpunktes vom Scheitelpunkt der in Methode II konstruierten Parabel wird hier mit Hilfe der Größen l und h des Ausgangsrechtecks ausgedrückt.

Methode III: Tangentenkonstruktion.
Zeichne in der Nähe des unteren Randes eines

Einheit 108 Winkeldreiteilung mit Hilfe höherer algebraischer Kurven

DIN-A4-Blattes eine horizontale Gerade AA' über die volle Blattbreite (Abb. 5). Markiere einen Punkt S auf AA', so daß die Senkrechte in S etwa das Zeichenblatt halbiert. Markiere auf dieser Senkrechten etwa 2,5 cm oberhalb von S einen Punkt F. Unterteile die Strecke $\overline{AS}$ durch Punkte $Q, Q', Q'', \ldots$ in kleine Intervalle.

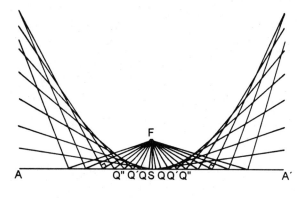

Abb. 5

Zeichne mit Hilfe eines rechtwinkligen Dreiecks in jedem dieser Punkte einen rechten Winkel, so daß einer der Schenkel durch F geht. Dann ist der andere Schenkel jeweils eine Tangente an eine Parabel mit dem Brennpunkt F und dem Scheitelpunkt S. Führe dieselbe Prozedur mit der Strecke SA' durch (in Abb. 5 sind die entsprechenden Teilpunkte wieder mit $Q, Q', Q'', \ldots$ bezeichnet). Das Ergebnis sollte so ähnlich wie in Abb. 5 aussehen. Die Hüllkurve der nicht durch F gehenden Schenkel der konstruierten rechten Winkel ist eine Parabel.

Nachbereitung

Lassen Sie die Schüler einen Winkel beliebiger Größe zeichnen, so daß beide Schenkel gleichlang sind. Lassen Sie beide Schenkel durch 10 Punkte in gleichlange Intervalle unterteilen und die Teilpunkte auf jedem der Schenkel, am Scheitelpunkt beginnend, mit 1, 2, …, 10 bezeichnen. Der Scheitelpunkt selbst wird mit 0 bezeichnet. Dann bitten Sie die Schüler, den Punkt 10 auf einem Schenkel mit dem Punkt 1 auf dem anderen zu verbinden. Entsprechend werden die Punkte 9 und 2, 8 und 3 usw. miteinander verbunden. Dabei ist darauf zu achten, daß die Summe der Nummern der miteinander verbundenen Punkte stets gleich 11 ist.

Die entstehende Figur wird in gewisser Weise an Abb. 5 erinnern.[105] Die Schüler haben eine parabolische Hüllkurve konstruiert. Lassen Sie die Schüler versuchen, sowohl diese Konstruktion, als auch die von Methode III zu begründen.

108
Winkeldreiteilung mit Hilfe höherer algebraischer Kurven

In dieser Einheit werden zwei höhere ebene algebraische Kurven eingeführt und es wird analytisch und praktisch (experimentell) gezeigt, wie mit ihrer Hilfe die Winkeldreiteilung bewerkstelligt werden kann.

Lernziele

1. *Die Schüler lernen, wie man eine als geometrischer Ort definierte Kurve direkt skizzieren kann, ohne ihre Gleichung zu benutzen.*

2. *Die Schüler zeichnen eine Kurve, deren Gleichung in Polarkoordinaten gegeben ist, auf Polarkoordinatenpapier.*

3. *Die Schüler dreiteilen einen gegebenen Winkel mit Hilfe einer der in dieser Einheit diskutierten Kurven.*

Vorbereitung

Die Schüler sollten bereits mit Polarkoordinaten gearbeitet haben.

Lehrmethoden

Das Problem der Winkeldreiteilung kann äquivalent in folgender Weise formuliert werden:

Problem 1: Gegeben sei ein Dreieck $\triangle OAP$ mit fester Basis $\overline{OA}$ und variablem Eckpunkt P.

---

[105] Anm. d. Übers.: In Einheit 91 ist diese Konstruktion mit Abb. ausführlich dargestellt

Man bestimme den geometrischen Ort aller Punkte P mit der Eigenschaft $\angle OPA = 2\angle POA$ (s. Abb. 1).

Wir leiten die Gleichung der gesuchten Punktmenge in einem geigneten Polarkoordinatensystem her. Sei O der Pol des Polarkoordinatensystems und OA^+ der Nullstrahl, so daß A die Koordinaten $(2a; 0)$ hat. Seien $\angle AOP = \Theta$ und $|\overline{OP}| = r$.

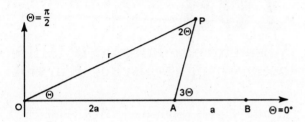

Abb. 1

Dann ist nach Voraussetzung $\angle APO = 2 \cdot \Theta$ und folglich $\angle OAP = \pi - 3 \cdot \Theta$ (π ist das Bogenmaß eines Winkels von $180°$). Sei B der Punkt mit den Koordinaten $(3a; 0)$. Dann ist $\angle BAP = 3 \cdot \Theta$. Nach dem Sinussatz gilt

$$\frac{r}{\sin(\pi - 3\Theta)} = \frac{2a}{\sin 2\Theta},$$

also

$$r = \frac{2a \cdot \sin(\pi - 3\Theta)}{\sin 2\Theta}. \qquad (1)$$

Wegen $\sin(\pi - 3\Theta) = \sin 3\Theta$ und $\sin 2\Theta = 2\sin\Theta\cos\Theta$ folgt aus (1)

$$r = \frac{a \cdot \sin 3\Theta}{\sin\Theta\cos\Theta}. \qquad (2)$$

Mit $\sin 3\Theta = 3\sin\Theta - 4\sin^3\Theta = \sin\Theta(3 - 4\sin^2\Theta)$ erhalten wir aus (2)

$$r = \frac{3a - 4a \cdot \sin^2\Theta}{\cos\Theta}$$
$$= \frac{-a + 4a \cdot \cos^2\Theta}{\cos\Theta} \qquad (3)$$

wobei wir die Beziehung $\sin^2\Theta = 1 - \cos^2\Theta$ benutzt haben. Gleichung (3) kann mittels $\frac{1}{\cos\Theta} = \sec\Theta$ leicht auf die Form

$$r = a(4\cos\Theta - \sec\Theta) \qquad (4)$$

gebracht werden. Für Punkte P auf der anderen Seite[106] von OA führt eine analoge Herleitung

auf dieselbe Gleichung. Somit genügen alle Punkte des oben formulierten geometrischen Ortes der Gleichung (4). Die durch (3) bzw. (4) beschriebene Kurve heißt die *Maclaurinsche Trisektrix*.[107]

Wegen $\cos(-\Theta) = \cos\Theta$ und $\sec(-\Theta) = \sec\Theta$ ist die Maclaurinsche Trisektrix symmetrisch bezüglich OA.

Man kann die Trisektrix natürlich konstruieren, indem man einzelne Werte für Θ in die Gleichung (4) einsetzt. Lassen Sie dazu die Schüler eine genaue Kopie der Situation von Abb. 1 auf Polarkoordinatenpapier anfertigen, so daß O der Koordinatenursprung ist und OA die horizontale Achse (bei $\Theta = 0$). Die Schüler sollten verschiedene Punkte der Kurve eintragen und dann die Kurve zeichnen.

Für die zweite Möglichkeit, die Kurve zu zeichnen, kann die ursprüngliche Skizze (auf normalem Papier) benutzt werden. Die Idee besteht darin, die Kurvenpunkte direkt über die in Problem 1 gegebene Ortsdefinition zu gewinnen. Dazu muß man in Abb. 1 lediglich verschiedene Werte von Θ und entsprechendem 3Θ vorgeben. Die beiden Winkel haben den gemeinsamen Schenkel OB, der Schnittpunkt der beiden anderen Schenkel liefert jeweils einen Punkt P der Trisektrix. Abb. 2 zeigt diese Konstruktion für $0° \leq \Theta \leq 55°$ in Intervallen von $5°$. Für $\Theta = 0°$ und $\Theta = 60°$ existiert kein

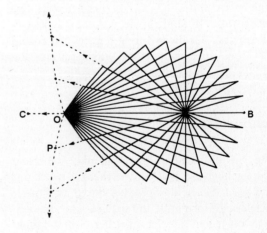

Abb. 2

Dreieck, P fällt dann mit B bzw. O zusammen. Sei nun $\Theta > 60°$, etwa $\Theta = 65°$. Wir fixieren auf der Geraden OA irgendeinen Hilfspunkt C links von A. Dann gibt es genau einen Punkt P mit

---

[106] Anm. d. Übers.: Das heißt, für Punkte mit $\Theta < 0$.

[107] Anm. d. Übers.: nach Maclaurin (1698–1746)

∠$BAP = 195°$ und ∠$COP = 65°$. Dieser Punkt P liegt auf der Trisektrix.[108] Wir bemerken, daß die Trisektrix für $|\Theta| > 60°$ in zwei Zweige ober- und unterhalb von OA zerfällt.

Es ist ein wenig schwieriger zu zeigen, daß umgekehrt für jeden Punkt P auf der Trisektrix gilt[109] ∠$BOP = \frac{1}{3}$∠BAP. Der Beweis beruht auf dem Nachweis der Beziehung ∠$OPA = 2\Theta$, aus der dann ∠$BAP = 3\Theta$ folgt.

Die Gleichung (4) der Maclaurinschen Trisektrix kann auch über das folgende Ortsproblem gewonnen werden (Abb. 3):

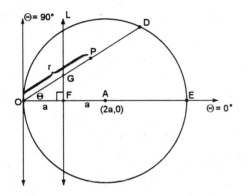

Abb. 3

Problem 2: Es seien F, A und E die Punkte $(a; 0)$, $(2a; 0)$ bzw. $(4a; 0)$ in einem Polarkoordinatensystem mit dem Ursprung O. Zeichne einen Kreis um A mit dem Radius $2a$ sowie die Senkrechte L auf OE im Punkt F. Sei nun P ein beliebiger Punkt im Kreisinneren. Dann schneidet die Gerade OP die Senkrechte L in einem Punkt G und den Kreis in einem (von O verschiedenen) Punkt D. Bestimme den geometrischen Ort aller derjenigen Punkte P, für die $|\overline{OP}| = |\overline{GD}|$ ist.

(*Lösungshinweis:* Sei ∠$AOD = \Theta$ und $|\overline{OP}| = |\overline{GD}| = r$. Zeichne $\overline{DE}$ und damit das rechtwinklige Dreieck $\triangle ODE$. Drücke $|\overline{OD}|$ mittels a und $\cos \Theta$ aus und $|\overline{OG}|$ mittels a und $\sec \Theta$ aus.)

Die Schüler haben nun ein Verfahren zur Dreiteilung eines Winkels (unter Benutzung eines zusätzlichen Hilfsmittels – einer Kurve).

Wenn die Schüler das Bisherige begriffen haben, können sie eine weitere Kurve betrachten, die Pascalsche Schnecke, die ebenfalls zur Winkeldreiteilung genutzt werden kann. Zuerst sollte jedoch die folgende Konstruktion der Pascalschen Schnecke[110] versucht werden (vgl. Abb. 5).

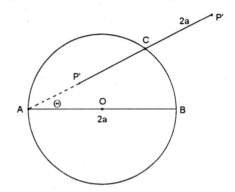

Abb. 4

Zeichne einen Kreis mit dem Durchmesser $|\overline{AB}| = 2a$ und dem Mittelpunkt O. Wähle einen beliebigen, von A und B verschiedenen Punkt C auf dem Kreis. Lege ein Lineal an die Gerade AC an, so daß dabei der Mittelpunkt des Lineals mit C zusammenfällt. Dann markiere die beiden Punkte P und P' auf AC, die von C den Abstand a haben. Wiederhole dies für verschiedene Positionen von C. Die so gewonnen Punkte liegen auf der Pascalsche Schnecke.

Um eine Veranschaulichung analog zu Abb. 2 zu erhalten, unterteile die Kreislinie in 18 gleichlange Bögen. Wiederhole die im letzten Absatz beschriebene Prozedur mit jedem der 18 Teilungspunkte, was 36 Punkte auf der Pascalsche Schnecke ergibt. Verbinde diese Punkte untereinander, achte dabei auf die innere Schleife der Pascalsche Schnecke. Ein empfohlener Durchmesser für den Basiskreis ist 8 cm, dann ist $|\overline{P'C}| = |\overline{CP}| = 4$ cm

Abb. 5 zeigt den Basiskreis um O, die innere Schleife der Pascalsche Schnecke und einige andere Punkte und Geraden, die bei der folgenden Winkeldreiteilung benötigt werden: Sei ∠BAT kongruent zu dem Winkel, der dreigeteilt werden soll, dabei sei $|\overline{AT}| = a$. Zeichne die Strecke $\overline{TO}$ ein, die die Pascalsche Schnecke im Punkt P' schneidet. Dann zeichne $\overline{AP'}$. Wir zeigen nun. daß ∠$BAT = 3 \cdot$ ∠BAP' gilt.

---

[108] Anm. d. Übers.: Wenn solch ein Punkt P auch die angegebene Ortsdefinition erfüllen soll, muß die letztere etwas modifiziert werden.

[109] Anm. d. Übers.: Die Gleichung gilt nur für alle Punkte der Trisektrix mit $\Theta < 60°$.

[110] Anm. d. Übers.: benannt nach Etienne Pascal, dem Vater von Blaise Pascal (auch Kreiskonchoide genannt)

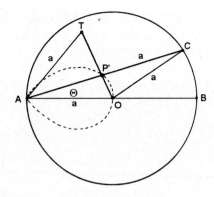

Abb. 5

Verlängere $\overline{AP'}$ über P' hinaus bis zum Schnittpunkt C mit dem Kreis. Da P' ein Punkt auf der Pascalsche Schnecke ist, gilt nach der Konstruktion von oben $|\overline{CP'}| = a$. Zeichne $\overline{OC}$ und setze $\angle OAP' = \Theta$. Wegen $|\overline{OA}| = |\overline{OC}|$ ist $\angle ACO = \Theta$, also $\angle AOC = \pi - 2\Theta$. Da $\triangle OCP'$ gleichschenklig ist, hat jeder seiner Basiswinkel den Wert $\frac{\pi}{2} - \frac{1}{2}\Theta$. Folglich ist $\angle AP'O = \frac{\pi}{2} + \frac{1}{2}\Theta$ und somit $\angle AOP' = \frac{\pi}{2} - \frac{3}{2}\Theta$.

Andererseits ist auch $\triangle ATO$ gleichschenklig, d. h., $\angle ATO = \frac{\pi}{2} - \frac{3}{2}\Theta$, woraus die Gleichheit $\angle BAT = 3\Theta$ folgt, die zu beweisen war.

Nachbereitung

Führe die in Abb. 4 begonnene Schneckenlinien-Konstruktion aus, diesmal mit P und P' im Abstand von $2a$ zu C.

109
Zykloidenkonstruktionen

In dieser Einheit werden zwei elementare zykloidale Kurven zueinander in Beziehung gesetzt. Es wird dann eine Kreisenveloppe konstruiert, die beide Kurven gleichzeitig umfaßt.

Lernziele

1. Die Schüler definieren die Hypozykloide und die Epizykloide.

2. Die Schüler konstruieren eine Hypozykloide und eine Epizykloide.

3. Die Schüler verallgemeinern diese Konstruktion für andere Hypo- und Epizykloiden.

Vorbereitung

Die Sekundarstufe I sollte absolviert sein. Grundkenntnisse über Polarkoordinaten wären hilfreich.

Lehrmethoden

Beginnen Sie die Einführung der hypozykloidalen und der epizykloidalen Kurven, indem Sie Kreisscheiben verschiedener Radien auf der "Innenseite" bzw. der "Außenseite" der Peripherie einer festen Kreisscheibe abrollen lassen. Nach Möglichkeit sollte dabei der Radius des festen Kreises ein ganzzahliges Vielfaches des Radius des rollenden Kreises sein. Lassen Sie Ihre Schüler Vermutungen über die Kurve anstellen, die ein fester Punkt auf der Peripherie des rollenden Kreises beschreibt. Für das Abrollen auf der Innenseite muß der feste Kreis "ausgehöhlt" sein.

Diese Einheit untersucht den Fall, daß der innere und der äußere rollende Kreis (beide heißen *Rollkreise*) den Radius $b = \frac{a}{3}$ haben, wobei a der Radius des festen Kreises (des *Leitkreises*) ist (Abb. 1). O ist der Mittelpunkt des festen Kreises und gleichzeitig der Ursprung eines Polarkoordinatensystems. C und C' sind die Mittelpunkte des inneren bzw. des äußeren Rollkreises. Wir nehmen an, daß sich diese beiden Kreise k und k' ständig in einem Punkt T des festen Kreises berühren. Der Strahl OT^+, der mit dem Nullstrahl des Koordinatensystems einen Winkel der Größe Θ bildet und die Kreise k und k' in den Punkten I, T und I' schneidet, geht dann auch durch durch die Mittelpunkte C und C'. Weiter sind P und P' fixierte Punkte auf der Peripherie von k bzw. k', die zu Beginn ihrer Bewegung mit dem Punkt B des festen Kreises zusammenfielen. Die ersten Stücken der Bewegungskurven von P und P' sind in Abb. 1 gezeigt.

In Abb. 2 sind die kompletten Bewegungskurven der beiden Punkte dargestellt. Die Kurve von P ist eine *Hypozykloide mit drei Spitzen*, die auch *Steinersche Kurve*[111] genannt wird, während die

---
[111] Anm. d. Übers.: nach Jakob Steiner (1769-1863)

Einheit 109 Zykloidenkonstruktionen

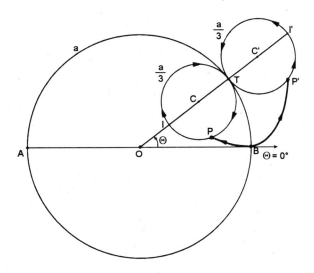

Abb. 1

Kurve von P' eine *Epizykloide mit drei Spitzen* ist. Jeder der Kreise benötigt drei vollständige Umdrehungen, bevor er in den Punkt B zurückkehrt. Der feste Kreis ist ein Umkreis für die Steinersche Kurve und ein Inkreis für die dreispitzige Epizykloide.

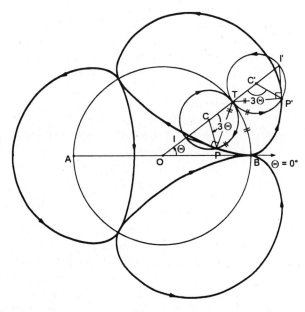

Abb. 2

In die beiden Rollkreise werden nun die folgenden Strecken eingezeichnet: $\overline{IP}$, $\overline{CP}$ und $\overline{TP}$ in den Kreis k; $\overline{I'P'}$, $\overline{C'P'}$ und $\overline{TP'}$ in den Kreis k'. Las-

sen Sie Ihre Schüler erklären, warum die Gleichung

$$\ell(\widehat{TP}) = \ell(\widehat{TB}) = \ell(\widehat{TP'})$$

gilt ($\ell(\widehat{TP})$ bezeichnet die Länge des Bogens $\widehat{TP}$) und leiten Sie daraus die Beziehung

$$\angle TCP = 3\Theta = \angle TC'P'.$$

ab. Da die Radien der Kreise k und k' gleich sind, sind die Dreiecke $\triangle TPC$ und $\triangle TP'C'$ kongruent (Kongruenzsatz SWS). Folglich sind korrespondierende Seiten gleich:

$$|\overline{TP}| = |\overline{TP'}|. \qquad (1)$$

Bemerken Sie, daß $\angle TPI = \angle TP'I' = 90°$ ist. Weiter teilen wir ohne Beweis mit, daß PI und PI' Tangenten an die Steinersche Kurve im Punkt P bzw. an die Epizykloide im Punkt P' sind. Weitere Details findet man in der zweiten Literaturangabe.

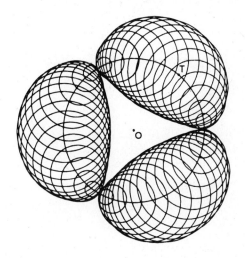

Abb. 3

Die Gleichung (1) impliziert, daß der Kreis um T mit dem Radius $|\overline{TP}| = |\overline{TP'}|$ beide Zykloiden in den Punkten P bzw. P' berührt. Natürlich ändert sich die Länge von $\overline{TP'}$ (und $\overline{TP}$) mit der Lage von T. Abb. 3 zeigt das Ergebnis, das man erhält, wenn man diesen Kreis mit dem Radius $|\overline{TP}|$ in 60 gleichabständigen Positionen T des festen Kreises zeichnet. Um den Aufwand zur Bestimmung der einzelnen Längen von $|\overline{TP}|$ zu minimieren, nutzen wir Symmetrieeigenschaften der Zykloiden aus: da sich das Bild alle 120° wiederholt, und $\overline{OI'}$ bei $\Theta = 60°$ die Zykloiden symmetrisch teilt, muß $|\overline{TP}|$ nur für $0° \leq \Theta \leq 60°$ bestimmt werden, in Intervallen von $6°$. Diese Werte wurden durch eine genaue Zeichnung der verlangten 10 Positionen der beiden Rollkreise bestimmt.

Nachbereitung

Um das Verständnis der Schüler, Hypo- und Epizykloiden betreffend, zu testen, stellen Sie ihnen die folgenden Aufgaben.

1. Abb. 4 zeigt das Ergebnis der beschriebenen Konstruktion im Fall $b = \frac{a}{4}$. Begründe das Auftreten einer vierspitzige Hypozykloide (*Astroide*) und einer vierspitzige Epizykloide.

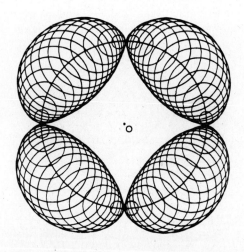

Abb. 4

2. Verallgemeinere für die Situation $b = \frac{a}{n}$, $n = 5, 6, \ldots$

3. Fertige eine Zeichnung für den Fall $b = \frac{a}{2}$ (die *Nephroide*) an. Zeige anschaulich, daß die Bewegungskurve eines fixierter Punktes des inneren Rollkreises ein Durchmesser des festen Kreises ist.

4. Fertige eine Zeichnung für den Fall $b = a$ (die *Kardioide*) an. Zeige, daß die Kreise um T alle durch einen festen Punkt gehen, d. h., daß eine der Bewegungskurven zu einem Punkt entartet.

Literatur

Beard, Robert S., *Patterns in Space*, Creative Publications, 1973.

Lockwood, E. H., *A Book of Curves*, Cambridge University Press, 1961.

110
Die harmonische Folge

Lernziele

Diese Einheit wird am besten angeboten, nachdem die arithmetische und die geometrische Folge behandelt worden sind.

1. *Die Schüler definieren die harmonische Folge.*

2. *Die Schüler geben eine geometrische Veranschaulichung der harmonischen Folge.*

3. *Die Schüler lösen einfache Aufgaben mit harmonischen Folgen.*

Vorbereitung

Bitten Sie die Schüler, das vierte Glied der Folge $1\frac{1}{3}$, $1\frac{11}{17}$, $2\frac{2}{13}$ zu bestimmen.

Lehrmethoden

Natürlicherweise werden Ihre Schüler versuchen, das vierte Folgenglied zu bestimmen, indem sie nach einer gemeinsamen Differenz der gegebenen Folgenglieder suchen, und wenn das nicht geht, – nach einem gemeinsamen Quotienten. Nach kurzer Zeit werden Ihre Schüler frustriert sein. Das gibt Ihnen eine gute Möglichkeit, die Schüler für die Einführung eines "neuen" Folgentyps zu motivieren. Bitten Sie die Schüler, die gegebenen Folgenglieder in unechte Brüche umzuwandeln und dann die Kehrwerte aufzuschreiben. Das ergibt $\frac{3}{4}$, $\frac{17}{28}$, $\frac{13}{28}$ bzw. $\frac{21}{28}$, $\frac{17}{28}$, $\frac{13}{28}$. Diese neue Folge

Einheit 110 Die harmonische Folge

erweist sich bei ihrer Untersuchung als arithmetische Folge mit der gemeinsamen Differenz $\frac{-4}{28}$. Die Schüler werden nun leicht das gesuchte vierte Glied bestimmen:

$$\frac{1}{\frac{9}{28}} = \frac{28}{9} = 3\frac{1}{9}.$$

Die Schüler sollten nun motiviert sein, mehr über die harmonische Folge zu erfahren.

Betrachten Sie eine beliebige arithmetische Folge mit drei oder mehr Giedern, etwa $a_1, a_2, a_3, \ldots, a_n$. Dann heißt die Folge der Kehrwerte $\frac{1}{a_1}, \frac{1}{a_2}, \frac{1}{a_3}, \ldots, \frac{1}{a_n}$ eine harmonische Folge. Die Bezeichnung "harmonisch" rührt von einer Eigenschaft unseres Gehörs her. Wenn mehrere Saiten gleicher Spannung, deren Längen jeweils proportional zu $1, \frac{1}{2}, \frac{1}{3}, \frac{1}{4}, \frac{1}{5}, \frac{1}{6}$ sind, gleichzeitig ertönen, dann empfinden wir den entstehende Klang als "harmonisch". Diese Folge ist harmonisch, da sie aus den Kehrwerten der arithmetischen Folge 1, 2, 3, 4, 5, 6 besteht.

Es gibt keine allgemeine Formel für die Summe der Glieder einer harmonischen Folge. Problemstellungen mit harmonischen Folgen werden i. allg. mit Hilfe der entsprechenden arithmetischen Folge behandelt.

Es ist nützlich, die folgenden beiden Sätze zu betrachten.

Theorem 1: Wird zu allen Gliedern einer arithmetischen Folge eine Konstante addiert (oder subtrahiert), dann ist die neue Folge ebenfalls eine arithmetische Folge (mit derselben gemeinsamen Differenz).

Theorem 2: Werden alle Gieder einer arithmetischen Folge mit einer Konstante multipliziert (oder durch eine Konstante dividiert), dann entsteht wiederum eine arithmetische Folge (allerdings mit einer anderen gemeinsamen Differenz).

Die Beweise dieser Sätze können als Übungsaufgaben gestellt werden.

Die Beweise sind einfach und bedürfen hier keiner Betrachtung. Das folgende Beispiel wird den Schülern helfen, im Umgang mit harmonischen Folgen sicherer zu werden.

Beispiel 1. Es sei a, b, c eine harmonische Folge. Beweise, daß dann auch $\frac{a}{b+c}, \frac{b}{c+a}, \frac{c}{a+b}$ eine harmonische Folge ist.

Lösung: Da $\frac{1}{a}, \frac{1}{b}, \frac{1}{c}$ eine arithmetische Folge ist, bilden nach Theorem 2 auch $\frac{a+b+c}{a}, \frac{a+b+c}{b}$ und $\frac{a+b+c}{c}$ eine arithmetische Folge. Diese kann geschrieben werden als $1 + \frac{b+c}{a}, 1 + \frac{a+c}{b}, 1 + \frac{b+c}{a}$. Deshalb ist auch $\frac{b+c}{a}, \frac{a+c}{b}, \frac{b+c}{a}$ eine arithmetische Folge (Theorem 1). Folglich ist $\frac{a}{b+c}, \frac{b}{c+a}, \frac{c}{a+b}$ eine harmonische Folge.

Einer der interessanteren Aspekte irgendeiner Folge besteht vielleicht darin, ein geometrisches Modell dieser Folge aufzustellen.

Eine mögliche geometrische Interpretation der harmonischen Folge erhält man über die Schnittpunkte einer Dreiecksseite mit den Winkelhalbierenden des gegenüberliegenden Außen- und Innenwinkels.

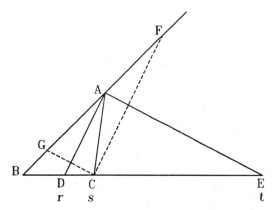

Abb. 1

Wir betrachten ein Dreieck $\triangle ABC$ mit der Winkelhalbierenden $\overline{AD}$ von $\angle BAC$ und der Winkelhalbierenden $\overline{AE}$ von $\angle CAF$. Dabei sollen D und E auf der Geraden BC liegen und F auf AB so gewählt sein, daß $|\overline{AF}| = |\overline{AC}|$ gilt (Abb. 1). Man beweist leicht, daß für die äußere Winkelhalbierende $\overline{AE}$ gilt

$$\frac{|\overline{BE}|}{|\overline{CE}|} = \frac{|\overline{AB}|}{|\overline{AC}|}$$

(zeichne $\overline{GC} \parallel \overline{AE}$; dann ist $|\overline{AG}| = |\overline{AC}|$ und $\frac{|\overline{BE}|}{|\overline{CE}|} = \frac{|\overline{AB}|}{|\overline{AG}|} = \frac{|\overline{AB}|}{|\overline{AC}|}$). Analog gilt für die innere Winkelhalbierende $\overline{AD}$

$$\frac{|\overline{BD}|}{|\overline{CD}|} = \frac{|\overline{AB}|}{|\overline{AC}|}$$

(zeichne $\overline{CF} \parallel \overline{AD}$; dann ist $|\overline{AF}| = |\overline{AC}|$ und $\frac{|\overline{BD}|}{|\overline{CD}|} = \frac{|\overline{AB}|}{|\overline{AF}|} = \frac{|\overline{AB}|}{|\overline{AC}|}$).

Folglich ist

$$\frac{|\overline{BE}|}{|\overline{CE}|} = \frac{|\overline{BD}|}{|\overline{CD}|} \text{ d. h. } \frac{|\overline{CD}|}{|\overline{CE}|} = \frac{|\overline{BD}|}{|\overline{BE}|}. \quad (1)$$

Man sagt dann, daß die Punkte B und C die Punkte D und E harmonisch teilen.

Wir nehmen nun an, daß die Punkte B, D, C, E auf einer Zahlengeraden mit Nullpunkt in B liegen, und daß D, C und E die Koordinaten r, s bzw. t haben. Dann gilt also $|\overline{BD}| = r$, $|\overline{BC}| = s$ und $|\overline{BE}| = t$. Wir zeigen nun, daß r, s, t eine harmonische Folge ist. Aus $\frac{|\overline{CD}|}{|\overline{CE}|} = \frac{|\overline{BD}|}{|\overline{BE}|}$ folgt $\frac{|\overline{BC}|-|\overline{BD}|}{|\overline{BE}|-|\overline{BC}|} = \frac{|\overline{BD}|}{|\overline{BE}|}$, bzw. $\frac{s-r}{t-s} = \frac{r}{t}$. Folglich ist $t(s-r) = r(t-s)$ und $ts - tr = rt - rs$. Division durch rst ergibt

$$\frac{1}{r} - \frac{1}{s} = \frac{1}{s} - \frac{1}{t},$$

was beutet, daß $\frac{1}{r}$, $\frac{1}{s}$, $\frac{1}{t}$ eine arithmetische Folge ist. Somit ist r, s, t eine harmonische Folge.

Die Schüler sollten damit einen guten Einblick in die harmonischen Folgen gewonnen haben.

Nachbereitung

1. Stelle eine Gleichung mit den Gliedern einer harmonischen Folge a, b, c auf (benutze die Definition).

2. Bestimme das 26. Glied der harmonischen Folge $2\frac{1}{2}$, $1\frac{12}{13}$, $1\frac{9}{16}$, $1\frac{6}{19}$, ...

3. Beweise: Wenn a^2, b^2, c^2 eine arithmetische Folge ist, dann ist $(b+c)$, $(c+a)$, $(a+b)$ eine harmonische Folge.

111
Transformationen und Matrizen

In dieser Einheit werden geometrische Transformationen mit Hilfe von Matrizen algebraisch beschrieben.

Lernziele

1. *Die Schüler können die (2,2)-Matrix angeben, die eine vorgegebene geometrische Transformation realisiert.*

2. *Die Schüler können bei gewissen (2,2)-Matrizen auf einen Blick erkennen, welche Transformationen durch die Matrizen realisiert werden.*

Vorbereitung

1. Zeichne das Dreieck $\triangle ABC$ mit den Eckpunkten $A(2;2)$, $B(4;2)$, $C(2;6)$. Bestimme die Eckpunktskoordinaten des Dreiecks $\triangle A'B'C'$, das entsteht, wenn $\triangle ABC$ den folgenden Transformationen unterworfen wird:

1. Verschiebung um -5 Einheiten in x-Richtung und 2 Einheiten in y-Richtung.
2. Spiegelung an der x-Achse.
3. Drehung um 90° um den Koordinatenursprung.
4. Streckung mit Faktor 2 und Zentrum (2;2).

2. Gegeben sei ein gleichseitiges Dreieck wie in Abb. 1, dessen Eckpunkte alle denselben Abstand vom Koordinatenursprung haben. Zähle geometrische Transformationen auf, welche die Lage des Dreiecks nicht verändern. Dabei soll angenommen werden, daß die Eckpunkte nicht unterscheidbar sind.

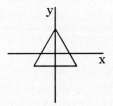

Abb. 1

Lehrmethoden

Zuerst sollte der Lehrer den Schülern die Matrix als Zahlenschema nahebringen. Sagen Sie den Schülern, daß eine Matrix vom Typ (a,b) ein rechteckiges Zahlenschema mit a Zeilen und b Spalten ist, das in Klammern eingeschlossen wird. Im Fall $a = b$ wird die Matrix *quadratisch* genannt.

Einheit 111 Transformationen und Matrizen

Die Schüler müssen verstehen, daß die Addition von Matrizen die Addition der Zahlen auf den entsprechenden Positionen bedeutet, z. B.

$$\begin{bmatrix} a \\ b \end{bmatrix} + \begin{bmatrix} c \\ d \end{bmatrix} = \begin{bmatrix} a+c \\ b+d \end{bmatrix},$$

und erkennen, daß Matrizen denselben Typ haben müssen, um addiert werden zu können.

Um den Schülern zu zeigen, wie Matrizen multipliziert werden, sollten Sie von der folgenden allgemeinen Gleichung ausgehen. Erklären Sie sorgfältig die Zeilen-Spalten-Beziehung zwischen den beiden Matrix-Faktoren in dem Produkt.

$$\begin{bmatrix} a & b \\ c & d \end{bmatrix} \cdot \begin{bmatrix} x \\ y \end{bmatrix} = \begin{bmatrix} ax+by \\ cx+dy \end{bmatrix}$$

Die Schüler können nun die Position eines Punktes entweder durch seine Koordinaten $(x;y)$ oder mit Hilfe der $(2,1)$-Matrix $\begin{bmatrix} x \\ y \end{bmatrix}$ beschreiben, die den Vektor vom Koordinatenursprung zu dem Punkt darstellt und *Ortsvektor* genannt wird.

Bei der Beschreibung der Wirkung von Transformationen wird immer wieder die Sprachkonstruktion "wird abgebildet auf" benötigt. Im folgenden wird diese Konstruktion durch das Symbol "$\mapsto$" abgekürzt.

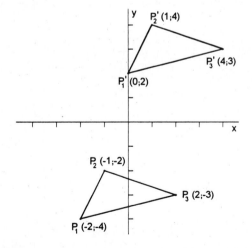

Abb. 2

Verschiebungen ermöglichen eine einfache Einführung in die Benutzung von Matrizen. Die Verschiebung des Dreiecks $\triangle P_1 P_2 P_3$ in das Dreieck $\triangle P_1' P_2' P_3'$ (Abb. 2) kann in Matrixform auf folgende Weise geschrieben werden

$$\begin{bmatrix} x \\ y \end{bmatrix} \mapsto \begin{bmatrix} x \\ y \end{bmatrix} + \begin{bmatrix} 2 \\ 6 \end{bmatrix}.$$

Dabei stellt $\begin{bmatrix} 2 \\ 6 \end{bmatrix}$ den Verschiebungsvektor dar, der den Punkt $(x;y)$ um 2 Einheiten in x-Richtung und 6 Einheiten in y-Richtung verschiebt. Die Schüler sollten leicht erkennen, daß durch die Addition dieser festen Matrix die Punkte P_1, P_2 und P_3 tatsächlich auf die Punkte P_1', P_2' bzw. P_3' abgebildet werden:

$$P_1 \mapsto P_1': \begin{bmatrix} -2 \\ -4 \end{bmatrix} + \begin{bmatrix} 2 \\ 6 \end{bmatrix} = \begin{bmatrix} 0 \\ 2 \end{bmatrix}$$

$$P_2 \mapsto P_2': \begin{bmatrix} -1 \\ -2 \end{bmatrix} + \begin{bmatrix} 2 \\ 6 \end{bmatrix} = \begin{bmatrix} 1 \\ 4 \end{bmatrix}$$

$$P_3 \mapsto P_3': \begin{bmatrix} 2 \\ -3 \end{bmatrix} + \begin{bmatrix} 2 \\ 6 \end{bmatrix} = \begin{bmatrix} 4 \\ 3 \end{bmatrix}$$

Durch die Matrix-Addition eines $(2,1)$-Ortsvektors kann somit jede Verschiebung der zweidimensionalen Ebene beschrieben werden. Den Schülern sollten verschiedene Beispiele und Übungsaufgaben gegeben werden, in denen ein Punkt $(x_1;y_1)$ durch geeignete Wahl einer $(2,1)$-Matrix auf einen anderen Punkt $(x_2;y_2)$ abgebildet wird, so daß gilt

$$\begin{bmatrix} x_1 \\ y_1 \end{bmatrix} + \begin{bmatrix} x \\ y \end{bmatrix} = \begin{bmatrix} x_2 \\ y_2 \end{bmatrix}.$$

Drehungen, Spiegelungen und Streckungen sind interessanter; ihre algebraische Beschreibung erfordert $(2,2)$-Matrizen. Den Schülern sollten zunächst zwei, drei Beispiele vom Typ

$$\begin{bmatrix} 2 & 3 \\ -1 & 2 \end{bmatrix} \cdot \begin{bmatrix} 3 \\ 2 \end{bmatrix} = \begin{bmatrix} 12 \\ 1 \end{bmatrix}$$

gegeben werden, und zwar aus zweierlei Gründen. Erstens werden sie die Matrizenmultiplikation üben müssen, deren Beherrschung eine Voraussetzung für den Rest der Einheit ist. Zweitens ist es für das Folgende ganz wichtig, daß die Schüler beginnen, die Matrix $\begin{bmatrix} 2 & 3 \\ -1 & 2 \end{bmatrix}$ (und jede andere

(2,2)-Matrix) als eine Transformation zu sehen, die (in unserem Beispiel) den Punkt $P(3;2)$ auf den Punkt $P'(12;1)$ abbildet. Jedes Beispiel in dieser Richtung sollte durch eine Skizze illustriert werden, so wie in Abb. 3. Wenn die Schüler sich

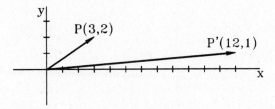

Abb. 3

mit dem Gedanken angefreundet haben, daß eine (2,2)-Matrix eine Transformation darstellt, dann können Sie damit beginnen, zu zeigen, daß einige (2,2)-Matrizen Transformationen beschreiben, die den Schülern wohlbekannt sind. Zum Beispiel könnten Sie folgende Matrizen und Punkte vorgeben:

1. $\begin{bmatrix} -1 & 0 \\ 0 & 1 \end{bmatrix} \cdot \begin{bmatrix} 2 \\ 3 \end{bmatrix} = \begin{bmatrix} -2 \\ 3 \end{bmatrix}$

2. $\begin{bmatrix} 0 & -1 \\ 1 & 0 \end{bmatrix} \cdot \begin{bmatrix} 3 \\ 1 \end{bmatrix} = \begin{bmatrix} -1 \\ 3 \end{bmatrix}$

3. $\begin{bmatrix} 3 & 0 \\ 0 & 3 \end{bmatrix} \cdot \begin{bmatrix} -2 \\ -1 \end{bmatrix} = \begin{bmatrix} -6 \\ -3 \end{bmatrix}$

Die Schüler werden die Transformationen in diesen Beispielen sicherlich erkennen als (1) eine Spiegelung an der y-Achse, (2) eine Drehung um 90° im positiven Sinn und (3) eine Streckung mit dem Faktor 3. Um zu unterstreichen, daß dies nicht nur zufällig für die gewählten konkreten Punkte zutrifft, bitten Sie die Schüler, einen beliebigen Punkt $\begin{bmatrix} x \\ y \end{bmatrix}$ mit jeder der drei Matrizen zu multiplizieren. Die Schüler erhalten $\begin{bmatrix} -x \\ y \end{bmatrix}$, $\begin{bmatrix} -y \\ x \end{bmatrix}$ bzw. $\begin{bmatrix} 3x \\ 3y \end{bmatrix}$, woran sie erkennen können (eventuell erfordert der zweite Fall ein wenig Hilfestellung), daß die Matrizen $\begin{bmatrix} -1 & 0 \\ 0 & 1 \end{bmatrix}$, $\begin{bmatrix} 0 & -1 \\ 1 & 0 \end{bmatrix}$ und $\begin{bmatrix} 3 & 0 \\ 0 & 3 \end{bmatrix}$ tatsächlich allgemein die von ihnen im konkreten Fall erkannten Transformationen realisieren.

Zeigen Sie nun, um dem Lernziel näher zu kommen, wie die Einheitsvektoren

$$i = \begin{bmatrix} 1 \\ 0 \end{bmatrix} \text{ und } j = \begin{bmatrix} 0 \\ 1 \end{bmatrix}$$

durch (2,2)-Matrizen transformiert werden. Wählen Sie eine beliebige (2,2)-Matrix, etwa $\begin{bmatrix} 2 & 3 \\ -1 & 2 \end{bmatrix}$ wie im vorigen Beispiel, und bitten Sie Ihre Schüler, die Einheitsvektoren i und j mit dieser Matrix zu multiplizieren.

$\begin{bmatrix} 2 & 3 \\ -1 & 2 \end{bmatrix} \cdot \begin{bmatrix} 1 \\ 0 \end{bmatrix} = \begin{bmatrix} 2 \\ -1 \end{bmatrix}$

$\begin{bmatrix} 2 & 3 \\ -1 & 2 \end{bmatrix} \cdot \begin{bmatrix} 0 \\ 1 \end{bmatrix} = \begin{bmatrix} 3 \\ 2 \end{bmatrix}$

Ein anderes Beispiel:

$\begin{bmatrix} -1 & 0 \\ 0 & -1 \end{bmatrix} \cdot \begin{bmatrix} 1 \\ 0 \end{bmatrix} = \begin{bmatrix} -1 \\ 0 \end{bmatrix}$

$\begin{bmatrix} -1 & 0 \\ 0 & -1 \end{bmatrix} \cdot \begin{bmatrix} 0 \\ 1 \end{bmatrix} = \begin{bmatrix} 0 \\ -1 \end{bmatrix}$

Geben Sie weitere Beispiele, bis es für die Schüler offensichtlich ist, daß für jede (2,2)-Matrix $\begin{bmatrix} a & b \\ c & d \end{bmatrix}$ die Multiplikation mit $\begin{bmatrix} 1 \\ 0 \end{bmatrix}$ die erste Spalte $\begin{bmatrix} a \\ c \end{bmatrix}$ und die Multiplikation mit $\begin{bmatrix} 0 \\ 1 \end{bmatrix}$

Einheit 111 Transformationen und Matrizen

die zweite Spalte $\begin{bmatrix} b \\ d \end{bmatrix}$ ergibt. Mit anderen Worten, die Matrix bildet die Einheitsvektoren $\begin{bmatrix} 1 \\ 0 \end{bmatrix}$ und $\begin{bmatrix} 0 \\ 1 \end{bmatrix}$ auf die Vektoren $\begin{bmatrix} a \\ c \end{bmatrix}$ bzw. $\begin{bmatrix} b \\ d \end{bmatrix}$ ab.

Wenn das erkannt ist und von jedem Schüler akzeptiert wird, dann hält die Klasse den Schlüssel zur Erreichung des Lernzieles in den Händen. Testen Sie, ob die Klasse Aufgaben der folgenden beiden Typen lösen kann:

Beispiel 1. Untersuche mit Hilfe der Einheitsvektoren, welche Transformation durch die Matrix $\begin{bmatrix} 2 & 0 \\ 0 & 2 \end{bmatrix}$ realisiert wird.

Erklären Sie, daß wegen $\begin{bmatrix} 2 & 0 \\ 0 & 2 \end{bmatrix} \cdot \begin{bmatrix} 1 \\ 0 \end{bmatrix} = \begin{bmatrix} 2 \\ 0 \end{bmatrix}$ und $\begin{bmatrix} 2 & 0 \\ 0 & 2 \end{bmatrix} \cdot \begin{bmatrix} 0 \\ 1 \end{bmatrix} = \begin{bmatrix} 0 \\ 2 \end{bmatrix}$ gilt

$\begin{bmatrix} 1 \\ 0 \end{bmatrix} \mapsto \begin{bmatrix} 2 \\ 0 \end{bmatrix}$ und $\begin{bmatrix} 0 \\ 1 \end{bmatrix} \mapsto \begin{bmatrix} 0 \\ 2 \end{bmatrix}$.

Schlußfolgern Sie, daß $\begin{bmatrix} 2 & 0 \\ 0 & 2 \end{bmatrix}$ somit eine Streckung mit dem Faktor 2 ist.

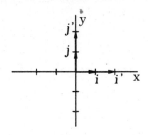

Abb. 4

Beispiel 2. Welche Matrix realisiert eine Drehung um 180° um den Koordinatenursprung?

Fordern Sie die Schüler auf, die Wirkung der 180°-Drehung auf die Basisvektoren zu skizzieren. Überprüfen Sie mit ihnen gemeinsam, daß

$\begin{bmatrix} 1 \\ 0 \end{bmatrix} \mapsto \begin{bmatrix} -1 \\ 0 \end{bmatrix}$ und $\begin{bmatrix} 0 \\ 1 \end{bmatrix} \mapsto \begin{bmatrix} 0 \\ -1 \end{bmatrix}$ gilt. Fragen Sie, welche (2,2)-Matrix die Ergebnisse

$\begin{bmatrix} a & b \\ c & d \end{bmatrix} \cdot \begin{bmatrix} 1 \\ 0 \end{bmatrix} = \begin{bmatrix} -1 \\ 0 \end{bmatrix}$

$\begin{bmatrix} a & b \\ c & d \end{bmatrix} \cdot \begin{bmatrix} 0 \\ 1 \end{bmatrix} = \begin{bmatrix} 0 \\ -1 \end{bmatrix}$

liefert. Die Schüler sollten zu diesem Zeitpunkt wissen, daß $\begin{bmatrix} -1 \\ 0 \end{bmatrix}$ die erste Spalte und $\begin{bmatrix} 0 \\ -1 \end{bmatrix}$ die zweite Spalte der gesuchten Matrix ist, die folglich $\begin{bmatrix} -1 & 0 \\ 0 & -1 \end{bmatrix}$ lautet. Es sollten zahlreiche Beispiele und Übungsaufgaben folgen, wie man sie z. B. in der Nachbereitung findet.

Je nach seinen Absichten könnte der Lehrer an dieser Stelle fortsetzen mit der Behandlung inverser Transformationen (d. h. Transformationen, welche die umgekehrte Wirkung einer gegebenen Transformation haben) und der Behandlung von mehreren nacheinander ausgeführten Transformationen. Dabei sollte er auch hier den Vorteil der Arbeit mit Matrizen im Auge haben, denn die Inverse einer Matrix realisiert ja gerade die inverse Transformation, und die Nacheinanderausführung zweier Transformationen entspricht dem Produkt ihrer Matrizen.

Nachbereitung

1. Welche Transformationen werden durch die Matrizen

   a) $\begin{bmatrix} 0 & 1 \\ -1 & 0 \end{bmatrix}$ b) $\begin{bmatrix} 2 & 0 \\ 0 & -2 \end{bmatrix}$ c) $\begin{bmatrix} 0 & -1 \\ -1 & 0 \end{bmatrix}$

   beschrieben?

2. Bestimme die Matrix zu jeder der folgenden Transformationen.

   1. Spiegelung an der Geraden $y = x$.
   2. Streckung mit Faktor $\frac{1}{2}$ und Zentrum im Ursprung.
   3. Drehung um $-90°$.

112

Die Differenzenmethode

Viele Schüler, die mit arithmetischen und geometrischen Folgen vertraut sind, werden die Möglichkeit begrüßen, ihr Wissen über Folgen auf solche Folgen auszudehnen, deren Bildungsgesetz durch ein Polynom beschrieben wird.

Lernziele

1. *Die Schüler bilden für eine Folge, deren n-tes Glied ein Polynom mit ganzzahligen Koeffizienten in n ist, das Differenzenschema, das die Differenzen erster Ordnung, zweiter Ordnung usw. enthält.*

2. *Die Schüler bestimmen aus dem Differenzenschema mit Hilfe der Differenzenmethode Formeln für das n-te Glied und für die Summe der ersten n Glieder der Folge.*

Vorbereitung

Die Schüler sollten den binomischen Lehrsatz für positive, ganzzahlige Exponenten kennen. Bei Schülern, die einen Profilkurs besucht haben, kann man das im allgemeinen voraussetzen.

Lehrmethoden

Beginnen Sie die Stunde mit der Herausforderung an die Klasse, das allgemeine Glied der Folge 2, 12, 36, 80, 150, 252,... zu finden.[112] Nachdem sich die meisten Schüler vergeblich bemüht haben, die Folge als arithmetische oder geometrische Folge einzuordnen, geben Sie den Hinweis, daß die Folge durch ein Polynom in n erzeugt wird, wie z. B. n^2 (1, 4, 9,...) Der eine oder andere Schüler wird vielleicht erkennen, daß das n-te Glied durch $n^3 + n^2$ gegeben ist.[113]

---

[112] Anm. d. Übers.: Die Lösung dieser Aufgabe ist nicht eindeutig, denn es gibt unendlich viele Folgen, mit den gegebenen Anfangsgliedern.

[113] Anm. d. Übers.: Auch dieses Polynom ist nicht eindeutig bestimmt; eindeutig wird es erst durch die zusätzliche Forderung, daß es vom *kleinstmöglichen Grad sein soll*.

Entlocken Sie den Schülern die Feststellung, daß mit Hilfe der wohlbekannten Polynome unendlich viele derartige Folgen erzeugt werden könnten. Dann erklären Sie, daß eine einfache Methode existiert, um sowohl das allgemeine Glied als auch die Summe der ersten n Glieder einer solchen Folge zu bestimmen. Sie wird "Differenzenmethode" genannt und liegt, obwohl sie am Gymnasium i. allg. nicht gelehrt wird, durchaus in Rahmen der Möglichkeiten der Schüler.

Lassen Sie die Klasse die Differenzen aufeinanderfolgender Glieder für der obigen Folge aufschreiben, dann die neue Folge dasselbe wiederholen usw., wie nachfolgend gezeigt.

$$
\begin{array}{cccccc}
2 & 12 & 36 & 80 & 15 & 252 \quad \ldots \\
 & 10 & 24 & 44 & 70 & 102 \quad \ldots \\
 & & 14 & 20 & 26 & 32 \quad \ldots \\
 & & & 6 & 6 & 6 \quad \ldots
\end{array}
\tag{1}
$$

Weisen Sie darauf hin, daß eine Zeile erreicht wurde, in der alle Differenzen gleich sind. Um zu überprüfen, ob das ein Zufall ist, lassen Sie die Schüler mit Hilfe von Polynomen wie $n^3 + 5n$, $2n^3 + 3$ Folgen erzeugen und dann den Prozeß der Bildung aufeinanderfolgender Differenzen wiederholen. Bald werden alle der Meinung sein, daß das schließliche Auftreten einer Zeile mit gleichen Zahlen charakteristisch für derartige Folgen ist. Der formale Beweis dieser Tatsache ist an dieser Stelle nicht nötig (obwohl er einfach ist). Die Schüler werden jetzt ausreichend motiviert sein, um den nachfolgend gezeigten allgemeinen Fall zu untersuchen.

$$
\begin{array}{ll}
\text{Gegebene Folge:} & U_1, \ U_2, \ U_3, \ U_4, \ U_5, \ldots \\
\text{Differenzen 1. Ordnung:} & \Delta U_1, \ \Delta U_2, \ \Delta U_3, \ \Delta U_4, \ldots \\
\text{Differenzen 2. Ordnung:} & \Delta_2 U_1, \ \Delta_2 U_2, \ \Delta_2 U_3, \ldots \\
\text{Differenzen 3. Ordnung:} & \Delta_3 U_1, \ \Delta_3 U_2, \ldots
\end{array}
\tag{2}
$$

Die Bezeichnungen werden allen klar sein, die vorangegangenen konkreten Schemata aufgeschrieben haben. So ist z. B. $\Delta U_3 = U_4 - U_3$, $\Delta_2 U_3 = \Delta U_4 - \Delta U_3$ usw. Wenn das Delta-Symbol Δ einige zu sehr abschrecken, dann kann es einfach durch den Buchstaben D ersetzt werden.

Aus der Bildungsvorschrift des Zahlenschemas in (2) folgt, daß jede Zahl in diesem Schema die Summe ihres linken Nachbarn und der links darunter

Einheit 112 Die Differenzenmethode

stehenden Zahl ist. Wir nutzen nun nichts anderes als diese einfache Beobachtung, um jedes Glied der gegebenen Folge durch die Größen am linken Rand des Schemas auszudrücken. Wir haben zunächst

$$\boxed{U_2 = U_1 + \Delta U_1} \qquad (3)$$

Weiter ist $U_3 = U_2 + \Delta U_2$ und $\Delta U_2 = \Delta U_1 + \Delta_2 U_1$, also $U_3 = (U_1 + \Delta U_1) + (\Delta U_1 + \Delta_2 U_1)$,

$$\boxed{U_3 = U_1 + 2\Delta U_1 + \Delta_2 U_1} \qquad (4)$$

Die Schüler sollten nun mit Hilfe von (2) auch den Überlegungen folgen können, die zu einem Ausdruck von U_4 führen. Es gilt $U_4 = U_3 + \Delta U_3$. Aus $\Delta U_3 = \Delta U_2 + \Delta_2 U_2$ und $\Delta U_2 = \Delta U_1 + \Delta_2 U_1$ und $\Delta_2 U_2 = \Delta_2 U_1 + \Delta_3 U_1$ folgt
$\Delta U_3 = \Delta U_1 + 2\Delta_2 U_1 + \Delta_3 U_1$.
Mit (3) und (4) erhalten wir

$$U_4 = (U_1 + 2\Delta U_1 + \Delta_2 U_1) \\ + (\Delta U_1 + 2\Delta_2 U_1 + \Delta_3 U_1),$$

d. h.

$$\boxed{U_4 = U_1 + 3\Delta U_1 + 3\Delta_2 U_1 + \Delta_3 U_1} \qquad (5)$$

Der Lehrer kann nun darauf aufmerksam machen, daß die Zahlenkoeffizienten in den eingerahmten Gleichungen gerade jene aus dem binomischen Satz sind. Allerdings ist zu beachten, daß die Koeffizienten für das vierte Folgenglied (1, 3, 3, 1) diejenigen aus der binomischen Formel für den Exponenten *drei* sind. Dies gilt allgemein, und wir können schreiben

$$\boxed{\begin{array}{l} U_n = U_1 + (n-1)\Delta U_1 + \frac{(n-1)(n-2)}{1\cdot 2}\Delta_2 U_1 + \\ \ldots + C_{n-1}^r \Delta_r U_1 + \ldots + \Delta_{n-1} U_1 \end{array}} \qquad (6)$$

Falls er verlangt wird, kann der formale Beweis von (6) leicht mittels vollständiger Induktion auf der Grundlage der Identität $C_n^r + C_n^{r-1} = C_{n+1}^r$ geführt werden.

Sie werden vielleicht die Beziehung (6) in einer Form schreiben wollen, wie sie bei der Behandlung arithmetischer Folgen üblicherweise benutzt wird. Um dies zu tun, bezeichnen wir das erste Folgenglied (U_1) mit a und die jeweils ersten Glieder der Differenzfolgen mit $d_1, d_2, d_3, \ldots$ Dann lautet die Gleichung (6) für das n-te Folgenglied

$$l = a + (n-1)d_1 + \frac{(n-1)(n-2)}{1\cdot 2}d_2 + \ldots \qquad (7)$$

Bestimmung der Summe der ersten n Glieder

Wir betrachten das folgende Differenzenschema, in dem $U_1, U_2, \ldots$ wieder die Glieder der gegebenen Folge sind, die wir aufsummieren möchten.

$$\begin{array}{ccccc} 0 & S_2 & S_3 & S_4 & S_5 \ldots \\ U_1 & U_2 & U_3 & U_4 & \ldots \\ \Delta U_1 & \Delta U_2 & \Delta U_3 & & \ldots \end{array} \qquad (8)$$

Dann genügen die S_n den Gleichungen

$$\begin{array}{rcl} S_2 & = 0 + U_1 & = U_1 \\ S_3 & = S_2 + U_2 & = U_1 + U_2 \\ S_4 & = S_3 + U_3 & = U_1 + U_2 + U_3 \\ S_5 & = S_4 + U_4 & = U_1 + U_2 + U_3 + U_4 \end{array}$$

Wenn wir also einen Ausdruck für S_{n+1} finden, dann haben wir auch die Summe der ersten n Folgenglieder bestimmt. Zur Bestimmung von S_{n+1} kann einfach Gleichung (6) auf das Schema (8) angewendet werden. Bevor dies getan wird, sollten die Schüler sorgfältig die Schemata (8) und (2) vergleichen. Dabei sollte klar werden, daß die richtige Anwendung von Gleichung (6) folgendes ergibt

$$S_{n+1} = 0 + nU_1 + \frac{n(n-1)}{1\cdot 2}\Delta U_1 + \ldots + \Delta_n U_n,$$

d. h.

$$\boxed{\begin{array}{l} U_1 + U_2 + \ldots + U_n = \\ = nU_1 + \frac{n(n-1)}{1\cdot 2}\Delta U_1 + \ldots + \Delta_n U_n \end{array}} \qquad (9)$$

Zur Illustration wollen wir die ersten n Quadratzahlen summieren.

$$\begin{array}{ccccc} 1 & 4 & 9 & 16 & 25 \ldots \\ & 3 & 5 & 7 & 9 \ldots \\ & & 2 & 2 & 2 \ldots \end{array}$$

Für die Summe der ersten n Quadratzahlen erhalten wir also

$$\begin{array}{rcl} S_{n+1} & = & n\cdot 1 + \frac{n(n-1)}{1\cdot 2}\cdot 3 + \frac{n(n-1)(n-2)}{1\cdot 2\cdot 3}\cdot 2 \\ & = & \frac{6n + 9n(n-1) + 2n(n-1)(n-2)}{6} \\ & = & \frac{n}{6}(n+1)(2n+1). \end{array}$$

Die Schüler können die Gültigkeit dieser Formel leicht überprüfen. Analog zu (7) könnte auch die Gleichung (9) mit den Bezeichnungen $a, d_1, d_2, \ldots$ geschrieben werden.

Nachbereitung

1. Lassen Sie die Schüler das n-te Glied und die Summe der ersten n Glieder für die nachstehenden Folgen bestimmen.
    1. 2, 5, 10, 17, 26,...
    2. 1, 8, 27, 64, 125,...
    3. 12, 40, 90, 168, 280, 432,...

2. Lassen Sie die Schüler mit Hilfe einfacher Polynome eigene Folgen bilden und ihre Klassenkameraden herausfordern, das allgemeine Glied zu bestimmen.

113

Wahrscheinlichkeitstheorie — angewandt auf Baseball

Jedes Jahr fallen die ersten Schulmonate mit den letzten Spielmonaten der Major League (oberste Spielklasse im Basketball in den USA) zusammen. Die Spiele der World Series[114] im Oktober sind normalerweise eine Quelle der Ablenkung. Der Mathematiklehrer kann jedoch dieses Ereignis für eine ganze Reihe von Anwendungen der Wahrscheinlichkeitstheorie nutzbar machen, die von hohem Bildungswert sind.

Lernziele

1. *Die Schüler berechnen bei gegebenen Gewinnchancen der konkurrierenden Mannschaften im Einzelspiel die zu erwartende Anzahl der in der World-Series auszutragenden Spiele.*

2. *Bei gegebener Trefferquote eines Schlagmannes berechnen die Schüler die Wahrscheinlichkeit, mit der er während eines Spieles irgendeine vorgegebene Zahl von Treffern erreicht.*

---

[114] Anm. d. Übers.: Die Major League besteht aus den (etwa 20) Spitzen-Profi-Clubs. Die beiden Teilligen American League und National League ermitteln jeweils ihre (im Text mit A bzw. N bezeichneten) Siegermannschaften, die dann die World Series spielen. Die Mannschaft, die zuerst 4 Siege verbucht, ist Meister; d. h. die beiden Mannschaften spielen wenigstens 4×, höchstens 7× gegeneinander.

Vorbereitung

Eine vorangegangene Behandlung von Permutationen und Wahrscheinlichkeiten ist nicht erforderlich, wenn eine entsprechende Einführung gegeben wird. Die Einheit ist somit bereits für Schüler der Sekundarstufe I (die den binomischen Lehrsatz noch nicht behandelt haben) geeignet.

Lehrmethoden

Die Stunde sollte mit einer angeregten Diskussion darüber beginnen, welche Mannschaft wohl die "World Series" gewinnen wird. Es sollten Zeitungsausschnitte mit den Gewinnchancen mitgebracht werden. Das führt direkt zur Frage, wieviele Spiele bis zur Entscheidung benötigt werden.

Länge der Serie. Bezeichnen Sie das Ergebnis einer "World Series" mit der entsprechenden Folge der Anfangsbuchstaben der Siegermannschaft in den einzelnen Spielen (NAANAA bedeutet also, daß die National League das erste und vierte Spiel gewonnen und die übrigen die American League gewonnen hat) und fordern Sie die Klasse heraus, die Gesamtzahl aller möglichen Ergebnisse zu bestimmen.

Diskutieren Sie die Lösung in Termini der "Permutationen mit Wiederholung". Bemerken Sie, daß die Fälle von vier, fünf, sechs oder sieben Objekten getrennt betrachtet werden müssen. Arbeiten Sie heraus, daß eine Nebenbedingung des Problems darin besteht, daß der Sieger stets das letzte Spiel gewinnen muß. Es ergeben sich folgende Zahlen:

Anz. der Spiele	4	5	6	7
Anz. der Folgen	2	8	20	40

Tabelle 1

Die Wahrscheinlichkeiten dafür, daß die "World Series" tatsächlich über vier, fünf, sechs oder sieben Spiele geht, hängt natürlich von der relativen Stärke der beiden Mannschaften ab. Die meisten Schüler werden intuitiv verstehen, daß die Aussicht auf eine lange Serie um so größer wird, je geringer der Leistungsunterschied ist, und umgekehrt.

Wenn Gewinnchancen-Prognosen aus der Zeitung verfügbar sind, dann sollten diese in Wahrscheinlichkeiten für einen Sieg der Mannschaft A (p)

Einheit 113 Wahrscheinlichkeitstheorie – angewandt auf Baseball

bzw. der Mannschaft N ($q = 1 - p$) übersetzt werden. Wenn für A die Siegprognose $m : n$ lautet, dann ist $p = \frac{m}{m+n}$.

Nach einer kurzen Diskussion zu den Prinzipien der Wahrscheinlichkeit unabhängiger Ereignisse (vielleicht erläutert am Münzwurf) sollte klar sein, daß die Wahrscheinlichkeit für einen Vier-Spiele-Sieg der American League gleich $P(\text{"A in 4"}) = p \cdot p \cdot p \cdot p = p^4$ ist. Analog ist $P(\text{"N in 4"}) = q^4$ und somit die Gesamtwahrscheinlichkeit eines Vier-Spiele-Sieges einfach gleich $p^4 + q^4$.[115]

Es ist ein Ansporn für die Schüler, ihre Intuition bestätigt zu sehen, deshalb ist es angebracht, verschiedene Werte für p und q, die sich bei entsprechenden Prognosen ergeben, einzusetzen:

Gewinnprognose für A	1:1	2:1	3:1
$P(\text{"A in 4"})$	0,13	0,21	0,32

Tabelle 2

Die Schüler sollten ermuntert werden, diese Wertetabelle fortzusetzen.

Bevor Sie die Wahrscheinlichkeit einer Fünf-Spiele-Serie berechnen, erinnern Sie an die eingangs geleistete Arbeit zur Bestimmung der Anzahl aller möglichen Fünf-Spiele-Folgen. Es gab acht solche Folgen (NAAAA, ANAAA, AANAA, AAANA, ANNNN usw.) und die Wahrscheinlichkeit für *jede* der ersten vier ist gegeben durch $q \cdot p \cdot p \cdot p \cdot p = p \cdot q \cdot p \cdot p \cdot p = p \cdot p \cdot q \cdot p \cdot p = p \cdot p \cdot p \cdot q \cdot p = p^4 q$. Da sich diese Ergebnisse gegenseitig ausschließen, gilt $P(\text{"A in 5"}) = 4p^4 q$. Analog ist $P(\text{"N in 5"}) = 4pq^4$ und die Wahrscheinlichkeit einer Fünf-Spiele-Serie ist gleich $4p^4 q + 4pq^4 = 4pq(p^3 + q^3)$.

Entsprechend kann unter Benutzung der am Anfang durchgeführten Überlegungen zu Permutationen einfach gezeigt werden, daß $P(\text{Sechs-Spiele-Serie}) = 10p^2q^2(p^2 + q^2)$ und $P(\text{Sieben-Spiele-Serie}) = 20p^3q^3(p+q) = 20p^3q^3$ (denn $p + q = 1$).

Im Zuge der Herleitung dieser Gleichungen kann Tabelle 2 schrittweise auf fünf, sechs und sieben Spiele bei verschiedenen Gewinnprognosen erweitert werden.

An dieser Stelle könnten die Schüler mit dem wichtigen Begriff der mathematischen Erwartung $E(X)$ bekannt gemacht (oder an ihn erinnert) werden. Wenn die Wahrscheinlichkeiten für jeden Ausgang zur Verfügung stehen, kann der Erwartungswert $E(X)$ der Länge der Serie berechnet werden. So erhält man bei einer Gewinnchance von 1:1

x	4	5	6	7
$P(X = x)$	0,13	0,24	0,31	0,31

$$E(X) = \sum x_i P(X = x_i) = 5,75$$

Tabelle 3

Trefferwahrscheinlichkeiten. Die meisten Schüler, die Baseball verfolgen, glauben, daß sie eine klare Vorstellung der Bedeutung der "Trefferquote[116]" und ihrer Bedeutung dafür, daß ein Schlagmann ins Spiel kommt, haben. Fordern Sie die Klasse heraus, die Chance eines Spielers abzuschätzen, daß er bei vier Schlägen wenigstens einen Treffer landet, wenn sein Schlagmittel die Saison hindurch gleich 0,250 war. Einige Schüler werden gefühlsmäßig sagen, daß bei vier Schlägen fast sicher mit einem Treffer zu rechnen ist, denn es ist ja $0,250 = \frac{1}{4}$.

Beginnen Sie die Untersuchung, indem Sie wie oben eine Folge von Buchstaben benutzen, um die Leistung des Spielers zu notieren (KTKK bedeutet, nur beim zweiten Schlag getroffen). Berechnen sie wieder die Anzahl aller möglichen Folgen, die hier gleich 16 ist. Schwächeren Schülern würde man empfehlen, alle diese Permutationen aufzuschreiben.

Wählen Sie den einfachsten Fall KKKK aus. Aufgrund der bisherigen Arbeit sollte der Klasse die Wahrscheinlichkeit dieses Ergebnisses klar sein: $P(\text{"trefferlos"}) = \frac{3}{4} \cdot \frac{3}{4} \cdot \frac{3}{4} \cdot \frac{3}{4} = \frac{3^4}{4^4} = \frac{81}{256} = 0,32$ (erinnern Sie daran, daß $P(T) = \frac{1}{4}$ und $P(K) = \frac{3}{4}$ ist). Da alle anderen Folgen wenigstens einen Treffer enthalten, ist ihre Gesamtwahrscheinlichkeit gleich $1 - 0,32 = 0,68$. Das heißt, es gibt nur eine 68%-ige Chance, daß der Schlagmann bei vier Schlägen wenigstens einmal trifft. Obwohl dieses Resultat nicht umwerfend ist, so wird es doch bestimmt bei einigen Schülern ein gewisses Umdenken mit sich bringen.

---

[115] Anm. d. Übers.: die Addition dieser Wahrscheinlichkeiten ist nur erlaubt, wenn – wie hier – die betrachteten Ereignisse unvereinbar sind, also "einander gegenseitig ausschließen".

[116] Anm. d. Übers.: Amerik. batting average

Auf ähnliche Weise können die Wahrscheinlichkeiten für den Fall genau eines Treffers (vier mögliche Folgen), genau zweier Treffer (sechs Möglichkeiten) usw. berechnet werden.

Die besprochenen Situationen stellen Beispiele des Bernoulli-Schemas und der Binomialverteilung dar. Diskutieren Sie mit den Schülern die Definition des Bernoullischen Versuchsschemas und benutzen Sie zur Illustration Würfel, Münzwurf usw. Regen Sie die Schüler zur Diskussion darüber an, ob diese Konzepte auch auf andere Ereignisse des täglichen Lebens, wie die Vereinigung von Keimzellen in der Genetik, den Erfolg chirurgischer Eingriffe, und schließlich den Erfolg eines Schlagmannes im Baseball, nutzbringend angewandt werden können.

Es gibt natürliche Einschränkungen für den Versuch, Baseball-Wettkämpfe als Bernoullischema zu behandeln, speziell in einer einmaligen Situation wie der World Series. Nichtsdestoweniger ist es wertvoll, die Schüler ein Gefühl für "erste Näherungen" entwickeln zu lassen. Gleichzeitig kann ihre Einsicht in die Anwendungen der Mathematik durch die Untersuchung von Fragestellungen, die ihnen vertraut sind und die sie kompetent beurteilen können, vertieft werden.

Nachbereitung

Lassen Sie die Schüler

1. die Tabelle 2 für eine 5-, 6- und 7-Spiele-Serie erweitern. Dabei soll mit den in der Tabelle angegebenen und weiteren realistischen Gewinnprognosen gearbeitet werden.

2. die Tabelle 3 für die Gewinnprognosen 2:1 und 3:1 aufstellen und für diese Fälle $E(X)$ berechnen.

114
Einführung in geometrische Transformationen

Nach einer Einführung der drei grundlegenden Bewegungen wird in dieser Einheit gezeigt, wie eine Gruppe aufgebaut werden kann, deren Elemente Transformationen sind.

Lernziele

1. *Die Schüler definieren Verschiebung, Drehung und Spiegelung.*

2. *Die Schüler identifizieren Transformationen anhand von Skizzen, die Bilder und Urbilder ausgewählter Objekte enthalten.*

3. *Die Schüler zeigen, daß alle betrachteten Transformationen der Ebene eine Gruppe bilden.*

Vorbereitung

Diese Einheit sollte Schülern angeboten werden, welche die Elementargeometrie beherrschen. Der Begriff der Gruppe sollte bekannt sein, er muß jedoch vor dieser Einheit nicht weiter vertieft worden sein. Die Kenntnis von Funktionen wäre ebenfalls hilfreich.

Lehrmethoden

Der erste Teil dieser Einheit enthält eine kurze Einführung der drei Bewegungen: Verschiebungen, Drehungen und Spiegelungen.

Die Schüler sollten sich daran erinnern, daß eine eineindeutige Abbildung "auf" eine Kongruenz ist. Das heißt, aus $\overline{AB} \xrightarrow[\text{auf}]{1\text{-}1} \overline{CD}$ folgt $\overline{AB} \cong \overline{CD}$.

Verschiebungen

Wir betrachten eine Abbildung $V : \varepsilon \xrightarrow[\text{auf}]{1\text{-}1} \varepsilon$ der ganzen Ebene auf sich, die durch eine Verschiebung um einen festen Vektor **v** gegeben ist. Dann wird jeder Punkt A der Ebene in einen Punkt A' abgebildet, der allein vom Verschiebungsvektor **v** abhängt (Abb. 1).

Einheit 114 Einführung in geometrische Transformationen

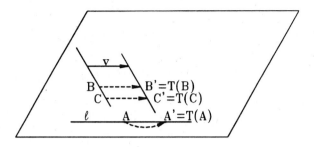

Abb. 1

Um zu betonen, daß es sich um eine Verschiebung um den Vektor **v** handelt, schreiben wir auch $V_\mathbf{v}$. In Abb. 1 werden die Punkte A, B und C durch die Verschiebung V in die Punkte A', B' bzw. C' abgebildet. Es gilt also $V(B) = B'$, man sagt B' ist das Bild von B unter der Verschiebung V. Punkte auf einer Geraden ℓ, die parallel zum Verschiebungsvektor **v** ist, werden wieder in Punkte dieser Geraden abgebildet. Vergewissern Sie sich, daß Ihre Schüler diesen Transformationstyp gut verstanden haben, indem Sie ihnen die folgenden Fragen stellen.

1. Welche Geraden werden auf sich selbst abgebildet? (Geraden, die parallel zum Verschiebungsvektor sind)
2. Welche Punkte werden auf sich selbst abgebildet? (keine)
3. Welchen Verschiebungsvektor hat die Inverse der Translation V? (den Vektor $-\mathbf{v}$)

Drehungen

Wir betrachten eine Abbildung $D : \varepsilon \xrightarrow[\text{auf}]{\text{1-1}} \varepsilon$ der ganzen Ebene auf sich selbst, die durch eine Drehung der Ebene um irgendeinen festen Winkel um irgendeinen festen Punkt gegeben ist. Für eine Drehung um den Winkel Θ entgegen dem Uhrzeigersinn schreiben wir D_Θ. In Abb. 2 ist eine

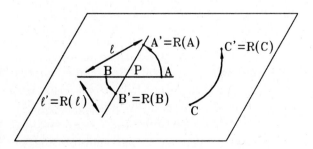

Abb. 2

Drehung um 90° um den Punkt P dargestellt. Die folgenden Fragen sollen Ihren Schülern helfen, diesen Transformationstyp zu verstehen.

1. Werden durch eine Drehung D irgendwelche Punkte in sich selbst abgebildet? (ja, der Punkt P)
2. Werden durch eine Drehung D irgendwelche Geraden auf sich selbst abgebildet? (nein, nur bei einer Drehung um 0° bzw. 180° wird jede Gerade durch das Drehungszentrum (P) auf sich selbst abgebildet[117])
3. Wenn ℓ eine Gerade der Ebene ist, in welcher Beziehung stehen dann ℓ und $\ell' = D_{90°}(\ell)$? ($\ell \perp \ell'$)
4. Was ist die Inverse einer Drehung $D_{90°}$?[118] ($D_{270°} = D_{630°} = D_{-90°}$)
5. Was ist die Inverse von $D_{180°}$? ($D_{180°}$)
6. Beschreibe die Abbildungen $D^2 = D \circ D$, D^3 und D^4, wenn $D \equiv D_\Theta$ ist und $D_a \circ D_b$ die Nacheinanderausführung der Drehungen D_b und D_a bezeichnet. ($D_{2\Theta}$, $D_{3\Theta}$, $D_{4\Theta}$)
7. Vereinfache $D_{200°} \circ D_{180°}$. ($D_{380°} = D_{380°-360°} = D_{20°}$)
8. Vereinfache $D_{90°} \circ D_{270°}$. ($D_{360°} = D_{0°}$)
9. Vereinfache $D^4_{120°}$. ($D_{480°} = D_{480°-360°} = D_{120°}$)

Spiegelungen

Wir betrachten eine Abbildung $S : \varepsilon \xrightarrow[\text{auf}]{\text{1-1}} \varepsilon$ der ganzen Ebene auf sich, die durch die Spiegelung an einem Punkt oder an einer Geraden bestimmt ist. Um das Spiegelbild eines Punktes A bezüglich eines Punktes P zu bestimmen, verlängert man die Strecke $\overline{AP}$ über P hinaus und bestimmt auf dieser Verlängerung denjenigen Punkt A', für den $|\overline{A'P}| = |\overline{AP}|$ gilt. In Abb. 3 oben ist A' das Spiegelbild von A bzgl. P.

Das Spiegelbild eines Punktes A bezüglich einer gegebenen Geraden ℓ findet man, indem man das Lot von A auf ℓ fällt und auf der Verlängerung dieses Lotes über seinen Fußpunkt hinaus denjenigen Punkt A' bestimmt, der von ℓ denselben Abstand hat wie A. Abb. 3 unten zeigt die Spiegelbilder der Eckpunkte eines Dreiecks (und somit das Spiegelbild des Dreiecks selbst) bezüglich der Geraden ℓ.

---

[117] Anm. d. Übers.: Dieselbe Eigenschaft haben auch Drehungen um ganzzahlige Vielfache von 180°.

[118] Anm. d. Übers.: In den Fragen 4.-9. wird vorausgesetzt, daß alle betrachteten Drehungen dasselbe Zentrum P haben.

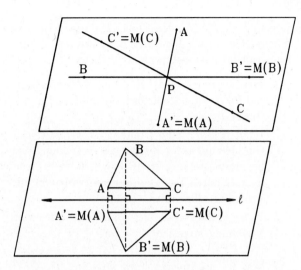

Abb. 3

Für die Spiegelung an einer Geraden ℓ schreiben wir auch S_ℓ. Stellen Sie Ihren Schülern wieder einige Fragen:

1. Was ist die Inverse einer Spiegelung S? (S)
2. Wie unterscheiden sich Bild und Urbild einer geometrischen Figur bei einer Geradenspiegelung? (entgegengesetzte Orientierung, "spiegelverkehrtes Bild")
3. Wie wird durch die Spiegelung an einem Punkt die Orientierung einer Geraden geändert? (Ordnung der Punkte auf der Geraden wird umgekehrt)
4. Es sei S_ℓ die Spiegelung an einer Geraden ℓ. Beschreibe die folgenden Bildmengen:
   (a) $S_\ell(m)$, wenn m eine Gerade mit $m \parallel \ell$ ist. (m' Gerade mit $m' \parallel \ell$, m' und m auf verschiedenen Seiten von ℓ)
   (b) $S_\ell(n)$, wenn n eine Gerade mit $n \perp \ell$ ist. ($n' = n$)
   (c) $S_\ell(k)$, wenn k eine Gerade ist, die nicht parallel zu ℓ ist. (k' ist eine Gerade, die ℓ im selben Punkt und unter demselben Winkel schneidet wie k)

Gruppen

Um Transformationsgruppen besprechen zu können, ist es nützlich, die Definition einer Gruppe zu wiederholen. Andernfalls wird der Begriff an dieser Stelle eingeführt.

1. Eine Menge mit einer Operation.
2. Die Operation ist assoziativ.
3. Es existiert ein Einselement.
4. Jedes Element besitzt ein Inverses.

Um die Untersuchungen zu vereinfachen, werden wir zunächst zeigen, daß jede Verschiebung die Nacheinanderausführung zweier Spiegelungen ist, und daß (II) jede Drehung das Produkt zweier Spiegelungen ist. Das ermöglicht uns dann, den Nachweis der Gruppeneigenschaften nur mit Hilfe von Spiegelungen zu führen.

(I) Um zu zeigen, daß jede Verschiebung $V_\mathbf{v}$ als Nacheinanderausführung zweier Spiegelungen geschrieben werden kann, betrachten wir die in Abb. 4 gezeigte Situation. Wir betrachten die bei-

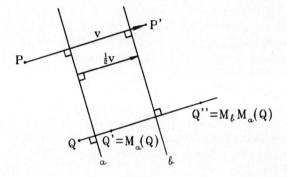

Abb. 4

den zu $\mathbf{v}$ senkrechten Geraden a und b, die durch den Anfangspunkt bzw. den Endpunkt des Vektors $\frac{1}{2}\mathbf{v}$ gehen. Sei Q ein beliebiger Punkt der Ebene. Durch Spiegelung von Q an a erhalten wir einen Punkt Q', durch anschließende Spiegelung von Q' an der Geraden b erhalten wir einen Punkt Q'', der gleich $V_\mathbf{v}(Q)$ ist. Es gilt also $Q' = S_a(Q)$ und $V_\mathbf{v}(Q) = Q'' = S_b(Q') = S_b(S_a(Q)) = S_b S_a(Q)$

(II) Um zu zeigen, daß jede Drehung D_Θ als Nacheinanderausführung zweier Spiegelungen geschrieben werden kann, betrachten wir die Situation in Abb. 5. Durch das Zentrum C der Drehung zeichnen wir zwei Geraden a und b, die einen Winkel von $\frac{1}{2}\Theta$ einschließen, so daß $D_{\frac{\Theta}{2}}(a) = b$ gilt. Sei P ein beliebiger Punkt der Ebene. Wir spiegeln zuerst P an der Geraden a und dann den Bildpunkt an der Geraden b. So erhalten wir den Punkt P'', für den wir mit Hilfe zweier kongruenter Dreiecke in Abb. 4 leicht zeigen können, daß $P'' = S_b S_a(P) = D_\Theta(P)$ gilt.

Nun, da alle Verschiebungen und Drehungen durch nacheinander ausgeführte Geradenspiegelungen ersetzt werden können, bitten Sie Ihre

Einheit 115 Kreis und Kardioide

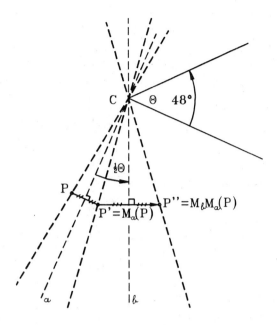

Abb. 5

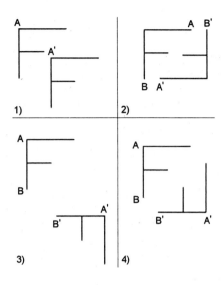

Abb. 6

Schüler zu zeigen, daß die Gesamtheit der besprochenen Transformationen, d. h. die Menge der Bewegungen bzgl. der Nacheinanderausführung als Operation, eine Gruppe bildet. Dazu müssen *alle* vier oben angegebenen Eigenschaften nachgewiesen werden.[119]

Nachbereitung

1. Definiere die Begriffe Verschiebung, Drehung und Spiegelung.

2. Beschreibe jede der Abbildungen in Abb. 6 mit Hilfe einer einzigen Transformation.

3. Zeige, daß die Verschiebungen für sich, aber auch die Drehungen um einen festen Punkt für sich bezüglich der Operation der Nacheinanderausführung jeweils eine Gruppe bilden.

---

[119] Anm. d. Übers.: Die Eigenschaften 2.-4. folgen leicht aus den entsprechenden Eigenschaften der Geradenspiegelungen. Um zu beweisen, daß die Nacheinanderausführung zweier Bewegungen wieder eine Bewegung ist, muß noch gezeigt werden, daß die Nacheinanderausführung zweier Geradenspiegelungen stets eine Bewegung ist. Dieser Nachweis erfolgt mit den "umgekehrten" Überlegungen von (I) und (II).

115
Kreis und Kardioide

Lernziele

1. Zu einem gegebenen Kreis zeichnen die Schüler eine Kardioide ohne Verwendung einer Gleichung.

2. Die Schüler experimentieren mit der Konstruktionsmethode für die Kardioide und erzeugen weitere Kurven.

Vorbereitung

Stellen Sie den Schülern die Kardioide vor, indem Sie sie eine Wertetabelle für $r = 2a(1 + \cos\Theta)$ aufstellen lassen. Lassen Sie dann die Schüler die entsprechenden Punkte in ein Polarkoordinatensystem einzeichnen. Nachdem sie die Kurve konstruiert haben, die zuerst von de Castillion 1741 als *Kardioide* (Herzkurve) bezeichnet wurde, sollten die Schüler zu einigen ungewöhnlichen Methoden hingeleitet werden, um diese Kurve zu konstruieren.

Lehrmethoden

Methode I. Zeichne einen Kreis mit Mittelpunkt O und Radius 7 cm in die Mitte eines DIN-A4-Blattes. Trage mit einem Winkelmesser 36 gleichabständige Punkte auf dem Kreisumfang ab (Abb. 1).

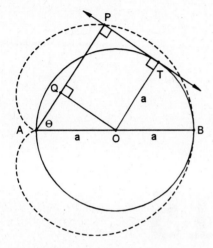

Abb. 1

Konstruiere in jedem dieser 36 Punkte T die Tangente t an den Kreis. Dies muß nicht notwendig auf die klassische Weise mit Zirkel und Lineal konstruiert werden, sondern vielleicht eher mit einem rechtwinkligen Zeichendreieck, dessen einer Schenkel an den Kreismittelpunkt gelegt wird. Das Zeichnen einer Tangente an den Kreis auf diese Weise basiert auf der Tatsache, daß die Tangente an einen Kreis senkrecht auf dem Berührungsradius steht. Fälle von einem *festen* Punkt A auf dem Kreis (wobei A einer von den 36 Punkten ist) das Lot auf die Tangente t, der Lotfußpunkt sei P. Konstruiere nun die Tangenten in allen übrigen Punkten (A ausgenommen) und wiederhole für jede der Tangenten den vorhergehenden Schritt des Lotfällens von A auf die jeweilige Tangente. Die sich ergebende Figur ist in Abb. 2 gezeigt, der geometrische Ort aller solcher Punkte P ist eine Kardioide.

Der Punkt A heißt dann die *Spitze* der Kardioide. In Abb. 2 wurden einige Hilfslinien der Konstruktion weggelassen, um der Figur am Ende klarere Konturen zu geben. Außerdem wurden 48 Punkte verwendet, um ein dichteres Erscheinungsbild zu erhalten. Schließlich ist anzumerken, daß die Lage der Kardioide in Abb. 2 von der in Abb. 1

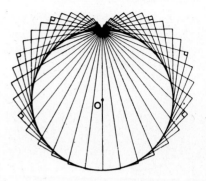

Abb. 2

abweicht; es wurde eine Drehung um 90° im Uhrzeigersinn vorgenommen.

Beweis: In Abb. 1 sei A der feste Punkt, auf dem Kreis um O. Seien außerdem A der Koordinatenursprung und AB^+ der Nullstrahl eines Polarkoordinatensystems. Zeichne die Strecke $\overline{OT}$. Damit ist $\overline{OT}\|\overline{AP}$. Fälle von O das Lot auf $\overline{AP}$, das $\overline{AP}$ im Punkt Q schneidet.

Damit ist auch $\overline{OQ}\|TP$ und $OTPQ$ ist ein Rechteck. Es seien $|\overline{OT}| = |\overline{OP}| = a$, $r = |\overline{AP}|$ und $\angle PAB = \Theta$. Es gilt (Abb. 1)

$$r = |\overline{AQ}| + |\overline{QP}|. \qquad (1)$$

Im rechtwinkligen Dreieck $\triangle AOQ$ ist $\cos\Theta = \dfrac{|\overline{AQ}|}{a}$, so daß sich

$$|\overline{AQ}| = a \cdot \cos\Theta \qquad (2)$$

ergibt. Mit $|\overline{QP}| = a$ und unter Verwendung von (2) erhalten wir aus (1)

$$\begin{aligned} r &= a \cdot \cos\Theta + a \quad \text{oder} \\ r &= a(1 + \cos\Theta), \end{aligned} \qquad (3)$$

die Gleichung der Kardioide in Polarkoordinaten.

Das oben beschriebene Verfahren ist ein Beispiel dafür, wie eine *Fußpunktkurve* zu einer gegebenen Kurve konstruiert wird (d. h., die Kardioide ist die Fußpunktkurve an den Kreis um O in bezug auf A). Alle Fußpunktkurven werden auf diese Weise erzeugt: Ein beliebiger, aber fester Punkt wird gewählt, oft auf der Kurve selbst, und von diesem Punkt aus werden Lote auf verschiedene Tangenten der Ausgangskurve gefällt. Der geometrische Ort der Lotfußpunkte der von einem festen

Einheit 115 Kreis und Kardioide

Punkt aus auf die Tangenten gefällten Lote definiert die Fußpunktkurve[120]. Obwohl die Tangenten an einen Kreis und folglich eine Fußpunktkurve leicht zu konstruieren sind, können sich weitere Fußpunktkonstruktionen als interessant und anspruchsvoll erweisen.

Methode II. Zeichne wie in Methode I einen Kreis von 7 cm Durchmesser, der jedoch auf dem DIN-A4-Blatt 2-3 cm nach links verschoben ist (Abb. 3).

Abb. 4

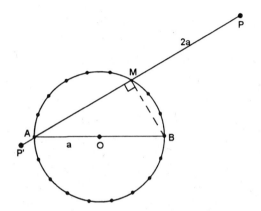

Abb. 3

Trage auf dem Kreisumfang 18 gleichabständige Punkte ab. Bezeichne den Durchmesser mit $\overline{AB}$, $|\overline{AB}| = 2a$, wobei A wieder ein beliebiger, fest gewählter Punkt ist. Sei M einer der 18 Punkte, aber von A verschieden. Zeichne die Gerade AM und schlage um M einen Kreisbogen mit dem Radius $2a$. Die Schnittpunkte des Kreisbogens mit AM werden mit P und P' bezeichnet. Somit ist M der Mittelpunkt von $\overline{PP'}$. Wiederhole diese Prozedur für die verbleibenden 16 Punkte auf dem Kreis. Der geometrische Ort aller so gewonnen Punkte P und P' ist eine Kardioide (Abb. 4).

Beweis: Zeichne wie in in Abb. 3 die Strecke $\overline{MB}$ ein. Es seien $|\overline{AP}| = r$ und $\angle MAB = \Theta$. Da das Dreieck $\triangle ABM$ rechtwinklig ist, gilt

$$|\overline{AM}| = 2a \cdot \cos\Theta. \qquad (4)$$

Weiter gilt

$$r = |\overline{AM}| + |\overline{MP}| \qquad (5)$$

und nach Konstruktion ist $|\overline{MP}| = 2a$. Setzen wir (4) und die letzte Identität in (5) ein, so erhalten wir

$$r = 2a \cdot \cos\Theta + 2a \quad \text{bzw.}$$

---
[120] Anm. d. Übers.: Vgl. dazu auch Einheit 91.

$$r = 2a(1 + \cos\Theta), \qquad (6)$$

eine Gleichung, die bis auf die Konstante $2a$ mit (3) identisch ist. Für $\Theta + 180°$ erhalten wir P', so daß $r = |\overline{AP'}|$ gilt. Da $\cos(\Theta + 180°) = -\cos\Theta$ ist, ergibt sich nach Wiederholung der obigen Schritte

$$r = 2a(1 - \cos\Theta). \qquad (7)$$

Die hier beschriebene Konstruktion einer Kardioide ist ein Beispiel für eine *(Kreis-) Konchoide*. Wird diese Technik auf eine Ellipse angewendet, so kann z. B. einer der Scheitelpunkte als fester Punkt gewählt werden. Wählt man die auf beiden Seiten von M abzutragende Strecke $2a$ gleich der großen oder kleinen Halbachse, so erhält man verschiedene interessante Konchoiden der Ellipse.

Methode III. Die Kardioide kann auch erzeugt werden durch einen (markierten) Punkt P eines Kreises, der außen auf einem festen Kreis gleichen Durchmessers ohne zu gleiten abrollt (Abb. 5).

Beweis: Der fixierte Kreis mit Mittelpunkt C_1 und Radius a befinde sich im Ursprung eines Polarkoordinatensystems. Sei O der Schnittpunkt des Kreises mit der durch den Nullstrahl bestimmten Geraden. Der zweite Kreis mit Mittelpunkt C_2, der in der Ausgangsposition den ersten Kreis im Punkt O berührte, ist inzwischen in die in Abb. 5 gezeigte Position gerollt, wobei der feste Punkt P mitbewegt wurde. Der Ort des Punktes P ist gesucht.

Der zweite Kreis berührt nun den ersten im Punkt T. Die Verbindungsgerade von C_1 und C_2 geht durch den Punkt T. Da $\stackrel{\frown}{PT} \cong \stackrel{\frown}{OT}$ ist, gilt $\angle TC_1O = \angle PC_2T$. Wir setzen $\angle TC_1O = \Theta$. Indem wir die Strecken $\overline{C_2P}$ mit $|\overline{C_2P}| = a$ und $\overline{OP}$

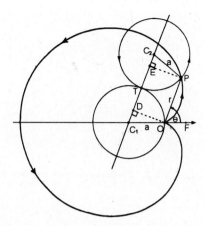

Abb. 5

zeichnen, erhalten wir ein gleichschenkliges Trapez OC_1C_2P und folglich ist $\measuredangle POF = \Theta$.

Fälle die Lote von O und P auf C_1C_2 mit den Lotfußpunkten D bzw. E. Es folgt unmittelbar $\triangle ODC_1 \cong \triangle PEC_2$, woraus folgt, daß $|\overline{C_1D}| = |\overline{EC_2}|$ und $|\overline{DE}| = |\overline{OP}|$ gilt. In den Dreiecken $\triangle ODC_1$ und $\triangle PEC_2$ gilt

$$|\overline{C_1D}| = a \cdot \cos\Theta \qquad (8)$$

und

$$|\overline{C_2E}| = a \cdot \cos\Theta. \qquad (9)$$

Nun ist

$$|\overline{C_1C_2}| = 2a = |\overline{C_1D}| + |\overline{DE}| + |\overline{C_2E}|. \qquad (10)$$

Einsetzen von (8) und (9) in (10) unter Berücksichtigung von $|\overline{DE}| = |\overline{OP}| = r$ ergibt

$$2a = a \cdot \cos\Theta + r + a \cdot \cos\Theta, \qquad (11)$$

woraus nach Vereinfachung

$$r = 2a(1 - \cos\Theta) \qquad (12)$$

folgt, was mit (7) identisch ist.

Das Konzept eines auf dem Umfang eines festen Kreises abrollenden Kreises ist ausführlich untersucht worden. Der geometrische Ort eines Punktes auf dem Umfang des abrollenden Kreises ist eine Kurve, die allgemein *Epizykloide* genannt wird. Die Kardioide ist also eine spezielle Epizykloide. Durch die Veränderung des Verhältnisses der Radien der beiden Kreise erhält man eine Vielzahl wohlbekannter ebener Kurven.[121]

[121] Anm. d. Übers.: Darunter z. B. auch die Pascalsche Schnecke (mit $|\overline{C_1O}| = |\overline{C_2P}|$, s. Einheit 108) und die Nephroide (mit $|\overline{C_1O}| = 2 \cdot |\overline{C_2P}|$).

Nachbereitung

Verweisen Sie auf die Methode I, um die folgenden beiden Varianten zu zeichnen und evtl. Gleichungen vom Typ (3) zu erhalten:

(a) wähle den festen Punkt A *außerhalb* des Kreises in einem Abstand von $2a$ Einheiten vom Punkt O,

(b) wähle A *innerhalb* des Kreises in einem Abstand von $\frac{a}{2}$ Einheiten von O.

116
Anwendungen komplexer Zahlen

Das von uns heute benutzte Zahlensystem hat sich über einen langen Zeitraum hinweg entwickelt. Dieser Fortschritt erfolgte den jeweiligen Anforderungen der Zeit entsprechend. Für den frühen Menschen war es ausreichend, natürliche Zahlen zum Zählen zu seiner Verfügung zu haben. Einfache Brüche wie die Stammbrüche, mit denen sich die alten Ägypter beschäftigten, folgten. Während die frühen Griechen die irrationalen Zahlen nicht kannten, wurden sie in der Geometrie benötigt, was letztlich ihre Akzeptanz mit sich brachte. Negative Zahlen wurden verwendet, als ihre Anwendung in der Physik, z. B. für Temperaturangaben, unumgänglich wurde. Die komplexen Zahlen jedoch werden untersucht, weil das System der reellen Zahlen ohne sie nicht algebraisch vollständig ist. Die Anwendung komplexer Zahlen in der Welt der Physik wird mit der Mehrzahl der Schüler nicht untersucht. Diese Einheit stellt den Schülern einige physikalische Anwendungen der koplexen Zahlen vor.

Lernziele

Die Schüler sind in der Lage, einige physikalische Aufgaben unter Einbeziehung komplexer Zahlen und vektorieller Größen zu lösen.

Einheit 116 Anwendungen komplexer Zahlen

Vorbereitung

Die Schüler sollten mit den Operationen mit komplexen Zahlen und Grundzügen der Vektoralgebra vertraut sein. Grundkenntnisse der Physik sind ebenso zu empfehlen.

Lehrmethoden

Die komplexe Ebene ist durch zwei senkrecht aufeinander stehende Koordinatenachsen definiert, wobei die Realteile der komplexen Zahlen auf der horizontalen Achse, die Imaginärteile auf der vertikalen Achse abgetragen werden. Ein Zugang zu dieser komplexen Ebene kann hergestellt werden, wenn i als "Zeichen für Senkrechtstehen" – als ein Operator behandelt wird, der einen gegebenen Vektor um einen Winkel von 90° dreht.

Um diese Vorstellung zu entwickeln, beginnen wir mit irgendeiner vektoriellen Größe A, die durch einen Vektor ⟶ repräsentiert wird, dessen Länge die Größe und dessen Pfeilspitze den Richtungssinn anzeigt. (Zur Unterscheidung vektorieller und skalarer Größen wird ein Querstrich über dem Symbol plaziert, $\overline{A}$, um eine vektorielle Größe anzuzeigen, während ein Symbol ohne Querstrich darüber, A, eine skalare Größe symbolisiert.) Wird nun auf $\overline{A}$ der Operator -1 angewendet (d. h., $\overline{A}$ mit -1 multipliziert), so ergibt sich $-\overline{A}$, dessen graphische Darstellung ⟵ ist. Die Verknüpfung des Vektors $\overline{A}$ mit -1 ist somit gleichbedeutend mit der Drehung von $\overline{A}$ um 180° im mathematisch positiven Sinn. Da nun $i^2 = -1$ gilt, muß i eine Drehung des Vektors um einen Winkel von 90° repräsentieren, da die zweimalige Anwendung einer 90°-Drehung eine 180°-Drehung ergibt. Folglich ist eine Verknüpfung eines Vektors mit i^3 gleichbedeutend mit einer Drehung des Vektors um 270° usw. In gleicher Weise können nun höhere Wurzeln von i betrachtet werden, die den Vektor um einen kleineren Winkel drehen. So wird $\sqrt[3]{-1} = (i^2)^{\frac{1}{3}} = i^{\frac{2}{3}}$ einen Vektor[122] um einen Winkel von 60° drehen, da die dreimalige Anwendung dieser Verknüpfung äquivalent zur Verknüpfung mit -1 ist. Wir können dies anhand einer Skizze verdeutlichen (Abb. 1). Gegeben sei ein Vektor $\overline{A}$ der Länge A und mit Imaginärteil 0, den wir mit $i^{\frac{2}{3}}$ verknüpfen, d. h., wir drehen den Vektor um 60°.

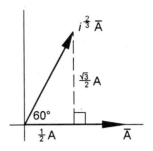

Abb. 1

Das verändert natürlich die Länge des Vektors A nicht. Damit beträgt der Realteil $A \cdot \cos 60° = \frac{1}{2}A$ und der Imaginärteil $A \cdot \sin 60° = \frac{\sqrt{3}}{2}A$. Somit ist

$$\sqrt[3]{-1}\,\overline{A} = i^{\frac{2}{3}}\overline{A} = A\cos 60° + iA\sin 60°\,.$$

In gleicher Weise ergibt sich

$$\sqrt[n]{-1}\,\overline{A} = i^{\frac{2}{n}}\overline{A} = A\cos\frac{\pi}{n} + iA\sin\frac{\pi}{n}\,.$$

Allgemein benutzen wir, um einen Vektor um den Winkel Θ zu drehen, den Operator $\cos\Theta + i\sin\Theta$.

Wir können nun einen gegebenen Vektor $\overline{A}_1 = a + bi$ in der komplexen Ebene darstellen. Die Richtung des Vektors ist durch $\Theta_1 = \arctan\frac{b}{a}$ gegeben, seine Länge durch $A_1 = \sqrt{a^2 + b^2}$ (Abb. 2).

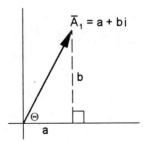

Abb. 2

Analog besitzt der Vektor $\overline{A}_2 = -a - bi$ die Länge $A_2 = \sqrt{(-a)^2 + (-b)^2}$ – die gleiche wie Vektor $\overline{A}_1$. Seine Lage ist durch $\Theta_2 = \arctan\frac{-b}{-a}$ beschrieben, dieser Vektor befindet sich aber im dritten Quadranten (Abb. 3).

Wir können nun eine physikalische Interpretation dieser Operatoren geben. In Physikbüchern wird $\sqrt{-1}$ durch das Symbol j dargestellt und die elektrische Stromstärke durch I. Da sich aber dieses

---

[122] Anm. d. Übers.: Es sei darauf hingewiesen, daß $\sqrt[3]{-1}$ wie auch alle weiteren Wurzeln negativer Zahlen zunächst nicht erklärt sind.

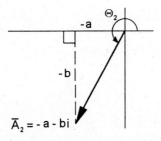

Abb. 3

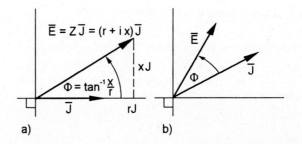

Abb. 4

Buch hauptsächlich an mathematisch interessierte Schüler wendet, verwenden wir weiter i für $\sqrt{-1}$ und, um Verwechslungen zu vermeiden, J für die Stromstärke.

Bei der Untersuchung des Wechselstromes, haben wir für die Stromstärke den Vektor $\overline{J} = j_1 + ij_2$. Die Spannung $\overline{E}$ kann durch $\overline{E} = \varepsilon_1 + \varepsilon_2 i$ dargestellt werden. Die Impedanz (der Scheinwiderstand) des Stromkreises ist *kein* Vektor und kann durch $Z = r \pm ix$ dargestellt werden, wobei r den Ohmschen Widerstand und x den Blindwiderstand (die Reaktanz) bezeichnet. Der Winkel zwischen $\overline{E}$ und $\overline{J}$ wird Phasenwinkel (der Winkel, den der Strom hinter der elektromotorischen Kraft hinterherhinkt) genannt und durch $\phi = \arctan \frac{r}{x}$ dargestellt.

Wir können natürlich das Produkt zweier Impedanzen berechnen, was aber physikalische ohne Bedeutung ist. Das Produkt von Spannung und Stromstärke, wird, obwohl ebenfalls ohne physikalische Bedeutung, als Scheinleistung bezeichnet. Berechnen wir jedoch das Produkt aus Stromstärke und Impedanz $Z \cdot \overline{J} = (r + ix)(j_1 + ij_2) = (rj_1 - xj_2) + i(rj_2 + xj_1)$, so erhalten wir eine Spannung der gleichen Frequenz wie die des Stromes, *die effektive Spannung*, d. h. $Z \cdot \overline{J} = \overline{E}$. Das ist das Ohmsche Gesetz in komplexer Form (rufen Sie in Erinnerung, daß nach dem Ohmschen Gesetz für Gleichströme die Spannung gleich dem Produkt aus Widerstand und Stromstärke ist). Beim Gleichstrom hat man es also mit skalaren Größen zu tun, während in Wechselstromkreisen vektorielle Größen, die als komplexe Zahlen geschrieben werden können und den Rechengesetzen für Vektoren genügen, eine Rolle spielen. In den folgenden Abbildungen zum Ohmschen Gesetz ist in Abb. 4a $\overline{J}$ rein reell im Unterschied zu Abb. 4b.

Wir werden uns nun an einigen Aufgaben versuchen.

Beispiel 1. Es sei $r = 5\Omega$, $x = 4\Omega$ und die Stromstärke $J = 20$ A. Lege J auf die reelle Achse.

Mit dieser Information haben wir für die Impedanz, $Z = 5 + 4i$. Für die Spannung erhalten wir $\overline{E} = \overline{J} \cdot Z = 20(5 + 4i) = 100 + 80i$. Damit ist $E = \sqrt{100^2 + 80^2} = 128$ Volt. Der Winkel, den $\overline{E}$ mit der reellen Achse einschließt, ist $\Theta = \arctan \frac{80}{100} = 38°40'$, der in dieser Aufgabe gleich dem Phasenwinkel ist (Abb. 5).

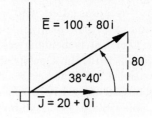

Abb. 5

Beispiel 2. Wir verändern das obige Beispiel 1 geringfügig, indem wir für den Winkel, den der Stromvektor $\overline{J}$ mit der reellen Achse einschließt, 30° wählen. Die übrigen Größen bleiben unverändert.

Wir haben immer noch $Z = 5 + 4i$. Für $\overline{J}$ ergibt sich jedoch $\overline{J} = 20(\cos 30° + i \sin 30°) = 20(0,866 + 0,5i) = 17,32 + 10i$, daraus $\overline{E} = \overline{J} \cdot Z = (17,32 + 10i)(5 + 4i) = 46,6 + 119,28i$ und $E = \sqrt{(46,6)^2 + (119,28)^2} = 128$ Volt, wie zuvor. Der Winkel, den E mit der reellen Achse einschließt, beträgt $\Theta = \arctan \frac{119,28}{46,6} = 68°40'$.

Der Phasenwinkel bleibt unverändert $\phi = \arctan \frac{4}{5} = 38°40'$.

Das Vektordiagramm für diese Aufgabe ist in Abb. 6 zu sehen, wobei $\angle COA = 30°$, $\angle BOA = 68°40'$ und $\angle BOC = 38°40'$ gilt.

Die Schüler sollten nun in der Lage sein, ähnliche Physikaufgaben mit komplexen Zahlen zu lösen.

Einheit 117 Die Arithmetik der Hindus

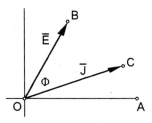

Abb. 6

Nachbereitung

1. Sei $r = 3\Omega$ und $x = 4\Omega$. Sei $\overline{J}$ auf der reellen Achse gelegen mit $J = 3$. Bestimme die Impedanz Z, die komplexe Form für $\overline{E}$ und die Länge E von $\overline{E}$. Wie groß ist Θ, der Winkel, den $\overline{E}$ mit der reellen Achse einschließt? Wie groß ist ϕ, der Phasenwinkel? Zeichne ein Vektordiagramm für diese Aufgabe.

2. Verwende die Daten der obigen Aufgabe, wobei $\overline{J}$ nun einen Winkel von 20° mit der reellen Achse einnimmt. Berechne alle Größen neu. Zeichne das Vektordiagramm.

3. Sei $\overline{E} = 4 + 14i$ und $\overline{J} = 2 + 3i$. Bestimme die komplexe Form für Z. Wie groß ist der Phasenwinkel? Zeichne ein Vektordiagramm.

Literatur

Suydam, Vernon A. *Electricity and Electromagnetism.* New York: D. Van Nostrand Company, 1940.

117
Die Arithmetik der Hindus

Der Mathematiklehrplan kann für Schüler verschiedener Klassenstufen durch das Studium eines weiteren Zahlensystems und seiner Arithmetik bereichert und ergänzt werden. Auf die Untersuchung der Mechanismen eines Zahlensystems, seiner Beiträge zu unserem System und weiterer Berührungspunkte kann mit Schülern höherer Jahrgänge eingegangen werden. Für andere Schüler kann das Thema als Übung grundlegender Fertigkeiten im Umgang mit ganzen Zahlen behandelt werden. Diese Einheit stellt den Schülern die historische Zahlenschreibweise der Hindus (etwa 900, Indien) und die Grundrechenarten in diesem Zahlensystem vor.

Lernziele

1. *Die Schüler bestimmen die Lösung einer Additionsaufgabe unter Verwendung einer Methode der Hindus.*

2. *Die Schüler bestimmen die Lösung einer Subtraktionsaufgabe unter Verwendung einer Methode der Hindus.*

3. *Die Schüler bestimmen die Lösung einer Multiplikationsaufgabe unter Verwendung einer Methode der Hindus.*

4. *Die Schüler bestimmen die Lösung einer Divisionsaufgabe unter Verwendung einer Methode der Hindus.*

Vorbereitung

Die Schüler müssen lediglich mit den Grundoperationen ganzer Zahlen, also Addition, Subtraktion, Multiplikation und Division vertraut sein.

Lehrmethoden

Die Symbole der neun Ziffern, die die Hindus beim Rechnen verwendeten, sind in aufsteigender Ordnung

૧ . ૨ . ૩ . ૪ . ૫ . ૬ . ૭ . ૮ . ૯ . ૦

Dieses System schloß ein Symbol für die Null, ○, ein. Es war ein Positionssystem wie unser Zahlensystem, im Unterschied zu dem Gruppierungssystem, das die alten Ägypter verwendeten. Die Zahl 5639 wird – vergleichbar zu unserem modernen System – als

૫૬૩૯

dargestellt.

An dieser Stelle ist Gelegenheit, die Bedeutung des Symbols der Hindus für die Null zu diskutieren. Ein Vergleich mit dem ägyptischen Zahlensystem (vgl. Einheit 14 über die Arithmetik der Alten Ägypter) könnte hier Aufschlüsse bringen. Außerdem könnte die historische Bedeutung der Null untersucht werden. Ohne Null wären die Zahlen unhandlich und komplizierte Rechnungen recht schwierig. Im System der Hindus waren Buchführung und andere kommerzielle Berechnungen, astronomische Berechnungen und mathematische Tabellen weit fortgeschritten, da mit der Existenz eines Platzhalters Zahlen leichter zu schreiben und zu lesen waren und mit ihnen einfacher gerechnet werden konnte.

Die Berechnungen der Hindus wurden i. allg. auf solchen Oberflächen ausgeführt, auf denen Korrekturen und Löschungen leicht vorgenommen werden konnten. Wir werden aber, anstatt Zahlen zu löschen (zu radieren), die entsprechenden Zahlen durchstreichen, damit die diskutierten Verfahren leichter nachzuvollziehen sind.

Die Hindu-Addition, obwohl mit senkrechter Anordnung wie bei heutigen Methoden, wurde von links nach rechts durchgeführt. Wir betrachten die Aufgabe: 6537 + 886. Die Addition beginnt links mit der 8, die zur 5 addiert wird. Die 1 dieser 13 wird zur Ziffer links davon addiert, die damit zur 7 wird, und die 5 wird zur 3. Dieser Prozeß wird von links nach rechts fortgesetzt. Die Lösung sieht somit folgendermaßen aus:

```
7 4 2
7 3̸ 1̸ 3
6̸ 5̸ 3̸ 7    Das Ergebnis ist 7423.
  8 8 6
```

Die Subtraktion wurde ebenfalls von links nach rechts ausgeführt, wobei die größere Zahl über der kleineren angeordnet wurde. Um 886 von 6537 zu subtrahieren, beginnen wir mit der Subtraktion der 8 von 5. Da das nicht möglich ist, subtrahieren wir 8 von 65, bleibt 57. Wir tragen die 5 anstelle der 6 ein und die 7 anstelle der 5. Wir setzen diesen Prozeß fort, indem wir 8 nach der eben beschriebenen Methode von 3 subtrahieren. Die Lösung der gestellten Aufgabe sieht folgendermaßen aus:

```
  6
5 7̸ 5 1
6̸ 5̸ 3̸ 7    Das Ergebnis ist 5651.
  8 8 6
```

Um so zu multiplizieren, wie es die Hindus taten, beginnen wir damit, die beiden Faktoren so anzuordnen, daß die Einerziffer des einen Faktors unter der höchstwertigen Ziffer des anderen Faktors steht. Um 537 mit 24 zu multiplizieren, beginnen wir folgendermaßen:

```
  5 3 7
2 4
```

Wir multiplizieren 2 mit 5 und plazieren die sich ergebende 0 über der 2 und die 1 links davon. Nun multiplizieren wir 4 mit 5 und plazieren die sich ergebende 0 anstelle der 5 über der 4, und indem wir anschließend die 2 zur 0 addieren, ergibt sich nun 2 an der nächsten Stelle:

```
  2 0
1 0̸ 5̸ 3̸ 7
  2 4
```

Mit der 5 sind wir fertig und verschieben den zweiten Faktor 24 um eine Stelle nach rechts, so daß sich die 4 jetzt unter der 3 befindet, der Ziffer, mit der wir uns nun zu beschäftigen haben.

```
  2 0
1 0̸ 5̸ 3̸ 7
    2 4
```

Wir multiplizieren wie zuvor, die 2 zuerst mit 3, dann mit 4, und wir setzen die Verschiebung nach rechts fort. Am Ende sieht es folgendermaßen aus:

```
      8
    7 8
    6 6
  2 0̸ 2̸ 8       Die Lösung ist 12 888.
1 0̸ 5̸ 3̸ 7
  2̸ 4̸
    2 4
    2 4
```

Es ist zu sehen, daß das Durchstreichen – anstatt zu Radieren – Platz erfordert. Da die Division die komplizierteste Grundrechenart ist, wird die Rechnung Schritt für Schritt vorgeführt, wobei hier, anstatt durchzustreichen, jeweils die neuen Ergebnisse für die alten Ziffern eingesetzt werden.

Um zu dividieren plazieren wir den Divisor nach links ausgerichtet unter den Dividenden. Wir beginnen also die Aufgabe 5832 : 253 mit $\begin{smallmatrix}5832\\253\end{smallmatrix}$. Da sich die 253 unter der 583 befindet, suchen wir nach einer Zahl, die bei Multiplikation mit 253 so dicht wie möglich an die 583 herankommt, ohne diese zu überschreiten. Die gesuchte Zahl ist hier die 2, die folgendermaßen plaziert wird:

```
    2
5 8 3 2
2 5 3
```

Einheit 118 Der Beweis der Irrationalität von Zahlen

Wir multiplizieren nun 253 mit 2 (mit der Hindu-Methode) und subtrahieren das Ergebnis von 583 (mit der Hindu-Methode). Das ergibt 77, die wir anstelle der 583 schreiben. Damit haben wir:

```
      2
   7  7  2
2  5  3
```

Der Divisor wird nach rechts verschoben:

```
      2
   7  7  2
   2  5  3
```

Der Prozeß wird fortgesetzt, bis wir das Ergebnis

```
   2  3
   1  3
   2  5  3
```

erhalten, welches zeigt, daß der Quotient 23, Rest 13 beträgt.

Untersuchen Sie diese Vorgehensweisen mit Ihren Schülern in dem Umfang, der Ihnen notwendig erscheint. Sie werden die Analogien dieser Algorithmen zu unseren heutigen aufschlußreich finden.

Nachbereitung

1. Lassen Sie die Schüler die folgenden Zahlen unter Verwendung der Ziffern der Hindus schreiben:
   (a) 5342   (b) 230796.

2. Lassen Sie die Schüler folgende Aufgaben unter Verwendung der Methoden der Hindus lösen:
   (a) 3567 + 984   (b) 8734 − 6849
   (c) 596 · 37   (d) 65478 : 283

Literatur

Waerden, B. L. van der. *Science Awakening.* New York: John Wiley & Sons, 1963.

Eves, Howard. *An Introduction to the History of Mathematics.* 4th ed. New York: Holt, Rinehart and Winston, 1976.

118
Der Beweis der Irrationalität von Zahlen

In dem Moment, wo Schüler mit irrationalen Zahlen konfrontiert werden, werden sie gewöhnlich gebeten, zu akzeptieren, daß Zahlen wie z. B. $\sqrt{2}$ oder sin 10° irrational sind. Viele Schüler fragen sich jedoch, wie bewiesen werden kann, daß eine gegebene Zahl irrational ist. Diese Einheit präsentiert eine Methode, um die Irrationalität bestimmter algebraischer[123] Zahlen zu zeigen.

Lernziele

1. *Die Schüler sind in der Lage, die Irrationalität gegebener algebraischer Zahlen nachzuweisen.*

2. *Die Schüler lernen einen Satz kennen, der es erlaubt, im voraus festzustellen, ob eine gegebene algebraische Zahl irrational ist.*

Vorbereitung

Die Schüler sollten mit den Begriffen der irrationalen und der algebraischen Zahlen vertraut sein. Sie sollten außerdem etwas über über algebraische Gleichungen, Wurzeln, Trigonometrie und Logarithmen wissen.

Lehrmethoden

Beginnen Sie die Unterrichtseinheit, indem Sie die Schüler nach Beispielen für irrationale Zahlen fragen. Fragen Sie sie, warum sie sicher sind, daß diese Zahlen irrational sind. Lassen Sie sie dann irrationale Zahlen definieren. Die Schüler werden an dieser Stelle genug Interesse entwickelt haben, um den folgenden Satz untersuchen zu wollen.

Satz: Gegeben sei eine Gleichung n-ten Grades mit ganzzahligen Koeffizienten

$$a_n x^n + a_{n-1} x^{n-1} + \ldots + a_1 x + a_0 = 0.$$

---

[123] Anm. d. Übers.: Eine algebraische Zahl ist eine Zahl, die einer Gleichung n-ten Grades mit rationalen Koeffizienten genügt.

Besitzt diese Gleichung eine rationale Lösung p/q mit p und q teilerfremd, dann ist p ein Teiler von a_0 und q ein Teiler von a_n.

Beweis: Es sei p/q eine Lösung der gegebenen Gleichung. Dann genügt sie der Gleichung und wir haben:

$$a_n(p/q)^n + a_{n-1}(p/q)^{n-1} + \ldots + a_0 = 0 \quad (1)$$

Wir multiplizieren nun (1) mit q^n und erhalten

$$a_n p^n + a_{n-1} p^{n-1} q + \ldots + a_1 p q^{n-1} + a_0 q^n = 0.$$

Diese Gleichung kann umgeschrieben werden als

$$a_n p^n = -a_{n-1} p^{n-1} q - \ldots - a_1 p q^{n-1} - a_0 q^n$$

oder

$$a_n p^n = q(-a_{n-1} p^{n-1} - \ldots - a_1 p q^{n-2} - a_0 q^{n-1}).$$

Damit ist gezeigt, daß q ein Teiler von $a_n p^n$ ist. Da aber p und q teilerfremd sind, ist q ein Teiler von a_n. In gleicher Weise kann die Gleichung (1) folgendermaßen umgeschrieben werden:

$$a_0 q^n = p(-a_1 q^{n-1} - \ldots - a_{n-1} p^{n-2} q - a_n p^{n-1}),$$

woraus zu erkennen ist, daß p ein Teiler von $a_0 q^n$ ist. Wiederum ist wegen der Teilerfremdheit von p und q schließlich p ein Teiler von a_0. Damit ist der Satz vollständig bewiesen.

Beispiel 1. Beweise, daß $\sqrt{5}$ irrational ist.

Die Zahl $\sqrt{5}$ ist eine Lösung der Gleichung $x^2 - 5 = 0$. Wir haben also entsprechend der Notation des Satzes $a_2 = 1$ und $a_0 = -5$. Nun hat jede rationale Lösung p/q dieser Gleichung die Eigenschaft, daß aufgrund des Satzes p Teiler von -5 und q Teiler von 1 sein muß. Die einzigen Teiler von 1 sind aber $+1$ und -1. Also muß q entweder $+1$ oder -1 sein, woraus folgt, daß eine rationale Lösung der Gleichung ganzzahlig sein muß. Diese ganze Zahl p muß nun – der Aussage des Satzes entsprechend – Teiler von -5 sein. Die einzigen Teiler von -5 sind aber $-1, 1, -5$ und 5. Keine dieser Zahlen ist jedoch eine Lösung der Gleichung $x^2 - 5 = 0$, was bedeutet, daß $1^2 - 5 = 0, (-1)^2 - 5 = 0, 5^2 - 5 = 0$ und $(-5)^2 - 5 = 0$ jeweils *falsche* Aussagen sind. Somit besitzt $x^2 - 5 = 0$ keine rationale Lösung und $\sqrt{5}$ ist folglich eine irrationale Zahl.

Beispiel 2. Beweise, daß $\sqrt[3]{2}$ irrational ist.

Die Zahl $\sqrt[3]{2}$ ist eine Lösung der Gleichung $x^3 - 2 = 0$. Somit muß p Teiler von -2 und q Teiler von 1 sein. Falls also diese Gleichung eine rationale Lösung besitzt, so muß diese ganzzahlig und ein Teiler von -2 sein. Nun sind $2, -2, 1$ und -1 die einzigen Teiler von -2. Keine dieser Zahlen ist aber eine Lösung der Gleichung $x^3 - 2 = 0$, da $2^3 - 2 = 0, (-2)^3 - 2 = 0, 1^3 - 2 = 0$ und $(-1)^3 - 2 = 0$ jeweils falsche Aussagen liefern. Folglich ist $\sqrt[3]{2}$ eine irrationale Zahl.

Beispiel 3. Beweise, daß $\sqrt{2} + \sqrt{3}$ irrational ist.

Setzen wir $x = \sqrt{2} + \sqrt{3}$, so haben wir $x - \sqrt{2} = \sqrt{3}$. Quadrieren beider Seiten ergibt $x^2 - 1 = 2x\sqrt{2}$.

Nochmaliges Quadrieren liefert uns $x^4 - 2x^2 + 1 = 8x^2$ oder $x^4 - 10x^2 + 1 = 0$.

Diese Gleichung besitzt nach Konstruktion die Lösung $\sqrt{2} + \sqrt{3}$. Die einzig möglichen rationalen Lösungen dieser Gleichung sind aber die ganzen Zahlen, die Teiler von 1 sind, also -1 und 1. Keine dieser beiden Zahlen ist jedoch Lösung der Gleichung, da $1^4 - 10 \cdot 1^2 + 1 = 0$ und $(-1)^4 - 10 \cdot (-1)^2 + 1 = 0$ jeweils falsche Aussagen liefern. Damit besitzt die Gleichung keine rationale Lösung und $\sqrt{2} + \sqrt{3}$ ist folglich irrational.

Beispiel 4. Beweise, daß $\sin 10°$ irrational ist.

Es gilt die Identität $\sin 3\Theta = 3\sin\Theta - 4\sin^3\Theta$. Ersetzen wir nun Θ durch $10°$ und berücksichtigen wir, daß $\sin 30° = \frac{1}{2}$ ist, so erhalten wir

$$\frac{1}{2} = 3\sin 10° - 4\sin^3 10°.$$

Setzen wir nun $\sin 10° = x$, ergibt sich

$$\frac{1}{2} = 3x - 4x^3 \quad \text{bzw.} \quad 8x^3 - 6x + 1 = 0.$$

Der Aussage des Satzes entsprechend muß p ein Teiler von 1 und q ein Teiler von 8 sein, womit die einzig möglichen rationalen Lösungen $\pm\frac{1}{8}, \pm\frac{1}{4}, \pm\frac{1}{2}$ und ± 1 sind. Aber keine dieser acht Zahlen ist eine Lösung der Gleichung, was durch Einsetzen in die Gleichung überprüft werden kann. Die Gleichung besitzt demnach keine rationalen Lösungen und $\sin 10°$ muß, da es eine Lösung der Gleichung ist, irrational sein.

Die Schüler sollten nun in der Lage sein zu beweisen, daß die in Lehrbüchern der Sekundarstufe II am häufigsten vorkommenden irrationalen

Zahlen[124] tatsächlich irrational sind, wie ihnen oft ohne Beweis mitgeteilt wird. Es ist von Bedeutung, daß die Schüler verstehen, warum ein mathematischer Begriff zutrifft, nachdem sie genügend mit dem Begriff umgegangen sind. Allzuoft akzeptieren die Schüler die Eigenschaft der Irrationalität einer Zahl, ohne das zu hinterfragen. Diese Einheit liefert eine Methode, die dem Schüler ein tieferes Verständnis dieser Fragen vermitteln sollte. Zusätzlich zu den in der *Nachbereitung* formulierten Aufgaben sollten die Schüler dazu ermutigt werden, die hier vorgestellte Technik anzuwenden, falls dies notwendig erscheint.

Nachbereitung

Jene Schüler, die die anhand der Beispiele vorgestellte Methode beherrschen, sollten in der Lage sein, die folgenden Aufgaben zu lösen:

1. Beweise, daß $\sqrt{2}$ irrational ist.
2. Beweise, daß $\sqrt[3]{6}$ irrational ist.
3. Beweise, daß $\sqrt[3]{3} + \sqrt{11}$ irrational ist.
4. Beweise, daß $\cos 20°$ irrational ist.
5. Beweise, daß jede Zahl der Form $\sqrt[n]{m}$, wobei n und m natürliche Zahlen sind, entweder irrational oder ganzzahlig ist.

119
Die Anwendung von Tabellenkalkulations-Programmen

Diese Einheit stellt einige einfache Beispiele für die Benutzung von Tabellenkalkulations-Programmen[125] wie Lotus 1-2-3 und Excel zur Lösung von bestimmten mathematischen Aufgaben vor. Dazu muß ein Rechner mit einem geeigneten Tabellenkalkulationsprogramm zur Verfügung stehen und die Schüler sollten mit seiner Bedienung vertraut sein. Das Thema wird für Schüler der Sekundarstufe sicher eine interessante Herausforderung darstellen.

Lernziele

1. *Die Schüler generieren eine Fibonacci-Folge mit einem Tabellenkalkulations-Programm.*

2. *Die Schüler stellen ein Pascalsches Dreieck auf einem Tabellenkalkulations-Programm her.*

3. *Die Schüler benennen weitere Mathematikaufgaben, die sich dafür eignen, mit Hilfe eines Tabellenkalkulations-Programmes bearbeitet zu werden.*

Vorbereitung

Die Schüler sollten die Einheiten 85 (Die Fibonacci-Folge) und 99 (Die Pascalsche Pyramide – insbesondere den ersten Teil, der dem Pascalschen Dreieck gewidmet ist) wiederholen. Außerdem sollten die Schüler mit den Grundoperationen eines PC und mit Tabellenkalkulationsprogrammen vertraut sein.

Lehrmethoden

Eine Tabellenkalkulation (ein Spreadsheet) ist eine Matrix (ein Feld), das auf einem Computerbildschirm erscheint. Die Mehrzahl der entsprechenden Programme besitzen integrierte mathematische Funktionen und erlauben einen einfachen Zugriff auf Elemente der i-ten Zeile bzw. j-ten Spalte für gegebenes i oder j. Demonstrieren Sie z. B. wie das Maximum, das Minimum, der Mittelwert, der Median, der Modalwert, die Standardabweichung usw. einer Menge von Werten, die sich in einer Tabelle befinden, bestimmt werden können. Weisen Sie darauf hin, daß sich über die bereits im Programm vorhandenen Anwendungen hinaus weitere mathematische Anwendungen finden lassen.

Eine interessante Anwendung besteht in der Erzeugung der Fibonacci-Folge selbst und zusätzlich

---

[124] Anm. d. Übers.: An dieser Stelle sei darauf hingewiesen, daß die hier vorgestellte Methode nicht auf transzendente irrationale Zahlen wie π und e, sondern nur auf algebraische irrationale Zahlen anwendbar ist.

[125] Anm. d. Übers.: Engl.: *computer spreadsheets*. Man versteht unter einem Spreadsheet sowohl das sog. Arbeitsblatt, das Daten, Anweisungen und zusätzliche (Text-) Informationen enthalten kann, als auch das Computer-Programm, welches diese Daten bearbeitet.

der Folge der Quotienten aus Paaren aufeinanderfolgender Glieder der Fibonacci-Folge. Widmen Sie der Bildungsvorschrift $f(n) = f(n-1) + f(n-2)$ der Fibonacci-Folge, wie sie in Einheit 85 angegeben wird, besondere Aufmerksamkeit.

Eine Möglichkeit, diese Vorschrift in die "Tabellenkalkulations-Sprache" zu übersetzen, ist folgende: "Für eine gegebene Zeile ist die Zahl in der n-ten Spalte gleich der Summe der Zahlen in den beiden vorhergehenden Spalten."

Verwenden Sie mit den Schülern die "indirekte Adressierung", um eine Anweisung zu entwickeln, die dem Inhalt einer gegebenen Zelle die Summe der Einträge der beiden links davon gelegenen Zellen der gleichen Zeile zuordnet. Somit ergibt sich für eine gegebene Zelle

$$\text{Eintrag} = ZS[-1] + ZS[-2].$$

Dieses Vorgehen kann so lange angewendet werden, wie die Terme in die Zeile passen. Sie können dann, falls Sie das wünschen, eine Variante der obigen Anweisung verwenden, die es erlaubt, die Folge in der nächsten Zeile fortzusetzen, um durch wiederholte Anwendung dieses Vorgehens so viele Elemente der Fibonacci-Folge zu erzeugen, bis die physikalischen Grenzen Ihres Computers erreicht sind.

Eine zweite, in der Einheit 85 beschriebene Folge, die aus den Quotienten aufeinanderfolgender Glieder der ersten Folge besteht, kann mit Hilfe folgender Anweisung erzeugt werden:

$$\text{Eintrag} = Z[-1]S[+1]/Z[-1]S.$$

Der folgende Ausschnitt wurde mit einem Apple-IIe-Computer auf einem Multiplan-Spreadsheet erzeugt.

	1	2	3	4	5	6	7	8	9	10
1										
2			FIBONACCI-FOLGE							
3										
4										
5	1	1	2	3	5	8	13	21	34	55
6		2	1,5	1,667	1,6	1,625	1,615	1,619	1,618	

Schlagen Sie nun eine zweite Anwendung vor, die von Interesse sein könnte: das Pascalsche Dreieck. Nach kurzer Diskussion der Einheit 99, insbesondere der Regel für die Erzeugung des Dreiecks, schlagen Sie vor, das Dreieck folgendermaßen zu schreiben:

```
1  1
1  2   1
1  3   3   1
1  4   6   4   1
1  5  10  10   5   1
..................
```

Bitten Sie die Schüler eine entsprechende Spreadsheet-Anweisung vorzuschlagen, die das Dreieck erzeugt. Weisen Sie darauf hin, daß der erste und der letzte Eintrag einer Zeile jeweils 1 ist und daß jeder weitere Eintrag sich als Summe der eine Zeile darüber liegenden Zahl und der sich in der gleichen Zeile links davon befindlichen Zahl ergibt.

Nachbereitung

Bitten Sie die Klasse, eine Übersicht mathematischer Themen vorzubereiten, die sich zur Bearbeitung mit Hilfe eines Spreadsheets eignen und einige davon zu bearbeiten. Sie als Lehrer könnten Themen aus den Einheiten dieses Buches vorschlagen.

Die folgenden Gebiete könnten sich hier als spannend erweisen:

    Magische Quadrate
    Palindrome
    Das Sieb des Eratosthenes
    Lösen einer quadratischen Gleichung
    Pythagoreische Tripel
    Kettenbrüche